中华人民共和国
第一次全国基本单位普查资料汇编

编辑委员会

（京）新登字 041 号

图书在版编目（CIP）数据

中华人民共和国第一次全国基本单位普查资料汇编/全国基本单位普查办公室编
—北京：中国统计出版社，1998.5

ISBN 7—5037—2665—2

I.中… II.全… III.组织机构—普查—统计资料—汇编
—中国 IV.C.832

中国版本图书馆 CIP 数据核字（98）第 10871 号

中国统计出版社出版

（北京三里河月坛南街 75 号 100826）

新华书店经销

科伦克三莱印务有限公司印刷

*

787×1092 毫米 16 开本 47.5 印张 112 万字

1998 年 5 月第 1 版 1998 年 5 月北京第 1 次印刷

*

定价：380.00 元

编　者　说　明

基本单位是一个国家必须掌握的基本国情，是构成国民经济有机整体的基本细胞，是社会经济信息的主要来源之一。1996 年 12 月 31 日进行的全国基本单位普查，是经国务院批准，第一次在全国范围内对基本单位进行的一项重大调查，它为我国填补了一项重要的基本国情国力调查空白。

第一次全国基本单位普查在国务院和各级政府的统一组织领导下，在各有关部门的协同配合下，经过各级基本单位普查机构和广大普查人员的辛勤努力，获得了圆满成功。这次普查，运用与国际接轨的基本单位划分标准，查清了我国除农户和个体工商户以外的所有从事社会经济活动的法人单位和产业活动单位的基本情况。全面掌握了我国各类单位的地区、行业、经济类型和规模等构成情况，以及劳动力、资本等生产要素的配置情况。为国民经济宏观调控，制定产业政策、调整行业布局，合理资源配置提供重要依据；为城市规划建设，建立地理信息系统等提供大量、翔实的资料。

《中华人民共和国第一次全国基本单位普查资料汇编》是一部反映基本单位普查成果的重要资料。它是按照现行的国家统计分类标准对普查的基层数据进行各种分组、加工汇总而形成的综合资料。资料内容全面系统，丰富新颖，具有较强的实用性，是各级政府和经济管理部门进行宏观管理和制定政策的可靠依据，可以为生产经营、投资、咨询、经济分析研究以及大专院校教学提供重要的参考依据。

为了使读者能够更好地使用本资料，对有关问题作如下说明：

一、本资料的调查年度为 1996 年，调查时点为 1996 年 12 月 31 日。

二、本资料的汇总范围为我国除农户和个体工商户以外的所有从事社会经济活动的法人单位和产业活动单位，不包括香港特别行政区以及澳门地区和台湾省。

三、本资料按在地原则进行汇总，即按单位所在地进行汇总。

四、考虑按地区进行国民经济核算需要，基本单位普查对金融、保险业的县一级机构和邮电业的县一级机构均视为法人单位，本资料也按此规定进行汇总。

五、主要指标解释：

1、法人单位(INSTITUTIONAL UNIT)　　指依法成立，有自己的名称、组织机构和场所，能独立承担民事责任；独立拥有和使用(或授权使用)资产，有权与其他单位签订合同；会计上独立核算，能够编制资产负债表的单位。

法人单位分为企业法人、事业法人、行政法人、社会团体法人和社区管理型机构。

2、产业活动单位(ESTABLISHMENT)　　指在一个场所从事一种或主要从事一种社会经济活动；相对独立组织生产或业务活动；能够掌握收入和支出等业务资料的单位。

产业活动单位分为营利性产业活动单位和非营利性产业活动单位。

3、营利性产业活动单位 指面向市场，以营利为目的，从事生产经营活动的产业活动单位。

4、非营利性产业活动单位 指不是面向市场，或虽面向市场，但不以盈利为目的的产业活动单位。主要包括国家机关、政党机关、社会团体、社区管理型单位和相当一部分事业单位。

六、主要统计分类标准

1、国民经济行业分类　　采用《国民经济行业分类与代码》(GB/T4754－94）国家标准。按照经济活动的同质性将行业划分为16个门类、92个大类、368个中类和846个小类。

2、经济类型分类　　采用《关于经济类型划分的暂行规定》〔国统字(1992)344号文件〕。这个标准根据生产资料所有制性质将企业划分成九大经济类型，即国有经济、集体经济、私营经济、个体经济、联营经济、股份制经济、外商投资经济、港澳台投资经济和其他经济。

七、由于基本单位普查是一项大型调查，在普查登记、编码、数据录入等各环节都会产生误差。经事后抽查调查显示，在此次基本单位普查中，单位的漏报率为7.20‰，指标的错填率4.24‰。

八、本资料部分数据合计数或相对数由于单位取舍不同产生的计算误差均未作机械调整。

目　录

一、综合篇

二、企业篇

三、行政事业社会团体篇

四、就业岗位篇

Results of the First National Basic Units Census of China

CONTENTS

Part 3 Tabulation for non—profit units, governments, party and social organizations

Part 4 Tabulations for employment

第一部分

综　合　篇

法人单位按单位类别、三次产业、行业（门类）分组的单位数、从业人数

	法人单位数		从业人数（万人）		
	绝对数（个）	比例（%）		男	女
全国总计	**4 402 276**	**100.00**	**22 966.26**	**14 382.63**	**8 583.63**
一、按法人单位类别分					
企业法人	2 628 125	59.70	18 234.10	11 312.98	6 921.12
事业法人	610 208	13.86	2 652.34	1 531.94	1 120.39
行政法人	280 535	6.37	1 273.21	956.31	316.90
社团法人	44 371	1.01	70.94	46.32	24.62
社区管理型机构	839 037	19.06	735.67	535.08	200.60
二、按一、二、三产业分					
第一产业	61 201	1.39	560.37	349.97	210.40
第二产业	1 532 148	34.80	13 624.09	8 617.73	5 006.36
第三产业	2 808 927	63.81	8 781.80	5 414.93	3 366.87
三、按行业门类分					
农、林、牧渔业	142 003	3.23	670.53	431.52	239.01
采掘业	102 454	2.33	1 290.56	1 022.89	267.67
制造业	1 275 912	28.98	9 655.83	5 360.71	4 295.12
电力、煤气及水的生产和供应业	27 078	0.62	307.46	213.53	93.92
建筑业	126 704	2.88	2 370.25	2 020.60	349.65
地质勘探业、水利管理业	20 858	0.47	108.16	81.45	26.71
交通运输、仓储及邮电通信业	62 793	1.43	944.18	693.73	250.44
批发和零售贸易、餐饮业	742 608	16.87	2 282.62	1 219.29	1 063.33
金融、保险业	73 824	1.68	341.32	192.50	148.82
房地产业	39 693	0.90	130.20	86.77	43.43
社会服务业	154 697	3.51	580.11	308.18	271.93
卫生、体育和社会福利业	116 075	2.64	461.27	201.25	260.01
教育、文化艺术及广播电影电视业	267 591	6.08	1 353.65	768.17	585.49
科学研究和综合技术服务业	46 335	1.05	192.30	127.57	64.74
国家机关、政党机关、社会团体和基层群众自治组织	1 163 943	26.44	2 079.82	1 537.71	542.12
其他行业	39 708	0.90	198.01	116.78	81.23

法人单位按地区(省)分组的单位数、从业人数

地区(省)	代码	法人单位数		从业人数(万人)		
		绝对数(个)	比例(%)		男	女
全国总计		**4 402 276**	**100.00**	**22 966.28**	**14 382.64**	**8 583.63**
北京	11	98 957	2.25	634.45	388.78	245.66
天津	12	65 955	1.50	413.12	238.86	174.26
河北	13	185 577	4.22	1 073.05	699.05	374.01
山西	14	130 371	2.96	662.74	461.88	200.86
内蒙古	15	79 915	1.82	438.85	273.61	165.23
辽宁	21	190 427	4.33	1 263.32	762.82	500.50
吉林	22	80 120	1.82	555.27	334.75	220.52
黑龙江	23	117 137	2.66	864.70	536.27	328.43
上海	31	200 122	4.55	953.70	550.61	403.08
江苏	32	306 229	6.96	1 894.40	1 146.81	747.59
浙江	33	280 778	6.38	1 089.90	635.59	454.30
安徽	34	209 604	4.76	901.75	602.08	299.67
福建	35	129 463	2.94	563.66	333.70	229.96
江西	36	127 113	2.89	543.99	349.83	194.16
山东	37	311 948	7.09	1 712.13	1 105.00	607.14
河南	41	221 612	5.03	1 322.78	878.70	444.08
湖北	42	164 321	3.73	1 029.12	647.15	381.97
湖南	43	190 929	4.34	919.19	607.19	312.00
广东	44	348 602	7.92	1 854.52	1 013.50	841.03
广西	45	96 200	2.19	464.69	294.68	170.01
海南	46	18 147	0.41	125.32	76.43	48.89
重庆	50	86 644	1.97	406.91	265.27	141.64
四川	51	233 827	5.31	1 070.95	723.39	347.56
贵州	52	76 676	1.74	283.88	193.95	89.94
云南	53	80 512	1.83	424.54	281.68	142.86
西藏	54	13 958	0.32	22.54	15.58	6.96
陕西	61	191 937	4.36	596.22	396.67	199.55
甘肃	62	76 387	1.74	334.59	228.33	106.26
青海	63	18 855	0.43	88.17	56.69	31.48
宁夏	64	16 385	0.37	89.82	58.26	31.55
新疆	65	53 568	1.22	368.01	225.53	142.48

法人单位按单位类别、行业(门类)、隶属关系分组的单位数

	法人单位数(个)	中央	地方
全国总计	**4 402 276**	**90 266**	**4 312 010**
一、按单位类别分			
企业法人	2 628 125	74 143	2 553 982
事业法人	610 208	10 130	600 078
行政法人	280 535	5 207	275 328
社团法人	44 371	776	43 595
社区管理型机构	839 037	10	839 027
二、按行业门类分			
农、林、牧渔业	142 003	523	141 480
采掘业	102 454	547	101 907
制造业	1 275 912	9 143	1 266 769
电力、煤气及水的生产和供应业	27 078	865	26 213
建筑业	126 704	3 938	122 766
地质勘探业、水利管理业	20 858	1 322	19 536
交通运输、仓储及邮电通信业	62 793	6 327	56 466
批发和零售贸易、餐饮业	742 608	15 337	727 271
金融、保险业	73 824	26 479	47 345
房地产业	39 693	1 145	38 548
社会服务业	154 697	7 418	147 279
卫生、体育和社会福利业	116 075	811	115 264
教育、文化艺术及广播电影电视业	267 591	2 889	264 702
科学研究和综合技术服务业	46 335	6 869	39 466
国家机关、政党机关、社会团体和基层群众自治组织	1 163 943	5 993	1 157 950
其他行业	39 708	660	39 048

法人单位按地区(省)、隶属关系分组的单位数

地区(省)	代码	法人单位数(个)	中央	地方
全国总计		**4 402 276**	**90 266**	**4 312 010**
北京	11	98 957	13 187	85 770
天津	12	65 955	1 387	64 568
河北	13	185 577	3 246	182 331
山西	14	130 371	3 189	127 182
内蒙古	15	79 915	2 118	77 797
辽宁	21	190 427	4 391	186 036
吉林	22	80 120	2 032	78 088
黑龙江	23	117 137	4 421	112 716
上海	31	200 122	6 969	193 153
江苏	32	306 229	2 434	303 795
浙江	33	280 778	2 236	278 542
安徽	34	209 604	3 197	206 407
福建	35	129 463	1 509	127 954
江西	36	127 113	1 913	125 200
山东	37	311 948	4 223	307 725
河南	41	221 612	3 185	218 427
湖北	42	164 321	2 580	161 741
湖南	43	190 929	2 650	188 279
广东	44	348 602	5 142	343 460
广西	45	96 200	1 636	94 564
海南	46	18 147	600	17 547
重庆	50	86 644	1 371	85 273
四川	51	233 827	3 709	230 118
贵州	52	76 676	1 248	75 428
云南	53	80 512	2 216	78 296
西藏	54	13 958	277	13 681
陕西	61	191 937	2 764	189 173
甘肃	62	76 387	1 615	74 772
青海	63	18 855	525	18 330
宁夏	64	16 385	536	15 849
新疆	65	53 568	3 760	49 808

法人单位按地区(省)、单位类别分组的单位数

地区(省)	代码	法人单位数(个)	企业法人	事业法人	行政法人	社团法人	社区管理型机构
全国总计		**4 402 276**	**2 628 125**	**610 208**	**280 535**	**44 371**	**839 037**
北京	11	98 957	78 652	8 941	1 918	642	8 804
天津	12	65 955	51 036	6 169	1 784	414	6 552
河北	13	185 577	97 947	20 967	12 384	903	53 376
山西	14	130 371	64 421	17 151	11 960	1 604	35 235
内蒙古	15	79 915	36 943	14 744	8 042	2 339	17 847
辽宁	21	190 427	129 132	24 584	9 022	1 338	26 351
吉林	22	80 120	39 018	17 160	6 289	662	16 991
黑龙江	23	117 137	65 170	16 347	10 312	1 110	24 198
上海	31	200 122	175 255	12 168	2 865	3 360	6 474
江苏	32	306 229	204 122	43 138	15 386	3 381	40 202
浙江	33	280 778	198 419	23 782	8 023	3 146	47 408
安徽	34	209 604	131 780	31 932	11 370	1 455	33 067
福建	35	129 463	88 871	14 043	7 697	2 328	16 524
江西	36	127 113	74 641	19 464	8 996	996	23 016
山东	37	311 948	184 370	20 404	13 899	1 496	91 779
河南	41	221 612	129 475	24 806	13 880	1 615	51 836
湖北	42	164 321	87 573	26 414	13 007	1 389	35 938
湖南	43	190 929	105 681	20 505	11 804	1 292	51 647
广东	44	348 602	273 067	31 376	13 774	2 331	28 054
广西	45	96 200	44 313	22 013	12 767	1 553	15 554
海南	46	18 147	10 427	3 080	1 608	175	2 857
重庆	50	86 644	37 177	17 855	6 951	1 248	23 413
四川	51	233 827	109 392	43 030	19 247	2 163	59 995
贵州	52	76 676	23 539	14 443	10 157	694	27 843
云南	53	80 512	39 643	15 087	10 696	1 082	14 004
西藏	54	13 958	1 388	1 044	2 972	901	7 653
陕西	61	191 937	84 251	60 048	11 055	1 820	34 763
甘肃	62	76 387	26 779	18 210	9 755	1 702	19 941
青海	63	18 855	6 162	5 109	2 889	342	4 353
宁夏	64	16 385	8 053	3 139	1 906	203	3 084
新疆	65	53 568	21 428	13 055	8 120	687	10 278

产业活动单位按单位类别、三次产业、行业（门类）分组的单位数、从业人数

	产业活动单位数		从业人数（万人）	男	女
	绝对数（个）	比例（%）			
全国总计	**6 351 139**	**100.00**	**22 980.30**	**14 386.93**	**8 593.37**
一、按营利、非营利分					
营利性单位	3 671 012	57.80	18 524.37	11 498.48	7 025.89
非营利性单位	2 680 127	42.20	4 455.93	2 888.45	1 567.48
二、按一、二、三产业分					
第一产业	84 900	1.34	513.17	325.45	187.72
第二产业	1 683 800	26.51	13 639.79	8 649.27	4 990.52
第三产业	4 582 439	72.15	8 827.34	5 412.22	3 415.12
三、按行业门类分					
农、林、牧渔业	244 647	3.85	657.22	434.65	222.57
采掘业	111 248	1.75	1 133.93	937.64	196.29
制造业	1 380 106	21.73	9 808.02	5 452.16	4 355.86
电力、煤气及水的生产和供应业	40 082	0.63	324.31	226.03	98.28
建筑业	152 364	2.40	2 373.54	2 033.45	340.09
地质勘探业、水利管理业	36 273	0.57	121.38	92.73	28.65
交通运输、仓储及邮电通信业	133 804	2.11	935.83	697.71	238.13
批发和零售贸易、餐饮业	1 214 060	19.12	2 317.05	1 232.07	1 084.97
金融、保险业	247 989	3.90	341.78	192.37	149.41
房地产业	47 695	0.75	132.35	88.15	44.20
社会服务业	226 249	3.56	642.18	335.61	306.56
卫生、体育和社会福利业	240 538	3.79	532.26	232.65	299.61
教育、文化艺术及广播电影电视业	794 397	12.51	1 605.58	902.73	702.85
科学研究和综合技术服务业	54 528	0.86	199.52	132.44	67.08
国家机关、政党机关和社会团体和基层群众自治组织	1 375 082	21.65	1 715.93	1 303.47	412.47
其他行业	52 077	0.82	139.42	93.08	46.35

产业活动单位按地区(省)分组的单位数、从业人数

地区(省)	代码	产业活动单位数		从业人数(万人)		
		绝对数(个)	比例(%)		男	女
全国总计		**6 351 139**	**100.00**	**22 980.31**	**14 386.93**	**8 593.37**
北　京	11	120 262	1.89	663.96	407.07	256.89
天　津	12	77 905	1.23	416.32	240.79	175.53
河　北	13	261 916	4.12	1 085.28	707.11	378.16
山　西	14	218 129	3.43	665.99	463.32	202.68
内蒙古	15	123 083	1.94	439.46	273.96	165.50
辽　宁	21	252 812	3.98	1 263.86	762.87	500.99
吉　林	22	113 357	1.78	556.05	335.19	220.85
黑龙江	23	175 752	2.77	862.13	534.49	327.64
上　海	31	244 088	3.84	958.44	554.97	403.48
江　苏	32	385 724	6.07	1 895.36	1 147.55	747.82
浙　江	33	356 654	5.62	1 086.69	632.60	454.10
安　徽	34	322 857	5.08	900.16	600.71	299.45
福　建	35	210 933	3.32	563.76	333.83	229.93
江　西	36	184 146	2.90	544.50	350.09	194.41
山　东	37	510 732	8.04	1 712.37	1 105.36	607.01
河　南	41	341 084	5.37	1 324.40	880.02	444.38
湖　北	42	233 420	3.68	1 016.02	637.60	378.43
湖　南	43	289 253	4.55	921.61	608.95	312.66
广　东	44	494 611	7.79	1 830.61	996.85	833.76
广　西	45	155 558	2.45	463.94	293.59	170.35
海　南	46	27 999	0.44	125.05	76.16	48.89
重　庆	50	137 348	2.16	407.38	265.45	141.94
四　川	51	335 350	5.28	1 070.34	722.87	347.46
贵　州	52	124 074	1.95	283.62	193.72	89.90
云　南	53	135 203	2.13	424.24	281.43	142.81
西　藏	54	19 143	0.30	22.30	15.43	6.88
陕　西	61	225 097	3.54	596.36	395.88	200.47
甘　肃	62	134 158	2.11	335.97	229.11	106.86
青　海	63	28 995	0.46	89.52	57.55	31.95
宁　夏	64	24 568	0.39	92.09	59.68	32.40
新　疆	65	86 928	1.37	362.53	222.73	139.79

产业活动单位按地区(省)、单位类别分组的单位数

地区(省)	代码	产业活动单位数(个)	营利	非营利
全国总计		**6 351 139**	**3 671 012**	**2 680 127**
北　　京	11	120 262	98 835	21 427
天　　津	12	77 905	62 901	15 004
河　　北	13	261 916	124 634	137 282
山　　西	14	218 129	104 945	113 184
内 蒙 古	15	123 083	56 361	66 722
辽　　宁	21	252 812	167 480	85 332
吉　　林	22	113 357	58 453	54 904
黑 龙 江	23	175 752	102 050	73 702
上　　海	31	244 088	213 738	30 350
江　　苏	32	385 724	261 928	123 796
浙　　江	33	356 654	244 163	112 491
安　　徽	34	322 857	190 467	132 390
福　　建	35	210 933	129 106	81 827
江　　西	36	184 146	101 148	82 998
山　　东	37	510 732	252 786	257 946
河　　南	41	341 084	195 757	145 327
湖　　北	42	233 420	117 624	115 796
湖　　南	43	289 253	146 973	142 280
广　　东	44	494 611	405 192	89 419
广　　西	45	155 558	78 612	76 946
海　　南	46	27 999	15 358	12 641
重　　庆	50	137 348	62 316	75 032
四　　川	51	335 350	154 507	180 843
贵　　州	52	124 074	39 887	84 187
云　　南	53	135 203	62 888	72 315
西　　藏	54	19 143	3 122	16 021
陕　　西	61	225 097	103 638	121 459
甘　　肃	62	134 158	49 824	84 334
青　　海	63	28 995	11 507	17 488
宁　　夏	64	24 568	11 953	12 615
新　　疆	65	86 928	42 859	44 069

法人单位、产业活动单位按地区(省会城市和计划单列市)分组的单位数

省会城市和计划单列市	法人单位数(万个)	法人单位分地区的比例构成(%)	产业活动单位数(万个)	产业活动单位分地区的比例构成(%)
总计	**1 221 361**	**100.00**	**1 604 733**	**100.00**
北京	98 950	8.10	120 251	7.49
天津	65 955	5.40	77 905	4.85
石家庄	29 028	2.37	38 699	2.41
太原	16 287	1.33	21 759	1.35
呼和浩特	9 991	0.81	13 531	0.84
沈阳	43 606	3.57	52 722	3.28
长春	18 134	1.48	23 797	1.48
哈尔滨	23 747	1.94	33 542	2.09
上海	200 120	16.3	244 086	15.2
南京	28 571	2.33	36 609	2.28
杭州	45 471	3.72	56 986	3.55
合肥	17 056	1.39	24 262	1.51
福州	24 817	2.03	41 948	2.61
南昌	14 765	1.20	19 119	1.19
济南	31 160	2.55	45 956	2.86
郑州	22 023	1.80	29 801	1.85
武汉	23 922	1.95	27 876	1.73
长沙	17 420	1.42	26 443	1.64
广州	73 021	5.97	83 462	5.20
南宁	9 586	0.78	14 034	0.87
海口	6 834	0.55	7 777	0.48
重庆	86 648	7.09	137 310	8.55
成都	42 956	3.51	57 946	3.61
贵阳	12 145	0.99	18 705	1.16
昆明	20 780	1.70	30 971	1.92
拉萨	1 262	0.10	1 907	0.11
西安	44 116	3.61	49 916	3.11
兰州	12 244	1.00	18 673	1.16
西宁	5 037	0.41	7 622	0.47
银川	5 515	0.45	7 515	0.46
乌鲁木齐	11 169	0.91	15 484	0.96
大连	35 942	2.94	43 933	2.73
宁波	44 794	3.66	53 487	3.33
厦门	13 137	1.07	16 367	1.01
青岛	37 382	3.06	59 285	3.69
深圳	27 770	2.27	45 047	2.80

法人单位、产业活动单位按行业(大类)分组的单位数

行业类别（大类）	代码	法人单位数（万个）	从事单一活动或位于一个地点的法人单位（万个）	从事多种活动或位于多个地点的法人单位（万个）	产业活动单位数（万个）
总　计		**4 402 276**	**3 958 673**	**443 603**	**6 351 139**
农、林、牧、渔业	A	142 003	133 075	8 928	244 647
农业	01	21 594	19 728	1 866	33 591
林业	02	18 893	17 654	1 239	25 340
畜牧业	03	10 094	9 575	519	13 247
渔业	04	10 620	10 263	357	12 722
农、林、牧、渔服务业	05	80 802	75 855	4 947	159 747
采掘业	B	102 454	99 997	2 457	111 248
煤炭采选业	06	41 725	40 496	1 229	44 625
石油和天然气开采业	07	263	223	40	425
黑色金属矿采选业	08	6 039	5 920	119	6 403
有色金属矿采选业	09	8 834	8 535	299	9 509
非金属矿采选业	10	43 202	42 799	403	46 039
其他矿采选业	11	299	296	3	335
木材及竹材采运业	12	2 092	1 728	364	3 912
制造业	C	1 275 912	1 243 078	32 834	1 380 108
食品加工业	13	98 808	964 544	2 264	113 235
食品制造业	14	39 210	37 765	1 445	44 891
饮料制造业	15	29 643	28 745	898	33 021
烟草加工业	16	503	402	101	656
纺织业	17	57 872	55 884	1 988	61 013
服装及其他纤维制品制造业	18	55 398	53 987	1 411	59 058
皮革、毛皮、羽绒及其制品业	19	29 534	28 933	601	31 069
木材加工及竹、藤、棕、草制品业	20	41 506	40 912	594	45 997
家具制造业	21	29 957	29 257	700	32 229
造纸及纸制品业	22	36 963	36 307	656	39 304
印刷业、记录媒介的复制	23	33 247	32 138	1 109	37 551
文教体育用品制造业	24	13 759	13 452	307	15 463
石油加工及炼焦业	25	7 525	7 293	232	8 092
化学原料及化学制品制造业	26	61 475	59 377	2 098	65 907
医药制造业	27	8 658	8 152	506	9 475
化学纤维制造业	28	3 392	3 265	127	3 541
橡胶制品业	29	12 046	11 664	382	12 779
塑料制品业	30	58 851	57 836	1 015	62 633
非金属矿物制品业	31	236 083	233 636	2 447	24 889

法人单位、产业活动单位按行业(大类)分组的单位数

(续1)

行业类别 (大类)	代 码	法人单位数 (万个)	从事单一活动或位于一个地点的法人单位 (万个)	从事多种活动或位于多个地点的法人单位 (万个)	产业活动单位数 (万个)
黑色金属冶炼及压延加工业	32	16 348	15 767	581	17 312
有色金属冶炼及压延加工业	33	11 126	10 723	403	11 778
金属制品业	34	88 736	86 764	1 972	94 697
普通机械制造业	35	8 402?	81 486	2 541	88 403
专用设备制造业	36	44 383	42 370	2 013	48 295
交通运输设备制造业	37	51 430	59 062	2 368	59 939
武器弹药制造业	39	166	80	86	169
电气机械及器材制造业	40	48 966	47 158	1 810	51 974
电子及通信设备制造业	41	18 704	18 000	704	19 888
仪器仪表及文化、办公用机械制造业	42	12 320	11 739	581	13 426
其他制造业	43	45 276	44 382	894	49 422
电力、蒸汽、热水的生产和供应业	D	27 078	24 658	2 420	40 082
电力、蒸汽、热水的生产和供应业	44	18 821	17 142	1 679	30 511
煤气生产和供应业	45	832	696	136	1 054
自来水的生产和供应业	46	7 425	6 820	605	8 517
建筑业	E	126 704	118 053	8 651	152 664
土木工程建筑业	47	91 679	84 957	6 722	110 051
线路、管道和设备安装业	48	13 908	12 777	1 131	17 626
装修装饰业	49	21 117	20 319	798	24 687
地质勘查业、水利管理业	F	20 858	18 606	2 252	36 273
地质勘查业	50	2 692	2 148	544	3 593
水利管理业	51	18 166	16 458	1 708	32 680
交通运输、仓储及邮电通信业	G	62 793	53 467	9 326	133 804
铁路运输业	52	235	128	107	6 273
公路运输业	53	22 206	19 427	2 779	29 876
管道运输业	54	37	28	9	873
水上运输业	55	4 946	4 366	580	5 758
航空运输业	56	146	122	24	181
交通运输辅助业	57	22 115	19 820	2 295	38 428
其他交通运输业	58	276	262	14	504
仓储业	59	7 614	6 832	782	10 301
邮电通信业	60	5 218	2 482	2 736	42 400
批发和零售贸易、餐饮业	H	742 608	654 926	87 682	1 214 061
食品、饮料、烟草和家庭用品批发业	61	177 890	150 949	26 941	254 858
能源、材料和机械电子设备批发业	62	183 862	169 846	14 016	232 106
其他批发业	63	38 920	31 414	7 506	70 363

法人单位、产业活动单位按行业(大类)分组的单位数

(续2)

行业类别 (大类)	代码	法人单位数 (万个)	从事单一活动或位于一个地点的法人单位 (万个)	从事多种活动或位于多个地点的法人单位 (万个)	产业活动单位数 (万个)
零售业	64	283 641	247 781	35 860	555 059
商业经纪与代理业	65	5 274	5 087	187	5 689
餐饮业	67	53 021	49 849	3 172	95 986
金融、保险业	I	73 824	48 614	25 210	247 989
金融业	68	67 887	43 117	24 770	240 249
保险业	70	5 937	5 497	440	7 740
房地产业	J	39 693	36 856	2 837	47 695
房地产开发与经营业	72	27 828	25 934	1 894	30 402
房地产管理业	73	9 319	8 478	841	14 249
房地产经纪与代理业	74	2 546	2 444	102	3 044
社会服务业	K	154 697	145 509	9 188	226 249
公共设施服务业	75	21 489	19 802	1 687	26 986
居民服务业	76	28 388	26 565	1 823	52 612
旅馆业	78	28 423	25 597	2 826	46 965
租赁服务业	79	2 464	2 315	149	3 751
旅游业	80	4 935	4 488	447	5 819
娱乐服务业	81	8 863	8 525	338	13 882
信息、咨询服务业	82	41 008	40 112	896	49 381
计算机应用服务业	83	6 530	6 390	140	7 153
其他社会服务业	84	12 597	11 715	882	19 700
卫生、体育和社会福利业	L	116 075	109 916	6 159	240 538
卫生	85	100 040	94 668	5 372	214 549
体育	86	1 947	1 735	212	2 321
社会福利保障业	87	14 088	13 513	575	23 668
教育、文化艺术及广播电影电视业	M	267 591	228 144	39 447	794 397
教育	89	215 358	179 337	36 021	708 873
文化艺术业	90	34 988	33 191	1 797	49 992
广播电影电视业	91	17 245	15 616	1 629	35 532
科学研究和综合技术服务业	N	46 335	43 706	2 629	54 528
科学研究业	92	8 044	7 225	819	9 050
综合技术服务业	93	38 291	36 481	1 810	45 478
国家机关、政党机关和社会团体	O	1 156 366	957 660	198 706	1 367 513
国家机关	94	245 002	185 156	59 846	443 878
政党机关	95	35 533	34 109	1 424	36 309
社会团体	96	44 371	42 445	1 926	55 271
基层群众自治组织	97	839 037	703 527	135 510	839 632
其他行业	P	39 708	34 831	4 877	52 077
其他行业	99	39 708	34 831	4 877	52 077

第二部分

企　业　篇

全部企业法人按行业(大类)分组的单位数

行业类别(大类)	代码	企业法人单位数(个)	从事单一活动或位于一个地点的企业	从事多种活动或位于多个地点的企业
全国总计		**2 628 125**	**2 446 846**	**181 279**
农、林、牧渔业	A	59 225	56 110	3 115
农业	0100	19 128	17 623	1 505
林业	0200	13 652	13 175	477
畜牧业	0300	8 940	8 514	426
渔业	0400	10 001	9 690	311
农、林、牧、渔服务业	0500	7 504	7 108	396
采掘业	B	102 231	99 818	2 413
煤炭采选业	0600	41 704	40 480	1 224
石油和天然气开采业	0700	262	222	40
黑色金属矿采选业	0800	6 031	5 912	119
有色金属矿采选业	0900	8 813	8 516	297
非金属矿采选业	1000	43 129	42 736	393
木材及竹材采运业	1200	1 995	1 658	337
制造业	C	1 274 209	1 241 529	32 680
食品加工业	1300	98 720	96 467	2 253
食品制造业	1400	39 166	37 723	1 443
饮料制造业	1500	29 606	28 712	894
烟草加工业	1600	503	402	101
纺织业	1700	57 828	55 841	1 987
服装及其他纤维制品制造业	1800	55 341	53 938	1 403
皮革、毛皮、羽绒及其制品业	1900	29 524	28 923	601
木材加工及竹、藤、棕、草制品业	2000	41 466	40 879	587
家具制造业	2100	29 938	29 238	700
造纸及纸制品业	2200	36 937	36 282	655
印刷业，记录媒介的复制	2300	33 021	31 927	1 094
文教体育用品制造业	2400	13 732	13 427	305
石油加工及炼焦业	2500	7 521	7 289	232
化学原料及化学制品制造业	2600	61 400	59 308	2 092
医药制造业	2700	8 626	8 125	501
化学纤维制造业	2800	3 388	3 261	127
橡胶制品业	2900	12 025	11 644	381
塑料制品业	3000	58 802	57 792	1 010
非金属矿物制品业	3100	235 898	233 460	2 438
黑色金属冶炼及压延加工业	3200	16 336	15 757	579
有色金属冶炼及压延加工业	3300	11 118	10 715	403
金属制品业	3400	88 666	86 703	1 963
普通机械制造业	3500	83 917	81 391	2 526
专用设备制造业	3600	44 229	42 234	1 995

全部企业法人按行业(大类)分组的单位数

(续1)

行业类别(大类)	代码	企业法人单位数(个)	从事单一活动或位于一个地点的企业	从事多种活动或位于多个地点的企业
交通运输设备制造业	3700	51 244	48 894	2 350
电气机械及器材制造业	4000	48 911	47 106	1 805
电子及通信设备制造业	4100	18 673	17 970	703
仪器仪表及文化、办公用机械制造业	4200	12 269	11 695	574
其他制造业	4300	45 238	44 346	892
电力、煤气及水的生产和供应业	D	25 892	23 589	2 303
电力、蒸汽、热水的生产和供应业	4400	18 010	16 403	1 607
煤气生产和供应业	4500	790	661	129
自来水的生产和供应业	4600	7 092	6 525	567
建筑业	E	125 710	117 184	8 526
土木工程建筑业	4700	90 839	84 231	6 608
线路、管道和设备安装业	4800	13 827	12 703	1 124
装修装饰业	4900	21 044	20 250	794
地质勘探业、水利管理业	F	1 495	1 371	124
地质勘探业	5000	838	761	77
水利管理业	5100	657	610	47
交通运输、仓储及邮电通信业	G	53 482	45 530	7 952
铁路运输业	5200	230	123	107
汽车运输业	5300	21 929	19 182	2 747
管道运输业	5400	32	25	7
水上运输业	5500	4 859	4 285	574
航空运输业	5600	127	105	22
交通运输辅助业	5700	13 936	12 877	1 059
其他交通运输业	5800	238	226	12
仓储业	5900	7 176	6 440	736
邮电通信业	6000	4 955	2 267	2 688
批发和零售贸易、餐饮业	H	737 587	650 648	86 939
食品、饮料、烟草和家庭日用品批发业	6100	177 054	150 293	26 761
能源、材料和机械电子设备批发业	6200	182 867	168 951	13 916
其他批发业	6300	37 880	30 542	7 338
零售业	6400	281 943	246 332	35 611
商业经纪与代理业	6500	5 157	4 978	179
餐饮业	6700	52 686	49 552	3 134
金融、保险业	I	69 019	44 243	24 776
金融业	6800	63 362	39 009	24 353
保险业	7000	5 657	5 234	423
房地产业	I	32 262	29 992	2 270
房地产开发与经营业	7200	26 342	24 581	1 761
房地产管理业	7300	4 229	3 796	433

全部企业法人按行业(大类)分组的单位数

(续2)

行业类别(大类)	代码	企业法人单位数(个)	从事单一活动或位于一个地点的企业	从事多种活动或位于多个地点的企业
房地产代理与经纪业	7400	1 691	1 615	76
社会服务业	K	109 386	102 593	6 793
公共设施服务业	7500	7 849	7 219	630
居民服务业	7600	23 901	22 315	1 586
旅馆业	7800	24 929	22 479	2 450
租赁服务业	7900	2 363	2 218	145
旅游业	8000	4 233	3 852	381
娱乐服务业	8100	8 278	7 988	290
信息、咨询服务业	8200	24 759	24 093	666
计算机应用服务业	8300	6 145	6 027	118
其他社会服务业	8400	6 929	6 402	527
卫生、体育和社会福利业	L	2 216	2 073	143
卫生	8500	1 420	1 382	38
体育	8600	199	186	13
社会福利保障业	8700	597	505	92
教育、文化艺术及广播电影电视业	M	5 786	5 199	587
教育	8900	1 167	1 097	70
文化艺术业	9000	1 677	1 546	131
广播电影电视业	9100	2 942	2 556	386
科学研究和综合技术服务业	N	19 052	18 476	576
科学研究业	9200	1 218	1 180	38
综合技术服务业	9300	17 834	17 296	538
国家机关、政党机关和社会团体	O			
其他行业	P	10 573	8 491	2 082

全部企业法人按地区(省)分组的单位数

地区(省)	代码	企业法人单位数(个)	从事单一活动或位于一个地点的企业	从事多种活动或位于多个地点的企业
全国总计		**2 628 125**	**2 446 846**	**181 279**
北　京	11	78 652	74 613	4 039
天　津	12	51 036	49 100	1 936
河　北	13	97 947	94 103	3 844
山　西	14	64 421	58 108	6 313
内蒙古	15	36 943	32 937	4 006
辽　宁	21	129 132	122 211	6 921
吉　林	22	39 018	35 897	3 121
黑龙江	23	65 170	58 789	6 381
上　海	31	175 255	162 071	13 184
江　苏	32	204 122	190 064	14 058
浙　江	33	198 419	189 239	9 180
安　徽	34	131 780	122 501	9 279
福　建	35	88 871	83 202	5 669
江　西	36	74 641	69 284	5 357
山　东	37	184 370	171 158	13 212
河　南	41	129 475	119 783	9 692
湖　北	42	87 573	82 710	4 863
湖　南	43	105 681	99 391	6 290
广　东	44	273 067	258 409	14 658
广　西	45	44 313	39 395	4 918
海　南	46	10 427	9 726	701
重　庆	50	37 177	32 621	4 556
四　川	51	109 392	100 986	8 406
贵　州	52	23 539	20 552	2 987
云　南	53	39 643	34 812	4 831
西　藏	54	1 388	1 113	275
陕　西	61	84 251	80 560	3 691
甘　肃	62	26 779	23 156	3 623
青　海	63	6 162	5 136	1 026
宁　夏	64	8 053	7 402	651
新　疆	65	21 428	17 817	3 611

全部企业法人按行业(大类)、营业状态分组的单位数

行业类别(大类)	代码	企业法人单位数(个)	营业	停业	筹建	96年撤消	其他
全国总计		**2 628 125**	**2 456 576**	**113 802**	**36 402**	**10 958**	**10 387**
农、林、牧渔业	A	59 225	56 878	1 056	970	59	262
农业	0100	19 128	18 457	204	353	14	100
林业	0200	13 652	13 452	60	110	2	28
畜牧业	0300	8 940	8 371	283	239	16	31
渔业	0400	10 001	9 460	285	194	12	50
农、林、牧、渔服务业	0500	7 504	7 138	224	74	15	53
采掘业	B	102 231	96 410	4 212	1 072	420	117
煤炭采选业	0600	41 704	39 517	1 416	635	102	34
石油和天然气开采业	0700	262	246	3	8		5
黑色金属矿采选业	0800	6 031	5 572	365	53	35	6
有色金属矿采选业	0900	8 813	7 820	707	148	124	14
非金属矿采选业	1000	43 129	41 070	1 628	219	155	57
木材及竹材采运业	1200	1 995	1 912	75	4	4	
制造业	C	1 274 209	1 188 634	60 142	16 911	5 725	2 797
食品加工业	1300	98 720	94 027	3 414	862	285	132
食品制造业	1400	39 166	35 254	2 841	724	221	126
饮料制造业	1500	29 606	27 046	1 852	470	154	84
烟草加工业	1600	503	468	27	4	2	2
纺织业	1700	57 828	53 312	3 361	693	336	126
服装及其他纤维制品制造业	1800	55 341	49 432	4 369	1 025	355	160
皮革、毛皮、羽绒及其制品业	1900	29 524	26 544	2 327	389	188	76
木材加工及竹、藤、棕、草制品业	2000	41 466	38 506	2 188	509	195	68
家具制造业	2100	29 938	28 317	1 129	304	107	81
造纸及纸制品业	2200	36 937	33 904	1 966	484	510	73
印刷业，记录媒介的复制	2300	33 021	31 646	967	228	89	91

全部企业法人按行业(大类)、营业状态分组的单位数

(续1)

行业类别(大类)	代码	企业法人单位数(个)	营业	停业	筹建	96年撤消	其他
文教体育用品制造业	2400	13 732	12 804	627	228	48	25
石油加工及炼焦业	2500	7 521	6 539	765	149	50	18
化学原料及化学制品制造业	2600	61 400	55 650	3 745	1 531	304	170
医药制造业	2700	8 626	7 632	526	393	27	48
化学纤维制造业	2800	3 388	3 130	159	79	11	9
橡胶制品业	2900	12 025	11 133	633	178	48	33
塑料制品业	3000	58 802	54 658	2 854	895	244	151
非金属矿物制品业	3100	235 898	226 102	7 153	1 596	706	341
黑色金属冶炼及压延加工业	3200	16 336	14 429	1 575	210	95	27
有色金属冶炼及压延加工业	3300	11 118	9 907	829	303	56	23
金属制品业	3400	88 666	83 016	3 969	1 109	380	192
普通机械制造业	3500	83 917	79 478	3 216	734	335	154
专用设备制造业	3600	44 229	41 516	1 745	672	182	114
交通运输设备制造业	3700	51 244	48 103	2 036	776	196	133
电气机械及器材制造业	4000	48 911	45 678	2 079	845	200	109
电子及通信设备制造业	4100	18 673	16 832	931	715	100	95
仪器仪表及文化、办公用机械制造业	4200	12 269	11 390	525	258	54	42
其他制造业	4300	45 238	42 022	2 329	546	247	94
电力、煤气及水的生产和供应业	D	25 892	25 072	237	532	21	30
电力、蒸汽、热水的生产和供应业	4400	18 010	17 406	184	384	18	18
煤气生产和供应业	4500	790	720	16	50	1	3
自来水的生产和供应业	4600	7 092	6 946	37	98	2	9
建筑业	E	125 710	119 994	3 654	1 150	254	658
土木工程建筑业	4700	90 839	87 875	1 957	497	123	387
线路、管道和设备安装业	4800	13 827	13 119	423	170	30	85
装修装饰业	4900	21 044	19 000	1 274	483	101	186

全部企业法人按行业(大类)、营业状态分组的单位数

(续2)

行业类别(大类)	代码	企业法人单位数(个)	营业	停业	筹建	96年撤消	其他
地质勘探业、水利管理业	F	1 495	1 409	50	17	2	17
地质勘探业	5000	838	792	30	9		7
水利管理业	5100	657	617	20	8	2	10
交通运输、仓储及邮电通信业	G	53 482	50 972	1 598	590	115	207
铁路运输业	5200	230	216	1	13		
汽车运输业	5300	21 929	20 873	813	126	43	74
管道运输业	5400	32	30	1	1		
水上运输业	5500	4 859	4 619	151	56	19	14
航空运输业	5600	127	122		3		2
交通运输辅助业	5700	13 936	13 282	380	182	35	57
其他交通运输业	5800	238	228	4	5		1
仓储业	5900	7 176	6 749	207	174	12	34
邮电通信业	6000	4 955	4 853	41	30	6	25
批发和零售贸易、餐饮业	H	737 587	685 595	35 844	9 080	3 728	3 340
食品、饮料、烟草和家庭日用品批发业	6100	177 054	164 149	8 913	2 274	824	894
能源、材料和机械电子设备批发业	6200	182 867	166 794	11 255	2 802	949	1 067
其他批发业	6300	37 880	35 560	1 405	511	150	254
零售业	6400	281 943	264 785	11 948	2 723	1 517	970
商业经纪与代理业	6500	5 157	4 725	210	158	22	42
餐饮业	6700	52 686	49 582	2 113	612	266	113
金融、保险业	I	69 019	68 549	90	172	89	119
金融业	6800	63 362	62 938	86	143	86	109
保险业	7000	5 657	5 611	4	29	3	10
房地产业	J	32 262	27 795	1 658	2 069	69	671
房地产开发与经营业	7200	26 342	22 511	1 471	1 728	48	584

全部企业法人按行业(大类)、营业状态分组的单位数

(续3)

行业类别(大类)	代码	企业法人单位数(个)	营业	停业	筹建	96年撤消	其他
房地产管理业	7300	4 229	3 766	112	270	13	68
房地产代理与经纪业	7400	1 691	1 518	75	71	8	19
社会服务业	K	109 386	100 779	3 857	2 929	342	1 479
公共设施服务业	7500	7 849	7 407	206	177	18	41
居民服务业	7600	23 901	22 396	937	354	102	112
旅馆业	7800	24 929	23 668	689	436	58	78
租赁服务业	7900	2 363	2 210	69	59	6	19
旅游业	8000	4 233	3 826	157	196	11	43
娱乐服务业	8100	8 278	7 349	426	423	41	39
信息、咨询服务业	8200	24 759	21 808	995	847	72	1 037
计算机应用服务业	8300	6 145	5 676	151	265	10	43
其他社会服务业	8400	6 929	6 439	227	172	24	67
卫生、体育和社会福利业	L	2 216	2 072	59	60	7	18
卫生	8500	1 420	1 373	21	19	2	5
体育	8600	199	161	8	29	1	
社会福利保障业	8700	597	538	30	12	4	13
教育、文化艺术及广播电影电视业	M	5 786	5 316	271	114	36	49
教育	8900	1 167	1 048	64	20	17	18
文化艺术业	9000	1 677	1 508	77	64	15	13
广播电影电视业	9100	2 942	2 760	130	30	4	18
科学研究和综合技术服务业	N	19 052	17 712	665	439	71	165
科学研究业	9200	1 218	1 045	87	64	7	15
综合技术服务业	9300	17 834	16 667	578	375	64	150
国家机关、政党机关和社会团体	O						
其他行业	P	10 573	9 389	409	297	20	458

全部企业法人按经济类型、营业状态分组的单位数

经济类型	代码	企业法人单位数(个)	营业	停业	筹建	96年撤消	其他
全国总计		**2 628 125**	**2 456 576**	**113 802**	**36 402**	**10 958**	**10 387**
国有经济	10	442 025	412 674	20 957	4 200	1 636	2 558
集体经济	20	1 501 114	1 406 153	71 715	11 631	7 414	4 201
私营经济	30	442 970	422 061	12 619	5 710	1 374	1 206
联营经济	50	44 175	40 215	1 640	1 937	105	278
股份制经济	60	71 830	67 250	1 464	2 614	81	421
外商投资经济	70	53 930	45 157	2 296	5 564	148	765
中外合资经营企业	71	33 101	28 334	1 478	2 998	99	192
中外合作经营企业	72	7 662	6 396	369	794	25	78
外商独资企业	73	13 167	10 427	449	1 772	24	495
港.澳.台投资经济	80	56 832	49 052	2 756	4 461	143	420
港.澳.台与大陆合资经营企业	81	29 045	25 194	1 545	2 058	84	164
港.澳.台与大陆合作经营企业	82	13 628	12 555	421	566	26	60
港.澳.台独资企业	83	14 159	11 303	790	1 837	33	196
其他经济	90	15 249	14 014	355	285	57	538

全部企业法人单位按经济类型

经济类型	代码	全部企业法人单位数(个)	7人以下	8－19人
全国总计		**2 628 125**	**512 136**	**909 952**
国有经济	10	442 025	62 414	101 008
集体经济	20	1 501 114	345 247	474 087
私营经济	30	442 970	65 474	269 774
联营经济	50	44 175	8 589	15 821
股份制经济	60	71 830	11 073	25 428
外商投资经济	70	53 930	7 075	9 618
中外合资经营企业	71	33 101	3 104	5 570
中外合作经营企业	72	7 662	818	1 312
外商独资企业	73	13 167	3 153	2 736
港.澳.台投资经济	80	56 832	5 792	8 780
港.澳.台与大陆合资经营企业	81	29 045	2 619	4 434
港.澳.台与大陆合作经营企业	82	13 628	651	1 645
港.澳.台独资企业	83	14 159	2 522	2 701
其他经济	90	15 249	6 472	5 436

、从业人员规模分组的单位数

20—49人	50—99人	100—299人	300—499人	500—999人	1000—4999人	5000—9999人	10000人以上
602 179	**282 881**	**224 580**	**44 916**	**30 830**	**18 804**	**1 281**	**566**
106 421	63 107	65 167	16 679	14 074	11 613	1 020	522
354 907	167 491	121 718	20 815	12 021	4 669	137	22
82 304	18 403	6 308	462	188	56	1	
10 898	4 785	3 040	555	337	145	3	2
17 919	7 668	6 056	1 399	1 211	982	79	15
13 242	9 638	10 038	2 248	1 406	638	24	3
8 335	6 346	6 807	1 535	940	444	18	2
1 955	1 446	1 520	336	212	61	2	
2 952	1 846	1 711	377	254	133	4	1
14 203	11 156	11 918	2 706	1 567	692	17	1
7 178	5 826	6 390	1 391	835	359	13	
3 663	3 157	3 212	730	400	169	1	
3 362	2 173	2 316	585	332	164	3	1
2 285	633	335	52	26	9		1

全部企业法人按地区(省)、营业状态分组的单位数

地区(省)	代码	企业法人单位数(个)	营业	停业	筹建	96年撤消	其他
全国总计		**2 628 125**	**2 456 576**	**113 802**	**36 402**	**10 958**	**10 387**
北　　京	11	78 652	74 248	1 978	1 692	60	674
天　　津	12	51 036	47 275	2 322	943	254	242
河　　北	13	97 947	92 295	4 417	563	502	170
山　　西	14	64 421	59 247	4 117	787	270	
内 蒙 古	15	36 943	34 772	1 720	313	128	10
辽　　宁	21	129 132	117 280	9 204	1 348	1 073	227
吉　　林	22	39 018	35 048	3 169	602	74	125
黑 龙 江	23	65 170	59 466	4 758	597	211	138
上　　海	31	175 255	161 766	7 483	4 250	1 756	
江　　苏	32	204 122	197 447	3 840	2 237	76	522
浙　　江	33	198 419	186 020	9 198	2 064	841	296
安　　徽	34	131 780	126 917	3 066	1 126	496	175
福　　建	35	88 871	78 344	7 182	2 567	358	420
江　　西	36	74 641	70 993	2 742	534	260	112
山　　东	37	184 370	177 490	4 133	1 986	239	522
河　　南	41	129 475	113 800	8 808	2 661	1 791	2 415
湖　　北	42	87 573	85 523	1 436	354	40	220
湖　　南	43	105 681	102 414	2 375	300	528	64
广　　东	44	273 067	247 271	15 049	6 656	978	3 113
广　　西	45	44 313	40 022	3 036	700	401	154
海　　南	46	10 427	8 483	1 147	406	16	375
重　　庆	50	37 177	35 059	1 724	361		33
四　　川	51	109 392	105 767	2 738	776	83	28
贵　　州	52	23 539	21 680	1 338	308	49	164
云　　南	53	39 643	36 975	1 684	838	146	
西　　藏	54	1 388	1 309	34	34	3	8
陕　　西	61	84 251	80 911	2 576	521	160	83
甘　　肃	62	26 779	25 264	1 143	253	58	61
青　　海	63	6 162	5 729	277	132	12	12
宁　　夏	64	8 053	7 600	307	116	21	9
新　　疆	65	21 428	20 161	801	377	74	15

全部企业法人按开业时间、营业状态分组的单位数

开业时间	代码	企业法人单位数(个)	营业	停业	筹建	96年撤消	其他
全国总计		**2 628 125**	**2 456 576**	**113 802**	**36 402**	**10 958**	**10 387**
1 978 年以前	01	369 043	354 029	12 975	149	1 034	856
1 979—1 981 年	02	88 127	83 289	4 087	53	375	323
1 982—1 984 年	03	122 625	116 071	5 600	48	517	389
1 985—1 988 年	04	278 244	263 465	12 519	202	1 206	852
1 989—1 991 年	05	312 219	290 450	18 076	461	2 281	951
1 992 年	06	224 052	209 590	11 927	564	969	1 002
1 993 年	07	332 079	309 857	17 709	1 238	1 525	1 750
1 994 年	08	316 439	297 124	14 906	1 535	1 600	1 274
1 995 年	09	319 147	301 946	11 063	3 685	1 088	1 365
1 996 年	10	251 705	229 980	4 923	14 822	363	1 617
其他(开业时间不详)	11	14 445	775	17	13 645		8

全部企业法人单位按地区（省

地区（省）	代码	全部企业法人单位数（个）	国有经济	集体经济	私营经济	联营经济	股份制经济
全国总计		**2 628 125**	**442 025**	**1 501 114**	**442 970**	**44 175**	**71 830**
北　京	11	78 652	20 953	41 565	3 379	1 005	5 428
天　津	12	51 036	8 669	31 070	6 248	518	882
河　北	13	97 947	16 225	58 011	12 531	5 237	1 192
山　西	14	64 421	13 140	35 354	13 251	806	1 115
内蒙古	15	36 943	11 583	19 616	3 674	247	1 311
辽　宁	21	129 132	24 169	86 623	11 937	647	1 274
吉　林	22	39 018	12 191	21 966	2 403	68	876
黑龙江	23	65 170	19 915	36 109	4 895	138	1 992
上　海	31	175 255	29 611	89 843	31 889	9 883	467
江　苏	32	204 122	27 198	154 407	8 200	1 732	3 932
浙　江	33	198 419	17 571	120 240	45 420	1 524	8 223
安　徽	34	131 780	13 513	69 924	40 107	527	5 705
福　建	35	88 871	10 746	52 155	10 806	3 620	1 666
江　西	36	74 641	14 982	44 228	11 705	921	1 749
山　东	37	184 370	29 237	86 821	52 705	600	6 282
河　南	41	129 475	19 705	85 461	16 457	1 832	3 550
湖　北	42	87 573	16 876	49 314	14 212	263	4 934
湖　南	43	105 681	13 047	59 115	29 747	1 687	620
广　东	44	273 067	38 641	126 286	59 341	8 809	4 941
广　西	45	44 313	9 968	27 888	2 386	767	992
海　南	46	10 427	4 292	2 479	1 165	337	476
重　庆	50	37 177	5 681	24 117	5 137	177	1 255
四　川	51	109 392	14 753	68 555	19 171	561	4 411
贵　州	52	23 539	6 878	11 810	3 409	285	754
云　南	53	39 643	9 820	25 190	2 022	328	1 349
西　藏	54	1 388	864	368	24	73	30
陕　西	61	84 251	12 245	40 918	23 668	773	4 318
甘　肃	62	26 779	6 989	15 535	2 253	603	867
青　海	63	6 162	2 364	2 819	345	49	528
宁　夏	64	8 053	2 182	3 321	2 020	31	218
新　疆	65	21 428	8 017	10 006	2 463	127	493

）、经济类型分组的单位数

外商投资经济	中外合资经营企业	中外合作经营企业	外商独资企业	港.澳.台投资经济	港.澳.台与大陆合资经营企业	港.澳.台与大陆合作经营企业	港.澳.台独资企业	其他经济
53 930	**33 101**	**7 662**	**13 167**	**56 832**	**29 045**	**13 628**	**14 159**	**15 249**
3 556	2 220	274	1 062	1 903	1 377	120	406	863
2 131	1 122	121	888	1 404	837	51	516	114
1 044	841	69	134	910	808	42	60	2 797
450	364	27	59	305	275	10	20	
243	195	33	15	185	159	13	13	84
3 154	1 905	420	829	1 286	1 021	147	118	42
1 129	755	109	265	385	279	6	100	
896	608	60	228	366	272	20	74	859
6 392	3 447	1 206	1 739	4 025	2 241	917	867	3 145
4 029	3 322	245	462	4 416	3 694	186	536	208
3 094	2 502	191	401	2 173	1 697	94	382	174
913	620	72	221	713	485	22	206	378
3 599	1 575	367	1 657	5 945	2 048	291	3 606	334
574	427	56	91	482	320	41	121	
5 430	3 796	361	1 273	2 899	2 316	162	421	396
925	753	89	83	1 228	1 003	53	172	317
800	643	59	98	1 152	858	69	225	22
540	416	68	56	515	394	37	84	410
9 750	4 073	3 199	2 478	23 103	6 860	11 104	5 139	2 196
731	513	123	95	525	350	50	125	1 056
684	245	77	362	848	274	47	527	146
362	225	29	108	372	215	29	128	76
768	611	57	100	523	389	37	97	650
187	144	14	29	154	97	2	55	62
391	277	33	81	334	233	22	79	209
19	16	1	2	7	5	1	1	3
1 597	1 117	256	224	397	315	41	41	335
131	96	13	22	90	56	6	28	311
25	18	3	4	13	12		1	19
242	142	16	84	32	28	3	1	7
144	113	14	17	142	127	5	10	36

营业企业法人按地区(省)、

地区(省)	代码	营业企业法人单位数(个)	7人以下	8—19人	20—49人	50—99人
全国总计		**2 456 576**	**439 147**	**859 492**	**574 884**	**272 292**
北　　京	11	74 248	13 927	27 550	18 214	7 302
天　　津	12	47 275	7 887	17 016	11 399	5 085
河　　北	13	92 295	14 260	25 971	25 699	13 115
山　　西	14	59 247	7 901	18 854	16 603	7 876
内 蒙 古	15	34 772	6 338	10 496	8 418	4 575
辽　　宁	21	117 280	21 703	38 875	27 583	13 210
吉　　林	22	35 048	4 700	9 975	8 449	5 155
黑 龙 江	23	59 466	9 982	19 102	13 677	7 263
上　　海	31	161 766	46 811	55 592	32 059	13 396
江　　苏	32	197 447	33 004	63 885	46 370	23 452
浙　　江	33	186 020	38 356	69 807	42 032	17 593
安　　徽	34	126 917	17 838	56 512	28 188	11 319
福　　建	35	78 344	12 895	27 787	21 120	8 456
江　　西	36	70 993	16 866	23 992	16 196	6 831
山　　东	37	177 490	18 301	69 685	41 906	21 834
河　　南	41	113 800	13 315	32 603	30 898	18 668
湖　　北	42	85 523	12 536	30 737	18 818	9 782
湖　　南	43	102 414	17 163	40 190	23 621	9 681
广　　东	44	247 271	53 125	88 040	52 516	24 537
广　　西	45	40 022	7 840	12 946	9 141	4 638
海　　南	46	8 483	1 791	2 586	1 906	975
重　　庆	50	35 059	6 945	11 165	7 453	3 922
四　　川	51	105 767	20 456	38 394	21 922	10 801
贵　　州	52	21 680	2 691	6 718	6 516	2 885
云　　南	53	36 975	6 922	10 967	9 338	4 546
西　　藏	54	1 309	251	353	371	151
陕　　西	61	80 911	14 070	32 818	19 892	7 904
甘　　肃	62	25 264	5 012	6 839	6 460	3 337
青　　海	63	5 729	1 376	1 415	1 352	716
宁　　夏	64	7 600	1 303	2 660	1 679	891
新　　疆	65	20 161	3 582	5 962	5 088	2 396

从业人员规模分组的单位数

100—299 人	300—499 人	500—999 人	1000—4999人	5000—9999人	10000人以上
216 919	**43 528**	**29 998**	**18 477**	**1 274**	**565**
4 990	958	774	463	47	23
3 992	859	644	360	23	10
9 407	1 721	1 239	809	48	26
5 840	989	686	441	35	22
3 425	643	470	365	25	17
10 606	2 317	1 729	1 109	104	44
4 637	1 007	655	408	31	31
6 524	1 280	844	640	94	60
9 876	1 945	1 260	736	60	31
20 900	4 640	3 233	1 838	89	36
13 555	2 467	1 427	738	39	6
9 653	1 697	1 035	625	37	13
6 042	1 086	609	334	12	3
5 215	911	574	383	14	11
17 489	3 888	2 756	1 560	50	21
13 166	2 348	1 663	1 045	73	21
9 665	1 845	1 251	803	58	28
8 269	1 662	1 098	669	44	17
19 960	4 406	2 998	1 576	93	20
3 649	804	609	368	20	7
769	174	139	121	19	3
3 707	833	605	391	22	16
9 716	1 978	1 484	928	55	33
2 004	375	258	212	15	6
3 532	775	534	328	22	11
140	28	12	3		
4 517	729	522	397	47	15
2 441	489	360	291	24	11
589	119	87	66	5	4
729	156	97	76	6	3
1 915	399	346	394	63	16

营业企业法人按地区(省)、

地区(省)	代码	营业企业法人单位数(个)	50万元以下	(50—100)万元
全国总计		**2 456 576**	**1 219 049**	**334 890**
北　　京	11	74 248	36 800	9 664
天　　津	12	47 275	22 233	6 540
河　　北	13	92 295	39 714	13 893
山　　西	14	59 247	32 289	7 909
内 蒙 古	15	34 772	20 090	4 532
辽　　宁	21	117 280	62 755	16 099
吉　　林	22	35 048	18 901	4 768
黑 龙 江	23	59 466	32 865	7 530
上　　海	31	161 766	78 395	20 405
江　　苏	32	197 447	74 398	28 009
浙　　江	33	186 020	74 500	29 940
安　　徽	34	126 917	71 372	16 381
福　　建	35	78 344	32 210	13 063
江　　西	36	70 993	48 373	6 887
山　　东	37	177 490	91 141	22 706
河　　南	41	113 800	47 330	18 574
湖　　北	42	85 523	45 861	10 074
湖　　南	43	102 414	60 748	13 752
广　　东	44	247 271	112 971	35 383
广　　西	45	40 022	19 618	5 195
海　　南	46	8 483	5 129	804
重　　庆	50	35 059	18 540	4 533
四　　川	51	105 767	62 555	12 133
贵　　州	52	21 680	11 889	2 541
云　　南	53	36 975	15 291	5 142
西　　藏	54	1 309	705	166
陕　　西	61	80 911	51 078	10 943
甘　　肃	62	25 264	14 374	3 071
青　　海	63	5 729	3 927	456
宁　　夏	64	7 600	4 078	1 001
新　　疆	65	20 161	8 919	2 796

营业收入规模分组的单位数

(100－500)万元	(500－1000)万元	(1000－5000)万元	5000万元－1亿元	1亿元以上
574 867	**138 426**	**146 377**	**23 041**	**19 926**
17 260	4 287	4 526	718	993
11 799	2 828	2 928	466	481
25 519	5 948	5 845	783	593
13 158	2 758	2 504	332	297
6 732	1 553	1 467	212	186
25 132	5 752	5 829	881	832
7 422	1 632	1 769	291	265
12 473	2 765	2 908	480	445
38 303	10 180	10 795	1 864	1 824
56 518	15 074	17 803	3 021	2 624
53 316	11 829	13 024	1 926	1 485
26 615	5 907	5 387	775	480
22 341	4 862	4 637	664	567
10 749	2 324	2 169	264	227
38 214	10 455	11 539	1 934	1 501
31 998	7 227	6 886	1 048	737
18 549	4 868	4 896	693	582
19 514	3 739	3 733	527	401
59 620	15 480	17 905	3 154	2 758
9 283	2 438	2 700	415	373
1 425	360	568	110	87
7 507	1 910	1 980	326	263
19 382	5 041	5 315	776	565
4 920	1 063	985	128	154
10 223	2 712	2 857	396	354
272	69	78	8	11
13 861	2 279	2 099	329	322
5 177	1 128	1 182	165	167
845	228	201	39	33
1 587	391	424	64	55
5 153	1 339	1 438	252	264

营业企业法人按行业(小类

行业类别(小类)	代码	营业企业法人单位数(个)	北京	天津	河北	山西
全国总计		**2 456 576**	**74 248**	**47 275**	**92 295**	**59 247**
农、林、牧渔业	A	56 878	1 107	147	3 005	1 403
农业	0100	18 457	397	30	2 195	891
种植业	0110	17 944	386	28	2 190	891
其他农业	0190	513	11	2	5	
林业	0200	13 452	20	1	97	110
畜牧业	0300	8 371	386	44	382	289
牲畜饲养放牧业	0310	4 348	211	19	156	192
家禽饲养业	0320	3 548	166	22	208	93
狩猎业	0330	60	3			
其他畜牧业	0390	415	6	3	18	4
渔业	0400	9 460	55	38	166	17
海洋渔业	0410	1 890		20	37	
海水养殖业	0411	1 449		14	32	
海洋捕捞业	0412	441		6	5	
淡水渔业	0420	7 570	55	18	129	17
淡水养殖业	0421	7 453	54	18	128	17
淡水捕捞业	0422	117	1		1	
农、林、牧、渔服务业	0500	7 138	249	34	165	96
农业服务业	0510	4 540	167	21	120	69
林业服务业	0520	492	8		4	9
畜牧兽医服务业	0530	668	37	3	11	14
渔业服务业	0540	666	6	2	15	2
其他农、林、牧、渔服务业	0590	772	31	8	15	2
采掘业	B	96 410	626	114	4 477	7 696
煤炭采选业	0600	39 517	198	4	1 088	5 543
煤炭开采业	0610	38 119	190		1 046	5 087
煤炭洗选业	0620	1 398	8	4	42	456
石油和天然气开采业	0700	246	3	5	2	
天然原油开采业	0710	217	2	5	2	
天然气开采业	0720	20	1			
油页岩开采业	0730	9				
黑色金属矿采选业	0800	5 572	22	1	1 131	896
铁矿采选业	0810	4 622	18	1	1 124	892
其他黑色金属矿采选业	0820	950	4		7	4
锰矿采选业	0821	929	3		7	4
铬矿采选业	0822	21	1			
有色金属矿采选业	0900	7 820	14		245	104
重有色金属矿采选业	0910	3 571	3		25	29
铜矿采选业	0911	920	1		13	27
铅锌矿采选业	0912	1 582	1		12	1

)、地区(省)分组的单位数

内蒙古	辽宁	吉林	黑龙江	上海	江苏	浙江	安徽	福建	江西	山东
34 772	**117 280**	**35 048**	**59 466**	**161 766**	**197 447**	**186 020**	**126 917**	**78 344**	**70 993**	**177 490**
608	1 754	1 004	1 455	2 387	2 214	2 190	4 044	3 490	9 060	1 999
210	516	278	331	557	460	245	573	1 025	2 648	280
203	509	273	318	532	452	237	562	998	2 635	258
7	7	5	13	25	8	8	11	27	13	22
82	180	192	359	113	136	131	1 545	358	4 733	116
195	478	376	373	601	205	225	449	344	328	504
143	230	200	226	357	71	132	195	238	202	130
49	212	158	128	211	122	77	216	94	109	336
2	19	2	3	4	1	2	4	3	1	
1	17	16	16	29	11	14	34	9	16	38
56	385	96	151	382	699	415	1 104	1 590	1 073	624
	305		2	23	171	130		322	7	550
	253		1	14	94	81		279	4	455
	52		1	9	77	49		43	3	95
56	80	96	149	359	528	285	1 104	1 268	1 066	74
52	79	94	134	339	513	281	1 100	1 260	1 060	72
4	1	2	15	20	15	4	4	8	6	2
65	195	62	241	734	714	1 174	373	173	278	475
33	123	47	184	592	355	889	182	78	126	319
4	6	5	9	8	32	172	11	17	45	17
9	18	3	29	49	86	44	40	15	42	39
2	41		15	24	93	50	83	48	37	65
17	7	7	4	61	148	19	57	15	28	35
2 224	4 294	1 271	2 142	8	2 055	2 659	5 211	1 759	5 370	4 615
1 177	893	391	1 072		197	109	735	280	2 656	857
1 134	727	387	1 035		184	109	717	277	2 579	735
43	166	4	37		13		18	3	77	122
1	2	9	7	1	2	1	1			14
1	1	5	7	1	1		1			13
		2			1	1				1
	1	2								
111	493	32	9		101	5	230	75	54	194
107	433	32	9		101	4	206	61	45	194
4	60					1	24	14	9	
4	60					1	24	14	9	
254	443	81	134		19	62	379	58	501	434
98	110	15	6		7	40	281	31	103	9
23	24		4		2	5	238	6	31	5
69	82	8	1		4	31	34	23	25	4

(续1)

行业类别(小类)	代码	河南	湖北	湖南	广东	广西
全国总计		**113 800**	**85 523**	**102 414**	**247 271**	**40 022**
农、林、牧渔业	A	3 628	1 878	4 130	2 453	1 041
农业	0100	1 079	801	1 702	809	308
种植业	0110	1 055	787	1 648	771	299
其他农业	0190	24	14	54	38	9
林业	0200	450	371	1 595	294	468
畜牧业	0300	1 526	97	152	311	79
牲畜饲养放牧业	0310	655	58	102	128	32
家禽饲养业	0320	801	31	43	156	35
狩猎业	0330	2		3	1	3
其他畜牧业	0390	68	8	4	26	9
渔业	0400	340	411	553	680	114
海洋渔业	0410	3	10		185	71
海水养殖业	0411		1		153	29
海洋捕捞业	0412	3	9		32	42
淡水渔业	0420	337	401	553	495	43
淡水养殖业	0421	335	398	544	489	42
淡水捕捞业	0422	2	3	9	6	1
农、林、牧、渔服务业	0500	233	198	128	359	72
农业服务业	0510	131	93	64	155	35
林业服务业	0520	17	34	12	25	9
畜牧兽医服务业	0530	48	18	16	56	6
渔业服务业	0540	14	34	16	73	9
其他农、林、牧、渔服务业	0590	23	19	20	50	13
采掘业	B	5 143	4 803	13 282	3 834	1 953
煤炭采选业	0600	2 579	1 651	6 365	273	620
煤炭开采业	0610	2 525	1 649	6 305	268	618
煤炭洗选业	0620	54	2	60	5	2
石油和天然气开采业	0700	4	1		7	
天然原油开采业	0710	4	1		2	
天然气开采业	0720					
油页岩开采业	0730				5	
黑色金属矿采选业	0800	235	345	692	135	181
铁矿采选业	0810	223	337	145	125	81
其他黑色金属矿采选业	0820	12	8	547	10	100
锰矿采选业	0821	9	8	546	10	100
铬矿采选业	0822	3		1		
有色金属矿采选业	0900	622	275	1 485	365	380
重有色金属矿采选业	0910	119	189	769	133	296
铜矿采选业	0911	15	168	30	11	26
铅锌矿采选业	0912	87	9	289	44	118

）、地区（省）分组的单位数

海南	重庆	四川	贵州	云南	西藏	陕西	甘肃	青海	宁夏	新疆
8 483	**35 059**	**105 767**	**21 680**	**36 975**	**1 309**	**80 911**	**25 264**	**5 729**	**7 600**	**20 161**
495	669	1 301	153	1 046	39	2 518	790	85	205	580
181	374	408	59	430	13	1 015	205	43	119	275
167	368	395	58	291	13	995	196	42	119	268
14	6	13	1	139		20	9	1		7
172	71	373	43	113	2	993	299	1	13	21
40	38	161	26	115	3	195	147	34	39	229
29	11	85	16	69	3	90	115	31	24	198
10	13	56	6	39		90	29	3	10	25
			2	1					3	1
1	14	20	2	6		15	3		2	5
67	125	93	3	41	2	116	25	2	12	25
38		6		2		8				
35		1		1		2				
3		5		1		6				
29	125	87	3	39	2	108	25	2	12	25
26	125	86	3	38	2	107	24		12	21
3		1		1		1	1	2		4
35	61	266	22	347	19	199	114	5	22	30
20	34	219	15	229	17	112	82	3	12	14
1	8	11	4	2		15	4		2	1
4	9	12	2	2		40	7		5	4
5	3	6		4		10	5			4
5	7	18	1	110	2	22	16	2	3	7
131	1 497	9 201	3 787	1 781	46	3 725	1 271	271	256	908
1	935	5 496	2 763	685	1	1 658	529	44	140	577
1	905	5 350	2 728	667	1	1 637	528	44	109	577
	30	146	35	18		21	1		31	
2	2	17		1		132	16	2	7	7
1		8		1		132	15	2	7	5
1	2	8					1			2
		1								
1	15	218	116	122	7	86	27	8	4	26
1	7	208	66	91	1	60	22	5	3	20
	8	10	50	31	6	26	5	3	1	6
	8	10	50	31		22	4	1	1	3
					6	4	1	2		3
56	8	340	320	446	10	455	238	34	3	55
	8	220	219	392	8	269	157	20	1	14
	5	59	3	99	1	55	52	6	1	10
	1	155	199	110	3	166	91	12		3

(续 2)

行业类别(小类)	代码	营业企业法人单位数(个)	北京	天津	河北	山西
镍钴矿采选业	0914	13				1
锡矿采选业	0915	599				
锑矿采选业	0916	386				
汞矿采选业	0917	8				
其他重有色金属矿采选业	0919	63	1			
轻有色金属矿采选业	0930	700			6	52
铝矿采选业	0931	331			3	48
镁矿采选业	0932	114				3
钛矿采选业	0933	189				1
其他轻有色金属矿采选业	0939	66			3	
贵金属矿采选业	0950	2 703	10		202	16
金矿采选业	0951	2 657	10		195	16
银矿采选业	0952	36			7	
其他贵金属矿采选业	0959	10				
稀有稀土金属矿采选业	0960	846	1		12	7
钨钼矿采选业	0961	514			9	
稀有高熔点金属矿采选业	0963	31				
稀散金属矿采选业	0964	5				
非金属矿采选业	1000	41 070	384	104	1 992	1 150
土砂石开采业	1010	33 171	361	91	1 733	792
石灰石开采业	1011	7 197	53	2	541	179
建筑装饰用石开采业	1012	11 107	80	78	489	200
耐火土石开采业	1013	1 277	13		68	189
其他土砂石开采业	1019	13 590	215	11	635	224
化学矿采选业	1020	2 184	1	2	31	162
硫矿采选业	1021	971			16	157
磷矿采选业	1022	592			1	2
天然钾盐采选业	1023	22		1		
硼矿采选业	1024	78		1	1	1
其他化学矿采选业	1029	521	1		13	2
采盐业	1030	982		9	19	
海盐业	1031	768		9	18	
湖盐业	1032	61				
井盐业	1033	112				
矿盐业	1034	41			1	
其他非金属矿采选业	1090	4 733	22	2	209	196
石棉采选业	1091	152			7	3
云母采选业	1092	58			20	3
石墨采选业	1093	290	2		6	1
石膏采选业	1094	627			17	157
宝石、玉石采选业	1095	91	1		2	1

）、地区（省）分组的单位数

内蒙古	辽宁	吉林	黑龙江	上海	江苏	浙江	安徽	福建	江西	山东
		3					1			
5						1			28	
		4			1	3	4		10	
1	4		1				4	2	9	
1	83	1	1		4		6	6	3	16
	1						4	2	1	11
	74	1	1		2		1	1		4
					1			2		
1	8				1		1	1	2	1
145	172	63	126		3	12	85	10	75	405
143	172	62	126		2	9	84	10	69	404
2		1				3	1		5	1
					1				1	
10	78	2	1		5	10	7	11	320	4
3	72	2			1	10	5	11	166	1
	2								5	
651	2 435	685	826	7	1 725	2 435	3 833	1 114	1 747	3 100
417	1 740	564	770	5	1 495	1 986	3 559	808	1 478	2 351
63	300	83	80		375	215	979	104	373	525
114	576	296	294	5	535	1 167	994	387	381	999
37	88	23	10		48	32	64	17	36	119
203	776	162	386		537	572	1 522	300	688	708
72	109	18	3		16	38	115	18	28	27
5	44	2	1		8	5	70	10	7	10
1	3		1		4	2	28		10	2
							1			2
	54	8								2
66	8	8	1		4	31	16	8	11	11
18	69				89	87	3	127	7	310
	67				74	87		127		276
18							1			2
	2				10		2		4	27
					5				3	5
144	517	103	53	2	125	324	156	161	234	412
1	17	1					2			8
1	1	1			1			8		2
19	2	3	22			1	2	4	2	73
36	2	5			10	3	6	1	2	44
4	12		2			2	1	8		21

(续3)

行业类别(小类)	代码	河南	湖北	湖南	广东
镍钴矿采选业	0914			1	1
锡矿采选业	0915			263	66
锑矿采选业	0916	16	8	164	7
汞矿采选业	0917			2	
其他重有色金属矿采选业	0919	1	4	20	4
轻有色金属矿采选业	0930	200	6	24	77
铝矿采选业	0931	183	5	8	
镁矿采选业	0932	9	1	1	
钛矿采选业	0933	4			57
其他轻有色金属矿采选业	0939	4		15	20
贵金属矿采选业	0950	231	75	545	92
金矿采选业	0951	226	72	537	91
银矿采选业	0952	4	3	2	1
其他贵金属矿采选业	0959	1		6	
稀有稀土金属矿采选业	0960	72	5	147	63
钨钼矿采选业	0961	59		131	11
稀有高熔点金属矿采选业	0963		3	3	13
稀散金属矿采选业	0964	4			
非金属矿采选业	1000	1 703	2 469	4 423	2 936
土砂石开采业	1010	1 281	1 845	3 847	2 587
石灰石开采业	1011	199	296	1 031	416
建筑装饰用石开采业	1012	447	741	631	1 462
耐火土石开采业	1013	164	45	107	23
其他土砂石开采业	1019	471	763	2 078	686
化学矿采选业	1020	118	367	104	31
硫矿采选业	1021	100	84	25	18
磷矿采选业	1022	2	238	54	1
天然钾盐采选业	1023	1	1		1
硼矿采选业	1024		1	2	
其他化学矿采选业	1029	15	43	23	11
采盐业	1030	4	11	3	81
海盐业	1031				78
湖盐业	1032	1			2
井盐业	1033	2	2	1	
矿盐业	1034	1	9	2	1
其他非金属矿采选业	1090	300	246	469	237
石棉采选业	1091	3	1		
云母采选业	1092	1	3	1	1
石墨采选业	1093	56	2	83	
石膏采选业	1094	12	34	106	11
宝石、玉石采选业	1095	11	2	9	4

）、地区（省）分组的单位数

广西	海南	重庆	四川	贵州	云南	西藏	陕西	甘肃	青海	宁夏	新疆
1			1		2		1		1		
66			3		164		3				
84			2	15	14	4	37	12	1		
		2		2			2				
1					3		5	2			1
44	53		21	48	33		10	3		1	1
3			11	47	2		2				
			7	1			5	1		1	1
39	53		1		30		1				
2			2		1		2	2			
26	1		53	52	17	1	161	74	14	1	36
25	1		51	52	15	1	159	74	14	1	36
1			1		2		2				
			1								
14	2		46	1	4	1	15	4			4
9			3	1	3	1	12	1			3
4								1			
					1						
706	59	533	2 882	513	411	22	1 268	449	181	100	227
580	39	487	2 151	307	256	15	987	281	134	80	144
273	14	85	498	71	63		247	70	20	17	25
94	13	148	553	71	67	4	198	33	5	21	24
10		62	53	10	9		30	15	2	2	1
203	12	192	1 047	155	117	11	512	163	107	40	94
25	1	15	432	160	101	5	131	26	13	1	14
13		9	216	81	9		72	6	1		2
1	1	1	57	71	85		26			1	
							15				
			1			5	1		1		
11		5	158	8	7		17	20	11		12
17	13	6	50		12		12	5	6	2	22
17	13		1				1				
							8	4	5	2	18
		6	49		3		3	1			
					9				1		4
84	6	25	249	46	42	2	138	137	28	17	47
			14	2	3		13	56	12		9
			2				4	1		1	7
			3		1		8				
3		6	55		15		22	47	11	15	7
1				1			2		1		6

(续4)

行业类别(小类)	代码	营业企业法人单位数(个)	北京	天津	河北	山西
水晶采选业	1096	18			1	2
滑石采选业	1097	374	2		37	
其他类未包括的非金属矿采选业	1099	3 123	17	2	119	29
木材及竹材采运业	1200	1 912			2	3
木材采运业	1210	1 856			2	3
竹材采运业	1220	56				
制造业	C	1 188 634	21 408	20 323	55 061	24 490
食品加工业	1300	94 027	664	637	5 484	2 111
粮食及饲料加工业	1310	60 563	358	284	4 146	1 797
碾米业	1311	25 600	12	10	415	22
磨粉业	1312	21 150	127	127	2 999	1 499
面、米制品业	1313	5 162	28	25	121	97
配合及混合饲料制造业	1314	6 646	163	81	450	158
蛋白饲料制造业	1315	612	8	13	70	8
水产饲料制造业	1317	526	10	12	49	3
其他饲料制造业	1319	867	10	16	42	10
植物油加工业	1320	14 431	22	58	523	140
食用植物油加工业	1321	13 948	20	47	502	126
非食用植物油加工业	1322	483	2	11	21	14
制糖业	1330	950	5	7	19	6
甘蔗糖业	1331	607		2		
甜菜糖业	1332	103		1	1	6
加工糖业	1334	240	5	4	18	
屠宰及肉类蛋类加工业	1340	8 008	221	68	432	101
屠宰业	1341	2 432	70	14	132	22
肉制品加工业	1342	4 509	137	43	216	77
肉类副产品加工业	1343	684	9	10	70	2
蛋品加工业	1344	383	5	1	14	
水产品加工业	1350	4 740	10	64	186	2
冷冻水产品加工业	1351	3 511	5	53	175	1
干制水产品加工业	1352	542			1	
腌制水产品加工业	1353	145	1	7	7	1
鱼糜及鱼糜制品加工业	1354	122	1	1	1	
其它水产品加工业	1359	420	3	3	2	
盐加工业	1360	140		2	3	2
其他食品加工业	1390	5 195	48	154	175	63
食品制造业	1400	35 254	707	589	2 157	753
糕点、糖果制造业	1410	12 961	412	228	509	315
糖果业	1411	2 450	54	71	50	22
糕点业	1412	4 811	186	86	176	171
饼干业	1413	1 292	15	15	65	22

）、地区（省）分组的单位数

内蒙古	辽宁	吉林	黑龙江	上海	江苏	浙江	安徽	福建	江西	山东
			2		1		2		2	2
1	66	1	1		6	2	8	1	5	42
82	417	92	26	2	107	316	135	139	223	220
30	24	69	92		3	14	33	232	385	2
30	24	69	92		2	13	31	221	369	1
					1	1	2	11	16	1
11 917	51 550	13 994	25 016	47 454	112 347	117 759	71 551	42 640	32 136	102 778
1 135	3 330	707	3 009	688	3 983	3 432	12 070	2 579	4 645	9 394
655	1 966	403	1 695	301	2 444	1 175	8 017	1 219	3 445	4 579
33	1 278	124	424	52	914	405	4 996	562	2 740	43
362	226	69	747	34	982	79	2 216	143	116	3 513
70	57	37	129	59	145	90	387	154	255	330
155	299	145	275	125	311	390	325	259	294	431
10	24	9	23	4	23	28	18	8	5	138
1	24	4	9	8	32	151	10	58	4	54
24	58	15	88	19	37	32	65	35	31	70
279	397	151	1 013	65	623	280	2 491	116	908	1 376
274	388	144	1 008	55	602	272	2 469	114	899	1 367
5	9	7	5	10	21	8	22	2	9	9
20	9	5	29	9	15	14	22	39	22	42
				3	1	3	9	31	14	2
19	8	4	22		4	1	1	1		7
1	1	1	7	6	10	10	12	7	8	33
142	308	76	171	196	381	418	957	82	168	1 125
60	118	36	62	51	88	69	288	16	54	317
75	175	35	99	105	181	273	582	45	95	709
7	14	4	10	28	68	30	55	4	6	67
	1	1		12	44	46	32	17	13	32
1	421	8	8	50	338	1 018	56	598	21	1 254
	342	2	5	23	233	881	33	397	12	1 113
	21	4	2	5	59	64	11	112	3	65
1	15	1		3	5	26	4	17	1	9
	6	1		6	5	3		28	1	16
	37		1	13	36	44	8	44	4	51
3	7	6			16	6	7	14	1	13
35	222	58	93	67	166	521	520	511	80	1 005
506	1 271	454	1 357	967	1 913	1 871	2 244	1 360	778	4 765
161	409	127	256	508	673	640	775	486	283	1 510
13	46	16	30	102	145	134	161	144	31	287
101	219	64	117	269	308	246	420	94	111	567
9	32	13	19	26	47	77	42	62	36	96

(续5)

行业类别(小类)	代码	河南	湖北	湖南	广东
水晶采选业	1096	1			
滑石采选业	1097	54	40	13	13
其他类未包括的非金属矿采选业	1099	162	164	257	208
木材及竹材采运业	1200		32	286	102
木材采运业	1210		29	277	99
竹材采运业	1220		3	9	3
制造业	C	65 702	45 323	52 082	118 845
食品加工业	1300	6 523	7 294	6 748	4 489
粮食及饲料加工业	1310	5 066	5 203	5 043	2 381
碾米业	1311	354	3 867	3 972	1 616
磨粉业	1312	4 060	606	101	138
面、米制品业	1313	222	423	333	273
配合及混合饲料制造业	1314	302	251	571	249
蛋白饲料制造业	1315	66	14	17	7
水产饲料制造业	1317	6	6	9	45
其他饲料制造业	1319	56	36	40	53
植物油加工业	1320	644	1 653	1 194	566
食用植物油加工业	1321	611	1 633	1 151	556
非食用植物油加工业	1322	33	20	43	10
制糖业	1330	20	17	31	156
甘蔗糖业	1331	2	9	18	128
甜菜糖业	1332	2		1	
加工糖业	1334	16	8	12	28
屠宰及肉类蛋类加工业	1340	615	283	280	392
屠宰业	1341	101	112	85	220
肉制品加工业	1342	421	66	127	148
肉类副产品加工业	1343	83	18	37	12
蛋品加工业	1344	10	87	31	12
水产品加工业	1350	9	38	17	496
冷冻水产品加工业	1351	7	15	6	125
干制水产品加工业	1352		8	2	182
腌制水产品加工业	1353		4	5	19
鱼糜及鱼糜制品加工业	1354		4	2	41
其它水产品加工业	1359	2	7	2	129
盐加工业	1360	4	4	4	18
其他食品加工业	1390	165	96	179	480
食品制造业	1400	2 026	1 328	1 196	3 248
糕点、糖果制造业	1410	713	432	427	2 082
糖果业	1411	100	72	122	406
糕点业	1412	241	213	140	175
饼干业	1413	160	81	58	252

)、地区(省)分组的单位数

广西	海南	重庆	四川	贵州	云南	西藏	陕西	甘肃	青海	宁夏	新疆
1			1	1		1		1			
22			24	1	3		22	3	2		5
57	6	19	150	41	20	1	67	29	2	1	13
29	12	4	240	64	112	5	109	10	2		16
29	12	4	237	61	112	5	106	10	2		16
			3	3			3				
15 600	1 468	14 804	51 250	6 896	11 437	266	35 236	9 941	1 576	2 292	5 492
835	129	986	7 697	539	623	29	2 347	1 034	138	214	534
513	38	679	5 420	309	343	18	1 761	730	74	139	362
237	15	292	2 515	104	78	1	494	5	1	14	5
27	2	75	897	40	84	14	905	587	44	81	250
72	7	175	1 312	44	83	3	147	49	7	4	24
147	10	117	573	98	88		177	74	20	38	70
5		5	73	12	4		10	4			6
8	2	3	9		3		2		1	2	1
17	2	12	41	11	3		26	11	1		6
97	9	128	857	151	52	8	350	127	26	24	103
65	9	119	821	78	26	8	306	126	26	24	102
32		9	36	73	26		44	1			1
110	28	26	150	4	92		11	22	1	3	16
107	28	23	130	4	91		1	1			
			3				1	4		2	15
3		3	17		1		9	17	1	1	1
54	4	113	1 038	68	53	3	118	59	33	13	36
29	1	29	320	14	18	1	53	17	24	3	8
21	2	76	601	51	30	2	53	31	8	7	18
3	1	8	104	1	4		7	9	1	3	9
1			13	2	1		5	2			1
35	42	4	25	1	33		2	2		1	
18	28		3	1	31		1	1			
3											
2		2	14					1			
2	2				2						
10	12	2	8				1			1	
6	1		9	1	3		1	1	2		6
20	7	36	198	5	47		104	93	2	34	11
651	95	339	1 465	203	516	9	1 411	588	69	121	297
275	34	114	393	55	239	5	548	166	21	40	125
53	17	43	143	10	48		72	27		6	25
63	5	52	133	27	137	4	305	70	16	29	66
50	7	3	31	9	16		29	9	1	3	7

营业企业法人按行业(小类

(续 6)

行业类别(小类)	代码	营业企业法人单位数(个)	北京	天津	河北
方便主食品业	1414	1 402	101	43	79
蜜饯业	1415	2 157	27	6	127
其他糕点、糖果制品业	1419	849	29	7	12
乳制品制造业	1420	825	27	18	39
罐头食品制造业	1430	3 161	27	42	376
肉类罐头制造业	1431	205	5	1	2
禽类罐头制造业	1432	64			4
水产罐头制造业	1433	120		1	19
水果罐头制造业	1434	1 415	7	30	327
蔬菜罐头制造业	1435	997	8	6	8
其他罐头食品制造业	1439	360	7	4	16
发酵制品业	1440	729	14	11	59
氨基酸制造业	1441	81	2		2
味精制造业	1442	131	1	3	
柠檬酸制造业	1443	45			7
酵母制品业	1444	194	3	3	23
酶制剂制造业	1445	124	4	3	7
其他发酵制品业	1449	154	4	2	20
调味品制造业	1450	5 352	76	80	265
酱油、酱类制造业	1451	3 445	38	34	161
食醋制造业	1452	641	8	8	45
调味料制造业	1453	653	20	20	39
调味油制造业	1454	203	2	6	12
其他调味品制造业	1459	410	8	12	8
其他食品制造业	1490	12 226	151	210	909
豆制品制造业	1491	2 017	24	14	81
淀粉及淀粉制品业	1492	5 043	19	15	615
代乳品制造业	1493	64	1	2	4
制冰业	1495	473		4	2
淀粉糖业	1497	220	3	5	11
冷冻饮品制造业	1498	2 239	45	93	100
其他类未包括的食品制造业	1499	2 170	59	77	96
饮料制造业	1500	27 046	247	189	689
酒精及饮料酒制造业	1510	13 172	53	48	374
酒精制造业	1511	397	2	8	22
白酒制造业	1512	10 312	28	20	288
啤酒制造业	1513	799	12	4	39
黄酒制造业	1514	998	3	5	6
葡萄酒制造业	1515	181	6	7	8
果露酒制造业	1516	485	2	4	11
软饮料制造业	1520	6 409	145	119	285

）、地区（省）分组的单位数

山西	内蒙古	辽宁	吉林	黑龙江	上海	江苏	浙江	安徽	福建	江西	山东
36	31	92	29	74	59	70	51	73	46	12	150
43	5	3	1	4	17	60	113	32	124	77	125
21	2	17	4	12	35	43	19	47	16	16	285
23	60	21	13	74	38	73	68	19	10	14	48
45	27	110	30	41	34	108	426	137	387	146	301
1	3	5	4	7	6	14	2	4	5	1	38
	3	2		1	5	5	1	4		1	8
	2	6		5	4	12	12		5	2	13
33	7	75	4	14		29	124	67	66	11	191
8	9	8	11	8	7	23	260	36	247	105	22
3	3	14	11	6	12	25	27	26	64	26	29
6	4	19	9	24	29	80	75	24	21	12	69
	1	2		1	8	5	19	5		2	2
		4	3	3	5	31	14	3	11	7	6
2				2	4	8	2	4			3
2		8	2	3	4	10	26	5	7		28
1	3	3	3	8	1	15	6	2	2		10
1		2	1	7	7	11	8	5	1	3	20
161	79	210	79	184	86	434	142	311	185	143	502
32	65	151	65	162	46	327	102	256	119	121	344
109	11	36	8	6	1	40	7	19	3	6	34
5		12	2	6	26	41	22	13	26	5	58
12	2	3	2	3	3	10	2	12	10	5	18
3	1	8	2	7	10	16	9	11	27	6	48
203	175	502	196	778	272	545	520	978	271	180	2 335
50	22	56	21	95	62	109	85	432	62	50	99
81	85	50	45	411	36	131	44	311	15	33	1 698
1		1	1	4	2	5	4	1	3	1	7
		2		1	11	13	165	1	56	6	17
		4		8	7	17	21	18	6	6	30
41	35	301	99	195	70	125	136	93	43	41	240
30	33	88	30	64	84	145	65	122	86	43	244
305	430	1 053	639	1 249	257	1 097	1 907	1 844	1 501	786	1 580
205	317	512	422	842	51	479	783	533	176	346	1 000
4		10	19	21	2	23	22	23	5	8	44
150	284	438	334	737	13	273	129	416	67	228	768
13	24	49	35	66	13	43	107	27	48	25	65
33	2	3	1	4	16	109	497	25	46	62	26
3	1	5	11	4	3	9	1	9	3	5	40
2	6	7	22	10	4	22	27	33	7	18	57
97	96	480	199	388	161	343	537	243	216	170	472

营业企业法人按行业(小类

(续7)

行业类别(小类)	代码	河南	湖北	湖南	广东
方便主食品业	1414	145	32	19	99
蜜饯业	1415	44	11	31	1 102
其他糕点、糖果制品业	1419	23	23	57	48
乳制品制造业	1420	32	16	13	22
罐头食品制造业	1430	149	68	140	100
肉类罐头制造业	1431	41	10		7
禽类罐头制造业	1432	16			1
水产罐头制造业	1433	1	7		24
水果罐头制造业	1434	67	36	44	27
蔬菜罐头制造业	1435	15	8	83	18
其他罐头食品制造业	1439	9	7	13	23
发酵制品业	1440	65	29	20	41
氨基酸制造业	1441	5	11	3	3
味精制造业	1442	6	2	2	10
柠檬酸制造业	1443	2	1	2	
酵母制品业	1444	10	5	4	14
酶制剂制造业	1445	17	5	6	7
其他发酵制品业	1449	25	5	3	7
调味品制造业	1450	304	223	201	353
酱油、酱类制造业	1451	195	176	137	188
食醋制造业	1452	41	7	4	13
调味料制造业	1453	34	22	26	93
调味油制造业	1454	13	6	11	20
其他调味品制造业	1459	21	12	23	39
其他食品制造业	1490	763	560	395	650
豆制品制造业	1491	136	182	86	154
淀粉及淀粉制品业	1492	355	154	93	54
代乳品制造业	1493	6	1	2	7
制冰业	1495	2	3	6	136
淀粉糖业	1497	23	11	9	13
冷冻饮品制造业	1498	119	39	120	63
其他类未包括的食品制造业	1499	122	170	79	223
饮料制造业	1500	1 101	2 195	1 291	1 298
酒精及饮料酒制造业	1510	579	964	444	450
酒精制造业	1511	35	41	16	9
白酒制造业	1512	400	849	380	368
啤酒制造业	1513	45	33	14	30
黄酒制造业	1514	39	11	22	15
葡萄酒制造业	1515	25	5	1	2
果露酒制造业	1516	35	25	11	26
软饮料制造业	1520	355	297	163	523

）、地区（省）分组的单位数

广西	海南	重庆	四川	贵州	云南	西藏	陕西	甘肃	青海	宁夏	新疆
23	3	7	31	3	8		63	11	2	1	9
70	1	2	12	4	21		39	43		1	12
16	1	7	43	2	9	1	40	6	2		6
5		6	16	1	10	3	65	20	8	23	40
58	4	23	118	17	38		110	55	1	3	40
		10	23	4	7		1	4			
			5		3		5				
1			1		1		1				3
43	2	10	46	4	11		87	39			14
7	1	2	32	8	13		9	9	1	3	22
7	1	1	11	1	3		7	3			1
21	1	10	45	2	14		10	9		3	3
1		2	3	1			1	1		1	
3		3	10		2		1	1			
2			2		2		1			1	
4	1	3	14	1	5		4	5			
6			10		3		1	1			
5		2	6		2		2	1		1	3
89	7	97	551	73	82		260	110	20	14	31
52	4	74	292	57	62		103	51	9	6	16
8		2	23	6	5		107	55	8	6	15
13	1	15	119	4	4		22	2	1	2	
7		2	19	6	5		10	1	1		
9	2	4	98		6		18	1	1		
203	49	89	342	55	133	1	418	228	19	38	58
25		23	52	5	30		45	8	2	2	5
127	6	13	116	39	28	1	243	169	11	30	15
			3		1		5		1		1
10	22		8		4		4				
7		2	4	1	3		7	2		1	1
17	5	28	62	3	28		57	20	1	2	18
17	16	23	97	7	39		57	29	4	3	18
623	66	716	3 901	463	689	7	537	186	22	40	138
224	16	493	2 843	290	321	2	197	101	15	18	74
13	1	8	38	7	2		6	4		1	3
178	8	459	2 732	259	266	1	121	53	14	7	44
7	3	11	22	7	11	1	14	14	1	4	12
2	2	2	9	6	1		26	23			2
4			9		1		10	2			7
20	2	13	33	11	40		20	5		6	6
225	37	76	274	55	148	3	154	72	7	11	58

营业企业法人按行业(小类

(续 8)

行业类别(小类)	代码	营业企业法人单位数(个)	北京	天津	河北
碳酸饮料制造业	1521	2 864	46	45	112
天然矿泉水制造业	1522	1 090	40	12	31
果菜汁饮料制造业	1523	1 236	35	34	83
固体饮料制造业	1524	521	10	14	29
其他软饮料制造业	1529	698	14	14	30
制茶业	1550	6 459	8	2	12
其他饮料制造业	1590	1 006	41	20	18
烟草加工业	1600	468	4	2	7
烟叶复烤业	1610	112		1	2
卷烟制造业	1620	262	3	1	5
其他烟草加工业	1690	94	1		
纺织业	1700	53 312	610	874	3 074
纤维原料初步加工业	1710	3 691	14	38	489
轧花业	1711	1 993	7	8	259
洗毛业	1712	244	2	7	64
亚麻纤维初步加工业	1713	202			12
苎麻纤维初步加工业	1714	185			1
其他纤维原料初步加工业	1719	1 067	5	23	153
棉纺织业	1720	18 792	186	354	1 157
棉纺业	1721	2 924	28	32	205
棉织业	1722	6 309	30	80	366
印染业	1723	2 769	43	85	124
棉制品业	1724	3 623	46	60	320
棉线带制造业	1725	1 891	24	56	75
帘子布制造业	1726	310	6	5	8
其他棉纺织业	1729	966	9	36	59
毛纺织业	1740	5 926	135	112	868
毛条加工业	1741	404	16	9	11
毛纺业	1742	1 963	42	45	514
毛织业	1743	2 422	47	23	141
毛染整业	1744	368	11	5	70
工业用呢、工业用毡制造业	1745	297	9	12	100
其他毛纺织业	1749	472	10	18	32
麻纺织业	1760	854	4	2	21
苎麻纺织业	1761	183			1
亚麻纺织业	1762	114		2	1
黄、洋、青麻纺织业	1763	311	1		6
其他麻纺织业	1769	246	3		13
丝绢纺织业	1770	7 333	22	52	42
缫丝业	1771	1 557			1
绢纺业	1772	370		1	

）、地区（省）分组的单位数

山西	内蒙古	辽宁	吉林	黑龙江	上海	江苏	浙江	安徽	福建	江西	山东
32	53	341	133	245	42	145	191	120	53	73	146
6	11	40	33	40	48	45	90	35	51	48	132
52	17	43	12	52	20	55	130	26	77	25	112
7	7	36	18	19	10	34	44	28	15	4	45
	8	20	3	32	41	64	82	34	20	20	37
1	3	5	2	4	10	190	503	1 021	1 074	235	41
2	14	56	16	15	35	85	84	47	35	35	67
5	4	8	9	22	6	15	6	16	19	12	24
2		2	4	11				3	7	3	6
3	3	4	5	10	3	9	4	10	7	9	15
	1	2		1	3	6	2	3	5		3
434	448	1 313	278	560	2 721	8 289	9 264	1 917	1 646	744	4 835
54	36	36	7	141	63	432	224	285	17	118	478
42	1	1	1	1	12	219	48	196	1	105	391
2	26	1		2	5	39	9	2	2		18
2	2	4		129	1	2				1	4
1		1	1	1		2	1	6	1	2	6
7	7	29	5	8	45	170	166	81	13	10	59
171	41	533	107	157	1 025	3 171	2 319	678	514	244	2 655
44	6	94	21	31	134	413	228	111	61	49	507
65	9	179	37	40	189	1 201	847	200	135	64	1 264
13	2	81	9	15	173	424	435	38	98	30	189
31	15	85	16	34	237	442	424	209	80	66	453
8	4	54	9	18	194	411	234	63	89	21	130
2		15	6	9	25	70	39	5	34	3	30
8	5	25	9	10	73	210	112	52	17	11	82
26	192	92	35	45	221	1 093	569	60	48	22	322
5	27	10		3	30	157	33	5	3		26
11	33	16	9	13	91	478	245	30	12	12	129
3	49	25	9	8	39	273	173	11	12	8	104
1	36				27	73	66	1	9		4
1	9	29	10	16	12	23	5	5	3	1	22
5	38	12	7	5	22	89	47	8	9	1	37
10	3	17	7	54	10	59	66	132	13	42	64
1				1	2	13	9	16	1	27	5
1	1	2	3	37	1	6	12	7	4		8
6	1	9	4	6		14	25	69	2	9	25
2	1	6		10	7	26	20	40	6	6	26
26	6	197	11	12	169	1 271	3 224	311	53	74	319
16	1	103	2	1	2	252	321	148	2	36	47
	1	17	1		13	131	111	12		3	11

(续 9)

行业类别(小类)	代码	河南	湖北	湖南	广东
碳酸饮料制造业	1521	167	174	75	222
天然矿泉水制造业	1522	37	42	38	120
果菜汁饮料制造业	1523	78	28	19	61
固体饮料制造业	1524	39	20	11	27
其他软饮料制造业	1529	34	33	20	93
制茶业	1550	129	904	655	169
其他饮料制造业	1590	38	30	29	156
烟草加工业	1600	38	28	26	35
烟叶复烤业	1610	10	3	3	4
卷烟制造业	1620	27	23	21	12
其他烟草加工业	1690	1	2	2	19
纺织业	1700	2 163	1 671	781	7 541
纤维原料初步加工业	1710	341	297	155	75
轧花业	1711	247	220	62	12
洗毛业	1712	9	12	1	14
亚麻纤维初步加工业	1713	3	7	4	4
苎麻纤维初步加工业	1714	1	35	72	1
其他纤维原料初步加工业	1719	81	23	16	44
棉纺织业	1720	1 076	862	355	1 683
棉纺业	1721	251	193	64	146
棉织业	1722	347	341	111	279
印染业	1723	100	67	26	651
棉制品业	1724	264	147	89	300
棉线带制造业	1725	49	68	48	217
帘子布制造业	1726	15	8	1	14
其他棉纺织业	1729	50	38	16	76
毛纺织业	1740	80	57	13	1 569
毛条加工业	1741	3	5	3	23
毛纺业	1742	40	18	4	91
毛织业	1743	13	17	5	1 348
毛染整业	1744	7	5		52
工业用呢、工业用毡制造业	1745	12	3	1	4
其他毛纺织业	1749	5	9		51
麻纺织业	1760	92	61	53	46
苎麻纺织业	1761	4	36	32	7
亚麻纺织业	1762	4		3	10
黄、洋、青麻纺织业	1763	68	17	8	8
其他麻纺织业	1769	16	8	10	21
丝绢纺织业	1770	158	127	26	371
缫丝业	1771	60	68	3	23
绢纺业	1772	3	6		3

)、地区(省)分组的单位数

广西	海南	重庆	四川	贵州	云南	西藏	陕西	甘肃	青海	宁夏	新疆
89	5	37	121	21	52		65	29	1	6	23
24	8	15	34	17	36	3	19	9	4	2	20
30	15	17	68	8	51		54	22	1	2	9
65	5	3	10	1	4		6	7		1	2
17	4	4	41	8	5		10	5	1		4
126	7	135	751	98	211		152	6		5	
48	6	12	33	20	9	2	34	7		6	6
23	1	12	24	23	37		18	30	1	2	11
5		2	6	12	11		9	5		1	
13	1	10	17	11	17		9	6	1	1	2
5			1		9			19			9
349	19	597	1 328	82	164	17	896	260	83	56	298
9		33	61		1		187	41	7	9	43
2		1	22				86	12	1		36
1			2				5	10	5	3	3
			5		1		1	12	1	6	1
		28	24					1			
6		4	8				95	6			3
145	3	294	350	43	87		416	36	5	10	115
27	1	27	66	10	19		81	13	2	2	58
33	1	191	107	11	26		122	7	2	3	22
20	1	18	41	4	10		69	1			2
48		23	96	9	17		82	10		2	18
12		15	27	6	11		36	1	1	2	8
		2	5				8				
5		18	8	3	4		18	4		1	7
16	4	13	82	3	7	12	43	93	33	19	42
	2	1	10				3	11	2		6
4	1	4	16	2	4	4	20	42	8	8	17
9		4	47	1	2	4	9	8	15	5	10
										1	
		2	3				4	3	3	1	4
3	1	2	6		1	4	7	29	5	4	5
17	1	14	39	5	11		6	4		1	
2		11	14	1							
1			2		4			4		1	
7		2	14	3	5		2				
7	1	1	9	1	2		4				
41	1	170	549	8	22		53	5		2	11
27		115	278	4	11		28			1	7
1		19	35				2				

(续10)

行业类别(小类)	代码	营业企业法人单位数(个)	北京	天津	河北
丝织业	1773	3 493	5	20	18
丝印染业	1774	593	1	13	3
丝制品业	1775	993	14	15	17
其他丝绢纺织业	1779	327	2	3	3
针织品业	1780	14 041	197	257	330
棉针织品业	1781	5 347	83	135	127
毛针织品业	1782	5 717	103	81	96
丝针织品业	1783	1 169	4	18	24
其他针织品业	1789	1 808	7	23	83
其他纺织业	1790	2 675	52	59	167
服装及其他纤维制品制造业	1800	49 432	1 148	1 098	1 616
服装制造业	1810	41 602	991	950	1 176
制帽业	1820	725	15	26	25
制鞋业	1830	4 343	89	66	330
其他纤维制品制造业	1890	2 762	53	56	85
皮革、毛皮、羽绒及其制品业	1900	26 544	246	328	982
制革业	1910	3 012	11	20	180
轻革业	1911	2 101	5	8	149
重革业	1912	173		2	3
其他制革业	1919	738	6	10	28
皮革制品制造业	1920	19 945	183	239	350
皮鞋制造业	1921	12 471	85	135	96
革皮服装制造业	1923	2 461	34	32	152
皮箱制造业	1924	809	9	10	17
皮包制造业	1925	2 286	32	18	32
其他类未包括的皮革制品业	1929	1 918	23	44	53
毛皮鞣制及制品业	1930	1 583	26	53	330
毛皮鞣制业	1931	703	4	8	191
毛皮服装业	1932	362	11	28	55
其他毛皮制品业	1939	518	11	17	84
羽毛(绒)及制品业	1950	2 004	26	16	122
羽毛(绒)加工业	1951	915	4	6	92
羽毛(绒)制品业	1952	1 089	22	10	30
木材加工及竹、藤、棕、草制品业	2000	38 506	290	292	1 155
锯材、木片加工业	2010	12 155	58	28	234
锯材加工业	2011	10 057	44	27	182
木片加工业	2012	2 098	14	1	52
人造板制造业	2020	5 090	32	38	526
胶合板制造业	2021	2 837	16	20	396
纤维板制造业	2022	379	1	2	22
刨花板制造业	2023	763	3	4	54

）、地区（省）分组的单位数

山西	内蒙古	辽宁	吉林	黑龙江	上海	江苏	浙江	安徽	福建	江西	山东
7	2	47	4	6	54	535	2 139	82	19	16	150
1		5	1		21	103	279	3	8	1	10
2	1	13	1	1	51	187	308	53	20	13	72
	1	12	2	4	28	63	66	13	4	5	29
135	153	340	95	113	1 079	1 760	2 344	350	921	221	774
51	32	158	43	60	362	754	645	239	308	192	454
6	89	77	36	21	544	631	1 128	38	262	13	162
69	9	32	4	7	47	148	352	10	223	6	61
9	23	73	12	25	126	227	219	63	128	10	97
12	17	98	16	38	154	503	518	101	80	23	223
392	345	1 608	371	571	3 206	4 620	6 328	1 197	4 465	703	2 680
297	256	1 337	291	420	2 821	3 820	5 271	980	3 912	632	1 965
10	5	21	13	16	43	103	51	26	13	2	43
74	66	129	34	75	132	353	669	101	324	45	517
11	18	121	33	60	210	344	337	90	216	24	155
135	263	545	155	311	1 059	2 325	5 115	832	2 199	342	1 528
12	30	54	18	33	66	161	842	83	82	34	180
8	20	33	12	21	37	110	690	62	62	25	109
1	3	2	2		4	6	83	8	5		7
3	7	19	4	12	25	45	69	13	15	9	64
102	150	383	97	221	914	1 792	3 983	456	1 987	216	1 083
43	71	209	60	144	519	1 104	2 662	242	1 732	144	602
41	64	74	13	41	57	201	673	51	70	15	260
3	1	16	4	4	78	83	167	44	29	17	41
2	1	20	3	9	119	179	254	21	85	10	99
13	13	64	17	23	141	225	227	98	71	30	81
17	73	60	19	24	19	93	87	31	20	9	141
3	24	9	4	6	3	36	31	22	5	3	64
5	8	22	4	7	10	25	40	1	9	2	36
9	41	29	11	11	6	32	16	8	6	4	41
4	10	48	21	33	60	279	203	262	110	83	124
	5	14	9	16	3	116	87	173	59	31	54
4	5	34	12	17	57	163	116	89	51	52	70
230	423	2 058	1 027	2 729	856	1 883	2 981	3 107	2 372	2 462	2 626
63	199	931	491	1 074	133	600	668	1 110	514	601	843
55	182	813	438	996	90	468	616	916	440	501	602
8	17	118	53	78	43	132	52	194	74	100	241
53	58	126	104	227	70	313	241	249	305	260	797
13	21	32	57	114	30	180	167	164	226	173	384
12	5	14	5	12	3	20	16	16	18	18	42
14	15	25	13	21	2	30	20	31	20	16	240

(续11)

行业类别(小类)	代码	河南	湖北	湖南	广东
丝织业	1773	46	29	8	108
丝印染业	1774	7	3		118
丝制品业	1775	29	13	13	81
其他丝绢纺织业	1779	13	8	2	38
针织品业	1780	310	196	145	3 518
棉针织品业	1781	193	140	95	824
毛针织品业	1782	48	22	11	2 143
丝针织品业	1783	23	18	14	56
其他针织品业	1789	46	16	25	495
其他纺织业	1790	106	71	34	279
服装及其他纤维制品制造业	1800	1 070	1 723	970	11 706
服装制造业	1810	747	1 475	735	10 641
制帽业	1820	29	25	11	174
制鞋业	1830	199	67	167	483
其他纤维制品制造业	1890	95	156	57	408
皮革、毛皮、羽绒及其制品业	1900	1 220	486	957	4 731
制革业	1910	294	77	128	351
轻革业	1911	219	41	98	144
重革业	1912	12	4	1	11
其他制革业	1919	63	32	29	196
皮革制品制造业	1920	609	344	749	4 012
皮鞋制造业	1921	397	198	549	1 825
革皮服装制造业	1923	121	34	97	212
皮箱制造业	1924	28	44	37	104
皮包制造业	1925	15	23	35	1 269
其他类未包括的皮革制品业	1929	48	45	31	602
毛皮鞣制及制品业	1930	265	14	9	145
毛皮鞣制业	1931	157	4	5	29
毛皮服装业	1932	38	4	3	38
其他毛皮制品业	1939	70	6	1	78
羽毛(绒)及制品业	1950	52	51	71	223
羽毛(绒)加工业	1951	23	5	33	106
羽毛(绒)制品业	1952	29	46	38	117
木材加工及竹、藤、棕、草制品业	2000	1 380	1 381	2 851	2 708
锯材、木片加工业	2010	444	513	877	856
锯材加工业	2011	310	439	680	616
木片加工业	2012	134	74	197	240
人造板制造业	2020	482	131	194	251
胶合板制造业	2021	259	58	112	87
纤维板制造业	2022	42	23	10	22
刨花板制造业	2023	71	22	18	33

）、地区（省）分组的单位数

广西	海南	重庆	四川	贵州	云南	西藏	陕西	甘肃	青海	宁夏	新疆
7	1	17	144	3	4		15	4		1	2
		2	12				2				
4		14	59	1	7		3				1
2		3	21				3	1			1
112	7	63	210	19	31	4	155	75	35	12	80
78	2	45	114	12	22		110	38	3	3	25
13	3	4	45	3	1	4	21	35	30	6	41
9		6	14	2	1		9			1	2
12	2	8	37	2	7		15	2	2	2	12
9	3	10	37	4	5	1	36	6	3	3	7
342	47	297	980	120	318	18	1 004	198	48	65	178
279	46	237	785	92	253	14	789	159	37	58	136
10		6	33	2	2		10	4	2		5
20		32	114	18	29	3	156	30	4	5	12
33	1	22	48	8	34	1	49	5	5	2	25
176	13	317	1 276	87	163	4	303	207	52	47	140
28	1	26	157	19	28		37	29	5	6	20
16		16	107	15	23		22	25	4	5	15
		6	6	2	2		2	1			
12	1	4	44	2	3		13	3	1	1	5
123	7	258	992	62	125	4	232	131	26	22	93
75	3	223	890	49	98	4	175	62	18	11	46
6		12	60	3	11		23	53	5	10	36
10		9	13	4	6		21	5	2		3
14	2	5	17	2	5		7	1	1		6
18	2	9	12	4	5		6	10		1	2
4		1	38	1	5		14	39	6	13	27
2		1	24	1	5		8	33	4	4	13
			3				2	2	1	2	6
2			11				4	4	1	7	8
21	5	32	89	5	5		20	8	15	6	
8		7	43		1		3	2	12	3	
13	5	25	46	5	4		17	6	3	3	
1 347	66	206	1 486	248	586	20	1 400	219	22	28	67
470	18	21	522	71	230	12	413	125	9	5	22
391	14	13	457	57	214	12	353	99	6	5	21
79	4	8	65	14	16		60	26	3		1
143	8	19	173	23	66	1	140	29	1	8	22
107	5	11	99	7	28	1	55	8			7
8			18	2	8		24	8		3	5
9	1	2	27	6	20		29	7		3	7

（续 12）

行业类别（小类）	代码	营业企业法人单位数（个）	北京	天津	河北
其他人造板制造业	2029	1 111	12	12	54
木制品业	2030	14 784	189	200	290
生产用木制品业	2031	10 668	157	164	220
生活用木制品业	2033	4 116	32	36	70
竹、藤、棕、草制品业	2040	6 477	11	26	105
家具制造业	2100	28 317	630	216	1 070
木制家具制造业	2110	23 141	496	144	790
竹、藤家具制造业	2120	1 030		2	39
金属家具制造业	2130	2 466	103	52	181
塑料家具制造业	2140	152			2
其他家具制造业	2190	1 528	31	18	58
造纸及纸制品业	2200	33 904	574	591	2 175
纸浆制造业	2210	521	10	3	10
造纸业	2220	13 759	148	139	1 170
机制纸及纸板制造业	2221	11 293	91	100	1 096
手工纸制造业	2223	964	5	4	11
加工纸制造业	2224	1 502	52	35	63
纸制品业	2230	19 624	416	449	995
印刷业，记录媒介的复制	2300	31 646	1 014	554	1 248
印刷业	2310	31 463	996	546	1 243
书、报、刊印刷业	2311	7 687	481	123	585
包装装潢印刷业	2312	6 491	129	109	186
其他印刷业	2319	17 285	386	314	472
记录媒介的复制	2320	183	18	8	5
文教体育用品制造业	2400	12 804	307	383	266
文化用品制造业	2410	5 615	134	187	121
文具制造业	2411	1 576	35	79	30
本册制造业	2413	2 147	59	49	70
笔制造业	2415	1 050	16	39	9
教学标本、模型制造业	2417	262	6	4	4
其他文化用品制造业	2419	580	18	16	8
体育用品制造业	2420	1 353	31	68	54
球类制造业	2421	353	3	17	9
体育器材制造业	2423	567	12	22	16
其他体育用品制造业	2429	433	16	29	29
乐器及其他文娱用品制造业	2430	527	45	66	23
中乐器制造业	2431	129	12	15	6
西乐器制造业	2433	202	21	35	12
电子乐器制造业	2435	44	4	6	1
其他乐器及文娱用品制造业	2439	152	8	10	4
玩具制造业	2440	4 708	62	35	41

)、地区(省)分组的单位数

山西	内蒙古	辽宁	吉林	黑龙江	上海	江苏	浙江	安徽	福建	江西	山东
14	17	55	29	80	35	83	38	38	41	53	131
91	151	938	415	1 380	601	839	1 236	1 021	950	831	777
63	117	673	282	1 070	478	644	907	709	562	556	599
28	34	265	133	310	123	195	329	312	388	275	178
23	15	63	17	48	52	131	836	727	603	770	209
363	291	525	225	452	1 187	1 427	1 530	1 618	861	1 183	3 077
299	261	438	197	389	932	1 057	1 017	1 380	654	1 011	2 811
		1		1	8	28	60	89	49	106	35
63	22	45	11	41	135	222	304	74	97	29	121
1	1	3	4	1	4	20	12	2	3	3	26
	7	38	13	20	108	100	137	73	58	34	84
803	232	1 075	367	536	993	2 132	2 868	1 390	1 576	833	3 168
5	8	18	3	11	16	21	13	30	22	8	27
452	115	350	161	271	254	506	844	687	508	437	986
420	108	321	141	240	126	385	637	554	411	288	872
4		5	2	6	11	19	81	71	37	114	28
28	7	24	18	25	117	102	126	62	60	35	86
346	109	707	203	254	723	1 605	2 011	673	1 046	388	2 155
661	426	1 465	811	835	1 668	3 379	2 971	1 126	1 033	667	2 238
658	426	1 462	806	833	1 652	3 371	2 963	1 119	1 025	667	2 235
343	117	309	235	252	303	565	387	306	200	177	611
31	29	164	63	67	488	848	883	155	252	101	413
284	280	989	508	514	861	1 958	1 693	658	573	389	1 211
3		3	5	2	16	8	8	7	8		3
67	50	251	81	139	1 012	1 439	2 011	613	534	238	736
34	41	169	66	100	447	559	1 110	261	225	177	326
11	7	28	13	21	142	125	424	49	82	20	56
15	27	82	32	44	72	163	228	104	81	63	168
4		28	3	16	161	176	236	83	22	58	69
1	3	11	7	6	14	25	54	10	16	3	18
3	4	20	11	13	58	70	168	15	24	33	15
23	1	27	5	22	115	209	232	45	77	17	85
1		6			32	63	59	23	26	4	18
5	1	10	3	18	39	70	122	10	36	11	37
17		11	2	4	44	76	51	12	15	2	30
5	2	13	4	7	60	54	51	2	13	5	27
2	1	1	2		6	12	5		1	2	11
1		7	1	2	32	23	19		5	3	7
1		1		1	5	5	2	1	1		3
1	1	4	1	4	17	14	25	1	6		6
3	3	25	2	5	337	562	557	284	198	32	255

(续 13)

行业类别(小类)	代码	河南	湖北	湖南	广东
其他人造板制造业	2029	110	28	54	109
木制品业	2030	335	483	771	1 051
生产用木制品业	2031	220	338	488	676
生活用木制品业	2033	115	145	283	375
竹、藤、棕、草制品业	2040	119	254	1 009	550
家具制造业	2100	1 266	1 561	1 565	4 462
木制家具制造业	2110	1 026	1 308	1 307	3 561
竹、藤家具制造业	2120	31	96	197	168
金属家具制造业	2130	122	101	28	387
塑料家具制造业	2140	16	6	2	21
其他家具制造业	2190	71	50	31	325
造纸及纸制品业	2200	2 312	1 377	1 655	3 814
纸浆制造业	2210	43	37	51	48
造纸业	2220	1 288	854	969	904
机制纸及纸板制造业	2221	1 234	632	778	697
手工纸制造业	2223	3	89	119	15
加工纸制造业	2224	51	133	72	192
纸制品业	2230	981	486	635	2 862
印刷业，记录媒介的复制	2300	1 298	934	1 053	3 680
印刷业	2310	1 295	930	1 052	3 615
书、报、刊印刷业	2311	321	330	319	527
包装装潢印刷业	2312	313	166	174	1 185
其他印刷业	2319	661	434	559	1 903
记录媒介的复制	2320	3	4	1	65
文教体育用品制造业	2400	264	170	304	3 102
文化用品制造业	2410	189	113	223	525
文具制造业	2411	29	37	38	248
本册制造业	2413	118	61	116	185
笔制造业	2415	15	7	29	49
教学标本、模型制造业	2417	20	6	18	9
其他文化用品制造业	2419	7	2	22	34
体育用品制造业	2420	14	5	21	246
球类制造业	2421	1	2	9	69
体育器材制造业	2423	7	1	7	111
其他体育用品制造业	2429	6	2	5	66
乐器及其他文娱用品制造业	2430	14	6	6	88
中乐器制造业	2431	6	4	6	17
西乐器制造业	2433	2			28
电子乐器制造业	2435				11
其他乐器及文娱用品制造业	2439	6	2		32
玩具制造业	2440	30	37	26	2 154

）、地区（省）分组的单位数

广西	海南	重庆	四川	贵州	云南	西藏	陕西	甘肃	青海	宁夏	新疆
19	2	6	29	8	10		32	6	1	2	3
429	24	129	503	95	254	4	700	53	11	12	21
276	15	115	392	86	216	2	560	45	8	11	19
153	9	14	111	9	38	2	140	8	3	1	2
305	16	37	288	59	36	3	147	12	1	3	2
398	65	296	1 641	136	337	17	1 411	266	27	52	162
342	58	248	1 339	109	285	15	1 210	250	23	46	138
22	1	9	53	10	12		11	2			
19	2	23	131	13	27	1	80	7	3	3	19
		2	14		3		6				
15	4	14	104	4	10	1	104	7	1	3	5
638	43	361	1 272	202	344	14	2 078	248	21	67	145
24		4	19	2	14		58	7	1	2	6
342	19	156	729	117	150	14	968	102	14	41	64
283	16	107	555	99	126	4	766	95	14	39	58
5	1	40	124	9	6		153			1	1
54	2	9	50	9	18	10	49	7		1	5
272	24	201	524	83	180		1 052	139	6	24	75
566	66	514	1 206	306	426	8	872	246	43	81	251
565	66	511	1 203	306	425	8	864	246	43	81	251
175	28	114	296	69	89	5	221	77	11	23	88
76	8	73	228	42	116	1	129	29	3	12	18
314	30	324	679	195	220	2	514	140	29	46	145
1		3	3		1		8				
84	7	93	227	48	62		201	49	8	27	31
54	5	70	164	41	45		132	36	6	27	28
15	1	13	27	3	9		16	10	1	3	4
29	4	38	113	31	25		99	22	5	24	20
3		9	10	3			3	2			
1		6	6	3	3		5	2			1
6		4	8	1	8		9				3
3		8	22	3	1		12	5	1		1
1		3	4		1			2			
1		4	12	2			7	2	1		
1		1	6	1			5	1			1
		2	9	1	2		21				1
			2	1	1		15				1
		1	2				1				
							2				
		1	5		1		3				
10	2	13	13	1	5		14	1	1		

(续14)

行业类别(小类)	代码	营业企业法人单位数(个)	北京	天津	河北
游艺器材制造业	2450	184	12	4	17
其他类未包括的文教体育用品制造业	2490	417	23	23	10
石油加工及炼焦业	2500	6 539	136	94	329
人造原油生产业	2510	129	12	8	9
原油加工业	2520	1 724	44	28	104
石油制品业	2530	1 893	78	58	97
炼焦业	2570	2 793	2		119
化学原料及化学制品制造业	2600	55 650	1 402	1 603	2 774
基本化学原料制造业	2610	10 398	142	309	723
无机酸制造业	2611	1 515	40	38	138
烧碱制造业	2613	545	10	49	18
纯碱制造业	2615	692	3	34	44
无机盐制造业	2617	3 690	30	128	281
其他基本化学原料制造业	2619	3 956	59	60	242
化学肥料制造业	2620	5 622	41	45	256
氮肥制造业	2621	898	5	3	78
磷肥制造业	2622	1 759	2	6	85
钾肥制造业	2623	76			4
复合肥料制造业	2624	1 811	19	27	51
微量元素肥料制造业	2625	189	6	2	7
其他化学肥料制造业	2629	889	9	7	31
化学农药制造业	2630	1 578	19	47	93
农药原药制造业	2631	530	3	18	32
农药制剂制造业	2633	1 048	16	29	61
有机化学产品制造业	2650	14 008	459	482	850
有机化工原料制造业	2651	2 555	47	85	178
涂料制造业	2652	7 071	336	161	358
油墨制造业	2653	590	11	28	16
颜料制造业	2654	901	10	27	69
染料制造业	2655	958	11	122	111
其他有机化学产品制造业	2659	1 933	44	59	118
合成材料制造业	2660	3 798	101	77	177
聚烯烃塑料制造业	2661	477	16	6	32
热固性树脂及塑料制造业	2662	710	11	14	33
工程塑料制造业	2663	546	22	7	21
功能高分子制造业	2664	518	12	10	21
有机硅氟材料制造业	2665	247	6	6	8
合成橡胶制造业	2666	520	11	9	28
合成纤维单(聚合)体制造业	2667	174	4	3	6
其他合成材料制造业	2669	606	19	22	28
专用化学产品制造业	2670	12 250	370	374	445

)、地区(省)分组的单位数

山西	内蒙古	辽宁	吉林	黑龙江	上海	江苏	浙江	安徽	福建	江西	山东
		2	1	1	23	13	17	2	3		6
2	3	15	3	4	30	42	44	19	18	7	37
1 663	97	671	74	289	161	491	116	69	29	36	500
5		25	2	4	6	15	6			1	5
11	22	336	30	143	77	215	52	23	5	9	214
27	9	294	37	119	75	251	58	42	15	15	216
1 620	66	16	5	23	3	10		4	9	11	65
1 245	433	2 995	804	1 082	2 446	8 101	3 805	2 150	1 403	1 290	4 901
550	154	558	150	137	302	1 260	498	265	152	174	1 008
43	12	89	18	24	53	233	71	41	17	33	153
12	14	27	5	5	6	38	18	11	10	8	109
44	28	31	7	13	10	72	28	18	14	7	101
168	59	178	46	28	93	521	172	74	50	68	279
283	41	233	74	67	140	396	209	121	61	58	366
137	36	168	59	135	30	460	135	534	113	187	437
61	11	22	10	4	7	55	22	53	39	15	89
35	2	27	2	11	8	139	52	196	17	43	102
1	1	3				11	3	7	2		3
16	8	80	25	80	7	195	32	226	27	15	134
7		7	4	4		10	5	8	3	2	39
17	14	29	18	36	8	50	21	44	25	112	70
38	6	71	17	28	30	293	116	85	16	28	143
22		30	5	5	11	121	43	21	5	4	46
16	6	41	12	23	19	172	73	64	11	24	97
217	95	888	234	290	798	2 496	1 030	461	233	191	1 268
46	13	153	53	46	93	680	206	54	10	32	284
106	65	474	115	186	470	916	481	286	176	102	580
6	2	21	6	10	50	93	60	18	17	9	46
6	5	32	6	8	50	133	74	26	4	14	113
14	1	45	4	1	48	235	104	14	8	4	71
39	9	163	50	39	87	439	105	63	18	30	174
50	14	176	58	61	276	728	423	145	79	44	394
4	5	14	7	3	29	73	70	10	8	8	59
14	4	25	18	8	44	114	159	27	18	9	63
4		25	7	14	52	126	38	19	5	5	66
8		29	6	12	44	92	37	34	10	6	66
2		19	3	2	11	45	30	7	9	4	30
12	1	25	6	12	35	72	25	21	14		65
1		2		4	20	57	5	7	3	2	15
5	4	37	11	6	41	149	59	20	12	10	30
160	66	819	178	265	536	1 950	1 050	304	475	462	1 075

营业企业法人按行业(小类

(续 15)

行业类别(小类)	代码	河南	湖北	湖南
游艺器材制造业	2450	6	2	1
其他类未包括的文教体育用品制造业	2490	11	7	27
石油加工及炼焦业	2500	418	100	121
人造原油生产业	2510	3	4	1
原油加工业	2520	122	54	14
石油制品业	2530	148	37	40
炼焦业	2570	145	5	66
化学原料及化学制品制造业	2600	3 344	1 869	1 984
基本化学原料制造业	2610	744	391	496
无机酸制造业	2611	94	49	57
烧碱制造业	2613	56	17	9
纯碱制造业	2615	56	23	19
无机盐制造业	2617	263	95	221
其他基本化学原料制造业	2619	275	207	190
化学肥料制造业	2620	352	394	293
氮肥制造业	2621	94	59	60
磷肥制造业	2622	131	200	65
钾肥制造业	2623	6	3	
复合肥料制造业	2624	68	71	112
微量元素肥料制造业	2625	16	6	4
其他化学肥料制造业	2629	37	55	52
化学农药制造业	2630	147	59	40
农药原药制造业	2631	47	21	16
农药制剂制造业	2633	100	38	24
有机化学产品制造业	2650	785	394	437
有机化工原料制造业	2651	178	56	55
涂料制造业	2652	336	240	190
油墨制造业	2653	43	11	19
颜料制造业	2654	47	21	61
染料制造业	2655	64	17	27
其他有机化学产品制造业	2659	117	49	85
合成材料制造业	2660	214	107	85
聚烯烃塑料制造业	2661	23	20	9
热固性树脂及塑料制造业	2662	43	11	12
工程塑料制造业	2663	28	13	14
功能高分子制造业	2664	35	11	11
有机硅氟材料制造业	2665	9	6	8
合成橡胶制造业	2666	36	31	13
合成纤维单(聚合)体制造业	2667	8	2	5
其他合成材料制造业	2669	32	13	13
专用化学产品制造业	2670	657	285	342

）、地区（省）分组的单位数

广东	广西	海南	重庆	四川	贵州	云南	西藏	陕西	甘肃	青海	宁夏	新疆
43	6			8		2		14	1			
46	11			11	2	7		8	6			1
143	27		24	266	163	51		269	81	2	27	92
12				2		4		2	3			
50	9		7	48	4			29	32		11	31
75	16		5	54	1	7		40	37	1		41
6	2		12	162	158	40		198	9	1	16	20
3 812	884	94	813	2 360	559	770	6	1 515	670	82	135	319
304	115	7	217	626	143	214	1	444	164	35	43	72
43	18		28	107	13	13		46	22	9	4	9
11	5		6	26	1	9		44	16	2	2	1
13	4		10	38	1	3		51	11	2	3	4
95	42		95	292	35	72		196	48	10	11	40
142	46	7	78	163	93	117	1	107	67	12	23	18
134	155	12	90	488	230	180	3	218	218	18	30	34
12	18	1	22	77	14	22	1	27	6	1	8	2
22	33	1	30	152	73	75	1	98	133	1	15	2
1	2		3	6	3	2		2		13		
68	76	8	25	165	97	44		43	64	2	6	20
4	4	1	5	23	2	5	1	11	1			2
27	22	1	5	65	41	32		37	14	1	1	8
73	45	2	27	67	17	12		41	14			4
20	11	1	5	21	4	3		10	5			
53	34	1	22	46	13	9		31	9			4
969	121	16	189	389	49	93		333	125	11	27	78
92	10	3	27	41	5	13		63	12	3	5	12
539	90	10	124	264	36	54		206	88	7	17	58
76	4	1	4	15		7		11	4			2
125	8		11	19	1	4		21	4		1	1
34	2		7	7		1		5			1	
103	7	2	16	43	7	14		27	17	1	3	5
257	28	12	37	120	4	22		70	19	1	4	15
34	7	1	6	8	1	1		11	5		1	6
32	5		6	29		1		6	3	1		
46	2	1		16		3		10			1	1
49	1		6	9	1	2		5				1
12	2		2	11	1	2		6	3		1	2
31	4	9	8	26		6		15	3			2
16		1	1	1	1	3		4	1			2
37	7		8	20		4		13	4		1	1
1 031	254	25	122	384	68	143	1	237	68	6	21	77

(续16)

行业类别(小类)	代码	营业企业法人单位数(个)	北京	天津	河北
化学试剂、助剂制造业	2671	5 056	150	195	193
专项化学用品制造业	2672	3 387	162	113	138
林产化学产品制造业	2673	1 587	6	5	24
炸药及火工产品制造业	2674	708	2	1	28
信息化学品制造业	2675	582	15	16	12
放射化学产品制造业	2676	14	1		
添加剂制造业	2677	916	34	44	50
日用化学产品制造业	2680	7 996	270	269	230
肥皂及皂粉、合成洗涤剂制造业	2681	2 645	117	104	69
合成脂肪酸制造业	2682	133	1	4	7
硬脂酸、硬化油制造业	2683	295	4	5	23
香料、香精制造业	2684	736	3	27	15
化妆品制造业	2685	1 532	73	64	31
牙膏制造业	2686	76		3	
火柴制造业	2687	218	1	4	7
动物胶制造业	2688	505	10	2	33
其他日用化学产品制造业	2689	1 856	61	56	45
医药制造业	2700	7 632	203	174	242
化学药品原药制造业	2710	1 459	24	35	43
化学药品制剂制造业	2720	1 802	42	36	76
中药材及中成药加工业	2730	2 719	73	51	72
动物药品制造业	2740	949	18	18	38
生物制品业	2750	703	46	34	13
化学纤维制造业	2800	3 130	58	75	148
纤维素纤维制造业	2810	604	20	15	37
化纤浆粕制造业	2811	126	5	1	7
粘胶纤维制造业	2812	307	11	8	21
其他纤维素纤维制造业	2819	171	4	6	9
合成纤维制造业	2820	1 640	37	30	68
锦纶纤维制造业	2821	181	4	2	2
涤纶纤维制造业	2822	700	10	13	34
腈纶纤维制造业	2823	106	1		13
维纶纤维制造业	2824	66	2	1	2
其他合成纤维制造业	2829	587	20	14	17
渔具及渔具材料制造业	2850	886	1	30	43
渔具用丝制造业	2851	51		2	2
渔具用线制造业	2852	38		6	1
渔具用绳制造业	2853	115			
渔网制造业	2854	483		6	25
其他渔具制造业	2859	199	1	16	15
橡胶制品业	2900	11 133	147	352	758

)、地区(省)分组的单位数

山西	内蒙古	辽宁	吉林	黑龙江	上海	江苏	浙江	安徽	福建	江西	山东
65	20	421	91	108	293	1 166	564	103	44	64	489
38	11	275	54	94	159	538	299	103	60	63	411
19	2	30	15	12	9	30	84	39	328	267	35
24	21	31	5	12	2	48	11	32	8	38	43
2	3	15	6	4	33	48	25	7	22	4	15
		1					1	1	2		3
12	9	46	7	35	40	120	66	19	11	26	79
93	62	315	108	166	474	914	553	356	335	204	576
34	24	172	50	77	141	244	177	115	60	46	183
	1	7	2	1	4	33	9	8	3	2	14
2	1	14	2	3	10	67	22	34	7	5	34
11	3	6	7	6	59	110	47	36	31	22	26
10	3	39	15	14	149	208	136	49	57	17	59
		2	2	1	13	14	7	1	1	1	1
4	4	7	5	10	4	11	7	13	7	14	18
7	8	10	13	14	2	22	37	28	5	9	139
25	18	58	12	40	92	205	111	72	164	88	102
193	88	426	332	180	389	658	712	383	139	180	424
24	20	62	22	31	96	262	173	45	10	14	84
51	22	112	66	52	82	142	318	72	40	39	92
81	26	196	199	60	96	72	111	202	48	92	103
25	13	25	24	19	35	97	56	48	13	29	105
12	7	31	21	18	80	85	54	16	28	6	40
20	4	123	25	21	197	652	366	191	75	18	361
5	1	29	6	7	55	94	68	20	9	7	53
1		7	1		19	29	16	5			10
3	1	13	2	6	23	37	38	7	5	4	24
1		9	3	1	13	28	14	8	4	3	19
15	2	64	16	11	111	429	215	108	25	8	160
7		17	2		6	31	21	5	6		17
2		26	7	4	58	217	124	8	13	5	49
2		5		3	19	19	12	3	2		16
						37	1	1		1	3
4	2	16	7	4	28	125	57	91	4	2	75
	1	30	3	3	31	129	83	63	41	3	148
		2		1	1	3	11	5	3		9
		3			2	7	4		2		5
	1	6			8	19	8	2	4		23
		8	3	2	10	78	41	48	17	1	64
		11			10	22	19	8	15	2	47
125	55	726	172	194	683	1 253	1 767	357	317	162	1 303

(续17)

行业类别(小类)	代码	河南	湖北	湖南
化学试剂、助剂制造业	2671	342	106	82
专项化学用品制造业	2672	154	70	60
林产化学产品制造业	2673	38	34	104
炸药及火工产品制造业	2674	57	52	77
信息化学品制造业	2675	12	9	8
放射化学产品制造业	2676			1
添加剂制造业	2677	54	14	10
日用化学产品制造业	2680	445	239	291
肥皂及皂粉、合成洗涤剂制造业	2681	123	86	101
合成脂肪酸制造业	2682	12	4	3
硬脂酸、硬化油制造业	2683	15	17	8
香料、香精制造业	2684	74	14	23
化妆品制造业	2685	43	30	33
牙膏制造业	2686	1	1	
火柴制造业	2687	15	6	9
动物胶制造业	2688	61	4	18
其他日用化学产品制造业	2689	101	77	96
医药制造业	2700	382	238	196
化学药品原药制造业	2710	109	66	40
化学药品制剂制造业	2720	101	62	35
中药材及中成药加工业	2730	89	75	75
动物药品制造业	2740	60	20	39
生物制品业	2750	23	15	7
化学纤维制造业	2800	83	66	60
纤维素纤维制造业	2810	34	13	15
化纤浆粕制造业	2811	5	2	2
粘胶纤维制造业	2812	22	11	5
其他纤维素纤维制造业	2819	7		8
合成纤维制造业	2820	44	32	23
锦纶纤维制造业	2821	10	7	8
涤纶纤维制造业	2822	12	14	4
腈纶纤维制造业	2823	1	2	1
维纶纤维制造业	2824	1	1	2
其他合成纤维制造业	2829	20	8	8
渔具及渔具材料制造业	2850	5	21	22
渔具用丝制造业	2851	1	1	2
渔具用线制造业	2852		3	
渔具用绳制造业	2853	1	3	
渔网制造业	2854	3	14	11
其他渔具制造业	2859			9
橡胶制品业	2900	409	201	192

)、地区(省)分组的单位数

广东	广西	海南	重庆	四川	贵州	云南	西藏	陕西	甘肃	青海	宁夏	新疆
242	19		44	96	18	16		66	14		4	41
238	14	4	49	115	7	32		87	12	1	6	20
167	190	16	7	25	19	41	1	23	9	2	5	1
21	18	2	7	80	18	15		29	17	2	2	5
299	3	3	1	7		2		6			2	3
	1			1				2				
64	9		14	60	6	37		24	16	1	2	7
1 044	166	20	131	286	48	106	1	172	62	11	10	39
316	53	8	69	131	19	29		50	19	5	5	18
5	3		1	4				2	2			1
7	2		2	3	2	3		1	1			1
94	37	4	9	15	12	35		7	3			
365	23	4	18	34	5	9		26	9	1		8
13	5	1	2	2		2		2	1			
10	8		6	25	4	5		5	6	1		2
7	4		14	17	2	10		16	7	2	1	3
227	31	3	10	55	4	13	1	63	14	2	4	6
650	205	53	117	344	89	119	5	336	83	8	25	59
69	10	3	37	70	10	11		69	10	2	2	6
98	23	27	25	49	19	25		72	10	1	4	9
368	110	19	23	112	51	63	4	144	51	4	13	36
67	56	3	17	71	7	11		18	7	1	4	5
48	6	1	15	42	2	9	1	33	5		2	3
424	21	9	13	41	2	10		50	9	1	2	5
54	5		3	9		8		30	4	1		2
9	1			1				4				1
35	4		1	6		5		12	3			
10			2	2		3		14	1	1		1
159	9	7	8	30	2	2		16	5		2	2
22	2	1	2	4	1	1		2	1			
66	3	6	3	14	1	1		2	1		2	1
2				3				1	1			
7	1			5					1			
62	3		3	4				11	1			1
211	7	2	2	2				4				1
7				1								
4			1									
37	2							1				
141	5	1	1					3				1
22		1		1								
826	81	29	176	262	90	120		274	46	6	18	32

营业企业法人按行业(小类

(续18)

行业类别(小类)	代码	营业企业法人单位数(个)	北京	天津	河北
轮胎制造业	2910	456	5	16	28
力车胎制造业	2920	173	1	16	7
橡胶板、管、带制造业	2930	1 981	19	72	176
橡胶零件制品业	2940	2 743	47	69	150
再生橡胶制造业	2950	801	8	19	119
橡胶靴鞋制造业	2960	1 162	9	39	62
日用橡胶制品业	2970	897	9	44	28
橡胶制品翻修业	2980	565	16	6	30
轮胎翻新业	2981	422	16	5	22
其他橡胶制品翻修业	2989	143		1	8
其他橡胶制品业	2990	2 355	33	71	158
塑料制品业	3000	54 658	852	900	2 549
塑料薄膜制造业	3010	4 540	66	71	260
塑料板、管、棒材制造业	3020	5 544	108	100	357
塑料丝、绳及编织品制造业	3030	9 260	96	153	461
泡沫塑料及人造革、合成革制造业	3040	4 379	80	68	258
塑料包装箱及容器制造业	3050	3 576	104	77	206
塑料鞋制造业	3060	3 434	15	23	59
日用塑料杂品制造业	3070	4 846	62	54	152
塑料零件制造业	3080	4 267	36	88	158
其他塑料制品业	3090	14 812	285	266	638
非金属矿物制品业	3100	226 102	2 021	1 084	10 894
水泥制造业	3110	9 348	81	35	728
水泥制品和石棉水泥制品业	3120	44 057	455	142	1 462
水泥制品业	3121	17 433	293	71	733
砼结构构件制造业	3123	25 055	122	53	656
石棉水泥制品业	3124	935	16	5	51
其他水泥制品业	3129	634	24	13	22
砖瓦、石灰和轻质建筑材料制造业	3130	137 473	1 039	577	6 486
砖瓦制造业	3131	100 277	414	318	4 709
石灰制造业	3132	9 284	128	32	593
建筑用石加工业	3133	18 291	152	26	551
轻质建筑材料制造业	3134	2 222	128	96	130
防水密封建筑材料制造业	3135	2 135	67	26	106
隔热保温材料制造业	3136	2 547	104	42	234
其他砖瓦、石灰和轻质建筑材料制造业	3139	2 717	46	37	163
玻璃及玻璃制品业	3140	5 904	134	89	458
建筑用玻璃制品业	3141	970	37	5	170
工业技术用玻璃制造业	3142	557	15	8	32
光学玻璃制造业	3143	262	10	5	4
玻璃仪器制造业	3145	512	17	5	35

）、地区（省）分组的单位数

山西	内蒙古	辽宁	吉林	黑龙江	上海	江苏	浙江	安徽	福建	江西	山东
6	2	19	6	7	22	23	11	10	10	2	190
5		4	2		13	17	13	7	3		38
33	10	160	39	28	77	169	384	51	21	19	344
20	10	199	36	44	223	404	504	150	24	27	244
14	3	35	9	8	24	48	73	15	37	31	84
7	2	47	12	19	77	121	280	22	82	22	93
5	4	37	5	8	46	97	188	24	29	10	84
9	15	29	19	50	26	24	26	13	51	28	43
7	14	24	16	47	14	16	17	13	29	20	31
2	1	5	3	3	12	8	9		22	8	12
26	9	196	44	30	175	350	288	65	60	23	183
433	287	1 940	580	731	2 671	5 551	9 078	2 587	2 489	647	4 290
54	52	194	63	151	225	303	340	451	158	62	493
60	48	294	97	120	240	768	568	286	100	68	537
136	75	398	103	134	192	729	1 360	654	226	195	1 232
44	26	145	68	70	233	533	510	165	215	51	361
30	7	164	38	41	223	399	546	167	112	45	260
1	4	19	4	11	61	76	543	39	646	22	93
32	19	154	44	49	181	326	593	226	295	59	324
9	4	103	27	25	278	629	1 775	73	95	13	170
67	52	469	136	130	1 038	1 788	2 843	526	642	132	820
7 415	2 965	6 227	2 232	3 325	2 040	13 808	9 707	24 535	7 541	9 781	22 852
423	131	298	101	134	41	472	404	555	411	236	656
749	402	792	226	491	411	3 626	3 080	5 750	211	517	3 846
302	257	385	111	222	221	2 005	685	2 517	161	237	2 030
416	132	350	92	202	139	1 527	2 353	3 102	25	260	1 678
16	3	35	19	45	20	50	16	99	9	12	94
15	10	22	4	22	31	44	26	32	16	8	44
4 708	2 210	3 294	1 520	2 328	753	6 104	3 942	17 157	4 630	7 904	15 211
3 746	1 729	1 974	1 112	1 825	322	4 224	2 509	14 807	2 177	6 807	9 281
224	154	335	109	109	45	304	340	775	141	599	1 191
377	134	417	115	145	185	722	730	1 203	2 086	335	3 570
130	41	76	22	38	46	204	59	47	24	30	214
37	29	145	51	48	52	205	70	99	26	46	260
58	80	247	65	120	40	314	99	78	17	21	324
136	43	100	46	43	63	131	135	148	159	66	371
144	36	293	82	80	341	848	352	275	95	124	470
16	12	55	11	23	33	76	41	41	10	16	78
2	1	57	10	9	41	72	27	3	17	11	48
2	1		4		30	66	28	9	7		7
6	1	35	3	4	32	199	15	42	2	3	20

(续 19)

行业类别(小类)	代码	河南	湖北	湖南
轮胎制造业	2910	21	10	9
力车胎制造业	2920	4	7	7
橡胶板、管、带制造业	2930	107	37	37
橡胶零件制品业	2940	60	50	25
再生橡胶制造业	2950	52	13	16
橡胶靴鞋制造业	2960	41	21	21
日用橡胶制品业	2970	20	19	18
橡胶制品翻修业	2980	21	11	15
轮胎翻新业	2981	15	7	9
其他橡胶制品翻修业	2989	6	4	6
其他橡胶制品业	2990	83	33	44
塑料制品业	3000	2 041	1 235	1 124
塑料薄膜制造业	3010	185	105	127
塑料板、管、棒材制造业	3020	354	123	112
塑料丝、绳及编织品制造业	3030	475	302	258
泡沫塑料及人造革、合成革制造业	3040	144	111	50
塑料包装箱及容器制造业	3050	155	107	72
塑料鞋制造业	3060	157	41	29
日用塑料杂品制造业	3070	191	152	140
塑料零件制造业	3080	43	16	21
其他塑料制品业	3090	337	278	315
非金属矿物制品业	3100	22 692	12 208	16 453
水泥制造业	3110	683	495	616
水泥制品和石棉水泥制品业	3120	4 830	4 285	4 252
水泥制品业	3121	1 577	1 505	1 071
砼结构构件制造业	3123	3 070	2 617	3 062
石棉水泥制品业	3124	105	80	100
其他水泥制品业	3129	78	83	19
砖瓦、石灰和轻质建筑材料制造业	3130	13 723	6 688	10 041
砖瓦制造业	3131	11 146	4 912	7 326
石灰制造业	3132	552	590	1 360
建筑用石加工业	3133	1 385	793	772
轻质建筑材料制造业	3134	147	93	99
防水密封建筑材料制造业	3135	168	122	221
隔热保温材料制造业	3136	185	63	65
其他砖瓦、石灰和轻质建筑材料制造业	3139	140	115	198
玻璃及玻璃制品业	3140	355	147	205
建筑用玻璃制品业	3141	56	27	34
工业技术用玻璃制造业	3142	36	13	18
光学玻璃制造业	3143	10	8	7
玻璃仪器制造业	3145	20	4	29

)、地区(省)分组的单位数

广东	广西	海南	重庆	四川	贵州	云南	西藏	陕西	甘肃	青海	宁夏	新疆
18	2	1	5	9	6	7		4	1		3	3
16	2		1	2		4		2	1		1	
65	15	5	17	20	5	11		41	9		5	5
109	27	1	52	78	42	19		117	7	2	1	2
111	5		6	23	6	18		11	6	1	1	5
97	5	2	17	21	12	17		6	3	1		4
151	8	4	17	17	2	4		17	1	1		
26	6	1	14	25	12	15		12	10	1	5	6
12	5	1	10	24	8	14		5	9	1	5	6
14	1		4	1	4	1		7	1			
233	11	15	47	67	5	25		64	8		2	7
9 855	663	44	586	1 389	192	417	1	921	294	30	71	210
610	94	6	42	159	15	64		84	45	4	15	42
499	58	3	86	222	36	68		151	41	5	8	27
1 000	170	10	80	282	54	106		216	82	11	20	50
889	35	5	53	97	16	27	1	66	27	3	4	24
512	42	5	35	84	11	31		58	16	4	5	20
1 445	9	1	19	52	8	15		37	1		1	3
1 327	86	2	53	136	14	40		81	29	1	3	21
485	25	2	78	47	11	8		41	6		1	
3 088	144	10	140	310	27	58		187	47	2	14	23
12 551	3 167	254	2 358	12 382	1 398	1 969	36	9 820	2 441	320	574	1 052
613	250	16	128	453	223	227	7	592	195	29	26	89
504	214	25	683	3 593	240	208	4	2 463	268	48	82	198
406	170	23	179	921	156	106	4	834	130	20	36	65
59	32	1	491	2 580	73	75		1 566	123	27	40	132
15	9		7	47	5	24		40	9		3	1
24	3	1	6	45	6	3		23	6	1	3	
7 476	2 315	192	1 146	6 930	660	1 311	22	6 138	1 770	192	349	657
4 610	1 801	121	867	4 937	497	1 048	18	4 783	1 399	137	253	468
378	145		66	377	26	28	1	525	129	14	8	6
2 125	244	64	81	1 195	88	139	3	509	64	10	21	50
104	41	3	28	136	7	26		68	99	13	27	46
40	32		33	91	13	20		73	16	6	8	25
48	15	3	31	59	7	16		90	45	5	20	52
171	37	1	40	135	22	34		90	18	7	12	10
589	79	3	148	269	35	61		122	28	4	6	32
94	13	1	10	44	6	17		23	10	1	4	6
61	9	1	9	28	5	10		9	2			3
21	1		14	14		11		3				
9	5		6	9	1	1		8	1			

营业企业法人按行业(小类

(续20)

行业类别(小类)	代码	营业企业法人单位数(个)	北京	天津	河北
日用玻璃制品业	3147	2 227	30	26	144
玻璃保温容器制造业	3148	222	6	12	7
其他玻璃及玻璃制品业	3149	1 154	19	28	66
陶瓷制品业	3150	11 763	45	27	652
建筑、卫生陶瓷制造业	3151	4 096	11	10	223
工业用陶瓷制造业	3153	1 004	8	7	90
日用陶瓷制造业	3155	6 098	16	8	300
其他陶瓷制品业	3159	565	10	2	39
耐火材料制品业	3160	7 497	87	56	413
石棉制品业	3161	1 307	37	18	140
云母制品业	3163	218	5	1	34
其他耐火材料制品业	3169	5 972	45	37	239
石墨及碳素制品业	3170	1 832	25	28	96
冶金用碳素制品业	3171	791	9	13	40
电工用碳素制品业	3172	300	5	9	21
其他石墨及碳素制品业	3179	741	11	6	35
矿物纤维及其制品业	3180	3 870	73	56	322
玻璃纤维及其制品业	3181	1 410	16	15	137
玻璃钢制品业	3182	2 321	55	37	178
其他矿物纤维及其制品业	3189	139	2	4	7
其他类未包括的非金属矿物制品业	3190	4 358	82	74	277
黑色金属冶炼及压延加工业	3200	14 429	118	383	1 614
炼铁业	3210	3 661	18	40	438
炼钢业	3220	1 727	9	25	281
钢压延加工业	3240	7 670	80	311	859
铁合金冶炼业	3260	1 371	11	7	36
有色金属冶炼及压延加工业	3300	9 907	195	231	460
重有色金属冶炼业	3310	2 911	33	63	122
铜冶炼业	3311	1 010	17	48	74
铅锌冶炼业	3312	916	6	5	29
镍钴冶炼业	3314	63	3		
锡冶炼业	3316	116			3
锑冶炼业	3317	459			1
汞冶炼业	3318	12			1
其他重有色金属冶炼业	3319	335	7	10	14
轻有色金属冶炼业	3320	1 705	24	18	102
铝冶炼业	3321	1 037	20	14	83
镁冶炼业	3322	355			14
钛冶炼业	3323	67	1	1	2
其他轻有色金属冶炼业	3329	246	3	3	3
贵金属冶炼业	3330	317	6	2	47

）、地区（省）分组的单位数

山西	内蒙古	辽宁	吉林	黑龙江	上海	江苏	浙江	安徽	福建	江西	山东
103	15	73	29	22	95	283	142	105	34	56	214
2		8		1	32	21	23	14	3	8	9
13	6	65	25	21	78	131	76	61	22	30	94
242	46	111	35	52	101	356	740	273	1 927	626	809
64	31	31	13	26	44	78	482	63	1 281	72	352
13	2	36	5	7	27	112	67	9	58	209	62
156	11	28	10	13	20	122	160	191	563	323	345
9	2	16	7	6	10	44	31	10	25	22	50
981	63	688	91	71	100	859	478	140	77	133	615
16	14	100	39	24	18	268	144	34	9	9	93
5	20	21	4		4	37	13	9		1	4
960	29	567	48	47	78	554	321	97	68	123	518
85	29	163	85	41	60	240	90	47	24	30	182
54	15	83	43	12	22	81	15	10	9	16	44
8	1	15	6	10	16	53	28	4	3	4	33
23	13	65	36	19	22	106	47	33	12	10	105
23	27	168	38	55	106	749	332	160	44	96	598
13	8	51	14	19	40	186	184	109	14	62	156
7	19	108	20	32	62	539	144	47	24	33	430
3		9	4	4	4	24	4	4	6	1	12
60	21	420	54	73	127	554	289	178	122	115	465
1 640	263	1 166	172	193	356	1 203	765	403	330	247	770
1 430	56	159	20	30	19	133	52	59	60	23	208
52	19	111	34	55	36	49	71	55	62	23	108
98	164	804	83	101	261	941	607	276	156	185	416
60	24	92	35	7	40	80	35	13	52	16	38
172	130	628	77	84	572	1 439	915	279	119	188	398
35	12	96	16	29	128	258	135	137	17	40	97
20	10	42	5	13	81	125	79	30	7	15	47
7	1	19	2	11	8	69	27	100	3	10	36
		4	1	1	10	9	9			1	4
2	1	2			4	8	13			6	1
		2	3			1		2		5	
					1	1				1	2
6		27	5	4	24	45	7	5	7	2	7
79	20	210	28	20	80	170	148	40	13	18	70
27	6	69	13	18	68	104	136	28	6	12	51
41	11	110	12	1	1	18	1	3		3	7
5		14			3	2	1		2		4
6	3	17	3	1	8	46	10	9	5	3	8
6	6	24	3	1	14	26	12	12	2	4	10

(续21)

行业类别(小类)	代码	河南	湖北	湖南
日用玻璃制品业	3147	135	60	73
玻璃保温容器制造业	3148	13	6	6
其他玻璃及玻璃制品业	3149	85	29	38
陶瓷制品业	3150	607	234	729
建筑、卫生陶瓷制造业	3151	249	87	82
工业用陶瓷制造业	3153	35	8	138
日用陶瓷制造业	3155	294	127	459
其他陶瓷制品业	3159	29	12	50
耐火材料制品业	3160	1 385	99	270
石棉制品业	3161	143	24	34
云母制品业	3163	14	3	8
其他耐火材料制品业	3169	1 228	72	228
石墨及碳素制品业	3170	181	28	92
冶金用碳素制品业	3171	99	16	47
电工用碳素制品业	3172	31	1	11
其他石墨及碳素制品业	3179	51	11	34
矿物纤维及其制品业	3180	359	86	97
玻璃纤维及其制品业	3181	96	36	61
玻璃钢制品业	3182	251	45	31
其他矿物纤维及其制品业	3189	12	5	5
其他类未包括的非金属矿物制品业	3190	569	146	151
黑色金属冶炼及压延加工业	3200	715	440	427
炼铁业	3210	170	93	88
炼钢业	3220	173	102	58
钢压延加工业	3240	287	195	170
铁合金冶炼业	3260	85	50	111
有色金属冶炼及压延加工业	3300	621	192	643
重有色金属冶炼业	3310	197	61	444
铜冶炼业	3311	38	27	42
铅锌冶炼业	3312	119	15	86
镍钴冶炼业	3314	2		5
锡冶炼业	3316			16
锑冶炼业	3317	12	10	240
汞冶炼业	3318			1
其他重有色金属冶炼业	3319	26	9	54
轻有色金属冶炼业	3320	180	36	55
铝冶炼业	3321	88	23	24
镁冶炼业	3322	74	7	2
钛冶炼业	3323	6	1	1
其他轻有色金属冶炼业	3329	12	5	28
贵金属冶炼业	3330	18	5	29

）、地区（省）分组的单位数

广东	广西	海南	重庆	四川	贵州	云南	西藏	陕西	甘肃	青海	宁夏	新疆
235	36		84	124	17	12		55	12	1	2	10
31	2		7	6		2			1			2
138	13	1	18	44	6	8		24	2	2		11
2 972	177	10	119	506	52	70	1	150	42	2	24	26
568	37	2	37	142	11	21		36	21		8	14
64			8	16	3	4		12	2	1	1	
2 212	128	6	66	330	36	44	1	90	17		11	11
128	12	2	8	18	2	1		12	2	1	4	1
133	34	2	69	298	46	39		183	35	18	13	21
18	4		11	40	2	2		42	15	6		3
6	4		2	10				6	1			6
109	26	2	56	248	44	37		135	19	12	13	12
13	13		14	69	21	11		30	71	5	53	6
3	9		5	24	18	7		11	51	3	28	4
4	2		4	14	1	3		6	2	1	3	1
6	2		5	31	2	1		13	18	1	22	1
122	22	5	36	156	14	24	1	70	14	2	5	10
32	7		12	90	4	7		27	7	2	4	1
84	13	5	24	62	10	16		32	4		1	8
6	2			4		1	1	11	3			1
129	63	1	15	108	107	18	1	72	18	20	16	13
895	185	11	206	655	233	258	1	393	172	65	59	91
82	26	1	12	133	83	80		91	23	6	10	18
112	26	3	27	85	16	17		76	23	2	2	15
679	79	7	146	332	35	91		180	56	9	10	52
22	54		21	105	99	70	1	46	70	48	37	6
920	188	10	121	321	202	329	1	246	121	27	23	55
211	133		27	112	118	242		67	51	7	10	13
140	7		16	19	2	64		14	17	2	1	8
22	47		10	68	45	106		32	20	4	6	3
3				4		2			3		1	1
21	13			1		25						
7	56			2	64	40		6	8			
					3			2				
18	10		1	18	4	5		13	3	1	2	1
122	15	2	33	61	26	28		56	17	14	7	13
105	9	1	30	24	18	8		24	9	8	3	8
2			1	7	5	3		17	4	5	1	5
2	1	1		4		11		5				
13	5		2	26	3	6		10	4	1	3	
2	6	1		7	18	19		6	14			17

(续22)

行业类别(小类)	代码	营业企业法人单位数(个)	北京	天津	河北
金冶炼业	3331	225	1	1	44
银冶炼业	3332	38	1		1
其他贵金属冶炼业	3339	54	4	1	2
稀有稀土金属冶炼业	3340	487	8	9	10
钨钼冶炼业	3341	133	1		2
其他稀有稀土金属冶炼业	3349	354	7	9	8
有色金属合金业	3360	485	22	9	12
有色金属压延加工业	3380	4 002	102	130	167
重有色金属压延加工业	3381	2 062	60	69	79
轻有色金属压延加工业	3383	1 724	31	60	86
贵金属压延加工业	3385	73	1	1	
稀有稀土金属压延加工业	3387	143	10		2
金属制品业	3400	83 016	2 638	2 363	4 308
金属结构制造业	3410	6 062	572	158	283
铸铁管制造业	3420	3 691	59	35	314
工具制造业	3430	10 168	295	346	435
切削工具制造业	3431	2 275	77	58	106
模具制造业	3434	4 729	155	165	181
手工具制造业	3435	2 563	42	89	132
其他工具制造业	3439	601	21	34	16
集装箱和金属包装物品制造业	3440	4 425	127	138	185
集装箱制造业	3441	173	6	5	1
金属包装物品及容器制造业	3442	4 252	121	133	184
金属丝绳及其制品业	3450	6 709	108	327	716
建筑用金属制品业	3460	17 814	761	387	1 047
建筑小五金制造业	3461	3 375	44	68	138
水暖管道零件制造业	3463	3 392	99	93	365
金属门窗制造业	3465	9 939	553	163	474
其他建筑用金属制品业	3469	1 108	65	63	70
金属表面处理及热处理业	3470	6 976	207	385	270
日用金属制品业	3480	16 979	319	370	467
搪瓷制造业	3481	569	10	12	33
铝制品业	3482	3 575	100	82	111
不锈钢制品业	3483	3 064	51	104	52
刀剪制造业	3484	881	16	6	15
制锁业	3485	1 414	8	30	24
炊事用具制造业	3486	2 414	66	37	136
燃气用具制造业	3487	955	25	17	16
理发用具制造业	3488	247	3	5	1
其他日用金属制品业	3489	3 860	40	77	79
其他金属制品业	3490	10 192	190	217	591

）、地区（省）分组的单位数

山西	内蒙古	辽宁	吉林	黑龙江	上海	江苏	浙江	安徽	福建	江西	山东
5	6	20	1	1	1	6	4	12	2	3	7
		1	1		3	10	6			1	2
1		3	1		10	10	2				1
16	65	50	3	3	16	41	11	7	8	50	24
2	2	28		1	2	11	6	1	3	18	2
14	63	22	3	2	14	30	5	6	5	32	22
9	18	44	4	2	29	97	31	5	3	9	22
27	9	204	23	29	305	847	578	7	76	67	175
13	1	89	14	14	137	476	420	43	56	36	72
12	2	100	6	14	148	326	151	33	18	22	82
		9			8	14	6	1	1		5
2	6	6	3	1	12	31	1	1	1	9	16
1 316	834	4 490	860	1 591	5 928	9 657	9 072	2 682	1 767	1 165	7 263
79	51	558	57	128	552	840	219	279	67	55	348
312	76	188	37	69	66	222	113	275	72	75	299
98	24	417	85	147	797	1 251	1 673	289	260	113	985
33	4	109	15	58	189	415	296	47	60	33	149
26	13	198	38	36	380	450	777	172	148	19	340
33	6	78	28	31	175	311	488	59	45	51	448
6	1	32	4	22	53	75	112	11	7	10	48
31	34	320	74	86	344	640	347	132	121	129	490
2		10		1	36	33	5	1	1	3	14
29	34	310	74	85	308	607	342	131	120	126	476
92	57	351	70	138	383	935	745	311	88	101	502
399	337	1 149	260	493	1 269	1 729	1 671	353	467	162	2 007
25	12	82	24	39	535	292	445	65	123	20	300
259	58	240	71	123	154	181	380	34	149	20	546
105	252	760	157	314	454	1 100	770	234	155	118	1 102
10	15	67	8	17	126	156	76	20	40	4	59
34	7	305	42	78	697	1 161	1 012	118	91	81	387
161	82	546	100	191	1 240	1 751	2 708	432	397	220	1 370
14	3	35	5	9	64	71	74	13	10	4	46
32	22	205	30	59	188	413	415	105	66	35	492
14	1	78	9	22	329	460	478	16	54	13	180
1	4	20	2	5	40	64	170	80	17	5	75
7	5	24	4	5	100	175	571	14	12	21	109
69	35	90	30	51	78	90	75	98	49	80	253
3	2	27	3	16	59	94	251	13	9	8	49
		5	1		46	16	101	3	2		1
21	10	62	16	24	336	368	573	90	178	54	165
110	166	656	135	261	580	1 128	584	493	204	229	875

(续 23)

行业类别(小类)	代码	河南	湖北	湖南	广东
金冶炼业	3331	14	3	21	1
银冶炼业	3332	1		4	1
其他贵金属冶炼业	3339	3	2	4	
稀有稀土金属冶炼业	3340	39	1	19	25
钨钼冶炼业	3341	26		6	3
其他稀有稀土金属冶炼业	3349	13	1	13	22
有色金属合金业	3360	69	14	8	16
有色金属压延加工业	3380	118	75	88	544
重有色金属压延加工业	3381	41	45	42	188
轻有色金属压延加工业	3383	71	28	36	339
贵金属压延加工业	3385	2		6	9
稀有稀土金属压延加工业	3387	4	2	4	8
金属制品业	3400	2 641	2 293	2 133	10 928
金属结构制造业	3410	190	329	66	617
铸铁管制造业	3420	187	195	211	165
工具制造业	3430	275	331	294	1 328
切削工具制造业	3431	68	200	69	99
模具制造业	3434	122	63	55	1 091
手工具制造业	3435	61	55	154	96
其他工具制造业	3439	24	13	16	42
集装箱和金属包装物品制造业	3440	134	104	81	414
集装箱制造业	3441	3	5		32
金属包装物品及容器制造业	3442	131	99	81	382
金属丝绳及其制品业	3450	283	234	168	484
建筑用金属制品业	3460	578	332	351	1 856
建筑小五金制造业	3461	58	124	135	658
水暖管道零件制造业	3463	138	32	39	149
金属门窗制造业	3465	363	142	151	933
其他建筑用金属制品业	3469	19	34	26	116
金属表面处理及热处理业	3470	169	135	121	1 158
日用金属制品业	3480	464	291	529	3 885
搪瓷制造业	3481	38	13	10	44
铝制品业	3482	174	77	185	433
不锈钢制品业	3483	7	25	24	1 046
刀剪制造业	3484	9	14	14	274
制锁业	3485	23	16	31	187
炊事用具制造业	3486	151	70	184	238
燃气用具制造业	3487	9	6	16	274
理发用具制造业	3488				57
其他日用金属制品业	3489	53	70	65	1 332
其他金属制品业	3490	361	342	312	1 021

）、地区（省）分组的单位数

广西	海南	重庆	四川	贵州	云南	西藏	陕西	甘肃	青海	宁夏	新疆
2			1	18	17		4	14			16
1			2		2		1				
3	1		4				1				1
2	1	4	23	6	6	1	25	9	2	2	1
	1	2	3	1	2		10				
2		2	20	5	4	1	15	9	2	2	1
6	1	5	15	4	5		13	7	2	2	2
26	5	52	103	30	29		79	23	2	2	9
19	2	22	46	15	17		33	9	1		3
5	3	29	48	13	12		30	12	1	1	5
1		1	2				5			1	
1			7	2			11	2			1
892	70	856	2 473	348	1 012	6	1 919	741	127	146	497
29	4	65	194	13	111		133	32	7	9	17
40	3	45	186	33	86		230	40	4	14	40
49	5	112	288	20	42		166	21	5	5	12
15	4	28	83	7	9		38	1	2	1	2
24	1	33	117	9	15		85	6	2	2	6
8		39	69	4	16		28	10	1	2	4
2		12	19		2		15	4			
49	11	56	118	21	63		88	35	9	13	31
2	1	2	5		1		3	1			
47	10	54	113	21	62		85	34	9	13	31
51	2	51	187	26	54		144	33	18	10	40
168	12	121	506	65	330	2	431	241	45	43	242
27		13	50	12	15		47	10	7	1	6
13	2	12	52	4	28		54	29	1	6	61
114	10	82	362	47	266	2	311	202	36	35	172
14		14	42	2	21		19		1	1	3
40		96	168	15	42		122	14	1	6	14
215	14	166	294	101	105	3	313	124	30	25	66
2	1	16	9	1	3		24	2	1	1	1
43	3	46	86	16	36		71	23	4	6	17
20	2	13	29	8	11		11	2			5
4		18	9	4	3		7	4			1
10		6	13	2	5		6	2	2		2
62	6	27	65	60	30	3	145	72	18	12	34
6	1	17	16	1	5		6	3		1	2
			3				1		2		
68	1	23	64	9	12		42	16	3	5	4
251	19	144	532	54	179	1	292	201	8	21	35

(续 24)

行业类别(小类)	代码	营业企业法人单位数(个)	北京	天津	河北
铁制小农具制造业	3491	4 536	12	20	165
焊条制造业	3495	696	17	24	53
其他类未包括的金属制品业	3499	4 960	161	173	373
普通机械制造业	3500	79 478	1 412	1 712	3 723
锅炉及原动机制造业	3510	5 083	128	103	226
锅炉制造业	3511	2 279	69	71	121
内燃机制造业	3512	373	8	6	10
汽轮机制造业	3513	89	3	1	1
水轮机制造业	3514	60	1	1	1
内燃机零部件及配件制造业	3515	1 830	20	10	67
其他锅炉及原动机制造业	3519	452	27	14	26
金属加工机械制造业	3520	8 964	284	272	238
金属切削机床制造业	3521	1 510	46	49	44
锻压设备制造业	3523	870	12	23	18
铸造机械制造业	3525	1 445	21	22	51
机床附件制造业	3526	797	16	28	32
其他金属加工机械制造业	3529	4 342	189	150	93
通用设备制造业	3530	10 563	191	237	398
起重运输设备制造业	3531	1 991	42	66	54
工矿车辆制造业	3532	273	1	3	7
泵制造业	3533	3 130	33	62	109
风机制造业	3534	1 097	25	19	106
气体压缩机及气体分离设备制造业	3535	790	18	13	12
冷冻设备制造业	3536	847	38	20	5
风动工具制造业	3537	258	2	4	39
电动工具制造业	3538	729	7	9	18
其他通用设备制造业	3539	1 448	25	41	48
轴承、阀门制造业	3540	6 095	60	131	131
轴承制造业	3541	2 210	27	19	53
阀门制造业	3542	3 885	33	112	78
其他通用零部件制造业	3560	19 098	273	453	825
液压件及液力件制造业	3561	1 716	59	54	58
气动元件制造业	3562	914	13	17	54
密封件制造业	3563	870	18	26	24
粉末冶金制品业	3564	910	30	18	33
紧固件制造业	3565	6 294	36	150	288
弹簧制造业	3566	1 826	25	51	125
链条制造业	3567	547	8	5	30
齿轮制造业	3568	813	9	21	35
其他类未包括的通用零部件制造业	3569	5 208	75	111	178
铸锻件制造业	3570	22 937	298	328	1 708

）、地区（省）分组的单位数

山西	内蒙古	辽宁	吉林	黑龙江	上海	江苏	浙江	安徽	福建	江西	山东
48	144	291	67	149	23	286	88	344	76	168	387
18	6	41	8	15	41	81	47	43	11	10	69
44	16	324	60	97	516	761	449	106	117	51	419
1 765	656	7 171	1 070	1 613	4 352	11 313	13 059	2 748	1 961	991	7 231
145	84	367	99	182	237	873	440	174	49	76	714
111	64	249	80	121	105	258	72	35	15	19	378
1		10	3	2	21	75	34	20	9	12	27
1		4		14	13	19	7	3		3	10
1	1				1	2	5		4	4	2
18	7	64	4	11	65	476	307	111	19	33	248
13	12	40	12	34	32	43	15	5	2	5	49
181	129	902	121	315	780	1 209	707	213	158	106	822
28	11	134	15	31	151	164	162	49	36	24	142
14	4	67	10	18	61	164	96	24	11	12	126
58	8	86	7	28	51	203	55	68	37	20	210
11	7	85	7	20	77	95	105	18	15	12	123
70	99	530	82	218	440	583	289	54	59	38	221
142	43	1 154	174	149	905	1 738	2 331	197	151	103	722
16	12	258	17	20	220	413	236	36	23	14	126
51	2	20	5	5	4	29	13	7	2	10	24
37	14	409	50	56	193	423	867	97	33	30	235
9	3	111	63	31	89	173	137	8	14	9	105
7	3	75	10	4	49	93	298	14	7	9	50
4	1	81	2	4	160	156	163	11	11	1	32
2	1	31	3	3	15	34	45	8	8	5	16
4	3	15	4	10	68	110	327	5	12	4	32
12	4	154	20	16	107	307	245	11	41	21	102
63	10	438	24	65	376	856	2 184	83	322	54	321
28	5	136	12	35	181	337	583	36	58	29	176
35	5	302	12	30	195	519	1 601	47	264	25	145
275	51	1 541	167	228	1 249	3 248	4 499	510	530	185	1 561
52	2	194	14	17	147	345	301	32	25	11	127
13	1	52	3	8	75	211	211	11	14	8	76
4	2	93	17	10	41	175	147	32	19	6	116
23	2	49	6	4	66	142	186	29	13	4	66
53	16	210	46	43	495	1 067	2 285	78	185	47	319
12	4	118	23	10	85	336	324	37	32	36	167
8		35	5	6	37	92	121	28	10	4	55
8	2	44	7	10	43	133	154	29	27	20	68
102	22	746	46	120	260	747	770	234	205	49	567
786	208	1 893	313	398	450	2 698	2 311	1 314	559	372	2 684

(续 25)

行业类别(小类)	代码	河南	湖北	湖南
铁制小农具制造业	3491	220	249	214
焊条制造业	3495	40	11	23
其他类未包括的金属制品业	3499	101	82	75
普通机械制造业	3500	3 335	1 709	2 336
锅炉及原动机制造业	3510	199	112	129
锅炉制造业	3511	79	41	31
内燃机制造业	3512	18	12	18
汽轮机制造业	3513	2		1
水轮机制造业	3514	2	1	3
内燃机零部件及配件制造业	3515	81	49	65
其他锅炉及原动机制造业	3519	17	9	11
金属加工机械制造业	3520	298	203	234
金属切削机床制造业	3521	46	35	35
锻压设备制造业	3523	36	18	21
铸造机械制造业	3525	109	33	81
机床附件制造业	3526	18	11	12
其他金属加工机械制造业	3529	89	106	85
通用设备制造业	3530	342	151	285
起重运输设备制造业	3531	85	42	56
工矿车辆制造业	3532	17	6	11
泵制造业	3533	97	36	132
风机制造业	3534	19	15	22
气体压缩机及气体分离设备制造业	3535	18	9	7
冷冻设备制造业	3536	26	16	10
风动工具制造业	3537	11	1	6
电动工具制造业	3538	13	3	7
其他通用设备制造业	3539	56	23	34
轴承、阀门制造业	3540	351	84	92
轴承制造业	3541	154	55	45
阀门制造业	3542	197	29	47
其他通用零部件制造业	3560	583	303	325
液压件及液力件制造业	3561	46	33	31
气动元件制造业	3562	27	17	9
密封件制造业	3563	25	10	12
粉末冶金制品业	3564	75	27	20
紧固件制造业	3565	148	96	74
弹簧制造业	3566	53	22	34
链条制造业	3567	15	17	13
齿轮制造业	3568	48	14	31
其他类未包括的通用零部件制造业	3569	146	67	101
铸锻件制造业	3570	1 315	662	1 113

)、地区(省)分组的单位数

广东	广西	海南	重庆	四川	贵州	云南	西藏	陕西	甘肃	青海	宁夏	新疆
257	210	18	95	417	32	133	1	206	172	7	17	20
64	8	1	3	31		6		14	6		1	4
700	33		46	84	22	40		72	23	1	3	11
3 410	750	25	1 388	2 143	271	528	1	2 028	402	69	102	204
91	67	2	83	159	25	28		170	36	10	11	64
32	22	2	17	58	10	14		112	19	8	7	59
20	11		26	13	2	6		6	1	1	1	
3				3				1				
5	4		8	11		1		2				
18	23		26	63	11	5		23	5	1		
13	7		6	11	2	2		26	11		3	5
516	72	3	284	335	40	75		364	65	16	12	10
118	17	1	28	41	6	16		63	8	4	5	1
60	8		14	23	3	1		25	1			
88	9		21	67	6	9		86	4	5	1	1
21	5	1	22	18	2	9		17	4	2	1	3
229	33	1	199	186	23	40		173	48	5	5	5
409	83	6	139	185	26	47		194	20	7	7	27
104	10	1	31	41	7	22		22	3	2	5	7
10	10	1	2	11	2	6		11	2			1
77	15	1	23	48	4	8		31	4	1	1	4
31	4	1	24	9	6	3		52	4	1	1	3
16	20		13	18	1	1		22	1	1		1
63	4	1	12	9		2		12		1		2
7	2		3	6	1			3	1			1
36	6	1	9	11	2	1		9		1		2
65	12		22	32	3	4		32	5			6
131	18		58	125	10	16		54	23	2	8	5
87	10		17	52	10	10		27	17	2	6	3
44	8		41	73		6		27	6		2	2
939	101	5	250	456	43	88		299	55	10	14	32
42	11	1	15	58	6	2		27	5		1	
49	8		14	12				9	1			1
20	7		5	31	2			13	8		1	6
41	2		17	33	3	5		11	3	1	1	
334	22	3	70	97	12	29		62	16	3	6	4
169	10		32	62	3	13		31	3	4	1	4
35	3			13		4		2				1
17	4	1	22	32	4	5		20	2	1	1	1
232	34		75	118	13	30		124	17	1	3	15
931	313	2	452	609	92	214		632	167	16	46	53

(续26)

行业类别(小类)	代码	营业企业法人单位数(个)	北京	天津
铸件制造业	3571	19 707	251	227
锻件制造业	3572	3 230	47	101
普通机械修理业	3580	2 910	90	145
其他普通机械制造业	3590	3 828	88	43
专用设备制造业	3600	41 516	1 060	929
冶金、矿山、机电工业专用设备制造业	3610	3 963	103	116
矿山设备制造业	3611	1 775	13	13
冶金工业专用设备制造业	3613	627	17	24
电工专用设备制造业	3615	275	6	7
电子工业专用设备制造业	3617	580	32	22
其他机电工业专用设备制造业	3619	706	35	50
石化及其他工业专用设备制造业	3620	5 749	119	137
石油工业专用设备制造业	3621	710	6	27
化学工业专用设备制造业	3622	895	14	43
化学纤维工业专用设备制造业	3623	134	6	1
橡胶工业专用设备制造业	3624	318		16
塑料工业专用设备制造业	3625	931	9	11
森林工业专用设备制造业	3626	262	2	3
印刷工业专用设备制造业	3627	646	30	11
制药工业专用设备制造业	3628	302	11	6
建筑材料非金属矿物制品专用设备制造业	3629	1 551	41	19
轻纺工业专用设备制造业	3630	8 521	132	154
食品、饮料、烟草工业专用设备制造业	3631	1 363	33	21
粮油工业专用设备制造业	3632	978	9	3
饲料工业专用设备制造业	3633	132	5	
包装工业专用设备制造业	3634	516	14	19
纺织、服装、皮革工业专用设备制造业	3635	3 923	33	85
照明器具工业专用设备制造业	3636	419	21	9
日用硅酸制品工业专用设备制造业	3637	146	1	2
制浆、造纸工业专用设备制造业	3638	652	4	11
日用化学工业专用设备制造业	3639	392	12	4
农、林、牧、渔、水利业机械制造业	3640	7 276	78	42
拖拉机制造业	3641	282	2	3
机械化农机具制造业	3642	2 627	27	13
营林机械制造业	3643	50	1	2
畜牧机械制造业	3644	158	21	8
渔业机械制造业	3645	148	3	
水利机械制造业	3646	235	7	1
拖拉机配件制造业	3647	2 031	5	9
其他农、林、牧、渔、水利业机械制造业	3649	1 745	12	6

）、地区（省）分组的单位数

河北	山西	内蒙古	辽宁	吉林	黑龙江	上海	江苏	浙江	安徽	福建	江西	山东
1 532	708	180	1 521	282	329	312	2 207	2 073	1 125	528	336	2 219
176	78	28	372	31	69	138	491	238	189	31	36	465
129	105	62	395	91	180	144	175	124	173	56	45	171
68	68	69	481	81	96	211	516	463	84	136	50	236
1 623	679	352	2 675	593	1 295	2 524	6 256	5 024	1 442	848	657	3 797
145	147	24	478	60	93	245	567	317	101	49	76	301
80	107	15	247	39	45	38	160	141	60	25	60	185
34	13	3	81	11	12	38	139	32	12	2	3	38
11	4	2	24	4	8	30	38	23	11	3	5	19
7	3	1	39	5	11	71	83	83	10	14	5	26
13	20	3	87	1	17	68	147	38	8	5	3	33
201	55	21	428	67	115	356	1 059	752	129	130	58	580
30	2	1	119	28	52	42	107	41	4	2	2	94
28	10	5	57	9	4	67	271	74	16	13	5	80
2	1	1	12		4	12	48	15	3	1	1	6
5	3	2	31	1	1	28	63	21	14	8	1	53
20	7		48	3	7	50	126	255	11	21	4	73
9	1	2	20	2	27	11	31	12	5	13	4	35
29	6		34	5	5	69	106	126	9	11	7	29
3			26	8	3	40	83	62	1	1	2	7
75	25	10	81	11	12	37	224	146	66	60	32	203
269	85	24	345	58	101	611	1 543	1 848	159	162	95	750
33	1	7	61	12	23	115	124	419	19	33	9	85
40	15	11	47	22	46	22	147	55	28	19	20	83
5	3		7	1	7	11	16	12	1	1	3	13
19	2		24	3	3	71	54	138	10	9		30
117	42	5	97	8	12	251	1 022	1 171	47	70	43	338
16	6	1	21	4	2	66	72	9	19	5	9	28
3	2		9	1	1	10	21	6	7	3	6	23
16	10		70	4	1	25	48	30	12	14	1	119
20	4		9	3	6	40	39	8	16	8	4	31
405	124	112	302	115	279	140	756	523	424	177	200	967
12	16	1	9	2	11	11	25	9	19	7	3	39
127	47	55	103	54	147	28	214	183	165	66	100	261
2	1	1	3	2	5	6	9	4	2	1		1
2	3	11	5	2	5	17	11	8	2		3	13
6			5			6	28	24	3	9		23
14	9	3	19	6	13	6	19	13	11	5	4	25
146	21	14	96	29	63	45	324	193	93	27	32	429
96	27	27	62	20	35	21	126	89	129	62	58	176

(续 27)

行业类别(小类)	代码	河南	湖北	湖南
铸件制造业	3571	1 207	584	1 041
锻件制造业	3572	108	78	72
普通机械修理业	3580	108	124	65
其他普通机械制造业	3590	139	70	93
专用设备制造业	3600	2 653	943	1 122
冶金、矿山、机电工业专用设备制造业	3610	317	69	92
矿山设备制造业	3611	208	34	53
冶金工业专用设备制造业	3613	62	14	14
电工专用设备制造业	3615	17	3	4
电子工业专用设备制造业	3617	8	4	7
其他机电工业专用设备制造业	3619	22	14	14
石化及其他工业专用设备制造业	3620	275	116	148
石油工业专用设备制造业	3621	38	12	3
化学工业专用设备制造业	3622	32	21	20
化学纤维工业专用设备制造业	3623	6	1	2
橡胶工业专用设备制造业	3624	6	5	5
塑料工业专用设备制造业	3625	20	17	13
森林工业专用设备制造业	3626	28	5	4
印刷工业专用设备制造业	3627	12	7	18
制药工业专用设备制造业	3628	5	3	11
建筑材料非金属矿物制品专用设备制造业	3629	128	45	72
轻纺工业专用设备制造业	3630	562	213	181
食品、饮料、烟草工业专用设备制造业	3631	56	17	21
粮油工业专用设备制造业	3632	115	47	76
饲料工业专用设备制造业	3633	3	7	6
包装工业专用设备制造业	3634	14	11	6
纺织、服装、皮革工业专用设备制造业	3635	135	73	35
照明器具工业专用设备制造业	3636	26	3	9
日用硅酸制品工业专用设备制造业	3637	4	8	5
制浆、造纸工业专用设备制造业	3638	192	7	7
日用化学工业专用设备制造业	3639	17	40	16
农、林、牧、渔、水利业机械制造业	3640	943	199	291
拖拉机制造业	3641	30	8	11
机械化农机具制造业	3642	293	75	116
营林机械制造业	3643	3		2
畜牧机械制造业	3644	11	4	2
渔业机械制造业	3645	4	1	1
水利机械制造业	3646	29	8	5
拖拉机配件制造业	3647	220	53	54
其他农、林、牧、渔、水利业机械制造业	3649	353	50	100

)、地区(省)分组的单位数

广东	广西	海南	重庆	四川	贵州	云南	西藏	陕西	甘肃	青海	宁夏	新疆
807	296	1	342	519	74	194		560	146	13	43	50
124	17	1	110	90	18	20		72	21	3	3	3
159	32	6	27	83	15	23	1	145	22	6	3	6
234	64	1	95	191	20	37		170	14	2	1	7
2 363	554	38	371	1 285	136	324	14	1 382	299	55	93	130
178	55	2	43	138	10	39		165	16	3	10	4
27	38		16	52	3	29		70	6	1	8	2
10	2	1	3	24	3	3		28	2			2
16	4	1	3	11	1	1		16	1	1	1	
75	6		8	28	2	2		24	3		1	
50	5		13	23	1	4		27	4	1		
408	70	3	43	179	16	33	3	202	29	4	3	10
8	1		4	17	2			50	11	2	1	4
24	4		6	31	2	9		40	6		1	3
3			1	3				5				
21	8			9	1			14	1	1		
180	16		4	18	2	3		12				1
21	7	1	1	10		5		3				
71	8		2	25	1	2		18	4	1		
4	2		7	8				8	1			
76	24	2	18	58	8	14	3	52	6		1	2
531	70	4	68	195	19	82	5	211	32	1	6	5
124	16	2	11	23	5	53	1	37	1	1		
26	21	1	12	41	10	17		32	9		1	3
12	4		1	3		4		7				
59	4		2	6	1			16	1			
153	9		26	59		2	3	72	10		3	2
49	5		7	13	1	4		11	3			
20	1		1	6	1			4	1			
21	6		3	29	1	1		17	2		1	
67	4	1	5	15		1	1	15	5		1	
177	162	12	37	254	26	84	2	246	90	20	28	61
9	18	1	1	7	2	4	1	9	5		3	4
65	75	6	25	141	8	40	1	100	42	8	10	32
1	1			1				2				
7	6			4		1		5	3	1	1	2
24	1			1		2		5				2
10	2	1	2	3		3		13	1	1	2	
13	28		4	30	7	13		46	19	3	7	8
48	31	4	5	67	9	21		66	20	7	5	13

(续28)

行业类别(小类)	代码	营业企业法人单位数(个)	北京	天津
医疗器械制造业	3650	2 853	218	153
手术器械制造业	3651	240	12	18
医疗仪器、设备制造业	3652	1 046	131	71
诊断用品制造业	3653	244	6	4
医用材料及医疗用品制造业	3654	1 246	63	54
假肢、矫形器制造业	3655	77	6	6
其他专用设备制造业	3670	6 855	264	176
建筑机械制造业	3671	1 171	18	19
地质专用设备制造业	3672	125	7	4
畜牧兽医医疗器械制造业	3673	21		
缝纫机制造业	3674	892	1	30
商业、饮食业、服务业专用机械制造业	3675	370	16	18
邮政机械及器材制造业	3676	69	1	3
环境保护机械制造业	3677	1 730	108	27
社会公共安全设备及器材制造业	3678	1 102	45	40
其他类未包括的专用设备制造业	3679	1 375	68	35
专用机械设备修理业	3680	6 299	146	151
工业专用设备修理业	3681	919	31	51
农、林、牧、渔、水利机械修理业	3683	3 651	38	17
医疗器械修理业	3685	79	8	3
其他专用机械设备修理业	3689	1 650	69	80
交通运输设备制造业	3700	48 103	1 648	1 873
铁路运输设备制造业	3710	1 318	50	35
机车制造业	3711	30	2	
客车制造业	3712	36	1	1
货车制造业	3713	41	3	
机车车辆配件制造业	3714	651	22	12
铁路信号设备制造业	3715	90	8	2
铁路专用设备制造业	3716	110	4	5
铁路专用器材制造业	3717	275	9	10
其他铁路运输设备制造业	3719	85	1	5
汽车制造业	3720	14 374	535	522
载重汽车制造业	3721	178	10	2
客车制造业	3722	179	8	1
小轿车制造业	3723	52	3	3
微型汽车制造业	3724	77	2	5
特种车辆及改装汽车制造业	3725	639	35	7
汽车车身制造业	3726	267	6	7
汽车零部件及配件制造业	3727	12 982	471	497
摩托车制造业	3730	4 111	26	77
摩托车整车制造业	3731	370	4	24

)、地区(省)分组的单位数

河北	山西	内蒙古	辽宁	吉林	黑龙江	上海	江苏	浙江	安徽	福建	江西	山东
65	18	8	104	56	39	334	529	326	68	41	47	168
5	1		4	3	1	51	56	29	3	3		8
21	3	1	58	23	16	133	126	81	21	12	12	57
	1	1	8	6	1	27	60	55	5	3	5	18
37	11	4	29	21	17	113	280	158	34	22	30	78
2	2	2	5	3	4	10	7	3	5	1		7
208	72	32	445	99	162	547	1 531	1 092	121	144	63	416
29	14	5	84	7	17	61	191	173	23	39	14	114
9	2	1	4	3	4	8	23	9	1	2	1	15
1		1	1			1	3	9				
22	4	1	11		1	121	99	445	7	9	3	32
15	7	1	11	10	12	59	31	15	6	4	1	33
2	1	2	2	1		5	14	11		3	3	6
42	8	6	128	20	18	102	766	144	20	20	8	61
35	11	5	69	25	55	103	157	148	37	40	16	65
53	25	10	135	33	55	87	247	138	27	27	17	90
330	178	131	573	138	506	291	271	166	440	145	118	615
16	57	25	103	16	52	110	84	22	32	12	19	82
265	52	91	258	79	377	21	85	91	349	106	86	402
		3	5	1	4	9	6	2	4	1		4
49	69	12	207	42	73	151	96	51	55	26	13	127
1 920	705	398	2 800	933	1 008	2 830	4 637	6 357	1 307	1 361	1 071	3 956
62	34	8	213	56	73	30	139	67	23	16	21	105
	1		2	1	1				2	1		3
1	1		1	1	1	4	6	1	1			2
	2		1		2	2			4	2		3
31	20	5	99	29	35	10	94	36	11	11	5	71
1	4		13	2	6	2	4	7			5	3
18			14	3	7	2	7	4	1	1	2	4
7	3	3	75	16	16	5	20	10	4	1	8	11
4	3		8	4	5	5	8	9			1	8
779	101	51	653	401	211	666	1 381	3 511	296	610	242	698
10	1	1	12	1	3	9	18	4	8	2	3	16
10	7		8		5	6	22	14	6	11	5	8
6	3			1		3	2	2	1	4		1
3		1	4	2	3	1	6	4	12	1		4
33	7	2	24	19	10	52	85	48	38	15	12	59
16	5	3	16	15	10	12	20	7	5	6	4	22
701	78	44	589	363	180	583	1 228	3 432	226	571	218	588
92	5	3	17	17	8	204	622	986	25	88	177	219
16	3		2	2	6	16	67	28	7	7	15	31

(续29)

行业类别(小类)	代码	河南	湖北	湖南
医疗器械制造业	3650	91	74	32
手术器械制造业	3651	6	2	2
医疗仪器、设备制造业	3652	22	22	13
诊断用品制造业	3653	4	3	4
医用材料及医疗用品制造业	3654	58	47	12
假肢、矫形器制造业	3655	1		1
其他专用设备制造业	3670	231	122	147
建筑机械制造业	3671	72	25	29
地质专用设备制造业	3672	4	5	4
畜牧兽医医疗器械制造业	3673	2		
缝纫机制造业	3674	10	4	13
商业、饮食业、服务业专用机械制造业	3675	19	15	13
邮政机械及器材制造业	3676	5		2
环境保护机械制造业	3677	50	30	19
社会公共安全设备及器材制造业	3678	27	19	31
其他类未包括的专用设备制造业	3679	42	24	36
专用机械设备修理业	3680	234	150	231
工业专用设备修理业	3681	35	20	11
农、林、牧、渔、水利机械修理业	3683	143	87	198
医疗器械修理业	3685	5	5	2
其他专用机械设备修理业	3689	51	38	20
交通运输设备制造业	3700	1 544	1 483	1 471
铁路运输设备制造业	3710	96	37	52
机车制造业	3711	5	5	2
客车制造业	3712	2	2	5
货车制造业	3713	2	2	2
机车车辆配件制造业	3714	40	14	22
铁路信号设备制造业	3715	8	3	1
铁路专用设备制造业	3716	9	4	1
铁路专用器材制造业	3717	23	6	14
其他铁路运输设备制造业	3719	7	1	5
汽车制造业	3720	516	631	460
载重汽车制造业	3721	9	7	11
客车制造业	3722	5	10	11
小轿车制造业	3723	2	1	2
微型汽车制造业	3724	3	1	4
特种车辆及改装汽车制造业	3725	15	32	27
汽车车身制造业	3726	36	21	6
汽车零部件及配件制造业	3727	446	559	399
摩托车制造业	3730	142	22	87
摩托车整车制造业	3731	38	6	6

）、地区（省）分组的单位数

广东	广西	海南	重庆	四川	贵州	云南	西藏	陕西	甘肃	青海	宁夏	新疆
201	24	2	40	55	11	18		104	13		5	9
17	2		3	4	1	1		7	1			
103	14	1	21	21	3	6		48	4		1	1
16	1		2	6		2		4	1		1	
61	7	1	14	23	6	8		41	7		3	7
4				1	1	1		4				1
420	60	5	68	145	21	38		183	30	3	3	7
88	20		16	40	9	6		50	4	1		3
3	1		3	5	2	1		2	2			
1	1							1				
55	2		2	3				17				
42	3		3	10		3		17	5		1	
1	1		2	2	1			1				
56	9		14	27	2	14		20	10			1
70	10	4	11	27	2	6		38	2	2	1	1
104	13	1	17	31	5	8		37	7		1	2
448	113	10	72	319	33	30	4	271	89	24	38	34
50	13	2	13	17	5	6		22	9		1	3
211	67	4	42	252	21	13	4	162	62	16	30	22
9	1	2		1		1		3				
178	32	2	17	49	7	10		84	18	8	7	9
3 599	711	100	1 870	1 770	362	651	12	1 000	303	111	79	233
18	13		16	60	5	13		62	8	1		5
1				3	1							
3								1	1	1		
3				6	1			5	1			
7	7		10	23	2	7		23	1			4
1			1	1				17	1			
2	1			12		3		5	1			
1	2		3	13	1	2		8	3			1
	3		2	2		1		3				
440	181	7	489	560	68	138		148	24	16	9	30
9	2		8	16	2	5		5		1		3
13	6	2	4	8	1	1		4	2			1
7	1			5	1			2		1		1
9	2	1	1	5	2					1		
30	4	2	12	29	6	6		23	3	1		3
15	8	2	6	8	1	4		3			1	2
357	158		458	489	55	122		111	19	12	8	20
225	14	6	905	105	14	1		17	2	1	1	3
51	7	4	16	7	1	1		2		1		2

(续 30)

行业类别(小类)	代码	营业企业法人单位数(个)	北京	天津	河北
摩托车零部件及配件制造业	3732	3 741	22	53	76
自行车制造业	3740	2 240	27	468	101
电车制造业	3750	24		1	
船舶制造业	3760	1 268	3	11	1
海洋运输船制造业	3761	139		8	
内河船制造业	3762	619	2	1	
渔轮制造业	3763	194		1	1
船舶机械设备制造业	3764	311	1	1	
海洋石油平台制造业	3765	5			
航空航天器制造业	3770	200	11	1	5
飞机制造业	3771	122	5	1	3
其他航空航天器制造业	3779	78	6		2
交通运输设备修理业	3780	24 415	989	755	873
铁路运输设备修理业	3781	493	3	8	14
汽车修理业	3782	20 759	949	640	765
摩托车修理业	3783	836	8	20	18
电车修理业	3784	31	3	1	6
船舶修理业	3785	1 349		65	21
飞机修理业	3786	36	2		2
其他交通运输设备修理业	3789	911	24	21	47
其他交通运输设备制造业	3790	153	7	3	7
航标器材制造业	3791	18		2	1
潜水装备制造业	3792	14			1
公路标志制造业	3793	121	7	1	5
电气机械及器材制造业	4000	45 678	1 084	1 215	1 594
电机制造业	4010	3 065	49	110	70
发电机制造业	4011	550	12	10	10
电动机制造业	4012	1 409	15	48	38
微电机制造业	4013	1 106	22	52	22
输配电及控制设备制造业	4020	13 215	438	333	330
变压器制造业	4021	1 928	65	56	53
整流器制造业	4022	348	20	11	11
电容器制造业	4023	620	14	17	13
开关控制设备制造业	4024	4 314	190	122	129
电器设备元件制造业	4027	3 543	74	79	46
其他输配电及控制设备制造业	4029	2 462	75	48	78
电工器材制造业	4040	10 642	176	334	810
电线电缆制造业	4041	6 229	85	208	553
绝缘制品业	4043	806	13	30	45
蓄电池制造业	4045	1 531	38	49	67
原电池制造业	4046	458	4	11	12

)、地区(省)分组的单位数

山西	内蒙古	辽宁	吉林	黑龙江	上海	江苏	浙江	安徽	福建	江西	山东
2	3	15	15	2	188	555	958	18	81	162	188
4	3	40	4	8	178	409	434	28	37	14	131
		1			2	3	5	3			
		40	4	7	94	365	184	71	61	34	74
		9			21	23	24	4	23	3	7
		3	3	5	22	242	54	54	11	26	21
		9	1		3	17	55	1	15		33
		18		2	48	82	51	12	12	5	12
		1				1					1
1	2	9	1	4	26	12	5		2	3	1
1		4	1	3	18	8	1			3	
	2	5		1	8	4	4		2		1
556	331	1 825	449	693	1 610	1 676	1 144	854	547	578	2 722
24	22	129	26	45	18	14	5	8	9	15	21
487	278	1 462	406	602	1 278	1 395	865	756	420	528	2 296
5	16	26	3	9	54	35	20	13	32	20	87
		4			2	1		2	1	1	1
		148	1	9	210	178	218	26	61	7	157
1		3	1		3	3		2	1		
39	15	53	12	28	45	50	36	47	23	7	160
4		2	1	4	20	30	21	7		2	6
					7	3	1	1			
1		1		1	3		1	2			1
3		1	1	3	10	27	19	4		2	5
353	225	2 634	466	926	3 935	7 136	8 128	1 473	787	496	2 502
26	14	137	19	54	219	483	687	83	170	39	186
5	3	18	2	25	30	89	61	14	25	15	44
14	8	85	11	23	120	215	249	50	138	16	93
7	3	34	6	6	69	179	377	19	7	8	49
94	76	1 008	181	322	998	2 126	2 718	287	221	110	701
21	15	188	31	47	169	234	145	30	44	19	131
	1	33	3	9	34	50	37	6	6	5	14
1	3	30	4	11	28	142	101	20	22	8	16
35	19	395	98	125	320	518	875	107	69	34	233
19	16	164	22	59	234	660	1 222	89	40	26	161
18	22	198	23	71	213	522	338	35	40	18	146
110	61	513	96	196	724	1 580	1 300	437	128	148	630
67	36	300	45	106	383	855	704	315	51	77	346
8	9	54	14	24	45	150	115	17	9	8	66
21	10	57	13	29	113	218	136	64	33	38	130
3	2	9	4	8	63	54	44	15	8	9	23

(续31)

行业类别(小类)	代码	河南	湖北	湖南	广东
摩托车零部件及配件制造业	3732	104	16	81	174
自行车制造业	3740	82	30	10	160
电车制造业	3750	3		1	3
船舶制造业	3760	12	66	22	124
海洋运输船制造业	3761		3		8
内河船制造业	3762	8	43	21	43
渔轮制造业	3763	1			49
船舶机械设备制造业	3764	3	20	1	23
海洋石油平台制造业	3765				1
航空航天器制造业	3770	9	10	4	
飞机制造业	3771	8	1	1	
其他航空航天器制造业	3779	1	9	3	
交通运输设备修理业	3780	680	684	833	2 614
铁路运输设备修理业	3781	33	10	12	10
汽车修理业	3782	606	586	750	2 034
摩托车修理业	3783	12	13	19	334
电车修理业	3784		1		1
船舶修理业	3785		29	10	161
飞机修理业	3786	1	2	2	1
其他交通运输设备修理业	3789	28	43	40	73
其他交通运输设备制造业	3790	4	3	2	15
航标器材制造业	3791			1	1
潜水装备制造业	3792				
公路标志制造业	3793	4	3	1	14
电气机械及器材制造业	4000	1 371	667	955	6 412
电机制造业	4010	102	49	68	290
发电机制造业	4011	25	19	9	78
电动机制造业	4012	47	17	41	84
微电机制造业	4013	30	13	18	128
输配电及控制设备制造业	4020	336	131	317	1 347
变压器制造业	4021	54	35	50	367
整流器制造业	4022	8	4	13	49
电容器制造业	4023	13	3	14	113
开关控制设备制造业	4024	132	38	92	370
电器设备元件制造业	4027	57	23	65	268
其他输配电及控制设备制造业	4029	72	28	83	180
电工器材制造业	4040	531	256	253	1 514
电线电缆制造业	4041	366	183	117	970
绝缘制品业	4043	47	6	24	57
蓄电池制造业	4045	71	37	75	148
原电池制造业	4046	12	8	14	104

）、地区（省）分组的单位数

广西	海南	重庆	四川	贵州	云南	西藏	陕西	甘肃	青海	宁夏	新疆
7	2	889	98	13			15	2		1	1
32		1	19		2		15	2			1
			1					1			
34	1	36	17	2	1		3			1	
4		1	1								
19		22	14	2	1		1			1	
7	1										
4		13	1				2				
			1								
			19	40			33	2			
			11	30			21	2			
			8	10			12				
435	85	422	988	231	496	12	720	264	92	68	189
10	1	5	14	4	3		21	1	4	4	
362	74	397	919	220	480	11	623	246	81	61	182
28	3		17	3	3		27	5	1	2	3
1		1	2				2	1			
19	5	17	5				1	1			
1			7	2			1	1			
14	2	2	24	2	10	1	45	9	6	1	4
2	1	1	1	2			2		1		5
				1							
1				1					1		
1	1	1	1				2				5
393	33	414	980	134	226	1	751	184	26	57	120
50	1	32	54	7	15		36	7	2	4	2
18	1	4	15	3	3		8	3			1
18		19	23	3	9		18	3	1	2	1
14		9	16	1	3		10	1	1	2	
120	19	118	291	53	75		296	90	8	22	49
16	5	21	50	8	10		43	9	1	4	7
5		4	10		2		11	1		1	
17		6	12				9	1		1	1
37	10	36	94	20	39		96	40	5	10	26
23	1	26	55	21	8		52	29		3	1
22	3	25	70	4	16		85	10	2	3	14
88	6	101	286	29	58		188	41	7	9	32
40	5	44	150	12	29		132	20	4	3	23
5		6	22		1		20	7		3	1
27		40	79	6	11		10	6	1	2	2
8	1	4	12	5	8		8	2	1		2

(续32)

行业类别(小类)	代码	营业企业法人单位数(个)	北京	天津	河北
其他电工器材制造业	4049	1 618	36	36	133
日用电器制造业	4060	6 271	127	99	120
洗衣机制造业	4061	214	2	8	2
吸尘器制造业	4062	167	3	7	9
电冰箱制造业	4063	397	17	15	4
电风扇制造业	4064	745	5	7	3
空调器制造业	4065	991	35	12	13
排油烟机制造业	4066	150	6	2	
其他日用电器制造业	4069	3 607	59	48	89
照明器具制造业	4070	8 519	167	161	133
电光源制造业	4071	2 265	49	31	27
灯头、灯座制造业	4072	896	9	17	27
灯具制造业	4073	2 960	77	70	53
灯用电器附件制造业	4074	1 335	24	29	22
其他照明器具制造业	4079	1 063	8	14	4
电气机械修理业	4080	1 685	70	90	47
其他电气机械制造业	4090	2 281	57	88	84
电焊机制造业	4091	832	14	32	35
工业用电炉制造业	4092	350	10	15	12
其他类未包括的电气机械制造业	4099	1 099	33	41	37
电子及通信设备制造业	4100	16 832	743	465	422
通信设备制造业	4110	2 781	152	74	68
传输设备制造业	4111	553	40	15	7
交换设备制造业	4112	617	41	16	6
通信终端设备制造业	4113	341	16	20	2
其他通信设备制造业	4119	1 270	55	23	53
雷达制造业	4120	78	3	1	1
雷达整机制造业	4121	40	2	1	
雷达专用配套设备及部件制造业	4122	38	1		1
广播电视设备制造业	4130	513	47	6	11
电子计算机制造业	4140	1 038	136	55	9
电子计算机整机制造业	4141	345	53	19	
电子计算机外部设备制造业	4143	693	83	36	9
电子器件制造业	4150	1 329	64	41	86
电真空器件制造业	4151	274	18	8	5
半导体器件制造业	4153	583	29	28	20
集成电路制造业	4155	472	17	5	61
电子元件制造业	4160	6 283	135	146	168
日用电子器具制造业	4170	1 934	52	65	11
电视机、录像机、摄像机制造业	4171	483	10	29	3
收音机、录音机制造业	4172	1 237	36	33	6

)、地区(省)分组的单位数

山西	内蒙古	辽宁	吉林	黑龙江	上海	江苏	浙江	安徽	福建	江西	山东
11	4	93	20	29	120	303	301	26	27	16	65
16	4	182	44	120	758	1 006	1 171	133	82	42	315
1		12	1	1	46	31	63	5	1		10
3		7	5	4	17	34	15	6	3		8
		11	1	1	48	56	83	19	1	2	49
		5	1		50	102	151	13	9	11	14
2		23	5	32	210	339	83	7	11	3	51
		4	1	1	14	10	29	1	2	1	8
10	4	120	30	81	373	434	747	82	55	25	175
45	27	360	33	73	856	1 420	1 804	401	119	114	383
16	4	118	7	21	208	403	442	169	43	38	134
3	5	19	3	1	157	87	196	13	10	12	28
22	15	150	7	32	284	597	524	56	32	21	140
2	3	61	11	14	160	219	193	44	27	21	56
2		12	5	5	47	114	449	119	7	22	25
45	34	267	58	95	205	135	59	67	26	23	117
17	9	167	35	66	175	386	389	65	41	20	170
6	5	58	14	31	77	90	119	17	21	10	92
		21	4	4	23	108	58	4	3	5	25
11	4	88	17	31	75	188	212	44	17	5	53
76	64	571	120	145	1 330	2 964	2 268	275	590	147	589
10	4	99	24	26	253	467	413	36	140	26	113
2	3	20	4	6	57	82	63	11	22	4	25
5		23	11	5	58	126	99	5	20	5	24
		10	1	2	23	28	32	8	16	3	17
3	1	46	8	13	115	231	219	12	82	14	47
1		7	2	1	5	18	2	4	1		1
		6	1		3	8		1	1		1
1		1	1	1	2	10	2	3			
2	1	16	3	9	26	91	86	10	24	5	13
7	2	38	3	16	98	90	45	19	33	7	55
2		16	1	2	49	30	11	10	10	1	19
5	2	22	2	14	49	60	34	9	23	6	36
4	5	73	6	11	131	244	111	18	48	9	51
1	1	23	1	1	34	47	24	4	7	3	13
3	4	44	4	8	57	110	66	11	22	6	32
		6	1	2	40	87	21	3	19		6
19	26	168	25	28	376	1 371	1 214	121	206	55	201
7	5	30	7	14	175	240	146	16	57	11	32
6	2	16	3	6	54	92	16	10	13	4	17
	3	12	4	5	97	130	119	4	28	5	13

(续33)

行业类别(小类)	代码	河南	湖北	湖南
其他电工器材制造业	4049	35	22	23
日用电器制造业	4060	83	58	78
洗衣机制造业	4061		3	
吸尘器制造业	4062	5	4	4
电冰箱制造业	4063	8	4	15
电风扇制造业	4064	12	8	11
空调器制造业	4065	17	6	15
排油烟机制造业	4066	1		1
其他日用电器制造业	4069	40	33	32
照明器具制造业	4070	228	116	130
电光源制造业	4071	111	37	47
灯头、灯座制造业	4072	16	12	7
灯具制造业	4073	55	40	41
灯用电器附件制造业	4074	26	23	18
其他照明器具制造业	4079	20	4	17
电气机械修理业	4080	29	33	39
其他电气机械制造业	4090	62	24	70
电焊机制造业	4091	17	10	24
工业用电炉制造业	4092	11	4	10
其他类未包括的电气机械制造业	4099	34	10	36
电子及通信设备制造业	4100	199	208	224
通信设备制造业	4110	42	45	45
传输设备制造业	4111	6	10	6
交换设备制造业	4112	6	2	16
通信终端设备制造业	4113	7	11	2
其他通信设备制造业	4119	23	22	21
雷达制造业	4120		4	3
雷达整机制造业	4121		3	1
雷达专用配套设备及部件制造业	4122		1	2
广播电视设备制造业	4130	9	5	19
电子计算机制造业	4140	8	15	5
电子计算机整机制造业	4141	5	7	1
电子计算机外部设备制造业	4143	3	8	4
电子器件制造业	4150	22	16	18
电真空器件制造业	4151	7	4	5
半导体器件制造业	4153	11	7	9
集成电路制造业	4155	4	5	4
电子元件制造业	4160	58	72	79
日用电子器具制造业	4170	11	17	17
电视机、录像机、摄像机制造业	4171	7	5	8
收音机、录音机制造业	4172	2	12	7

)、地区（省）分组的单位数

广东	广西	海南	重庆	四川	贵州	云南	西藏	陕西	甘肃	青海	宁夏	新疆
235	8		7	23	6	9		18	6	1	1	4
1 527	43		52	102	16	13	1	56	7	1	7	8
20			2	4	1	1						
21	3		1	6				2				
36	2		4	13	2	1		4	1			
312	8		18	2				3				
92	5		1	13		1		12				3
67			1	1								
979	25		25	63	13	10	1	35	6	1	7	5
1 488	51	5	70	144	16	38		84	22	4	4	23
242	14	2	13	34	4	14		22	7	1		7
238	1		5	14	3	2		9	1			1
577	6	2	29	53	8	17		33	2	3	3	11
281	19	1	19	29	1	4		15	9		1	3
150	11		4	14		1		5	3			1
100	23		14	29	8	9		37	9	3	10	4
146	18	2	27	74	5	18		54	8	1	1	2
75	6	1	4	42	1	8		18	3	1	1	
4	1		9	2	1			16				
67	11	1	14	30	3	10		20	5			2
4 142	146	24	128	384	38	48	1	469	26	4	10	12
474	35	4	32	61	7	16	1	102	5	2	2	3
77	10		9	23	1	7	1	40		1		1
101	6		7	6	2	2		23	2			
116	6	2	3	4	1			8	1		1	1
180	13	2	13	28	3	7		31	2	1	1	1
3	3			4	6			7	1			
	2			4	2			3	1			
3	1				4			4				
69	8		5	22		5		19				2
314	1	1	11	27	3	3		33	2			2
68	1		6	13	1	3		15	1			1
246		1	5	14	2			18	1			1
268	14	3	12	25	3	3		39	3		1	
43	2			7	1	1		13	1			
66	4	3	8	16	1	2		11			1	
159	8		4	2	1			15	2			
1 465	29	7	20	140	14	7		125	5		1	2
939	9	3	11	27	4	1		24	1		1	1
130	4	2	5	18	3	1		16	1		1	1
697	4	1	5	8	1			5				

(续 34)

行业类别(小类)	代码	营业企业法人单位数(个)	北京	天津
电子计算器制造业	4173	214	6	3
电子设备及通信设备修理业	4180	497	11	17
通信设备修理业	4181	153	3	4
广播电视设备修理业	4182	56	1	1
电子计算机修理业	4183	31		1
其他电子设备修理业	4189	257	7	11
其他电子设备制造业	4190	2 379	143	60
仪器仪表及文化、办公用机械制造业	4200	11 390	479	451
通用仪器仪表制造业	4210	4 836	225	195
工业自动化仪表制造业	4211	1 323	91	89
电工仪器、仪表制造业	4212	1 018	30	29
光学仪器制造业	4213	433	34	16
计时仪器制造业	4214	170	7	7
分析仪器制造业	4215	220	18	11
试验机制造业	4216	132	5	3
实验室仪器及装置制造业	4217	143	15	8
通用仪器仪表元件、器件制造业	4218	689	6	13
其他通用仪器仪表制造业	4219	708	19	19
专用仪器仪表制造业	4220	1 363	61	51
环境保护仪器仪表制造业	4221	184	19	15
汽车仪器仪表制造业	4222	135	4	6
导航、制导仪器制造业	4223	44	3	1
农、林、牧、渔仪器、仪表制造业	4224	32	1	
地质勘探、钻采、地震专用仪器制造业	4225	124	3	4
气象、海洋、水文、天文测量仪器制造业	4226	47	5	4
教学仪器制造业	4227	300	10	4
核子及核辐射测量仪器制造业	4228	22	7	1
专用仪器仪表元件、器件制造业	4229	475	9	16
电子测量仪器制造业	4230	441	41	30
计量器具制造业	4240	1 190	35	28
传递标准用计量仪器制造业	4241	110	5	3
量具量仪制造业	4242	362	10	9
衡器制造业	4243	718	20	16
文化、办公用机械制造业	4250	699	40	31
电影机械制造业	4251	25	1	4
幻灯机及投影仪制造业	4252	26	1	
照相机及器材制造业	4254	274	15	9
复印机制造业	4256	50	2	6
打字机及油印机制造业	4257	69	4	2
其他文化、办公用机械制造业	4259	255	17	10

）、地区（省）分组的单位数

河北	山西	内蒙古	辽宁	吉林	黑龙江	上海	江苏	浙江	安徽	福建	江西	山东
2	1		2		3	24	18	11	2	16	2	2
10	8	12	29	18	22	63	39	21	21	9	6	42
2	1	4	12	8	8	25	11	13	4		2	13
1	1	1	1	5	2	8	4		3		1	5
	2	3	1		2	5	2	1	2	1	3	1
7	4	4	15	5	10	25	22	7	12	8		23
58	18	9	111	32	18	203	404	230	30	72	28	81
228	93	23	831	135	197	1 353	1 500	1 921	339	329	126	534
79	35	5	437	81	86	549	747	1 031	125	64	26	205
21	12	2	164	31	31	129	195	180	22	9	4	54
15	7	1	70	7	28	139	135	240	29	16	11	58
5	3	1	14	11	8	54	96	53	7	17	2	6
3			4	2	1	14	27	62			1	6
1	2		15	3	2	35	30	57	1	2		9
2	1		22	6	1	18	24	11	2	1		12
	3	1	15	1	2	22	26	18	2	4		4
21	1		68	5	4	57	102	241	32	6	2	27
11	6		65	15	9	81	112	169	30	9	6	29
34	18	7	112	18	27	121	207	224	61	28	19	77
8	3	1	17	4	6	13	22	15	1	4	1	13
6	2		12	1		13	19	30	9	1		4
1		1	7			2	4	3		1	3	
			3			4	2	5	2	3		3
2	2		15	1	10	13	14	24	2			5
1	1	1	1	1	1	7	10	1		5		3
4	3	3	13	4	5	27	42	64	18	9	8	8
	2		3	2		2		1				
12	5	1	41	5	5	40	94	81	29	5	7	41
12	4	1	20	3	11	54	67	34	9	10	1	36
56	15	3	64	10	25	120	164	268	32	18	19	66
4			9	1	1	16	32	19	1			4
31			20	2	15	50	55	69	4	4	8	19
21	15	3	35	7	9	54	77	180	27	14	11	43
10	4	4	17		11	132	80	108	5	21	12	29
1	1		1		4	5	1	1		1		2
						3	4	3	1	3		3
1	3		4		2	60	21	47	1	7	7	6
			4			14	4	2		1		1
3		1				20	9	11		1		5
5		3	8		5	30	41	44	3	8	5	12

营业企业法人按行业(小类

(续35)

行业类别(小类)	代码	河南	湖北	湖南
电子计算器制造业	4173	2		2
电子设备及通信设备修理业	4180	4	13	10
通信设备修理业	4181	1	3	2
广播电视设备修理业	4182		1	4
电子计算机修理业	4183			
其他电子设备修理业	4189	3	9	4
其他电子设备制造业	4190	45	21	28
仪器仪表及文化、办公用机械制造业	4200	248	159	150
通用仪器仪表制造业	4210	108	71	57
工业自动化仪表制造业	4211	33	27	14
电工仪器、仪表制造业	4212	25	16	10
光学仪器制造业	4213	7	9	3
计时仪器制造业	4214	6	3	2
分析仪器制造业	4215	8		4
试验机制造业	4216	2	4	4
实验室仪器及装置制造业	4217	2	5	4
通用仪器仪表元件、器件制造业	4218	9	3	1
其他通用仪器仪表制造业	4219	16	4	15
专用仪器仪表制造业	4220	32	24	26
环境保护仪器仪表制造业	4221	5	5	
汽车仪器仪表制造业	4222	3	1	1
导航、制导仪器制造业	4223	1	3	
农、林、牧、渔仪器、仪表制造业	4224	1		
地质勘探、钻采、地震专用仪器制造业	4225	2	1	1
气象、海洋、水文、天文测量仪器制造业	4226			
教学仪器制造业	4227	12	7	15
核子及核辐射测量仪器制造业	4228			
专用仪器仪表元件、器件制造业	4229	8	7	9
电子测量仪器制造业	4230	11	6	6
计量器具制造业	4240	55	18	35
传递标准用计量仪器制造业	4241	3	1	
量具量仪制造业	4242	9	6	16
衡器制造业	4243	43	11	19
文化、办公用机械制造业	4250	10	9	5
电影机械制造业	4251			
幻灯机及投影仪制造业	4252	4		
照相机及器材制造业	4254		3	1
复印机制造业	4256		1	
打字机及油印机制造业	4257		1	
其他文化、办公用机械制造业	4259	6	4	4

）、地区（省）分组的单位数

广东	广西	海南	重庆	四川	贵州	云南	西藏	陕西	甘肃	青海	宁夏	新疆
112	1		1	1				3				
74	10	2	7	13		2		29	2	2		1
14	4		1	7		1		8	1	1		
8		1	2	1				4				1
4				2				1				
48	6	1	4	3		1		16	1	1		
536	37	4	30	65	1	11		91	7		5	1
1 277	65	8	273	173	34	66		336	28	7	17	10
191	21	4	163	71	16	39		172	12	3	13	5
42	6		55	20	1	6		71	4	2	6	2
49	4	2	19	17	11	6		33	5		3	3
22	4		15	3	2	21		20				
18			1	1				5				
4	3		1	4				10				
5				2		2		1	1		3	
2		1	2	3				3				
21	1		46	10	1	4		6	1	1		
28	3	1	24	11	1			23	1		1	
64	5	1	42	23	3	12		55	7	2	1	1
12			5	5		2		7			1	
11		1	4	3				2	1	1		
5			5	1				3				
1			1	2	1			3				
7	1		2	1				13		1		
1			1					4				
6	1		8	7		5		11	5			1
1								3				
20	3		16	4	2	5		9	1			
36	1	1	10	10	1	1		23	1		1	
55	13		14	39	5	8		17	4	2		2
4	1		1	3				2				
11	5		3	5	3	1		5	1	1		
40	7		10	31	2	7		10	3	1		2
130	5	1	6	9	1	2		14	1		1	1
2				1								
4												
75	1		1	2	1	1		5	1			
11	1			2				1				
6	2		2	1				1				
32	1	1	3	3		1		7			1	1

(续36)

行业类别(小类)	代码	营业企业法人单位数(个)	北京	天津	河北
钟表制造业	4260	1 597	13	62	14
仪器仪表及文化、办公用机械修理业	4280	299	12	23	7
其他仪器仪表制造业	4290	965	52	31	16
其他制造业	4300	42 022	764	666	1 545
工艺美术品制造业	4310	26 798	487	404	947
雕塑工艺品制造业	4311	3 954	113	26	138
金属工艺品制造业	4312	1 561	122	37	130
漆器工艺品制造业	4313	322	16	4	4
花画工艺品制造业	4314	1 410	27	32	29
竹、藤、棕、草工艺品制造业	4315	2 460	6	18	103
抽纱刺绣工艺品制造业	4316	3 133	48	39	84
地毯制造业	4317	4 051	25	178	305
首饰制造业	4318	1 376	45	6	19
其他工艺美术品制造业	4319	8 531	85	64	135
日用杂品制造业	4350	3 385	50	49	104
制镜业	4351	372	10	14	23
眼镜制造业	4353	828	29	7	9
制伞业	4355	720	5	3	3
鬃毛加工及制刷业	4357	1 465	6	25	69
其他生产、生活用品制造业	4390	11 839	227	213	494
生产用其他产品制造业	4391	2 394	50	97	163
生活用其他产品制造业	4392	9 445	177	116	331
电力、煤气及水的生产和供应业	D	25 072	87	105	357
电力、蒸汽、热水的生产和供应业	4400	17 406	68	89	257
电力生产业	4410	12 398	39	12	114
火力发电业	4411	1 320	14	11	53
水力发电业	4412	10 987	22	1	60
核力发电业	4413	6			
其他电业	4419	85	3		1
电力供应业	4420	4 570	11	60	126
蒸汽、热水生产和供应业	4430	438	18	17	17
煤气生产和供应业	4500	720	7	10	27
煤气生产业	4510	89	2	1	5
煤气供应业	4520	631	5	9	22
自来水的生产和供应业	4600	6 946	12	6	73
自来水生产业	4610	3 632	6	3	30
自来水供应业	4620	3 314	6	3	43
建筑业	E	119 994	3 522	2 183	2 820
土木工程建筑业	4700	87 875	1 599	1 033	2 437
房屋建筑业	4710	75 172	1 281	683	2 203
矿山建筑业	4720	326	1	1	14

)、地区(省)分组的单位数

山西	内蒙古	辽宁	吉林	黑龙江	上海	江苏	浙江	安徽	福建	江西	山东
6		42	5	11	175	94	105	14	160	24	71
5	2	34	10	10	59	20	12	11	4	8	14
6	1	105	8	16	143	121	139	82	24	17	36
338	486	965	220	362	1 065	3 223	4 411	2 354	2 406	1 537	4 450
139	388	597	119	198	577	1 898	2 642	1 174	1 848	1 246	3 131
7	23	88	30	26	87	250	782	109	826	108	279
11	12	58	14	19	90	223	260	46	37	21	83
8		10	1	1	6	28	11	5	140	1	11
10	6	105	3	17	33	84	107	59	76	12	176
2	20	41	10	34	44	121	264	261	268	126	281
7	11	66	10	21	136	404	341	129	102	21	552
39	261	39	9	20	14	229	106	156	3	49	1 298
8	6	30	3	8	58	104	93	37	47	26	80
47	49	160	39	52	109	455	678	372	349	882	371
13	26	50	15	28	82	308	673	338	213	68	218
4	5	15	4	8	11	23	23	21	11	6	47
3	5	14	1	3	35	65	350	4	48	7	15
1		1		2	15	25	213	28	144	29	16
5	16	20	10	15	21	195	87	285	10	26	140
186	72	318	86	136	406	1 017	1 096	842	345	223	1 101
39	22	162	30	31	176	441	137	168	52	25	127
147	50	156	56	105	230	576	959	674	293	198	974
390	275	441	285	340	285	1 454	1 679	1 047	1 850	1 650	529
262	180	284	204	234	44	331	1 108	677	1 568	1 480	303
127	49	98	89	82	14	124	1 005	382	1 278	939	117
63	39	41	21	51	13	116	102	21	26	32	108
64	5	51	65	31		1	899	359	1 249	906	8
						1	1		1		
	5	6	3		1	6	3	2	2	1	1
119	103	102	87	105	21	192	98	286	285	541	133
16	28	84	28	47	9	15	5	9	5		53
16	13	30	9	9	27	100	48	40	9	9	60
6	2	9	1	2	2	3	3	5	1	2	8
10	11	21	8	7	25	97	45	35	8	7	52
112	82	127	72	97	214	1 023	523	330	273	161	166
40	26	40	35	44	177	671	308	170	152	152	57
72	56	87	37	53	37	352	215	160	121	9	109
2 237	1 924	5 424	1 500	3 163	6 317	8 004	5 207	9 973	2 645	2 900	13 384
1 687	1 543	3 356	984	2 173	2 828	5 167	3 246	8 845	1 829	2 502	10 441
1 527	1 316	2 535	772	1 732	1 677	4 079	2 411	8 187	1 445	2 189	9 468
29	6	33	3	6	6	21	30	26	5	6	18

(续 37)

行业类别(小类)	代码	河南	湖北	湖南	广东
钟表制造业	4260	9	17	6	721
仪器仪表及文化、办公用机械修理业	4280	9	3	9	15
其他仪器仪表制造业	4290	14	11	6	65
其他制造业	4300	2 335	1 157	3 083	5 818
工艺美术品制造业	4310	1 428	488	2 271	4 308
雕塑工艺品制造业	4311	222	62	47	412
金属工艺品制造业	4312	27	19	20	205
漆器工艺品制造业	4313		1	5	31
花画工艺品制造业	4314	26	17	16	521
竹、藤、棕、草工艺品制造业	4315	67	55	92	435
抽纱刺绣工艺品制造业	4316	119	20	79	828
地毯制造业	4317	648	32	5	23
首饰制造业	4318	30	22	40	602
其他工艺美术品制造业	4319	289	260	1 967	1 251
日用杂品制造业	4350	154	103	119	375
制镜业	4351	32	6	17	35
眼镜制造业	4353	9	6	16	170
制伞业	4355	9	31	29	133
鬃毛加工及制刷业	4357	104	60	57	37
其他生产、生活用品制造业	4390	753	566	693	1 135
生产用其他产品制造业	4391	106	42	68	161
生活用其他产品制造业	4392	647	524	625	974
电力、煤气及水的生产和供应业	D	588	1 456	1 673	3 550
电力、蒸汽、热水的生产和供应业	4400	416	746	1 337	2 646
电力生产业	4410	257	529	1 178	1 913
火力发电业	4411	76	37	52	223
水力发电业	4412	179	477	1 122	1 675
核力发电业	4413			1	1
其他电业	4419	2	15	3	14
电力供应业	4420	152	202	157	727
蒸汽、热水生产和供应业	4430	7	15	2	6
煤气生产和供应业	4500	27	32	14	76
煤气生产业	4510	7	6	1	8
煤气供应业	4520	20	26	13	68
自来水的生产和供应业	4600	145	678	322	828
自来水生产业	4610	65	231	212	428
自来水供应业	4620	80	447	110	400
建筑业	E	5 413	5 757	8 084	8 245
土木工程建筑业	4700	4 562	5 137	7 671	4 195
房屋建筑业	4710	4 151	4 696	7 109	3 184
矿山建筑业	4720	15		17	15

）、地区（省）分组的单位数

广西	海南	重庆	四川	贵州	云南	西藏	陕西	甘肃	青海	宁夏	新疆
11	1	12	3	2	3		15				1
5		3	7	2			13	2			
4		23	11	4	1		27	1		1	
635	49	329	1 505	187	270	38	1 044	505	102	54	119
509	35	107	636	107	161	37	417	331	45	35	88
46	10	24	51	4	36	5	95	29	10	5	4
7	2	13	23	16	17	1	31	5	1	3	8
2		1	4	2			12	18			
4		2	11	3	4		20	2	1		7
94	2	11	36	5	7	10	33	12		2	
7	2	9	25	3	7		50	4	1	1	7
2		10	204	2	1	16	57	231	26	21	42
24	7	2	15	3	25	3	15	1	1		16
323	12	35	267	69	64	2	104	29	5	3	4
16		54	207	11	24		51	19	2	5	10
4		4	15	2	9		8	3	2	3	7
1		6	9				11	3		1	1
7		7	7	2	4		6				
4		37	176	7	11		26	13		1	2
110	14	168	662	69	85	1	576	155	55	14	21
39	3	66	91	22	21	1	34	7	3	4	6
71	11	102	571	47	64		542	148	52	10	15
845	161	439	2 547	719	810	73	715	229	110	50	333
542	111	276	1 884	555	648	65	551	173	87	31	249
404	80	244	1 616	442	469	60	442	92	55	8	140
22	9	12	54	17	12	1	35	14	8	4	33
382	70	232	1 556	425	455	56	405	78	47	4	103
			1								
	1		5		2	3	2				4
136	31	32	264	113	179	4	100	74	27	14	89
2			4			1	9	7	5	9	20
10	11	19	79	8	4	1	11	4	2	3	5
3			8	1	1		1	1			
7	11	19	71	7	3	1	10	3	2	3	5
293	39	144	584	156	158	7	153	52	21	16	79
161	16	64	257	64	76	2	73	26	3	7	36
132	23	80	327	92	82	5	80	26	18	9	43
1 655	486	2 063	5 745	908	2 329	72	4 703	1 366	349	566	1 050
1 264	285	1 589	4 777	771	1 728	69	3 495	1 166	271	418	807
996	227	1 407	4 264	664	1 512	55	3 112	1 029	230	357	674
7		10	8	3	10		25	3	2	1	5

(续 38)

行业类别(小类)	代码	营业企业法人单位数(个)	北京	天津	河北
铁路、公路、遂道、桥梁建筑业	4730	4 009	75	70	66
堤坝、电站、码头建筑业	4740	867	17	16	11
其他土木工程建筑业	4790	7 501	225	263	143
线路、管道和设备安装业	4800	13 119	793	504	205
线路、管道安装业	4810	6 510	301	286	117
设备安装业	4820	6 609	492	218	88
装修装饰业	4900	19 000	1 130	646	178
地质勘探业、水利管理业	F	1 409	51	35	23
地质勘探业	5000	792	32	27	11
区域地质勘查业	5010	32			
海洋地质勘查业	5020	13		1	1
矿产地质勘探业	5030	215	8	3	4
石油、天然气地质勘查业	5031	38	5	2	2
煤炭地质勘查业	5032	37			
黑色金属矿产地质勘查业	5033	4			
有色金属矿产地质勘查业	5034	16			
贵金属矿产地质勘查业	5035	9			
其他金属矿产地质勘查业	5036	5			
非金属矿产地质勘查业	5037	4			
水文地质勘查业	5038	102	3	1	2
工程地质勘查业	5040	391	16	21	4
环境地质勘查业	5050	9	1		
地球物理和地球化学勘查业	5060	15		1	
地质工程技术及其他技术服务业	5090	117	7	1	2
水利管理业	5100	617	19	8	12
交通运输、仓储及邮电通信业	G	50 972	1 272	1 684	1 306
铁路运输业	5200	216	9	3	10
汽车运输业	5300	20 873	563	669	611
汽车运输业	5310	19 337	519	654	579
其他公路运输业	5390	1 536	44	15	32
管道运输业	5400	30		1	2
水上运输业	5500	4 619	9	25	6
远洋运输业	5510	249	4	17	2
沿海运输业	5520	817	4	7	4
内河、内湖运输业	5530	3 059		1	
其他水上运输业	5590	494	1		
航空运输业	5600	122	16	7	3
航空客货运输业	5610	112	16	6	2
通用航空业	5620	10		1	1
交通运输辅助业	5700	13 282	338	455	213
公路管理及养护业	5710	305	2	8	6

）、地区（省）分组的单位数

山西	内蒙古	辽宁	吉林	黑龙江	上海	江苏	浙江	安徽	福建	江西	山东
114	97	218	110	201	270	335	326	228	123	90	242
15	12	41	17	41	30	66	96	45	38	26	46
2	112	529	82	193	845	666	383	359	218	191	667
305	228	1 198	301	647	1 360	1 172	750	351	319	173	1 051
154	127	592	157	379	553	613	388	216	181	95	485
151	101	606	144	268	807	559	362	135	138	78	566
245	153	870	215	343	2 129	1 665	1 211	777	497	225	1 892
66	33	91	15	46	105	75	63	71	36	80	119
33	24	61	11	38	57	30	30	38	20	11	68
	2	5		3	8			1	1	1	2
	1				3	1					
13	5	15	6	14	8	5	3	4	3	6	25
			1		4	1					1
3	1	2	1	5		2		1		1	8
		2							1		
				2	1						
				1						1	2
					1						
				1							
10	4	11	4	5	2	2	3	3	2	4	14
13	13	31	5	13	25	20	22	20	10	2	36
1					3	1					
		1		1	1			2		1	
6	3	9		7	9	3	5	11	6	1	5
33	9	30	4	8	48	45	33	33	16	69	51
1 231	759	2 416	749	1 433	4 630	3 956	3 200	3 696	1 581	1 564	3 201
7	6	13	6	10	10	2	6	10	2	3	8
682	340	921	303	543	1 059	1 429	1 057	1 804	658	728	1 661
659	307	870	300	511	991	1 274	1 019	1 522	635	667	1 534
23	33	51	3	32	68	155	38	282	23	61	127
	1	5	2	2	6	2					2
2		69	7	35	497	658	325	822	247	153	145
		17			94	21	6	3	13	1	24
		45	1		70	42	182	4	174		55
1		3	6	29	152	555	122	785	43	129	60
1		4		6	181	40	15	30	17	23	6
2	1	6	1	7	4	7	1	1	5	2	4
2	1	5	1	6	4	7	1	1	5	2	4
		1		1							
196	184	823	181	398	1 329	1 188	1 275	759	396	413	660
15	6	10	3	11	15	17	10	9	13	8	10

营业企业法人按行业（小类

（续39）

行业类别（小类）	代码	河南	湖北	湖南	广东
铁路、公路、遂道、桥梁建筑业	4730	195	83	92	303
堤坝、电站、码头建筑业	4740	26	42	24	81
其他土木工程建筑业	4790	175	316	429	612
线路、管道和设备安装业	4800	382	189	214	1 260
线路、管道安装业	4810	223	97	148	551
设备安装业	4820	159	92	66	709
装修装饰业	4900	469	431	199	2 790
地质勘探业、水利管理业	F	50	31	18	144
地质勘探业	5000	43	4	3	93
区域地质勘查业	5010	2			3
海洋地质勘查业	5020			1	3
矿产地质勘探业	5030	10	2	1	19
石油、天然气地质勘查业	5031	4	1		11
煤炭地质勘查业	5032	2	1		1
黑色金属矿产地质勘查业	5033				
有色金属矿产地质勘查业	5034	1		1	2
贵金属矿产地质勘查业	5035	1			
其他金属矿产地质勘查业	5036				
非金属矿产地质勘查业	5037				
水文地质勘查业	5038	2			5
工程地质勘查业	5040	21	1	1	49
环境地质勘查业	5050				1
地球物理和地球化学勘查业	5060	2			5
地质工程技术及其他技术服务业	5090	8	1		13
水利管理业	5100	7	27	15	51
交通运输、仓储及邮电通信业	G	1 785	2 260	1 775	4 068
铁路运输业	5200	19	4	9	12
汽车运输业	5300	772	1 000	880	1 310
汽车运输业	5310	716	908	775	1 184
其他公路运输业	5390	56	92	105	126
管道运输业	5400	3	1		
水上运输业	5500	26	354	208	477
远洋运输业	5510		3	1	33
沿海运输业	5520		1	1	150
内河、内湖运输业	5530	22	299	172	256
其他水上运输业	5590	4	51	34	38
航空运输业	5600	2	1	1	17
航空客货运输业	5610	2	1	1	14
通用航空业	5620				3
交通运输辅助业	5700	383	622	407	1 318
公路管理及养护业	5710	6	47	10	37

)、地区（省）分组的单位数

广西	海南	重庆	四川	贵州	云南	西藏	陕西	甘肃	青海	宁夏	新疆
77	23	62	185	51	79	8	144	41	14	20	67
27	7	16	30	7	31	4	19	3	2	6	25
157	28	94	290	46	96	2	195	90	23	34	36
129	72	168	349	84	209	2	358	101	34	79	132
70	31	63	206	45	92	1	158	58	23	40	60
59	41	105	143	39	117	1	200	43	11	39	72
262	129	306	619	53	392	1	850	99	44	69	111
18	18	9	50	15	33	2	49	19	11	6	27
12	16	6	24	15	24	2	29	5	8	3	14
1	1			1					1		
				2							
5	5	2	6	5	8	1	16	2	2	1	8
		1	2		1		1				1
1			1		1		4				2
					1						
	1			1	2		1	1	1		2
					2		2				
1				1			1		1		
			1							1	1
3	4	1	2	3	1	1	7	1			2
4	9	4	15	5	12	1	5	3	4	1	5
				1			1				
			1								
2	1		2	1	4		7		1	1	1
6	2	3	26		9		20	14	3	3	13
1 034	251	889	1 877	450	779	129	1 290	645	189	175	698
18	1	6	11	4	5		2	3	3	1	13
411	81	367	914	148	386	46	658	343	100	84	345
390	81	326	891	145	383	46	599	328	99	80	345
21		41	23	3	3		59	15	1	4	
			1								2
185	65	125	139	11	15	1	10	2		1	
6	4										
21	56										
150		118	125	10	12	1	5	2		1	
8	5	7	14	1	3		5				
6	7	1	2	2	3	1	3	2	1	1	5
5	7	1	2	1	3	1	3	2	1	1	4
1				1							1
199	51	272	402	135	127	1	284	82	13	27	151
3	2	4	11	3	3		20	9		5	2

(续 40)

行业类别(小类)	代码	营业企业法人单位数(个)	北京	天津	河北
港口业	5720	837		4	5
沿海港口业	5721	275		4	5
内河、内湖港口业	5722	562			
水运辅助业	5730	1 197	12	143	1
机场及航空运输辅助业	5740	562	65	17	
装卸搬运业	5750	6 249	72	100	112
其他类未包括的交通运输辅助业	5790	4 132	187	183	89
其他交通运输业	5800	228	11	1	3
仓储业	5900	6 749	213	471	131
邮电通信业	6000	4 853	113	52	327
邮政业	6010	490	30	4	44
电信业	6020	1 696	82	27	80
邮电业	6030	2 667	1	21	203
批发和零售贸易、餐饮业	H	685 595	26 711	17 143	18 505
食品、饮料、烟草和家庭日用品批发业	6100	164 149	6 246	3 837	4 634
食品、饮料、烟草批发业	6110	65 990	1 752	1 015	2 689
粮食、食用油批发业	6111	29 440	526	333	1 535
糕点、糖果和饮料批发业	6112	9 412	395	205	321
肉、禽、蛋及其制品批发业	6113	6 487	133	97	136
水产品批发业	6114	2 882	95	90	54
蔬菜、果品批发业	6115	4 750	115	63	265
茶叶批发业	6116	1 306	77	25	8
烟草及其制品批发业	6117	3 044	13	18	167
盐及调味品批发业	6118	1 805	43	38	99
其他食品、饮料、烟草批发业	6119	6 864	355	146	104
棉、麻、土畜产品批发业	6120	5 873	55	75	259
棉、麻批发业	6121	2 770	13	41	158
畜产品批发业	6122	3 103	42	34	101
纺织品、服装和鞋帽批发业	6130	17 210	750	559	270
纺织品批发业	6131	11 988	481	465	201
服装批发业	6132	3 745	204	70	48
鞋帽批发业	6133	1 477	65	24	21
日用百货批发业	6140	20 887	1 093	477	380
百货批发业	6141	13 806	684	262	277
文化用品、钟表眼镜批发业	6142	4 171	304	155	46
其他日用百货批发业	6149	2 910	105	60	57
日用杂品批发业	6150	5 540	185	83	199
五金、交电、化工批发业	6160	40 259	2 055	1 471	642
药品及医疗器械批发业	6170	8 390	356	157	195
西药批发业	6171	3 957	97	34	135
中草药及制品批发业	6172	2 507	47	35	49

)、地区(省)分组的单位数

山西	内蒙古	辽宁	吉林	黑龙江	上海	江苏	浙江	安徽	福建	江西	山东
	1	18	2	11	87	239	44	65	28	12	66
		18			39	15	38	1	25		32
	1		2	11	48	224	6	64	3	12	34
		249	1	8	153	131	133	48	20	8	115
5	2	26	4	2	149	28	38	5	23	3	30
112	106	261	91	245	357	577	424	505	215	328	291
64	69	259	80	121	568	196	626	127	97	54	148
		7		3	4	35	7	5	2	5	7
187	80	410	161	257	1 264	473	288	198	152	149	484
155	147	162	88	178	457	162	241	97	119	111	230
16	20	13	9	12	63	6	20	1	5	3	25
31	32	71	26	67	292	73	109	27	39	25	65
108	95	78	53	99	102	83	112	69	75	83	140
16 156	12 980	40 116	12 490	20 185	78 941	53 950	40 636	23 511	18 168	13 624	40 197
2 867	2 916	8 115	2 895	4 536	14 287	14 332	11 912	6 061	4 392	3 593	10 091
1 519	1 636	3 446	1 681	2 601	3 188	5 301	3 192	3 080	2 149	2 153	4 716
751	923	1 664	1 173	1 614	711	2 123	850	1 468	860	1 319	2 385
219	189	532	143	274	700	782	728	448	287	210	469
84	98	173	42	101	330	983	286	391	92	221	391
24	28	295	49	77	196	235	361	71	156	21	331
141	79	248	93	205	247	217	220	153	306	64	534
9	17	35	11	6	72	85	145	98	56	30	67
128	99	149	62	107	67	175	126	106	85	113	156
82	54	92	48	95	45	101	77	94	40	61	118
81	149	258	60	122	820	600	399	251	267	114	265
143	319	245	132	151	157	542	312	349	48	201	308
84	8	99	63	27	64	291	112	177	17	135	155
59	311	146	69	124	93	251	200	172	31	66	153
150	99	578	87	239	1 978	2 396	3 106	458	382	135	966
96	72	357	62	133	1 062	2 035	2 598	308	244	101	642
33	15	168	13	69	677	250	392	88	92	18	240
21	12	53	12	37	239	111	116	62	46	16	84
256	222	711	198	423	2 448	1 226	1 176	769	623	343	1 177
203	170	389	104	314	1 346	789	587	617	395	262	842
33	29	202	67	68	594	256	431	85	132	34	209
20	23	120	27	41	508	181	158	67	96	47	126
113	85	280	95	136	510	414	300	221	140	119	318
494	414	2 363	433	632	5 540	4 074	3 306	728	895	481	2 263
192	141	492	269	354	466	379	520	456	155	161	343
78	91	264	148	204	122	200	129	224	71	103	149
80	31	112	89	90	86	56	272	193	48	42	83

(续 41)

行业类别(小类)	代码	河南	湖北	湖南	广东
港口业	5720	3	44	13	121
沿海港口业	5721		1		76
内河、内湖港口业	5722	3	43	13	45
水运辅助业	5730		20	4	107
机场及航空运输辅助业	5740	3	7	1	90
装卸搬运业	5750	277	475	356	361
其他类未包括的交通运输辅助业	5790	94	29	23	602
其他交通运输业	5800	17	61	4	25
仓储业	5900	355	86	114	516
邮电通信业	6000	208	131	152	393
邮政业	6010	16	8	15	23
电信业	6020	59	41	41	219
邮电业	6030	133	82	96	151
批发和零售贸易、餐饮业	H	22 906	19 028	14 977	80 591
食品、饮料、烟草和家庭日用品批发业	6100	5 709	4 351	3 699	24 096
食品、饮料、烟草批发业	6110	3 309	2 335	1 885	6 712
粮食、食用油批发业	6111	2 067	1 243	680	2 141
糕点、糖果和饮料批发业	6112	369	255	312	794
肉、禽、蛋及其制品批发业	6113	300	331	317	956
水产品批发业	6114	23	40	19	525
蔬菜、果品批发业	6115	165	125	120	461
茶叶批发业	6116	16	53	58	176
烟草及其制品批发业	6117	151	91	116	180
盐及调味品批发业	6118	88	85	94	118
其他食品、饮料、烟草批发业	6119	130	112	169	1 361
棉、麻、土畜产品批发业	6120	315	315	204	320
棉、麻批发业	6121	195	229	154	112
畜产品批发业	6122	120	86	50	208
纺织品、服装和鞋帽批发业	6130	322	348	211	2 712
纺织品批发业	6131	256	278	140	1 477
服装批发业	6132	37	55	33	920
鞋帽批发业	6133	29	15	38	315
日用百货批发业	6140	449	447	507	4 806
百货批发业	6141	335	326	338	3 299
文化用品、钟表眼镜批发业	6142	77	67	60	832
其他日用百货批发业	6149	37	54	109	675
日用杂品批发业	6150	199	137	155	876
五金、交电、化工批发业	6160	803	508	586	7 383
药品及医疗器械批发业	6170	312	261	151	1 287
西药批发业	6171	189	136	80	526
中草药及制品批发业	6172	67	89	60	425

)、地区(省)分组的单位数

广西	海南	重庆	四川	贵州	云南	西藏	陕西	甘肃	青海	宁夏	新疆
27	10	32	4		1						
11	10										
16		32	4		1						
17	11	7	4	1			3			1	
6	11	2	16	2	9		13	2			3
74	7	197	281	76	64		183	50	6	20	26
72	10	30	86	53	50	1	65	21	7	1	120
3		2	11	1	3	1	8	1			1
74	7	47	172	44	64	2	169	97	11	21	52
138	39	69	225	105	176	77	156	115	61	40	129
16	3	3	27	13	12	17	21	11	19	6	9
41	16	15	43	17	40	3	46	20	11	10	28
81	20	51	155	75	124	57	89	84	31	24	92
13 130	3 119	10 242	23 387	6 001	13 481	463	23 411	7 687	2 265	3 175	8 419
2 753	939	2 394	5 118	1 638	3 119	69	4 681	1 863	387	720	1 899
1 477	425	815	2 378	904	1 447	18	1 943	1 056	160	272	736
582	195	332	1 089	413	549	10	842	590	44	127	301
250	66	139	409	82	287	3	246	112	36	29	121
182	44	97	245	33	121	1	164	59	13	10	56
42	21	11	20	4	28		41	1	4	6	14
140	18	64	128	23	86		195	121	7	38	109
15	5	15	67	16	74		31	9	1	11	18
86	21	69	171	204	141	2	100	86	11	16	28
44	12	23	61	77	22		51	13	3	8	19
136	43	65	188	52	139	2	273	65	41	27	70
119	21	132	396	59	53	8	146	113	50	61	265
74	12	55	157	28	19		80	67		18	126
45	9	77	239	31	34	8	66	46	50	43	139
96	100	149	290	93	169	3	338	38	18	49	121
64	67	119	196	58	125	2	191	31	13	27	87
19	26	16	61	10	27	1	116	5	4	13	25
13	7	14	33	25	17		31	2	1	9	9
295	122	294	596	151	496	25	613	214	42	70	238
201	84	195	401	102	366	24	460	164	33	45	192
37	21	62	98	26	91		84	21	4	13	33
57	17	37	97	23	39	1	69	29	5	12	13
96	30	89	206	56	119	1	213	50	14	17	84
544	110	776	896	264	660	8	1 051	232	63	213	371
126	131	139	356	111	175	6	377	160	40	38	84
62	99	69	193	66	117	5	211	72	24	17	42
48	21	54	134	39	35		99	76	12	10	25

(续42)

行业类别(小类)	代码	营业企业法人单位数(个)	北京	天津	河北	山西
医疗器械批发业	6173	1 926	212	88	11	34
能源、材料和机械电子设备批发业	6200	166 794	6 034	4 076	3 353	3 875
能源批发业	6210	19 570	370	349	556	881
石油及制品批发业	6211	9 733	217	233	327	220
煤炭及制品批发业	6212	9 193	139	98	228	634
其他能源批发业	6219	644	14	18	1	27
化工材料批发业	6220	13 406	374	471	232	190
木材批发业	6230	7 989	168	108	154	202
建筑材料批发业	6240	35 365	1 827	732	453	554
矿产品批发业	6250	3 184	23	28	78	138
金属材料批发业	6260	31 997	800	649	934	736
黑色金属材料批发业	6261	25 600	638	530	871	637
有色金属材料批发业	6262	6 397	162	119	63	99
机械、电子设备批发业	6270	36 214	1 684	1 214	481	764
汽车、摩托车及零配件批发业	6280	11 881	632	386	227	203
汽车批发业	6281	2 472	97	56	72	55
摩托车批发业	6282	686	7	4	19	13
汽车、摩托车零配件批发业	6289	8 723	528	326	136	135
再生物资回收批发业	6290	7 188	156	139	238	207
其他批发业	6300	35 560	838	539	1 505	535
工艺美术品批发业	6310	1 589	171	56	32	13
图书报刊批发业	6320	1 138	55	23	32	35
农业生产资料批发业	6330	20 827	160	103	1 318	326
其他类未包括的批发业	6390	12 006	452	357	123	161
零售业	6400	264 785	10 906	7 281	7 766	7 841
食品、饮料和烟草零售业	6410	53 972	1 695	1 246	2 102	1 942
粮油食品零售业	6411	20 226	307	259	1 354	1 217
副食品零售业	6412	16 073	744	553	333	511
其他食品、饮料和烟草零售业	6419	17 673	644	434	415	214
日用百货零售业	6420	69 932	1 871	1 138	2 624	2 744
百货零售业	6421	41 673	1 302	693	1 508	1 180
文化体育用品零售业	6422	4 619	315	186	68	91
钟表、眼镜及照相器材零售业	6423	1 515	90	43	24	37
其他日用百货零售业	6429	22 125	164	216	1 024	1 436
纺织品、服装和鞋帽零售业	6430	12 790	540	328	246	349
日用杂品零售业	6440	7 789	195	188	197	197
五金、交电、化工零售业	6450	56 148	2 793	2 566	941	1 124
药品及医疗器械零售业	6470	6 816	295	205	99	147
图书报刊零售业	6480	3 286	235	71	82	124
其他零售业	6490	54 052	3 282	1 539	1 475	1 214
家具零售业	6491	2 580	104	46	35	39

）、地区（省）分组的单位数

内蒙古	辽宁	吉林	黑龙江	上海	江苏	浙江	安徽	福建	江西	山东
19	116	32	60	258	123	119	39	36	16	111
2 194	14 871	2 600	4 761	16 603	16 777	13 120	4 415	4 391	2 569	10 246
340	1 852	364	780	480	2 143	1 485	694	466	410	1 861
179	719	195	338	277	795	625	341	325	203	746
151	1 048	163	429	122	1 262	830	338	130	206	1 072
10	85	6	13	81	86	30	15	11	1	43
78	924	155	283	1 218	1 556	1 791	261	457	132	816
178	472	214	418	720	510	485	386	288	226	495
635	2 464	544	1 046	5 445	3 214	2 961	1 016	1 164	415	1 820
29	213	14	38	100	114	96	127	78	120	139
432	2 902	491	713	2 824	4 822	3 111	630	491	518	2 186
381	2 459	455	634	1 750	3 975	2 473	545	405	430	1 901
51	443	36	79	1 074	847	638	85	86	88	285
254	4 227	422	898	4 330	2 839	1 938	647	988	368	1 645
116	928	172	278	1 008	804	791	304	337	187	773
22	163	46	51	226	165	147	92	74	51	227
11	32	8	9	58	65	89	23	34	20	52
83	733	118	218	724	574	555	189	229	116	494
132	889	224	307	478	775	462	350	122	193	511
720	1 886	599	1 093	2 614	2 506	2 056	1 563	1 027	1 161	2 252
11	55	10	24	202	117	100	18	53	16	77
12	42	20	32	104	54	63	30	35	33	94
491	1 150	435	730	286	1 282	1 128	1 299	558	979	1 512
206	639	134	307	2 022	1 053	765	216	381	133	569
6 261	12 187	5 661	8 357	36 748	17 194	11 201	9 119	7 287	5 285	12 985
1 374	2 092	1 026	1 578	7 755	3 169	2 778	1 403	1 663	1 361	2 041
741	551	407	747	1 258	803	479	429	719	845	1 039
339	926	406	599	1 381	984	1 321	426	390	361	547
294	615	213	232	5 116	1 382	978	548	554	155	455
1 893	2 627	1 541	2 434	6 129	4 903	2 413	3 288	1 710	1 789	3 836
1 027	1 454	1 038	1 474	4 111	3 098	1 276	2 067	763	970	2 557
89	263	78	134	757	261	264	114	174	67	136
22	63	20	20	296	77	84	44	40	14	36
755	847	405	806	965	1 467	789	1 063	733	738	1 107
188	537	149	244	2 905	815	666	422	477	168	455
235	350	204	238	913	520	316	365	232	137	298
1 097	2 756	1 170	1 504	11 915	3 750	2 300	1 465	1 478	675	2 308
157	307	416	524	631	376	314	185	141	272	103
113	118	59	119	304	175	131	102	48	76	149
1 204	3 400	1 096	1 716	6 196	3 486	2 283	1 889	1 538	807	3 795
28	96	23	57	547	205	152	71	109	24	145

(续43)

行业类别(小类)	代码	河南	湖北	湖南	广东
医疗器械批发业	6173	56	36	11	336
能源、材料和机械电子设备批发业	6200	5 012	3 672	2 594	19 224
能源批发业	6210	835	417	387	1 844
石油及制品批发业	6211	344	208	221	1 467
煤炭及制品批发业	6212	474	197	155	318
其他能源批发业	6219	17	12	11	59
化工材料批发业	6220	378	259	171	2 142
木材批发业	6230	297	313	246	665
建筑材料批发业	6240	700	696	344	4 397
矿产品批发业	6250	128	141	157	350
金属材料批发业	6260	1 361	757	491	2 554
黑色金属材料批发业	6261	1 207	659	386	1 694
有色金属材料批发业	6262	154	98	105	860
机械、电子设备批发业	6270	825	569	435	4 913
汽车、摩托车及零配件批发业	6280	248	264	182	1 921
汽车批发业	6281	84	103	37	337
摩托车批发业	6282	23	7	14	108
汽车、摩托车零配件批发业	6289	141	154	131	1 476
再生物资回收批发业	6290	240	256	181	438
其他批发业	6300	2 126	1 072	889	4 468
工艺美术品批发业	6310	35	17	21	369
图书报刊批发业	6320	81	25	36	74
农业生产资料批发业	6330	1 749	897	718	1 557
其他类未包括的批发业	6390	261	133	114	2 468
零售业	6400	8 630	7 839	6 590	26 318
食品、饮料和烟草零售业	6410	1 717	2 154	1 861	4 230
粮油食品零售业	6411	928	832	849	1 212
副食品零售业	6412	427	725	627	1 249
其他食品、饮料和烟草零售业	6419	362	597	385	1 769
日用百货零售业	6420	2 433	2 774	2 651	5 758
百货零售业	6421	1 548	1 747	1 608	3 232
文化体育用品零售业	6422	130	67	43	640
钟表、眼镜及照相器材零售业	6423	36	31	12	280
其他日用百货零售业	6429	719	929	988	1 606
纺织品、服装和鞋帽零售业	6430	389	284	178	1 767
日用杂品零售业	6440	264	286	179	939
五金、交电、化工零售业	6450	1 619	1 042	596	6 524
药品及医疗器械零售业	6470	180	161	136	820
图书报刊零售业	6480	142	66	105	193
其他零售业	6490	1 886	1 072	884	6 087
家具零售业	6491	61	50	13	438

）、地区（省）分组的单位数

广西	海南	重庆	四川	贵州	云南	西藏	陕西	甘肃	青海	宁夏	新疆
16	11	16	29	6	23	1	67	12	4	11	17
3 154	657	2 591	5 298	1 189	3 406	39	5 527	1 288	479	845	1 934
336	69	306	758	201	284	14	596	170	40	108	174
186	43	138	459	106	185	11	297	96	30	55	147
135	18	165	278	92	93	2	269	68	9	49	21
15	8	3	21	3	6	1	30	6	1	4	6
162	65	171	407	59	157		297	55	11	38	96
224	30	124	291	37	360	3	229	57	14	31	44
704	130	457	875	156	665	9	1 004	237	127	195	379
156	51	46	128	116	350	3	113	68	27	5	10
628	99	564	1 094	251	558	4	620	245	71	205	256
499	66	446	923	182	434	3	463	179	27	124	224
129	33	118	171	69	124	1	157	66	44	81	32
650	166	542	1 122	246	656	2	2 118	270	138	166	697
219	38	298	403	83	316	3	358	91	35	62	214
43	19	30	69	18	52		75	23	5	8	25
14		15	9	6	9		25	4		2	6
162	19	253	325	59	255	3	258	64	30	52	183
75	9	83	220	40	60	1	192	95	16	35	64
843	248	402	1 271	427	639	18	1 013	397	83	175	595
29	9	9	31	3	17		67	15	2	2	8
42	6	20	61	19	25		45	8	2	2	28
585	154	246	910	327	482	15	512	301	64	148	405
187	79	127	269	78	115	3	389	73	15	23	154
5 533	1 013	4 142	9 690	2 551	5 840	293	10 393	3 799	1 218	1 272	3 585
1 255	294	985	2 241	760	1 408	81	1 733	939	293	206	590
682	181	236	669	501	926	68	811	609	139	115	313
231	79	516	1 100	130	275	7	457	174	69	52	134
342	34	233	472	129	207	6	465	156	85	39	143
1 545	290	1 180	3 118	716	1 878	126	3 590	1 362	296	325	950
735	142	798	1 958	372	880	121	2 179	834	211	203	587
64	8	56	151	26	111	2	179	44	18	19	64
22	4	23	64	8	27		55	14	6	4	19
724	136	303	945	310	860	3	1 177	470	61	99	280
131	32	137	420	117	168	3	367	69	47	63	129
176	23	139	391	84	97	2	333	102	36	29	124
1 075	112	800	1 516	360	984	14	2 129	425	184	322	604
180	46	115	329	42	96	3	256	97	30	41	112
63	13	31	142	71	123	3	144	94	51	36	103
1 108	203	755	1 533	401	1 086	61	1 841	711	281	250	973
64	11	19	50	4	51		85	16	9	6	22

（续 44）

行业类别（小类）	代码	营业企业法人单位数（个）	北京	天津	河北
煤炭零售业	6492	2 545	70	91	154
石油制品零售业	6493	14 826	478	301	648
汽车、摩托车及其零配件零售业	6494	15 893	1 093	667	335
计算机及软件、办公设备零售业	6495	6 039	763	113	57
信托业	6496	637	34	29	16
首饰业	6497	1 752	64	29	31
其他类未包括的零售业	6499	9 780	676	263	199
商业经纪与代理业	6500	4 725	117	134	14
餐饮业	6700	49 582	2 570	1 276	1 233
正餐	6710	39 082	2 283	1 044	1 040
快餐	6720	3 771	158	45	81
其他饮食业	6790	6 729	129	187	112
小吃	6791	3 848	86	160	74
冷饮	6793	375	11	15	17
茶馆	6795	465	2	1	
其他类未包括的餐饮业	6799	2 041	30	11	21
金融、保险业	I	68 549	1 038	538	4 586
金融业	6800	62 938	995	513	4 332
中央银行	6810	1 893	4	5	154
商业银行	6820	15 255	624	192	767
其他银行	6830	685	1	6	68
信用合作社	6840	39 285	278	227	3 174
信托投资业	6850	643	33	5	8
保险业	7000	5 611	43	25	254
房地产业	J	27 795	735	479	371
房地产开发与经营业	7200	22 511	463	371	360
房地产管理业	7300	3 766	212	66	10
房地产代理与经纪业	7400	1 518	60	42	1
社会服务业	K	100 779	12 310	2 708	1 261
公共设施服务业	7500	7 407	1 146	224	52
市内公共交通业	7510	3 710	720	152	24
市内公共汽电车业	7511	659	17	13	14
出租汽车业	7512	2 642	669	131	5
轨道交通业	7513	61	5		1
市内轮渡业	7514	102	9		
其他市内公共交通业	7519	246	20	8	4
园林绿化业	7520	1 119	88	21	5
自然保护区管理业	7530	29	1		1
环境卫生业	7540	531	42	14	5
市政工程管理业	7550	822	34	9	6
风景名胜区管理业	7560	89	9		1

)、地区(省)分组的单位数

山西	内蒙古	辽宁	吉林	黑龙江	上海	江苏	浙江	安徽	福建	江西	山东
61	116	274	92	168	67	160	64	81	26	68	224
360	308	989	236	506	577	1 054	856	760	556	269	1 501
419	444	1 209	366	540	1 965	786	480	424	362	234	993
93	92	274	59	108	877	346	298	112	121	31	399
17	4	24	8	18	124	21	23	8	21	4	38
42	43	97	63	44	192	104	113	59	46	22	92
183	169	437	249	275	1 847	810	297	374	297	155	403
37	17	360	5	98	2 511	185	95	138	52	17	145
1 001	872	2 697	730	1 340	6 178	2 956	2 252	2 215	1 019	999	4 478
854	760	2 134	603	1 053	4 127	2 313	1 600	1 757	819	789	3 775
84	61	277	73	112	539	172	145	158	57	89	466
63	51	286	54	175	1 512	471	507	300	143	121	237
11	17	205	38	102	981	330	389	159	61	59	87
7	7	25	3	13	62	8	8	11	12	7	21
2	2	5	3	2	66	19	34	22	12	2	1
43	25	51	10	58	403	114	76	108	58	53	128
3 037	2 226	2 642	1 269	1 799	1 184	2 395	3 221	3 185	1 561	2 375	3 403
2 845	2 017	2 400	1 149	1 555	1 107	2 214	3 056	2 933	1 410	2 158	3 065
78	108	40	32	71	1	28	72	74	49	75	133
596	457	657	363	722	477	611	555	526	436	527	801
32	4	38	22	25	20	12	7	32	5	11	44
2 080	1 426	1 509	708	679	202	1 334	1 987	2 214	777	1 503	1 863
15	5	32	7	9	125	37	40	11	13	11	45
192	209	242	120	244	77	181	165	252	151	217	338
346	220	1 318	361	434	4 260	1 708	1 773	694	1 235	454	1 258
308	186	1 126	327	330	2 402	1 486	1 587	620	1 068	428	1 093
32	28	161	30	84	1 391	164	133	52	115	21	130
6	6	31	4	20	467	58	53	22	52	5	35
1 637	1 335	5 225	1 606	2 592	12 176	6 890	6 333	3 033	2 658	1 259	4 428
127	58	430	90	140	1 021	609	438	220	155	95	357
66	20	232	47	77	402	217	232	142	67	56	173
15	13	43	14	24	63	32	33	22	29	21	34
49	5	175	27	46	275	155	155	108	26	21	122
		3			21		1	1		3	6
	1		3	2	12	5	13	2	2	4	3
2	1	11	3	5	31	25	30	9	10	7	8
13	8	59	8	14	184	112	84	27	46	14	81
					5	2		1			1
16	8	19	9	8	122	69	26	10	9	3	13
17	10	39	11	24	182	81	45	16	21	12	37
		2	1		4	7	12	3	1	2	4

营业企业法人按行业(小类

(续 45)

行业类别(小类)	代码	河南	湖北	湖南	广东
煤炭零售业	6492	104	74	120	72
石油制品零售业	6493	698	388	364	1 469
汽车、摩托车及其零配件零售业	6494	409	296	158	1 795
计算机及软件、办公设备零售业	6495	145	48	22	878
信托业	6496	67	11	9	67
首饰业	6497	61	19	30	249
其他类未包括的零售业	6499	341	186	168	1 119
商业经纪与代理业	6500	30	56	22	483
餐饮业	6700	1 399	2 038	1 183	6 002
正餐	6710	1 129	1 729	895	4 839
快餐	6720	157	119	82	445
其他饮食业	6790	113	190	206	718
小吃	6791	41	99	127	351
冷饮	6793	5	7	20	53
茶馆	6795	6	9	4	62
其他类未包括的餐饮业	6799	61	75	55	252
金融、保险业	I	3 539	1 939	3 878	3 712
金融业	6800	3 198	1 702	3 611	3 317
中央银行	6810	80	68	84	78
商业银行	6820	1 016	523	606	1 170
其他银行	6830	43	56	21	58
信用合作社	6840	1 757	981	2 461	1 388
信托投资业	6850	21	7	7	100
保险业	7000	341	237	267	395
房地产业	J	846	907	684	5 103
房地产开发与经营业	7200	821	881	662	3 920
房地产管理业	7300		22	18	724
房地产代理与经纪业	7400	25	4	4	459
社会服务业	K	3 530	1 683	1 216	12 411
公共设施服务业	7500	192	131	103	896
市内公共交通业	7510	132	87	70	293
市内公共汽电车业	7511	31	22	22	67
出租汽车业	7512	90	38	40	192
轨道交通业	7513		1	2	1
市内轮渡业	7514	1	22	3	10
其他市内公共交通业	7519	10	4	3	23
园林绿化业	7520	16	9	8	192
自然保护区管理业	7530		1	2	4
环境卫生业	7540	4	5	5	85
市政工程管理业	7550	16	23	7	129
风景名胜区管理业	7560	3	1	3	15

）、地区（省）分组的单位数

广西	海南	重庆	四川	贵州	云南	西藏	陕西	甘肃	青海	宁夏	新疆
41	3	54	70	21	57		72	115	7	5	14
275	57	123	527	102	359	44	412	241	84	68	216
361	50	298	373	166	312	9	509	200	106	98	436
126	25	122	185	15	122	3	347	45	42	47	124
26	1	4	13	5	4		20	1	2	4	14
39	16	25	54	4	78	2	45	15	10	4	60
176	40	110	261	84	103	3	351	78	21	18	87
42	35	15	34	1	8	1	41	9	10	1	12
805	227	698	1 976	195	469	43	1 756	331	88	162	394
641	165	583	1 491	145	405	19	1 314	250	60	153	313
96	10	32	49	10	7	2	152	32	12	4	45
68	52	83	436	40	57	22	290	49	16	5	36
28	1	24	177	17	30	10	135	20	2	2	25
8	2	4	11	4	8		16	6			4
7	30	18	129	3	5	6	13				
25	19	37	119	16	14	6	126	23	14	3	7
1 720	379	2 376	5 818	1 382	2 292	105	3 264	1 838	506	342	1 000
1 557	340	2 268	5 550	1 210	2 063	102	3 024	1 646	450	300	851
60	18	25	123	63	141	7	72	45	21	12	72
398	90	239	651	303	503	86	427	345	108	129	350
24	6		20	25	11	4	24	25	10	5	26
965	171	1 534	3 804	778	1 330	3	2 107	1 221	308	142	374
13	8	8	33	7	12	1	16	6		4	4
163	39	108	268	172	229	3	240	192	56	42	149
735	757	458	873	336	298	4	699	157	40	60	192
666	651	428	820	315	252	4	550	133	23	46	184
47	94	16	30	16	32		88	20	10	12	8
22	12	14	23	5	14		61	4	7	2	
1 827	956	1 304	2 906	666	2 075	93	4 024	930	241	325	1 141
65	58	107	170	34	143	1	177	40	28	19	81
36	21	60	100	20	63		98	21	19	15	48
14	5	12	27	9	12		19	7	3	3	19
15	16	42	54	9	44		65	14	16	11	27
		4	6	1	2		1			1	1
2		2	6								
5			7	1	5		13				1
8	16	13	28	1	27		18	4	5	1	9
	1		5		1		2				2
3	2	10	9	5	6		20	2			2
14	8	15	14	5	16	1	9	5	3		13
1	1		6		11		2				

(续46)

行业类别(小类)	代码	营业企业法人单位数(个)	北京	天津	河北
其他公共服务业	7590	1 107	252	28	10
居民服务业	7600	22 396	1 823	589	319
理发及美容化妆业	7610	2 926	150	32	45
沐浴业	7620	1 504	40	29	25
洗染业	7630	1 022	117	39	14
摄影及扩印业	7640	2 820	204	58	52
托儿所	7650	101	4	1	
日用品修理业	7660	4 577	464	178	81
家务服务业	7670	629	66	40	5
殡葬业	7680	287	10	3	5
其他居民服务业	7690	8 530	768	209	92
旅馆业	7800	23 668	1 648	483	544
租赁服务业	7900	2 210	360	98	21
旅游业	8000	3 826	275	64	61
娱乐服务业	8100	7 349	276	128	59
信息、咨询服务业	8200	21 808	3 970	718	73
广告业	8210	8 266	818	213	30
咨询服务业	8220	1 637	189	63	2
公证业	8221	42	3	2	
律师事务所	8222	219	18		1
会计、审计、统计咨询业	8223	1 287	153	58	1
社会调查业	8224	89	15	3	
其他类未包括的信息咨询服务业	8290	11 905	2 963	442	41
计算机应用服务业	8300	5 676	1 902	167	44
软件开发咨询业	8310	3 464	1 112	132	13
数据处理业	8320	206	59	2	4
数据库服务业	8330	315	76	3	1
计算机设备维护咨询业	8340	1 691	655	30	26
其他社会服务业	8400	6 439	910	237	88
市场管理服务业	8410	2 186	83	53	9
其他类未包括的社会服务业	8490	4 253	827	184	79
卫生、体育和社会福利业	L	2 072	96	47	41
卫生	8500	1 373	64	21	32
医院	8510	959	29	14	27
综合医院	8511	193	8	2	11
专科医院	8512	74	3	1	3
中医医院	8513	10	1		
门诊部	8514	318	7	7	8
其他医院	8519	364	10	4	5
疗养院	8520	47		2	3
专科防治所(站)	8530	16			

）、地区（省）分组的单位数

山西	内蒙古	辽宁	吉林	黑龙江	上海	江苏	浙江	安徽	福建	江西	山东
15	12	79	14	17	122	121	39	21	11	8	48
418	309	1 429	364	660	3 309	1 676	1 636	802	585	272	854
48	21	114	41	74	332	91	191	103	54	42	76
43	34	170	48	96	120	220	51	148	45	15	69
35	29	80	12	40	199	50	44	19	10	4	30
81	53	164	80	151	284	212	169	99	67	30	145
1	2	12	4	6	52	3	3	2	1	1	1
49	50	219	43	72	955	316	299	117	85	61	177
7	3	38	9	3	90	27	131	10	30	3	14
3	7	14	2	9	74	27	13	10	3	2	22
151	110	618	125	209	1 203	730	735	294	290	114	320
544	547	1 249	592	853	1 399	1 384	1 450	867	700	539	1 341
36	25	112	27	42	219	188	147	50	30	19	126
45	49	136	59	58	278	213	247	83	138	53	237
111	85	245	61	140	865	635	663	142	318	66	116
232	165	907	246	360	3 889	1 360	1 213	419	517	112	937
71	51	328	85	122	1 250	659	683	219	242	59	450
24	21	74	10	34	422	77	65	33	48	3	72
					18	2	1		2		3
4	5	16		4	42	8	13	5	4		7
18	16	57	10	29	328	67	47	27	40	3	58
2		1		1	34		4	1	2		4
137	93	505	151	204	2 217	624	465	167	227	50	415
54	33	303	50	80	628	220	191	114	64	19	220
28	17	188	28	51	343	126	135	59	32	8	144
6	2	9	3	5	24	5	4	1	3	3	8
4	3	16	2	3	52	12	12	9	2		11
16	11	90	17	21	209	77	40	45	27	8	57
70	64	414	117	259	568	605	348	336	151	84	240
47	19	92	25	69	274	288	164	240	53	28	74
23	45	322	92	190	294	317	184	96	98	56	166
55	9	153	24	82	258	72	59	112	40	56	92
40		117	16	55	95	33	34	95	24	49	58
31		90	13	36	51	11	13	89	15	46	38
10		27	6	10	11	4	3	9		5	6
7		2	2		7		6	1	2		11
			1	3							
10		58	2	13	8	5	3	10	6	10	13
4		3	2	10	25	2	1	69	7	31	8
3		9	1	3	3	2	3	2		1	7
		1		1	3		3				1

营业企业法人按行业(小类

(续47)

行业类别(小类)	代码	河南	湖北	湖南	广东
其他公共服务业	7590	21	5	8	178
居民服务业	7600	748	384	224	3 051
理发及美容化妆业	7610	55	101	40	882
沐浴业	7620	128	11	3	54
洗染业	7630	32	19	4	127
摄影及扩印业	7640	87	51	49	336
托儿所	7650	1			2
日用品修理业	7660	119	111	67	672
家务服务业	7670	3	1		87
殡葬业	7680	14	8	3	20
其他居民服务业	7690	309	82	58	871
旅馆业	7800	1 488	716	494	1 641
租赁服务业	7900	86	14	9	183
旅游业	8000	93	90	88	453
娱乐服务业	8100	206	122	96	1 228
信息、咨询服务业	8200	443	70	107	3 384
广告业	8210	187	33	59	1 518
咨询服务业	8220	58	5	5	215
公证业	8221				5
律师事务所	8222	2	1		40
会计、审计、统计咨询业	8223	54	4	3	156
社会调查业	8224	2		2	14
其他类未包括的信息咨询服务业	8290	198	32	43	1 651
计算机应用服务业	8300	79	17	17	872
软件开发咨询业	8310	45	10	5	609
数据处理业	8320	7	3	2	28
数据库服务业	8330	7	1	2	66
计算机设备维护咨询业	8340	20	3	8	169
其他社会服务业	8400	195	139	78	703
市场管理服务业	8410	84	70	45	175
其他类未包括的社会服务业	8490	111	69	33	528
卫生、体育和社会福利业	L	2	70	42	182
卫生	8500	2	56	30	114
医院	8510	1	42	24	75
综合医院	8511		14	3	11
专科医院	8512		1		5
中医医院	8513				
门诊部	8514	1	6	5	26
其他医院	8519		21	16	33
疗养院	8520		2		1
专科防治所(站)	8530		1		4

)、地区（省）分组的单位数

广西	海南	重庆	四川	贵州	云南	西藏	陕西	甘肃	青海	宁夏	新疆
3	9	9	8	3	19		28	8	1	3	7
366	102	240	573	153	313	5	740	143	36	61	212
33	15	50	127	14	19		131	11	4	10	20
4		4	9	12	32		71	8	5		10
15	2	9	19	4	11		29	5	7	2	15
37	26	29	85	16	61	1	117	28	4	10	34
			1				2	1		1	
83	10	25	94	17	26		131	23	7	8	18
8	6	8	9	1	11		12		2		5
1	1	6	9	2	7		11		1		
185	42	109	220	87	146	4	236	67	6	30	110
719	328	311	924	191	713	56	981	436	98	111	321
20	25	34	91	30	49		102	12	5	8	42
132	214	92	117	41	224	24	130	50	9	9	64
92	61	122	421	30	171	5	644	112	20	10	99
291	113	279	388	78	303	1	871	73	34	63	192
142	54	126	151	20	108		411	30	17	32	98
25	18	10	17	16	51		56	6	2	8	8
			1				3	2			
10	5	1	1	7	15		2	4		2	2
15	13	9	15	9	36		47		2	6	6
							4				
124	41	143	220	42	144	1	404	37	15	23	86
57	20	61	88	6	47		248	17	4	18	36
32	12	32	51	3	33		173	7	2	14	20
1	1	5	1		2		13	3		1	1
5	5	3	5		3		8				4
19	2	21	31	3	9		54	7	2	3	11
85	35	58	134	103	112	1	131	47	7	26	94
40	16	21	50	10	63	1	44	18	3	2	26
45	19	37	84	93	49		87	29	4	24	68
36	12	14	150	57	44		157	75	9	6	20
22	10	9	127	9	31		137	70	6	2	15
14	8	3	69	4	19		111	67	6	1	12
3			9	4	2		25	5	2		3
1	1	1	3		2		15				
			1		1		3				
4	7	1	13		13		12	59	3	1	7
6		1	43		1		56	3	1		2
			2		1		1	1			
		1	1								

(续48)

行业类别(小类)	代码	营业企业法人单位数(个)	北京	天津	河北
卫生防疫站	8540	46		2	
妇幼保健所(站)	8550	15	1		2
药品检验所(室)	8560	10	1	1	
其他卫生	8590	280	33	2	
体育	8600	161	20	2	
社会福利保障业	8700	538	12	24	9
社会福利业	8710	372	10	18	4
干部休养所	8711	20			1
福利收容院	8712	31	2		
社区服务业	8713	321	8	18	3
社会保险和救济业	8720	75	1		4
其他类未包括的社会福利保障业	8790	91	1	6	1
教育、文化艺术及广播电影电视业	M	5 316	323	101	76
教育	8900	1 048	74	29	32
高等教育	8910	45	1	3	1
普通高等教育	8911	13		2	
成人高等教育	8912	32	1	1	1
中等教育	8920	223	14	9	16
中等专业学校	8921	29	3	2	1
普通中学	8922	49	2		9
农业、职业中学	8923	21			
技工学校	8924	99	9	7	5
成人中等学校	8925	25			1
初等教育	8930	46			5
小学校	8931	44			5
成人初等学校	8932	2			
学前教育	8940	150	4	6	1
其他教育	8990	584	55	11	9
文化艺术业	9000	1 508	183	48	17
艺术	9010	366	38	7	8
出版	9020	490	72	20	1
文物保护	9030	32	3	1	1
图书馆	9040	16	1		
档案馆	9050	5			
群众文化	9060	238	8	6	4
新闻	9070	25	2		1
文化艺术经纪与代理业	9080	112	20	6	1
其他文化艺术业	9090	224	39	8	1
广播电影电视业	9100	2 760	66	24	27
广播	9110	61	3		
电影	9120	2 444	46	21	27

)、地区(省)分组的单位数

山西	内蒙古	辽宁	吉林	黑龙江	上海	江苏	浙江	安徽	福建	江西	山东
2		2		6	3	1	1		2		1
				1	2						1
		1			2				2		
4		14	2	8	31	19	14	4	5	2	10
2		6	2	4	28	12	15	1	5	2	3
13	9	30	6	23	135	27	10	16	11	5	31
3	4	20	2	19	120	17	7	11	5	2	19
		1			5	2	3	1			3
		1			12	3					2
3	4	18	2	19	103	12	4	10	5	2	14
4	1	2	3	1	10	7	2	1	3	2	5
6	4	8	1	3	5	3	1	4	3	1	7
112	84	229	90	99	559	484	257	240	159	124	301
31		80	19	18	118	41	66	50	25	27	44
1		1	1		4	1	1				1
			1			1					
1		1			4		1				1
3		18	4	4	34	9	7	5	4	8	14
		2			4	1	2			1	2
1					5	1	1	2		6	4
		3		1	4			2			3
2		11	1	3	16	6	3		3		3
		2	3		5	1	1	1	1	1	2
		2	1		8			2		1	2
		2	1		8			2		1	2
3		23	1	3	6	1	7	26	6	8	4
24		36	12	11	66	30	51	17	15	10	23
28	13	67	24	26	295	118	71	30	20	8	89
15	1	9	6	6	57	40	26	9	6	2	28
6	7	30	13	5	110	20	11	7	4	1	33
1					4	2		3		1	4
		3	1		6						
					2	2					1
1	1	10	3	12	64	25	13	3	3	1	10
	2			1	9	1	1			1	
3	2	4		1	7	4	6	2	3		6
2		11	1	1	36	24	14	6	4	2	7
53	71	82	47	55	146	325	120	160	114	89	168
3		1		4	8	10	4	1	1		2
46	71	70	41	48	103	289	109	155	98	80	160

(续 49)

行业类别(小类)	代码	河南	湖北	湖南	广东
卫生防疫站	8540		7	2	9
妇幼保健所(站)	8550				2
药品检验所(室)	8560		1		
其他卫生	8590	1	3	4	23
体育	8600		3	1	29
社会福利保障业	8700		11	11	39
社会福利业	8710		6	4	20
干部休养所	8711				2
福利收容院	8712		4		2
社区服务业	8713		2	4	16
社会保险和救济业	8720		3	3	9
其他类未包括的社会福利保障业	8790		2	4	10
教育、文化艺术及广播电影电视业	M	100	124	90	650
教育	8900		46	15	178
高等教育	8910		3		11
普通高等教育	8911				7
成人高等教育	8912		3		4
中等教育	8920		22	5	19
中等专业学校	8921		6	1	1
普通中学	8922		11	1	4
农业、职业中学	8923			2	1
技工学校	8924		3		12
成人中等学校	8925		2	1	1
初等教育	8930		9	1	6
小学校	8931		9	1	4
成人初等学校	8932				2
学前教育	8940		5	2	30
其他教育	8990		7	7	112
文化艺术业	9000	6	20	13	167
艺术	9010		1	2	32
出版	9020		9	3	65
文物保护	9030		2		3
图书馆	9040				3
档案馆	9050				
群众文化	9060		4	7	25
新闻	9070				4
文化艺术经纪与代理业	9080	6	2		16
其他文化艺术业	9090		2	1	19
广播电影电视业	9100	94	58	62	305
广播	9110		4		12
电影	9120	86	48	45	254

)、地区(省)分组的单位数

广西	海南	重庆	四川	贵州	云南	西藏	陕西	甘肃	青海	宁夏	新疆
1			1		3		2				1
			1				4	1			
							1	1			
7	2	5	53	5	8		18			1	2
2	2	1	7	1	4		7			2	
12		4	16	47	9		13	5	3	2	5
4		3	10	46	4		4	2	1	2	5
							2				
1			1	1	2						
3		3	9	45	2		2	2	1	2	5
6			5				2		1		
2		1	1	1	5		7	3	1		
86	62	44	123	100	187	4	230	54	33	35	156
15	6	11	21	4	26		32	8	4	8	20
2		1		2			10	1			
							2				
2		1		2			8	1			
1	2	4	5	1	5		5	2	1	2	
			2				1				
			2								
					2		1	1	1		
1	2	4	1	1	1		2	1		2	
					2		1				
2		1	2		1		1	2			
2		1	2		1		1	2			
1		1	3		1		6			1	1
9	4	4	11	1	19		10	3	3	5	19
17	23	16	33	15	40	3	88	9	5	2	14
3	8	5	9	2	4	1	33		4		4
11	11	4	7	5	5	1	18	6	1	1	3
			2	1			2	2			
						1		1			
3		2	8	6	8		7			1	3
		2	1								
	1	1	1		1		18				1
	3	2	5	1	22		10				3
54	33	17	69	81	121	1	110	37	24	25	122
2			1		1		2			2	
50	28	16	64	75	115	1	99	33	24	23	119

营业企业法人按行业(小类

(续 50)

行业类别(小类)	代码	营业企业法人单位数(个)	北京	天津	河北
电视	9130	255	17	3	
科学研究和综合技术服务业	N	17 712	4 667	1 415	95
科学研究业	9200	1 045	83	7	6
自然科学研究	9210	557	47	3	4
社会科学研究	9220	56	7		1
其他科学研究	9230	432	29	4	1
综合技术服务业	9300	16 667	4 584	1 408	89
气象	9310	62	13	1	1
地震	9320	24	5	1	
测绘	9330	193	13	8	
技术监督	9340	960	80	32	4
海洋环境	9350	13	2	1	
环境保护	9360	355	69	15	
技术推广和科技交流服务业	9370	4 007	448	227	45
工程设计业	9380	2 873	281	96	16
其他综合技术服务业	9390	8 180	3 673	1 027	23
国家机关、政党机关和社会团体	O				
其他行业	P	9 389	295	253	311
企业管理机构	9910	6 405	172	159	266
其他类未包括的行业	9990	2 984	123	94	45

）、地区（省）分组的单位数

山西	内蒙古	辽宁	吉林	黑龙江	上海	江苏	浙江	安徽	福建	江西	山东
4		11	6	3	35	26	7	4	15	9	6
232	129	1 261	230	320	2 193	1 107	647	416	248	100	733
13	21	105	20	26	179	66	58	22	20	10	49
8	18	59	16	16	56	40	50	14	13	9	29
2		3	1		15	2	1	1			3
3	3	43	3	10	108	24	7	7	7	1	17
219	108	1 156	210	294	2 014	1 041	589	394	228	90	684
1	1	2		1	11	3	1	1	1	1	
	1				3	3					1
7	5	20	6	5	13	16	20	6	5	2	8
14	11	80	18	46	164	81	60	24	15	16	55
		3			3				1		2
1	3	27	5	7	54	36	21	3	7	6	14
91	32	307	66	103	662	343	121	137	66	21	223
54	27	213	55	81	298	195	170	92	93	31	235
51	28	504	60	51	806	364	196	131	40	13	146
159	49	366	160	360	1 009	736	337	133	274	241	453
133	23		154	300	1 008	498	259	28	108	196	281
26	26	366	6	60	1	238	78	105	166	45	172

营业企业法人按行业(小类

(续51)

行业类别(小类)	代码	河南	湖北	湖南	广东
电视	9130	8	6	17	39
科学研究和综合技术服务业	N	245	109	204	1 131
科学研究业	9200		6	9	67
自然科学研究	9210		4	7	40
社会科学研究	9220				4
其他科学研究	9230		2	2	23
综合技术服务业	9300	245	103	195	1 064
气象	9310			1	11
地震	9320				2
测绘	9330			1	14
技术监督	9340		7	3	110
海洋环境	9350				1
环境保护	9360		1		36
技术推广和科技交流服务业	9370	80	22	133	186
工程设计业	9380	62	27	27	354
其他综合技术服务业	9390	103	46	30	350
国家机关、政党机关和社会团体	O				
其他行业	P	323	155	279	2 352
企业管理机构	9910	230	75	219	1 501
其他类未包括的行业	9990	93	80	60	851

）、地区（省）分组的单位数

广西	海南	重庆	四川	贵州	云南	西藏	陕西	甘肃	青海	宁夏	新疆
2	5	1	4	6	5		9	4			3
193	108	232	349	55	255	2	721	108	18	56	133
19	9	11	100	3	27	1	84	8	2	7	7
12	4	10	31	2	20	1	33	4		2	5
3			1		4		6	1			1
4	5	1	68	1	3		45	3	2	5	1
174	99	221	249	52	228	1	637	100	16	49	126
	1	1			3		2			4	1
		1		1			4		1	1	
2	5	4	10	1	4		14	1	2		1
11	9	11	18	5	15		30	11	4	6	20
5	5	17	7		2		10	2			2
89	19	45	84	12	53		308	12	3	17	52
36	47	27	71	27	74	1	121	23	3	7	29
31	13	115	59	6	77		148	51	3	14	21
149	80	19	190	155	128	11	169	154	26	51	12
119	41	17	72	92	128	4	122	128	21	49	2
30	39	2	118	63		7	47	26	5	2	10

营业企业法人按行业(小类

行业类别(小类)	代码	营业企业法人单位数(个)	国有经济	集体经济	私营经济	联营经济
全国总计		**2 456 576**	**412 674**	**140 615**	**42 206**	**4 021**
农、林、牧渔业	A	56 878	9 285	42 232	2 552	803
农业	0100	18 457	3 366	13 795	578	200
种植业	0110	17 944	3 309	13 437	527	196
其他农业	0190	513	57	358	51	4
林业	0200	13 452	1 345	11 660	140	134
畜牧业	0300	8 371	1 804	5 047	928	201
牲畜饲养放牧业	0310	4 348	1 116	2 620	342	88
家禽饲养业	0320	3 548	584	2 196	505	101
狩猎业	0330	60	17	28	12	1
其他畜牧业	0390	415	87	203	69	11
渔业	0400	9 460	1 102	6 797	692	233
海洋渔业	0410	1 890	315	1 217	117	58
海水养殖业	0411	1 449	228	912	107	51
海洋捕捞业	0412	441	87	305	10	7
淡水渔业	0420	7 570	787	5 580	575	175
淡水养殖业	0421	7 453	759	5 500	572	175
淡水捕捞业	0422	117	28	80	3	
农、林、牧、渔服务业	0500	7 138	1 668	4 933	214	35
农业服务业	0510	4 540	873	3 425	77	10
林业服务业	0520	492	157	316	13	1
畜牧兽医服务业	0530	668	229	368	43	5
渔业服务业	0540	666	215	363	42	15
其他农、林、牧、渔服务业	0590	772	194	461	39	4
采掘业	B	96 410	5 574	58 024	25 650	2 269
煤炭采选业	0600	39 517	2 090	21 512	12 363	1 050
煤炭开采业	0610	38 119	2 020	20 631	12 019	1 029
煤炭洗选业	0620	1 398	70	881	344	21
石油和天然气开采业	0700	246	131	53	3	24
天然原油开采业	0710	217	119	41	3	24
天然气开采业	0720	20	11	5		
油页岩开采业	0730	9	1	7		
黑色金属矿采选业	0800	5 572	287	3 326	1 635	122
铁矿采选业	0810	4 622	205	2 852	1 268	105
其他黑色金属矿采选业	0820	950	82	474	367	17
锰矿采选业	0821	929	74	463	365	17
铬矿采选业	0822	21	8	11	2	
有色金属矿采选业	0900	7 820	840	4 315	1 833	282

）、经济类型分组的单位数

股份制经济	外商投资经济	中外合资经营企业	中外合作经营企业	外商独资企业	港.澳.台投资经济	港.澳.台与大陆合资经营企业	港.澳.台与大陆合作经营企业	港.澳.台独资企业	其他经济
6 725	**4 515**	**2 833**	**639**	**1 042**	**4 905**	**2 519**	**1 255**	**1 130**	**1 401**
678	507	258	114	135	396	136	68	192	425
109	153	72	33	48	152	32	21	99	104
94	139	64	31	44	140	31	19	90	102
15	14	8	2	4	12	1	2	9	2
63	13	4	4	5	16	6	3	7	81
181	123	77	19	27	62	35	8	19	25
86	53	35	7	11	35	18	2	15	8
77	54	27	12	15	19	11	5	3	12
1	1	1							
17	15	14		1	8	6	1	1	5
257	198	95	54	49	147	50	35	62	34
59	68	39	22	7	39	18	14	7	17
45	57	30	20	7	35	16	13	6	14
14	11	9	2		4	2	1	1	3
198	130	56	32	42	108	32	21	55	17
197	130	56	32	42	104	31	21	52	16
1					4	1		3	1
68	20	10	4	6	19	13	1	5	181
24	6	3		3	2	1	1		123
4									1
10	5	3	2		4	4			4
21	1	1			8	3		5	1
9	8	3	2	3	5	5			52
3 308	228	150	40	38	197	121	42	34	1 160
1 825	27	20	6	1	27	23		4	623
1 770	16	11	4	1	12	9		3	622
55	11	9	2		15	14		1	1
24	9	6	3		1	1			1
21	7	4	3		1	1			1
2	2	2							
1									
118	9	6	2	1	10	7	2	1	65
112	6	6			9	6	2	1	65
6	3		2	1	1	1			
6	3		2	1	1	1			
384	23	16	5	2	17	13	3	1	126

(续1)

行业类别(小类)	代码	营业企业法人单位数(个)	国有经济	集体经济	私营经济	联营经济
重有色金属矿采选业	0910	3 571	300	1 937	881	77
铜矿采选业	0911	920	90	490	126	23
铅锌矿采选业	0912	1 582	149	964	373	35
镍钴矿采选业	0914	13	4	6		
锡矿采选业	0915	599	31	214	294	10
锑矿采选业	0916	386	18	213	78	9
汞矿采选业	0917	8	3	4	1	
其他重有色金属矿采选业	0919	63	5	46	9	
轻有色金属矿采选业	0930	700	26	477	129	34
铝矿采选业	0931	331	7	226	79	10
镁矿采选业	0932	114	4	103	3	1
钛矿采选业	0933	189	11	111	41	21
其他轻有色金属矿采选业	0939	66	4	37	6	2
贵金属矿采选业	0950	2 703	402	1 439	604	149
金矿采选业	0951	2 657	390	1 414	597	149
银矿采选业	0952	36	12	20	3	
其他贵金属矿采选业	0959	10		5	4	
稀有稀土金属矿采选业	0960	846	112	462	219	22
钨钼矿采选业	0961	514	71	322	100	3
稀有高熔点金属矿采选业	0963	31	10	7	4	5
稀散金属矿采选业	0964	5	1	4		
非金属矿采选业	1000	41 070	1 268	27 759	9 692	777
土砂石开采业	1010	33 171	630	22 167	8 404	700
石灰石开采业	1011	7 197	133	4 647	1 981	100
建筑装饰用石开采业	1012	11 107	203	7 292	2 842	303
耐火土石开采业	1013	1 277	44	985	210	9
其他土砂石开采业	1019	13 590	250	9 243	3 371	288
化学矿采选业	1020	2 184	191	1 502	371	22
硫矿采选业	1021	971	80	656	200	11
磷矿采选业	1022	592	61	459	52	2
天然钾盐采选业	1023	22	8	11	1	
硼矿采选业	1024	78	10	64	4	
其他化学矿采选业	1029	521	32	312	114	9
采盐业	1030	982	204	745	19	4
海盐业	1031	768	108	637	18	1
湖盐业	1032	61	35	26		
井盐业	1033	112	36	69		2
矿盐业	1034	41	25	13	1	1

)、经济类型分组的单位数

股份制经济	外商投资经济	中外合资经营企业	中外合作经营企业	外商独资企业	港.澳.台投资经济	港.澳.台与大陆合资经营企业	港.澳.台与大陆合作经营企业	港.澳.台独资企业	其他经济
266	15	11	3	1	12	9	3		83
177	6	4	1	1	2	2			6
44	5	4	1		8	5	3		4
1					2	2			
26	3	2	1						21
16									52
2	1	1							
14	1		1		3	3			16
9									
3									
1	1		1		1	1			2
1					2	2			14
80	2	2			1	1			26
79	1	1			1	1			26
	1	1							
1									
24	5	3	1	1	1			1	1
17	1	1							
2	3	1	1	1					
934	158	102	23	33	138	75	36	27	344
770	111	64	19	28	98	48	27	23	291
215	3	3			8	5	2	1	110
267	73	36	18	19	69	29	20	20	58
18	4	4			4	2	1	1	3
270	31	21	1	9	17	12	4	1	120
48	6	4	2		5	4	1		39
19					1	1			4
15	1	1			1	1			1
					1	1			1
14	5	3	2		2	1	1		33
7					2	2			1
2					1	1			1
4					1	1			
1									

营业企业法人按行业(小类

(续 2)

行业类别(小类)	代码	营业企业法人单位数(个)	国有经济	集体经济	私营经济	联营经济
其他非金属矿采选业	1090	4 733	243	3 345	898	51
石棉采选业	1091	152	16	118	8	1
云母采选业	1092	58	6	29	20	
石墨采选业	1093	290	22	158	97	1
石膏采选业	1094	627	38	422	135	5
宝石、玉石采选业	1095	91	8	57	19	3
水晶采选业	1096	18		17	1	
滑石采选业	1097	374	15	248	90	6
其他类未包括的非金属矿采选业	1099	3 123	138	2 296	528	35
木材及竹材采运业	1200	1 912	936	887	55	10
木材采运业	1210	1 856	927	846	52	9
竹材采运业	1220	56	9	41	3	1
制造业	C	1 188 634	82 479	728 252	251 548	21 205
食品加工业	1300	94 027	9 862	59 812	17 421	1 489
粮食及饲料加工业	1310	60 563	5 837	41 252	9 986	878
碾米业	1311	25 600	1 456	19 759	3 297	212
磨粉业	1312	21 150	1 676	14 068	4 161	462
面、米制品业	1313	5 162	554	3 211	1 124	43
配合及混合饲料制造业	1314	6 646	1 993	3 033	975	136
蛋白饲料制造业	1315	612	42	374	150	12
水产饲料制造业	1317	526	43	268	105	5
其他饲料制造业	1319	867	73	539	174	8
植物油加工业	1320	14 431	1 201	9 921	2 479	165
食用植物油加工业	1321	13 948	1 159	9 620	2 391	139
非食用植物油加工业	1322	483	42	301	88	26
制糖业	1330	950	437	272	172	13
甘蔗糖业	1331	607	334	155	79	5
甜菜糖业	1332	103	81	16	3	
加工糖业	1334	240	22	101	90	8
屠宰及肉类蛋类加工业	1340	8 008	1 649	3 534	2 078	174
屠宰业	1341	2 432	716	903	659	86
肉制品加工业	1342	4 509	824	2 074	1 143	70
肉类副产品加工业	1343	684	64	332	193	14
蛋品加工业	1344	383	45	225	83	4
水产品加工业	1350	4 740	442	2 214	1 153	150
冷冻水产品加工业	1351	3 511	391	1 750	775	87
干制水产品加工业	1352	542	11	201	185	17

）、经济类型分组的单位数

股份制经济	外商投资经济	中外合资经营企业	中外合作经营企业	外商独资企业	港、澳、台投资经济	港、澳、台与大陆合资经营企业	港、澳、台与大陆合作经营企业	港、澳、台独资企业	其他经济
109	41	34	2	5	33	21	8	4	13
9									
2					1	1			
7	3	3			2	2			
15	3	3			3	2	1		6
	4	4							
7	8	6	1	1					
69	23	18	1	4	27	16	7	4	7
18	2		1	1	3	1	1	1	1
17	1		1		3	1	1	1	1
1	1			1					
28 887	31 315	20 684	4 086	6 545	38 726	19 401	10 873	8 452	6 222
2 312	1 494	1 101	169	224	891	593	100	198	746
1 473	364	258	47	59	243	170	33	40	530
579	41	38	3		16	12	2	2	240
474	47	34	4	9	62	50	6	6	200
145	38	25	5	8	30	16	7	7	17
210	177	117	30	30	96	70	13	13	26
20	8	7		1	5	3	1	1	1
26	33	23	4	6	25	14	3	8	21
19	20	14	1	5	9	5	1	3	25
358	121	97	8	16	73	62	4	7	113
349	113	93	7	13	69	59	4	6	108
9	8	4	1	3	4	3		1	5
32	12	12			6	5	1		6
21	8	8			1	1			4
1					2	2			
10	4	4			3	2	1		2
213	196	159	20	17	142	100	14	28	22
46	12	8	3	1	5	4	1		5
134	137	110	14	13	119	81	13	25	8
23	37	33	2	2	14	12		2	7
10	10	8	1	1	4	3		1	2
95	410	294	54	62	220	133	28	59	56
71	289	218	39	32	110	78	15	17	38
4	59	40	5	14	63	27	5	31	2

营业企业法人按行业(小类

(续 3)

行业类别(小类)	代码	营业企业法人单位数(个)	国有经济	集体经济	私营经济	联营经济
腌制水产品加工业	1353	145	3	66	47	4
鱼糜及鱼糜制品加工业	1354	122	2	41	15	23
其它水产品加工业	1359	420	35	156	131	19
盐加工业	1360	140	40	91	2	2
其他食品加工业	1390	5 195	256	2 528	1 551	107
食品制造业	1400	35 254	4 774	16 241	9 987	596
糕点、糖果制造业	1410	12 961	1 806	5 756	3 817	270
糖果业	1411	2 450	230	1 002	940	63
糕点业	1412	4 811	1 029	2 038	1 306	42
饼干业	1413	1 292	151	561	380	38
方便主食品业	1414	1 402	228	584	251	13
蜜饯业	1415	2 157	89	1 315	507	105
其他糕点、糖果制品业	1419	849	79	256	433	9
乳制品制造业	1420	825	321	317	67	6
罐头食品制造业	1430	3 161	312	1 584	890	77
肉类罐头制造业	1431	205	49	85	42	2
禽类罐头制造业	1432	64	3	39	17	1
水产罐头制造业	1433	120	18	64	20	4
水果罐头制造业	1434	1 415	101	648	572	21
蔬菜罐头制造业	1435	997	98	549	195	41
其他罐头食品制造业	1439	360	43	199	44	8
发酵制品业	1440	729	127	392	95	15
氨基酸制造业	1441	81	8	52	7	3
味精制造业	1442	131	45	51	11	1
柠檬酸制造业	1443	45	19	15	1	2
酵母制品业	1444	194	14	117	35	5
酶制剂制造业	1445	124	23	66	16	2
其他发酵制品业	1449	154	18	91	25	2
调味品制造业	1450	5 352	1 155	2 852	921	64
酱油、酱类制造业	1451	3 445	935	1 818	480	40
食醋制造业	1452	641	114	357	131	5
调味料制造业	1453	653	48	334	171	10
调味油制造业	1454	203	28	113	43	
其他调味品制造业	1459	410	30	230	96	9
其他食品制造业	1490	12 226	1 053	5 340	4 197	164
豆制品制造业	1491	2 017	179	834	836	29
淀粉及淀粉制品业	1492	5 043	219	2 010	2 125	35
代乳品制造业	1493	64	13	30	11	2

）、经济类型分组的单位数

股份制经济	外商投资经济	中外合资经营企业	中外合作经营企业	外商独资企业	港.澳.台投资经济	港.澳.台与大陆合资经营企业	港.澳.台与大陆合作经营企业	港.澳.台独资企业	其他经济
5	10	4	2	4	10	5	2	3	
1	16	9	2	5	8	2	4	2	16
14	36	23	6	7	29	21	2	6	
2					3	3			
139	391	281	40	70	204	120	20	64	19
851	1 297	882	160	255	990	599	133	258	518
257	522	317	80	125	478	259	76	143	55
45	85	54	14	17	82	49	18	15	3
92	147	89	24	34	139	66	17	56	18
43	60	33	15	12	52	32	8	12	7
38	150	99	15	36	129	84	11	34	9
22	48	24	8	16	54	17	17	20	17
17	32	18	4	10	22	11	5	6	1
36	57	47	6	4	19	14	3	2	2
73	112	88	9	15	106	68	12	26	7
9	6	6			12	11		1	
	1	1			3	1	2		
2	8	4		4	4	2	1	1	
30	20	18	1	1	19	13	1	5	4
21	49	35	5	9	43	23	7	13	1
11	28	24	3	1	25	18	1	6	2
25	41	34	3	4	33	24	6	3	1
5	3	3			3	3			
4	9	8		1	10	6	4		
	2	2			6	6			
8	10	8	2		5	4		1	
3	10	9		1	4	2	2		
5	7	4	1	2	5	3		2	1
118	138	93	9	36	80	48	11	21	24
74	59	49	4	6	28	16	4	8	11
12	4	4			6	5	1		12
14	52	25	3	24	24	16	1	7	
2	5	4		1	11	5	5	1	1
16	18	11	2	5	11	6		5	
342	427	303	53	71	274	186	25	63	429
52	34	23	5	6	35	19	5	11	18
174	57	44	6	7	41	35	2	4	382
2	3	3			3	3			

营业企业法人按行业(小类

(续 4)

行业类别(小类)	代码	营业企业法人单位数(个)	国有经济	集体经济	私营经济	联营经济
制冰业	1495	473	58	227	140	17
淀粉糖业	1497	220	38	122	47	4
冷冻饮品制造业	1498	2 239	379	1 112	483	32
其他类未包括的食品制造业	1499	2 170	167	1 005	555	45
饮料制造业	1500	27 046	3 339	16 577	4 498	359
酒精及饮料酒制造业	1510	13 172	2 183	7 612	2 370	135
酒精制造业	1511	397	164	165	37	5
白酒制造业	1512	10 312	1 414	6 316	1 963	94
啤酒制造业	1513	799	351	227	24	15
黄酒制造业	1514	998	131	580	227	10
葡萄酒制造业	1515	181	50	75	17	1
果露酒制造业	1516	485	73	249	102	10
软饮料制造业	1520	6 409	699	3 392	1 200	140
碳酸饮料制造业	1521	2 864	300	1 709	607	40
天然矿泉水制造业	1522	1 090	138	514	87	47
果菜汁饮料制造业	1523	1 236	157	567	207	26
固体饮料制造业	1524	521	51	259	129	8
其他软饮料制造业	1529	698	53	343	170	19
制茶业	1550	6 459	346	5 108	745	60
其他饮料制造业	1590	1 006	111	465	183	24
烟草加工业	1600	468	289	136	20	9
烟叶复烤业	1610	112	77	22	8	2
卷烟制造业	1620	262	192	53	6	2
其他烟草加工业	1690	94	20	61	6	5
纺织业	1700	53 312	3 893	30 379	11 156	855
纤维原料初步加工业	1710	3 691	242	2 762	419	41
轧花业	1711	1 993	168	1 673	93	16
洗毛业	1712	244	17	144	57	5
亚麻纤维初步加工业	1713	202	24	143	12	1
苎麻纤维初步加工业	1714	185	2	96	75	1
其他纤维原料初步加工业	1719	1 067	31	706	182	18
棉纺织业	1720	18 792	1 756	11 088	3 520	328
棉纺业	1721	2 924	616	1 607	312	70
棉织业	1722	6 309	495	3 729	1 534	83
印染业	1723	2 769	219	1 570	352	61
棉制品业	1724	3 623	295	2 141	701	56
棉线带制造业	1725	1 891	74	1 201	413	19
帘子布制造业	1726	310	14	204	47	16

)、经济类型分组的单位数

股份制经济	外商投资经济				港.澳.台投资经济				其他经济
		中外合资经营企业	中外合作经营企业	外商独资企业		港.澳.台与大陆合资经营企业	港.澳.台与大陆合作经营企业	港.澳.台独资企业	
9	7	4		3	4	3		1	11
3	2		1	1	4	1		3	
40	109	85	13	11	70	52	6	12	14
62	215	144	28	43	117	73	12	32	4
885	698	563	68	67	511	389	37	85	179
458	195	170	12	13	99	83	4	12	120
15	6	5	1		5	4	1		
343	43	38	2	3	26	21	1	4	113
39	92	80	7	5	48	43		5	3
35	7	5	1	1	7	6		1	1
3	29	27	1	1	4	4			2
23	18	15		3	9	5	2	2	1
248	384	307	41	36	306	240	22	44	40
61	72	54	12	6	53	43	5	5	22
78	129	104	16	9	93	73	9	11	4
64	101	87	6	8	104	80	4	20	10
16	34	25	3	6	23	19		4	1
29	48	37	4	7	33	25	4	4	3
121	37	26	3	8	26	11	2	13	16
58	82	60	12	10	80	55	9	16	3
4	7	6	1		2	2			1
1	1	1			1	1			
3	5	4	1		1	1			
	1	1							1
1 105	2 146	1 484	295	367	3 370	1 935	877	558	408
97	41	21	6	14	71	48	12	11	18
24	8	4	3	1	9	6	2	1	2
15					5	4	1		1
8	1	1			5	3		2	8
8	1	1			2	2			
42	31	15	3	13	50	33	9	8	7
383	609	423	87	99	929	608	197	124	179
88	95	72	11	12	130	91	18	21	6
122	123	95	13	15	204	142	39	23	19
59	172	103	35	34	325	193	89	43	11
70	119	86	13	20	104	76	13	15	137
19	65	44	9	12	98	63	23	12	2
4	11	8	1	2	12	5	5	2	2

(续5)

行业类别(小类)	代码	营业企业法人单位数(个)	国有经济	集体经济	私营经济	联营经济
其他棉纺织业	1729	966	43	636	161	23
毛纺织业	1740	5 926	393	2 631	1 716	160
毛条加工业	1741	404	23	246	41	12
毛纺业	1742	1 963	217	920	410	69
毛织业	1743	2 422	91	840	1 079	23
毛染整业	1744	368	7	183	73	10
工业用呢、工业用毡制造业	1745	297	18	177	29	38
其他毛纺织业	1749	472	37	265	84	8
麻纺织业	1760	854	132	511	119	9
苎麻纺织业	1761	183	33	102	22	2
亚麻纺织业	1762	114	14	66	8	2
黄、洋、青麻纺织业	1763	311	73	172	49	3
其他麻纺织业	1769	246	12	171	40	2
丝绢纺织业	1770	7 333	624	4 863	1 098	71
缫丝业	1771	1 557	235	1 142	79	18
绢纺业	1772	370	38	260	42	6
丝织业	1773	3 493	249	2 358	649	31
丝印染业	1774	593	49	340	64	7
丝制品业	1775	993	43	560	211	6
其他丝绢纺织业	1779	327	10	203	53	3
针织品业	1780	14 041	649	6 920	3 811	200
棉针织品业	1781	5 347	386	2 987	980	64
毛针织品业	1782	5 717	136	2 437	2 063	45
丝针织品业	1783	1 169	60	561	325	54
其他针织品业	1789	1 808	67	935	443	37
其他纺织业	1790	2 675	97	1 604	473	46
服装及其他纤维制品制造业	1800	49 432	1 518	25 618	11 967	633
服装制造业	1810	41 602	1 301	21 346	9 909	518
制帽业	1820	725	28	383	182	12
制鞋业	1830	4 343	95	2 423	1 226	60
其他纤维制品制造业	1890	2 762	94	1 466	650	43
皮革、毛皮、羽绒及其制品业	1900	26 544	825	14 005	6 915	388
制革业	1910	3 012	153	1 653	688	58
轻革业	1911	2 101	124	1 135	468	43
重革业	1912	173	8	126	24	1
其他制革业	1919	738	21	392	196	14
皮革制品制造业	1920	19 945	473	10 266	5 498	174
皮鞋制造业	1921	12 471	271	6 456	3 896	101

)、经济类型分组的单位数

股份制经济	外商投资经济	中外合资经营企业	中外合作经营企业	外商独资企业	港.澳.台投资经济	港.澳.台与大陆合资经营企业	港.澳.台与大陆合作经营企业	港.澳.台独资企业	其他经济
21	24	15	5	4	56	38	10	8	2
131	279	200	41	38	539	264	203	72	77
17	33	26	3	4	30	21	6	3	2
43	111	85	12	14	158	113	21	24	35
27	78	51	15	12	260	72	155	33	24
11	27	18	6	3	48	26	16	6	9
24	5	3	1	1	3	3			3
9	25	17	4	4	40	29	5	6	4
26	34	25	4	5	20	16	2	2	3
6	11	9	1	1	7	6	1		
6	12	7	1	4	5	3	1	1	1
9	2	1	1		1	1			2
5	9	8	1		7	6		1	
153	212	170	23	19	306	214	69	23	6
66	7	6	1		10	8	2		
6	8	8			10	10			
44	74	61	8	5	88	69	12	7	
7	37	32	3	2	87	54	31	2	2
21	62	47	6	9	86	56	17	13	4
9	24	16	5	3	25	17	7	1	
256	831	547	119	165	1 263	630	365	268	111
121	349	253	42	54	439	260	105	74	21
95	330	207	54	69	590	228	224	138	21
17	69	51	4	14	81	58	10	13	2
23	83	36	19	28	153	84	26	43	67
59	140	98	15	27	242	155	29	58	14
821	3 767	2 221	562	984	4 867	2 194	1 338	1 335	241
662	3 358	1 991	509	858	4 294	1 960	1 147	1 187	214
9	49	25	11	13	59	20	22	17	3
112	182	109	21	52	227	89	60	78	18
38	178	96	21	61	287	125	109	53	6
690	1 477	882	243	352	2 176	954	801	421	68
88	143	95	24	24	223	141	52	30	6
70	98	72	13	13	160	108	32	20	3
2	7	5		2	4	2	2		1
16	38	18	11	9	59	31	18	10	2
529	1 166	680	186	300	1 792	702	726	364	47
400	520	337	65	118	795	391	248	156	32

营业企业法人按行业(小类

(续 6)

行业类别(小类)	代码	营业企业法人单位数(个)	国有经济	集体经济	私营经济	联营经济
革皮服装制造业	1923	2 461	112	1 376	500	31
皮箱制造业	1924	809	15	450	157	7
皮包制造业	1925	2 286	31	1 008	478	13
其他类未包括的皮革制品业	1929	1 918	44	976	467	22
毛皮鞣制及制品业	1930	1 583	84	997	262	55
毛皮鞣制业	1931	703	29	457	131	30
毛皮服装业	1932	362	20	225	49	10
其他毛皮制品业	1939	518	35	315	82	15
羽毛(绒)及制品业	1950	2 004	115	1 089	467	101
羽毛(绒)加工业	1951	915	27	477	260	79
羽毛(绒)制品业	1952	1 089	88	612	207	22
木材加工及竹、藤、棕、草制品业	2000	38 506	1 422	24 160	9 344	640
锯材、木片加工业	2010	12 155	414	8 403	2 638	188
锯材加工业	2011	10 057	351	7 130	2 024	147
木片加工业	2012	2 098	63	1 273	614	41
人造板制造业	2020	5 090	401	2 643	1 176	198
胶合板制造业	2021	2 837	185	1 512	678	159
纤维板制造业	2022	379	95	178	47	3
刨花板制造业	2023	763	73	336	209	9
其他人造板制造业	2029	1 111	48	617	242	27
木制品业	2030	14 784	529	9 763	3 142	190
生产用木制品业	2031	10 668	389	7 343	2 107	140
生活用木制品业	2033	4 116	140	2 420	1 035	50
竹、藤、棕、草制品业	2040	6 477	78	3 351	2 388	64
家具制造业	2100	28 317	753	14 699	10 523	406
木制家具制造业	2110	23 141	616	11 708	8 990	359
竹、藤家具制造业	2120	1 030	12	524	412	12
金属家具制造业	2130	2 466	85	1 640	526	22
塑料家具制造业	2140	152	3	81	52	1
其他家具制造业	2190	1 528	37	746	543	12
造纸及纸制品业	2200	33 904	1 822	22 283	6 512	621
纸浆制造业	2210	521	24	347	94	18
造纸业	2220	13 759	1 058	8 818	2 613	271
机制纸及纸板制造业	2221	11 293	977	7 323	1 990	224
手工纸制造业	2223	964	9	560	346	5
加工纸制造业	2224	1 502	72	935	277	42
纸制品业	2230	19 624	740	13 118	3 805	332

）、经济类型分组的单位数

股份制经济	外商投资经济	中外合资经营企业	中外合作经营企业	外商独资企业	港.澳.台投资经济	港.澳.台与大陆合资经营企业	港.澳.台与大陆合作经营企业	港.澳.台独资企业	其他经济
60	200	130	33	37	176	112	35	29	6
28	58	34	10	14	93	42	32	19	1
18	229	101	51	77	504	98	298	108	5
23	159	78	27	54	224	59	113	52	3
19	76	42	17	17	79	55	12	12	11
13	18	12	3	3	22	17	1	4	3
5	21	10	5	6	30	19	8	3	2
1	37	20	9	8	27	19	3	5	6
54	92	65	16	11	82	56	11	15	4
29	23	16	4	3	18	13	2	3	2
25	69	49	12	8	64	43	9	12	2
979	777	513	106	158	809	470	125	214	375
244	79	55	10	14	85	45	12	28	104
204	50	34	7	9	54	30	8	16	97
40	29	21	3	5	31	15	4	12	7
298	165	120	29	16	184	126	30	28	25
134	74	57	12	5	82	55	10	17	13
21	17	13	4		17	11	4	2	1
96	14	9	4	1	24	16	4	4	2
47	60	41	9	10	61	44	12	5	9
304	404	245	55	104	385	211	67	107	67
216	200	123	28	49	226	133	43	50	47
88	204	122	27	55	159	78	24	57	20
133	129	93	12	24	155	88	16	51	179
485	546	304	85	157	751	280	276	195	154
396	396	220	63	113	542	200	205	137	134
22	18	8	5	5	29	7	12	10	1
32	62	33	10	19	89	34	26	29	10
3	3	3			9	4	4	1	
32	67	40	7	20	82	35	29	18	9
838	629	403	108	118	1 091	466	426	199	108
18	13	11	1	1	6	5		1	1
436	242	173	37	32	263	171	58	34	58
339	176	127	28	21	207	131	52	24	57
33	4	1		3	7	4		3	
64	62	45	9	8	49	36	6	7	1
384	374	219	70	85	822	290	368	164	49

(续 7)

行业类别(小类)	代码	营业企业法人单位数(个)	国有经济	集体经济	私营经济	联营经济
印刷业，记录媒介的复制	2300	31 646	4 312	20 839	4 443	305
印刷业	2310	31 463	4 279	20 781	4 425	303
书、报、刊印刷业	2311	7 687	1 899	4 524	932	64
包装装潢印刷业	2312	6 491	522	4 139	1 020	124
其他印刷业	2319	17 285	1 858	12 118	2 473	115
记录媒介的复制	2320	183	33	58	18	2
文教体育用品制造业	2400	12 804	614	6 890	2 288	200
文化用品制造业	2410	5 615	367	3 720	932	84
文具制造业	2411	1 576	62	1 012	239	29
本册制造业	2413	2 147	160	1 507	358	14
笔制造业	2415	1 050	67	649	198	26
教学标本、模型制造业	2417	262	39	188	28	2
其他文化用品制造业	2419	580	39	364	109	13
体育用品制造业	2420	1 353	62	695	221	22
球类制造业	2421	353	16	164	60	8
体育器材制造业	2423	567	23	279	109	3
其他体育用品制造业	2429	433	23	252	52	11
乐器及其他文娱用品制造业	2430	527	40	294	81	13
中乐器制造业	2431	129	5	82	27	5
西乐器制造业	2433	202	30	110	18	5
电子乐器制造业	2435	44	2	9	5	1
其他乐器及文娱用品制造业	2439	152	3	93	31	2
玩具制造业	2440	4 708	115	1 808	962	68
游艺器材制造业	2450	184	8	102	24	8
其他类未包括的文教体育用品制造业	2490	417	22	271	68	5
石油加工及炼焦业	2500	6 539	424	3 846	1 710	145
人造原油生产业	2510	129	6	89	21	1
原油加工业	2520	1 724	172	1 277	151	27
石油制品业	2530	1 893	133	1 323	242	49
炼焦业	2570	2 793	113	1 157	1 296	68
化学原料及化学制品制造业	2600	55 650	6 095	36 631	6 770	967
基本化学原料制造业	2610	10 398	1 063	7 226	1 168	250
无机酸制造业	2611	1 515	128	1 109	156	28
烧碱制造业	2613	545	117	306	85	5
纯碱制造业	2615	692	58	444	148	6
无机盐制造业	2617	3 690	318	2 662	408	68
其他基本化学原料制造业	2619	3 956	442	2 705	371	143

）、经济类型分组的单位数

股份制经济	外商投资经济	中外合资经营企业	中外合作经营企业	外商独资企业	港·澳·台投资经济	港·澳·台与大陆合资经营企业	港·澳·台与大陆合作经营企业	港·澳·台独资企业	其他经济
419	537	352	78	107	718	391	177	150	73
418	506	334	73	99	678	372	168	138	73
90	82	52	13	17	87	38	25	24	9
119	223	148	32	43	330	193	81	56	14
209	201	134	28	39	261	141	62	58	50
1	31	18	5	8	40	19	9	12	
184	774	391	127	256	1 819	470	916	433	35
107	159	82	19	58	224	85	84	55	22
33	65	29	8	28	125	38	57	30	11
32	26	15	3	8	42	17	16	9	8
26	45	25	7	13	37	18	9	10	2
1	3	1		2	1	1			
15	20	12	1	7	19	11	2	6	1
22	122	48	18	56	205	67	46	92	4
7	36	11	1	24	61	20	15	26	1
7	53	19	10	24	91	26	21	44	2
8	33	18	7	8	53	21	10	22	1
5	53	33	8	12	38	18	5	15	3
2	3		1	2	5	3		2	
1	23	16	3	4	14	6	1	7	1
	15	8	2	5	12	6	3	3	
2	12	9	2	1	7	3	1	3	2
39	408	208	81	119	1 303	280	769	254	5
2	15	12		3	24	9	9	6	1
9	17	8	1	8	25	11	3	11	
212	103	84	8	11	64	53	7	4	35
3	4	3	1		4	4			1
39	30	26	1	3	10	9	1		18
51	45	33	5	7	35	29	3	3	15
119	24	22	1	1	15	11	3	1	1
1 572	1 793	1 298	224	271	1 636	1 062	295	279	186
328	178	150	14	14	139	108	16	15	46
44	21	18		3	21	14	2	5	8
22	9	9			1	1			
24	6	6			3	2	1		3
105	54	42	8	4	51	40	7	4	24
133	88	75	6	7	63	51	6	6	11

营业企业法人按行业(小类

(续8)

行业类别(小类)	代码	营业企业法人单位数(个)	国有经济	集体经济	私营经济	联营经济
化学肥料制造业	2620	5 622	1 558	3 148	444	96
氮肥制造业	2621	898	781	66	14	2
磷肥制造业	2622	1 759	434	1 080	129	28
钾肥制造业	2623	76	16	49	5	
复合肥料制造业	2624	1 811	214	1 276	130	50
微量元素肥料制造业	2625	189	21	112	34	2
其他化学肥料制造业	2629	889	92	565	132	14
化学农药制造业	2630	1 578	290	1 001	103	29
农药原药制造业	2631	530	118	305	33	9
农药制剂制造业	2633	1 048	172	696	70	20
有机化学产品制造业	2650	14 008	1 026	9 681	1 750	234
有机化工原料制造业	2651	2 555	274	1 764	214	43
涂料制造业	2652	7 071	409	4 817	1 122	111
油墨制造业	2653	590	50	365	71	15
颜料制造业	2654	901	64	586	106	23
染料制造业	2655	958	74	720	52	17
其他有机化学产品制造业	2659	1 933	155	1 429	185	25
合成材料制造业	2660	3 798	293	2 471	485	60
聚烯烃塑料制造业	2661	477	38	301	69	8
热固性树脂及塑料制造业	2662	710	61	468	100	10
工程塑料制造业	2663	546	39	349	69	8
功能高分子制造业	2664	518	43	334	40	10
有机硅氟材料制造业	2665	247	20	161	28	5
合成橡胶制造业	2666	520	25	354	87	4
合成纤维单(聚合)体制造业	2667	174	20	94	19	3
其他合成材料制造业	2669	606	47	410	73	12
专用化学产品制造业	2670	12 250	1 206	8 284	1 463	175
化学试剂、助剂制造业	2671	5 056	408	3 684	522	60
专项化学用品制造业	2672	3 387	202	2 349	496	48
林产化学产品制造业	2673	1 587	265	1 021	188	37
炸药及火工产品制造业	2674	708	180	406	86	5
信息化学品制造业	2675	582	56	249	60	9
放射化学产品制造业	2676	14		7	4	
添加剂制造业	2677	916	95	568	107	16
日用化学产品制造业	2680	7 996	659	4 820	1 357	123
肥皂及皂粉、合成洗涤剂制造业	2681	2 645	237	1 547	510	30

）、经济类型分组的单位数

股份制经济	外商投资经济	中外合资经营企业	中外合作经营企业	外商独资企业	港.澳.台投资经济	港.澳.台与大陆合资经营企业	港.澳.台与大陆合作经营企业	港.澳.台独资企业	其他经济
255	73	51	10	12	38	32	1	5	10
29					2	2			4
80	6	5		1	1	1			1
2	2	2			2	2			
84	33	24	5	4	20	17	1	2	4
10	7	6		1	3	3			
50	25	14	5	6	10	7		3	1
53	61	50	5	6	39	31	3	5	2
28	24	20	1	3	12	11	1		1
25	37	30	4	3	27	20	2	5	1
306	473	346	63	64	496	291	111	94	42
65	89	72	9	8	89	68	13	8	17
147	211	142	32	37	236	130	50	56	18
17	39	29	4	6	31	14	6	11	2
21	43	31	4	8	56	25	23	8	2
16	47	37	8	2	31	19	5	7	1
40	44	35	6	3	53	35	14	4	2
110	179	136	14	29	191	148	26	17	9
16	20	18	2		23	17	5	1	2
18	22	16	1	5	30	25	3	2	1
9	33	24	3	6	36	27	6	3	3
20	36	29	2	5	35	29	4	2	
8	11	7	3	1	12	10	1	1	2
17	16	10	1	5	16	12	2	2	1
11	12	10		2	15	14		1	
11	29	22	2	5	24	14	5	5	
303	402	273	59	70	394	248	80	66	23
121	136	96	18	22	121	82	22	17	4
69	108	76	10	22	109	64	21	24	6
41	17	11	4	2	13	8	4	1	5
26	1	1			2	1	1		2
10	82	44	23	15	114	71	27	16	2
	3	3							
36	55	42	4	9	35	22	5	8	4
217	427	292	59	76	339	204	58	77	54
83	144	104	19	21	86	62	13	11	8

(续 9)

行业类别(小类)	代码	营业企业法人单位数(个)	国有经济	集体经济	私营经济	联营经济
合成脂肪酸制造业	2682	133	11	92	19	3
硬脂酸、硬化油制造业	2683	295	24	217	37	2
香料、香精制造业	2684	736	81	463	81	13
化妆品制造业	2685	1 532	82	826	227	25
牙膏制造业	2686	76	14	40	1	2
火柴制造业	2687	218	97	97	11	5
动物胶制造业	2688	505	46	297	132	7
其他日用化学产品制造业	2689	1 856	67	1 241	339	36
医药制造业	2700	7 632	2 118	3 186	758	193
化学药品原药制造业	2710	1 459	363	719	86	39
化学药品制剂制造业	2720	1 802	597	604	222	31
中药材及中成药加工业	2730	2 719	754	1 056	305	83
动物药品制造业	2740	949	229	547	63	16
生物制品业	2750	703	175	260	82	24
化学纤维制造业	2800	3 130	274	1 696	540	46
纤维素纤维制造业	2810	604	59	364	81	12
化纤浆粕制造业	2811	126	17	80	15	5
粘胶纤维制造业	2812	307	29	179	37	4
其他纤维素纤维制造业	2819	171	13	105	29	3
合成纤维制造业	2820	1 640	171	891	217	20
锦纶纤维制造业	2821	181	31	98	18	1
涤纶纤维制造业	2822	700	89	369	51	11
腈纶纤维制造业	2823	106	11	62	13	1
维纶纤维制造业	2824	66	4	54	4	
其他合成纤维制造业	2829	587	36	308	131	7
渔具及渔具材料制造业	2850	886	44	441	242	14
渔具用丝制造业	2851	51	3	41	5	
渔具用线制造业	2852	38	2	26	7	
渔具用绳制造业	2853	115	4	59	45	
渔网制造业	2854	483	29	243	149	10
其他渔具制造业	2859	199	6	72	36	4
橡胶制品业	2900	11 133	658	7 058	2 292	198
轮胎制造业	2910	456	81	237	75	8
力车胎制造业	2920	173	22	117	17	3
橡胶板、管、带制造业	2930	1 981	131	1 182	522	26
橡胶零件制品业	2940	2 743	99	1 716	747	32
再生橡胶制造业	2950	801	42	530	147	28
橡胶靴鞋制造业	2960	1 162	108	746	99	22

）、经济类型分组的单位数

股份制经济	外商投资经济	中外合资经营企业	中外合作经营企业	外商独资企业	港.澳.台投资经济	港.澳.台与大陆合资经营企业	港.澳.台与大陆合作经营企业	港.澳.台独资企业	其他经济
3	2	2			2	2			1
4	1	1			7	4	1	2	3
24	36	24	2	10	35	29	2	4	3
40	162	105	28	29	141	73	31	37	29
6	11	9	1	1	2	1		1	
8									
14	3	3			6	6			
35	68	44	9	15	60	27	11	22	10
352	609	497	60	52	387	304	32	51	29
58	110	91	9	10	73	59	6	8	11
92	155	128	16	11	94	77	8	9	7
149	228	184	24	20	136	106	15	15	8
27	37	31	3	3	28	21	3	4	2
26	79	63	8	8	56	41		15	1
103	196	137	24	35	255	179	35	41	20
20	30	21	6	3	37	27	7	3	1
4	3	1	1	1	2	1		1	
13	14	12	2		31	25	4	2	
3	13	8	3	2	4	1	3		1
67	107	85	11	11	158	116	18	24	9
3	11	9	1	1	13	9	1	3	6
45	58	44	7	7	74	60	7	7	3
5	7	5		2	7	3	2	2	
	1	1			3	1	1	1	
14	30	26	3	1	61	43	7	11	
16	59	31	7	21	60	36	10	14	10
					2	2			
1	2	2							
1	4	3	1		2	1		1	
5	14	9	2	3	26	16	5	5	7
9	39	17	4	18	30	17	5	8	3
233	289	180	43	66	368	184	98	86	37
15	21	17	1	3	19	15	2	2	
3	7	4	2	1	4	2	1	1	
31	48	33	7	8	30	21	8	1	11
47	45	27	5	13	43	20	14	9	14
20	5	3	1	1	27	8	15	4	2
39	61	36	11	14	84	54	15	15	3

营业企业法人按行业(小类

(续 10)

行业类别(小类)	代码	营业企业法人单位数(个)	国有经济	集体经济	私营经济	联营经济
日用橡胶制品业	2970	897	43	565	162	16
橡胶制品翻修业	2980	565	46	403	72	7
轮胎翻新业	2981	422	46	306	33	6
其他橡胶制品翻修业	2989	143		97	39	1
其他橡胶制品业	2990	2 355	86	1 562	451	56
塑料制品业	3000	54 658	1 975	33 440	12 221	973
塑料薄膜制造业	3010	4 540	298	2 729	970	86
塑料板、管、棒材制造业	3020	5 544	252	3 559	1 004	87
塑料丝、绳及编织品制造业	3030	9 260	406	6 129	1 850	135
泡沫塑料及人造革、合成革制造业	3040	4 379	194	2 694	679	63
塑料包装箱及容器制造业	3050	3 576	146	2 308	683	55
塑料鞋制造业	3060	3 434	44	1 546	1 258	58
日用塑料杂品制造业	3070	4 846	102	2 933	1 162	115
塑料零件制造业	3080	4 267	101	2 634	1 058	159
其他塑料制品业	3090	14 812	432	8 908	3 557	215
非金属矿物制品业	3100	226 102	7 740	140 454	61 182	5 000
水泥制造业	3110	9 348	2 089	5 431	928	205
水泥制品和石棉水泥制品业	3120	44 057	1 259	27 787	12 765	562
水泥制品业	3121	17 433	807	10 853	4 720	272
砼结构构件制造业	3123	25 055	396	15 930	7 643	261
石棉水泥制品业	3124	935	38	579	266	9
其他水泥制品业	3129	634	18	425	136	20
砖瓦、石灰和轻质建筑材料制造业	3130	137 473	2 279	84 825	40 973	2 946
砖瓦制造业	3131	100 277	1 331	63 834	29 039	1 790
石灰制造业	3132	9 284	120	5 468	3 070	188
建筑用石加工业	3133	18 291	415	9 162	6 770	721
轻质建筑材料制造业	3134	2 222	121	1 443	453	54
防水密封建筑材料制造业	3135	2 135	108	1 456	438	30
隔热保温材料制造业	3136	2 547	94	1 816	453	62
其他砖瓦、石灰和轻质建筑材料制造业	3139	2 717	90	1 646	750	101
玻璃及玻璃制品业	3140	5 904	492	3 664	947	116
建筑用玻璃制品业	3141	970	103	553	145	21
工业技术用玻璃制造业	3142	557	35	351	63	10
光学玻璃制造业	3143	262	14	160	25	7
玻璃仪器制造业	3145	512	18	392	78	6

）、经济类型分组的单位数

股份制经济	外商投资经济	中外合资经营企业	中外合作经营企业	外商独资企业	港.澳.台投资经济	港.澳.台与大陆合资经营企业	港.澳.台与大陆合作经营企业	港.澳.台独资企业	其他经济
20	29	17	3	9	62	25	25	12	
18	11	8	2	1	3	1	1	1	5
15	11	8	2	1	1		1		4
3					2	1		1	1
40	62	35	11	16	96	38	17	41	2
1 025	1 689	1 065	267	357	3 121	1 412	1 076	633	214
106	155	120	18	17	179	131	26	22	17
127	213	161	24	28	275	199	40	36	27
231	191	137	22	32	285	156	88	41	33
79	217	144	41	32	440	194	169	77	13
48	134	99	20	15	195	118	51	26	7
75	76	44	16	16	339	84	181	74	38
80	136	76	23	37	299	109	115	75	19
57	99	41	21	37	155	43	76	36	4
222	468	243	82	143	954	378	330	246	56
7 124	1 702	1 212	228	262	1 454	942	255	257	1 446
431	129	102	19	8	118	95	16	7	17
1 220	146	116	27	3	90	67	11	12	228
503	98	83	13	2	64	49	7	8	116
674	32	22	10		20	14	3	3	99
29	5	4	1		2	2			7
14	11	7	3	1	4	2	1	1	6
4 603	509	333	67	109	377	245	53	79	961
3 549	72	46	15	11	68	46	13	9	594
284	11	9	2		4	2	1	1	139
528	294	190	36	68	204	119	30	55	197
71	50	27	6	17	28	21	2	5	2
47	29	22	2	5	19	17	2		8
64	26	20	2	4	24	18	2	4	8
60	27	19	4	4	30	22	3	5	13
193	242	181	26	35	238	143	45	50	12
52	56	45	7	4	40	26	7	7	
22	33	26	3	4	42	30	5	7	1
9	27	19	4	4	19	10	3	6	1
4	5	2	1	2	2	2			7

(续 11)

行业类别(小类)	代码	营业企业法人单位数(个)	国有经济	集体经济	私营经济	联营经济
日用玻璃制品业	3147	2 227	235	1 352	396	45
玻璃保温容器制造业	3148	222	36	120	35	6
其他玻璃及玻璃制品业	3149	1 154	51	736	205	21
陶瓷制品业	3150	11 763	653	6 507	2 594	761
建筑、卫生陶瓷制造业	3151	4 096	236	1 985	791	603
工业用陶瓷制造业	3153	1 004	89	634	136	29
日用陶瓷制造业	3155	6 098	304	3 532	1 558	117
其他陶瓷制品业	3159	565	24	356	109	12
耐火材料制品业	3160	7 497	312	5 293	1 453	166
石棉制品业	3161	1 307	55	936	240	29
云母制品业	3163	218	22	138	37	3
其他耐火材料制品业	3169	5 972	235	4 219	1 176	134
石墨及碳素制品业	3170	1 832	150	1 248	265	41
冶金用碳素制品业	3171	791	80	541	102	20
电工用碳素制品业	3172	300	19	192	58	6
其他石墨及碳素制品业	3179	741	51	515	105	15
矿物纤维及其制品业	3180	3 870	195	2 633	661	110
玻璃纤维及其制品业	3181	1 410	79	929	234	75
玻璃钢制品业	3182	2 321	109	1 599	411	30
其他矿物纤维及其制品业	3189	139	7	105	16	5
其他类未包括的非金属矿物制品业	3190	4 358	311	3 066	596	93
黑色金属冶炼及压延加工业	3200	14 429	1 024	9 197	2 791	508
炼铁业	3210	3 661	237	2 004	1 160	85
炼钢业	3220	1 727	141	1 081	290	52
钢压延加工业	3240	7 670	391	5 264	1 242	324
铁合金冶炼业	3260	1 371	255	848	99	47
有色金属冶炼及压延加工业	3300	9 907	787	6 602	1 416	299
重有色金属冶炼业	3310	2 911	235	1 872	508	94
铜冶炼业	3311	1 010	57	684	129	55
铅锌冶炼业	3312	916	63	598	182	13
镍钴冶炼业	3314	63	12	43	2	1
锡冶炼业	3316	116	14	76	13	2
锑冶炼业	3317	459	52	232	139	15
汞冶炼业	3318	12	3	6	2	
其他重有色金属冶炼业	3319	335	34	233	41	8
轻有色金属冶炼业	3320	1 705	126	1 133	230	82
铝冶炼业	3321	1 037	75	675	160	63

)、经济类型分组的单位数

股份制经济	外商投资经济	中外合资经营企业	中外合作经营企业	外商独资企业	港.澳.台投资经济	港.澳.台与大陆合资经营企业	港.澳.台与大陆合作经营企业	港.澳.台独资企业	其他经济
67	69	52	7	10	62	32	14	16	1
8	8	6	1	1	9	5	1	3	
31	44	31	3	10	64	38	15	11	2
273	342	226	61	55	436	247	106	83	197
119	166	130	19	17	189	160	14	15	7
67	18	12	1	5	25	20	1	4	6
78	134	73	34	27	196	55	88	53	179
9	24	11	7	6	26	12	3	11	5
151	69	55	6	8	43	30	5	8	10
22	13	10	2	1	9	7	2		3
9	4	4			4	3		1	1
120	52	41	4	7	30	20	3	7	6
66	40	27	6	7	20	19		1	2
24	15	8	4	3	8	8			1
18	6	4		2	1	1			
24	19	15	2	2	11	10		1	1
93	112	86	8	18	59	42	7	10	7
35	35	25	3	7	19	13	2	4	4
57	74	58	5	11	38	29	3	6	3
1	3	3			2		2		
94	113	86	8	19	73	54	12	7	12
493	190	157	18	15	199	160	15	24	27
120	24	19	4	1	28	22	4	2	3
109	24	20	3	1	21	16	2	3	9
208	107	91	7	9	121	97	8	16	13
56	35	27	4	4	29	25	1	3	2
266	269	214	32	23	237	198	19	20	31
90	56	43	10	3	46	39	4	3	10
31	31	21	8	2	21	18	2	1	2
36	9	7	2		12	9	2	1	3
1	3	3			1	1			
4	2	2			3	3			2
11	4	4			4	4			2
1									
6	7	6		1	5	4		1	1
52	37	30	3	4	31	29		2	14
22	12	9	1	2	17	16		1	13

(续12)

行业类别(小类)	代码	营业企业法人单位数(个)	国有经济	集体经济	私营经济	联营经济
镁冶炼业	3322	355	25	247	33	11
钛冶炼业	3323	67	4	47	6	1
其他轻有色金属冶炼业	3329	246	22	164	31	7
贵金属冶炼业	3330	317	70	186	28	18
金冶炼业	3331	225	66	118	15	16
银冶炼业	3332	38	1	33	2	
其他贵金属冶炼业	3339	54	3	35	11	2
稀有稀土金属冶炼业	3340	487	86	301	37	10
钨钼冶炼业	3341	133	21	86	8	4
其他稀有稀土金属冶炼业	3349	354	65	215	29	6
有色金属合金业	3360	485	40	328	62	10
有色金属压延加工业	3380	4 002	230	2 782	551	85
重有色金属压延加工业	3381	2 062	113	1 412	328	41
轻有色金属压延加工业	3383	1 724	89	1 237	199	38
贵金属压延加工业	3385	73	4	55	8	
稀有稀土金属压延加工业	3387	143	24	78	16	6
金属制品业	3400	83 016	3 234	54 387	17 828	1 683
金属结构制造业	3410	6 062	367	4 195	1 035	150
铸铁管制造业	3420	3 691	97	2 226	1 073	126
工具制造业	3430	10 168	491	6 163	2 413	201
切削工具制造业	3431	2 275	156	1 460	458	50
模具制造业	3434	4 729	225	2 699	1 158	97
手工具制造业	3435	2 563	86	1 605	673	46
其他工具制造业	3439	601	24	399	124	8
集装箱和金属包装物品制造业	3440	4 425	230	3 008	706	60
集装箱制造业	3441	173	13	88	14	4
金属包装物品及容器制造业	3442	4 252	217	2 920	692	56
金属丝绳及其制品业	3450	6 709	263	4 578	1 220	201
建筑用金属制品业	3460	17 814	732	11 734	4 084	321
建筑小五金制造业	3461	3 375	91	2 035	1 039	22
水暖管道零件制造业	3463	3 392	102	2 087	932	81
金属门窗制造业	3465	9 939	491	6 858	1 909	195
其他建筑用金属制品业	3469	1 108	48	754	204	23
金属表面处理及热处理业	3470	6 976	190	5 218	1 095	104
日用金属制品业	3480	16 979	581	10 051	4 344	289
搪瓷制造业	3481	569	52	386	79	15
铝制品业	3482	3 575	122	2 271	866	47
不锈钢制品业	3483	3 064	86	1 621	764	51

)、经济类型分组的单位数

股份制经济	外商投资经济				港.澳.台投资经济				其他经济
		中外合资经营企业	中外合作经营企业	外商独资企业		港.澳.台与大陆合资经营企业	港.澳.台与大陆合作经营企业	港.澳.台独资企业	
20	11	9	1	1	7	7			1
3	1	1			5	5			
7	13	11	1	1	2	1		1	
8	4	3	1		3	3			
6	3	2	1		1	1			
1	1	1							
1					2	2			
17	23	18	4	1	12	11	1		1
4	4	4			6	6			
13	19	14	4	1	6	5	1		1
16	18	15		3	10	6	3	1	1
83	131	105	14	12	135	110	11	14	5
41	62	48	8	6	63	50	4	9	2
31	61	53	4	4	66	56	6	4	3
2	1			1	3	2	1		
9	7	4	2	1	3	2		1	
1 496	1 573	1 053	187	333	2 461	981	960	520	354
83	119	92	9	18	95	55	22	18	18
84	45	28	8	9	32	19	7	6	8
159	259	151	29	79	452	151	196	105	30
35	62	42	5	15	43	25	7	11	11
64	137	70	20	47	335	88	172	75	14
47	39	27	3	9	62	32	15	15	5
13	21	12	1	8	12	6	2	4	
76	125	95	9	21	193	111	55	27	27
1	31	23	2	6	21	17	3	1	1
75	94	72	7	15	172	94	52	26	26
122	106	79	12	15	165	78	52	35	54
399	194	140	16	38	263	124	69	70	87
48	38	22	4	12	71	20	25	26	31
86	41	28	4	9	47	27	4	16	16
244	90	70	5	15	113	54	37	22	39
21	25	20	3	2	32	23	3	6	1
80	97	55	16	26	177	56	80	41	15
350	496	326	75	95	806	308	348	150	62
12	11	11			11	7	4		3
69	77	59	8	10	112	59	30	23	11
70	188	120	36	32	277	114	116	47	7

营业企业法人按行业(小类

(续13)

行业类别(小类)	代码	营业企业法人单位数(个)	国有经济	集体经济	私营经济	联营经济
刀剪制造业	3484	881	17	411	405	8
制锁业	3485	1 414	42	933	294	14
炊事用具制造业	3486	2 414	107	1 511	566	80
燃气用具制造业	3487	955	48	530	258	13
理发用具制造业	3488	247	10	124	48	19
其他日用金属制品业	3489	3 860	97	2 264	1 064	42
其他金属制品业	3490	10 192	283	7 214	1 858	231
铁制小农具制造业	3491	4 536	72	3 590	729	36
焊条制造业	3495	696	60	450	86	32
其他类未包括的金属制品业	3499	4 960	151	3 174	1 043	163
普通机械制造业	3500	79 478	5 266	54 702	14 610	1 052
锅炉及原动机制造业	3510	5 083	707	3 325	645	68
锅炉制造业	3511	2 279	265	1 585	282	25
内燃机制造业	3512	373	138	147	26	3
汽轮机制造业	3513	89	17	54	8	1
水轮机制造业	3514	60	29	22	5	
内燃机零部件及配件制造业	3515	1 830	225	1 183	279	37
其他锅炉及原动机制造业	3519	452	33	334	45	2
金属加工机械制造业	3520	8 964	879	6 078	1 425	122
金属切削机床制造业	3521	1 510	325	858	180	29
锻压设备制造业	3523	870	98	595	109	11
铸造机械制造业	3525	1 445	55	1 007	290	22
机床附件制造业	3526	797	78	503	153	20
其他金属加工机械制造业	3529	4 342	323	3 115	693	40
通用设备制造业	3530	10 563	1 076	7 165	1 444	133
起重运输设备制造业	3531	1 991	279	1 366	145	42
工矿车辆制造业	3532	273	53	173	30	6
泵制造业	3533	3 130	307	2 183	466	30
风机制造业	3534	1 097	77	737	213	9
气体压缩机及气体分离设备制造业	3535	790	78	567	66	14
冷冻设备制造业	3536	847	94	508	124	10
风动工具制造业	3537	258	24	172	47	3
电动工具制造业	3538	729	40	425	171	8
其他通用设备制造业	3539	1 448	124	1 034	182	11
轴承、阀门制造业	3540	6 095	427	4 499	744	82
轴承制造业	3541	2 210	270	1 340	394	47
阀门制造业	3542	3 885	157	3 159	350	35

)、经济类型分组的单位数

股份制经济	外商投资经济	中外合资经营企业	中外合作经营企业	外商独资企业	港.澳.台投资经济	港.澳.台与大陆合资经营企业	港.澳.台与大陆合作经营企业	港.澳.台独资企业	其他经济
11	13	8	1	4	16	2	11	3	
47	32	26	1	5	52	26	20	6	
51	29	13	5	11	61	14	34	13	9
27	37	27	4	6	39	18	13	8	3
11	13	10	1	2	22	9	9	4	
52	96	52	19	25	216	59	111	46	29
143	132	87	13	32	278	79	131	68	53
60	7	6		1	11	7	1	3	31
14	33	28	2	3	17	13	2	2	4
69	92	53	11	28	250	59	128	63	18
1 584	1 154	852	95	207	951	583	181	187	159
161	110	87	7	16	51	44	3	4	16
60	41	30	4	7	20	18		2	1
16	29	26	1	2	12	11		1	2
4	4	3		1					1
3	1	1							
62	23	19	1	3	11	8	2	1	10
16	12	8	1	3	8	7	1		2
189	147	99	13	35	105	61	17	27	19
40	41	29	2	10	36	23	5	8	1
21	21	15	3	3	12	8	1	3	3
31	26	16	2	8	12	7	3	2	2
19	19	13	3	3	5	3	2		
78	40	26	3	11	40	20	6	14	13
275	258	195	23	40	192	122	35	35	20
56	48	41	2	5	48	32	8	8	7
7	2	2			1		1		1
71	40	32	3	5	31	20	7	4	2
32	18	15	2	1	10	5	1	4	1
24	20	16		4	21	17	1	3	
23	56	41	9	6	29	18	7	4	3
2	4	3	1		5	3	1	1	1
23	37	21	4	12	25	11	9	5	
37	33	24	2	7	22	16		6	5
150	115	77	8	30	73	53	7	13	5
54	59	42	2	15	43	30	5	8	3
96	56	35	6	15	30	23	2	5	2

(续14)

行业类别(小类)	代码	营业企业法人单位数(个)	国有经济	集体经济	私营经济	联营经济
其他通用零部件制造业	3560	19 098	950	12 867	4 060	244
液压件及液力件制造业	3561	1 716	197	1 129	253	28
气动元件制造业	3562	914	54	616	167	7
密封件制造业	3563	870	34	630	153	5
粉末冶金制品业	3564	910	70	631	118	19
紧固件制造业	3565	6 294	217	4 155	1 491	71
弹簧制造业	3566	1 826	44	1 232	442	23
链条制造业	3567	547	38	360	81	16
齿轮制造业	3568	813	90	528	133	21
其他类未包括的通用零部件制造业	3569	5 208	206	3 586	1 222	54
铸锻件制造业	3570	22 937	551	16 154	5 172	342
铸件制造业	3571	19 707	461	13 721	4 624	270
锻件制造业	3572	3 230	90	2 433	548	72
普通机械修理业	3580	2 910	318	2 053	460	15
其他普通机械制造业	3590	3 828	358	2 561	660	46
专用设备制造业	3600	41 516	5 347	26 524	5 960	622
冶金、矿山、机电工业专用设备制造业	3610	3 963	587	2 514	487	53
矿山设备制造业	3611	1 775	305	1 179	208	13
冶金工业专用设备制造业	3613	627	97	410	58	12
电工专用设备制造业	3615	275	36	174	31	13
电子工业专用设备制造业	3617	580	69	308	95	10
其他机电工业专用设备制造业	3619	706	80	443	95	5
石化及其他工业专用设备制造业	3620	5 749	680	3 684	737	121
石油工业专用设备制造业	3621	710	110	488	53	14
化学工业专用设备制造业	3622	895	164	586	83	15
化学纤维工业专用设备制造业	3623	134	15	86	22	1
橡胶工业专用设备制造业	3624	318	47	197	46	6
塑料工业专用设备制造业	3625	931	54	545	166	13
森林工业专用设备制造业	3626	262	34	167	36	2
印刷工业专用设备制造业	3627	646	68	377	67	21
制药工业专用设备制造业	3628	302	29	226	24	5
建筑材料非金属矿物制品专用设备制造业	3629	1 551	159	1 012	240	44

）、经济类型分组的单位数

股份制经济	外商投资经济	中外合资经营企业	中外合作经营企业	外商独资企业	港.澳.台投资经济	港.澳.台与大陆合资经营企业	港.澳.台与大陆合作经营企业	港.澳.台独资企业	其他经济
314	301	222	25	54	342	191	90	61	20
42	41	31	3	7	25	19	3	3	1
16	28	17	2	9	25	17	3	5	1
19	21	15	1	5	7	4	1	2	1
20	23	20	2	1	29	15	9	5	
101	96	78	5	13	155	80	51	24	8
23	25	14	5	6	36	15	12	9	1
15	12	10	2		24	16	3	5	1
15	15	7	3	5	9	8	1		2
63	40	30	2	8	32	17	7	8	5
403	150	125	11	14	118	78	14	26	47
352	131	109	10	12	103	67	11	25	45
51	19	16	1	2	15	11	3	1	2
26	7	7			13	7	6		18
66	66	40	8	18	57	27	9	21	14
991	1 036	730	108	198	879	551	164	164	157
113	115	88	10	17	88	54	18	16	6
38	20	18	2		10	8	1	1	2
22	20	18		2	6	3	1	2	2
7	6	3	1	2	8	4	3	1	
22	37	24	5	8	38	22	9	7	1
24	32	25	2	5	26	17	4	5	1
161	166	128	15	23	196	133	39	24	4
19	20	16	1	3	5	3	1	1	1
24	10	7	1	2	13	11	2		
1	6	2	3	1	3	3			
7	9	5	1	3	6	6			
28	37	30	3	4	87	54	23	10	1
9	9	8		1	5	4	1		
24	40	34	2	4	49	28	11	10	
9	5	4		1	4	3		1	
40	30	22	4	4	24	21	1	2	2

(续15)

行业类别(小类)	代码	营业企业法人单位数(个)	国有经济	集体经济	私营经济	联营经济
轻纺工业专用设备制造业	3630	8 521	1 007	5 248	1 422	128
食品、饮料、烟草工业专用设备制造业	3631	1 363	163	809	208	35
粮油工业专用设备制造业	3632	978	312	512	98	6
饲料工业专用设备制造业	3633	132	44	61	13	1
包装工业专用设备制造业	3634	516	54	337	62	3
纺织、服装、皮革工业专用设备制造业	3635	3 923	303	2 547	723	46
照明器具工业专用设备制造业	3636	419	24	279	72	9
日用硅酸制品工业专用设备制造业	3637	146	16	97	14	3
制浆、造纸工业专用设备制造业	3638	652	55	399	150	13
日用化学工业专用设备制造业	3639	392	36	207	82	12
农、林、牧、渔、水利业机械制造业	3640	7 276	1 286	4 448	1 246	71
拖拉机制造业	3641	282	116	106	40	4
机械化农机具制造业	3642	2 627	524	1 669	337	23
营林机械制造业	3643	50	19	23	5	1
畜牧机械制造业	3644	158	34	80	26	
渔业机械制造业	3645	148	11	93	35	1
水利机械制造业	3646	235	69	130	23	2
拖拉机配件制造业	3647	2 031	245	1 305	427	17
其他农、林、牧、渔、水利业机械制造业	3649	1 745	268	1 042	353	23
医疗器械制造业	3650	2 853	365	1 686	249	61
手术器械制造业	3651	240	32	149	25	7
医疗仪器、设备制造业	3652	1 046	178	539	86	25
诊断用品制造业	3653	244	27	155	20	5
医用材料及医疗用品制造业	3654	1 246	105	807	113	23
假肢、矫形器制造业	3655	77	23	36	5	1
其他专用设备制造业	3670	6 855	700	4 587	893	107
建筑机械制造业	3671	1 171	182	727	162	11
地质专用设备制造业	3672	125	45	61	11	3
畜牧兽医医疗器械制造业	3673	21		16	5	
缝纫机制造业	3674	892	52	552	187	17

)、经济类型分组的单位数

股份制经济	外商投资经济	中外合资经营企业	中外合作经营企业	外商独资企业	港.澳.台投资经济	港.澳.台与大陆合资经营企业	港.澳.台与大陆合作经营企业	港.澳.台独资企业	其他经济
267	220	153	30	37	196	121	39	36	33
64	48	31	5	12	28	16	3	9	8
29	7	6	1		13	10	2	1	1
5	8	7		1					
18	20	14	4	2	19	14	2	3	3
110	87	58	16	13	92	51	25	16	15
9	14	10	1	3	10	7	1	2	2
7	5	4		1	4	3	1		
14	9	8		1	10	7	2	1	2
11	22	15	3	4	20	13	3	4	2
129	33	21	5	7	31	20	5	6	32
12					2	2			2
44	10	7		3	8	4	1	3	12
	1			1					1
4	7	4	2	1					7
3	1	1			3	3			1
6	2	2			2	1	1		1
24	5	4	1		3	3			5
36	7	3	2	2	13	7	3	3	3
84	246	166	18	62	153	102	16	35	9
1	19	11		8	5	5			2
39	117	83	11	23	58	37	3	18	4
7	13	7	1	5	17	12	1	4	
36	93	63	5	25	66	47	12	7	3
1	4	2	1	1	7	1		6	
169	207	140	21	46	181	108	34	39	11
30	36	26	5	5	22	12	4	6	1
	4	4			1	1			
17	31	15	4	12	35	13	12	10	1

营业企业法人按行业(小类

(续16)

行业类别(小类)	代码	营业企业法人单位数(个)	国有经济	集体经济	私营经济	联营经济
商业、饮食业、服务业专用机械制造业	3675	370	67	205	46	4
邮政机械及器材制造业	3676	69	18	37	8	2
环境保护机械制造业	3677	1 730	97	1 345	158	26
社会公共安全设备及器材制造业	3678	1 102	99	773	102	26
其他类未包括的专用设备制造业	3679	1 375	140	871	214	18
专用机械设备修理业	3680	6 299	722	4 357	926	81
工业专用设备修理业	3681	919	163	624	79	14
农、林、牧、渔、水利机械修理业	3683	3 651	303	2 616	612	28
医疗器械修理业	3685	79	25	39	7	
其他专用机械设备修理业	3689	1 650	231	1 078	228	39
交通运输设备制造业	3700	48 103	5 924	30 696	7 494	863
铁路运输设备制造业	3710	1 318	315	828	111	7
机车制造业	3711	30	10	16	1	
客车制造业	3712	36	12	13	7	2
货车制造业	3713	41	17	14	5	2
机车车辆配件制造业	3714	651	105	455	68	3
铁路信号设备制造业	3715	90	30	52	3	
铁路专用设备制造业	3716	110	45	53	5	
铁路专用器材制造业	3717	275	75	180	9	
其他铁路运输设备制造业	3719	85	21	45	13	
汽车制造业	3720	14 374	1 350	9 433	2 043	385
载重汽车制造业	3721	178	62	78	8	5
客车制造业	3722	179	58	67	5	6
小轿车制造业	3723	52	6	26	4	5
微型汽车制造业	3724	77	18	42	5	3
特种车辆及改装汽车制造业	3725	639	200	296	39	29
汽车车身制造业	3726	267	36	172	28	7
汽车零部件及配件制造业	3727	12 982	970	8 752	1 954	330
摩托车制造业	3730	4 111	174	2 718	763	84
摩托车整车制造业	3731	370	46	207	25	21
摩托车零部件及配件制造业	3732	3 741	128	2 511	738	63
自行车制造业	3740	2 240	117	1 438	383	46
电车制造业	3750	24	1	14	6	
船舶制造业	3760	1 268	234	827	121	23

）、经济类型分组的单位数

股份制经济	外商投资经济				港.澳.台投资经济				其他经济
		中外合资经营企业	中外合作经营企业	外商独资企业		港.澳.台与大陆合资经营企业	港.澳.台与大陆合作经营企业	港.澳.台独资企业	
14	15	10	3	2	19	12	3	4	
2	1	1			1	1			
43	33	24	4	5	23	18	1	4	5
30	38	29		9	31	21	5	5	3
33	49	31	5	13	49	30	9	10	1
68	49	34	9	6	34	13	13	8	62
6	19	13	3	3	14	5	7	2	
33	3	1	2		1			1	55
2	4	2	1	1	1	1			1
27	23	18	3	2	18	7	6	5	6
1 049	1 041	777	123	141	893	605	118	170	143
21	17	12	1	4	12	10	1	1	7
1	1	1			1			1	
	1	1			1	1			
2									1
3	9	4	1	4	7	6	1		1
3	1	1			1	1			
1	2	2							4
7	2	2			2	2			
4	1	1							1
425	409	319	28	62	299	199	33	67	30
12	8	8			5	5			
13	15	14		1	14	13	1		1
3	6	5		1	2	2			
3	5	4		1	1	1			
21	36	33	2	1	17	13	3	1	1
9	8	5	3		7	3	2	2	
364	331	250	23	58	253	162	27	64	28
167	106	83	9	14	92	62	7	23	7
28	26	25		1	17	16	1		
139	80	58	9	13	75	46	6	23	7
59	81	51	8	22	114	65	6	43	2
	1			1	1			1	1
13	29	21	2	6	15	11	3	1	6

营业企业法人按行业(小类

(续17)

行业类别(小类)	代码	营业企业法人单位数(个)	国有经济	集体经济	私营经济	联营经济
海洋运输船制造业	3761	139	51	61	9	4
内河船制造业	3762	619	92	478	24	5
渔轮制造业	3763	194	29	106	46	6
船舶机械设备制造业	3764	311	60	181	41	8
海洋石油平台制造业	3765	5	2	1	1	
航空航天器制造业	3770	200	163	23	1	3
飞机制造业	3771	122	106	10	1	1
其他航空航天器制造业	3779	78	57	13		2
交通运输设备修理业	3780	24 415	3 548	15 314	4 051	311
铁路运输设备修理业	3781	493	252	231	6	1
汽车修理业	3782	20 759	2 970	13 134	3 371	261
摩托车修理业	3783	836	25	532	244	15
电车修理业	3784	31	2	19	8	
船舶修理业	3785	1 349	198	846	174	28
飞机修理业	3786	36	23	6	1	
其他交通运输设备修理业	3789	911	78	546	247	6
其他交通运输设备制造业	3790	153	22	101	15	4
航标器材制造业	3791	18	3	9	2	2
潜水装备制造业	3792	14	3	10	1	
公路标志制造业	3793	121	16	82	12	2
电气机械及器材制造业	4000	45 678	3 243	29 647	6 901	932
电机制造业	4010	3 065	418	1 815	423	82
发电机制造业	4011	550	105	329	50	7
电动机制造业	4012	1 409	227	813	195	62
微电机制造业	4013	1 106	86	673	178	13
输配电及控制设备制造业	4020	13 215	1 040	9 122	1 538	162
变压器制造业	4021	1 928	240	1 169	220	24
整流器制造业	4022	348	34	219	53	4
电容器制造业	4023	620	40	340	76	5
开关控制设备制造业	4024	4 314	359	3 070	490	56
电器设备元件制造业	4027	3 543	175	2 570	441	34
其他输配电及控制设备制造业	4029	2 462	192	1 754	258	39
电工器材制造业	4040	10 642	711	6 739	1 690	343
电线电缆制造业	4041	6 229	374	3 906	1 070	214
绝缘制品业	4043	806	46	559	110	16
蓄电池制造业	4045	1 531	113	1 038	202	21
原电池制造业	4046	458	88	208	51	19

)、经济类型分组的单位数

股份制经济	外商投资经济	中外合资经营企业	中外合作经营企业	外商独资企业	港.澳.台投资经济	港.澳.台与大陆合资经营企业	港.澳.台与大陆合作经营企业	港.澳.台独资企业	其他经济
2	6	4	1	1	6	5	1		
6	5	3		2	6	3	2	1	3
1	3	2		1					3
4	14	11	1	2	3	3			
	1	1							
1	7	3	1	3	2	1		1	
	3	1	1	1	1			1	
1	4	2		2	1	1			
362	389	286	74	29	350	252	68	30	90
1	1	1			1	1			
312	342	248	66	28	294	213	61	20	75
6	5	2	3		1		1		8
					1	1			1
26	31	26	4	1	41	28	6	7	5
1	5	4	1						
16	5	5			12	9		3	1
1	2	2			8	5		3	
	1	1			1			1	
1	1	1			7	5		2	
1 155	1 554	1 006	193	355	2 135	1 021	683	431	111
95	120	79	14	27	104	69	14	21	8
21	26	18	2	6	12	8	1	3	
39	37	26	6	5	33	20	5	8	3
35	57	35	6	16	59	41	8	10	5
384	410	252	42	116	540	268	176	96	19
53	89	43	11	35	131	44	64	23	2
9	14	14			15	8	4	3	
18	47	26	6	15	93	58	16	19	1
130	106	71	8	27	98	55	24	19	5
96	93	60	6	27	129	59	53	17	5
78	61	38	11	12	74	44	15	15	6
248	353	249	39	65	530	241	209	80	28
127	200	145	20	35	319	142	134	43	19
23	26	21	2	3	25	19	2	4	1
55	51	39	5	7	47	28	7	12	4
15	30	21	5	4	47	27	12	8	

营业企业法人按行业（小类

（续 18）

行业类别（小类）	代码	营业企业法人单位数（个）	国有经济	集体经济	私营经济	联营经济
其他电工器材制造业	4049	1 618	90	1 028	257	73
日用电器制造业	4060	6 271	300	3 859	1 109	186
洗衣机制造业	4061	214	17	142	27	3
吸尘器制造业	4062	167	10	106	13	8
电冰箱制造业	4063	397	35	252	41	13
电风扇制造业	4064	745	38	475	133	12
空调器制造业	4065	991	55	600	144	20
排油烟机制造业	4066	150	9	92	42	3
其他日用电器制造业	4069	3 607	136	2 192	709	127
照明器具制造业	4070	8 519	395	5 300	1 637	103
电光源制造业	4071	2 265	169	1 277	421	36
灯头、灯座制造业	4072	896	33	485	306	5
灯具制造业	4073	2 960	109	1 927	491	31
灯用电器附件制造业	4074	1 335	58	868	238	23
其他照明器具制造业	4079	1 063	26	743	181	8
电气机械修理业	4080	1 685	204	1 237	194	15
其他电气机械制造业	4090	2 281	175	1 575	310	41
电焊机制造业	4091	832	70	601	85	19
工业用电炉制造业	4092	350	26	255	47	4
其他类未包括的电气机械制造业	4099	1 099	79	719	178	18
电子及通信设备制造业	4100	16 832	1 986	7 403	2 107	402
通信设备制造业	4110	2 781	381	1 186	322	106
传输设备制造业	4111	553	93	234	53	9
交换设备制造业	4112	617	92	260	80	17
通信终端设备制造业	4113	341	65	74	25	14
其他通信设备制造业	4119	1 270	131	618	164	66
雷达制造业	4120	78	45	15	3	1
雷达整机制造业	4121	40	32	3		
雷达专用配套设备及部件制造业	4122	38	13	12	3	1
广播电视设备制造业	4130	513	81	285	67	5
电子计算机制造业	4140	1 038	150	210	87	19
电子计算机整机制造业	4141	345	79	66	30	7
电子计算机外部设备制造业	4143	693	71	144	57	12
电子器件制造业	4150	1 329	229	490	120	61
电真空器件制造业	4151	274	52	94	31	7
半导体器件制造业	4153	583	141	235	35	10

)、经济类型分组的单位数

股份制经济	外商投资经济	中外合资经营企业	中外合作经营企业	外商独资企业	港.澳.台投资经济	港.澳.台与大陆合资经营企业	港.澳.台与大陆合作经营企业	港.澳.台独资企业	其他经济
28	46	23	7	16	92	25	54	13	4
169	296	196	41	59	326	174	78	74	26
3	14	10		4	7	3	3	1	1
8	11	8	1	2	11	3	6	2	
18	18	14	4		20	17	3		
23	22	14	2	6	41	13	16	12	1
29	84	61	9	14	56	41	9	6	3
	2	2			2	1		1	
88	145	87	25	33	189	96	41	52	21
182	317	189	52	76	571	227	200	144	14
59	106	67	14	25	194	98	56	40	3
13	21	14	3	4	31	9	12	10	2
49	108	59	22	27	240	68	101	71	5
24	58	31	10	17	65	37	12	16	1
37	24	18	3	3	41	15	19	7	3
13	7	3	1	3	9	6	1	2	6
64	51	38	4	9	55	36	5	14	10
21	16	15		1	18	13	1	4	2
9	6	5	1		3	3			
34	29	18	3	8	34	20	4	10	8
582	1 787	1 096	209	482	2 471	1 313	643	515	94
103	311	224	29	58	358	231	59	68	14
24	86	58	9	19	53	35	8	10	1
24	74	55	9	10	68	51	3	14	2
15	46	32	4	10	101	63	27	11	1
40	105	79	7	19	136	82	21	33	10
3	5	1	2	2	6	5		1	
1	2		2		2	2			
2	3	1		2	4	3		1	
18	27	19	2	6	30	17	7	6	
64	229	146	16	67	271	128	67	76	8
21	65	45	5	15	73	39	12	22	4
43	164	101	11	52	198	89	55	54	4
34	178	104	21	53	214	126	40	48	3
16	41	31	3	7	33	24	3	6	
9	71	38	10	23	80	61	9	10	2

（续 19）

行业类别（小类）	代码	营业企业法人单位数（个）	国有经济	集体经济	私营经济	联营经济
集成电路制造业	4155	472	36	161	54	44
电子元件制造业	4160	6 283	524	3 204	810	89
日用电子器具制造业	4170	1 934	252	698	221	55
电视机、录像机、摄像机制造业	4171	483	113	153	41	29
收音机、录音机制造业	4172	1 237	116	484	146	25
电子计算器制造业	4173	214	23	61	34	1
电子设备及通信设备修理业	4180	497	94	240	96	12
通信设备修理业	4181	153	35	61	33	3
广播电视设备修理业	4182	56	13	30	7	1
电子计算机修理业	4183	31	6	12	9	2
其他电子设备修理业	4189	257	40	137	47	6
其他电子设备制造业	4190	2 379	230	1 075	381	54
仪器仪表及文化、办公用机械制造业	4200	11 390	1 530	6 390	1 383	207
通用仪器仪表制造业	4210	4 836	661	2 865	641	87
工业自动化仪表制造业	4211	1 323	218	734	128	24
电工仪器、仪表制造业	4212	1 018	135	635	121	22
光学仪器制造业	4213	433	104	227	24	9
计时仪器制造业	4214	170	15	107	14	3
分析仪器制造业	4215	220	40	106	41	3
试验机制造业	4216	132	29	75	9	
实验室仪器及装置制造业	4217	143	35	85	12	1
通用仪器仪表元件、器件制造业	4218	689	29	417	195	10
其他通用仪器仪表制造业	4219	708	56	479	97	15
专用仪器仪表制造业	4220	1 363	245	813	147	17
环境保护仪器仪表制造业	4221	184	25	109	25	
汽车仪器仪表制造业	4222	135	17	79	11	3
导航、制导仪器制造业	4223	44	21	14		2
农、林、牧、渔仪器、仪表制造业	4224	32	8	17	6	
地质勘探、钻采、地震专用仪器制造业	4225	124	27	69	14	1
气象、海洋、水文、天文测量仪器制造业	4226	47	15	24	2	1
教学仪器制造业	4227	300	81	188	16	
核子及核辐射测量仪器制造业	4228	22	6	11		3

）、经济类型分组的单位数

股份制经济	外商投资经济	中外合资经营企业	中外合作经营企业	外商独资企业	港.澳.台投资经济	港.澳.台与大陆合资经营企业	港.澳.台与大陆合作经营企业	港.澳.台独资企业	其他经济
9	66	35	8	23	101	41	28	32	1
193	544	320	72	152	906	496	252	158	13
52	230	124	42	64	419	162	167	90	7
20	59	46	5	8	66	49	7	10	2
27	134	58	30	46	303	99	140	64	2
5	37	20	7	10	50	14	20	16	3
13	29	17	4	8	10	5	3	2	3
4	14	8	3	3	2	1	1		1
1	3	3			1	1			
1	1	1							
7	11	5	1	5	7	3	2	2	2
102	234	141	21	72	257	143	48	66	46
313	679	422	69	188	862	350	296	216	26
174	239	175	14	50	164	108	15	41	5
80	88	69	3	16	50	33	3	14	1
34	39	31	3	5	32	20	3	9	
10	29	20	1	8	30	22	2	6	
5	15	12	1	2	11	8	3		
5	16	12	1	3	8	5		3	1
7	9	6	1	2	3	3			
1	7	4	1	2	2	2			
9	13	10		3	14	7	3	4	2
23	23	11	3	9	14	8	1	5	1
36	62	49	4	9	38	29	3	6	5
7	11	9	1	1	6	4		2	1
2	13	12		1	9	8	1		1
2	4	3		1	1	1			
					1	1			
1	8	6		2	3	2		1	1
	3	3			1	1			1
8	4	3		1	3	3			
	2	2							

营业企业法人按行业（小类

（续20）

行业类别（小类）	代码	营业企业法人单位数（个）	国有经济	集体经济	私营经济	联营经济
专用仪器仪表元件、器件制造业	4229	475	45	302	73	7
电子测量仪器制造业	4230	441	121	204	34	11
计量器具制造业	4240	1 190	128	761	142	19
传递标准用计量仪器制造业	4241	110	14	65	13	1
量具量仪制造业	4242	362	45	235	38	9
衡器制造业	4243	718	69	461	91	9
文化、办公用机械制造业	4250	699	90	305	94	18
电影机械制造业	4251	25	15	5	4	
幻灯机及投影仪制造业	4252	26	7	10		2
照相机及器材制造业	4254	274	37	105	33	4
复印机制造业	4256	50	5	17	5	2
打字机及油印机制造业	4257	69	7	31	7	6
其他文化、办公用机械制造业	4259	255	19	137	45	4
钟表制造业	4260	1 597	144	628	153	28
仪器仪表及文化、办公用机械修理业	4280	299	47	199	33	5
其他仪器仪表制造业	4290	965	94	615	139	22
其他制造业	4300	42 022	1 303	24 728	10 507	614
工艺美术品制造业	4310	26 798	699	15 697	6 636	437
雕塑工艺品制造业	4311	3 954	121	2 221	937	74
金属工艺品制造业	4312	1 561	52	1 048	300	10
漆器工艺品制造业	4313	322	13	221	50	3
花画工艺品制造业	4314	1 410	30	745	282	20
竹、藤、棕、草工艺品制造业	4315	2 460	53	1 429	642	82
抽纱刺绣工艺品制造业	4316	3 133	107	1 709	770	32
地毯制造业	4317	4 051	124	2 565	1 121	28
首饰制造业	4318	1 376	78	515	295	19
其他工艺美术品制造业	4319	8 531	121	5 244	2 239	169
日用杂品制造业	4350	3 385	93	1 873	810	28
制镜业	4351	372	16	245	73	3
眼镜制造业	4353	828	17	445	111	2
制伞业	4355	720	18	340	158	9
鬃毛加工及制刷业	4357	1 465	42	843	468	14
其他生产、生活用品制造业	4390	11 839	511	7 158	3 061	149
生产用其他产品制造业	4391	2 394	136	1 746	319	44

)、经济类型分组的单位数

股份制经济	外商投资经济	中外合资经营企业	中外合作经营企业	外商独资企业	港.澳.台投资经济	港.澳.台与大陆合资经营企业	港.澳.台与大陆合作经营企业	港.澳.台独资企业	其他经济
16	17	11	3	3	14	9	2	3	1
15	36	23	4	9	19	14	3	2	1
38	57	42	2	13	42	23	11	8	3
5	8	7		1	3	2		1	1
9	14	10	1	3	11	7	1	3	1
24	35	25	1	9	28	14	10	4	1
12	80	42	9	29	99	43	20	36	1
	1	1							
1	3	1	1	1	3	2		1	
4	35	19	6	10	56	18	15	23	
	12	5	2	5	9	3	2	4	
2	10	6		4	6	4	2		
5	19	10		9	25	16	1	8	1
15	160	63	34	63	463	109	241	113	6
2	6	4		2	5	2	2	1	2
21	39	24	2	13	32	22	1	9	3
763	1 502	802	196	504	2 358	760	790	808	247
494	1 072	564	133	375	1 577	513	505	559	186
96	216	118	21	77	246	94	31	121	43
23	45	19	10	16	77	29	21	27	6
3	14	9	1	4	17	6	4	7	1
23	101	43	13	45	202	54	88	60	7
45	76	52	6	18	73	40	9	24	60
53	190	99	28	63	261	87	94	80	11
86	68	57	3	8	41	34	2	5	18
17	138	66	21	51	302	74	143	85	12
148	224	101	30	93	358	95	113	150	28
87	182	93	24	65	303	85	83	135	9
3	10	6	3	1	16	4	9	3	6
33	85	41	14	30	133	32	46	55	2
20	48	24	6	18	126	31	26	69	1
31	39	22	1	16	28	18	2	8	
182	248	145	39	64	478	162	202	114	52
40	58	40	8	10	49	30	7	12	2

(续21)

行业类别(小类)	代码	营业企业法人单位数(个)	国有经济	集体经济	私营经济	联营经济
生活用其他产品制造业	4392	9 445	375	5 412	2 742	105
电力、煤气及水的生产和供应业	D	25 072	7 848	15 828	322	233
电力、蒸汽、热水的生产和供应业	4400	17 406	5 228	11 055	222	200
电力生产业	4410	12 398	2 584	8 789	201	185
火力发电业	4411	1 320	698	321	14	18
水力发电业	4412	10 987	1 863	8 415	183	167
核力发电业	4413	6	2	3		
其他电业	4419	85	21	50	4	
电力供应业	4420	4 570	2 357	2 147	17	12
蒸汽、热水生产和供应业	4430	438	287	119	4	3
煤气生产和供应业	4500	720	341	279	38	17
煤气生产业	4510	89	50	25	9	3
煤气供应业	4520	631	291	254	29	14
自来水的生产和供应业	4600	6 946	2 279	4 494	62	16
自来水生产业	4610	3 632	1 199	2 340	40	10
自来水供应业	4620	3 314	1 080	2 154	22	6
建筑业	E	119 994	16 432	70 814	24 905	1 186
土木工程建筑业	4700	87 875	11 037	52 777	20 046	724
房屋建筑业	4710	75 172	7 434	46 000	18 548	584
矿山建筑业	4720	326	161	129	29	1
铁路、公路、遂道、桥梁建筑业	4730	4 009	1 682	1 835	237	37
堤坝、电站、码头建筑业	4740	867	482	325	17	7
其他土木工程建筑业	4790	7 501	1 278	4 488	1 215	95
线路、管道和设备安装业	4800	13 119	2 810	8 362	1 036	163
线路、管道安装业	4810	6 510	1 314	4 436	441	58
设备安装业	4820	6 609	1 496	3 926	595	105
装修装饰业	4900	19 000	2 585	9 675	3 823	299
地质勘探业、水利管理业	F	1 409	786	516	32	14
地质勘探业	5000	792	521	189	20	8
区域地质勘查业	5010	32	20	8	1	1
海洋地质勘查业	5020	13	9			
矿产地质勘探业	5030	215	135	49	5	
石油、天然气地质勘查业	5031	38	13	7		
煤炭地质勘查业	5032	37	31	6		
黑色金属矿产地质勘查业	5033	4	2	2		
有色金属矿产地质勘查业	5034	16	14	1		

）、经济类型分组的单位数

股份制经济	外商投资经济	中外合资经营企业	中外合作经营企业	外商独资企业	港.澳.台投资经济	港.澳.台与大陆合资经营企业	港.澳.台与大陆合作经营企业	港.澳.台独资企业	其他经济
142	190	105	31	54	429	132	195	102	50
489	164	112	44	8	145	95	41	9	43
408	138	96	36	6	126	83	35	8	29
365	126	86	34	6	119	77	34	8	29
88	87	60	26	1	90	56	28	6	4
272	35	23	7	5	27	20	6	1	25
					1	1			
5	4	3	1		1			1	
28	6	5	1		3	2	1		
15	6	5	1		4	4			
24	12	6	5	1	9	7	2		
					2	1	1		
24	12	6	5	1	7	6	1		
57	14	10	3	1	10	5	4	1	14
25	9	7	2		6	4	1	1	3
32	5	3	1	1	4	1	3		11
3 870	1 299	900	169	230	1 184	820	106	258	304
2 404	424	280	88	56	285	205	36	44	178
2 032	243	173	38	32	180	136	19	25	151
5					1	1			
126	63	42	17	4	25	17	4	4	4
23	7	3	1	3	5	4	1		1
218	111	62	32	17	74	47	12	15	22
454	136	102	17	17	125	84	10	31	33
194	35	29	3	3	22	21		1	10
260	101	73	14	14	103	63	10	30	23
1 012	739	518	64	157	774	531	60	183	93
24	23	9	3	11	4	1	2	1	10
23	22	9	3	10	4	1	2	1	5
2									
	4	1		3					
8	16	7	2	7	1			1	1
3	13	6		7	1			1	1
1									

营业企业法人按行业(小类

(续 22)

行业类别(小类)	代码	营业企业法人单位数(个)	国有经济	集体经济	私营经济	联营经济
贵金属矿产地质勘查业	5035	9	7			
其他金属矿产地质勘查业	5036	5	4		1	
非金属矿产地质勘查业	5037	4	2	1		
水文地质勘查业	5038	102	62	32	4	
工程地质勘查业	5040	391	270	95	7	4
环境地质勘查业	5050	9	7	1		
地球物理和地球化学勘查业	5060	15	12	1		
地质工程技术及其他技术服务业	5090	117	68	35	7	3
水利管理业	5100	617	265	327	12	6
交通运输、仓储及邮电通信业	G	50 972	16 876	25 179	5 363	821
铁路运输业	5200	216	189	17		2
汽车运输业	5300	20 873	5 953	10 521	3 238	279
汽车运输业	5310	19 337	5 895	9 523	2 824	264
其他公路运输业	5390	1 536	58	998	414	15
管道运输业	5400	30	15	10	1	
水上运输业	5500	4 619	718	2 680	685	91
远洋运输业	5510	249	111	26	3	10
沿海运输业	5520	817	234	385	37	43
内河、内湖运输业	5530	3 059	322	2 028	593	26
其他水上运输业	5590	494	51	241	52	12
航空运输业	5600	122	88	6	2	4
航空客货运输业	5610	112	81	5	2	3
通用航空业	5620	10	7	1		1
交通运输辅助业	5700	13 282	2 990	8 289	1 009	190
公路管理及养护业	5710	305	103	108	52	4
港口业	5720	837	307	412	15	19
沿海港口业	5721	275	147	62	2	10
内河、内湖港口业	5722	562	160	350	13	9
水运辅助业	5730	1 197	403	407	177	23
机场及航空运输辅助业	5740	562	258	86	37	34
装卸搬运业	5750	6 249	395	5 292	419	37
其他类未包括的交通运输辅助业	5790	4 132	1 524	1 984	309	73
其他交通运输业	5800	228	40	110	55	5
仓储业	5900	6 749	3 099	2 889	263	150
邮电通信业	6000	4 853	3 784	657	110	100
邮政业	6010	490	414	34	25	7

)、经济类型分组的单位数

股份制经济	外商投资经济	中外合资经营企业	中外合作经营企业	外商独资企业	港.澳.台投资经济	港.澳.台与大陆合资经营企业	港.澳.台与大陆合作经营企业	港.澳.台独资企业	其他经济
	2		2						
1									
3	1	1							
10	1		1		2	1	1		2
									1
	1	1			1		1		
3									1
1	1			1					5
1 181	638	371	152	115	524	304	150	70	390
5	2	2			1	1			
478	180	95	73	12	156	67	80	9	68
444	178	94	72	12	152	65	79	8	57
34	2	1	1		4	2	1	1	11
3					1	1			
142	82	52	3	27	65	50	3	12	156
8	46	22	2	22	20	11	1	8	25
59	23	20	1	2	30	26	2	2	6
64	8	8			10	9		1	8
11	5	2		3	5	4		1	117
12	7	2	1	4	2	2			1
11	7	2	1	4	2	2			1
1									
268	206	107	51	48	197	114	52	31	133
15	14	5	9		8	3	5		1
25	17	16		1	40	32	8		2
11	12	11		1	31	24	7		
14	5	5			9	8	1		2
54	54	26	4	24	57	29	3	25	22
35	29	19	5	5	21	17	2	2	62
76	11	6	4	1	8	7	1		11
63	81	35	29	17	63	26	33	4	35
7	7	4	2	1	3	2	1		1
147	118	90	14	14	76	56	6	14	7
119	36	19	8	9	23	11	8	4	24
5	5	3		2					

(续23)

行业类别(小类)	代码	营业企业法人单位数(个)	国有经济	集体经济	私营经济	联营经济
电信业	6020	1 696	852	514	69	81
邮电业	6030	2 667	2 518	109	16	12
批发和零售贸易、餐饮业	H	685 595	198 927	350 803	95 708	10 051
食品、饮料、烟草和家庭日用品批发业	6100	164 149	66 951	66 318	21 527	2 112
食品、饮料、烟草批发业	6110	65 990	41 571	17 868	4 424	526
粮食、食用油批发业	6111	29 440	24 328	3 865	784	106
糕点、糖果和饮料批发业	6112	9 412	3 663	4 141	1 106	99
肉、禽、蛋及其制品批发业	6113	6 487	4 887	1 228	258	35
水产品批发业	6114	2 882	1 387	951	350	37
蔬菜、果品批发业	6115	4 750	1 253	2 750	488	80
茶叶批发业	6116	1 306	347	748	152	16
烟草及其制品批发业	6117	3 044	2 551	385	56	17
盐及调味品批发业	6118	1 805	1 215	511	51	8
其他食品、饮料、烟草批发业	6119	6 864	1 940	3 289	1 179	128
棉、麻、土畜产品批发业	6120	5 873	1 907	3 405	331	50
棉、麻批发业	6121	2 770	529	2 084	91	19
畜产品批发业	6122	3 103	1 378	1 321	240	31
纺织品、服装和鞋帽批发业	6130	17 210	5 090	7 324	3 247	365
纺织品批发业	6131	11 988	3 939	5 179	1 920	231
服装批发业	6132	3 745	844	1 407	1 017	101
鞋帽批发业	6133	1 477	307	738	310	33
日用百货批发业	6140	20 887	4 923	10 137	4 220	322
百货批发业	6141	13 806	3 618	6 259	2 859	163
文化用品、钟表眼镜批发业	6142	4 171	842	2 177	808	110
其他日用百货批发业	6149	2 910	463	1 701	553	49
日用杂品批发业	6150	5 540	626	3 813	816	74
五金、交电、化工批发业	6160	40 259	7 737	22 033	7 696	669
药品及医疗器械批发业	6170	8 390	5 097	1 738	793	106
西药批发业	6171	3 957	3 140	454	84	38
中草药及制品批发业	6172	2 507	1 409	474	386	18
医疗器械批发业	6173	1 926	548	810	323	50
能源、材料和机械电子设备批发业	6200	166 794	49 395	80 043	25 458	3 412
能源批发业	6210	19 570	8 164	8 041	1 979	498
石油及制品批发业	6211	9 733	3 919	4 163	781	382
煤炭及制品批发业	6212	9 193	4 058	3 572	1 101	105

）、经济类型分组的单位数

股份制经济	外商投资经济	中外合资经营企业	中外合作经营企业	外商独资企业	港.澳.台投资经济	港.澳.台与大陆合资经营企业	港.澳.台与大陆合作经营企业	港.澳.台独资企业	其他经济
106	30	15	8	7	21	9	8	4	23
8	1	1			2	2			1
18 887	4 939	2 401	766	1 772	2 878	1 537	441	900	3 402
4 952	822	440	91	291	460	241	47	172	1 007
1 070	276	168	41	67	127	81	14	32	128
277	37	19	1	17	25	12	1	12	18
286	51	30	8	13	32	19	4	9	34
62	11	6	4	1	3	3			3
65	72	46	12	14	15	12	1	2	5
99	49	32	6	11	18	13	2	3	13
39	1	1							3
28	1	1			2	1	1		4
10	7	6		1	1	1			2
204	47	27	10	10	31	20	5	6	46
144	19	10	4	5	9	5	1	3	8
39	4	3		1	2	2			2
105	15	7	4	4	7	3	1	3	6
715	188	80	13	95	114	55	11	48	167
487	77	27	5	45	50	25	3	22	105
182	95	42	8	45	42	19	5	18	57
46	16	11		5	22	11	3	8	5
840	106	58	13	35	51	17	11	23	288
578	58	34	7	17	26	9	6	11	245
153	33	17	4	12	17	5	4	8	31
109	15	7	2	6	8	3	1	4	12
140	28	17	2	9	24	12	3	9	19
1 585	126	61	10	55	84	38	3	43	329
458	79	46	8	25	51	33	4	14	68
175	24	13	2	9	18	12	1	5	24
172	23	18	4	1	14	12	1	1	11
111	32	15	2	15	19	9	2	8	33
6 453	850	436	87	327	522	290	33	199	661
712	87	56	20	11	50	34	5	11	39
354	68	45	17	6	44	30	5	9	22
330	12	7	2	3	4	3		1	11

(续24)

行业类别(小类)	代码	营业企业法人单位数(个)	国有经济	集体经济	私营经济	联营经济
其他能源批发业	6219	644	187	306	97	11
化工材料批发业	6220	13 406	4 018	6 085	2 237	258
木材批发业	6230	7 989	3 482	3 243	940	111
建筑材料批发业	6240	35 365	7 500	18 512	7 155	638
矿产品批发业	6250	3 184	1 306	1 253	412	46
金属材料批发业	6260	31 997	12 191	14 347	3 456	582
黑色金属材料批发业	6261	25 600	10 335	11 416	2 407	418
有色金属材料批发业	6262	6 397	1 856	2 931	1 049	164
机械、电子设备批发业	6270	36 214	8 172	17 595	6 825	965
汽车、摩托车及零配件批发业	6280	11 881	3 266	5 716	1 987	277
汽车批发业	6281	2 472	1 542	506	152	112
摩托车批发业	6282	686	186	288	151	13
汽车、摩托车零配件批发业	6289	8 723	1 538	4 922	1 684	152
再生物资回收批发业	6290	7 188	1 296	5 251	467	37
其他批发业	6300	35 560	9 752	21 189	2 969	481
工艺美术品批发业	6310	1 589	465	708	245	44
图书报刊批发业	6320	1 138	720	356	29	11
农业生产资料批发业	6330	20 827	5 456	14 423	643	58
其他类未包括的批发业	6390	12 006	3 111	5 702	2 052	368
零售业	6400	264 785	63 617	155 674	34 185	3 310
食品、饮料和烟草零售业	6410	53 972	25 268	24 074	3 575	325
粮油食品零售业	6411	20 226	16 674	2 821	574	47
副食品零售业	6412	16 073	4 982	9 447	1 294	78
其他食品、饮料和烟草零售业	6419	17 673	3 612	11 806	1 707	200
日用百货零售业	6420	69 932	11 209	50 609	6 165	428
百货零售业	6421	41 673	9 554	26 749	3 894	300
文化体育用品零售业	6422	4 619	868	2 805	709	66
钟表、眼镜及照相器材零售业	6423	1 515	291	840	267	29
其他日用百货零售业	6429	22 125	496	20 215	1 295	33
纺织品、服装和鞋帽零售业	6430	12 790	2 436	7 215	2 293	274
日用杂品零售业	6440	7 789	629	5 998	924	72
五金、交电、化工零售业	6450	56 148	8 208	33 533	11 585	880
药品及医疗器械零售业	6470	6 816	3 196	2 692	506	47
图书报刊零售业	6480	3 286	2 160	970	97	16
其他零售业	6490	54 052	10 511	30 583	9 040	1 268
家具零售业	6491	2 580	244	1 393	757	44

）、经济类型分组的单位数

股份制经济	外商投资经济				港.澳.台投资经济				其他经济
		中外合资经营企业	中外合作经营企业	外商独资企业		港.澳.台与大陆合资经营企业	港.澳.台与大陆合作经营企业	港.澳.台独资企业	
28	7	4	1	2	2	1		1	6
603	82	37	2	43	55	21	4	30	68
166	22	11	1	10	11	6	1	4	14
1 249	114	58	17	39	80	45	4	31	117
136	19	8		11	3	3			9
1 240	63	38	2	23	47	32	2	13	71
932	28	17		11	28	18	1	9	36
308	35	21	2	12	19	14	1	4	35
1 753	388	184	41	163	228	123	13	92	288
483	58	33	3	22	45	23	4	18	49
119	12	7	2	3	16	7	1	8	13
41	1	1			1	1			5
323	45	25	1	19	28	15	3	10	31
111	17	11	1	5	3	3			6
708	167	88	13	66	119	62	5	52	175
66	29	18	2	9	17	10		7	15
17	3	2		1					2
200	21	14	1	6	8	7		1	18
425	114	54	10	50	94	45	5	44	140
5 932	885	497	150	238	553	321	99	133	629
470	105	64	19	22	43	25	8	10	112
70	16	9	5	2	6	3	1	2	18
187	29	20	3	6	12	6	2	4	44
213	60	35	11	14	25	16	5	4	50
1 168	148	80	33	35	110	69	25	16	95
926	100	59	24	17	80	54	18	8	70
135	14	7	1	6	14	8		6	8
47	24	10	5	9	13	6	5	2	4
60	10	4	3	3	3	1	2		13
349	108	58	26	24	76	46	15	15	39
120	14	10	2	2	8	3	2	3	24
1 589	133	69	14	50	73	40	8	25	147
311	29	15	6	8	20	12	1	7	15
31	4	2	1	1	4	3	1		4
1 894	344	199	49	96	219	123	39	57	193
78	29	10	3	16	22	10	6	6	13

(续25)

行业类别(小类)	代码	营业企业法人单位数(个)	国有经济	集体经济	私营经济	联营经济
煤炭零售业	6492	2 545	1 091	1 006	370	19
石油制品零售业	6493	14 826	2 889	9 380	1 499	546
汽车、摩托车及其零配件零售业	6494	15 893	2 803	8 993	3 200	280
计算机及软件、办公设备零售业	6495	6 039	963	2 554	1 565	165
信托业	6496	637	219	299	78	12
首饰业	6497	1 752	382	1 055	148	38
其他类未包括的零售业	6499	9 780	1 920	5 903	1 423	164
商业经纪与代理业	6500	4 725	1 134	767	972	150
餐饮业	6700	49 582	8 078	26 812	10 597	586
正餐	6710	39 082	6 762	20 212	8 724	488
快餐	6720	3 771	452	2 074	825	40
其他饮食业	6790	6 729	864	4 526	1 048	58
小吃	6791	3 848	426	2 868	472	23
冷饮	6793	375	82	206	68	6
茶馆	6795	465	26	303	105	4
其他类未包括的餐饮业	6799	2 041	330	1 149	403	25
金融、保险业	I	68 549	23 783	42 119	79	87
金融业	6800	62 938	18 510	42 068	75	80
中央银行	6810	1 893	1 853	35		
商业银行	6820	15 255	13 931	412		7
其他银行	6830	685	639	32	1	
信用合作社	6840	39 285	577	38 428	5	9
信托投资业	6850	643	423	43	8	16
保险业	7000	5 611	5 273	51	4	7
房地产业	J	27 795	10 588	7 947	1 214	1 103
房地产开发与经营业	7200	22 511	8 618	6 319	738	806
房地产管理业	7300	3 766	1 572	1 145	184	223
房地产代理与经纪业	7400	1 518	398	483	292	74
社会服务业	K	100 779	27 535	49 228	11 986	1 763
公共设施服务业	7500	7 407	2 465	3 586	493	165
市内公共交通业	7510	3 710	1 342	1 662	216	93
市内公共汽电车业	7511	659	459	145	10	10
出租汽车业	7512	2 642	792	1 258	189	71
轨道交通业	7513	61	21	23	2	3
市内轮渡业	7514	102	33	50	7	3
其他市内公共交通业	7519	246	37	186	8	6

)、经济类型分组的单位数

股份制经济	外商投资经济	中外合资经营企业	中外合作经营企业	外商独资企业	港.澳.台投资经济	港.澳.台与大陆合资经营企业	港.澳.台与大陆合作经营企业	港.澳.台独资企业	其他经济
49	1	1			1	1			8
349	65	47	18		64	31	24	9	34
513	39	27	7	5	20	15		5	45
572	107	57	9	41	56	33	4	19	57
19	4	1	1	2	4	1		3	2
78	26	15	4	7	15	9	2	4	10
236	73	41	7	25	37	23	3	11	24
103	662	73	13	576	202	65	7	130	735
739	1 553	867	412	274	1 022	558	250	214	195
619	1 263	723	325	215	874	489	210	175	140
52	209	111	52	46	103	55	23	25	16
68	81	33	35	13	45	14	17	14	39
15	15	5	8	2	5	1	2	2	24
4	7	4	3		2		1	1	
6	11	3	5	3	5	2	2	1	5
43	48	21	19	8	33	11	12	10	10
1 915	218	34	2	182	33	8	1	24	315
1 690	190	32	2	156	32	8	1	23	293
3									2
736	132	6	1	125	18	3		15	19
8	3			3					2
241									25
68	25	8		17	8	2		6	52
225	28	2		26	1			1	22
2 128	2 070	1 329	325	416	2 551	1 411	417	723	194
1 698	1 860	1 216	279	365	2 315	1 294	368	653	157
307	147	81	31	35	161	88	26	47	27
123	63	32	15	16	75	29	23	23	10
4 126	3 035	1 649	587	799	1 984	1 097	367	520	1 122
397	140	92	33	15	131	80	36	15	30
227	71	50	19	2	85	55	24	6	14
14	10	5	5		9	4	4	1	2
199	58	44	12	2	67	46	19	2	8
4	3	1	2		5	3		2	
5					3	1	1	1	1
5					1	1			3

营业企业法人按行业(小类

(续 26)

行业类别(小类)	代码	营业企业法人单位数(个)				
			国有经济	集体经济	私营经济	联营经济
园林绿化业	7520	1 119	316	587	116	28
自然保护区管理业	7530	29	10	17		1
环境卫生业	7540	531	110	295	68	9
市政工程管理业	7550	822	293	438	34	14
风景名胜区管理业	7560	89	32	42	1	2
其他公共服务业	7590	1 107	362	545	58	18
居民服务业	7600	22 396	3 568	14 533	2 820	218
理发及美容化妆业	7610	2 926	377	1 906	462	19
沐浴业	7620	1 504	482	645	224	17
洗染业	7630	1 022	212	546	140	14
摄影及扩印业	7640	2 820	860	1 209	354	30
托儿所	7650	101	15	78	5	1
日用品修理业	7660	4 577	546	3 295	578	39
家务服务业	7670	629	48	469	87	8
殡葬业	7680	287	40	193	7	15
其他居民服务业	7690	8 530	988	6 192	963	75
旅馆业	7800	23 668	9 197	12 035	1 003	194
租赁服务业	7900	2 210	570	1 164	231	57
旅游业	8000	3 826	2 282	999	102	79
娱乐服务业	8100	7 349	736	3 628	1 594	131
信息、咨询服务业	8200	21 808	5 940	7 657	4 214	609
广告业	8210	8 266	1 915	2 945	2 161	229
咨询服务业	8220	1 637	744	454	206	39
公证业	8221	42	17	17	4	
律师事务所	8222	219	48	64	54	3
会计、审计、统计咨询业	8223	1 287	664	348	126	34
社会调查业	8224	89	15	25	22	2
其他类未包括的信息咨询服务业	8290	11 905	3 281	4 258	1 847	341
计算机应用服务业	8300	5 676	1 250	1 608	1 099	231
软件开发咨询业	8310	3 464	693	852	750	144
数据处理业	8320	206	54	72	28	5
数据库服务业	8330	315	55	84	67	18
计算机设备维护咨询业	8340	1 691	448	600	254	64
其他社会服务业	8400	6 439	1 527	4 018	430	79
市场管理服务业	8410	2 186	432	1 481	152	29
其他类未包括的社会服务业	8490	4 253	1 095	2 537	278	50
卫生、体育和社会福利业	L	2 072	431	1 239	208	23

)、经济类型分组的单位数

股份制经济	外商投资经济				港.澳.台投资经济				其他经济
		中外合资经营企业	中外合作经营企业	外商独资企业		港.澳.台与大陆合资经营企业	港.澳.台与大陆合作经营企业	港.澳.台独资企业	
32	25	17	5	3	13	8	2	3	2
	1			1					
21	15	12	1	2	9	3	3	3	4
22	11	4	6	1	8	3	5		2
10					2	2			
85	17	9	2	6	14	9	2	3	8
432	390	207	95	88	298	143	65	90	137
37	73	27	25	21	39	14	12	13	13
44	41	16	14	11	48	25	9	14	3
30	46	28	10	8	30	17	6	7	4
68	164	97	29	38	123	58	22	43	12
									2
54	13	6	6	1	10	3	5	2	42
11	2	1	1		2	1		1	2
5	6	2	4		15	4	9	2	6
183	45	30	6	9	31	21	2	8	53
348	477	294	139	44	329	202	85	42	85
113	32	21	8	3	30	17	9	4	13
206	75	47	15	13	52	31	7	14	31
223	561	294	166	101	454	260	102	92	22
1 589	798	363	89	346	367	185	47	135	634
673	162	110	22	30	118	75	17	26	63
53	46	12	13	21	12	7	1	4	83
2					2	2			
7	2			2	1			1	40
38	36	10	13	13	7	4	1	2	34
6	8	2		6	2	1		1	9
863	590	241	54	295	237	103	29	105	488
599	492	285	34	173	268	146	9	113	129
401	357	208	22	127	195	104	5	86	72
9	24	14	4	6	9	8		1	5
42	28	15	2	11	13	7	2	4	8
147	83	48	6	29	51	27	2	22	44
219	70	46	8	16	55	33	7	15	41
49	14	9	3	2	11	5	2	4	18
170	56	37	5	14	44	28	5	11	23
43	75	34	36	5	23	11	10	2	30

(续27)

行业类别(小类)	代码	营业企业法人单位数(个)	国有经济	集体经济	私营经济	联营经济
卫生	8500	1 373	261	817	174	16
医院	8510	959	170	580	142	11
综合医院	8511	193	116	58	9	1
专科医院	8512	74	2	28	23	2
中医医院	8513	10	2	6	1	
门诊部	8514	318	29	183	84	3
其他医院	8519	364	21	305	25	5
疗养院	8520	47	30	12	2	1
专科防治所(站)	8530	16	4	8	2	
卫生防疫站	8540	46	9	33	3	
妇幼保健所(站)	8550	15	2	9	1	
药品检验所(室)	8560	10	2	6		1
其他卫生	8590	280	44	169	24	3
体育	8600	161	48	50	20	4
社会福利保障业	8700	538	122	372	14	3
社会福利业	8710	372	51	300	7	2
干部休养所	8711	20	13	6	1	
福利收容院	8712	31	4	24	1	
社区服务业	8713	321	34	270	5	2
社会保险和救济业	8720	75	44	23	1	
其他类未包括的社会福利保障业	8790	91	27	49	6	1
教育、文化艺术及广播电影电视业	M	5 316	2 722	1 934	291	86
教育	8900	1 048	427	419	95	21
高等教育	8910	45	32	9	2	
普通高等教育	8911	13	9	2		
成人高等教育	8912	32	23	7	2	
中等教育	8920	223	128	66	21	
中等专业学校	8921	29	19	9		
普通中学	8922	49	28	4	15	
农业、职业中学	8923	21	13	8		
技工学校	8924	99	56	36	2	
成人中等学校	8925	25	12	9	4	
初等教育	8930	46	28	7	9	
小学校	8931	44	27	6	9	
成人初等学校	8932	2	1	1		
学前教育	8940	150	24	75	16	3
其他教育	8990	584	215	262	47	18

)、经济类型分组的单位数

股份制经济	外商投资经济	中外合资经营企业	中外合作经营企业	外商独资企业	港.澳.台投资经济	港.澳.台与大陆合资经营企业	港.澳.台与大陆合作经营企业	港.澳.台独资企业	其他经济
27	44	23	20	1	15	7	7	1	19
16	23	11	11	1	6	2	3	1	11
3	5	2	3		1	1			
3	11	5	6		4	1	2	1	1
1									
6	6	3	2	1	1		1		6
3	1	1							4
2									
2									
	1	1							
	1		1						2
	1	1							
7	18	10	8		9	5	4		6
6	25	9	13	3	8	4	3	1	
10	6	2	3	1					11
1	3	1	2						8
									2
1	3	1	2						6
6									1
3	3	1	1	1					2
109	68	36	19	13	57	29	17	11	49
22	19	7	5	7	16	6	8	2	29
	2		1	1					
	2		1	1					
3	3	2	1		1	1			1
					1	1			
	2	2							
3	1		1						1
1					1		1		
1					1		1		
	6	1	1	4	4	1	1	2	22
18	8	4	2	2	10	4	6		6

(续28)

行业类别(小类)	代码	营业企业法人单位数(个)	国有经济	集体经济	私营经济	联营经济
文化艺术业	9000	1 508	732	491	133	36
艺术	9010	366	156	121	52	10
出版	9020	490	333	104	12	12
文物保护	9030	32	21	7		1
图书馆	9040	16	5	10		1
档案馆	9050	5	5			
群众文化	9060	238	72	138	14	3
新闻	9070	25	15	3	1	
文化艺术经纪与代理业	9080	112	48	22	25	5
其他文化艺术业	9090	224	77	86	29	4
广播电影电视业	9100	2 760	1 563	1 024	63	29
广播	9110	61	21	34	1	2
电影	9120	2 444	1 425	890	54	18
电视	9130	255	117	100	8	9
科学研究和综合技术服务业	N	17 712	6 579	6 493	1 909	401
科学研究业	9200	1 045	315	447	192	13
自然科学研究	9210	557	183	223	105	5
社会科学研究	9220	56	19	23	9	
其他科学研究	9230	432	113	201	78	8
综合技术服务业	9300	16 667	6 264	6 046	1 717	388
气象	9310	62	27	24	4	3
地震	9320	24	12	2	5	2
测绘	9330	193	95	79	6	
技术监督	9340	960	541	263	23	28
海洋环境	9350	13	8	1	3	
环境保护	9360	355	134	149	20	6
技术推广和科技交流服务业	9370	4 007	1 472	1 617	480	75
工程设计业	9380	2 873	1 464	867	170	52
其他综合技术服务业	9390	8 180	2 511	3 044	1 006	222
国家机关、政党机关和社会团体	O					
其他行业	P	9 389	2 829	5 545	294	170
企业管理机构	9910	6 405	2 015	4 021	55	62
其他类未包括的行业	9990	2 984	814	1 524	239	108

)、经济类型分组的单位数

股份制经济	外商投资经济	中外合资经营企业	中外合作经营企业	外商独资企业	港.澳.台投资经济	港.澳.台与大陆合资经营企业	港.澳.台与大陆合作经营企业	港.澳.台独资企业	其他经济
46	32	16	10	6	24	13	5	6	14
10	8	2	5	1	8	4	2	2	1
10	11	7	1	3	4	3		1	4
1	2	1	1						
4	3	1	2		2	1	1		2
	1			1	2		2		3
7	1	1			2	2			2
14	6	4	1	1	6	3		3	2
41	17	13	4		17	10	4	3	6
2	1	1							
27	12	9	3		13	8	3	2	5
12	4	3	1		4	2	1	1	1
1 300	475	329	42	104	273	193	15	65	282
50	15	8	3	4	7	3	1	3	6
27	10	5	2	3	2		1	1	2
2	1	1							2
21	4	2	1	1	5	3		2	2
1 250	460	321	39	100	266	190	14	62	276
1	3	2		1					
3									
9	4	3		1					
61	21	16	2	3	15	13	1	1	8
	1	1							
21	14	7	3	4	8	3	1	4	3
229	59	39	8	12	21	11	3	7	54
140	101	72	9	20	52	38	5	9	27
786	257	181	17	59	170	125	4	41	184
305	103	38	11	54	77	30	5	42	66
170	32	15	3	14	20	9	1	10	30
135	71	23	8	40	57	21	4	32	36

营业企业法人按行业(小类)、

行业类别(小类)	代码	营业企业法人单位数(个)	7人以下	8—19人
全国总计		**2 456 576**	**439 147**	**859 492**
农、林、牧渔业	A	56 878	22 388	16 724
农业	0100	18 457	5 676	5 608
种植业	0110	17 944	5 547	5 402
其他农业	0190	513	129	206
林业	0200	13 452	8 065	2 878
畜牧业	0300	8 371	2 187	2 916
牲畜饲养放牧业	0310	4 348	1 255	1 399
家禽饲养业	0320	3 548	807	1 336
狩猎业	0330	60	20	20
其他畜牧业	0390	415	105	161
渔业	0400	9 460	2 758	3 304
海洋渔业	0410	1 890	235	522
海水养殖业	0411	1 449	187	461
海洋捕捞业	0412	441	48	61
淡水渔业	0420	7 570	2 523	2 782
淡水养殖业	0421	7 453	2 494	2 757
淡水捕捞业	0422	117	29	25
农、林、牧、渔服务业	0500	7 138	3 702	2 018
农业服务业	0510	4 540	2 618	1 169
林业服务业	0520	492	275	119
畜牧兽医服务业	0530	668	244	275
渔业服务业	0540	666	180	235
其他农、林、牧、渔服务业	0590	772	385	220
采掘业	B	96 410	5 232	32 380
煤炭采选业	0600	39 517	730	10 071
煤炭开采业	0610	38 119	687	9 664
煤炭洗选业	0620	1 398	43	407
石油和天然气开采业	0700	246	35	79
天然原油开采业	0710	217	35	76
天然气开采业	0720	20		1
油页岩开采业	0730	9		2
黑色金属矿采选业	0800	5 572	177	1 809
铁矿采选业	0810	4 622	156	1 338
其他黑色金属矿采选业	0820	950	21	471
锰矿采选业	0821	929	19	465
铬矿采选业	0822	21	2	6
有色金属矿采选业	0900	7 820	440	2 132
重有色金属矿采选业	0910	3 571	146	958
铜矿采选业	0911	920	22	238
铅锌矿采选业	0912	1 582	42	344

从业人员规模分组的单位数

20—49 人	50—99 人	80—299 人	300—499人	500—999人	800—4999人	5000—9999人	10000人以上
574 884	**272 292**	**216 919**	**43 528**	**29 998**	**18 477**	**1 274**	**565**
9 543	3 426	2 713	609	555	742	152	26
3 465	1 256	1 130	319	336	519	126	22
3 351	1 233	1 104	314	333	513	125	22
114	23	26	5	3	6	1	
1 387	460	423	62	56	98	19	4
1 801	728	465	87	94	90	3	
855	367	270	54	62	84	2	
860	325	167	21	25	6	1	
7	5	7	1				
79	31	21	11	7			
1 908	717	549	125	62	33	4	
495	250	254	73	36	21	4	
440	191	135	25	8	2		
55	59	119	48	28	19	4	
1 413	467	295	52	26	12		
1 388	449	282	50	24	9		
25	18	13	2	2	3		
982	265	146	16	7	2		
547	132	65	7	1	1		
63	19	8	4	3	1		
109	23	16	1				
162	50	35	2	2			
101	41	22	2	1			
31 459	13 874	9 479	1 654	1 117	948	125	142
13 916	7 239	5 321	916	607	580	57	80
13 402	7 029	5 182	880	582	558	56	79
514	210	139	36	25	22	1	1
46	24	14	12	6	8	3	19
37	18	11	9	5	6	2	18
7	4	1	2	1	2	1	1
2	2	2	1				
1 958	843	573	95	67	43	4	3
1 731	734	486	80	58	33	3	3
227	109	87	15	9	10	1	
223	107	82	14	8	10	1	
4	2	5	1	1			
2 710	1 182	805	219	178	145	7	2
1 308	592	345	85	72	59	4	2
327	157	108	15	22	28	2	1
649	288	163	39	32	23	1	1

营业企业法人按行业(小类)、

(续1)

行业类别(小类)	代码	营业企业法人单位数(个)	7人以下	8—19人
镍钴矿采选业	0914	13	1	
锡矿采选业	0915	599	40	209
锑矿采选业	0916	386	32	150
汞矿采选业	0917	8	1	
其他重有色金属矿采选业	0919	63	8	17
轻有色金属矿采选业	0930	700	25	238
铝矿采选业	0931	331	7	97
镁矿采选业	0932	114	6	26
钛矿采选业	0933	189	9	83
其他轻有色金属矿采选业	0939	66	3	32
贵金属矿采选业	0950	2 703	227	607
金矿采选业	0951	2 657	225	599
银矿采选业	0952	36		5
其他贵金属矿采选业	0959	10	2	3
稀有稀土金属矿采选业	0960	846	42	329
钨钼矿采选业	0961	514	32	164
稀有高熔点金属矿采选业	0963	31		5
稀散金属矿采选业	0964	5		1
非金属矿采选业	1000	41 070	3 585	17 723
土砂石开采业	1010	33 171	3 101	15 086
石灰石开采业	1011	7 197	449	3 137
建筑装饰用石开采业	1012	11 107	917	4 881
耐火土石开采业	1013	1 277	70	481
其他土砂石开采业	1019	13 590	1 665	6 587
化学矿采选业	1020	2 184	159	629
硫矿采选业	1021	971	66	242
磷矿采选业	1022	592	37	168
天然钾盐采选业	1023	22	15	3
硼矿采选业	1024	78	3	13
其他化学矿采选业	1029	521	38	203
采盐业	1030	982	55	196
海盐业	1031	768	46	166
湖盐业	1032	61	4	18
井盐业	1033	112	3	9
矿盐业	1034	41	2	3
其他非金属矿采选业	1090	4 733	270	1 812
石棉采选业	1091	152	8	43
云母采选业	1092	58	2	19
石墨采选业	1093	290	7	108
石膏采选业	1094	627	34	220
宝石、玉石采选业	1095	91	6	31

从业人员规模分组的单位数

20—49 人	50—99 人	80—299 人	300—499人	500—999人	800—4999人	5000—9999人	10000人以上
5	2	2	1	1	1		
169	100	43	19	12	6	1	
132	38	20	10	3	1		
3		2	1	1			
23	7	7		1			
314	68	45	5	3	2		
165	35	21	3	2	1		
49	21	9	1	1	1		
76	10	11					
24	2	4	1				
857	423	348	103	81	56	1	
842	414	344	102	77	53	1	
14	6	3	1	4	3		
1	3	1					
231	99	67	26	22	28	2	
156	58	49	16	16	21	2	
10	7	5	2		2		
1	2		1				
12 300	4 300	2 452	372	204	121	10	3
9 812	3 158	1 706	212	73	23		
2 229	850	446	58	22	6		
3 482	1 076	643	75	26	7		
430	185	90	8	9	4		
3 671	1 047	527	71	16	6		
735	330	207	53	38	29	3	1
350	172	85	28	15	12	1	
168	90	85	17	14	10	2	1
2	1	1					
33	11	10	4	1	3		
182	56	26	4	8	4		
270	171	152	41	46	43	6	2
213	137	119	26	28	28	4	1
13	9	8	3	4	2		
35	19	19	10	7	7	2	1
9	6	6	2	7	6		
1 483	641	387	66	47	26	1	
44	32	13	3	3	5	1	
27	3	5	2				
74	51	39	3	2	6		
149	96	73	29	21	5		
29	12	9	3	1			

营业企业法人按行业(小类)、

(续2)

行业类别(小类)	代码	营业企业法人单位数(个)	7人以下
水晶采选业	1096	18	3
滑石采选业	1097	374	16
其他类未包括的非金属矿采选业	1099	3 123	194
木材及竹材采运业	1200	1 912	240
木材采运业	1210	1 856	226
竹材采运业	1220	56	14
制造业	C	1 188 634	121 000
食品加工业	1300	94 027	33 061
粮食及饲料加工业	1310	60 563	26 156
碾米业	1311	25 600	15 582
磨粉业	1312	21 150	7 579
面、米制品业	1313	5 162	1 601
配合及混合饲料制造业	1314	6 646	1 061
蛋白饲料制造业	1315	612	75
水产饲料制造业	1317	526	73
其他饲料制造业	1319	867	185
植物油加工业	1320	14 431	5 002
食用植物油加工业	1321	13 948	4 896
非食用植物油加工业	1322	483	106
制糖业	1330	950	51
甘蔗糖业	1331	607	26
甜菜糖业	1332	103	4
加工糖业	1334	240	21
屠宰及肉类蛋类加工业	1340	8 008	971
屠宰业	1341	2 432	500
肉制品加工业	1342	4 509	370
肉类副产品加工业	1343	684	42
蛋品加工业	1344	383	59
水产品加工业	1350	4 740	425
冷冻水产品加工业	1351	3 511	292
干制水产品加工业	1352	542	51
腌制水产品加工业	1353	145	17
鱼糜及鱼糜制品加工业	1354	122	24
其它水产品加工业	1359	420	41
盐加工业	1360	140	3
其他食品加工业	1390	5 195	453
食品制造业	1400	35 254	3 588
糕点、糖果制造业	1410	12 961	1 159
糖果业	1411	2 450	151
糕点业	1412	4 811	592
饼干业	1413	1 292	56

从业人员规模分组的单位数

8—19人	20—49人	50—99人	80—299人	300—499人	500—999人	800—4999人	5000—9999人	10000人以上
9	3	3						
160	132	33	21	6	3	3		
1 222	1 025	411	227	20	17	7		
471	435	255	287	39	55	51	44	35
458	424	249	275	39	55	51	44	35
13	11	6	12					
421 954	319 508	154 430	119 588	24 326	16 877	10 150	579	222
35 114	13 699	5 681	4 775	885	520	289	3	
22 050	7 171	2 741	2 014	272	124	35		
7 382	1 648	539	378	35	29	7		
9 446	2 311	774	793	156	69	22		
2 098	820	373	234	31	4	1		
2 226	1 874	880	538	44	19	4		
290	168	57	20	2				
211	162	53	26	1				
397	188	65	25	3	3	1		
5 879	1 648	715	969	157	50	11		
5 671	1 527	683	955	156	49	11		
208	121	32	14	1	1			
178	147	69	98	128	144	133	2	
62	79	45	77	111	120	85	2	
10	2	2	5	11	23	46		
106	66	22	16	6	1	2		
3 049	1 867	923	819	184	121	73	1	
931	396	214	245	69	47	29	1	
1 662	1 181	587	494	109	64	42		
276	201	86	64	5	9	1		
180	89	36	16	1	1	1		
1 680	1 426	655	439	59	36	20		
1 172	1 109	518	330	44	30	16		
255	124	46	51	10	2	3		
61	44	16	4	2	1			
47	22	10	19					
145	127	65	35	3	3	1		
39	35	29	19	6	6	3		
2 239	1 405	549	417	79	39	14		
14 619	8 844	4 018	3 138	557	346	136	6	2
5 466	3 480	1 498	1 043	173	97	43	1	1
1 051	641	300	221	41	30	15		
2 148	1 164	506	342	49	7	3		
400	411	217	151	25	22	10		

（续3）

行业类别（小类）	代码	营业企业法人单位数（个）	7人以下	8—19人
方便主食品业	1414	1 402	142	410
蜜饯业	1415	2 157	156	1 054
其他糕点、糖果制品业	1419	849	62	403
乳制品制造业	1420	825	35	129
罐头食品制造业	1430	3 161	137	911
肉类罐头制造业	1431	205	7	54
禽类罐头制造业	1432	64	2	17
水产罐头制造业	1433	120	9	34
水果罐头制造业	1434	1 415	57	429
蔬菜罐头制造业	1435	997	41	276
其他罐头食品制造业	1439	360	21	101
发酵制品业	1440	729	35	189
氨基酸制造业	1441	81	1	20
味精制造业	1442	131	3	17
柠檬酸制造业	1443	45		3
酵母制品业	1444	194	12	80
酶制剂制造业	1445	124	7	29
其他发酵制品业	1449	154	12	40
调味品制造业	1450	5 352	882	2 065
酱油、酱类制造业	1451	3 445	551	1 252
食醋制造业	1452	641	133	266
调味料制造业	1453	653	96	284
调味油制造业	1454	203	46	75
其他调味品制造业	1459	410	56	188
其他食品制造业	1490	12 226	1 340	5 859
豆制品制造业	1491	2 017	276	1 074
淀粉及淀粉制品业	1492	5 043	475	2 791
代乳品制造业	1493	64	1	20
制冰业	1495	473	53	235
淀粉糖业	1497	220	15	57
冷冻饮品制造业	1498	2 239	310	916
其他类未包括的食品制造业	1499	2 170	210	766
饮料制造业	1500	27 046	4 782	10 555
酒精及饮料酒制造业	1510	13 172	2 828	5 004
酒精制造业	1511	397	31	65
白酒制造业	1512	10 312	2 540	4 255
啤酒制造业	1513	799	15	40
黄酒制造业	1514	998	192	412
葡萄酒制造业	1515	181	8	44
果露酒制造业	1516	485	42	188
软饮料制造业	1520	6 409	492	2 330

从业人员规模分组的单位数

20—49人	50—99人	80—299人	300—499人	500—999人	800—4999人	5000—9999人	10000人以上
355	214	193	42	31	13	1	1
644	196	89	12	4	2		
265	65	47	4	3			
189	181	190	60	34	4	2	1
1 113	462	374	67	52	44	1	
56	28	17	12	11	19	1	
23	16	6					
37	14	14	4	4	4		
548	191	137	25	17	11		
342	145	154	19	13	7		
107	68	46	7	7	3		
176	107	131	38	39	13	1	
26	21	10	1	2			
16	14	30	17	24	9	1	
5	3	12	9	9	4		
58	19	23	2				
24	19	37	6	2			
47	31	19	3	2			
1 236	588	468	66	39	7	1	
752	436	367	52	28	7		
137	61	33	7	4			
187	50	30	1	5			
53	12	11	4	2			
107	29	27	2			1	
2 650	1 182	932	153	85	25		
349	156	129	21	10	2		
879	448	363	52	25	10		
15	13	10	2	2	1		
140	28	17					
55	34	41	11	6	1		
528	228	181	45	26	5		
684	275	191	22	16	6		
6 066	2 431	1 985	560	455	207	3	2
2 152	1 008	1 161	429	394	191	3	2
36	67	109	41	34	14		
1 659	682	696	198	181	96	3	2
56	75	214	163	164	72		
189	105	73	14	9	4		
67	23	25	7	3	4		
145	56	44	6	3	1		
2 102	865	492	83	36	9		

(续 4)

行业类别(小类)	代码	营业企业法人单位数(个)	7 人以下	8—19 人
碳酸饮料制造业	1521	2 864	248	1 219
天然矿泉水制造业	1522	1 090	50	279
果菜汁饮料制造业	1523	1 236	69	331
固体饮料制造业	1524	521	57	189
其他软饮料制造业	1529	698	68	312
制茶业	1550	6 459	1 382	2 857
其他饮料制造业	1590	1 006	80	364
烟草加工业	1600	468	8	43
烟叶复烤业	1610	112	2	14
卷烟制造业	1620	262		5
其他烟草加工业	1690	94	6	24
纺织业	1700	53 312	2 292	12 441
纤维原料初步加工业	1710	3 691	305	814
轧花业	1711	1 993	146	303
洗毛业	1712	244	8	55
亚麻纤维初步加工业	1713	202	13	31
苎麻纤维初步加工业	1714	185	3	64
其他纤维原料初步加工业	1719	1 067	135	361
棉纺织业	1720	18 792	617	4 237
棉纺业	1721	2 924	46	416
棉织业	1722	6 309	108	1 398
印染业	1723	2 769	62	432
棉制品业	1724	3 623	187	952
棉线带制造业	1725	1 891	126	656
帘子布制造业	1726	310	21	86
其他棉纺织业	1729	966	67	297
毛纺织业	1740	5 926	118	1 231
毛条加工业	1741	404	14	45
毛纺业	1742	1 963	22	128
毛织业	1743	2 422	37	808
毛染整业	1744	368	3	35
工业用呢、工业用毡制造业	1745	297	19	89
其他毛纺织业	1749	472	23	126
麻纺织业	1760	854	26	192
苎麻纺织业	1761	183	5	29
亚麻纺织业	1762	114	6	16
黄、洋、青麻纺织业	1763	311	5	76
其他麻纺织业	1769	246	10	71
丝绢纺织业	1770	7 333	248	1 196
缫丝业	1771	1 557	50	124
绢纺业	1772	370	11	49

从业人员规模分组的单位数

20—49人	50—99人	80—299人	300—499人	500—999人	800—4999人	5000—9999人	10000人以上
870	300	163	40	20	4		
477	194	82	5	3			
401	249	151	25	9	1		
159	53	52	9	1	1		
195	69	44	4	3	3		
1 501	410	244	39	20	6		
311	148	88	9	5	1		
66	49	78	41	68	111	4	
24	13	31	11	12	5		
19	17	32	25	55	105	4	
23	19	15	5	1	1		
13 805	8 593	9 472	2 827	2 094	1 648	131	9
818	615	849	193	71	26		
320	355	659	150	49	11		
85	52	35	4	2	3		
58	52	27	9	6	6		
39	27	35	11	5	1		
316	129	93	19	9	5		
4 949	3 025	3 023	1 048	884	884	118	7
501	377	520	228	245	489	96	6
1 797	1 037	1 066	407	311	174	11	
744	605	555	160	116	90	5	
924	533	556	188	173	108	2	
587	287	176	36	19	4		
102	41	34	9	10	6		1
294	145	116	20	10	13	4	
1 429	1 070	1 279	325	248	219	6	1
85	99	113	31	11	6		
344	430	597	147	147	142	5	1
676	325	376	92	60	48		
133	95	80	15	4	3		
75	57	40	10	3	4		
116	64	73	30	23	16	1	
174	106	169	65	55	65	2	
34	18	42	21	15	18	1	
23	19	26	6	7	10	1	
44	32	63	27	30	34		
73	37	38	11	3	3		
1 505	1 237	1 684	634	515	311	2	1
136	177	444	254	243	128	1	
59	50	102	38	29	32		

(续5)

行业类别(小类)	代码	营业企业法人单位数(个)	7人以下
丝织业	1773	3 493	95
丝印染业	1774	593	9
丝制品业	1775	993	59
其他丝绢纺织业	1779	327	24
针织品业	1780	14 041	749
棉针织品业	1781	5 347	419
毛针织品业	1782	5 717	171
丝针织品业	1783	1 169	64
其他针织品业	1789	1 808	95
其他纺织业	1790	2 675	229
服装及其他纤维制品制造业	1800	49 432	2 353
服装制造业	1810	41 602	1 938
制帽业	1820	725	25
制鞋业	1830	4 343	186
其他纤维制品制造业	1890	2 762	204
皮革、毛皮、羽绒及其制品业	1900	26 544	1 450
制革业	1910	3 012	146
轻革业	1911	2 101	81
重革业	1912	173	14
其他制革业	1919	738	51
皮革制品制造业	1920	19 945	1 006
皮鞋制造业	1921	12 471	643
革皮服装制造业	1923	2 461	129
皮箱制造业	1924	809	45
皮包制造业	1925	2 286	88
其他类未包括的皮革制品业	1929	1 918	101
毛皮鞣制及制品业	1930	1 583	151
毛皮鞣制业	1931	703	95
毛皮服装业	1932	362	17
其他毛皮制品业	1939	518	39
羽毛(绒)及制品业	1950	2 004	147
羽毛(绒)加工业	1951	915	78
羽毛(绒)制品业	1952	1 089	69
木材加工及竹、藤、棕、草制品业	2000	38 506	5 996
锯材、木片加工业	2010	12 155	3 295
锯材加工业	2011	10 057	2 934
木片加工业	2012	2 098	361
人造板制造业	2020	5 090	176
胶合板制造业	2021	2 837	79
纤维板制造业	2022	379	11
刨花板制造业	2023	763	13

从业人员规模分组的单位数

8—19人	20—49人	50—99人	80—299人	300—499人	500—999人	800—4999人	5000—9999人	10000人以上
558	809	675	800	251	177	126	1	1
74	121	105	167	51	46	20		
312	297	158	124	27	13	3		
79	83	72	47	13	7	2		
3 911	4 075	2 161	2 206	521	286	130	2	
1 292	1 471	836	852	233	151	92	1	
1 562	1 752	916	1 000	210	84	21	1	
429	291	156	150	44	26	9		
628	561	253	204	34	25	8		
860	855	379	262	41	35	13	1	
13 511	14 330	8 051	8 359	1 726	813	281	7	1
11 022	12 165	6 863	7 207	1 477	706	217	6	1
194	169	123	172	28	10	4		
1 264	1 237	689	664	170	81	51	1	
1 031	759	376	316	51	16	9		
8 770	7 634	3 749	3 467	800	435	224	11	4
1 019	855	434	387	94	55	21		1
701	562	308	305	82	45	17		
89	39	14	9	2	5	1		
229	254	112	73	10	5	3		1
6 653	5 756	2 811	2 594	594	332	187	9	3
4 698	3 842	1 416	1 203	296	213	149	8	3
599	735	445	409	96	31	16	1	
254	209	118	137	32	14			
548	523	458	503	105	44	17		
554	447	374	342	65	30	5		
396	508	248	213	37	25	4	1	
196	243	82	63	15	8	1		
77	123	64	62	7	8	3	1	
123	142	102	88	15	9			
702	515	256	273	75	23	12	1	
442	242	96	46	9	2			
260	273	160	227	66	21	12	1	
16 805	9 838	3 311	1 968	292	195	94	7	
5 757	2 096	600	306	41	28	29	3	
4 693	1 651	463	229	32	24	28	3	
1 064	445	137	77	9	4	1		
1 321	1 886	776	670	129	87	44	1	
687	1 151	438	348	62	43	29		
64	64	63	119	39	15	3	1	
175	320	107	103	17	20	8		

营业企业法人按行业(小类)、

(续 6)

行业类别(小类)	代码	营业企业法人单位数(个)	7 人以下	8—19 人
其他人造板制造业	2029	1 111	73	395
木制品业	2030	14 784	1 981	6 855
生产用木制品业	2031	10 668	1 539	5 059
生活用木制品业	2033	4 116	442	1 796
竹、藤、棕、草制品业	2040	6 477	544	2 872
家具制造业	2100	28 317	3 109	14 718
木制家具制造业	2110	23 141	2 641	12 382
竹、藤家具制造业	2120	1 030	94	527
金属家具制造业	2130	2 466	178	984
塑料家具制造业	2140	152	14	84
其他家具制造业	2190	1 528	182	741
造纸及纸制品业	2200	33 904	1 465	9 900
纸浆制造业	2210	521	50	174
造纸业	2220	13 759	727	3 553
机制纸及纸板制造业	2221	11 293	400	2 473
手工纸制造业	2223	964	186	516
加工纸制造业	2224	1 502	141	564
纸制品业	2230	19 624	688	6 173
印刷业，记录媒介的复制	2300	31 646	4 177	12 536
印刷业	2310	31 463	4 152	12 489
书、报、刊印刷业	2311	7 687	763	2 270
包装装潢印刷业	2312	6 491	528	2 421
其他印刷业	2319	17 285	2 861	7 798
记录媒介的复制	2320	183	25	47
文教体育用品制造业	2400	12 804	988	3 667
文化用品制造业	2410	5 615	670	2 140
文具制造业	2411	1 576	210	568
本册制造业	2413	2 147	315	959
笔制造业	2415	1 050	64	312
教学标本、模型制造业	2417	262	30	110
其他文化用品制造业	2419	580	51	191
体育用品制造业	2420	1 353	98	350
球类制造业	2421	353	10	53
体育器材制造业	2423	567	53	181
其他体育用品制造业	2429	433	35	116
乐器及其他文娱用品制造业	2430	527	39	162
中乐器制造业	2431	129	11	59
西乐器制造业	2433	202	12	37
电子乐器制造业	2435	44	3	9
其他乐器及文娱用品制造业	2439	152	13	57
玩具制造业	2440	4 708	115	773

从业人员规模分组的单位数

20—49人	50—99人	80—299人	300—499人	500—999人	800—4999人	5000—9999人	10000人以上
351	168	100	11	9	4		
3 822	1 284	687	85	56	13	1	
2 723	849	404	55	29	9	1	
1 099	435	283	30	27	4		
2 034	651	305	37	24	8	2	
6 634	2 203	1 352	192	89	20		
5 245	1 684	978	131	64	16		
259	88	53	7	2			
725	291	238	35	12	3		
27	18	9					
378	122	74	19	11	1		
12 271	5 339	3 520	674	481	246	8	
133	83	55	7	13	6		
4 288	2 289	1 847	439	388	220	8	
3 643	2 055	1 706	413	380	215	8	
180	43	30	8		1		
465	191	111	18	8	4		
7 850	2 967	1 618	228	80	20		
8 653	3 228	2 341	412	227	71	1	
8 613	3 201	2 316	405	222	65		
2 204	1 101	991	204	119	35		
1 949	727	642	127	75	22		
4 460	1 373	683	74	28	8		
40	27	25	7	5	6	1	
3 391	2 024	1 919	422	269	120	3	1
1 557	678	433	74	47	16		
420	198	147	18	10	5		
571	185	95	17	5			
318	170	130	21	24	11		
81	28	9	4				
167	97	52	14	8			
367	226	235	46	21	10		
94	81	84	18	7	6		
137	76	93	14	10	3		
136	69	58	14	4	1		
128	83	92	9	8	6		
25	16	16	2				
47	40	51	5	5	5		
7	9	11	2	2	1		
49	18	14		1			
1 194	959	1 106	283	189	85	3	1

(续7)

行业类别(小类)	代码	营业企业法人单位数(个)	7人以下
游艺器材制造业	2450	184	9
其他类未包括的文教体育用品制造业	2490	417	57
石油加工及炼焦业	2500	6 539	436
人造原油生产业	2510	129	21
原油加工业	2520	1 724	169
石油制品业	2530	1 893	181
炼焦业	2570	2 793	65
化学原料及化学制品制造业	2600	55 650	4 747
基本化学原料制造业	2610	10 398	635
无机酸制造业	2611	1 515	126
烧碱制造业	2613	545	31
纯碱制造业	2615	692	45
无机盐制造业	2617	3 690	246
其他基本化学原料制造业	2619	3 956	187
化学肥料制造业	2620	5 622	217
氮肥制造业	2621	898	3
磷肥制造业	2622	1 759	70
钾肥制造业	2623	76	4
复合肥料制造业	2624	1 811	59
微量元素肥料制造业	2625	189	21
其他化学肥料制造业	2629	889	60
化学农药制造业	2630	1 578	93
农药原药制造业	2631	530	27
农药制剂制造业	2633	1 048	66
有机化学产品制造业	2650	14 008	1 529
有机化工原料制造业	2651	2 555	119
涂料制造业	2652	7 071	1 094
油墨制造业	2653	590	69
颜料制造业	2654	901	62
染料制造业	2655	958	35
其他有机化学产品制造业	2659	1 933	150
合成材料制造业	2660	3 798	281
聚烯烃塑料制造业	2661	477	33
热固性树脂及塑料制造业	2662	710	54
工程塑料制造业	2663	546	33
功能高分子制造业	2664	518	27
有机硅氟材料制造业	2665	247	23
合成橡胶制造业	2666	520	49
合成纤维单(聚合)体制造业	2667	174	5
其他合成材料制造业	2669	606	57
专用化学产品制造业	2670	12 250	1 132

从业人员规模分组的单位数

8—19 人	20—49 人	50—99 人	80—299 人	300—499人	500—999人	800—4999人	5000—9999人	10000人以上
75	44	27	21	3	3	2		
167	101	51	32	7	1	1		
2 587	1 944	798	510	78	77	82	12	15
50	40	7	10	1				
721	496	154	85	21	20	36	8	14
751	561	219	132	15	22	10	2	
1 065	847	418	283	41	35	36	2	1
19 162	16 509	6 836	4 859	1 207	1 385	884	44	17
3 042	3 379	1 541	1 114	278	217	175	13	4
456	464	219	153	47	34	15		1
172	139	57	28	17	35	58	7	1
272	203	82	48	9	5	22	4	2
1 049	1 178	558	425	105	86	42	1	
1 093	1 395	625	460	100	57	38	1	
1 372	1 656	659	514	241	593	353	13	4
33	28	5	20	91	428	276	12	2
437	499	205	250	114	129	53		2
16	30	13	7	2	2	2		
497	722	295	178	21	20	18	1	
63	70	23	9	1	2			
326	307	118	50	12	12	4		
361	465	283	211	64	58	43		
94	129	100	78	30	36	36		
267	336	183	133	34	22	7		
5 122	3 993	1 665	1 172	220	194	107	3	3
651	809	417	368	67	76	44	1	3
3 089	1 860	596	316	53	40	23		
223	178	67	36	10	4	3		
274	267	144	106	26	19	3		
199	256	208	187	25	27	20	1	
686	623	233	159	39	28	14	1	
1 360	1 210	489	302	59	42	46	5	4
175	146	56	30	9	8	18	1	1
282	227	66	45	18	9	8	1	
181	190	80	50	6	4	1	1	
150	187	89	49	11	3	2		
65	72	43	35	2	4	3		
213	159	56	36	3	1	1	1	1
63	42	27	17	5	5	8		2
231	187	72	40	5	8	5	1	
4 704	3 643	1 360	954	196	149	101	9	2

营业企业法人按行业(小类)、

(续8)

行业类别(小类)	代码	营业企业法人单位数(个)	7人以下
化学试剂、助剂制造业	2671	5 056	455
专项化学用品制造业	2672	3 387	375
林产化学产品制造业	2673	1 587	183
炸药及火工产品制造业	2674	708	22
信息化学品制造业	2675	582	27
放射化学产品制造业	2676	14	
添加剂制造业	2677	916	70
日用化学产品制造业	2680	7 996	860
肥皂及皂粉、合成洗涤剂制造业	2681	2 645	359
合成脂肪酸制造业	2682	133	13
硬脂酸、硬化油制造业	2683	295	36
香料、香精制造业	2684	736	67
化妆品制造业	2685	1 532	123
牙膏制造业	2686	76	2
火柴制造业	2687	218	5
动物胶制造业	2688	505	21
其他日用化学产品制造业	2689	1 856	234
医药制造业	2700	7 632	381
化学药品原药制造业	2710	1 459	33
化学药品制剂制造业	2720	1 802	46
中药材及中成药加工业	2730	2 719	203
动物药品制造业	2740	949	37
生物制品业	2750	703	62
化学纤维制造业	2800	3 130	165
纤维素纤维制造业	2810	604	47
化纤浆粕制造业	2811	126	5
粘胶纤维制造业	2812	307	23
其他纤维素纤维制造业	2819	171	19
合成纤维制造业	2820	1 640	62
锦纶纤维制造业	2821	181	3
涤纶纤维制造业	2822	700	27
腈纶纤维制造业	2823	106	2
维纶纤维制造业	2824	66	4
其他合成纤维制造业	2829	587	26
渔具及渔具材料制造业	2850	886	56
渔具用丝制造业	2851	51	2
渔具用线制造业	2852	38	1
渔具用绳制造业	2853	115	10
渔网制造业	2854	483	34
其他渔具制造业	2859	199	9
橡胶制品业	2900	11 133	764

从业人员规模分组的单位数

8－19人	20－49人	50－99人	80－299人	300－499人	500－999人	800－4999人	5000－9999人	10000人以上
1 874	1 600	594	369	71	60	30	3	
1 484	1 008	314	167	23	10	6		
707	385	155	128	19	7	2	1	
173	178	76	106	48	49	49	5	2
129	166	93	110	26	18	13		
8	4		2					
329	302	128	72	9	5	1		
3 201	2 163	839	592	149	132	59	1	
1 234	636	184	117	36	44	34	1	
54	36	18	8	2	2			
102	84	42	23	5	2	1		
245	247	102	56	9	8	2		
530	505	180	144	29	19	2		
15	10	9	15	12	8	5		
27	21	34	60	29	32	10		
180	119	98	66	13	6	2		
814	505	172	103	14	11	3		
1 387	1 911	1 335	1 606	450	374	181	4	3
199	334	282	341	86	86	93	2	3
255	397	285	420	187	158	54		
557	641	476	560	150	107	24	1	
192	325	192	170	17	12	4		
184	214	100	115	10	11	6	1	
926	750	465	430	142	131	107	10	4
214	171	77	36	13	16	23	7	
48	32	15	8	8	6	3	1	
108	83	40	17	4	6	20	6	
58	56	22	11	1	4			
404	345	255	282	100	103	82	3	4
36	40	28	24	15	20	14	1	
122	126	97	144	59	65	55	1	4
23	22	20	21	6	4	8		
29	15	9	5			3	1	
194	142	101	88	20	14	2		
308	234	133	112	29	12	2		
18	16	8	5	1	1			
11	12	9	5					
51	36	10	5	2		1		
174	116	66	65	17	10	1		
54	54	40	32	9	1			
3 723	3 037	1 472	1 347	325	244	212	8	1

营业企业法人按行业(小类)、

(续9)

行业类别(小类)	代码	营业企业法人单位数(个)	7人以下
轮胎制造业	2910	456	6
力车胎制造业	2920	173	
橡胶板、管、带制造业	2930	1 981	120
橡胶零件制品业	2940	2 743	274
再生橡胶制造业	2950	801	32
橡胶靴鞋制造业	2960	1 162	21
日用橡胶制品业	2970	897	66
橡胶制品翻修业	2980	565	43
轮胎翻新业	2981	422	27
其他橡胶制品翻修业	2989	143	16
其他橡胶制品业	2990	2 355	202
塑料制品业	3000	54 658	4 321
塑料薄膜制造业	3010	4 540	313
塑料板、管、棒材制造业	3020	5 544	493
塑料丝、绳及编织品制造业	3030	9 260	428
泡沫塑料及人造革、合成革制造业	3040	4 379	336
塑料包装箱及容器制造业	3050	3 576	242
塑料鞋制造业	3060	3 434	112
日用塑料杂品制造业	3070	4 846	420
塑料零件制造业	3080	4 267	428
其他塑料制品业	3090	14 812	1 549
非金属矿物制品业	3100	226 102	12 248
水泥制造业	3110	9 348	94
水泥制品和石棉水泥制品业	3120	44 057	4 389
水泥制品业	3121	17 433	1 707
砼结构构件制造业	3123	25 055	2 540
石棉水泥制品业	3124	935	87
其他水泥制品业	3129	634	55
砖瓦、石灰和轻质建筑材料制造业	3130	137 473	5 909
砖瓦制造业	3131	100 277	2 450
石灰制造业	3132	9 284	992
建筑用石加工业	3133	18 291	1 638
轻质建筑材料制造业	3134	2 222	203
防水密封建筑材料制造业	3135	2 135	160
隔热保温材料制造业	3136	2 547	215
其他砖瓦、石灰和轻质建筑材料制造业	3139	2 717	251
玻璃及玻璃制品业	3140	5 904	301
建筑用玻璃制品业	3141	970	37
工业技术用玻璃制造业	3142	557	29
光学玻璃制造业	3143	262	9
玻璃仪器制造业	3145	512	52

从业人员规模分组的单位数

8—19人	20—49人	50—99人	80—299人	300—499人	500—999人	800—4999人	5000—9999人	10000人以上
71	96	73	81	33	36	53	6	1
23	43	23	35	9	20	20		
606	548	304	257	68	51	27		
1 208	745	269	188	28	17	14		
230	284	151	85	12	6	1		
189	171	145	346	105	95	88	2	
319	253	124	96	24	11	4		
162	189	98	61	10	2			
97	146	83	59	8	2			
65	43	15	2	2				
915	708	285	198	36	6	5		
21 806	16 205	6 727	4 372	776	333	108	9	1
1 858	1 238	520	420	109	67	13	2	
2 201	1 636	664	423	67	48	10	2	
2 745	3 013	1 719	1 076	183	70	26		
1 439	1 374	643	475	71	24	15	2	
1 352	1 166	432	306	62	12	4		
1 312	1 150	398	333	82	38	9		
2 205	1 367	489	302	40	13	8	2	
1 956	1 161	434	244	31	10	3		
6 738	4 100	1 428	793	131	51	20	1	1
83 400	62 055	37 611	24 504	3 329	2 038	892	17	8
740	1 384	1 192	3 307	1 319	939	371		2
26 307	9 473	2 295	1 219	202	126	46		
9 827	3 826	1 141	678	131	91	32		
15 735	5 289	996	412	49	23	11		
433	201	92	93	16	11	2		
312	157	66	36	6	1	1		
45 223	40 532	28 840	15 819	812	273	63	1	1
25 763	30 800	26 016	14 381	625	205	35	1	1
5 216	2 187	545	300	32	9	3		
10 231	4 564	1 199	557	66	26	10		
969	645	248	124	19	8	6		
919	683	219	113	21	15	5		
1 055	847	253	138	31	6	2		
1 070	806	360	206	18	4	2		
1 464	1 530	1 040	1 026	212	183	143	4	1
166	204	221	229	24	29	56	3	1
159	163	95	83	19	9			
64	84	47	43	7	6	2		
236	128	57	29	5	2	3		

营业企业法人按行业(小类)、

(续 10)

行业类别(小类)	代码	营业企业法人单位数(个)	7 人以下
日用玻璃制品业	3147	2 227	88
玻璃保温容器制造业	3148	222	3
其他玻璃及玻璃制品业	3149	1 154	83
陶瓷制品业	3150	11 763	551
建筑、卫生陶瓷制造业	3151	4 096	84
工业用陶瓷制造业	3153	1 004	29
日用陶瓷制造业	3155	6 098	406
其他陶瓷制品业	3159	565	32
耐火材料制品业	3160	7 497	409
石棉制品业	3161	1 307	123
云母制品业	3163	218	17
其他耐火材料制品业	3169	5 972	269
石墨及碳素制品业	3170	1 832	93
冶金用碳素制品业	3171	791	29
电工用碳素制品业	3172	300	23
其他石墨及碳素制品业	3179	741	41
矿物纤维及其制品业	3180	3 870	224
玻璃纤维及其制品业	3181	1 410	70
玻璃钢制品业	3182	2 321	147
其他矿物纤维及其制品业	3189	139	7
其他类未包括的非金属矿物制品业	3190	4 358	278
黑色金属冶炼及压延加工业	3200	14 429	505
炼铁业	3210	3 661	95
炼钢业	3220	1 727	37
钢压延加工业	3240	7 670	339
铁合金冶炼业	3260	1 371	34
有色金属冶炼及压延加工业	3300	9 907	651
重有色金属冶炼业	3310	2 911	205
铜冶炼业	3311	1 010	110
铅锌冶炼业	3312	916	33
镍钴冶炼业	3314	63	9
锡冶炼业	3316	116	13
锑冶炼业	3317	459	6
汞冶炼业	3318	12	1
其他重有色金属冶炼业	3319	335	33
轻有色金属冶炼业	3320	1 705	161
铝冶炼业	3321	1 037	131
镁冶炼业	3322	355	12
钛冶炼业	3323	67	1
其他轻有色金属冶炼业	3329	246	17
贵金属冶炼业	3330	317	28

从业人员规模分组的单位数

8—19人	20—49人	50—99人	80—299人	300—499人	500—999人	800—4999人	5000—9999人	10000人以上
404	549	412	473	132	113	55	1	
59	57	20	34	10	16	23		
376	345	188	135	15	8	4		
3 629	3 345	1 722	1 505	494	343	167	3	4
538	1 266	865	814	297	165	64	2	1
272	319	176	144	28	21	14	1	
2 598	1 567	616	504	164	151	89		3
221	193	65	43	5	6			
2 454	2 575	1 128	681	119	72	55	4	
560	413	104	82	9	5	11		
69	72	37	18	3	1	1		
1 825	2 090	987	581	107	66	43	4	
625	550	281	190	42	33	16	2	
229	237	136	100	23	22	13	2	
128	68	41	30	4	4	2		
268	245	104	60	15	7	1		
1 381	1 269	516	366	63	36	13	2	
459	466	194	149	35	25	10	2	
869	753	303	211	27	9	2		
53	50	19	6	1	2	1		
1 577	1 397	597	391	66	33	18	1	
3 504	4 538	2 335	2 293	441	341	372	41	59
684	1 265	564	730	124	95	92	7	5
559	591	201	157	45	33	48	19	37
2 075	2 393	1 220	1 020	220	179	198	9	17
186	289	350	386	52	34	34	6	
2 888	2 924	1 599	1 239	226	187	157	19	17
886	877	444	322	65	54	41	7	10
268	307	151	114	23	16	14	1	6
283	277	148	114	18	20	18	3	2
11	22	10	5	1	1	3		1
18	39	12	14	11	4	3	1	1
208	132	64	34	5	8	1	1	
5	2		2		1	1		
93	98	59	39	7	4	1	1	
516	455	263	194	34	28	44	6	4
391	256	117	68	9	16	39	6	4
44	96	98	77	17	9	2		
11	27	11	15	1		1		
70	76	37	34	7	3	2		
87	90	44	40	9	12	7		

营业企业法人按行业(小类)、

(续11)

行业类别(小类)	代码	营业企业法人单位数(个)	7人以下	8—19人
金冶炼业	3331	225	18	60
银冶炼业	3332	38	6	9
其他贵金属冶炼业	3339	54	4	18
稀有稀土金属冶炼业	3340	487	15	121
钨钼冶炼业	3341	133	5	33
其他稀有稀土金属冶炼业	3349	354	10	88
有色金属合金业	3360	485	32	142
有色金属压延加工业	3380	4 002	210	1 136
重有色金属压延加工业	3381	2 062	111	633
轻有色金属压延加工业	3383	1 724	86	435
贵金属压延加工业	3385	73	7	23
稀有稀土金属压延加工业	3387	143	6	45
金属制品业	3400	83 016	8 363	32 228
金属结构制造业	3410	6 062	482	2 092
铸铁管制造业	3420	3 691	138	1 471
工具制造业	3430	10 168	1 001	4 125
切削工具制造业	3431	2 275	195	944
模具制造业	3434	4 729	587	2 071
手工具制造业	3435	2 563	170	899
其他工具制造业	3439	601	49	211
集装箱和金属包装物品制造业	3440	4 425	250	1 419
集装箱制造业	3441	173	4	33
金属包装物品及容器制造业	3442	4 252	246	1 386
金属丝绳及其制品业	3450	6 709	651	2 687
建筑用金属制品业	3460	17 814	2 009	7 496
建筑小五金制造业	3461	3 375	453	1 560
水暖管道零件制造业	3463	3 392	216	1 309
金属门窗制造业	3465	9 939	1 216	4 235
其他建筑用金属制品业	3469	1 108	124	392
金属表面处理及热处理业	3470	6 976	513	2 361
日用金属制品业	3480	16 979	1 469	6 355
搪瓷制造业	3481	569	20	109
铝制品业	3482	3 575	315	1 399
不锈钢制品业	3483	3 064	275	1 102
刀剪制造业	3484	881	63	350
制锁业	3485	1 414	56	435
炊事用具制造业	3486	2 414	233	961
燃气用具制造业	3487	955	60	288
理发用具制造业	3488	247	21	77
其他日用金属制品业	3489	3 860	426	1 634
其他金属制品业	3490	10 192	1 850	4 222

从业人员规模分组的单位数

20—49人	50—99人	80—299人	300—499人	500—999人	800—4999人	5000—9999人	10000人以上
58	30	32	9	11	7		
13	6	4					
19	8	4		1			
149	92	69	15	12	14		
46	28	14	1	3	3		
103	64	55	14	9	11		
169	77	52	4	4	4	1	
1 184	679	562	99	77	47	5	3
616	329	266	39	40	24	3	1
498	317	279	55	32	19	1	2
29	8	2	1	1	2		
41	25	15	4	4	2	1	
23 844	9 828	6 644	1 161	681	256	8	3
1 928	829	562	98	52	19		
1 268	456	276	50	23	9		
2 689	1 149	856	190	114	42	2	
580	255	196	42	36	25	2	
1 282	481	251	41	14	2		
651	333	347	95	55	13		
176	80	62	12	9	2		
1 299	726	574	79	58	20		
42	29	30	8	21	6		
1 257	697	544	71	37	14		
1 812	740	583	123	72	40	1	
5 037	1 842	1 151	166	81	29	2	1
916	258	160	22	4	2		
969	454	341	53	34	13	2	1
2 793	1 005	559	81	37	13		
359	125	91	10	6	1		
2 460	1 026	537	58	16	4		1
4 802	2 168	1 584	305	218	76	1	1
149	104	113	26	33	14	1	
982	498	287	43	42	8		1
903	418	272	50	35	9		
233	120	88	20	6	1		
401	195	213	54	42	18		
681	277	199	39	20	4		
301	144	111	24	17	10		
73	31	31	10	1	3		
1 079	381	270	39	22	9		
2 549	892	521	92	47	17	2	

营业企业法人按行业(小类)、

(续12)

行业类别(小类)	代码	营业企业法人单位数(个)	7人以下
铁制小农具制造业	3491	4 536	1 228
焊条制造业	3495	696	47
其他类未包括的金属制品业	3499	4 960	575
普通机械制造业	3500	79 478	6 135
锅炉及原动机制造业	3510	5 083	221
锅炉制造业	3511	2 279	96
内燃机制造业	3512	373	15
汽轮机制造业	3513	89	2
水轮机制造业	3514	60	2
内燃机零部件及配件制造业	3515	1 830	79
其他锅炉及原动机制造业	3519	452	27
金属加工机械制造业	3520	8 964	699
金属切削机床制造业	3521	1 510	101
锻压设备制造业	3523	870	54
铸造机械制造业	3525	1 445	84
机床附件制造业	3526	797	80
其他金属加工机械制造业	3529	4 342	380
通用设备制造业	3530	10 563	673
起重运输设备制造业	3531	1 991	75
工矿车辆制造业	3532	273	16
泵制造业	3533	3 130	267
风机制造业	3534	1 097	46
气体压缩机及气体分离设备制造业	3535	790	36
冷冻设备制造业	3536	847	54
风动工具制造业	3537	258	13
电动工具制造业	3538	729	83
其他通用设备制造业	3539	1 448	83
轴承、阀门制造业	3540	6 095	481
轴承制造业	3541	2 210	80
阀门制造业	3542	3 885	401
其他通用零部件制造业	3560	19 098	1 754
液压件及液力件制造业	3561	1 716	132
气动元件制造业	3562	914	77
密封件制造业	3563	870	71
粉末冶金制品业	3564	910	48
紧固件制造业	3565	6 294	659
弹簧制造业	3566	1 826	182
链条制造业	3567	547	22
齿轮制造业	3568	813	51
其他类未包括的通用零部件制造业	3569	5 208	512
铸锻件制造业	3570	22 937	1 282

从业人员规模分组的单位数

8—19人	20—49人	50—99人	80—299人	300—499人	500—999人	800—4999人	5000—9999人	10000人以上
1 927	968	235	136	26	14	2		
157	224	121	94	26	16	10	1	
2 138	1 357	536	291	40	17	5	1	
29 346	23 467	9 725	7 103	1 614	1 195	849	34	10
1 301	1 331	806	764	230	207	208	13	2
593	663	361	352	94	73	44	3	
48	52	42	57	25	38	89	5	2
19	16	16	17	3	2	9	5	
10	7	6	19	7	6	3		
489	451	301	273	92	85	60		
142	142	80	46	9	3	3		
3 201	2 644	1 077	800	204	183	145	8	3
415	384	174	184	72	84	86	7	3
246	197	126	142	42	35	27	1	
542	484	183	119	16	10	7		
276	193	92	95	32	23	6		
1 722	1 386	502	260	42	31	19		
3 207	2 813	1 505	1 474	385	303	197	5	1
405	565	346	327	110	84	76	2	1
58	76	47	41	12	11	12		
1 027	760	423	425	119	81	27	1	
377	312	172	126	30	22	12		
337	191	70	74	25	30	26	1	
245	235	115	133	24	23	18		
90	69	28	41	5	6	6		
254	174	74	95	23	19	7		
414	431	230	212	37	27	13	1	
1 931	1 664	835	675	224	157	120	5	3
493	660	351	317	107	100	94	5	3
1 438	1 004	484	358	117	57	26		
7 893	5 437	2 048	1 420	280	185	80		1
589	482	205	192	49	45	22		
326	295	123	70	16	6	1		
354	268	102	64	9		2		
259	277	139	147	21	16	3		
2 780	1 750	600	374	71	50	9		1
771	542	182	133	11	5			
141	165	93	85	16	13	12		
259	200	125	89	41	29	19		
2 414	1 458	479	266	46	21	12		
9 112	7 787	2 790	1 558	222	116	68	2	

(续13)

行业类别(小类)	代码	营业企业法人单位数(个)	7人以下
铸件制造业	3571	19 707	1 035
锻件制造业	3572	3 230	247
普通机械修理业	3580	2 910	668
其他普通机械制造业	3590	3 828	357
专用设备制造业	3600	41 516	4 531
冶金、矿山、机电工业专用设备制造业	3610	3 963	218
矿山设备制造业	3611	1 775	88
冶金工业专用设备制造业	3613	627	19
电工专用设备制造业	3615	275	19
电子工业专用设备制造业	3617	580	35
其他机电工业专用设备制造业	3619	706	57
石化及其他工业专用设备制造业	3620	5 749	357
石油工业专用设备制造业	3621	710	25
化学工业专用设备制造业	3622	895	42
化学纤维工业专用设备制造业	3623	134	12
橡胶工业专用设备制造业	3624	318	22
塑料工业专用设备制造业	3625	931	88
森林工业专用设备制造业	3626	262	9
印刷工业专用设备制造业	3627	646	40
制药工业专用设备制造业	3628	302	18
建筑材料非金属矿物制品专用设备制造业	3629	1 551	101
轻纺工业专用设备制造业	3630	8 521	706
食品、饮料、烟草工业专用设备制造业	3631	1 363	103
粮油工业专用设备制造业	3632	978	28
饲料工业专用设备制造业	3633	132	3
包装工业专用设备制造业	3634	516	44
纺织、服装、皮革工业专用设备制造业	3635	3 923	375
照明器具工业专用设备制造业	3636	419	43
日用硅酸制品工业专用设备制造业	3637	146	5
制浆、造纸工业专用设备制造业	3638	652	67
日用化学工业专用设备制造业	3639	392	38
农、林、牧、渔、水利业机械制造业	3640	7 276	593
拖拉机制造业	3641	282	11
机械化农机具制造业	3642	2 627	266
营林机械制造业	3643	50	2
畜牧机械制造业	3644	158	8
渔业机械制造业	3645	148	14
水利机械制造业	3646	235	7
拖拉机配件制造业	3647	2 031	139
其他农、林、牧、渔、水利业机械制造业	3649	1 745	146

从业人员规模分组的单位数

8—19 人	20—49 人	50—99 人	80—299 人	300—499人	500—999人	800—4999人	5000—9999人	10000人以上
7 836	6 725	2 398	1 353	197	102	60	1	
1 276	1 062	392	205	25	14	8	1	
1 172	675	235	128	22	7	3		
1 529	1 116	429	284	47	37	28	1	
13 408	10 900	5 261	4 720	1 162	886	605	34	9
1 163	1 193	558	481	121	103	107	13	6
491	513	228	239	74	66	66	7	3
158	173	111	97	20	15	26	5	3
86	90	40	32	3	3	2		
191	184	84	54	13	9	9	1	
237	233	95	59	11	10	4		
1 645	1 580	886	789	207	161	119	4	1
183	196	102	106	33	26	36	2	1
211	246	144	150	41	38	23		
36	44	24	8	4	3	2	1	
69	92	55	53	11	7	9		
300	259	133	90	32	23	6		
53	60	40	60	18	13	9		
196	165	104	81	25	18	17		
91	90	48	40	7	5	3		
506	428	236	201	36	28	14	1	
2 807	2 203	1 101	1 078	285	215	124	2	
486	356	173	157	38	26	24		
210	240	177	224	54	34	11		
22	45	23	27	8	3	1		
179	150	62	43	20	12	6		
1 380	966	468	444	119	109	60	2	
139	150	51	29	3	3	1		
42	42	19	22	9	4	3		
180	167	85	90	28	21	14		
169	87	43	42	6	3	4		
2 294	1 873	903	989	281	204	129	8	2
38	51	29	46	25	25	49	6	2
768	702	365	361	83	61	21		
12	18	5	9	2	1	1		
47	41	19	29	10	4			
66	31	15	15	3	4			
60	76	29	43	14	5	1		
691	500	261	269	86	54	31		
612	454	180	217	58	50	26	2	

营业企业法人按行业(小类)、

(续14)

行业类别(小类)	代码	营业企业法人单位数(个)	7人以下
医疗器械制造业	3650	2 853	223
手术器械制造业	3651	240	17
医疗仪器、设备制造业	3652	1 046	105
诊断用品制造业	3653	244	12
医用材料及医疗用品制造业	3654	1 246	82
假肢、矫形器制造业	3655	77	7
其他专用设备制造业	3670	6 855	470
建筑机械制造业	3671	1 171	77
地质专用设备制造业	3672	125	1
畜牧兽医医疗器械制造业	3673	21	4
缝纫机制造业	3674	892	79
商业、饮食业、服务业专用机械制造业	3675	370	37
邮政机械及器材制造业	3676	69	4
环境保护机械制造业	3677	1 730	113
社会公共安全设备及器材制造业	3678	1 102	70
其他类未包括的专用设备制造业	3679	1 375	85
专用机械设备修理业	3680	6 299	1 964
工业专用设备修理业	3681	919	137
农、林、牧、渔、水利机械修理业	3683	3 651	1 535
医疗器械修理业	3685	79	19
其他专用机械设备修理业	3689	1 650	273
交通运输设备制造业	3700	48 103	4 840
铁路运输设备制造业	3710	1 318	60
机车制造业	3711	30	1
客车制造业	3712	36	2
货车制造业	3713	41	1
机车车辆配件制造业	3714	651	27
铁路信号设备制造业	3715	90	6
铁路专用设备制造业	3716	110	7
铁路专用器材制造业	3717	275	11
其他铁路运输设备制造业	3719	85	5
汽车制造业	3720	14 374	881
载重汽车制造业	3721	178	4
客车制造业	3722	179	3
小轿车制造业	3723	52	
微型汽车制造业	3724	77	1
特种车辆及改装汽车制造业	3725	639	18
汽车车身制造业	3726	267	12
汽车零部件及配件制造业	3727	12 982	843
摩托车制造业	3730	4 111	223
摩托车整车制造业	3731	370	9

从业人员规模分组的单位数

8—19 人	20—49 人	50—99 人	80—299 人	300—499人	500—999人	800—4999人	5000—9999人	10000人以上
862	841	398	382	81	46	20		
69	72	34	26	7	8	7		
335	324	120	115	28	12	7		
62	65	40	46	12	7			
371	363	188	185	32	19	6		
25	17	16	10	2				
2 155	2 037	1 003	807	156	131	89	7	
332	265	172	178	51	50	42	4	
33	36	17	18	9	6	5		
6	5	3	3					
281	245	96	117	29	25	17	3	
109	112	51	50	7	3	1		
21	17	10	12	1	3	1		
578	585	270	143	22	15	4		
312	341	197	145	19	15	3		
483	431	187	141	18	14	16		
2 482	1 173	412	194	31	26	17		
309	241	124	75	12	12	9		
1 428	490	140	54	3	1			
35	18	5	1	1				
710	424	143	64	15	13	8		
16 731	13 878	5 879	4 263	973	774	660	71	34
284	405	212	201	57	45	31	14	9
4	10	3	4	1	1		2	4
8	6	4	4	4	4	1	1	2
4	8	4	9	1		4	7	3
158	202	101	94	30	27	10	2	
18	31	18	14			3		
22	39	16	12	8		4	2	
43	90	51	54	8	11	7		
27	19	15	10	5	2	2		
4 555	3 937	1 918	1 755	518	456	327	19	8
19	34	22	25	6	19	37	7	5
9	23	20	56	13	25	28	2	
11	9	10	10	5	2	3	1	1
16	13	8	18	6	7	5	2	1
90	127	100	115	63	68	55	2	1
51	56	48	56	26	12	6		
4 359	3 675	1 710	1 475	399	323	193	5	
1 155	1 294	670	564	91	54	56	3	1
49	82	71	81	33	18	24	2	1

(续15)

行业类别(小类)	代码	营业企业法人单位数(个)	7人以下
摩托车零部件及配件制造业	3732	3 741	214
自行车制造业	3740	2 240	92
电车制造业	3750	24	1
船舶制造业	3760	1 268	66
海洋运输船制造业	3761	139	5
内河船制造业	3762	619	33
渔轮制造业	3763	194	6
船舶机械设备制造业	3764	311	22
海洋石油平台制造业	3765	5	
航空航天器制造业	3770	200	5
飞机制造业	3771	122	3
其他航空航天器制造业	3779	78	2
交通运输设备修理业	3780	24 415	3 502
铁路运输设备修理业	3781	493	40
汽车修理业	3782	20 759	2 628
摩托车修理业	3783	836	420
电车修理业	3784	31	10
船舶修理业	3785	1 349	138
飞机修理业	3786	36	2
其他交通运输设备修理业	3789	911	264
其他交通运输设备制造业	3790	153	10
航标器材制造业	3791	18	3
潜水装备制造业	3792	14	
公路标志制造业	3793	121	7
电气机械及器材制造业	4000	45 678	3 360
电机制造业	4010	3 065	158
发电机制造业	4011	550	42
电动机制造业	4012	1 409	62
微电机制造业	4013	1 106	54
输配电及控制设备制造业	4020	13 215	910
变压器制造业	4021	1 928	90
整流器制造业	4022	348	30
电容器制造业	4023	620	29
开关控制设备制造业	4024	4 314	247
电器设备元件制造业	4027	3 543	360
其他输配电及控制设备制造业	4029	2 462	154
电工器材制造业	4040	10 642	665
电线电缆制造业	4041	6 229	306
绝缘制品业	4043	806	43
蓄电池制造业	4045	1 531	145
原电池制造业	4046	458	20

从业人员规模分组的单位数

8—19人	20—49人	50—99人	80—299人	300—499人	500—999人	800—4999人	5000—9999人	10000人以上
1 106	1 212	599	483	58	36	32	1	
572	658	357	341	97	73	45	4	1
13	5	4	1					
285	328	185	228	62	50	53	8	3
14	24	12	28	13	12	22	6	3
113	172	109	128	30	21	13		
62	53	21	32	6	7	7		
95	77	42	40	13	10	10	2	
1	2	1				1		
11	17	13	14	7	22	89	12	10
2	7	9	7	4	12	59	9	10
9	10	4	7	3	10	30	3	
9 804	7 188	2 496	1 143	137	73	59	11	2
89	128	82	97	25	12	10	8	2
8 532	6 429	2 166	877	78	40	9		
351	48	14	3					
8	7	1	4		1			
424	400	182	139	30	16	18	2	
3	2	3	2		4	19	1	
397	174	48	21	4		3		
52	46	24	16	4	1			
4	4	3	2	1	1			
4	5	2	2	1				
44	37	19	12	2				
14 676	13 108	6 434	5 389	1 252	924	503	27	5
767	763	456	495	162	145	105	12	2
150	112	71	87	25	30	25	7	1
354	335	191	225	93	84	62	2	1
263	316	194	183	44	31	18	3	
4 339	3 764	1 888	1 573	370	265	100	5	1
490	513	303	342	82	87	20	1	
131	97	33	36	13	6	2		
137	197	109	109	23	12	4		
1 396	1 249	667	550	98	71	34	1	1
1 402	966	380	252	100	53	28	2	
783	742	396	284	54	36	12	1	
3 288	3 152	1 585	1 370	280	199	99	3	1
1 861	1 867	987	852	171	124	57	3	1
255	280	97	101	17	9	4		
489	416	221	189	31	25	15		
70	97	101	90	30	32	18		

营业企业法人按行业(小类)、

(续16)

行业类别(小类)	代码	营业企业法人单位数(个)	7人以下
其他电工器材制造业	4049	1 618	151
日用电器制造业	4060	6 271	354
洗衣机制造业	4061	214	7
吸尘器制造业	4062	167	8
电冰箱制造业	4063	397	8
电风扇制造业	4064	745	24
空调器制造业	4065	991	32
排油烟机制造业	4066	150	8
其他日用电器制造业	4069	3 607	267
照明器具制造业	4070	8 519	668
电光源制造业	4071	2 265	111
灯头、灯座制造业	4072	896	61
灯具制造业	4073	2 960	240
灯用电器附件制造业	4074	1 335	127
其他照明器具制造业	4079	1 063	129
电气机械修理业	4080	1 685	416
其他电气机械制造业	4090	2 281	189
电焊机制造业	4091	832	65
工业用电炉制造业	4092	350	19
其他类未包括的电气机械制造业	4099	1 099	105
电子及通信设备制造业	4100	16 832	1 196
通信设备制造业	4110	2 781	174
传输设备制造业	4111	553	47
交换设备制造业	4112	617	35
通信终端设备制造业	4113	341	13
其他通信设备制造业	4119	1 270	79
雷达制造业	4120	78	5
雷达整机制造业	4121	40	1
雷达专用配套设备及部件制造业	4122	38	4
广播电视设备制造业	4130	513	47
电子计算机制造业	4140	1 038	76
电子计算机整机制造业	4141	345	20
电子计算机外部设备制造业	4143	693	56
电子器件制造业	4150	1 329	83
电真空器件制造业	4151	274	14
半导体器件制造业	4153	583	23
集成电路制造业	4155	472	46
电子元件制造业	4160	6 283	321
日用电子器具制造业	4170	1 934	97
电视机、录像机、摄像机制造业	4171	483	13
收音机、录音机制造业	4172	1 237	61

从业人员规模分组的单位数

8—19人	20—49人	50—99人	80—299人	300—499人	500—999人	800—4999人	5000—9999人	10000人以上
613	492	179	138	31	9	5		
1 976	1 785	893	740	230	167	119	6	1
48	47	34	29	17	13	19		
42	60	28	20	4	5			
58	102	69	71	31	22	34	2	
142	190	121	143	50	44	30	1	
277	304	164	130	45	26	12	1	
48	27	31	23	6	5	2		
1 361	1 055	446	324	77	52	22	2	1
2 729	2 609	1 211	954	156	124	67	1	
559	718	415	301	55	53	52	1	
348	261	100	99	15	11	1		
1 020	863	378	354	61	37	7		
500	435	161	91	13	7	1		
302	332	157	109	12	16	6		
672	376	137	68	9	3	4		
905	659	264	189	45	21	9		
302	260	102	69	21	11	2		
116	110	46	40	9	5	5		
487	289	116	80	15	5	2		
4 498	4 411	2 521	2 500	669	599	415	18	5
800	779	433	350	98	61	81	4	1
164	145	76	65	18	14	21	2	1
188	157	98	73	25	23	17	1	
56	88	63	62	25	10	24		
392	389	196	150	30	14	19	1	
14	5	7	8	6	9	21	2	1
3	2	1	5	3	5	17	2	1
11	3	6	3	3	4	4		
150	162	75	55	10	8	6		
267	265	156	163	34	48	28	1	
103	93	63	31	5	17	13		
164	172	93	132	29	31	15	1	
258	287	217	251	87	82	57	6	1
63	41	50	38	14	18	30	5	1
95	131	86	133	56	43	16		
100	115	81	80	17	21	11	1	
1 579	1 740	1 031	1 049	234	222	104	3	
354	380	302	379	163	143	112	2	2
60	83	71	99	47	47	59	2	2
228	256	198	259	100	86	49		

营业企业法人按行业(小类)、

(续17)

行业类别(小类)	代码	营业企业法人单位数(个)	7人以下
电子计算器制造业	4173	214	23
电子设备及通信设备修理业	4180	497	146
通信设备修理业	4181	153	41
广播电视设备修理业	4182	56	22
电子计算机修理业	4183	31	7
其他电子设备修理业	4189	257	76
其他电子设备制造业	4190	2 379	247
仪器仪表及文化、办公用机械制造业	4200	11 390	971
通用仪器仪表制造业	4210	4 836	395
工业自动化仪表制造业	4211	1 323	96
电工仪器、仪表制造业	4212	1 018	73
光学仪器制造业	4213	433	35
计时仪器制造业	4214	170	16
分析仪器制造业	4215	220	21
试验机制造业	4216	132	5
实验室仪器及装置制造业	4217	143	8
通用仪器仪表元件、器件制造业	4218	689	62
其他通用仪器仪表制造业	4219	708	79
专用仪器仪表制造业	4220	1 363	112
环境保护仪器仪表制造业	4221	184	13
汽车仪器仪表制造业	4222	135	7
导航、制导仪器制造业	4223	44	1
农、林、牧、渔仪器、仪表制造业	4224	32	6
地质勘探、钻采、地震专用仪器制造业	4225	124	10
气象、海洋、水文、天文测量仪器制造业	4226	47	7
教学仪器制造业	4227	300	28
核子及核辐射测量仪器制造业	4228	22	3
专用仪器仪表元件、器件制造业	4229	475	37
电子测量仪器制造业	4230	441	44
计量器具制造业	4240	1 190	101
传递标准用计量仪器制造业	4241	110	5
量具量仪制造业	4242	362	26
衡器制造业	4243	718	70
文化、办公用机械制造业	4250	699	67
电影机械制造业	4251	25	2
幻灯机及投影仪制造业	4252	26	1
照相机及器材制造业	4254	274	18
复印机制造业	4256	50	4
打字机及油印机制造业	4257	69	7
其他文化、办公用机械制造业	4259	255	35

从业人员规模分组的单位数

8—19 人	20—49 人	50—99 人	80—299 人	300—499 人	500—999 人	800—4999 人	5000—9999 人	10000 人以上
66	41	33	21	16	10	4		
215	94	23	15	1	3			
68	29	12	3					
18	11	1	3	1				
12	10	1	1					
117	44	9	8		3			
861	699	277	230	36	23	6		
3 819	3 107	1 407	1 271	350	280	176	9	
1 755	1 304	557	487	156	104	71	7	
461	346	164	155	51	31	16	3	
370	279	113	99	32	34	17	1	
124	82	58	71	24	15	21	3	
49	54	23	14	8	1	5		
87	51	24	24	7	5	1		
39	37	11	18	8	8	6		
46	39	20	15	11	2	2		
315	189	65	43	8	5	2		
264	227	79	48	7	3	1		
487	410	149	124	27	33	20	1	
77	59	18	12	3	1	1		
28	45	23	19	6	3	4		
8	8	2	6	3	8	8		
9	8	3	4	1	1			
41	34	13	15	3	5	2	1	
17	9	4	5	3	2			
112	104	34	16	2	4			
4	5	3	3	1	1	2		
191	138	49	44	5	8	3		
156	109	47	44	16	19	6		
375	336	157	145	32	31	12	1	
49	32	9	13		2			
94	99	54	53	12	14	9	1	
232	205	94	79	20	15	3		
188	174	100	101	26	28	15		
4	4	2	6	3	2	2		
5	8	8	3			1		
65	67	35	52	12	15	10		
15	10	6	6	3	4	2		
14	17	11	12	4	4			
85	68	38	22	4	3			

营业企业法人按行业(小类)、

(续18)

行业类别(小类)	代码	营业企业法人单位数(个)	7人以下
钟表制造业	4260	1 597	88
仪器仪表及文化、办公用机械修理业	4280	299	73
其他仪器仪表制造业	4290	965	91
其他制造业	4300	42 022	4 115
工艺美术品制造业	4310	26 798	1 650
雕塑工艺品制造业	4311	3 954	332
金属工艺品制造业	4312	1 561	183
漆器工艺品制造业	4313	322	16
花画工艺品制造业	4314	1 410	109
竹、藤、棕、草工艺品制造业	4315	2 460	161
抽纱刺绣工艺品制造业	4316	3 133	227
地毯制造业	4317	4 051	67
首饰制造业	4318	1 376	96
其他工艺美术品制造业	4319	8 531	459
日用杂品制造业	4350	3 385	222
制镜业	4351	372	33
眼镜制造业	4353	828	48
制伞业	4355	720	38
鬃毛加工及制刷业	4357	1 465	103
其他生产、生活用品制造业	4390	11 839	2 243
生产用其他产品制造业	4391	2 394	304
生活用其他产品制造业	4392	9 445	1 939
电力、煤气及水的生产和供应业	D	25 072	7 268
电力、蒸汽、热水的生产和供应业	4400	17 406	4 983
电力生产业	4410	12 398	3 890
火力发电业	4411	1 320	91
水力发电业	4412	10 987	3 781
核力发电业	4413	6	1
其他电业	4419	85	17
电力供应业	4420	4 570	1 078
蒸汽、热水生产和供应业	4430	438	15
煤气生产和供应业	4500	720	107
煤气生产业	4510	89	8
煤气供应业	4520	631	99
自来水的生产和供应业	4600	6 946	2 178
自来水生产业	4610	3 632	1 042
自来水供应业	4620	3 314	1 136
建筑业	E	119 994	7 751
土木工程建筑业	4700	87 875	2 751
房屋建筑业	4710	75 172	1 827
矿山建筑业	4720	326	6

从业人员规模分组的单位数

8—19人	20—49人	50—99人	80—299人	300—499人	500—999人	800—4999人	5000—9999人	10000人以上
359	409	279	276	77	59	50		
118	74	17	16	1				
381	291	101	78	15	6	2		
15 175	11 678	5 517	4 159	775	429	167	6	1
8 228	8 418	4 218	3 154	633	356	135	5	1
1 325	1 337	573	316	50	14	6		1
638	430	168	117	16	6	3		
100	99	51	38	13	4	1		
353	414	222	225	50	26	11		
768	749	410	279	48	28	14	3	
878	927	451	475	92	61	21	1	
961	1 382	752	576	157	109	46	1	
388	374	229	218	40	29	2		
2 817	2 706	1 362	910	167	79	31		
1 139	946	482	478	71	34	12	1	
135	111	44	44	2	3			
259	272	99	118	17	10	5		
154	184	133	164	33	8	5	1	
591	379	206	152	19	13	2		
5 808	2 314	817	527	71	39	20		
1 001	648	247	153	22	10	9		
4 807	1 666	570	374	49	29	11		
6 487	4 276	2 114	2 626	966	790	528	10	7
4 434	2 851	1 306	1 885	820	681	437	5	4
3 495	2 216	888	944	347	365	253		
58	59	99	313	200	272	228		
3 403	2 139	782	622	145	92	23		
1	2					2		
33	16	7	9	2	1			
867	536	354	838	438	287	163	5	4
72	99	64	103	35	29	21		
173	158	94	72	41	27	44	2	2
15	13	8	10	7	5	21	2	
158	145	86	62	34	22	23		2
1 880	1 267	714	669	105	82	47	3	1
962	670	414	384	70	54	32	3	1
918	597	300	285	35	28	15		
29 666	28 310	15 900	21 228	6 981	5 840	3 967	279	72
18 606	20 028	12 219	18 414	6 424	5 472	3 646	245	70
15 793	16 754	10 303	16 344	5 832	4 974	3 098	195	52
41	51	31	46	27	37	78	8	1

营业企业法人按行业(小类)、

(续19)

行业类别(小类)	代码	营业企业法人单位数(个)	7人以下
铁路、公路、遂道、桥梁建筑业	4730	4 009	218
堤坝、电站、码头建筑业	4740	867	56
其他土木工程建筑业	4790	7 501	644
线路、管道和设备安装业	4800	13 119	1 267
线路、管道安装业	4810	6 510	619
设备安装业	4820	6 609	648
装修装饰业	4900	19 000	3 733
地质勘探业、水利管理业	F	1 409	233
地质勘探业	5000	792	81
区域地质勘查业	5010	32	1
海洋地质勘查业	5020	13	3
矿产地质勘探业	5030	215	21
石油、天然气地质勘查业	5031	38	7
煤炭地质勘查业	5032	37	4
黑色金属矿产地质勘查业	5033	4	
有色金属矿产地质勘查业	5034	16	2
贵金属矿产地质勘查业	5035	9	
其他金属矿产地质勘查业	5036	5	
非金属矿产地质勘查业	5037	4	1
水文地质勘查业	5038	102	7
工程地质勘查业	5040	391	29
环境地质勘查业	5050	9	1
地球物理和地球化学勘查业	5060	15	3
地质工程技术及其他技术服务业	5090	117	23
水利管理业	5100	617	152
交通运输、仓储及邮电通信业	G	50 972	7 011
铁路运输业	5200	216	14
汽车运输业	5300	20 873	2 513
汽车运输业	5310	19 337	2 231
其他公路运输业	5390	1 536	282
管道运输业	5400	30	1
水上运输业	5500	4 619	689
远洋运输业	5510	249	55
沿海运输业	5520	817	89
内河、内湖运输业	5530	3 059	389
其他水上运输业	5590	494	156
航空运输业	5600	122	8
航空客货运输业	5610	112	8
通用航空业	5620	10	
交通运输辅助业	5700	13 282	2 451
公路管理及养护业	5710	305	33

从业人员规模分组的单位数

8—19 人	20—49 人	50—99 人	80—299 人	300—499人	500—999人	800—4999人	5000—9999人	10000人以上
613	913	637	847	267	216	270	23	5
122	175	155	153	55	38	85	18	10
2 037	2 135	1 093	1 024	243	207	115	1	2
3 485	3 725	2 017	1 671	383	262	276	31	2
1 654	1 898	1 071	869	170	120	91	17	1
1 831	1 827	946	802	213	142	185	14	1
7 575	4 557	1 664	1 143	174	106	45	3	
412	370	190	142	28	22	11	1	
214	214	126	106	23	20	7	1	
7	12	9	2	1				
2	4		2		1	1		
39	48	42	34	16	12	2	1	
6	8	6	3	2	3	2	1	
4	4	8	6	5	6			
	1	1	1	1				
2	4	2	2	3	1			
1	3	2	2		1			
1	1		1	2				
1		1		1				
24	27	22	19	2	1			
110	116	61	61	4	7	3		
3	2	2	1					
5	2	1	3	1				
48	30	11	3	1		1		
198	156	64	36	5	2	4		
12 906	11 507	7 250	8 059	1 932	1 319	859	55	74
26	19	15	16	19	23	19	8	57
5 538	4 914	3 184	3 191	716	438	362	17	
4 958	4 528	3 045	3 071	702	427	358	17	
580	386	139	120	14	11	4		
2	7	8	2	1	4	4	1	
1 161	800	588	759	241	225	139	11	6
42	51	27	34	14	13	8	3	2
160	199	150	154	24	23	15	1	2
805	458	375	533	191	186	113	7	2
154	92	36	38	12	3	3		
14	22	13	18	14	12	14	6	1
13	20	11	16	12	12	13	6	1
1	2	2	2	2		1		
3 670	3 140	1 809	1 583	311	191	111	7	9
106	63	45	43	8	5	2		

营业企业法人按行业(小类)、

(续20)

行业类别(小类)	代码	营业企业法人单位数(个)	7人以下
港口业	5720	837	55
沿海港口业	5721	275	13
内河、内湖港口业	5722	562	42
水运辅助业	5730	1 197	360
机场及航空运输辅助业	5740	562	168
装卸搬运业	5750	6 249	561
其他类未包括的交通运输辅助业	5790	4 132	1 274
其他交通运输业	5800	228	42
仓储业	5900	6 749	996
邮电通信业	6000	4 853	297
邮政业	6010	490	44
电信业	6020	1 696	163
邮电业	6030	2 667	90
批发和零售贸易、餐饮业	H	685 595	204 459
食品、饮料、烟草和家庭日用品批发业	6100	164 149	39 838
食品、饮料、烟草批发业	6110	65 990	11 119
粮食、食用油批发业	6111	29 440	3 022
糕点、糖果和饮料批发业	6112	9 412	2 375
肉、禽、蛋及其制品批发业	6113	6 487	1 081
水产品批发业	6114	2 882	699
蔬菜、果品批发业	6115	4 750	983
茶叶批发业	6116	1 306	412
烟草及其制品批发业	6117	3 044	257
盐及调味品批发业	6118	1 805	217
其他食品、饮料、烟草批发业	6119	6 864	2 073
棉、麻、土畜产品批发业	6120	5 873	934
棉、麻批发业	6121	2 770	255
畜产品批发业	6122	3 103	679
纺织品、服装和鞋帽批发业	6130	17 210	5 483
纺织品批发业	6131	11 988	3 773
服装批发业	6132	3 745	1 229
鞋帽批发业	6133	1 477	481
日用百货批发业	6140	20 887	5 763
百货批发业	6141	13 806	3 306
文化用品、钟表眼镜批发业	6142	4 171	1 521
其他日用百货批发业	6149	2 910	936
日用杂品批发业	6150	5 540	1 399
五金、交电、化工批发业	6160	40 259	13 627
药品及医疗器械批发业	6170	8 390	1 513
西药批发业	6171	3 957	378
中草药及制品批发业	6172	2 507	538

从业人员规模分组的单位数

8—19人	20—49人	50—99人	80—299人	300—499人	500—999人	800—4999人	5000—9999人	10000人以上
121	179	136	167	60	49	55	6	9
33	58	37	55	21	16	31	4	7
88	121	99	112	39	33	24	2	2
399	249	96	71	9	9	4		
169	111	48	29	7	13	17		
1 601	1 722	1 118	960	182	77	28		
1 274	816	366	313	45	38	5	1	
104	49	22	9	2				
1 835	1 834	961	892	141	75	15		
556	722	650	1 589	487	351	195	5	1
57	68	72	148	42	26	31	1	1
360	490	305	253	46	31	45	3	
139	164	273	1 188	399	294	119	1	
259 343	120 323	55 890	37 988	4 623	2 211	739	13	6
60 154	31 757	17 022	12 595	1 677	850	249	5	2
19 575	17 227	10 066	6 681	781	427	111	2	1
7 463	9 394	5 627	3 396	319	168	50	1	
3 127	1 667	1 152	932	103	49	7		
2 095	1 706	703	642	142	98	20		
1 072	531	313	218	31	13	5		
1 649	986	604	441	44	33	10		
490	216	118	61	5	4			
534	1 031	706	396	63	42	13	1	1
515	504	336	213	17	3			
2 630	1 192	507	382	57	17	6		
1 582	1 310	886	881	156	79	43	2	
496	614	548	618	126	69	42	2	
1 086	696	338	263	30	10	1		
7 422	2 456	953	718	118	47	12		1
5 126	1 727	687	532	94	38	10		1
1 675	498	187	127	19	8	2		
621	231	79	59	5	1			
8 557	3 072	1 602	1 464	259	135	35		
5 513	2 132	1 249	1 215	239	120	32		
1 894	505	146	83	10	10	2		
1 150	435	207	166	10	5	1		
1 831	1 009	742	510	35	13	1		
18 599	4 892	1 652	1 198	168	95	28		
2 588	1 791	1 121	1 143	160	54	19	1	
957	1 006	726	734	107	35	13	1	
717	522	319	345	45	17	4		

营业企业法人按行业(小类)、

(续 21)

行业类别(小类)	代码	营业企业法人单位数(个)	7人以下
医疗器械批发业	6173	1 926	597
能源、材料和机械电子设备批发业	6200	166 794	51 170
能源批发业	6210	19 570	4 396
石油及制品批发业	6211	9 733	2 117
煤炭及制品批发业	6212	9 193	2 103
其他能源批发业	6219	644	176
化工材料批发业	6220	13 406	4 183
木材批发业	6230	7 989	2 237
建筑材料批发业	6240	35 365	12 885
矿产品批发业	6250	3 184	850
金属材料批发业	6260	31 997	9 126
黑色金属材料批发业	6261	25 600	7 124
有色金属材料批发业	6262	6 397	2 002
机械、电子设备批发业	6270	36 214	11 482
汽车、摩托车及零配件批发业	6280	11 881	3 897
汽车批发业	6281	2 472	562
摩托车批发业	6282	686	185
汽车、摩托车零配件批发业	6289	8 723	3 150
再生物资回收批发业	6290	7 188	2 114
其他批发业	6300	35 560	8 526
工艺美术品批发业	6310	1 589	528
图书报刊批发业	6320	1 138	277
农业生产资料批发业	6330	20 827	3 811
其他类未包括的批发业	6390	12 006	3 910
零售业	6400	264 785	89 810
食品、饮料和烟草零售业	6410	53 972	17 139
粮油食品零售业	6411	20 226	3 336
副食品零售业	6412	16 073	5 403
其他食品、饮料和烟草零售业	6419	17 673	8 400
日用百货零售业	6420	69 932	18 372
百货零售业	6421	41 673	12 300
文化体育用品零售业	6422	4 619	2 095
钟表、眼镜及照相器材零售业	6423	1 515	531
其他日用百货零售业	6429	22 125	3 446
纺织品、服装和鞋帽零售业	6430	12 790	4 773
日用杂品零售业	6440	7 789	2 991
五金、交电、化工零售业	6450	56 148	22 862
药品及医疗器械零售业	6470	6 816	2 340
图书报刊零售业	6480	3 286	1 013
其他零售业	6490	54 052	20 320
家具零售业	6491	2 580	1 045

从业人员规模分组的单位数

8—19人	20—49人	50—99人	80—299人	300—499人	500—999人	800—4999人	5000—9999人	10000人以上
914	263	76	64	8	2	2		
74 256	25 779	9 049	5 452	720	287	76	2	3
7 641	3 570	1 890	1 640	280	122	28	1	2
3 600	1 864	1 011	905	167	58	8	1	2
3 748	1 584	844	720	111	63	20		
293	122	35	15	2	1			
6 301	1 903	619	342	39	16	2		1
2 998	1 475	710	477	61	26	5		
16 296	4 422	1 128	537	64	22	11		
1 413	671	153	83	8	5	1		
14 086	5 800	1 908	909	109	43	16		
11 020	4 852	1 650	798	102	39	15		
3 066	948	258	111	7	4	1		
17 835	4 912	1 255	636	67	23	4		
5 453	1 599	558	316	42	10	6		
993	498	220	162	26	6	5		
312	124	39	20	6				
4 148	977	299	134	10	4	1		
2 233	1 427	828	512	50	20	3	1	
10 708	7 285	4 974	3 711	265	79	10	2	
653	255	80	56	9	7	1		
366	282	137	64	9	2	1		
4 366	4 976	4 163	3 259	207	41	3	1	
5 323	1 772	594	332	40	29	5	1	
92 671	45 318	20 727	13 456	1 604	853	341	4	1
16 394	11 768	5 062	3 139	316	114	39	1	
6 502	6 428	2 468	1 295	150	33	14		
4 697	3 023	1 588	1 193	105	52	11	1	
5 195	2 317	1 006	651	61	29	14		
17 570	15 367	9 769	7 056	925	605	265	2	1
11 019	7 604	4 787	4 350	785	565	261	1	1
1 888	461	110	55	6	4			
594	238	103	43	3	2	1		
4 069	7 064	4 769	2 608	131	34	3	1	
4 594	1 837	815	638	85	33	15		
2 633	1 302	550	286	19	6	2		
24 314	6 072	1 780	948	115	49	8		
2 450	1 200	463	318	34	9	1	1	
940	832	337	133	23	7	1		
23 776	6 940	1 951	938	87	30	10		
1 050	354	93	35	2	1			

营业企业法人按行业(小类)、

(续 22)

行业类别(小类)	代码	营业企业法人单位数(个)	7 人以下
煤炭零售业	6492	2 545	578
石油制品零售业	6493	14 826	5 208
汽车、摩托车及其零配件零售业	6494	15 893	6 347
计算机及软件、办公设备零售业	6495	6 039	2 099
信托业	6496	637	225
首饰业	6497	1 752	646
其他类未包括的零售业	6499	9 780	4 172
商业经纪与代理业	6500	4 725	2 422
餐饮业	6700	49 582	12 693
正餐	6710	39 082	8 390
快餐	6720	3 771	1 277
其他饮食业	6790	6 729	3 026
小吃	6791	3 848	2 007
冷饮	6793	375	134
茶馆	6795	465	219
其他类未包括的餐饮业	6799	2 041	666
金融、保险业	I	68 549	18 880
金融业	6800	62 938	18 093
中央银行	6810	1 893	18
商业银行	6820	15 255	455
其他银行	6830	685	24
信用合作社	6840	39 285	14 476
信托投资业	6850	643	116
保险业	7000	5 611	787
房地产业	J	27 795	4 380
房地产开发与经营业	7200	22 511	3 109
房地产管理业	7300	3 766	698
房地产代理与经纪业	7400	1 518	573
社会服务业	K	100 779	31 478
公共设施服务业	7500	7 407	1 574
市内公共交通业	7510	3 710	758
市内公共汽电车业	7511	659	36
出租汽车业	7512	2 642	623
轨道交通业	7513	61	6
市内轮渡业	7514	102	21
其他市内公共交通业	7519	246	72
园林绿化业	7520	1 119	271
自然保护区管理业	7530	29	4
环境卫生业	7540	531	159
市政工程管理业	7550	822	109
风景名胜区管理业	7560	89	9

从业人员规模分组的单位数

8—19人	20—49人	50—99人	80—299人	300—499人	500—999人	800—4999人	5000—9999人	10000人以上
963	458	301	216	20	7	2		
6 573	2 170	562	279	24	9	1		
7 233	1 691	439	162	15	5	1		
3 130	680	95	33	1		1		
252	97	33	22	6	2			
723	280	68	32	2	1			
3 852	1 210	360	159	17	5	5		
1 519	558	148	65	7	3	3		
20 035	9 626	3 970	2 709	350	139	60		
16 085	8 195	3 478	2 447	306	126	55		
1 529	630	200	108	16	8	3		
2 421	801	292	154	28	5	2		
1 283	366	113	63	12	3	1		
148	66	16	10		1			
171	50	18	6	1				
819	319	145	75	15	1	1		
19 810	14 652	6 633	7 030	1 052	391	96	4	1
17 621	12 748	6 169	6 811	1 027	375	91	2	1
33	1 214	313	265	32	13	5		
1 204	3 013	3 836	5 580	805	283	76	2	1
111	245	146	128	20	10	1		
14 948	7 378	1 605	658	152	61	7		
154	165	97	99	7	5			
2 189	1 904	464	219	25	16	5	2	
10 586	8 835	2 548	1 184	155	79	27	1	
8 782	7 562	1 994	863	114	66	20	1	
1 172	1 033	496	306	41	13	7		
632	240	58	15					
36 335	18 448	7 458	5 257	933	589	248	25	8
2 121	1 783	880	623	151	114	130	23	8
861	833	515	399	104	86	123	23	8
51	98	97	139	55	60	95	21	7
690	645	368	227	42	23	22	2	
12	22	11	3	3	2	1		1
32	16	12	12	3	1	5		
76	52	27	18	1				
412	281	91	50	9	3	2		
11	8	4	2					
156	122	46	36	8	4			
236	238	113	89	17	17	3		
28	22	15	12	1	1	1		

营业企业法人按行业(小类)、

(续23)

行业类别(小类)	代码	营业企业法人单位数(个)	7人以下
其他公共服务业	7590	1 107	264
居民服务业	7600	22 396	9 885
理发及美容化妆业	7610	2 926	1 557
沐浴业	7620	1 504	194
洗染业	7630	1 022	365
摄影及扩印业	7640	2 820	1 017
托儿所	7650	101	31
日用品修理业	7660	4 577	2 308
家务服务业	7670	629	274
殡葬业	7680	287	107
其他居民服务业	7690	8 530	4 032
旅馆业	7800	23 668	4 290
租赁服务业	7900	2 210	754
旅游业	8000	3 826	941
娱乐服务业	8100	7 349	2 425
信息、咨询服务业	8200	21 808	8 367
广告业	8210	8 266	2 711
咨询服务业	8220	1 637	625
公证业	8221	42	12
律师事务所	8222	219	116
会计、审计、统计咨询业	8223	1 287	458
社会调查业	8224	89	39
其他类未包括的信息咨询服务业	8290	11 905	5 031
计算机应用服务业	8300	5 676	1 502
软件开发咨询业	8310	3 464	896
数据处理业	8320	206	75
数据库服务业	8330	315	78
计算机设备维护咨询业	8340	1 691	453
其他社会服务业	8400	6 439	1 740
市场管理服务业	8410	2 186	642
其他类未包括的社会服务业	8490	4 253	1 098
卫生、体育和社会福利业	L	2 072	928
卫生	8500	1 373	679
医院	8510	959	507
综合医院	8511	193	21
专科医院	8512	74	7
中医医院	8513	10	1
门诊部	8514	318	208
其他医院	8519	364	270
疗养院	8520	47	5
专科防治所(站)	8530	16	9

从业人员规模分组的单位数

8—19人	20—49人	50—99人	80—299人	300—499人	500—999人	800—4999人	5000—9999人	10000人以上
417	279	96	35	12	3	1		
7 784	2 943	1 063	598	72	34	16	1	
879	297	117	68	5	1	2		
568	419	201	106	10	4	2		
337	194	77	42	6	1			
1 084	477	155	76	5	4	2		
40	24	4	1			1		
1 682	418	111	50	8				
228	70	29	19	5	4			
103	56	12	8		1			
2 863	988	357	228	33	19	9	1	
6 691	5 946	3 168	2 716	496	297	64		
863	387	134	60	5	6	1		
1 473	785	327	227	37	33	3		
2 756	1 322	521	259	42	18	6		
9 730	2 927	538	217	20	9			
4 187	1 158	158	47	3	2			
683	258	55	16					
22	7	1						
86	14	3						
540	225	49	15					
35	12	2	1					
4 860	1 511	325	154	17	7			
2 761	1 078	248	78	6	3			
1 677	679	151	55	4	2			
75	37	13	5	1				
156	62	18	1					
853	300	66	17	1	1			
2 156	1 277	579	479	104	75	28	1	
792	425	147	129	21	25	4	1	
1 364	852	432	350	83	50	24		
518	312	153	129	26	5	1		
300	176	102	88	23	4	1		
170	116	68	72	21	4	1		
18	38	35	56	21	4			
26	27	7	7					
5	1	2	1					
70	24	10	5			1		
51	26	14	3					
8	13	12	9					
4	1	1	1					

(续24)

行业类别(小类)	代码	营业企业法人单位数(个)	7 人以下
卫生防疫站	8540	46	23
妇幼保健所(站)	8550	15	11
药品检验所(室)	8560	10	4
其他卫生	8590	280	120
体育	8600	161	42
社会福利保障业	8700	538	207
社会福利业	8710	372	154
干部休养所	8711	20	4
福利收容院	8712	31	9
社区服务业	8713	321	141
社会保险和救济业	8720	75	27
其他类未包括的社会福利保障业	8790	91	26
教育、文化艺术及广播电影电视业	M	5 316	1 556
教育	8900	1 048	253
高等教育	8910	45	11
普通高等教育	8911	13	1
成人高等教育	8912	32	10
中等教育	8920	223	20
中等专业学校	8921	29	2
普通中学	8922	49	2
农业、职业中学	8923	21	3
技工学校	8924	99	9
成人中等学校	8925	25	4
初等教育	8930	46	4
小学校	8931	44	4
成人初等学校	8932	2	
学前教育	8940	150	53
其他教育	8990	584	165
文化艺术业	9000	1 508	484
艺术	9010	366	113
出版	9020	490	114
文物保护	9030	32	10
图书馆	9040	16	4
档案馆	9050	5	3
群众文化	9060	238	93
新闻	9070	25	11
文化艺术经纪与代理业	9080	112	43
其他文化艺术业	9090	224	93
广播电影电视业	9100	2 760	819
广播	9110	61	29
电影	9120	2 444	703

从业人员规模分组的单位数

8－19 人	20－49 人	50－99 人	80－299 人	300－499人	500－999人	800－4999人	5000－9999人	10000人以上
11	9	2	1					
1	1	1		1				
3	2	1						
103	34	17	5	1				
59	32	12	15	1				
159	104	39	26	2	1			
105	64	29	18	1	1			
7	5	4						
11	8	2	1					
87	51	23	17	1	1			
22	16	6	3	1				
32	24	4	5					
1 625	1 359	517	211	25	19	4		
280	289	131	83	8	3	1		
13	10	3	5	2	1			
5	4		2	1				
8	6	3	3	1	1			
53	66	40	41	2	1			
6	14	2	4	1				
6	14	11	16					
11	3	2	2					
25	30	18	15	1	1			
5	5	7	4					
7	17	11	6	1				
5	17	11	6	1				
2								
41	45	10	1					
166	151	67	30	3	1	1		
551	335	84	38	7	8	1		
134	80	28	7	3		1		
190	130	31	19	2	4			
7	9	5	1					
9	2	1						
1	1							
79	51	10	5					
9	4		1					
45	20	3		1				
77	38	6	5	1	4			
794	735	302	90	10	8	2		
16	11	4			1			
694	660	288	81	10	6	2		

营业企业法人按行业(小类)、

(续25)

行业类别(小类)	代码	营业企业法人单位数(个)	7人以下	8－19人
电视	9130	255	87	84
科学研究和综合技术服务业	N	17 712	4 345	7 917
科学研究业	9200	1 045	324	460
自然科学研究	9210	557	167	242
社会科学研究	9220	56	17	32
其他科学研究	9230	432	140	186
综合技术服务业	9300	16 667	4 021	7 457
气象	9310	62	24	24
地震	9320	24	8	11
测绘	9330	193	42	80
技术监督	9340	960	204	337
海洋环境	9350	13	3	7
环境保护	9360	355	94	177
技术推广和科技交流服务业	9370	4 007	1 323	1 778
工程设计业	9380	2 873	503	1 024
其他综合技术服务业	9390	8 180	1 820	4 019
国家机关、政党机关和社会团体	O			
其他行业	P	9 389	2 238	2 829
企业管理机构	9910	6 405	1 332	1 807
其他类未包括的行业	9990	2 984	906	1 022

从业人员规模分组的单位数

20—49人	50—99人	80—299人	300—499人	500—999人	800—4999人	5000—9999人	10000人以上
64	10	9		1			
3 862	994	478	55	44	17		
163	43	39	9	6	1		
85	27	25	6	4	1		
5	2						
73	14	14	3	2			
3 699	951	439	46	38	16		
10	4						
3	1	1					
45	13	9	3		1		
297	84	36	2				
2		1					
58	22	4					
666	146	83	6	4	1		
868	272	155	17	25	9		
1 750	409	150	18	9	5		
2 120	915	807	163	140	140	30	7
1 530	679	635	134	123	130	29	6
590	236	172	29	17	10	1	1

营业企业法人按行业(小类

行业类别(小类)	代码	营业企业法人单位数(个)	1978年以前	1979—1981年	1982—1984年
全国总计		**2 456 576**	**354 029**	**83 289**	**116 071**
农、林、牧渔业	A	56 878	15 543	3 125	4 298
农业	0100	18 457	5 867	1 189	1 287
种植业	0110	17 944	5 708	1 166	1 274
其他农业	0190	513	159	23	13
林业	0200	13 452	5 491	1 050	1 597
畜牧业	0300	8 371	1 151	179	308
牲畜饲养放牧业	0310	4 348	855	101	156
家禽饲养业	0320	3 548	214	69	140
狩猎业	0330	60	16	1	
其他畜牧业	0390	415	66	8	12
渔业	0400	9 460	1 666	455	619
海洋渔业	0410	1 890	266	57	96
海水养殖业	0411	1 449	140	48	69
海洋捕捞业	0412	441	126	9	27
淡水渔业	0420	7 570	1 400	398	523
淡水养殖业	0421	7 453	1 344	394	518
淡水捕捞业	0422	117	56	4	5
农、林、牧、渔服务业	0500	7 138	1 368	252	487
农业服务业	0510	4 540	808	166	324
林业服务业	0520	492	94	19	15
畜牧兽医服务业	0530	668	201	22	51
渔业服务业	0540	666	169	17	52
其他农、林、牧、渔服务业	0590	772	96	28	45
采掘业	B	96 410	10 086	3 249	5 128
煤炭采选业	0600	39 517	4 180	1 391	2 508
煤炭开采业	0610	38 119	4 144	1 362	2 475
煤炭洗选业	0620	1 398	36	29	33
石油和天然气开采业	0700	246	27		6
天然原油开采业	0710	217	21		5
天然气开采业	0720	20	3		1
油页岩开采业	0730	9	3		
黑色金属矿采选业	0800	5 572	324	93	171
铁矿采选业	0810	4 622	229	68	141
其他黑色金属矿采选业	0820	950	95	25	30
锰矿采选业	0821	929	95	25	29
铬矿采选业	0822	21			1
有色金属矿采选业	0900	7 820	469	166	274
重有色金属矿采选业	0910	3 571	218	67	122

)、开业时间分组的单位数

1985—1988年	1989—1991年	1992 年	1993 年	1994 年	1995 年	1996 年	其他（开业时间不详）
263 465	**290 450**	**209 590**	**309 857**	**297 124**	**301 946**	**229 980**	**775**
8 012	7 189	3 471	3 964	3 923	4 420	2 707	226
2 355	2 667	1 075	1 197	1 062	1 045	631	82
2 318	2 623	1 045	1 153	1 002	992	581	82
37	44	30	44	60	53	50	
1 836	1 660	478	404	336	291	226	83
835	968	592	823	1 144	1 473	893	5
373	401	271	377	604	811	397	2
442	515	282	375	486	587	435	3
2	5	3	6	5	14	8	
18	47	36	65	49	61	53	
1 236	1 055	749	953	903	1 139	633	52
299	219	209	254	200	167	116	7
261	173	158	200	180	126	94	
38	46	51	54	20	41	22	7
937	836	540	699	703	972	517	45
930	819	534	690	694	969	516	45
7	17	6	9	9	3	1	
1 750	839	577	587	478	472	324	4
1 264	567	357	350	275	257	170	2
214	28	35	34	14	25	14	
84	79	47	41	55	44	42	2
95	64	74	58	56	46	35	
93	101	64	104	78	100	63	
11 665	14 480	7 218	10 130	12 022	12 771	9 645	16
5 042	5 887	2 750	3 760	5 046	5 242	3 705	6
4 928	5 673	2 599	3 554	4 815	5 032	3 531	6
114	214	151	206	231	210	174	
16	14	13	29	71	48	21	1
14	10	12	22	69	44	19	1
1	3		7	2	3		
1	1	1			1	2	
656	733	551	940	846	726	530	2
569	639	496	871	732	496	380	1
87	94	55	69	114	230	150	1
77	93	53	66	112	229	149	1
10	1	2	3	2	1	1	
918	1 141	510	890	1 043	1 378	1 028	3
374	476	241	370	535	676	490	2

营业企业法人按行业(小类

(续1)

行业类别(小类)	代码	营业企业法人单位数(个)	1978年以前	1979—1981年
铜矿采选业	0911	920	60	10
铅锌矿采选业	0912	1 582	101	25
镍钴矿采选业	0914	13	2	
锡矿采选业	0915	599	32	20
锑矿采选业	0916	386	15	9
汞矿采选业	0917	8	2	1
其他重有色金属矿采选业	0919	63	6	2
轻有色金属矿采选业	0930	700	30	21
铝矿采选业	0931	331	17	18
镁矿采选业	0932	114	6	3
钛矿采选业	0933	189	5	
其他轻有色金属矿采选业	0939	66	2	
贵金属矿采选业	0950	2 703	109	53
金矿采选业	0951	2 657	108	53
银矿采选业	0952	36	1	
其他贵金属矿采选业	0959	10		
稀有稀土金属矿采选业	0960	846	112	25
钨钼矿采选业	0961	514	84	24
稀有高熔点金属矿采选业	0963	31	6	1
稀散金属矿采选业	0964	5	1	
非金属矿采选业	1000	41 070	4 090	1 464
土砂石开采业	1010	33 171	2 879	1 102
石灰石开采业	1011	7 197	648	277
建筑装饰用石开采业	1012	11 107	979	367
耐火土石开采业	1013	1 277	204	61
其他土砂石开采业	1019	13 590	1 048	397
化学矿采选业	1020	2 184	261	109
硫矿采选业	1021	971	121	56
磷矿采选业	1022	592	80	31
天然钾盐采选业	1023	22	3	1
硼矿采选业	1024	78	21	6
其他化学矿采选业	1029	521	36	15
采盐业	1030	982	422	76
海盐业	1031	768	336	68
湖盐业	1032	61	28	2
井盐业	1033	112	38	6
矿盐业	1034	41	20	
其他非金属矿采选业	1090	4 733	528	177
石棉采选业	1091	152	31	12

)、开业时间分组的单位数

1982—1984年	1985—1988年	1989—1991年	1992 年	1993 年	1994 年	1995 年	1996 年	其他（开业时间不详）
27	69	117	73	124	134	165	141	
59	176	230	91	137	207	336	218	2
	3	4	1		2		1	
27	63	73	43	70	105	101	65	
9	53	46	29	31	76	62	56	
	2				1		2	
	8	6	4	8	10	12	7	
20	84	162	63	96	72	89	62	1
12	42	75	32	43	31	34	27	
5	17	17	6	12	15	20	12	1
3	18	59	16	37	22	18	11	
	7	11	9	4	4	17	12	
99	322	398	156	374	340	459	393	
97	319	392	150	367	333	452	386	
1	3	4	6	6	5	7	3	
1		2		1	2		4	
33	138	105	50	50	96	154	83	
21	84	68	36	31	53	70	43	
1	1	7	4	2	3	3	3	
					2		2	
2 023	4 809	6 544	3 304	4 428	4 899	5 259	4 246	4
1 621	3 817	5 295	2 693	3 708	4 051	4 389	3 613	3
402	933	1 263	574	744	790	866	699	1
516	1 214	1 734	954	1 360	1 403	1 456	1 124	
77	201	181	97	111	124	112	108	1
626	1 469	2 117	1 068	1 493	1 734	1 955	1 682	1
135	307	370	177	186	194	264	181	
51	110	146	96	88	90	127	86	
45	99	75	46	52	36	66	62	
1	4	9			2	1	1	
2	11	9	4	5	6	8	6	
36	83	131	31	41	60	62	26	
28	124	159	47	33	28	48	16	1
23	88	125	36	26	19	34	13	
2	11	7	3	1	1	5	1	
1	21	22	6	4	5	7	1	1
2	4	5	2	2	3	2	1	
239	561	720	387	501	626	558	436	
9	16	19	12	14	17	13	9	

营业企业法人按行业(小类

(续2)

行业类别(小类)	代码	营业企业法人单位数(个)	1978年以前	1979－1981年
云母采选业	1092	58	12	5
石墨采选业	1093	290	33	9
石膏采选业	1094	627	71	31
宝石、玉石采选业	1095	91	11	1
水晶采选业	1096	18	2	
滑石采选业	1097	374	40	13
其他类未包括的非金属矿采选业	1099	3 123	328	106
木材及竹材采运业	1200	1 912	970	126
木材采运业	1210	1 856	952	124
竹材采运业	1220	56	18	2
制造业	C	1 188 634	133 076	38 730
食品加工业	1300	94 027	14 359	4 134
粮食及饲料加工业	1310	60 563	9 662	2 832
碾米业	1311	25 600	5 136	1 478
磨粉业	1312	21 150	3 112	831
面、米制品业	1313	5 162	1 067	268
配合及混合饲料制造业	1314	6 646	290	230
蛋白饲料制造业	1315	612	14	6
水产饲料制造业	1317	526	13	11
其他饲料制造业	1319	867	30	8
植物油加工业	1320	14 431	3 144	799
食用植物油加工业	1321	13 948	3 102	779
非食用植物油加工业	1322	483	42	20
制糖业	1330	950	290	49
甘蔗糖业	1331	607	232	34
甜菜糖业	1332	103	44	13
加工糖业	1334	240	14	2
屠宰及肉类蛋类加工业	1340	8 008	869	260
屠宰业	1341	2 432	396	93
肉制品加工业	1342	4 509	397	135
肉类副产品加工业	1343	684	45	17
蛋品加工业	1344	383	31	15
水产品加工业	1350	4 740	180	92
冷冻水产品加工业	1351	3 511	150	61
干制水产品加工业	1352	542	3	15
腌制水产品加工业	1353	145	2	2
鱼糜及鱼糜制品加工业	1354	122	4	3
其它水产品加工业	1359	420	21	11
盐加工业	1360	140	36	11

)、开业时间分组的单位数

1982—1984年	1985—1988年	1989—1991年	1992年	1993年	1994年	1995年	1996年	其他（开业时间不详）
	8	5	6	6	9	2	5	
10	45	77	11	18	37	22	28	
44	75	90	57	79	83	62	35	
5	8	19	8	4	7	12	16	
2	1		3	2	4	2	2	
7	46	50	27	43	54	57	37	
162	362	460	263	335	415	388	304	
132	194	116	65	58	80	94	77	
132	181	111	60	56	76	92	72	
	13	5	5	2	4	2	5	
54 978	139 497	174 886	103 925	143 004	147 283	148 145	104 885	225
5 656	10 858	13 816	6 925	8 992	10 707	10 702	7 856	22
3 888	6 894	8 898	4 272	5 618	6 838	6 772	4 877	12
1 427	2 768	3 747	1 709	2 273	2 654	2 415	1 987	6
1 240	2 449	3 349	1 546	1 990	2 559	2 472	1 599	3
295	573	661	324	468	526	567	412	1
840	860	822	495	634	825	1 001	647	2
17	52	113	70	85	86	94	75	
25	80	85	55	76	64	65	52	
44	112	121	73	92	124	158	105	
925	1 581	2 109	932	1 082	1 395	1 462	997	5
887	1 517	2 031	888	1 038	1 352	1 398	951	5
38	64	78	44	44	43	64	46	
90	101	102	37	67	66	93	55	
76	60	38	12	46	40	45	24	
4	15	16	1	2		5	3	
10	26	48	24	19	26	43	28	
363	898	1 138	709	843	1 038	994	892	4
89	256	378	199	201	266	257	296	1
216	508	601	407	521	647	592	482	3
25	78	88	72	85	81	111	82	
33	56	71	31	36	44	34	32	
218	855	807	459	601	553	589	386	
173	735	607	320	396	366	426	277	
26	47	92	56	89	94	72	48	
5	13	17	14	28	30	23	11	
1	17	25	15	18	13	14	12	
13	43	66	54	70	50	54	38	
9	15	19	14	15	9	8	4	

营业企业法人按行业(小类

(续3)

行业类别(小类)	代码	营业企业法人单位数(个)	1978年以前	1979—1981年
其他食品加工业	1390	5 195	178	91
食品制造业	1400	35 254	4 019	965
糕点、糖果制造业	1410	12 961	1 396	347
糖果业	1411	2 450	206	64
糕点业	1412	4 811	830	186
饼干业	1413	1 292	113	25
方便主食品业	1414	1 402	73	24
蜜饯业	1415	2 157	107	41
其他糕点、糖果制品业	1419	849	67	7
乳制品制造业	1420	825	178	45
罐头食品制造业	1430	3 161	193	95
肉类罐头制造业	1431	205	34	8
禽类罐头制造业	1432	64	1	2
水产罐头制造业	1433	120	12	3
水果罐头制造业	1434	1 415	70	46
蔬菜罐头制造业	1435	997	53	32
其他罐头食品制造业	1439	360	23	4
发酵制品业	1440	729	81	21
氨基酸制造业	1441	81	3	4
味精制造业	1442	131	36	4
柠檬酸制造业	1443	45	10	2
酵母制品业	1444	194	16	5
酶制剂制造业	1445	124	11	1
其他发酵制品业	1449	154	5	5
调味品制造业	1450	5 352	1 296	205
酱油、酱类制造业	1451	3 445	1 083	145
食醋制造业	1452	641	124	31
调味料制造业	1453	653	27	11
调味油制造业	1454	203	29	7
其他调味品制造业	1459	410	33	11
其他食品制造业	1490	12 226	875	252
豆制品制造业	1491	2 017	261	42
淀粉及淀粉制品业	1492	5 043	224	69
代乳品制造业	1493	64	9	4
制冰业	1495	473	26	7
淀粉糖业	1497	220	33	3
冷冻饮品制造业	1498	2 239	220	94
其他类未包括的食品制造业	1499	2 170	102	33
饮料制造业	1500	27 046	3 747	1 485

)、开业时间分组的单位数

1982—1984年	1985—1988年	1989—1991年	1992年	1993年	1994年	1995年	1996年	其他（开业时间不详）
163	514	743	502	766	808	784	645	1
1 981	3 965	4 795	2 788	3 609	4 362	4 687	4 077	6
656	1 382	1 935	1 126	1 469	1 621	1 739	1 289	1
118	247	342	211	289	338	372	263	
289	552	675	342	468	517	559	393	
44	113	177	124	152	187	217	140	
43	112	183	170	190	221	228	157	1
144	295	446	229	297	227	218	153	
18	63	112	50	73	131	145	183	
72	111	72	53	64	73	93	64	
178	480	442	259	352	571	351	240	
9	17	20	17	17	27	34	22	
5	7	9	9	7	9	8	7	
5	15	23	7	7	16	22	10	
89	235	209	98	146	323	115	84	
51	140	140	87	123	143	131	97	
19	66	41	41	52	53	41	20	
30	104	98	52	67	97	107	72	
1	3	14	4	9	9	20	14	
6	15	13	8	5	16	16	12	
2	6	5	4	6	4	2	4	
9	26	35	23	16	30	21	13	
7	27	12	8	14	11	21	12	
5	27	19	5	17	27	27	17	
320	540	674	394	495	495	471	460	2
229	324	368	203	280	287	291	233	2
40	84	111	59	62	45	43	42	
16	64	110	66	73	82	83	121	
8	19	23	22	28	28	17	22	
27	49	62	44	52	53	37	42	
725	1 348	1 574	904	1 162	1 505	1 926	1 952	3
94	194	302	153	203	237	299	232	
412	597	585	274	349	549	813	1 171	
5	6	6	7	6	6	11	4	
22	81	112	43	39	35	69	39	
13	33	24	16	16	22	33	27	
111	224	268	190	267	283	334	247	1
68	213	277	221	282	373	367	232	2
1 771	3 423	3 278	1 961	2 864	3 003	3 145	2 363	6

营业企业法人按行业(小类

(续4)

行业类别(小类)	代码	营业企业法人单位数(个)	1978年以前	1979—1981年
酒精及饮料酒制造业	1510	13 172	2 221	909
酒精制造业	1511	397	104	12
白酒制造业	1512	10 312	1 782	698
啤酒制造业	1513	799	125	61
黄酒制造业	1514	998	140	116
葡萄酒制造业	1515	181	30	8
果露酒制造业	1516	485	40	14
软饮料制造业	1520	6 409	256	143
碳酸饮料制造业	1521	2 864	168	98
天然矿泉水制造业	1522	1 090	8	4
果菜汁饮料制造业	1523	1 236	36	18
固体饮料制造业	1524	521	30	14
其他软饮料制造业	1529	698	14	9
制茶业	1550	6 459	1 248	421
其他饮料制造业	1590	1 006	22	12
烟草加工业	1600	468	180	28
烟叶复烤业	1610	112	8	5
卷烟制造业	1620	262	145	9
其他烟草加工业	1690	94	27	14
纺织业	1700	53 312	6 034	1 960
纤维原料初步加工业	1710	3 691	947	134
轧花业	1711	1 993	847	88
洗毛业	1712	244	17	3
亚麻纤维初步加工业	1713	202	42	22
苎麻纤维初步加工业	1714	185	7	3
其他纤维原料初步加工业	1719	1 067	34	18
棉纺织业	1720	18 792	2 788	720
棉纺业	1721	2 924	616	146
棉织业	1722	6 309	1 051	246
印染业	1723	2 769	239	105
棉制品业	1724	3 623	503	118
棉线带制造业	1725	1 891	283	61
帘子布制造业	1726	310	13	10
其他棉纺织业	1729	966	83	34
毛纺织业	1740	5 926	353	203
毛条加工业	1741	404	13	6
毛纺业	1742	1 963	171	88
毛织业	1743	2 422	90	65
毛染整业	1744	368	11	8

）、开业时间分组的单位数

1982—1984年	1985—1988年	1989—1991年	1992 年	1993 年	1994 年	1995 年	1996 年	其他（开业时间不详）
981	1 584	1 426	808	1 114	1 304	1 582	1 238	5
22	46	35	23	25	32	63	35	
707	1 133	1 191	666	879	1 005	1 237	1 012	2
112	212	43	19	58	65	65	39	
82	114	94	67	100	112	103	68	2
21	36	15	8	12	22	18	10	1
37	43	48	25	40	68	96	74	
360	798	743	539	935	963	998	674	
242	506	373	219	316	349	365	228	
22	56	108	95	190	230	218	159	
50	129	130	124	242	204	196	107	
18	51	62	50	82	66	77	71	
28	56	70	51	105	114	142	109	
413	970	998	536	622	539	389	322	1
17	71	111	78	193	197	176	129	
41	49	53	26	29	26	20	16	
12	24	19	14	12	10	3	5	
12	20	23	10	10	12	14	7	
17	5	11	2	7	4	3	4	
2 473	6 560	7 868	4 594	6 482	6 971	6 200	4 163	7
296	378	424	246	305	402	359	200	
238	160	164	85	98	135	111	67	
4	34	56	22	32	32	26	18	
3	29	16	11	9	18	35	17	
15	49	17	8	18	21	30	17	
36	106	171	120	148	196	157	81	
833	2 668	2 788	1 460	1 975	2 197	2 021	1 339	3
133	540	449	148	221	224	255	191	1
293	889	904	411	558	775	710	471	1
120	336	426	295	408	362	283	195	
146	529	523	286	401	442	404	270	1
87	214	277	187	220	224	216	122	
6	31	58	32	39	44	53	24	
48	129	151	101	128	126	100	66	
278	813	954	544	720	732	736	592	1
13	58	56	44	62	67	48	37	
128	340	293	186	215	195	217	130	
83	245	398	213	292	331	357	348	
16	46	69	41	58	56	35	28	

(续5)

行业类别(小类)	代码	营业企业法人单位数(个)	1978年以前	1979—1981年
工业用呢、工业用毡制造业	1745	297	29	14
其他毛纺织业	1749	472	39	22
麻纺织业	1760	854	135	41
苎麻纺织业	1761	183	17	11
亚麻纺织业	1762	114	13	3
黄、洋、青麻纺织业	1763	311	77	15
其他麻纺织业	1769	246	28	12
丝绢纺织业	1770	7 333	796	353
缫丝业	1771	1 557	278	95
绢纺业	1772	370	25	14
丝织业	1773	3 493	370	165
丝印染业	1774	593	43	39
丝制品业	1775	993	65	31
其他丝绢纺织业	1779	327	15	9
针织品业	1780	14 041	889	430
棉针织品业	1781	5 347	529	220
毛针织品业	1782	5 717	192	143
丝针织品业	1783	1 169	80	30
其他针织品业	1789	1 808	88	37
其他纺织业	1790	2 675	126	79
服装及其他纤维制品制造业	1800	49 432	3 641	1 419
服装制造业	1810	41 602	2 933	1 191
制帽业	1820	725	103	33
制鞋业	1830	4 343	450	122
其他纤维制品制造业	1890	2 762	155	73
皮革、毛皮、羽绒及其制品业	1900	26 544	1 660	616
制革业	1910	3 012	239	70
轻革业	1911	2 101	202	47
重革业	1912	173	6	7
其他制革业	1919	738	31	16
皮革制品制造业	1920	19 945	1 156	469
皮鞋制造业	1921	12 471	709	290
革皮服装制造业	1923	2 461	160	45
皮箱制造业	1924	809	71	15
皮包制造业	1925	2 286	86	53
其他类未包括的皮革制品业	1929	1 918	130	66
毛皮鞣制及制品业	1930	1 583	164	36
毛皮鞣制业	1931	703	40	10
毛皮服装业	1932	362	42	10

）、开业时间分组的单位数

1982—1984年	1985—1988年	1989—1991年	1992 年	1993 年	1994 年	1995 年	1996 年	其他（开业时间不详）
15	53	59	12	28	32	34	20	1
23	71	79	48	65	51	45	29	
59	143	112	60	84	84	77	59	
21	47	21	10	13	13	17	13	
11	13	12	11	11	18	11	11	
15	50	48	19	21	26	21	19	
12	33	31	20	39	27	28	16	
406	898	942	552	1 050	1 123	751	460	2
39	166	134	118	239	279	145	63	1
9	35	61	32	63	63	36	32	
265	482	480	208	438	519	352	213	1
41	70	89	58	114	55	46	38	
40	110	120	107	147	156	129	88	
12	35	58	29	49	51	43	26	
485	1 328	2 167	1 425	2 003	2 085	1 910	1 318	1
222	560	804	501	673	687	697	454	
148	442	818	635	908	954	849	628	
49	140	178	113	167	174	155	83	
66	186	367	176	255	270	209	153	1
116	332	481	307	345	348	346	195	
1 455	4 071	8 609	5 540	7 281	6 733	6 276	4 402	5
1 195	3 319	7 292	4 810	6 320	5 679	5 246	3 613	4
32	62	118	63	83	94	83	54	
146	425	731	395	476	586	556	456	
82	265	468	272	402	374	391	279	1
796	2 573	4 167	2 664	3 897	3 904	3 835	2 429	3
78	287	469	288	431	428	516	206	
51	194	308	204	315	290	370	120	
3	11	31	7	31	31	32	14	
24	82	130	77	85	107	114	72	
584	1 841	3 118	2 019	3 015	3 006	2 832	1 902	3
348	1 058	2 037	1 313	1 932	1 904	1 777	1 102	1
60	212	326	223	380	384	364	307	
28	128	128	68	103	112	81	75	
66	243	351	236	345	326	348	232	
82	200	276	179	255	280	262	186	2
51	168	271	160	198	210	207	118	
18	64	158	89	98	95	75	56	
14	46	50	24	38	55	62	21	

(续6)

行业类别(小类)	代码	营业企业法人单位数(个)	1978年以前	1979—1981年
其他毛皮制品业	1939	518	82	16
羽毛(绒)及制品业	1950	2 004	101	41
羽毛(绒)加工业	1951	915	18	10
羽毛(绒)制品业	1952	1 089	83	31
木材加工及竹、藤、棕、草制品业	2000	38 506	2 793	1 147
锯材、木片加工业	2010	12 155	935	485
锯材加工业	2011	10 057	846	420
木片加工业	2012	2 098	89	65
人造板制造业	2020	5 090	287	128
胶合板制造业	2021	2 837	146	87
纤维板制造业	2022	379	69	17
刨花板制造业	2023	763	29	11
其他人造板制造业	2029	1 111	43	13
木制品业	2030	14 784	1 165	423
生产用木制品业	2031	10 668	893	331
生活用木制品业	2033	4 116	272	92
竹、藤、棕、草制品业	2040	6 477	406	111
家具制造业	2100	28 317	2 426	613
木制家具制造业	2110	23 141	1 979	493
竹、藤家具制造业	2120	1 030	90	22
金属家具制造业	2130	2 466	284	72
塑料家具制造业	2140	152	7	5
其他家具制造业	2190	1 528	66	21
造纸及纸制品业	2200	33 904	3 701	1 426
纸浆制造业	2210	521	30	19
造纸业	2220	13 759	1 995	626
机制纸及纸板制造业	2221	11 293	1 762	491
手工纸制造业	2223	964	123	72
加工纸制造业	2224	1 502	110	63
纸制品业	2230	19 624	1 676	781
印刷业，记录媒介的复制	2300	31 646	5 302	2 017
印刷业	2310	31 463	5 289	2 012
书、报、刊印刷业	2311	7 687	1 965	588
包装装潢印刷业	2312	6 491	735	232
其他印刷业	2319	17 285	2 589	1 192
记录媒介的复制	2320	183	13	5
文教体育用品制造业	2400	12 804	1 211	414
文化用品制造业	2410	5 615	842	293
文具制造业	2411	1 576	203	47

）、开业时间分组的单位数

1982—1984年	1985—1988年	1989—1991年	1992 年	1993 年	1994 年	1995 年	1996 年	其他（开业时间不详　）
19	58	63	47	62	60	70	41	
83	277	309	197	253	260	280	203	
30	109	158	91	125	126	160	88	
53	168	151	106	128	134	120	115	
1 577	3 983	5 719	3 135	4 628	5 403	5 645	4 470	6
591	1 382	1 962	986	1 300	1 559	1 700	1 252	3
538	1 238	1 677	809	1 040	1 240	1 316	930	3
53	144	285	177	260	319	384	322	
133	337	507	361	830	882	850	775	
62	200	283	236	516	525	402	380	
26	40	59	10	35	33	43	47	
25	33	64	24	99	143	188	147	
20	64	101	91	180	181	217	201	
633	1 645	2 243	1 173	1 740	2 069	2 126	1 565	2
512	1 240	1 643	842	1 226	1 408	1 479	1 093	1
121	405	600	331	514	661	647	472	1
220	619	1 007	615	758	893	969	878	1
977	2 737	4 490	2 602	3 438	3 903	4 120	3 010	1
784	2 245	3 700	2 099	2 754	3 201	3 387	2 499	
36	76	181	80	109	140	169	126	1
102	266	371	261	335	305	282	188	
3	13	19	6	19	23	28	29	
52	137	219	156	221	234	254	168	
1 621	4 449	4 919	2 723	3 561	3 780	4 304	3 412	8
20	72	76	42	52	55	93	62	
598	1 871	1 852	991	1 283	1 419	1 751	1 369	4
418	1 542	1 496	798	1 021	1 157	1 474	1 131	3
119	125	118	59	83	80	90	95	
61	204	238	134	179	182	187	143	1
1 003	2 506	2 991	1 690	2 226	2 306	2 460	1 981	4
1 992	4 084	4 526	2 715	3 567	2 980	2 666	1 793	4
1 981	4 061	4 501	2 701	3 536	2 956	2 640	1 782	4
539	937	976	531	729	607	470	343	2
301	719	996	671	853	751	717	516	
1 141	2 405	2 529	1 499	1 954	1 598	1 453	923	2
11	23	25	14	31	24	26	11	
504	1 474	2 069	1 237	1 598	1 561	1 586	1 150	
304	688	897	468	590	572	586	375	
54	187	275	152	192	167	166	133	

营业企业法人按行业(小类

(续7)

行业类别(小类)	代码	营业企业法人单位数(个)	1978年以前	1979—1981年
本册制造业	2413	2 147	351	186
笔制造业	2415	1 050	141	25
教学标本、模型制造业	2417	262	64	15
其他文化用品制造业	2419	580	83	20
体育用品制造业	2420	1 353	108	32
球类制造业	2421	353	28	8
体育器材制造业	2423	567	50	16
其他体育用品制造业	2429	433	30	8
乐器及其他文娱用品制造业	2430	527	75	14
中乐器制造业	2431	129	18	3
西乐器制造业	2433	202	41	7
电子乐器制造业	2435	44	1	1
其他乐器及文娱用品制造业	2439	152	15	3
玩具制造业	2440	4 708	135	57
游艺器材制造业	2450	184	5	3
其他类未包括的文教体育用品制造业	2490	417	46	15
石油加工及炼焦业	2500	6 539	331	119
人造原油生产业	2510	129	2	1
原油加工业	2520	1 724	153	61
石油制品业	2530	1 893	106	38
炼焦业	2570	2 793	70	19
化学原料及化学制品制造业	2600	55 650	5 903	1 508
基本化学原料制造业	2610	10 398	1 157	356
无机酸制造业	2611	1 515	172	36
烧碱制造业	2613	545	100	13
纯碱制造业	2615	692	78	17
无机盐制造业	2617	3 690	424	115
其他基本化学原料制造业	2619	3 956	383	175
化学肥料制造业	2620	5 622	1 452	146
氮肥制造业	2621	898	711	54
磷肥制造业	2622	1 759	576	51
钾肥制造业	2623	76	8	1
复合肥料制造业	2624	1 811	101	24
微量元素肥料制造业	2625	189	4	1
其他化学肥料制造业	2629	889	52	15
化学农药制造业	2630	1 578	241	32
农药原药制造业	2631	530	115	10
农药制剂制造业	2633	1 048	126	22
有机化学产品制造业	2650	14 008	1 079	385

)、开业时间分组的单位数

1982—1984年	1985—1988年	1989—1991年	1992 年	1993 年	1994 年	1995 年	1996 年	其他（开业时间不详）
153	294	353	153	203	184	170	100	
39	116	146	83	109	134	167	90	
24	30	41	21	19	18	18	12	
34	61	82	59	67	69	65	40	
39	128	227	139	177	194	178	131	
7	28	61	33	46	49	50	43	
13	55	97	56	79	84	70	47	
19	45	69	50	52	61	58	41	
22	71	92	49	78	48	44	34	
8	19	24	10	14	13	11	9	
7	30	34	21	22	14	10	16	
	4	5	2	14	6	8	3	
7	18	29	16	28	15	15	6	
112	532	746	516	671	667	708	564	
3	21	36	26	27	30	27	6	
24	34	71	39	55	50	43	40	
168	758	1 086	666	909	1 094	913	495	
3	16	26	8	22	22	20	9	
57	220	253	181	222	231	217	129	
57	231	262	192	279	300	249	179	
51	291	545	285	386	541	427	178	
2 184	6 815	8 132	5 483	6 924	6 589	7 095	5 012	5
488	1 441	1 625	898	1 094	1 130	1 269	940	
63	224	269	139	142	174	177	119	
15	68	84	37	46	50	74	58	
32	83	109	61	59	93	74	86	
181	488	582	320	405	382	470	323	
197	578	581	341	442	431	474	354	
204	570	510	410	423	496	798	612	1
16	19	11	14	11	15	25	22	
80	192	192	119	74	108	195	172	
1	9	6	8	12	13	12	6	
61	224	205	183	196	223	352	242	
3	30	21	17	24	20	31	37	1
43	96	75	69	106	117	183	133	
70	206	273	161	183	150	132	130	
25	71	77	54	57	44	45	32	
45	135	196	107	126	106	87	98	
581	1 866	2 076	1 511	1 976	1 734	1 687	1 111	2

(续8)

行业类别(小类)	代码	营业企业法人单位数(个)	1978年以前	1979—1981年
有机化工原料制造业	2651	2 555	288	75
涂料制造业	2652	7 071	380	179
油墨制造业	2653	590	35	5
颜料制造业	2654	901	98	31
染料制造业	2655	958	96	30
其他有机化学产品制造业	2659	1 933	182	65
合成材料制造业	2660	3 798	266	97
聚烯烃塑料制造业	2661	477	34	10
热固性树脂及塑料制造业	2662	710	65	19
工程塑料制造业	2663	546	35	14
功能高分子制造业	2664	518	26	17
有机硅氟材料制造业	2665	247	19	2
合成橡胶制造业	2666	520	37	16
合成纤维单(聚合)体制造业	2667	174	12	5
其他合成材料制造业	2669	606	38	14
专用化学产品制造业	2670	12 250	1 088	287
化学试剂、助剂制造业	2671	5 056	411	130
专项化学用品制造业	2672	3 387	132	60
林产化学产品制造业	2673	1 587	232	48
炸药及火工产品制造业	2674	708	248	33
信息化学品制造业	2675	582	28	8
放射化学产品制造业	2676	14	1	
添加剂制造业	2677	916	36	8
日用化学产品制造业	2680	7 996	620	205
肥皂及皂粉、合成洗涤剂制造业	2681	2 645	164	47
合成脂肪酸制造业	2682	133	8	2
硬脂酸、硬化油制造业	2683	295	28	10
香料、香精制造业	2684	736	52	21
化妆品制造业	2685	1 532	58	48
牙膏制造业	2686	76	16	2
火柴制造业	2687	218	89	6
动物胶制造业	2688	505	56	12
其他日用化学产品制造业	2689	1 856	149	57
医药制造业	2700	7 632	1 466	177
化学药品原药制造业	2710	1 459	270	24
化学药品制剂制造业	2720	1 802	472	37
中药材及中成药加工业	2730	2 719	528	60
动物药品制造业	2740	949	146	47
生物制品业	2750	703	50	9

)、开业时间分组的单位数

1982—1984年	1985—1988年	1989—1991年	1992 年	1993 年	1994 年	1995 年	1996 年	其他（开业时间不详）
87	312	404	254	317	306	308	203	1
336	928	981	798	1 082	902	890	594	1
25	59	84	80	90	92	71	49	
29	120	127	79	125	126	103	63	
35	171	159	92	132	100	84	59	
69	276	321	208	230	208	231	143	
133	389	551	430	517	550	517	348	
19	41	70	61	66	66	67	43	
14	65	129	78	95	87	94	64	
26	60	65	62	61	86	87	50	
18	52	61	65	69	89	70	51	
9	32	50	25	28	38	27	17	
19	59	80	48	75	58	69	59	
7	16	20	23	26	21	27	17	
21	64	76	68	97	105	76	47	
430	1 452	1 938	1 285	1 714	1 495	1 534	1 025	2
184	606	832	527	742	585	635	404	
119	408	541	405	508	474	450	289	1
49	199	227	146	203	183	154	145	1
35	81	63	40	50	53	60	45	
18	52	131	66	79	64	82	54	
	2	3	1	3	2		2	
25	104	141	100	129	134	153	86	
278	891	1 159	788	1 017	1 034	1 158	846	
79	227	371	275	358	349	435	340	
7	18	18	23	12	10	26	9	
17	49	57	30	34	30	25	15	
39	115	101	73	95	93	95	52	
45	207	228	168	226	198	225	129	
3	8	7	9	11	9	5	6	
5	16	23	15	14	15	18	17	
18	60	65	34	38	67	72	83	
65	191	289	161	229	263	257	195	
273	816	991	712	930	865	856	541	5
49	174	209	142	150	158	179	103	1
40	183	262	145	209	171	164	118	1
118	278	318	261	346	327	297	184	2
48	115	127	73	107	106	113	66	1
18	66	75	91	118	103	103	70	

（续 9）

行业类别（小类）	代码	营业企业法人单位数（个）	1978年以前	1979—1981年
化学纤维制造业	2800	3 130	236	72
纤维素纤维制造业	2810	604	51	10
化纤浆粕制造业	2811	126	7	3
粘胶纤维制造业	2812	307	35	3
其他纤维素纤维制造业	2819	171	9	4
合成纤维制造业	2820	1 640	116	40
锦纶纤维制造业	2821	181	23	7
涤纶纤维制造业	2822	700	50	18
腈纶纤维制造业	2823	106	5	3
维纶纤维制造业	2824	66	6	2
其他合成纤维制造业	2829	587	32	10
渔具及渔具材料制造业	2850	886	69	22
渔具用丝制造业	2851	51	5	1
渔具用线制造业	2852	38	1	1
渔具用绳制造业	2853	115	9	1
渔网制造业	2854	483	46	16
其他渔具制造业	2859	199	8	3
橡胶制品业	2900	11 133	1 458	365
轮胎制造业	2910	456	105	8
力车胎制造业	2920	173	37	7
橡胶板、管、带制造业	2930	1 981	304	69
橡胶零件制品业	2940	2 743	294	114
再生橡胶制造业	2950	801	104	19
橡胶靴鞋制造业	2960	1 162	162	29
日用橡胶制品业	2970	897	79	27
橡胶制品翻修业	2980	565	146	21
轮胎翻新业	2981	422	138	15
其他橡胶制品翻修业	2989	143	8	6
其他橡胶制品业	2990	2 355	227	71
塑料制品业	3000	54 658	3 669	1 344
塑料薄膜制造业	3010	4 540	519	129
塑料板、管、棒材制造业	3020	5 544	450	144
塑料丝、绳及编织品制造业	3030	9 260	572	275
泡沫塑料及人造革、合成革制造业	3040	4 379	266	91
塑料包装箱及容器制造业	3050	3 576	309	79
塑料鞋制造业	3060	3 434	112	30
日用塑料杂品制造业	3070	4 846	297	105
塑料零件制造业	3080	4 267	348	134
其他塑料制品业	3090	14 812	796	357

)、开业时间分组的单位数

1982—1984年	1985—1988年	1989—1991年	1992 年	1993 年	1994 年	1995 年	1996 年	其他（开业时间不详）
122	382	537	357	422	398	363	241	
17	66	87	53	93	85	77	65	
5	19	23	9	15	10	18	17	
7	27	42	35	47	47	33	31	
5	20	22	9	31	28	26	17	
73	224	290	190	213	211	174	109	
4	17	37	17	18	24	20	14	
29	113	124	80	88	87	71	40	
4	15	12	10	14	15	17	11	
6	8	9	7	6	11	8	3	
30	71	108	76	87	74	58	41	
32	92	160	114	116	102	112	67	
3	4	8	8	3	6	9	4	
2	4	10	6	1	5	5	3	
4	16	24	19	14	14	9	5	
19	55	83	49	67	54	59	35	
4	13	35	32	31	23	30	20	
533	1 366	1 730	1 035	1 252	1 242	1 240	911	1
16	44	45	22	40	51	71	54	
8	21	17	18	18	9	19	19	
96	250	333	173	197	206	198	154	1
162	373	448	268	286	344	276	178	
39	125	110	66	89	88	96	65	
41	140	171	118	137	114	150	100	
48	107	155	105	98	103	88	87	
17	53	58	41	79	56	48	46	
16	36	33	27	55	37	33	32	
1	17	25	14	24	19	15	14	
106	253	393	224	308	271	294	208	
2 248	6 285	9 384	5 668	6 881	7 045	7 138	4 988	8
192	517	754	486	505	521	499	418	
231	583	853	550	727	751	749	505	1
414	1 105	1 470	998	1 016	1 061	1 350	994	5
179	501	731	425	590	625	566	404	1
144	378	643	371	454	422	448	328	
102	480	766	399	456	407	432	250	
157	498	946	531	638	649	595	430	
217	577	712	358	538	612	488	283	
612	1 646	2 509	1 550	1 957	1 997	2 011	1 376	1

营业企业法人按行业(小类

(续10)

行业类别(小类)	代码	营业企业法人单位数(个)	1978年以前
非金属矿物制品业	3100	226 102	19 794
水泥制造业	3110	9 348	2 797
水泥制品和石棉水泥制品业	3120	44 057	2 543
水泥制品业	3121	17 433	1 337
砼结构构件制造业	3123	25 055	1 096
石棉水泥制品业	3124	935	74
其他水泥制品业	3129	634	36
砖瓦、石灰和轻质建筑材料制造业	3130	137 473	10 179
砖瓦制造业	3131	100 277	8 008
石灰制造业	3132	9 284	1 041
建筑用石加工业	3133	18 291	570
轻质建筑材料制造业	3134	2 222	107
防水密封建筑材料制造业	3135	2 135	149
隔热保温材料制造业	3136	2 547	139
其他砖瓦、石灰和轻质建筑材料制造业	3139	2 717	165
玻璃及玻璃制品业	3140	5 904	703
建筑用玻璃制品业	3141	970	61
工业技术用玻璃制造业	3142	557	56
光学玻璃制造业	3143	262	30
玻璃仪器制造业	3145	512	90
日用玻璃制品业	3147	2 227	358
玻璃保温容器制造业	3148	222	37
其他玻璃及玻璃制品业	3149	1 154	71
陶瓷制品业	3150	11 763	1 690
建筑、卫生陶瓷制造业	3151	4 096	252
工业用陶瓷制造业	3153	1 004	231
日用陶瓷制造业	3155	6 098	1 156
其他陶瓷制品业	3159	565	51
耐火材料制品业	3160	7 497	982
石棉制品业	3161	1 307	126
云母制品业	3163	218	34
其他耐火材料制品业	3169	5 972	822
石墨及碳素制品业	3170	1 832	161
冶金用碳素制品业	3171	791	71
电工用碳素制品业	3172	300	31
其他石墨及碳素制品业	3179	741	59
矿物纤维及其制品业	3180	3 870	285
玻璃纤维及其制品业	3181	1 410	133
玻璃钢制品业	3182	2 321	143

）、开业时间分组的单位数

1979—1981年	1982—1984年	1985—1988年	1989—1991年	1992年	1993年	1994年	1995年	1996年	其他（开业时间不详）
8 083	12 082	29 615	31 938	16 838	24 815	27 269	31 493	24 091	84
560	602	1 422	806	450	792	794	663	460	2
1 428	2 277	5 717	6 974	3 474	4 753	5 784	6 525	4 577	5
563	881	2 145	2 673	1 336	1 879	2 182	2 552	1 884	1
825	1 342	3 385	4 050	1 996	2 680	3 371	3 753	2 553	4
21	23	120	153	77	119	149	122	77	
19	31	67	98	65	75	82	98	63	
5 105	7 777	18 302	18 539	9 529	14 545	16 506	20 519	16 402	70
4 239	6 274	14 421	12 856	5 977	9 351	11 493	15 282	12 310	66
352	545	1 306	1 543	596	736	991	1 084	1 089	1
274	505	1 442	2 704	2 010	3 148	2 688	2 841	2 109	
50	74	241	282	193	312	354	359	250	
62	128	255	364	211	279	281	249	157	
58	131	315	419	272	372	335	305	200	1
70	120	322	371	270	347	364	399	287	2
172	244	686	776	563	733	777	766	483	1
23	35	96	116	90	164	162	152	71	
13	22	73	80	48	78	67	69	51	
11	14	28	30	24	37	41	28	19	
30	32	70	71	56	49	49	42	23	
61	100	271	306	190	223	268	258	192	
8	6	18	32	24	21	30	25	21	
26	35	130	141	131	161	160	192	106	1
314	393	1 158	1 970	1 376	1 725	1 297	1 051	788	1
48	82	261	725	615	819	549	436	308	1
37	45	119	135	82	103	110	78	64	
215	244	716	1 032	624	727	564	465	355	
14	22	62	78	55	76	74	72	61	
260	361	1 052	1 176	575	903	880	785	520	3
34	63	188	220	113	178	152	135	97	1
13	13	44	29	10	24	25	19	7	
213	285	820	927	452	701	703	631	416	2
39	76	298	281	132	227	227	227	163	1
14	38	141	122	52	85	92	100	75	1
10	11	48	45	28	37	32	29	29	
15	27	109	114	52	105	103	98	59	
84	175	440	688	390	528	471	452	356	1
23	62	166	216	153	179	168	173	137	
57	111	255	444	225	339	282	260	204	1

营业企业法人按行业(小类

(续11)

行业类别(小类)	代码	营业企业法人单位数(个)	1978年以前	1979—1981年
其他矿物纤维及其制品业	3189	139	9	4
其他类未包括的非金属矿物制品业	3190	4 358	454	121
黑色金属冶炼及压延加工业	3200	14 429	1 057	282
炼铁业	3210	3 661	238	40
炼钢业	3220	1 727	133	19
钢压延加工业	3240	7 670	564	195
铁合金冶炼业	3260	1 371	122	28
有色金属冶炼及压延加工业	3300	9 907	681	214
重有色金属冶炼业	3310	2 911	199	74
铜冶炼业	3311	1 010	71	26
铅锌冶炼业	3312	916	59	22
镍钴冶炼业	3314	63	9	3
锡冶炼业	3316	116	12	13
锑冶炼业	3317	459	21	1
汞冶炼业	3318	12	3	
其他重有色金属冶炼业	3319	335	24	9
轻有色金属冶炼业	3320	1 705	93	23
铝冶炼业	3321	1 037	60	12
镁冶炼业	3322	355	7	1
钛冶炼业	3323	67	6	2
其他轻有色金属冶炼业	3329	246	20	8
贵金属冶炼业	3330	317	21	6
金冶炼业	3331	225	13	1
银冶炼业	3332	38	5	3
其他贵金属冶炼业	3339	54	3	2
稀有稀土金属冶炼业	3340	487	48	4
钨钼冶炼业	3341	133	11	
其他稀有稀土金属冶炼业	3349	354	37	4
有色金属合金业	3360	485	26	9
有色金属压延加工业	3380	4 002	294	98
重有色金属压延加工业	3381	2 062	156	60
轻有色金属压延加工业	3383	1 724	119	35
贵金属压延加工业	3385	73	6	2
稀有稀土金属压延加工业	3387	143	13	1
金属制品业	3400	83 016	10 539	2 428
金属结构制造业	3410	6 062	494	161
铸铁管制造业	3420	3 691	480	72
工具制造业	3430	10 168	1 259	227
切削工具制造业	3431	2 275	259	56

)、开业时间分组的单位数

1982—1984年	1985—1988年	1989—1991年	1992 年	1993 年	1994 年	1995 年	1996 年	其他（开业时间不详）
2	19	28	12	10	21	19	15	
177	540	728	349	609	533	505	342	
464	1 598	1 841	1 481	2 740	2 099	1 681	1 184	2
84	373	417	270	763	657	481	337	1
36	115	184	229	411	232	210	157	1
304	838	959	890	1 440	1 083	829	568	
40	272	281	92	126	127	161	122	
371	1 282	1 418	950	1 301	1 325	1 438	924	3
92	367	400	234	377	372	453	342	1
41	119	150	112	150	120	137	83	1
30	108	147	63	105	126	135	121	
	9	4	7	10	8	6	7	
4	11	16	8	17	14	13	8	
6	77	32	15	38	67	107	95	
		2	1		1	3	2	
11	43	49	28	57	36	52	26	
67	229	242	146	200	220	303	182	
53	138	155	104	141	138	139	97	
6	48	34	17	30	38	117	57	
4	4	7	5	7	8	16	8	
4	39	46	20	22	36	31	20	
3	26	45	24	49	57	52	34	
3	14	35	17	35	44	37	26	
	4	5	4	3	6	5	3	
	8	5	3	11	7	10	5	
16	57	60	48	41	78	86	48	1
8	19	18	9	10	22	22	14	
8	38	42	39	31	56	64	34	1
21	70	69	61	61	61	70	37	
172	533	602	437	573	537	474	281	1
90	304	360	225	272	247	220	128	
78	207	221	192	275	254	219	124	
1	4	4	5	16	15	14	6	
3	18	17	15	10	21	21	23	1
3 301	9 140	12 407	7 819	10 852	10 556	9 699	6 268	7
229	781	889	589	919	798	729	473	
157	452	605	377	434	497	359	258	
359	1 030	1 617	994	1 407	1 271	1 205	798	1
79	250	416	205	326	304	249	131	

营业企业法人按行业(小类

(续12)

行业类别(小类)	代码	营业企业法人单位数(个)	1978年以前	1979—1981年
模具制造业	3434	4 729	270	97
手工具制造业	3435	2 563	633	60
其他工具制造业	3439	601	97	14
集装箱和金属包装物品制造业	3440	4 425	585	156
集装箱制造业	3441	173	8	3
金属包装物品及容器制造业	3442	4 252	577	153
金属丝绳及其制品业	3450	6 709	813	196
建筑用金属制品业	3460	17 814	1 515	506
建筑小五金制造业	3461	3 375	303	100
水暖管道零件制造业	3463	3 392	438	74
金属门窗制造业	3465	9 939	701	302
其他建筑用金属制品业	3469	1 108	73	30
金属表面处理及热处理业	3470	6 976	822	461
日用金属制品业	3480	16 979	1 917	330
搪瓷制造业	3481	569	115	16
铝制品业	3482	3 575	272	72
不锈钢制品业	3483	3 064	147	40
刀剪制造业	3484	881	149	15
制锁业	3485	1 414	194	32
炊事用具制造业	3486	2 414	566	58
燃气用具制造业	3487	955	79	17
理发用具制造业	3488	247	20	2
其他日用金属制品业	3489	3 860	375	78
其他金属制品业	3490	10 192	2 654	319
铁制小农具制造业	3491	4 536	2 131	188
焊条制造业	3495	696	97	19
其他类未包括的金属制品业	3499	4 960	426	112
普通机械制造业	3500	79 478	12 056	2 153
锅炉及原动机制造业	3510	5 083	1 240	197
锅炉制造业	3511	2 279	468	115
内燃机制造业	3512	373	153	5
汽轮机制造业	3513	89	16	9
水轮机制造业	3514	60	34	1
内燃机零部件及配件制造业	3515	1 830	496	49
其他锅炉及原动机制造业	3519	452	73	18
金属加工机械制造业	3520	8 964	1 468	226
金属切削机床制造业	3521	1 510	411	37
锻压设备制造业	3523	870	238	11
铸造机械制造业	3525	1 445	231	35

)、开业时间分组的单位数

1982—1984年	1985—1988年	1989—1991年	1992 年	1993 年	1994 年	1995 年	1996 年	其他（开业时间不详）
162	466	757	543	754	644	600	435	1
91	265	371	195	259	247	257	185	
27	49	73	51	68	76	99	47	
207	550	703	473	513	450	468	319	1
11	14	33	19	27	20	25	13	
196	536	670	454	486	430	443	306	1
254	741	980	591	886	900	844	503	1
638	1 765	2 746	1 821	2 611	2 598	2 260	1 351	3
127	365	634	298	408	472	433	235	
136	353	538	299	437	459	381	275	2
329	942	1 417	1 112	1 590	1 493	1 299	753	1
46	105	157	112	176	174	147	88	
478	979	1 007	604	801	767	659	398	
556	1 743	2 492	1 606	2 295	2 285	2 225	1 530	
29	80	85	48	46	50	61	39	
125	412	518	384	503	496	502	291	
79	261	361	318	508	505	491	354	
26	109	157	73	115	91	87	59	
56	145	185	122	199	201	172	108	
77	210	346	189	236	267	274	191	
32	79	106	95	141	143	146	117	
7	19	37	19	41	47	32	23	
125	428	697	358	506	485	460	348	
423	1 099	1 368	764	986	990	950	638	1
201	412	521	206	222	256	237	162	
24	90	67	58	117	95	83	46	
198	597	780	500	647	639	630	430	1
3 699	9 880	11 857	7 031	9 735	9 392	8 485	5 181	9
248	573	578	414	514	537	493	289	
120	281	249	185	260	219	235	147	
11	26	23	21	35	41	31	27	
5	6	7	9	10	13	9	5	
2	5	5		5	3	2	3	
92	204	237	149	156	201	166	80	
18	51	57	50	48	60	50	27	
384	1 022	1 199	853	1 255	1 059	906	592	
43	167	174	130	204	155	121	68	
32	109	86	74	92	90	81	57	
73	145	219	144	187	177	137	97	

(续13)

行业类别(小类)	代码	营业企业法人单位数(个)	1978年以前
机床附件制造业	3526	797	141
其他金属加工机械制造业	3529	4 342	447
通用设备制造业	3530	10 563	2 129
起重运输设备制造业	3531	1 991	470
工矿车辆制造业	3532	273	107
泵制造业	3533	3 130	683
风机制造业	3534	1 097	177
气体压缩机及气体分离设备制造业	3535	790	130
冷冻设备制造业	3536	847	116
风动工具制造业	3537	258	44
电动工具制造业	3538	729	92
其他通用设备制造业	3539	1 448	310
轴承、阀门制造业	3540	6 095	1 045
轴承制造业	3541	2 210	378
阀门制造业	3542	3 885	667
其他通用零部件制造业	3560	19 098	2 378
液压件及液力件制造业	3561	1 716	263
气动元件制造业	3562	914	106
密封件制造业	3563	870	54
粉末冶金制品业	3564	910	130
紧固件制造业	3565	6 294	783
弹簧制造业	3566	1 826	313
链条制造业	3567	547	103
齿轮制造业	3568	813	167
其他类未包括的通用零部件制造业	3569	5 208	459
铸锻件制造业	3570	22 937	2 928
铸件制造业	3571	19 707	2 566
锻件制造业	3572	3 230	362
普通机械修理业	3580	2 910	381
其他普通机械制造业	3590	3 828	487
专用设备制造业	3600	41 516	9 050
冶金、矿山、机电工业专用设备制造业	3610	3 963	702
矿山设备制造业	3611	1 775	454
冶金工业专用设备制造业	3613	627	97
电工专用设备制造业	3615	275	32
电子工业专用设备制造业	3617	580	51
其他机电工业专用设备制造业	3619	706	68
石化及其他工业专用设备制造业	3620	5 749	1 142
石油工业专用设备制造业	3621	710	120

)、开业时间分组的单位数

1979—1981年	1982—1984年	1985—1988年	1989—1991年	1992 年	1993 年	1994 年	1995 年	1996 年	其他(开业时间不详)
30	33	99	106	62	103	83	91	49	
113	203	502	614	443	669	554	476	321	
253	465	1 218	1 276	906	1 261	1 235	1 137	683	
44	96	257	195	155	259	222	181	112	
18	13	28	30	12	19	20	18	8	
74	147	351	413	262	314	323	350	213	
29	48	124	142	93	152	132	112	88	
13	28	98	130	78	95	98	78	42	
21	28	83	95	77	123	129	110	65	
4	18	28	45	27	34	20	26	12	
10	25	75	78	67	84	127	109	62	
40	62	174	148	135	181	164	153	81	
114	312	789	926	530	692	666	630	391	
34	79	253	341	177	237	231	305	175	
80	233	536	585	353	455	435	325	216	
481	843	2 406	3 130	1 760	2 319	2 418	2 154	1 205	4
37	64	210	249	171	253	194	170	105	
24	28	96	144	97	125	128	106	60	
25	39	124	154	90	128	95	101	60	
30	43	127	115	82	120	90	116	56	1
151	301	842	1 160	568	683	784	700	321	1
72	78	218	281	145	188	258	174	98	1
16	20	75	66	46	46	59	74	42	
12	29	113	97	60	102	103	82	48	
114	241	601	864	501	674	707	631	415	1
670	1 167	3 025	3 739	1 958	2 793	2 670	2 427	1 555	5
576	1 019	2 557	3 211	1 666	2 391	2 304	2 082	1 330	5
94	148	468	528	292	402	366	345	225	
110	132	387	452	269	377	313	301	188	
102	148	460	557	341	524	494	437	278	
1 247	1 888	4 671	5 363	3 442	4 670	4 359	4 200	2 622	4
89	168	417	511	366	527	488	431	264	
48	89	189	223	128	187	190	165	102	
13	30	67	77	62	89	81	70	41	
4	9	36	45	17	45	37	29	21	
11	17	54	72	67	93	88	79	48	
13	23	71	94	92	113	92	88	52	
145	251	650	719	546	746	636	572	342	
26	27	84	95	67	92	72	78	49	

(续14)

行业类别(小类)	代码	营业企业法人单位数(个)	1978年以前
化学工业专用设备制造业	3622	895	177
化学纤维工业专用设备制造业	3623	134	14
橡胶工业专用设备制造业	3624	318	79
塑料工业专用设备制造业	3625	931	136
森林工业专用设备制造业	3626	262	100
印刷工业专用设备制造业	3627	646	125
制药工业专用设备制造业	3628	302	54
建筑材料非金属矿物制品专用设备制造业	3629	1 551	337
轻纺工业专用设备制造业	3630	8 521	1 785
食品、饮料、烟草工业专用设备制造业	3631	1 363	249
粮油工业专用设备制造业	3632	978	445
饲料工业专用设备制造业	3633	132	51
包装工业专用设备制造业	3634	516	80
纺织、服装、皮革工业专用设备制造业	3635	3 923	703
照明器具工业专用设备制造业	3636	419	26
日用硅酸制品工业专用设备制造业	3637	146	34
制浆、造纸工业专用设备制造业	3638	652	162
日用化学工业专用设备制造业	3639	392	35
农、林、牧、渔、水利业机械制造业	3640	7 276	2 636
拖拉机制造业	3641	282	132
机械化农机具制造业	3642	2 627	1 220
营林机械制造业	3643	50	14
畜牧机械制造业	3644	158	42
渔业机械制造业	3645	148	31
水利机械制造业	3646	235	85
拖拉机配件制造业	3647	2 031	590
其他农、林、牧、渔、水利业机械制造业	3649	1 745	522
医疗器械制造业	3650	2 853	352
手术器械制造业	3651	240	48
医疗仪器、设备制造业	3652	1 046	135
诊断用品制造业	3653	244	29
医用材料及医疗用品制造业	3654	1 246	120
假肢、矫形器制造业	3655	77	20
其他专用设备制造业	3670	6 855	1 003
建筑机械制造业	3671	1 171	300
地质专用设备制造业	3672	125	38
畜牧兽医医疗器械制造业	3673	21	1

)、开业时间分组的单位数

1979—1981年	1982—1984年	1985—1988年	1989—1991年	1992 年	1993 年	1994 年	1995 年	1996 年	其他(开业时间不详)
24	43	132	112	103	103	84	76	41	
4	4	19	19	15	17	12	19	11	
8	13	40	40	24	43	37	27	7	
17	31	104	121	102	130	124	94	72	
7	14	21	20	12	24	29	21	14	
12	26	67	73	65	107	68	69	34	
5	20	39	48	29	30	34	31	12	
42	73	144	191	129	200	176	157	102	
255	385	1 050	1 081	678	905	954	878	549	1
48	54	159	151	107	161	176	160	98	
33	39	75	71	72	77	65	69	32	
2	3	12	9	11	5	17	11	10	1
10	18	49	69	52	68	64	74	32	
127	225	575	592	302	399	418	367	215	
6	14	44	49	46	64	60	61	49	
3	8	10	17	17	12	20	12	13	
21	16	97	69	30	69	66	69	53	
5	8	29	54	41	50	68	55	47	
219	298	628	771	419	494	602	734	473	2
6	3	16	24	13	11	28	28	21	
79	98	215	250	118	126	158	221	141	1
4	4	3	2	4	5	4	4	6	
4	14	17	12	13	18	14	15	9	
5	12	13	16	16	14	17	16	8	
5	14	17	28	14	22	21	15	14	
64	84	210	244	132	145	178	240	143	1
52	69	137	195	109	153	182	195	131	
62	92	361	413	310	413	363	305	182	
5	4	20	41	18	32	28	28	16	
28	31	103	124	131	174	147	104	69	
8	13	42	36	26	35	25	20	10	
17	41	191	206	131	160	157	144	79	
4	3	5	6	4	12	6	9	8	
209	342	828	947	666	910	762	769	418	1
31	66	117	130	119	148	102	100	58	
4	6	9	16	12	8	13	12	7	
1	2	3	6	1	2	2	3		

营业企业法人按行业(小类

(续15)

行业类别(小类)	代码	营业企业法人单位数(个)	1978年以前
缝纫机制造业	3674	892	132
商业、饮食业、服务业专用机械制造业	3675	370	74
邮政机械及器材制造业	3676	69	12
环境保护机械制造业	3677	1 730	136
社会公共安全设备及器材制造业	3678	1 102	145
其他类未包括的专用设备制造业	3679	1 375	165
专用机械设备修理业	3680	6 299	1 430
工业专用设备修理业	3681	919	51
农、林、牧、渔、水利机械修理业	3683	3 651	1 218
医疗器械修理业	3685	79	12
其他专用机械设备修理业	3689	1 650	149
交通运输设备制造业	3700	48 103	5 973
铁路运输设备制造业	3710	1 318	240
机车制造业	3711	30	12
客车制造业	3712	36	10
货车制造业	3713	41	13
机车车辆配件制造业	3714	651	92
铁路信号设备制造业	3715	90	20
铁路专用设备制造业	3716	110	21
铁路专用器材制造业	3717	275	53
其他铁路运输设备制造业	3719	85	19
汽车制造业	3720	14 374	2 406
载重汽车制造业	3721	178	62
客车制造业	3722	179	52
小轿车制造业	3723	52	3
微型汽车制造业	3724	77	12
特种车辆及改装汽车制造业	3725	639	176
汽车车身制造业	3726	267	68
汽车零部件及配件制造业	3727	12 982	2 033
摩托车制造业	3730	4 111	374
摩托车整车制造业	3731	370	40
摩托车零部件及配件制造业	3732	3 741	334
自行车制造业	3740	2 240	322
电车制造业	3750	24	4
船舶制造业	3760	1 268	429
海洋运输船制造业	3761	139	57
内河船制造业	3762	619	235
渔轮制造业	3763	194	64
船舶机械设备制造业	3764	311	72

)、开业时间分组的单位数

1979—1981年	1982—1984年	1985—1988年	1989—1991年	1992 年	1993 年	1994 年	1995 年	1996 年	其他（开业时间不详）
20	50	112	148	83	96	113	96	41	1
23	21	40	30	29	39	39	47	28	
4	1	3	7	6	11	11	10	4	
45	71	230	290	193	245	204	221	95	
49	64	138	138	93	158	124	121	72	
32	61	176	182	130	203	154	159	113	
268	352	737	921	457	675	554	511	394	
33	58	123	121	113	160	124	78	58	
168	209	394	530	179	245	241	277	190	
4	4	10	10	7	10	10	5	7	
63	81	210	260	158	260	179	151	139	
1 434	2 284	5 571	6 690	4 204	6 095	6 208	5 884	3 754	6
104	74	181	159	90	148	143	113	66	
1	1	2	5	2		3	3	1	
1		4	6	2	5		5	3	
3	1	2	3	1	4	6	3	5	
37	44	103	79	45	82	73	67	29	
5	5	13	13	10	11	7	2	4	
9	6	20	11	6	12	11	9	5	
42	14	29	30	18	23	33	19	14	
6	3	8	12	6	11	10	5	5	
377	701	1 598	2 117	1 292	1 776	1 720	1 506	877	4
2	12	25	9	15	12	17	13	11	
3	9	16	16	15	23	22	12	11	
	3	9	9	5	7	7	5	4	
2	4	3	3	3	14	15	18	3	
14	27	53	59	51	89	73	66	30	1
9	13	20	27	18	28	29	38	17	
347	633	1 472	1 994	1 185	1 603	1 557	1 354	801	3
87	163	376	450	320	499	656	792	394	
12	11	23	29	35	45	48	73	54	
75	152	353	421	285	454	608	719	340	
77	67	169	258	190	316	344	335	162	
1	2	1	2	2	1	3	4	4	
41	55	118	104	87	125	162	105	42	
3	6	11	10	8	13	16	11	4	
20	24	57	32	39	54	99	47	12	
4	6	21	22	17	15	18	16	11	
14	19	28	40	23	42	28	30	15	

(续16)

行业类别(小类)	代码	营业企业法人单位数(个)	1978年以前	1979—1981年
海洋石油平台制造业	3765	5	1	
航空航天器制造业	3770	200	134	4
飞机制造业	3771	122	90	2
其他航空航天器制造业	3779	78	44	2
交通运输设备修理业	3780	24 415	2 046	740
铁路运输设备修理业	3781	493	29	61
汽车修理业	3782	20 759	1 583	586
摩托车修理业	3783	836	17	13
电车修理业	3784	31	4	1
船舶修理业	3785	1 349	258	44
飞机修理业	3786	36	18	7
其他交通运输设备修理业	3789	911	137	28
其他交通运输设备制造业	3790	153	18	3
航标器材制造业	3791	18	2	
潜水装备制造业	3792	14	4	1
公路标志制造业	3793	121	12	2
电气机械及器材制造业	4000	45 678	5 128	1 216
电机制造业	4010	3 065	680	68
发电机制造业	4011	550	144	17
电动机制造业	4012	1 409	390	29
微电机制造业	4013	1 106	146	22
输配电及控制设备制造业	4020	13 215	1 675	406
变压器制造业	4021	1 928	386	67
整流器制造业	4022	348	47	13
电容器制造业	4023	620	57	14
开关控制设备制造业	4024	4 314	563	148
电器设备元件制造业	4027	3 543	348	86
其他输配电及控制设备制造业	4029	2 462	274	78
电工器材制造业	4040	10 642	1 130	270
电线电缆制造业	4041	6 229	523	120
绝缘制品业	4043	806	108	32
蓄电池制造业	4045	1 531	261	72
原电池制造业	4046	458	94	4
其他电工器材制造业	4049	1 618	144	42
日用电器制造业	4060	6 271	550	141
洗衣机制造业	4061	214	40	9
吸尘器制造业	4062	167	16	4
电冰箱制造业	4063	397	57	15
电风扇制造业	4064	745	126	28

）、开业时间分组的单位数

1982—1984年	1985—1988年	1989—1991年	1992 年	1993 年	1994 年	1995 年	1996 年	其他（开业时间不详　）
	1			1	1	1		
4	6	8	13	15	5	8	3	
2	2	2	9	11	3		1	
2	4	6	4	4	2	8	2	
1 212	3 105	3 578	2 192	3 192	3 155	3 000	2 193	2
46	131	51	29	56	35	35	20	
1 040	2 682	3 109	1 862	2 733	2 718	2 553	1 891	2
23	61	94	87	113	152	164	112	
2	2	3	4	4	2	4	5	
59	119	155	123	183	149	156	103	
		3		1	5	1	1	
42	110	163	87	102	94	87	61	
6	17	14	18	23	20	21	13	
3	3	1	2	3	1	1	2	
	2	1	1		2	1	2	
3	12	12	15	20	17	19	9	
1 983	5 350	6 634	4 411	5 935	6 073	5 405	3 540	3
108	335	348	240	366	375	329	216	
13	58	44	30	71	65	54	54	
53	137	165	108	145	155	129	98	
42	140	139	102	150	155	146	64	
694	1 700	1 838	1 265	1 654	1 732	1 399	849	3
85	199	267	177	198	224	196	128	1
13	31	61	38	45	45	31	24	
25	79	87	54	87	87	80	50	
269	638	637	383	498	484	432	261	1
164	418	472	354	476	586	396	243	
138	335	314	259	350	306	264	143	1
396	1 338	1 731	1 014	1 350	1 371	1 213	829	
237	836	1 074	611	824	825	681	498	
28	109	108	72	90	100	98	61	
63	156	238	114	160	181	173	113	
6	42	34	54	61	60	68	35	
62	195	277	163	215	205	193	122	
265	715	908	620	801	842	863	566	
16	16	23	22	27	23	27	11	
7	25	20	22	16	21	24	12	
19	74	51	27	42	35	48	29	
36	70	83	46	89	96	107	64	

营业企业法人按行业(小类

(续17)

行业类别(小类)	代码	营业企业法人单位数(个)	1978年以前	1979—1981年
空调器制造业	4065	991	58	9
排油烟机制造业	4066	150	12	3
其他日用电器制造业	4069	3 607	241	73
照明器具制造业	4070	8 519	694	192
电光源制造业	4071	2 265	187	44
灯头、灯座制造业	4072	896	108	29
灯具制造业	4073	2 960	224	69
灯用电器附件制造业	4074	1 335	107	33
其他照明器具制造业	4079	1 063	68	17
电气机械修理业	4080	1 685	134	88
其他电气机械制造业	4090	2 281	265	51
电焊机制造业	4091	832	123	27
工业用电炉制造业	4092	350	61	7
其他类未包括的电气机械制造业	4099	1 099	81	17
电子及通信设备制造业	4100	16 832	1 531	314
通信设备制造业	4110	2 781	222	31
传输设备制造业	4111	553	48	9
交换设备制造业	4112	617	53	6
通信终端设备制造业	4113	341	32	4
其他通信设备制造业	4119	1 270	89	12
雷达制造业	4120	78	38	1
雷达整机制造业	4121	40	28	
雷达专用配套设备及部件制造业	4122	38	10	1
广播电视设备制造业	4130	513	35	13
电子计算机制造业	4140	1 038	36	8
电子计算机整机制造业	4141	345	21	3
电子计算机外部设备制造业	4143	693	15	5
电子器件制造业	4150	1 329	244	24
电真空器件制造业	4151	274	48	3
半导体器件制造业	4153	583	171	13
集成电路制造业	4155	472	25	8
电子元件制造业	4160	6 283	686	141
日用电子器具制造业	4170	1 934	137	54
电视机、录像机、摄像机制造业	4171	483	63	24
收音机、录音机制造业	4172	1 237	65	29
电子计算器制造业	4173	214	9	1
电子设备及通信设备修理业	4180	497	14	11
通信设备修理业	4181	153	2	2
广播电视设备修理业	4182	56	3	3

)、开业时间分组的单位数

1982—1984年	1985—1988年	1989—1991年	1992 年	1993 年	1994 年	1995 年	1996 年	其他（开业时间不详）
31	102	101	113	171	138	172	96	
8	18	13	19	8	20	20	29	
148	410	617	371	448	509	465	325	
299	816	1 262	853	1 179	1 260	1 176	788	
59	158	300	216	336	354	369	242	
42	84	192	91	89	133	76	52	
117	340	444	306	413	402	375	270	
55	161	203	143	174	178	164	117	
26	73	123	97	167	193	192	107	
104	185	265	178	231	217	171	112	
117	261	282	241	354	276	254	180	
51	105	86	87	120	104	76	53	
24	40	42	34	62	26	32	22	
42	116	154	120	172	146	146	105	
524	1 659	2 248	1 840	2 653	2 394	2 296	1 372	1
56	235	347	337	528	432	380	213	
12	52	62	68	109	97	62	34	
14	58	92	85	117	73	84	35	
4	21	33	48	67	41	57	34	
26	104	160	136	235	221	177	110	
1	7	2	3	7	9	5	5	
	5	1	1	2	1		2	
1	2	1	2	5	8	5	3	
18	54	85	60	71	84	56	37	
24	83	106	150	215	149	155	112	
14	34	31	52	73	47	40	30	
10	49	75	98	142	102	115	82	
45	120	195	139	190	153	145	74	
11	26	34	27	38	31	38	18	
18	46	76	48	75	54	56	26	
16	48	85	64	77	68	51	30	
234	739	929	583	821	876	811	463	
68	195	228	201	270	287	294	200	
21	60	44	44	51	62	62	52	
43	119	158	122	189	192	194	126	
4	16	26	35	30	33	38	22	
19	37	65	58	103	60	81	49	
3	7	17	20	43	20	25	14	
2	7	8	5	9	7	8	4	

(续18)

行业类别(小类)	代码	营业企业法人单位数(个)	1978年以前
电子计算机修理业	4183	31	
其他电子设备修理业	4189	257	9
其他电子设备制造业	4190	2 379	119
仪器仪表及文化、办公用机械制造业	4200	11 390	1 650
通用仪器仪表制造业	4210	4 836	688
工业自动化仪表制造业	4211	1 323	206
电工仪器、仪表制造业	4212	1 018	154
光学仪器制造业	4213	433	91
计时仪器制造业	4214	170	11
分析仪器制造业	4215	220	37
试验机制造业	4216	132	31
实验室仪器及装置制造业	4217	143	37
通用仪器仪表元件、器件制造业	4218	689	54
其他通用仪器仪表制造业	4219	708	67
专用仪器仪表制造业	4220	1 363	260
环境保护仪器仪表制造业	4221	184	16
汽车仪器仪表制造业	4222	135	18
导航、制导仪器制造业	4223	44	18
农、林、牧、渔仪器、仪表制造业	4224	32	8
地质勘探、钻采、地震专用仪器制造业	4225	124	26
气象、海洋、水文、天文测量仪器制造业	4226	47	14
教学仪器制造业	4227	300	112
核子及核辐射测量仪器制造业	4228	22	4
专用仪器仪表元件、器件制造业	4229	475	44
电子测量仪器制造业	4230	441	73
计量器具制造业	4240	1 190	282
传递标准用计量仪器制造业	4241	110	6
量具量仪制造业	4242	362	99
衡器制造业	4243	718	177
文化、办公用机械制造业	4250	699	83
电影机械制造业	4251	25	13
幻灯机及投影仪制造业	4252	26	4
照相机及器材制造业	4254	274	27
复印机制造业	4256	50	7
打字机及油印机制造业	4257	69	9
其他文化、办公用机械制造业	4259	255	23
钟表制造业	4260	1 597	147
仪器仪表及文化、办公用机械修理业	4280	299	21

）、开业时间分组的单位数

1979—1981年	1982—1984年	1985—1988年	1989—1991年	1992年	1993年	1994年	1995年	1996年	其他（开业时间不详）
		2	3	6	9	4	3	4	
6	14	21	37	27	42	29	45	27	
31	59	189	291	309	448	344	369	219	1
322	440	1 210	1 435	1 132	1 606	1 420	1 371	803	1
123	229	540	569	480	701	611	577	318	
24	46	142	140	138	215	175	150	87	
27	60	109	110	93	136	131	129	69	
13	8	44	36	38	67	46	57	33	
7	8	27	32	18	19	19	17	12	
5	17	18	14	25	42	34	19	9	
3	4	18	18	18	13	17	6	4	
4	6	22	15	14	10	17	14	4	
19	33	88	102	65	104	84	92	48	
21	47	72	102	71	95	88	93	52	
46	44	155	171	145	183	124	142	93	
3	6	16	31	18	26	20	29	19	
1	4	15	13	13	33	14	8	16	
1		5	1	2	12	5			
1	1	6	4	2	7	1		2	
1	5	9	20	21	13	8	13	8	
1	2	5	6	6	5	2	3	3	
19	12	18	32	27	21	16	29	14	
	1	3	3	4	3	3	1		
19	13	78	61	52	63	55	59	31	
12	18	36	49	53	82	42	43	33	
49	48	110	126	88	150	131	131	74	1
6	7	10	17	12	18	15	9	10	
16	16	34	42	28	45	26	35	21	
27	25	66	67	48	87	90	87	43	1
16	22	77	79	55	94	119	83	71	
1	2		2	1		4	1	1	
	3	2	2	3	3	5	2	2	
4	5	42	39	17	37	38	39	26	
1	2	2	5	4	5	9	7	8	
2	1	7	8	5	17	11	4	5	
8	9	24	23	25	32	52	30	29	
29	32	143	258	180	214	219	241	134	
14	14	35	36	34	48	42	34	21	

(续19)

行业类别(小类)	代码	营业企业法人单位数(个)	1978年以前	1979—1981年
其他仪器仪表制造业	4290	965	96	33
其他制造业	4300	42 022	3 356	1 221
工艺美术品制造业	4310	26 798	2 088	826
雕塑工艺品制造业	4311	3 954	272	62
金属工艺品制造业	4312	1 561	174	74
漆器工艺品制造业	4313	322	47	10
花画工艺品制造业	4314	1 410	87	25
竹、藤、棕、草工艺品制造业	4315	2 460	228	82
抽纱刺绣工艺品制造业	4316	3 133	269	100
地毯制造业	4317	4 051	355	137
首饰制造业	4318	1 376	85	25
其他工艺美术品制造业	4319	8 531	571	311
日用杂品制造业	4350	3 385	450	97
制镜业	4351	372	94	16
眼镜制造业	4353	828	56	19
制伞业	4355	720	79	16
鬃毛加工及制刷业	4357	1 465	221	46
其他生产、生活用品制造业	4390	11 839	818	298
生产用其他产品制造业	4391	2 394	200	81
生活用其他产品制造业	4392	9 445	618	217
电力、煤气及水的生产和供应业	D	25 072	7 583	2 799
电力、蒸汽、热水的生产和供应业	4400	17 406	6 056	2 194
电力生产业	4410	12 398	4 043	1 797
火力发电业	4411	1 320	379	31
水力发电业	4412	10 987	3 653	1 764
核力发电业	4413	6		1
其他电业	4419	85	11	1
电力供应业	4420	4 570	1 995	382
蒸汽、热水生产和供应业	4430	438	18	15
煤气生产和供应业	4500	720	58	19
煤气生产业	4510	89	15	2
煤气供应业	4520	631	43	17
自来水的生产和供应业	4600	6 946	1 469	586
自来水生产业	4610	3 632	849	303
自来水供应业	4620	3 314	620	283
建筑业	E	119 994	15 979	5 583
土木工程建筑业	4700	87 875	15 027	4 893
房屋建筑业	4710	75 172	13 587	4 242
矿山建筑业	4720	326	107	20

）、开业时间分组的单位数

1982—1984年	1985—1988年	1989—1991年	1992 年	1993 年	1994 年	1995 年	1996 年	其他（开业时间不详）
33	114	147	97	134	132	120	59	
1 564	4 871	6 880	3 943	5 338	5 618	5 399	3 814	18
991	3 349	4 527	2 549	3 413	3 513	3 190	2 338	14
102	331	576	460	683	613	526	327	2
69	185	252	169	192	173	157	116	
13	56	56	26	42	32	24	16	
43	148	265	133	162	205	200	142	
81	256	479	207	270	315	309	232	1
69	308	601	347	442	367	383	246	1
126	717	687	307	476	616	378	252	
36	140	195	153	216	188	218	120	
452	1 208	1 416	747	930	1 004	995	887	10
112	351	528	295	377	429	468	278	
14	45	52	30	33	34	35	19	
17	63	131	77	115	135	146	69	
11	55	135	76	90	94	103	61	
70	188	210	112	139	166	184	129	
461	1 171	1 825	1 099	1 548	1 676	1 741	1 198	4
121	300	338	210	345	308	295	196	
340	871	1 487	889	1 203	1 368	1 446	1 002	4
2 411	3 769	2 783	1 187	1 300	1 268	1 148	818	6
1 578	2 365	1 650	722	780	778	714	566	3
1 147	1 680	1 190	433	532	573	553	447	3
40	177	219	86	120	102	98	67	1
1 102	1 490	956	336	402	463	449	370	2
	3				1	1		
5	10	15	11	10	7	5	10	
403	593	413	249	178	146	121	90	
28	92	47	40	70	59	40	29	
24	117	119	87	98	80	65	52	1
3	9	14	8	12	14	5	6	1
21	108	105	79	86	66	60	46	
809	1 287	1 014	378	422	410	369	200	2
439	623	529	173	208	193	204	110	1
370	664	485	205	214	217	165	90	1
7 711	13 642	13 362	10 900	16 687	14 621	12 353	9 133	23
6 461	10 676	10 684	7 330	10 268	9 098	7 601	5 816	21
5 645	9 170	9 307	6 052	8 270	7 586	6 388	4 909	16
22	40	30	20	28	17	25	17	

(续20)

行业类别(小类)	代码	营业企业法人单位数(个)	1978年以前	1979－1981年
铁路、公路、遂道、桥梁建筑业	4730	4 009	571	261
堤坝、电站、码头建筑业	4740	867	214	47
其他土木工程建筑业	4790	7 501	548	323
线路、管道和设备安装业	4800	13 119	723	573
线路、管道安装业	4810	6 510	340	320
设备安装业	4820	6 609	383	253
装修装饰业	4900	19 000	229	117
地质勘探业、水利管理业	F	1 409	291	52
地质勘探业	5000	792	75	23
区域地质勘查业	5010	32	2	1
海洋地质勘查业	5020	13		
矿产地质勘探业	5030	215	45	11
石油、天然气地质勘查业	5031	38	1	2
煤炭地质勘查业	5032	37	12	2
黑色金属矿产地质勘查业	5033	4		2
有色金属矿产地质勘查业	5034	16	5	
贵金属矿产地质勘查业	5035	9	2	
其他金属矿产地质勘查业	5036	5	2	
非金属矿产地质勘查业	5037	4	1	
水文地质勘查业	5038	102	22	5
工程地质勘查业	5040	391	21	9
环境地质勘查业	5050	9		
地球物理和地球化学勘查业	5060	15	2	
地质工程技术及其他技术服务业	5090	117	5	2
水利管理业	5100	617	216	29
交通运输、仓储及邮电通信业	G	50 972	13 609	2 137
铁路运输业	5200	216	89	4
汽车运输业	5300	20 873	5 772	900
汽车运输业	5310	19 337	5 466	844
其他公路运输业	5390	1 536	306	56
管道运输业	5400	30	8	
水上运输业	5500	4 619	1 588	180
远洋运输业	5510	249	24	8
沿海运输业	5520	817	185	17
内河、内湖运输业	5530	3 059	1 266	136
其他水上运输业	5590	494	113	19
航空运输业	5600	122	11	1
航空客货运输业	5610	112	10	1
通用航空业	5620	10	1	

)、开业时间分组的单位数

1982—1984年	1985—1988年	1989—1991年	1992 年	1993 年	1994 年	1995 年	1996 年	其他（开业时间不详　）
292	528	350	379	629	439	321	237	2
48	107	92	80	128	60	50	40	1
454	831	905	799	1 213	996	817	613	2
863	1 693	1 303	1 342	2 386	1 792	1 444	999	1
436	863	706	681	1 197	834	687	446	
427	830	597	661	1 189	958	757	553	1
387	1 273	1 375	2 228	4 033	3 731	3 308	2 318	1
89	158	134	153	231	133	105	62	1
52	98	73	97	171	86	76	40	1
1	6	2	3	9		5	3	
2		3	1	4	1	2		
20	22	20	17	34	16	19	10	1
3	4	2	3	4	7	9	2	1
2	4	2	3	5	2	4	1	
1							1	
1		1		6	1	1	1	
1	1			3	1	1		
1						1	1	
		1			1		1	
11	13	14	11	16	4	3	3	
25	51	36	63	86	45	37	18	
	4			1	2	1	1	
1	2			4	2	1	3	
3	13	12	13	33	20	11	5	
37	60	61	56	60	47	29	22	
2 756	5 344	5 476	3 750	5 574	4 829	4 284	3 164	49
12	19	14	17	20	10	14	17	
1 104	2 024	2 260	1 521	2 112	2 021	1 845	1 309	5
1 029	1 846	1 974	1 412	2 014	1 867	1 688	1 192	5
75	178	286	109	98	154	157	117	
3	1	3	2	4	2	4	3	
228	422	684	211	354	407	324	220	1
17	15	20	23	30	46	38	28	
35	85	76	63	106	127	70	53	
160	279	542	101	181	160	139	94	1
16	43	46	24	37	74	77	45	
9	29	17	9	20	8	13	5	
5	28	16	9	19	7	13	4	
4	1	1		1	1		1	

营业企业法人按行业(小类

(续21)

行业类别(小类)	代码	营业企业法人单位数(个)	1978年以前
交通运输辅助业	5700	13 282	2 262
公路管理及养护业	5710	305	25
港口业	5720	837	240
沿海港口业	5721	275	55
内河、内湖港口业	5722	562	185
水运辅助业	5730	1 197	63
机场及航空运输辅助业	5740	562	26
装卸搬运业	5750	6 249	1 733
其他类未包括的交通运输辅助业	5790	4 132	175
其他交通运输业	5800	228	24
仓储业	5900	6 749	1 169
邮电通信业	6000	4 853	2 686
邮政业	6010	490	276
电信业	6020	1 696	271
邮电业	6030	2 667	2 139
批发和零售贸易、餐饮业	H	685 595	117 875
食品、饮料、烟草和家庭日用品批发业	6100	164 149	33 109
食品、饮料、烟草批发业	6110	65 990	22 465
粮食、食用油批发业	6111	29 440	14 007
糕点、糖果和饮料批发业	6112	9 412	1 991
肉、禽、蛋及其制品批发业	6113	6 487	3 602
水产品批发业	6114	2 882	470
蔬菜、果品批发业	6115	4 750	873
茶叶批发业	6116	1 306	153
烟草及其制品批发业	6117	3 044	104
盐及调味品批发业	6118	1 805	506
其他食品、饮料、烟草批发业	6119	6 864	759
棉、麻、土畜产品批发业	6120	5 873	1 948
棉、麻批发业	6121	2 770	1 269
畜产品批发业	6122	3 103	679
纺织品、服装和鞋帽批发业	6130	17 210	681
纺织品批发业	6131	11 988	506
服装批发业	6132	3 745	74
鞋帽批发业	6133	1 477	101
日用百货批发业	6140	20 887	2 824
百货批发业	6141	13 806	2 334
文化用品、钟表眼镜批发业	6142	4 171	125
其他日用百货批发业	6149	2 910	365
日用杂品批发业	6150	5 540	1 145

)、开业时间分组的单位数

1979—1981年	1982—1984年	1985—1988年	1989—1991年	1992年	1993年	1994年	1995年	1996年	其他（开业时间不详）
725	845	1 653	1 571	1 096	1 621	1 359	1 232	916	2
11	19	34	55	31	51	30	27	22	
25	41	128	94	43	78	82	79	27	
7	10	45	47	13	34	24	26	14	
18	31	83	47	30	44	58	53	13	
26	44	105	82	121	207	210	196	143	
2	6	32	29	45	105	113	99	105	
517	481	765	851	406	511	398	340	245	2
144	254	589	460	450	669	526	491	374	
6	12	25	22	17	42	28	27	25	
249	418	1 000	770	602	888	660	556	435	2
72	125	171	135	275	513	334	269	234	39
6	19	42	26	12	31	20	27	28	3
27	38	53	69	182	412	271	200	171	2
39	68	76	40	81	70	43	42	35	34
19 215	28 481	55 351	54 644	57 331	94 795	87 373	93 600	76 814	116
4 839	7 843	14 056	11 790	13 271	21 498	20 071	21 234	16 407	31
2 598	4 214	6 064	4 714	4 657	6 478	5 578	5 249	3 959	14
1 077	1 328	2 285	1 760	2 008	2 577	1 854	1 557	979	8
348	495	859	749	705	1 109	1 090	1 124	941	1
312	235	440	322	288	339	362	295	290	2
125	133	323	260	262	400	353	304	251	1
170	244	502	527	440	555	547	492	400	
58	70	167	137	138	189	136	141	116	1
77	1 107	701	234	160	187	168	162	143	1
218	183	140	151	106	141	164	110	86	
213	419	647	574	550	981	904	1 064	753	
246	328	597	404	449	608	529	441	323	
121	163	222	158	166	238	183	147	103	
125	165	375	246	283	370	346	294	220	
371	700	1 583	1 150	1 536	2 959	3 046	2 967	2 214	3
307	597	1 228	788	1 138	2 114	2 082	1 891	1 334	3
31	75	248	258	301	618	714	798	628	
33	28	107	104	97	227	250	278	252	
458	817	1 572	1 474	1 796	2 823	2 670	3 439	3 010	4
342	583	1 032	957	1 015	1 713	1 638	2 193	1 997	2
48	129	337	316	406	702	661	812	635	
68	105	203	201	375	408	371	434	378	2
200	245	516	460	396	648	626	705	599	

营业企业法人按行业(小类

(续22)

行业类别(小类)	代码	营业企业法人单位数(个)	1978年以前	1979—1981年
五金、交电、化工批发业	6160	40 259	1 582	744
药品及医疗器械批发业	6170	8 390	2 464	222
西药批发业	6171	3 957	1 742	125
中草药及制品批发业	6172	2 507	667	66
医疗器械批发业	6173	1 926	55	31
能源、材料和机械电子设备批发业	6200	166 794	9 086	3 838
能源批发业	6210	19 570	2 343	768
石油及制品批发业	6211	9 733	1 401	422
煤炭及制品批发业	6212	9 193	916	335
其他能源批发业	6219	644	26	11
化工材料批发业	6220	13 406	460	284
木材批发业	6230	7 989	1 243	342
建筑材料批发业	6240	35 365	916	610
矿产品批发业	6250	3 184	193	94
金属材料批发业	6260	31 997	1 846	867
黑色金属材料批发业	6261	25 600	1 647	767
有色金属材料批发业	6262	6 397	199	100
机械、电子设备批发业	6270	36 214	662	434
汽车、摩托车及零配件批发业	6280	11 881	397	154
汽车批发业	6281	2 472	184	82
摩托车批发业	6282	686	13	12
汽车、摩托车零配件批发业	6289	8 723	200	60
再生物资回收批发业	6290	7 188	1 026	285
其他批发业	6300	35 560	11 882	1 091
工艺美术品批发业	6310	1 589	86	60
图书报刊批发业	6320	1 138	406	34
农业生产资料批发业	6330	20 827	10 749	738
其他类未包括的批发业	6390	12 006	641	259
零售业	6400	264 785	58 883	8 066
食品、饮料和烟草零售业	6410	53 972	19 681	2 352
粮油食品零售业	6411	20 226	11 451	659
副食品零售业	6412	16 073	5 032	972
其他食品、饮料和烟草零售业	6419	17 673	3 198	721
日用百货零售业	6420	69 932	27 756	2 606
百货零售业	6421	41 673	11 494	1 959
文化体育用品零售业	6422	4 619	215	87
钟表、眼镜及照相器材零售业	6423	1 515	240	44
其他日用百货零售业	6429	22 125	15 807	516
纺织品、服装和鞋帽零售业	6430	12 790	1 264	348

）、开业时间分组的单位数

1982—1984年	1985—1988年	1989—1991年	1992 年	1993 年	1994 年	1995 年	1996 年	其他（开业时间不详）
1 203	2 900	3 069	3 784	6 907	6 727	7 675	5 662	6
336	824	519	653	1 075	895	758	640	4
168	401	208	267	391	284	210	158	3
120	298	196	170	287	280	207	215	1
48	125	115	216	397	331	341	267	
5 878	14 046	12 784	17 282	30 123	26 070	26 522	21 143	22
735	1 617	1 603	2 111	3 566	2 651	2 244	1 931	1
299	771	812	1 110	1 890	1 278	997	753	
417	795	719	921	1 561	1 278	1 152	1 098	1
19	51	72	80	115	95	95	80	
476	1 270	1 040	1 336	2 390	2 250	2 161	1 739	
496	860	656	722	1 103	883	912	769	3
987	2 415	2 515	3 594	6 777	6 071	6 511	4 964	5
129	389	283	323	531	454	410	378	
1 286	2 812	2 131	3 903	6 114	4 846	4 689	3 497	6
1 086	2 374	1 738	3 214	4 917	3 802	3 401	2 650	4
200	438	393	689	1 197	1 044	1 288	847	2
888	2 711	2 585	3 551	6 863	6 087	6 760	5 669	4
335	892	1 024	1 208	1 995	2 069	2 164	1 642	1
115	261	186	291	398	394	328	232	1
28	47	52	66	108	121	132	107	
192	584	786	851	1 489	1 554	1 704	1 303	
546	1 080	947	534	784	759	671	554	2
1 551	2 769	2 319	2 511	3 855	3 220	3 744	2 607	11
54	169	103	121	260	225	281	229	1
40	94	62	81	163	102	86	68	2
1 041	1 519	1 255	1 159	1 488	1 103	973	797	5
416	987	899	1 150	1 944	1 790	2 404	1 513	3
11 607	20 720	22 475	20 114	31 549	30 140	33 103	28 085	43
2 836	4 423	4 631	3 421	4 745	4 016	4 504	3 351	12
797	1 386	1 114	974	1 298	938	905	703	1
980	1 418	1 657	996	1 318	1 220	1 387	1 087	6
1 059	1 619	1 860	1 451	2 129	1 858	2 212	1 561	5
3 955	6 035	5 530	3 909	5 159	4 923	5 274	4 776	9
2 971	4 520	4 102	2 709	3 767	3 477	3 719	2 949	6
173	415	416	451	668	671	761	762	
64	145	148	109	144	186	224	211	
747	955	864	640	580	589	570	854	3
568	955	1 055	985	1 663	1 789	2 203	1 957	3

(续23)

行业类别(小类)	代码	营业企业法人单位数(个)	1978年以前	1979—1981年
日用杂品零售业	6440	7 789	1 787	337
五金、交电、化工零售业	6450	56 148	2 147	1 175
药品及医疗器械零售业	6470	6 816	2 112	312
图书报刊零售业	6480	3 286	1 660	52
其他零售业	6490	54 052	2 476	884
家具零售业	6491	2 580	77	34
煤炭零售业	6492	2 545	498	120
石油制品零售业	6493	14 826	647	307
汽车、摩托车及其零配件零售业	6494	15 893	373	178
计算机及软件、办公设备零售业	6495	6 039	21	15
信托业	6496	637	53	27
首饰业	6497	1 752	31	20
其他类未包括的零售业	6499	9 780	776	183
商业经纪与代理业	6500	4 725	62	50
餐饮业	6700	49 582	4 853	1 331
正餐	6710	39 082	3 610	970
快餐	6720	3 771	264	90
其他饮食业	6790	6 729	979	271
小吃	6791	3 848	648	199
冷饮	6793	375	45	8
茶馆	6795	465	82	10
其他类未包括的餐饮业	6799	2 041	204	54
金融、保险业	I	68 549	30 213	4 706
金融业	6800	62 938	30 120	4 328
中央银行	6810	1 893	783	117
商业银行	6820	15 255	1 877	2 992
其他银行	6830	685	69	139
信用合作社	6840	39 285	27 325	1 034
信托投资业	6850	643	6	18
保险业	7000	5 611	93	378
房地产业	J	27 795	300	195
房地产开发与经营业	7200	22 511	204	160
房地产管理业	7300	3 766	93	32
房地产代理与经纪业	7400	1 518	3	3
社会服务业	K	100 779	6 349	2 410
公共设施服务业	7500	7 407	497	166
市内公共交通业	7510	3 710	364	80
市内公共汽电车业	7511	659	270	27
出租汽车业	7512	2 642	38	26

）、开业时间分组的单位数

1982—1984年	1985—1988年	1989—1991年	1992 年	1993 年	1994 年	1995 年	1996 年	其他（开业时间不详）
414	670	782	527	786	791	930	764	1
1 988	3 904	4 741	5 004	8 727	9 037	10 605	8 815	5
337	516	450	399	706	647	662	672	3
99	213	155	159	255	205	243	245	
1 410	4 004	5 131	5 710	9 508	8 732	8 682	7 505	10
51	176	201	176	390	456	497	522	
140	203	149	173	314	288	319	341	
305	1 127	1 767	1 917	3 218	2 383	1 703	1 448	4
405	1 172	1 486	1 526	2 520	2 740	3 083	2 405	5
68	232	374	687	1 139	1 093	1 237	1 173	
28	49	72	62	87	88	82	89	
65	146	161	247	348	282	257	195	
348	899	921	922	1 492	1 402	1 504	1 332	1
86	249	273	415	809	791	864	1 125	1
1 516	3 511	5 003	3 738	6 961	7 081	8 133	7 447	8
1 148	2 815	3 958	3 010	5 613	5 731	6 486	5 735	6
118	235	374	303	556	540	619	672	
250	461	671	425	792	810	1 028	1 040	2
149	248	401	218	434	453	539	558	1
17	27	43	31	37	46	46	75	
13	28	38	16	41	53	79	105	
71	158	189	160	280	258	364	302	1
4 083	10 566	3 457	2 600	3 511	2 716	2 264	4 397	36
3 131	9 844	3 269	2 473	3 321	2 540	2 037	1 842	33
123	672	88	31	29	14	14	19	3
1 662	3 637	1 386	792	1 040	784	565	514	6
23	75	35	25	42	35	32	210	
1 242	4 667	1 028	949	1 112	769	613	535	11
24	173	53	87	111	82	52	37	
952	722	188	127	190	176	227	2 555	3
719	2 225	1 528	5 558	7 136	4 264	3 546	2 322	2
647	1 981	1 263	5 131	6 206	3 183	2 410	1 325	1
66	206	220	325	615	723	793	692	1
6	38	45	102	315	358	343	305	
3 831	9 821	9 477	9 487	16 825	14 256	15 287	13 007	29
273	610	596	1 008	1 526	1 020	966	744	1
110	284	266	634	784	446	410	332	
25	43	50	50	49	37	59	49	
62	195	163	550	684	364	306	254	

营业企业法人按行业(小类

(续24)

行业类别(小类)	代码	营业企业法人单位数(个)	1978年以前	1979—1981年
轨道交通业	7513	61	4	
市内轮渡业	7514	102	27	9
其他市内公共交通业	7519	246	25	18
园林绿化业	7520	1 119	21	20
自然保护区管理业	7530	29	1	
环境卫生业	7540	531	18	18
市政工程管理业	7550	822	39	20
风景名胜区管理业	7560	89	2	3
其他公共服务业	7590	1 107	52	25
居民服务业	7600	22 396	2 583	645
理发及美容化妆业	7610	2 926	750	44
沐浴业	7620	1 504	312	37
洗染业	7630	1 022	100	26
摄影及扩印业	7640	2 820	546	122
托儿所	7650	101	32	3
日用品修理业	7660	4 577	400	140
家务服务业	7670	629	19	17
殡葬业	7680	287	24	9
其他居民服务业	7690	8 530	400	247
旅馆业	7800	23 668	2 777	1 217
租赁服务业	7900	2 210	52	31
旅游业	8000	3 826	85	66
娱乐服务业	8100	7 349	52	27
信息、咨询服务业	8200	21 808	68	82
广告业	8210	8 266	30	41
咨询服务业	8220	1 637	2	10
公证业	8221	42		
律师事务所	8222	219		5
会计、审计、统计咨询业	8223	1 287	2	5
社会调查业	8224	89		
其他类未包括的信息咨询服务业	8290	11 905	36	31
计算机应用服务业	8300	5 676	9	6
软件开发咨询业	8310	3 464	3	4
数据处理业	8320	206	1	
数据库服务业	8330	315		1
计算机设备维护咨询业	8340	1 691	5	1
其他社会服务业	8400	6 439	226	170
市场管理服务业	8410	2 186	106	63
其他类未包括的社会服务业	8490	4 253	120	107

)、开业时间分组的单位数

1982—1984年	1985—1988年	1989—1991年	1992 年	1993 年	1994 年	1995 年	1996 年	其他（开业时间不详）
	3	9	10	10	7	10	8	
7	13	15	3	10	7	9	2	
16	30	29	21	31	31	26	19	
61	83	71	124	261	190	164	124	
2	3	2	8	5	3	3	2	
25	47	52	39	93	85	84	70	
42	104	74	92	167	106	102	76	
4	14	6	9	19	13	13	6	
29	75	125	102	197	177	190	134	1
838	1 766	2 516	1 959	3 103	2 940	3 166	2 873	7
61	119	256	146	287	319	461	482	1
64	73	112	45	119	207	263	272	
28	105	90	68	133	134	191	147	
111	277	275	194	325	309	340	318	3
9	24	8	4	7	7	3	4	
177	406	692	457	621	623	576	485	
24	46	64	75	102	98	97	87	
8	34	43	30	52	38	28	21	
356	682	976	940	1 457	1 205	1 207	1 057	3
1 911	4 540	3 195	1 629	2 473	2 203	2 092	1 620	11
53	179	147	262	400	377	403	305	1
145	456	392	457	688	562	517	458	
40	194	379	486	1 195	1 218	1 859	1 898	1
261	1 094	1 085	2 196	4 993	4 117	4 381	3 529	2
102	294	292	712	1 926	1 734	1 707	1 428	
16	110	134	195	339	300	289	242	
1		4	9	7	6	11	4	
	8	15	16	41	45	45	44	
14	100	110	161	277	239	212	167	
1	2	5	9	14	10	21	27	
143	690	659	1 289	2 728	2 083	2 385	1 859	2
41	236	372	752	1 301	960	1 012	986	1
15	120	203	428	808	615	639	628	1
7	7	16	32	49	32	36	26	
1	3	13	34	54	59	73	77	
18	106	140	258	390	254	264	255	
269	746	795	738	1 146	859	891	594	5
107	225	253	267	340	305	300	216	4
162	521	542	471	806	554	591	378	1

(续 25)

行业类别(小类)	代码	营业企业法人单位数(个)	1978年以前	1979—1981年
卫生、体育和社会福利业	L	2 072	322	128
卫生	8500	1 373	299	84
医院	8510	959	259	56
综合医院	8511	193	76	8
专科医院	8512	74	6	4
中医医院	8513	10	3	1
门诊部	8514	318	54	10
其他医院	8519	364	120	33
疗养院	8520	47	8	
专科防治所(站)	8530	16	3	1
卫生防疫站	8540	46	7	6
妇幼保健所(站)	8550	15	4	1
药品检验所(室)	8560	10		
其他卫生	8590	280	18	20
体育	8600	161	1	2
社会福利保障业	8700	538	22	42
社会福利业	8710	372	19	37
干部休养所	8711	20	1	
福利收容院	8712	31	3	
社区服务业	8713	321	15	37
社会保险和救济业	8720	75	1	3
其他类未包括的社会福利保障业	8790	91	2	2
教育、文化艺术及广播影电视业	M	5 316	1 260	388
教育	8900	1 048	102	44
高等教育	8910	45	2	7
普通高等教育	8911	13	1	
成人高等教育	8912	32	1	7
中等教育	8920	223	41	15
中等专业学校	8921	29	6	3
普通中学	8922	49	15	3
农业、职业中学	8923	21	3	
技工学校	8924	99	15	4
成人中等学校	8925	25	2	5
初等教育	8930	46	21	
小学校	8931	44	21	
成人初等学校	8932	2		
学前教育	8940	150	16	9
其他教育	8990	584	22	13
文化艺术业	9000	1 508	105	36

)、开业时间分组的单位数

1982—1984年	1985—1988年	1989—1991年	1992 年	1993 年	1994 年	1995 年	1996 年	其他（开业时间不详）
109	233	243	156	255	209	188	228	1
68	144	171	97	168	127	104	111	
49	107	117	56	96	88	66	65	
7	19	24	9	24	16	6	4	
4	8	10	5	15	10	6	6	
	1	1		1	2	1		
11	43	30	22	36	33	43	36	
27	36	52	20	20	27	10	19	
4	12	8	2	3	4	3	3	
		4	2	2	1	2	1	
4	5	3	6	4	5	2	4	
1		2	2	1	2		2	
	1	1	1	4	1	1	1	
10	19	36	28	58	26	30	35	
5	7	8	10	25	23	31	49	
36	82	64	49	62	59	53	68	1
22	60	48	40	36	41	37	32	
3	3	4	1	1	2	3	2	
3	9	2	2	2	3	6	1	
16	48	42	37	33	36	28	29	
7	9	3	3	7	7	10	24	1
7	13	13	6	19	11	6	12	
418	523	433	360	581	454	494	392	13
56	138	95	103	152	121	132	93	12
7	6	2	3	9	4	4	1	
	2	1	1	4	2	2		
7	4	1	2	5	2	2	1	
16	38	18	11	25	18	20	13	8
3	9			4	2		2	
3	2	1	2	3	4	5	3	8
2	3	2		5	2		4	
7	19	12	9	11	8	12	2	
1	5	3		2	2	3	2	
1	1	2	2	3	4	4	5	3
1	1	1	1	3	4	4	5	3
		1	1					
12	18	25	18	19	13	13	7	
20	75	48	69	96	82	91	67	1
86	173	149	135	256	189	202	177	

(续 26)

行业类别(小类)	代码	营业企业法人单位数(个)	1978年以前	1979－1981年
艺术	9010	366	43	12
出版	9020	490	20	12
文物保护	9030	32	5	
图书馆	9040	16	2	1
档案馆	9050	5		
群众文化	9060	238	22	10
新闻	9070	25	1	
文化艺术经纪与代理业	9080	112	5	1
其他文化艺术业	9090	224	7	
广播电影电视业	9100	2 760	1 053	308
广播	9110	61	8	1
电影	9120	2 444	1 041	301
电视	9130	255	4	6
科学研究和综合技术服务业	N	17 712	238	138
科学研究业	9200	1 045	37	14
自然科学研究	9210	557	24	8
社会科学研究	9220	56		3
其他科学研究	9230	432	13	3
综合技术服务业	9300	16 667	201	124
气象	9310	62		
地震	9320	24		
测绘	9330	193	12	5
技术监督	9340	960	13	13
海洋环境	9350	13		
环境保护	9360	355	1	2
技术推广和科技交流服务业	9370	4 007	25	11
工程设计业	9380	2 873	120	67
其他综合技术服务业	9390	8 180	30	26
国家机关、政党机关和社会团体	O			
其他行业	P	9 389	1 305	434
企业管理机构	9910	6 405	1 127	339
其他类未包括的行业	9990	2 984	178	95

)、开业时间分组的单位数

1982—1984年	1985—1988年	1989—1991年	1992 年	1993 年	1994 年	1995 年	1996 年	其他（开业时间不详）
15	25	31	30	62	44	52	52	
40	86	53	43	92	58	52	34	
2	4	7	3	4	4	3		
	1	3	1	4	1	2	1	
1				1	2	1		
11	30	35	24	22	26	26	32	
1	8	1	2	1	3	5	3	
3	4	2	15	26	17	21	18	
13	15	17	17	44	34	40	37	
276	212	189	122	173	144	160	122	1
4	7	6	7	10	9	5	4	
263	191	167	79	103	98	120	80	1
9	14	16	36	60	37	35	38	
367	1 524	1 408	2 523	4 503	2 747	2 524	1 739	1
17	62	91	146	228	167	145	137	1
7	31	57	68	126	92	72	71	1
4	3	4	5	9	8	14	6	
6	28	30	73	93	67	59	60	
350	1 462	1 317	2 377	4 275	2 580	2 379	1 602	
2	5	2	15	16	6	10	6	
		1	5	9	2	4	3	
3	19	22	26	50	29	16	11	
22	89	86	123	195	166	143	110	
	3		1	5	1	3		
7	36	33	61	77	50	56	32	
71	333	331	641	1 054	569	556	416	
151	380	192	292	658	448	335	230	
94	597	650	1 213	2 211	1 309	1 256	794	
692	1 135	950	971	1 361	1 026	817	667	31
536	793	637	620	869	657	465	335	27
156	342	313	351	492	369	352	332	4

营业企业法人按行业(小类)、

行业类别(小类)	代码	营业企业法人单位数(个)	50万元以下
全国总计		**2 456 576**	**1 219 049**
农、林、牧渔业	A	56 878	42 667
农业	0100	18 457	14 642
种植业	0110	17 944	14 274
其他农业	0190	513	368
林业	0200	13 452	12 331
畜牧业	0300	8 371	4 677
牲畜饲养放牧业	0310	4 348	2 467
家禽饲养业	0320	3 548	1 890
狩猎业	0330	60	41
其他畜牧业	0390	415	279
渔业	0400	9 460	5 439
海洋渔业	0410	1 890	752
海水养殖业	0411	1 449	642
海洋捕捞业	0412	441	110
淡水渔业	0420	7 570	4 687
淡水养殖业	0421	7 453	4 615
淡水捕捞业	0422	117	72
农、林、牧、渔服务业	0500	7 138	5 578
农业服务业	0510	4 540	3 646
林业服务业	0520	492	443
畜牧兽医服务业	0530	668	473
渔业服务业	0540	666	439
其他农、林、牧、渔服务业	0590	772	577
采掘业	B	96 410	54 845
煤炭采选业	0600	39 517	22 087
煤炭开采业	0610	38 119	21 627
煤炭洗选业	0620	1 398	460
石油和天然气开采业	0700	246	92
天然原油开采业	0710	217	84
天然气开采业	0720	20	5
油页岩开采业	0730	9	3
黑色金属矿采选业	0800	5 572	2 382
铁矿采选业	0810	4 622	1 801
其他黑色金属矿采选业	0820	950	581
锰矿采选业	0821	929	576
铬矿采选业	0822	21	5
有色金属矿采选业	0900	7 820	3 343
重有色金属矿采选业	0910	3 571	1 532
铜矿采选业	0911	920	382
铅锌矿采选业	0912	1 582	636

营业收入规模分组的单位数

(50—100)万元	(100—500)万元	(500—1000)万元	(1000—5000)万元	5000万元—1亿元	1亿元以上
334 890	**574 867**	**138 426**	**146 377**	**23 041**	**19 926**
4 631	6 491	1 431	1 278	203	177
1 273	1 508	344	458	108	124
1 222	1 443	328	446	107	124
51	65	16	12	1	
488	439	64	112	12	6
1 041	1 831	442	334	30	16
522	932	261	151	9	6
456	829	171	172	20	10
8	8		3		
55	62	10	8	1	
1 212	1 991	461	292	41	24
303	508	146	130	36	15
276	395	89	36	10	1
27	113	57	94	26	14
909	1 483	315	162	5	9
896	1 457	312	159	5	9
13	26	3	3		
617	722	120	82	12	7
384	391	71	40	4	4
22	23	1	3		
75	91	16	12	1	
79	118	15	12	2	1
57	99	17	15	5	2
14 104	20 268	3 758	2 770	323	342
5 769	8 705	1 548	1 101	129	178
5 590	8 241	1 392	973	126	170
179	464	156	128	3	8
17	57	17	29	5	29
15	49	12	25	4	28
1	4	4	4	1	1
1	4	1			
788	1 736	374	257	22	13
656	1 572	338	226	18	11
132	164	36	31	4	2
128	158	32	29	4	2
4	6	4	2		
1 217	2 037	549	558	77	39
577	1 031	198	191	26	16
123	284	59	55	10	7
229	488	109	101	11	8

营业企业法人按行业(小类)、

(续1)

行业类别(小类)	代码	营业企业法人单位数(个)	50万元以下
镍钴矿采选业	0914	13	5
锡矿采选业	0915	599	289
锑矿采选业	0916	386	186
汞矿采选业	0917	8	5
其他重有色金属矿采选业	0919	63	29
轻有色金属矿采选业	0930	700	291
铝矿采选业	0931	331	117
镁矿采选业	0932	114	56
钛矿采选业	0933	189	86
其他轻有色金属矿采选业	0939	66	32
贵金属矿采选业	0950	2 703	1 150
金矿采选业	0951	2 657	1 134
银矿采选业	0952	36	12
其他贵金属矿采选业	0959	10	4
稀有稀土金属矿采选业	0960	846	370
钨钼矿采选业	0961	514	191
稀有高熔点金属矿采选业	0963	31	6
稀散金属矿采选业	0964	5	1
非金属矿采选业	1000	41 070	25 882
土砂石开采业	1010	33 171	21 670
石灰石开采业	1011	7 197	4 675
建筑装饰用石开采业	1012	11 107	6 924
耐火土石开采业	1013	1 277	786
其他土砂石开采业	1019	13 590	9 285
化学矿采选业	1020	2 184	1 190
硫矿采选业	1021	971	530
磷矿采选业	1022	592	251
天然钾盐采选业	1023	22	16
硼矿采选业	1024	78	25
其他化学矿采选业	1029	521	368
采盐业	1030	982	435
海盐业	1031	768	364
湖盐业	1032	61	33
井盐业	1033	112	29
矿盐业	1034	41	9
其他非金属矿采选业	1090	4 733	2 587
石棉采选业	1091	152	63
云母采选业	1092	58	31
石墨采选业	1093	290	105
石膏采选业	1094	627	368
宝石、玉石采选业	1095	91	51

营业收入规模分组的单位数

(50—100)万元	(100—500)万元	(500—1000)万元	(1000—5000)万元	5000万元—1亿元	1亿元以上
1	1	1	5		
111	161	16	17	4	1
103	77	10	9	1	
1	1		1		
9	19	3	3		
169	193	23	22	2	
87	115	6	5	1	
13	20	12	13		
57	39	3	4		
12	19	2		1	
367	622	247	253	44	20
366	608	240	245	44	20
1	9	6	8		
	5	1			
104	191	81	92	5	3
70	126	53	69	3	2
5	9	6	5		
2	1		1		
6 024	7 208	1 176	695	56	29
4 744	5 462	854	408	22	11
979	1 230	202	100	7	4
1 726	1 986	302	160	6	3
192	225	53	18	2	1
1 847	2 021	297	130	7	3
352	442	94	93	8	5
194	179	34	31	2	1
82	168	45	38	4	4
3	2		1		
16	20	7	8	2	
57	73	8	15		
164	234	57	67	15	10
133	185	39	35	6	6
6	11	3	6	1	1
20	30	10	17	4	2
5	8	5	9	4	1
764	1 070	171	127	11	3
27	47	4	10	1	
5	21		1		
75	88	9	9	3	1
50	149	34	24	2	
21	13	3	3		

营业企业法人按行业(小类)、

(续2)

行业类别(小类)	代码	营业企业法人单位数(个)	50万元以下
水晶采选业	1096	18	12
滑石采选业	1097	374	193
其他类未包括的非金属矿采选业	1099	3 123	1 764
木材及竹材采运业	1200	1 912	894
木材采运业	1210	1 856	861
竹材采运业	1220	56	33
制造业	C	1 188 634	571 611
食品加工业	1300	94 027	55 155
粮食及饲料加工业	1310	60 563	38 273
碾米业	1311	25 600	19 152
磨粉业	1312	21 150	12 325
面、米制品业	1313	5 162	3 547
配合及混合饲料制造业	1314	6 646	2 284
蛋白饲料制造业	1315	612	295
水产饲料制造业	1317	526	185
其他饲料制造业	1319	867	485
植物油加工业	1320	14 431	9 481
食用植物油加工业	1321	13 948	9 215
非食用植物油加工业	1322	483	266
制糖业	1330	950	280
甘蔗糖业	1331	607	156
甜菜糖业	1332	103	11
加工糖业	1334	240	113
屠宰及肉类蛋类加工业	1340	8 008	3 219
屠宰业	1341	2 432	1 160
肉制品加工业	1342	4 509	1 623
肉类副产品加工业	1343	684	252
蛋品加工业	1344	383	184
水产品加工业	1350	4 740	1 372
冷冻水产品加工业	1351	3 511	882
干制水产品加工业	1352	542	217
腌制水产品加工业	1353	145	64
鱼糜及鱼糜制品加工业	1354	122	42
其它水产品加工业	1359	420	167
盐加工业	1360	140	67
其他食品加工业	1390	5 195	2 463
食品制造业	1400	35 254	19 826
糕点、糖果制造业	1410	12 961	7 092
糖果业	1411	2 450	1 197
糕点业	1412	4 811	3 009
饼干业	1413	1 292	508

营业收入规模分组的单位数

(50—100)万元	(100—500)万元	(500—1000)万元	(1000—5000)万元	5000万元—1亿元	1亿元以上
3	2	1			
83	70	12	13	2	1
500	680	108	67	3	1
256	467	85	122	34	54
247	456	84	120	34	54
9	11	1	2		
182 296	286 282	64 086	66 545	9 915	7 899
10 556	17 896	4 300	4 831	770	519
6 477	10 823	2 230	2 229	320	211
2 157	3 197	620	434	31	9
2 666	4 400	755	798	140	66
519	795	156	134	9	2
851	1 957	570	734	128	122
95	159	29	31	2	1
81	149	50	50	5	6
108	166	50	48	5	5
1 446	2 021	512	738	153	80
1 370	1 919	490	722	152	80
76	102	22	16	1	
93	125	46	232	94	80
47	59	35	184	67	59
4	10	2	34	24	18
42	56	9	14	3	3
995	2 046	690	835	143	80
239	501	202	247	57	26
600	1 247	416	496	76	51
98	195	49	78	10	2
58	103	23	14		1
744	1 584	494	465	33	48
490	1 304	406	375	29	25
113	123	36	32	3	18
22	40	11	8		
38	20	6	16		
81	97	35	34	1	5
20	28	12	11	1	1
781	1 269	316	321	26	19
4 699	6 948	1 711	1 686	236	148
1 984	2 654	592	504	77	58
424	527	149	124	20	9
691	864	155	87	3	2
199	374	92	86	19	14

(续 3)

行业类别(小类)	代码	营业企业法人单位数(个)	50 万元以下
方便主食品业	1414	1 402	635
蜜饯业	1415	2 157	1 151
其他糕点、糖果制品业	1419	849	592
乳制品制造业	1420	825	183
罐头食品制造业	1430	3 161	1 358
肉类罐头制造业	1431	205	77
禽类罐头制造业	1432	64	25
水产罐头制造业	1433	120	49
水果罐头制造业	1434	1 415	784
蔬菜罐头制造业	1435	997	293
其他罐头食品制造业	1439	360	130
发酵制品业	1440	729	232
氨基酸制造业	1441	81	23
味精制造业	1442	131	27
柠檬酸制造业	1443	45	5
酵母制品业	1444	194	80
酶制剂制造业	1445	124	38
其他发酵制品业	1449	154	59
调味品制造业	1450	5 352	3 226
酱油、酱类制造业	1451	3 445	2 023
食醋制造业	1452	641	455
调味料制造业	1453	653	355
调味油制造业	1454	203	133
其他调味品制造业	1459	410	260
其他食品制造业	1490	12 226	7 735
豆制品制造业	1491	2 017	1 415
淀粉及淀粉制品业	1492	5 043	3 619
代乳品制造业	1493	64	25
制冰业	1495	473	191
淀粉糖业	1497	220	70
冷冻饮品制造业	1498	2 239	1 389
其他类未包括的食品制造业	1499	2 170	1 026
饮料制造业	1500	27 046	16 144
酒精及饮料酒制造业	1510	13 172	7 754
酒精制造业	1511	397	96
白酒制造业	1512	10 312	6 695
啤酒制造业	1513	799	65
黄酒制造业	1514	998	560
葡萄酒制造业	1515	181	73
果露酒制造业	1516	485	265
软饮料制造业	1520	6 409	3 589

营业收入规模分组的单位数

(50—100)万元	(100—500)万元	(500—1000)万元	(1000—5000)万元	5000万元—1亿元	1亿元以上
172	311	100	128	27	29
411	454	77	60	3	1
87	124	19	19	5	3
75	251	112	165	26	13
478	862	195	224	30	14
25	45	20	30	3	5
3	25	8	3		
24	19	12	10	3	3
202	291	70	61	6	1
178	352	70	88	13	3
46	130	15	32	5	2
86	187	70	109	23	22
8	24	11	9	4	2
7	23	9	34	15	16
1	10	4	20	3	2
33	50	14	16	1	
11	45	15	14		1
26	35	17	16		1
762	936	216	183	19	10
500	653	138	118	9	4
79	75	16	13	3	
102	126	30	31	5	4
27	24	9	8	1	1
54	58	23	13	1	1
1 314	2 058	526	501	61	31
215	275	68	38	6	
402	633	177	184	17	11
5	21	4	6	2	1
126	137	12	7		
27	69	15	33	6	
237	391	106	99	10	7
302	532	144	134	20	12
3 348	4 662	1 055	1 318	278	241
1 436	2 099	600	886	216	181
33	83	44	99	26	16
1 119	1 552	363	414	90	79
39	122	114	292	90	77
137	201	45	44	7	4
30	45	11	18		4
78	96	23	19	3	1
903	1 254	289	279	47	48

(续4)

行业类别(小类)	代码	营业企业法人单位数(个)	50万元以下
碳酸饮料制造业	1521	2 864	1 813
天然矿泉水制造业	1522	1 090	504
果菜汁饮料制造业	1523	1 236	580
固体饮料制造业	1524	521	274
其他软饮料制造业	1529	698	418
制茶业	1550	6 459	4 288
其他饮料制造业	1590	1 006	513
烟草加工业	1600	468	77
烟叶复烤业	1610	112	16
卷烟制造业	1620	262	16
其他烟草加工业	1690	94	45
纺织业	1700	53 312	17 353
纤维原料初步加工业	1710	3 691	1 037
轧花业	1711	1 993	452
洗毛业	1712	244	79
亚麻纤维初步加工业	1713	202	59
苎麻纤维初步加工业	1714	185	80
其他纤维原料初步加工业	1719	1 067	367
棉纺织业	1720	18 792	5 538
棉纺业	1721	2 924	594
棉织业	1722	6 309	1 781
印染业	1723	2 769	614
棉制品业	1724	3 623	1 305
棉线带制造业	1725	1 891	777
帘子布制造业	1726	310	100
其他棉纺织业	1729	966	367
毛纺织业	1740	5 926	1 992
毛条加工业	1741	404	94
毛纺业	1742	1 963	279
毛织业	1743	2 422	1 256
毛染整业	1744	368	71
工业用呢、工业用毡制造业	1745	297	115
其他毛纺织业	1749	472	177
麻纺织业	1760	854	232
苎麻纺织业	1761	183	38
亚麻纺织业	1762	114	36
黄、洋、青麻纺织业	1763	311	71
其他麻纺织业	1769	246	87
丝绢纺织业	1770	7 333	1 648
缫丝业	1771	1 557	297
绢纺业	1772	370	61

营业收入规模分组的单位数

(50—100)万元	(100—500)万元	(500—1000)万元	(1000—5000)万元	5000万元—1亿元	1亿元以上
397	477	71	65	14	27
177	285	57	56	7	4
177	256	95	101	20	7
68	102	40	29	2	6
84	134	26	28	4	4
864	1 090	114	87	11	5
145	219	52	66	4	7
20	45	35	96	52	143
9	14	11	31	14	17
1	10	17	57	37	124
10	21	7	8	1	2
6 862	15 297	5 050	6 659	1 180	911
399	1 068	421	678	72	16
140	542	280	518	50	11
36	74	24	25	3	3
36	77	15	14	1	
35	46	10	12	2	
152	329	92	109	16	2
2 385	5 433	1 814	2 488	548	586
276	601	262	598	245	348
733	2 051	678	855	145	66
309	818	338	477	95	118
515	1 031	323	385	35	29
353	552	125	72	9	3
36	92	24	37	11	10
163	288	64	64	8	12
709	1 521	535	863	189	117
44	104	37	88	23	14
186	551	279	482	112	74
310	514	132	157	36	17
57	141	36	54	5	4
42	99	20	18	3	
70	112	31	64	10	8
90	273	98	127	23	11
19	49	24	38	10	5
3	32	17	20	4	2
31	101	42	55	7	4
37	91	15	14	2	
872	2 418	944	1 171	194	86
103	522	297	299	35	4
29	93	61	94	22	10

营业企业法人按行业(小类)、

(续5)

行业类别(小类)	代码	营业企业法人单位数(个)	50万元以下
丝织业	1773	3 493	682
丝印染业	1774	593	124
丝制品业	1775	993	365
其他丝绢纺织业	1779	327	119
针织品业	1780	14 041	5 870
棉针织品业	1781	5 347	1 955
毛针织品业	1782	5 717	2 703
丝针织品业	1783	1 169	405
其他针织品业	1789	1 808	807
其他纺织业	1790	2 675	1 036
服装及其他纤维制品制造业	1800	49 432	20 633
服装制造业	1810	41 602	17 057
制帽业	1820	725	306
制鞋业	1830	4 343	2 076
其他纤维制品制造业	1890	2 762	1 194
皮革、毛皮、羽绒及其制品业	1900	26 544	11 250
制革业	1910	3 012	723
轻革业	1911	2 101	407
重革业	1912	173	52
其他制革业	1919	738	264
皮革制品制造业	1920	19 945	9 237
皮鞋制造业	1921	12 471	6 324
革皮服装制造业	1923	2 461	869
皮箱制造业	1924	809	355
皮包制造业	1925	2 286	864
其他类未包括的皮革制品业	1929	1 918	825
毛皮鞣制及制品业	1930	1 583	578
毛皮鞣制业	1931	703	237
毛皮服装业	1932	362	124
其他毛皮制品业	1939	518	217
羽毛(绒)及制品业	1950	2 004	712
羽毛(绒)加工业	1951	915	317
羽毛(绒)制品业	1952	1 089	395
木材加工及竹、藤、棕、草制品业	2000	38 506	23 187
锯材、木片加工业	2010	12 155	8 223
锯材加工业	2011	10 057	6 883
木片加工业	2012	2 098	1 340
人造板制造业	2020	5 090	1 989
胶合板制造业	2021	2 837	1 076
纤维板制造业	2022	379	116
刨花板制造业	2023	763	330

营业收入规模分组的单位数

(50—100)万元	(100—500)万元	(500—1000)万元	(1000—5000)万元	5000万元—1亿元	1亿元以上
473	1 233	401	555	98	51
47	158	77	140	29	18
166	311	85	62	3	1
54	101	23	21	7	2
1 975	3 828	1 035	1 137	120	76
691	1 550	470	560	70	51
812	1 426	375	356	33	12
175	386	79	109	8	7
297	466	111	112	9	6
432	756	203	195	34	19
7 674	13 303	3 414	3 767	414	227
6 472	11 266	2 957	3 306	355	189
123	173	58	60	4	1
618	1 123	218	241	39	28
461	741	181	160	16	9
4 107	7 118	1 743	1 875	274	177
415	1 121	317	344	51	41
285	831	235	267	43	33
19	61	17	20	1	3
111	229	65	57	7	5
3 196	4 945	1 126	1 162	165	114
2 052	2 828	561	534	95	77
356	749	207	225	32	23
98	204	53	87	10	2
384	670	173	174	14	7
306	494	132	142	14	5
234	487	132	130	15	7
110	222	53	73	4	4
54	111	37	26	7	3
70	154	42	31	4	
262	565	168	239	43	15
129	284	76	94	11	4
133	281	92	145	32	11
5 943	7 244	1 213	800	77	42
1 688	1 831	253	145	13	2
1 374	1 501	189	99	9	2
314	330	64	46	4	
805	1 530	372	316	46	32
492	891	185	155	17	21
41	111	48	49	8	6
105	198	72	40	14	4

营业企业法人按行业(小类)、

(续6)

行业类别(小类)	代码	营业企业法人单位数(个)	50万元以下
其他人造板制造业	2029	1 111	467
木制品业	2030	14 784	8 868
生产用木制品业	2031	10 668	6 473
生活用木制品业	2033	4 116	2 395
竹、藤、棕、草制品业	2040	6 477	4 107
家具制造业	2100	28 317	17 672
木制家具制造业	2110	23 141	14 989
竹、藤家具制造业	2120	1 030	712
金属家具制造业	2130	2 466	1 071
塑料家具制造业	2140	152	91
其他家具制造业	2190	1 528	809
造纸及纸制品业	2200	33 904	13 684
纸浆制造业	2210	521	265
造纸业	2220	13 759	5 135
机制纸及纸板制造业	2221	11 293	3 716
手工纸制造业	2223	964	752
加工纸制造业	2224	1 502	667
纸制品业	2230	19 624	8 284
印刷业，记录媒介的复制	2300	31 646	17 834
印刷业	2310	31 463	17 771
书、报、刊印刷业	2311	7 687	3 809
包装装潢印刷业	2312	6 491	2 650
其他印刷业	2319	17 285	11 312
记录媒介的复制	2320	183	63
文教体育用品制造业	2400	12 804	5 756
文化用品制造业	2410	5 615	3 036
文具制造业	2411	1 576	800
本册制造业	2413	2 147	1 378
笔制造业	2415	1 050	455
教学标本、模型制造业	2417	262	136
其他文化用品制造业	2419	580	267
体育用品制造业	2420	1 353	491
球类制造业	2421	353	97
体育器材制造业	2423	567	246
其他体育用品制造业	2429	433	148
乐器及其他文娱用品制造业	2430	527	225
中乐器制造业	2431	129	68
西乐器制造业	2433	202	67
电子乐器制造业	2435	44	11
其他乐器及文娱用品制造业	2439	152	79
玩具制造业	2440	4 708	1 702

营业收入规模分组的单位数

(50—100)万元	(100—500)万元	(500—1000)万元	(1000—5000)万元	5000万元—1亿元	1亿元以上
167	330	67	72	7	1
2 456	2 782	415	245	13	5
1 766	1 987	263	167	8	4
690	795	152	78	5	1
994	1 101	173	94	5	3
4 364	4 909	763	537	54	18
3 470	3 719	561	355	38	9
140	148	17	10	1	2
430	729	119	109	6	2
20	30	8	3		
304	283	58	60	9	5
5 473	9 862	2 258	2 179	270	178
59	117	34	41	3	2
1 908	3 911	1 126	1 342	197	140
1 581	3 421	1 013	1 246	186	130
101	92	12	4	3	
226	398	101	92	8	10
3 506	5 834	1 098	796	70	36
5 066	6 667	1 055	867	100	57
5 047	6 616	1 041	842	95	51
1 289	1 931	324	302	24	8
1 086	1 881	413	373	57	31
2 672	2 804	304	167	14	12
19	51	14	25	5	6
1 968	3 206	823	878	113	60
883	1 196	241	225	23	11
241	377	80	67	9	2
339	327	53	47	2	1
165	276	72	68	8	6
44	65	7	8	1	1
94	151	29	35	3	1
204	382	92	150	26	8
47	114	40	47	5	3
84	144	28	48	15	2
73	124	24	55	6	3
74	138	32	48	6	4
22	30	3	6		
20	67	17	26	3	2
7	6	5	11	3	1
25	35	7	5		1
710	1 354	422	428	56	36

营业企业法人按行业(小类)、

(续7)

行业类别(小类)	代码	营业企业法人单位数(个)	50万元以下
游艺器材制造业	2450	184	70
其他类未包括的文教体育用品制造业	2490	417	232
石油加工及炼焦业	2500	6 539	2 442
人造原油生产业	2510	129	59
原油加工业	2520	1 724	537
石油制品业	2530	1 893	629
炼焦业	2570	2 793	1 217
化学原料及化学制品制造业	2600	55 650	21 008
基本化学原料制造业	2610	10 398	3 550
无机酸制造业	2611	1 515	533
烧碱制造业	2613	545	174
纯碱制造业	2615	692	307
无机盐制造业	2617	3 690	1 187
其他基本化学原料制造业	2619	3 956	1 349
化学肥料制造业	2620	5 622	1 600
氮肥制造业	2621	898	33
磷肥制造业	2622	1 759	540
钾肥制造业	2623	76	18
复合肥料制造业	2624	1 811	518
微量元素肥料制造业	2625	189	108
其他化学肥料制造业	2629	889	383
化学农药制造业	2630	1 578	422
农药原药制造业	2631	530	119
农药制剂制造业	2633	1 048	303
有机化学产品制造业	2650	14 008	5 507
有机化工原料制造业	2651	2 555	632
涂料制造业	2652	7 071	3 579
油墨制造业	2653	590	210
颜料制造业	2654	901	265
染料制造业	2655	958	182
其他有机化学产品制造业	2659	1 933	639
合成材料制造业	2660	3 798	1 245
聚烯烃塑料制造业	2661	477	171
热固性树脂及塑料制造业	2662	710	203
工程塑料制造业	2663	546	195
功能高分子制造业	2664	518	132
有机硅氟材料制造业	2665	247	63
合成橡胶制造业	2666	520	225
合成纤维单(聚合)体制造业	2667	174	33
其他合成材料制造业	2669	606	223
专用化学产品制造业	2670	12 250	4 900

营业收入规模分组的单位数

(50—100)万元	(100—500)万元	(500—1000)万元	(1000—5000)万元	5000万元—1亿元	1亿元以上
38	49	16	9	2	
59	87	20	18		1
932	1 916	550	504	77	118
19	34	9	7		1
254	522	161	149	29	72
269	583	166	194	28	24
390	777	214	154	20	21
8 052	15 824	4 147	5 004	923	692
1 566	3 315	835	894	130	108
210	465	128	150	22	7
71	133	33	65	28	41
87	214	40	18	9	17
567	1 232	308	339	35	22
631	1 271	326	322	36	21
668	1 468	472	961	288	165
20	37	29	454	208	117
230	465	178	275	49	22
14	28	5	9	1	1
248	639	199	163	21	23
21	41	12	6	1	
135	258	49	54	8	2
187	443	170	249	59	48
50	139	54	105	28	35
137	304	116	144	31	13
2 021	3 885	1 083	1 211	163	138
320	840	288	373	54	48
1 084	1 624	363	330	42	49
89	184	53	39	11	4
132	280	97	112	13	2
96	310	139	189	25	17
300	647	143	168	18	18
572	1 212	319	322	63	65
60	125	45	41	16	19
102	262	59	64	17	3
81	171	45	44	4	6
81	173	51	67	11	3
29	96	31	22	4	2
86	142	31	30	2	4
26	61	19	15	2	18
107	182	38	39	7	10
1 916	3 539	824	876	121	74

(续8)

行业类别(小类)	代码	营业企业法人单位数(个)	50万元以下
化学试剂、助剂制造业	2671	5 056	1 781
专项化学用品制造业	2672	3 387	1 460
林产化学产品制造业	2673	1 587	732
炸药及火工产品制造业	2674	708	309
信息化学品制造业	2675	582	250
放射化学产品制造业	2676	14	5
添加剂制造业	2677	916	363
日用化学产品制造业	2680	7 996	3 784
肥皂及皂粉、合成洗涤剂制造业	2681	2 645	1 439
合成脂肪酸制造业	2682	133	54
硬脂酸、硬化油制造业	2683	295	101
香料、香精制造业	2684	736	209
化妆品制造业	2685	1 532	656
牙膏制造业	2686	76	19
火柴制造业	2687	218	57
动物胶制造业	2688	505	213
其他日用化学产品制造业	2689	1 856	1 036
医药制造业	2700	7 632	2 009
化学药品原药制造业	2710	1 459	267
化学药品制剂制造业	2720	1 802	307
中药材及中成药加工业	2730	2 719	886
动物药品制造业	2740	949	274
生物制品业	2750	703	275
化学纤维制造业	2800	3 130	995
纤维素纤维制造业	2810	604	223
化纤浆粕制造业	2811	126	46
粘胶纤维制造业	2812	307	106
其他纤维素纤维制造业	2819	171	71
合成纤维制造业	2820	1 640	398
锦纶纤维制造业	2821	181	39
涤纶纤维制造业	2822	700	101
腈纶纤维制造业	2823	106	19
维纶纤维制造业	2824	66	29
其他合成纤维制造业	2829	587	210
渔具及渔具材料制造业	2850	886	374
渔具用丝制造业	2851	51	18
渔具用线制造业	2852	38	11
渔具用绳制造业	2853	115	61
渔网制造业	2854	483	198
其他渔具制造业	2859	199	86
橡胶制品业	2900	11 133	4 618

营业收入规模分组的单位数

(50—100)万元	(100—500)万元	(500—1000)万元	(1000—5000)万元	5000万元—1亿元	1亿元以上
784	1 680	362	367	53	29
555	955	216	172	16	13
284	401	89	69	7	5
77	107	49	133	24	9
81	114	48	59	15	15
2	6	1			
133	276	59	76	6	3
1 122	1 962	444	491	99	94
402	506	98	127	29	44
18	42	10	8		1
46	87	24	34	2	1
99	254	78	77	13	6
207	403	102	109	30	25
5	12	6	18	5	11
25	76	27	29	4	
69	158	33	29	3	
251	424	66	60	13	6
850	2 287	830	1 215	247	194
138	414	166	316	80	78
179	561	211	392	86	66
302	801	294	345	55	36
139	335	90	90	16	5
92	176	69	72	10	9
383	780	263	435	111	163
74	166	47	44	15	35
8	44	6	12	4	6
42	76	24	24	9	26
24	46	17	8	2	3
167	376	149	330	94	126
22	36	22	39	10	13
68	132	55	182	66	96
14	37	7	20	2	7
7	19	3	4		4
56	152	62	85	16	6
142	238	67	61	2	2
8	14	4	7		
6	15	4	2		
23	26	2	2		1
75	137	42	29	1	1
30	46	15	21	1	
1 760	2 912	828	752	140	123

(续9)

行业类别(小类)	代码	营业企业法人单位数(个)
轮胎制造业	2910	456
力车胎制造业	2920	173
橡胶板、管、带制造业	2930	1 981
橡胶零件制品业	2940	2 743
再生橡胶制造业	2950	801
橡胶靴鞋制造业	2960	1 162
日用橡胶制品业	2970	897
橡胶制品翻修业	2980	565
轮胎翻新业	2981	422
其他橡胶制品翻修业	2989	143
其他橡胶制品业	2990	2 355
塑料制品业	3000	54 658
塑料薄膜制造业	3010	4 540
塑料板、管、棒材制造业	3020	5 544
塑料丝、绳及编织品制造业	3030	9 260
泡沫塑料及人造革、合成革制造业	3040	4 379
塑料包装箱及容器制造业	3050	3 576
塑料鞋制造业	3060	3 434
日用塑料杂品制造业	3070	4 846
塑料零件制造业	3080	4 267
其他塑料制品业	3090	14 812
非金属矿物制品业	3100	226 102
水泥制造业	3110	9 348
水泥制品和石棉水泥制品业	3120	44 057
水泥制品业	3121	17 433
砼结构构件制造业	3123	25 055
石棉水泥制品业	3124	935
其他水泥制品业	3129	634
砖瓦、石灰和轻质建筑材料制造业	3130	137 473
砖瓦制造业	3131	100 277
石灰制造业	3132	9 284
建筑用石加工业	3133	18 291
轻质建筑材料制造业	3134	2 222
防水密封建筑材料制造业	3135	2 135
隔热保温材料制造业	3136	2 547
其他砖瓦、石灰和轻质建筑材料制造业	3139	2 717
玻璃及玻璃制品业	3140	5 904
建筑用玻璃制品业	3141	970
工业技术用玻璃制造业	3142	557
光学玻璃制造业	3143	262
玻璃仪器制造业	3145	512

营业收入规模分组的单位数

50万元以下	(50—100)万元	(100—500)万元	(500—1000)万元	(1000—5000)万元	5000万元—1亿元	1亿元以上
95	43	118	45	72	25	58
33	21	49	15	26	19	10
699	323	589	176	156	23	15
1 502	451	612	96	74	7	1
291	126	279	65	36	3	1
241	133	284	197	227	47	33
386	149	235	61	55	9	2
263	95	170	25	11	1	
184	69	139	22	8		
79	26	31	3	3	1	
1 108	419	576	148	95	6	3
23 595	9 552	15 086	3 255	2 672	323	175
1 707	777	1 275	315	359	61	46
2 427	911	1 495	346	309	41	15
3 326	1 519	3 211	721	438	28	17
1 423	792	1 302	379	381	62	40
1 566	628	968	216	173	16	9
1 210	845	1 024	160	176	18	1
2 316	878	1 219	233	181	13	6
2 147	718	1 054	168	156	13	11
7 473	2 484	3 538	717	499	71	30
125 140	38 876	47 989	6 844	6 215	688	350
1 507	736	2 652	1 618	2 414	284	137
29 161	7 041	6 337	798	659	46	15
11 356	2 676	2 547	418	401	28	7
16 921	4 136	3 449	328	197	17	7
513	129	204	37	51	1	
371	100	137	15	10		1
79 204	25 591	29 199	2 331	1 051	56	41
56 543	19 753	22 085	1 390	465	22	19
6 428	1 377	1 275	148	53	2	1
10 880	2 845	3 779	455	304	17	11
1 296	349	452	70	49	5	1
1 015	394	527	113	77	6	3
1 437	427	533	80	64	1	5
1 605	446	548	75	39	3	1
2 190	863	1 769	459	461	101	61
254	107	371	83	87	32	36
225	83	148	45	43	8	5
89	38	84	28	18	4	1
295	94	103	13	6	1	

营业企业法人按行业(小类)、

(续10)

行业类别(小类)	代码	营业企业法人单位数(个)	50万元以下
日用玻璃制品业	3147	2 227	740
玻璃保温容器制造业	3148	222	72
其他玻璃及玻璃制品业	3149	1 154	515
陶瓷制品业	3150	11 763	5 332
建筑、卫生陶瓷制造业	3151	4 096	865
工业用陶瓷制造业	3153	1 004	465
日用陶瓷制造业	3155	6 098	3 696
其他陶瓷制品业	3159	565	306
耐火材料制品业	3160	7 497	3 369
石棉制品业	3161	1 307	642
云母制品业	3163	218	110
其他耐火材料制品业	3169	5 972	2 617
石墨及碳素制品业	3170	1 832	699
冶金用碳素制品业	3171	791	242
电工用碳素制品业	3172	300	146
其他石墨及碳素制品业	3179	741	311
矿物纤维及其制品业	3180	3 870	1 778
玻璃纤维及其制品业	3181	1 410	708
玻璃钢制品业	3182	2 321	1 005
其他矿物纤维及其制品业	3189	139	65
其他类未包括的非金属矿物制品业	3190	4 358	1 900
黑色金属冶炼及压延加工业	3200	14 429	3 373
炼铁业	3210	3 661	844
炼钢业	3220	1 727	477
钢压延加工业	3240	7 670	1 814
铁合金冶炼业	3260	1 371	238
有色金属冶炼及压延加工业	3300	9 907	2 780
重有色金属冶炼业	3310	2 911	928
铜冶炼业	3311	1 010	336
铅锌冶炼业	3312	916	284
镍钴冶炼业	3314	63	16
锡冶炼业	3316	116	33
锑冶炼业	3317	459	142
汞冶炼业	3318	12	4
其他重有色金属冶炼业	3319	335	113
轻有色金属冶炼业	3320	1 705	470
铝冶炼业	3321	1 037	304
镁冶炼业	3322	355	77
钛冶炼业	3323	67	15
其他轻有色金属冶炼业	3329	246	74
贵金属冶炼业	3330	317	116

营业收入规模分组的单位数

(50—100)万元	(100—500)万元	(500—1000)万元	(1000—5000)万元	5000万元—1亿元	1亿元以上
347	670	195	220	44	11
27	51	21	38	8	5
167	342	74	49	4	3
1 778	3 101	606	786	115	45
687	1 605	309	504	95	31
205	241	44	39	4	6
811	1 115	223	230	15	8
75	140	30	13	1	
1 208	2 144	392	320	36	28
243	332	51	32	4	3
30	63	7	8		
935	1 749	334	280	32	25
287	570	131	121	16	8
116	276	64	74	12	7
47	72	22	11	2	
124	222	45	36	2	1
660	1 007	200	199	20	6
204	347	75	61	11	4
429	626	120	130	9	2
27	34	5	8		
712	1 210	309	204	14	9
1 823	4 895	1 665	1 921	338	414
521	1 351	398	423	66	58
223	593	147	155	39	93
956	2 490	870	1 103	202	235
123	461	250	240	31	28
1 323	2 945	1 019	1 326	254	260
385	838	284	350	51	75
137	264	84	124	23	42
100	266	104	129	15	18
12	14	9	6	2	4
9	28	13	22	4	7
81	157	39	35	3	2
1	4	2	1		
45	105	33	33	4	2
249	590	145	162	29	60
157	346	73	79	22	56
48	137	47	40	3	3
9	26	7	10		
35	81	18	33	4	1
32	76	41	38	9	5

营业企业法人按行业(小类)、

(续11)

行业类别(小类)	代码	营业企业法人单位数(个)	50万元以下
金冶炼业	3331	225	77
银冶炼业	3332	38	15
其他贵金属冶炼业	3339	54	24
稀有稀土金属冶炼业	3340	487	114
钨钼冶炼业	3341	133	30
其他稀有稀土金属冶炼业	3349	354	84
有色金属合金业	3360	485	128
有色金属压延加工业	3380	4 002	1 024
重有色金属压延加工业	3381	2 062	506
轻有色金属压延加工业	3383	1 724	441
贵金属压延加工业	3385	73	35
稀有稀土金属压延加工业	3387	143	42
金属制品业	3400	83 016	39 944
金属结构制造业	3410	6 062	2 595
铸铁管制造业	3420	3 691	1 535
工具制造业	3430	10 168	5 111
切削工具制造业	3431	2 275	1 037
模具制造业	3434	4 729	2 655
手工具制造业	3435	2 563	1 139
其他工具制造业	3439	601	280
集装箱和金属包装物品制造业	3440	4 425	1 703
集装箱制造业	3441	173	37
金属包装物品及容器制造业	3442	4 252	1 666
金属丝绳及其制品业	3450	6 709	2 730
建筑用金属制品业	3460	17 814	9 011
建筑小五金制造业	3461	3 375	2 002
水暖管道零件制造业	3463	3 392	1 434
金属门窗制造业	3465	9 939	5 075
其他建筑用金属制品业	3469	1 108	500
金属表面处理及热处理业	3470	6 976	3 285
日用金属制品业	3480	16 979	7 714
搪瓷制造业	3481	569	147
铝制品业	3482	3 575	1 489
不锈钢制品业	3483	3 064	1 244
刀剪制造业	3484	881	445
制锁业	3485	1 414	537
炊事用具制造业	3486	2 414	1 324
燃气用具制造业	3487	955	321
理发用具制造业	3488	247	85
其他日用金属制品业	3489	3 860	2 122
其他金属制品业	3490	10 192	6 260

营业收入规模分组的单位数

(50－100)万元	(100－500)万元	(500－1000)万元	(1000－5000)万元	5000万元－1亿元	1亿元以上
25	56	27	28	7	5
1	11	7	4		
6	9	7	6	2	
61	159	53	78	13	9
15	47	16	18	4	3
46	112	37	60	9	6
67	179	48	50	7	6
529	1 103	448	648	145	105
307	561	241	318	77	52
196	479	191	302	67	48
8	17	3	7	1	2
18	46	13	21		3
13 558	20 970	4 196	3 740	364	244
955	1 688	409	356	43	16
670	1 099	185	178	18	6
1 636	2 474	498	409	28	12
362	609	137	114	9	7
792	1 012	158	105	5	2
373	701	173	162	13	2
109	152	30	28	1	1
690	1 271	324	342	37	58
24	50	10	17	8	27
666	1 221	314	325	29	31
1 038	1 971	448	452	44	26
3 234	4 240	749	519	37	24
562	653	79	71	4	4
662	946	187	144	9	10
1 839	2 356	394	248	19	8
171	285	89	56	5	2
1 278	1 860	309	208	23	13
2 675	4 486	952	971	108	73
87	176	61	79	12	7
536	1 031	237	226	28	28
512	858	202	210	27	11
134	224	42	33	3	
241	420	85	116	9	6
395	537	77	72	5	4
139	320	76	77	14	8
50	67	23	19		3
581	853	149	139	10	6
1 382	1 881	322	305	26	16

(续12)

行业类别(小类)	代码	营业企业法人单位数(个)	50万元以下
铁制小农具制造业	3491	4 536	3 388
焊条制造业	3495	696	216
其他类未包括的金属制品业	3499	4 960	2 656
普通机械制造业	3500	79 478	34 163
锅炉及原动机制造业	3510	5 083	1 657
锅炉制造业	3511	2 279	796
内燃机制造业	3512	373	60
汽轮机制造业	3513	89	18
水轮机制造业	3514	60	11
内燃机零部件及配件制造业	3515	1 830	573
其他锅炉及原动机制造业	3519	452	199
金属加工机械制造业	3520	8 964	4 212
金属切削机床制造业	3521	1 510	583
锻压设备制造业	3523	870	306
铸造机械制造业	3525	1 445	661
机床附件制造业	3526	797	371
其他金属加工机械制造业	3529	4 342	2 291
通用设备制造业	3530	10 563	3 393
起重运输设备制造业	3531	1 991	509
工矿车辆制造业	3532	273	91
泵制造业	3533	3 130	1 007
风机制造业	3534	1 097	390
气体压缩机及气体分离设备制造业	3535	790	274
冷冻设备制造业	3536	847	258
风动工具制造业	3537	258	108
电动工具制造业	3538	729	277
其他通用设备制造业	3539	1 448	479
轴承、阀门制造业	3540	6 095	2 224
轴承制造业	3541	2 210	641
阀门制造业	3542	3 885	1 583
其他通用零部件制造业	3560	19 098	9 227
液压件及液力件制造业	3561	1 716	700
气动元件制造业	3562	914	383
密封件制造业	3563	870	386
粉末冶金制品业	3564	910	345
紧固件制造业	3565	6 294	3 026
弹簧制造业	3566	1 826	1 010
链条制造业	3567	547	168
齿轮制造业	3568	813	280
其他类未包括的通用零部件制造业	3569	5 208	2 929
铸锻件制造业	3570	22 937	9 614

营业收入规模分组的单位数

(50—100)万元	(100—500)万元	(500—1000)万元	(1000—5000)万元	5000万元—1亿元	1亿元以上
502	529	71	43	3	
85	222	69	85	10	9
795	1 130	182	177	13	7
13 790	22 136	4 453	4 050	507	379
757	1 483	432	548	86	120
353	703	190	181	34	22
35	73	26	88	24	67
8	25	11	14	3	10
6	25	12	3	1	2
281	529	166	242	23	16
74	128	27	20	1	3
1 464	2 220	502	470	62	34
200	390	118	172	25	22
118	246	94	83	20	3
249	388	84	56	4	3
134	205	46	36	4	1
763	991	160	123	9	5
1 767	3 359	856	945	125	118
304	622	219	267	33	37
43	85	20	26	4	4
609	1 013	244	216	32	9
180	363	79	76	4	5
146	224	49	67	15	15
96	278	73	103	10	29
47	67	12	22	1	1
103	214	49	63	13	10
239	493	111	105	13	8
1 012	1 808	413	533	74	31
304	684	197	305	56	23
708	1 124	216	228	18	8
3 316	4 852	884	697	94	28
280	484	119	120	10	3
160	283	45	39	4	
157	252	44	26	4	1
140	289	69	58	7	2
1 184	1 640	246	166	25	7
313	379	76	44	2	2
82	187	51	48	8	3
137	232	65	77	15	7
863	1 106	169	119	19	3
4 366	7 048	1 120	694	58	37

营业企业法人按行业(小类)、

(续13)

行业类别(小类)	代码	营业企业法人单位数(个)
铸件制造业	3571	19 707
锻件制造业	3572	3 230
普通机械修理业	3580	2 910
其他普通机械制造业	3590	3 828
专用设备制造业	3600	41 516
冶金、矿山、机电工业专用设备制造业	3610	3 963
矿山设备制造业	3611	1 775
冶金工业专用设备制造业	3613	627
电工专用设备制造业	3615	275
电子工业专用设备制造业	3617	580
其他机电工业专用设备制造业	3619	706
石化及其他工业专用设备制造业	3620	5 749
石油工业专用设备制造业	3621	710
化学工业专用设备制造业	3622	895
化学纤维工业专用设备制造业	3623	134
橡胶工业专用设备制造业	3624	318
塑料工业专用设备制造业	3625	931
森林工业专用设备制造业	3626	262
印刷工业专用设备制造业	3627	646
制药工业专用设备制造业	3628	302
建筑材料非金属矿物制品专用设备制造业	3629	1 551
轻纺工业专用设备制造业	3630	8 521
食品、饮料、烟草工业专用设备制造业	3631	1 363
粮油工业专用设备制造业	3632	978
饲料工业专用设备制造业	3633	132
包装工业专用设备制造业	3634	516
纺织、服装、皮革工业专用设备制造业	3635	3 923
照明器具工业专用设备制造业	3636	419
日用硅酸制品工业专用设备制造业	3637	146
制浆、造纸工业专用设备制造业	3638	652
日用化学工业专用设备制造业	3639	392
农、林、牧、渔、水利业机械制造业	3640	7 276
拖拉机制造业	3641	282
机械化农机具制造业	3642	2 627
营林机械制造业	3643	50
畜牧机械制造业	3644	158
渔业机械制造业	3645	148
水利机械制造业	3646	235
拖拉机配件制造业	3647	2 031
其他农、林、牧、渔、水利业机械制造业	3649	1 745
医疗器械制造业	3650	2 853

营业收入规模分组的单位数

50 万元以下	(50—100)万元	(100—500)万元	(500—1000)万元	(1000—5000)万元	5000万元—1亿元	1 亿元以上
8 227	3 782	6 091	942	586	51	28
1 387	584	957	178	108	7	9
1 950	431	443	54	30		2
1 886	677	923	192	133	8	9
18 086	6 239	11 057	2 706	2 699	408	321
1 400	630	1 175	329	320	56	53
604	286	537	143	150	32	23
182	85	194	62	71	11	22
117	42	72	29	12	1	2
229	90	155	43	52	8	3
268	127	217	52	35	4	3
1 924	873	1 770	521	531	91	39
187	117	220	70	89	17	10
240	112	316	95	110	17	5
52	18	37	12	12	2	1
88	58	100	37	28	4	3
335	145	266	85	82	14	4
70	37	85	28	31	6	5
239	90	192	50	55	14	6
98	59	100	22	20	2	1
615	237	454	122	104	15	4
3 407	1 376	2 411	583	603	88	53
503	260	393	88	90	18	11
302	132	353	92	84	12	3
35	20	41	19	15	1	1
186	95	153	42	35	3	2
1 691	624	1 056	233	257	37	25
229	53	106	17	12		2
53	31	34	13	10	4	1
228	94	188	51	75	12	4
180	67	87	28	25	1	4
2 981	1 107	2 045	458	515	78	92
53	24	69	24	47	21	44
1 247	373	691	144	150	13	9
22	6	17	3	2		
67	19	51	10	11		
58	31	40	10	6	2	1
80	38	81	14	21	1	
777	339	580	149	158	21	7
677	277	516	104	120	20	31
1 210	417	794	179	210	28	15

(续14)

行业类别(小类)	代码	营业企业法人单位数(个)
手术器械制造业	3651	240
医疗仪器、设备制造业	3652	1 046
诊断用品制造业	3653	244
医用材料及医疗用品制造业	3654	1 246
假肢、矫形器制造业	3655	77
其他专用设备制造业	3670	6 855
建筑机械制造业	3671	1 171
地质专用设备制造业	3672	125
畜牧兽医医疗器械制造业	3673	21
缝纫机制造业	3674	892
商业、饮食业、服务业专用机械制造业	3675	370
邮政机械及器材制造业	3676	69
环境保护机械制造业	3677	1 730
社会公共安全设备及器材制造业	3678	1 102
其他类未包括的专用设备制造业	3679	1 375
专用机械设备修理业	3680	6 299
工业专用设备修理业	3681	919
农、林、牧、渔、水利机械修理业	3683	3 651
医疗器械修理业	3685	79
其他专用机械设备修理业	3689	1 650
交通运输设备制造业	3700	48 103
铁路运输设备制造业	3710	1 318
机车制造业	3711	30
客车制造业	3712	36
货车制造业	3713	41
机车车辆配件制造业	3714	651
铁路信号设备制造业	3715	90
铁路专用设备制造业	3716	110
铁路专用器材制造业	3717	275
其他铁路运输设备制造业	3719	85
汽车制造业	3720	14 374
载重汽车制造业	3721	178
客车制造业	3722	179
小轿车制造业	3723	52
微型汽车制造业	3724	77
特种车辆及改装汽车制造业	3725	639
汽车车身制造业	3726	267
汽车零部件及配件制造业	3727	12 982
摩托车制造业	3730	4 111
摩托车整车制造业	3731	370
摩托车零部件及配件制造业	3732	3 741

营业收入规模分组的单位数

50万元以下	(50—100)万　元	(100—500)万　元	(500—1000)万　元	(1000—5000)万元	5000万元—1亿元	1亿元以上
98	36	64	14	22	4	2
464	161	286	58	61	10	6
84	37	78	18	24	3	
528	174	342	84	100	11	7
36	9	24	5	3		
2 602	1 084	2 072	518	457	58	64
364	176	360	97	114	25	35
38	12	45	14	14	2	
14	1	6				
373	135	225	63	76	7	13
174	49	101	25	17	2	2
22	11	16	9	9		2
626	325	568	123	76	6	6
399	177	359	88	72	7	
592	198	392	99	79	9	6
4 562	752	790	118	63	9	5
518	142	197	34	23	4	1
2 946	357	307	32	8	1	
54	14	6	4	1		
1 044	239	280	48	31	4	4
23 229	7 492	11 124	2 616	2 714	435	493
434	178	416	118	118	18	36
8	3	8	1	3		7
11	6	6	4	3	2	4
5	2	14	4	2	1	13
213	91	210	60	66	5	6
31	19	21	14	2	2	1
38	11	39	5	11	2	4
94	38	90	25	23	4	1
34	8	28	5	8	2	
5 321	2 352	3 898	1 082	1 255	226	240
26	17	30	16	33	14	42
24	9	33	24	51	7	31
15	3	12	6	7	2	7
11	6	20	10	13	3	14
120	59	158	70	139	50	43
61	43	73	23	56	7	4
5 064	2 215	3 572	933	956	143	99
1 383	652	1 221	358	363	59	75
66	32	95	48	52	23	54
1 317	620	1 126	310	311	36	21

(续15)

行业类别(小类)	代码	营业企业法人单位数(个)	50万元以下
自行车制造业	3740	2 240	697
电车制造业	3750	24	13
船舶制造业	3760	1 268	338
海洋运输船制造业	3761	139	20
内河船制造业	3762	619	152
渔轮制造业	3763	194	61
船舶机械设备制造业	3764	311	104
海洋石油平台制造业	3765	5	1
航空航天器制造业	3770	200	23
飞机制造业	3771	122	8
其他航空航天器制造业	3779	78	15
交通运输设备修理业	3780	24 415	14 965
铁路运输设备修理业	3781	493	128
汽车修理业	3782	20 759	12 847
摩托车修理业	3783	836	725
电车修理业	3784	31	21
船舶修理业	3785	1 349	602
飞机修理业	3786	36	3
其他交通运输设备修理业	3789	911	639
其他交通运输设备制造业	3790	153	55
航标器材制造业	3791	18	7
潜水装备制造业	3792	14	5
公路标志制造业	3793	121	43
电气机械及器材制造业	4000	45 678	17 541
电机制造业	4010	3 065	830
发电机制造业	4011	550	147
电动机制造业	4012	1 409	369
微电机制造业	4013	1 106	314
输配电及控制设备制造业	4020	13 215	5 156
变压器制造业	4021	1 928	639
整流器制造业	4022	348	151
电容器制造业	4023	620	201
开关控制设备制造业	4024	4 314	1 585
电器设备元件制造业	4027	3 543	1 676
其他输配电及控制设备制造业	4029	2 462	904
电工器材制造业	4040	10 642	3 273
电线电缆制造业	4041	6 229	1 532
绝缘制品业	4043	806	298
蓄电池制造业	4045	1 531	644
原电池制造业	4046	458	123
其他电工器材制造业	4049	1 618	676

营业收入规模分组的单位数

(50—100)万元	(100—500)万元	(500—1000)万元	(1000—5000)万元	5000万元—1亿元	1亿元以上
286	697	220	263	33	44
2	6	2	1		
176	395	122	178	27	32
9	31	13	36	8	22
101	217	60	82	4	3
18	55	22	28	8	2
47	91	26	31	7	5
1	1	1	1		
6	24	16	63	36	32
5	11	7	39	26	26
1	13	9	24	10	6
3 818	4 424	677	462	35	34
60	183	66	40	2	14
3 340	3 723	511	320	14	4
57	47	5	2		
5	3	2			
224	349	73	82	11	8
3	4	1	12	5	8
129	115	19	6	3	
22	43	21	11	1	
1	5	4	1		
2	4	1	2		
19	34	16	8	1	
7 221	12 760	3 331	3 643	606	576
431	954	304	411	76	59
70	165	62	68	19	19
181	440	155	200	31	33
180	349	87	143	26	7
2 198	3 807	926	904	133	91
313	546	164	204	37	25
51	100	25	20		1
97	201	49	63	6	3
775	1 301	299	287	40	27
585	891	180	165	25	21
377	768	209	165	25	14
1 628	3 195	957	1 185	216	188
909	1 969	661	853	159	146
126	225	66	74	11	6
224	427	101	106	15	14
60	134	50	60	17	14
309	440	79	92	14	8

(续16)

行业类别(小类)	代码	营业企业法人单位数(个)	50万元以下
日用电器制造业	4060	6 271	2 202
洗衣机制造业	4061	214	51
吸尘器制造业	4062	167	60
电冰箱制造业	4063	397	88
电风扇制造业	4064	745	188
空调器制造业	4065	991	285
排油烟机制造业	4066	150	48
其他日用电器制造业	4069	3 607	1 482
照明器具制造业	4070	8 519	3 853
电光源制造业	4071	2 265	981
灯头、灯座制造业	4072	896	423
灯具制造业	4073	2 960	1 243
灯用电器附件制造业	4074	1 335	653
其他照明器具制造业	4079	1 063	553
电气机械修理业	4080	1 685	1 194
其他电气机械制造业	4090	2 281	1 033
电焊机制造业	4091	832	361
工业用电炉制造业	4092	350	127
其他类未包括的电气机械制造业	4099	1 099	545
电子及通信设备制造业	4100	16 832	5 795
通信设备制造业	4110	2 781	866
传输设备制造业	4111	553	182
交换设备制造业	4112	617	198
通信终端设备制造业	4113	341	82
其他通信设备制造业	4119	1 270	404
雷达制造业	4120	78	13
雷达整机制造业	4121	40	4
雷达专用配套设备及部件制造业	4122	38	9
广播电视设备制造业	4130	513	181
电子计算机制造业	4140	1 038	263
电子计算机整机制造业	4141	345	64
电子计算机外部设备制造业	4143	693	199
电子器件制造业	4150	1 329	353
电真空器件制造业	4151	274	65
半导体器件制造业	4153	583	154
集成电路制造业	4155	472	134
电子元件制造业	4160	6 283	2 185
日用电子器具制造业	4170	1 934	506
电视机、录像机、摄像机制造业	4171	483	87
收音机、录音机制造业	4172	1 237	346
电子计算器制造业	4173	214	73

营业收入规模分组的单位数

(50—100)万元	(100—500)万元	(500—1000)万元	(1000—5000)万元	5000万元—1亿元	1亿元以上
948	1 776	493	542	115	195
20	54	26	32	8	23
34	48	12	7	3	3
35	106	48	67	18	35
92	234	70	89	26	46
156	286	95	104	22	43
14	41	20	21	2	4
597	1 007	222	222	36	41
1 420	2 183	499	469	56	39
326	615	146	161	20	16
167	222	43	36	3	2
498	816	184	180	25	14
234	319	71	50	3	5
195	211	55	42	5	2
219	223	20	27	1	1
377	622	132	105	9	3
140	235	54	38	3	1
63	114	22	22	1	1
174	273	56	45	5	1
2 340	4 601	1 409	1 860	373	454
380	786	247	324	85	93
68	138	43	73	26	23
64	180	61	69	15	30
41	89	41	54	17	17
207	379	102	128	27	23
8	12	10	15	10	10
1	4	4	10	8	9
7	8	6	5	2	1
92	147	44	42	3	4
108	284	88	183	43	69
33	106	35	65	14	28
75	178	53	118	29	41
199	362	107	223	32	53
34	68	20	45	12	30
83	171	53	105	11	6
82	123	34	73	9	17
920	1 819	554	614	110	81
226	507	186	308	74	127
46	106	46	99	33	66
153	343	122	181	37	55
27	58	18	28	4	6

营业企业法人按行业(小类)、

(续 17)

行业类别(小类)	代码	营业企业法人单位数(个)
电子设备及通信设备修理业	4180	497
通信设备修理业	4181	153
广播电视设备修理业	4182	56
电子计算机修理业	4183	31
其他电子设备修理业	4189	257
其他电子设备制造业	4190	2 379
仪器仪表及文化、办公用机械制造业	4200	11 390
通用仪器仪表制造业	4210	4 836
工业自动化仪表制造业	4211	1 323
电工仪器、仪表制造业	4212	1 018
光学仪器制造业	4213	433
计时仪器制造业	4214	170
分析仪器制造业	4215	220
试验机制造业	4216	132
实验室仪器及装置制造业	4217	143
通用仪器仪表元件、器件制造业	4218	689
其他通用仪器仪表制造业	4219	708
专用仪器仪表制造业	4220	1 363
环境保护仪器仪表制造业	4221	184
汽车仪器仪表制造业	4222	135
导航、制导仪器制造业	4223	44
农、林、牧、渔仪器、仪表制造业	4224	32
地质勘探、钻采、地震专用仪器制造业	4225	124
气象、海洋、水文、天文测量仪器制造业	4226	47
教学仪器制造业	4227	300
核子及核辐射测量仪器制造业	4228	22
专用仪器仪表元件、器件制造业	4229	475
电子测量仪器制造业	4230	441
计量器具制造业	4240	1 190
传递标准用计量仪器制造业	4241	110
量具量仪制造业	4242	362
衡器制造业	4243	718
文化、办公用机械制造业	4250	699
电影机械制造业	4251	25
幻灯机及投影仪制造业	4252	26
照相机及器材制造业	4254	274
复印机制造业	4256	50
打字机及油印机制造业	4257	69
其他文化、办公用机械制造业	4259	255
钟表制造业	4260	1 597
仪器仪表及文化、办公用机械修理业	4280	299

营业收入规模分组的单位数

50 万元以下	(50—100)万元	(100—500)万元	(500—1000)万元	(1000—5000)万元	5000万元—1亿元	1 亿元以上
339	58	68	17	12	2	1
96	17	31	4	5		
39	6	6	3	1	1	
16	4	7	3	1		
188	31	24	7	5	1	1
1 089	349	616	156	139	14	16
4 772	1 816	3 125	735	745	110	87
2 035	777	1 351	298	293	52	30
484	225	394	105	92	13	10
427	153	291	63	64	11	9
165	55	108	39	41	16	9
65	26	50	13	11	5	
75	31	94	10	10		
41	26	37	10	16	1	1
58	28	39	7	10	1	
377	109	152	26	22	2	1
343	124	186	25	27	3	
595	223	378	66	83	11	7
98	25	46	7	8		
41	16	55	4	12	5	2
9	4	12	3	12	3	1
12	4	12	3	1		
44	23	41	9	6		1
24	9	5	6	3		
139	59	79	9	14		
8	3	5	3	2	1	
220	80	123	22	25	2	3
188	71	108	40	26	5	3
491	194	355	67	74	4	5
48	25	26	10	1		
128	54	126	16	34	2	2
315	115	203	41	39	2	3
252	99	186	53	68	16	25
6	5	6	2	5	1	
10	5	5	2	3	1	
89	36	72	27	29	9	12
16	9	6	4	5	3	7
20	10	17	7	12	1	2
111	34	80	11	14	1	4
538	242	478	141	165	20	13
210	35	43	4	6		1

营业企业法人按行业(小类)、

(续18)

行业类别(小类)	代码	营业企业法人单位数(个)	50万元以下
其他仪器仪表制造业	4290	965	463
其他制造业	4300	42 022	23 535
工艺美术品制造业	4310	26 798	14 381
雕塑工艺品制造业	4311	3 954	1 923
金属工艺品制造业	4312	1 561	881
漆器工艺品制造业	4313	322	143
花画工艺品制造业	4314	1 410	685
竹、藤、棕、草工艺品制造业	4315	2 460	1 186
抽纱刺绣工艺品制造业	4316	3 133	1 432
地毯制造业	4317	4 051	2 581
首饰制造业	4318	1 376	621
其他工艺美术品制造业	4319	8 531	4 929
日用杂品制造业	4350	3 385	1 580
制镜业	4351	372	196
眼镜制造业	4353	828	283
制伞业	4355	720	239
鬃毛加工及制刷业	4357	1 465	862
其他生产、生活用品制造业	4390	11 839	7 574
生产用其他产品制造业	4391	2 394	1 259
生活用其他产品制造业	4392	9 445	6 315
电力、煤气及水的生产和供应业	D	25 072	13 742
电力、蒸汽、热水的生产和供应业	4400	17 406	9 535
电力生产业	4410	12 398	7 871
火力发电业	4411	1 320	150
水力发电业	4412	10 987	7 682
核力发电业	4413	6	1
其他电业	4419	85	38
电力供应业	4420	4 570	1 546
蒸汽、热水生产和供应业	4430	438	118
煤气生产和供应业	4500	720	248
煤气生产业	4510	89	26
煤气供应业	4520	631	222
自来水的生产和供应业	4600	6 946	3 959
自来水生产业	4610	3 632	1 933
自来水供应业	4620	3 314	2 026
建筑业	E	119 994	49 247
土木工程建筑业	4700	87 875	33 563
房屋建筑业	4710	75 172	28 931
矿山建筑业	4720	326	78
铁路、公路、遂道、桥梁建筑业	4730	4 009	995
堤坝、电站、码头建筑业	4740	867	232

营业收入规模分组的单位数

(50—100)万元	(100—500)万元	(500—1000)万元	(1000—5000)万元	5000万元—1亿元	1亿元以上
175	226	66	30	2	3
6 202	8 706	1 815	1 505	163	96
4 123	5 887	1 214	1 013	115	65
646	1 018	214	143	7	3
256	329	51	39	3	2
62	93	9	12	1	2
204	362	77	76	6	
486	567	109	92	15	5
538	754	195	183	23	8
413	718	165	155	10	9
194	319	72	117	30	23
1 324	1 727	322	196	20	13
499	874	208	199	15	10
62	79	23	11	1	
154	271	53	53	8	6
103	227	63	80	4	4
180	297	69	55	2	
1 580	1 945	393	293	33	21
359	544	121	100	3	8
1 221	1 401	272	193	30	13
2 776	4 129	1 034	1 943	591	857
1 735	2 490	718	1 608	526	794
1 303	1 621	366	703	200	334
47	136	115	427	151	294
1 240	1 467	245	270	48	35
2	1				2
14	17	6	6	1	3
391	753	303	833	298	446
41	116	49	72	28	14
78	180	67	92	25	30
10	14	6	18	7	8
68	166	61	74	18	22
963	1 459	249	243	40	33
504	825	162	155	28	25
459	634	87	88	12	8
14 544	32 368	9 736	10 928	1 726	1 445
10 007	24 370	7 840	9 347	1 518	1 230
8 460	20 812	6 792	8 039	1 241	897
24	72	31	68	37	16
381	1 203	469	622	138	201
100	222	82	128	32	71

营业企业法人按行业(小类)、

(续19)

行业类别(小类)	代码	营业企业法人单位数(个)	50万元以下
其他土木工程建筑业	4790	7 501	3 327
线路、管道和设备安装业	4800	13 119	5 238
线路、管道安装业	4810	6 510	2 578
设备安装业	4820	6 609	2 660
装修装饰业	4900	19 000	10 446
地质勘探业、水利管理业	F	1 409	817
地质勘探业	5000	792	405
区域地质勘查业	5010	32	17
海洋地质勘查业	5020	13	6
矿产地质勘探业	5030	215	107
石油、天然气地质勘查业	5031	38	18
煤炭地质勘查业	5032	37	16
黑色金属矿产地质勘查业	5033	4	1
有色金属矿产地质勘查业	5034	16	7
贵金属矿产地质勘查业	5035	9	4
其他金属矿产地质勘查业	5036	5	4
非金属矿产地质勘查业	5037	4	2
水文地质勘查业	5038	102	55
工程地质勘查业	5040	391	192
环境地质勘查业	5050	9	6
地球物理和地球化学勘查业	5060	15	6
地质工程技术及其他技术服务业	5090	117	71
水利管理业	5100	617	412
交通运输、仓储及邮电通信业	G	50 972	24 263
铁路运输业	5200	216	37
汽车运输业	5300	20 873	9 706
汽车运输业	5310	19 337	8 663
其他公路运输业	5390	1 536	1 043
管道运输业	5400	30	7
水上运输业	5500	4 619	2 258
远洋运输业	5510	249	89
沿海运输业	5520	817	219
内河、内湖运输业	5530	3 059	1 600
其他水上运输业	5590	494	350
航空运输业	5600	122	27
航空客货运输业	5610	112	25
通用航空业	5620	10	2
交通运输辅助业	5700	13 282	7 708
公路管理及养护业	5710	305	183
港口业	5720	837	273
沿海港口业	5721	275	61

营业收入规模分组的单位数

(50—100)万 元	(100—500)万 元	(500—1000)万 元	(1000—5000)万元	5000万元—1亿元	1亿元以上
1 042	2 061	466	490	70	45
1 771	3 759	1 034	975	148	194
820	1 909	546	499	69	89
951	1 850	488	476	79	105
2 766	4 239	862	606	60	21
184	273	70	55	4	6
98	187	47	45	4	6
6	5	2	2		
1	1	1	2	1	1
19	55	12	18	1	3
2	6	4	4	1	3
2	9	3	7		
	1	1	1		
3	4	1	1		
1	1	2	1		
	1				
1	1				
10	32	1	4		
51	100	25	20	2	1
	1	1	1		
3	4	1	1		
18	21	5	1		1
86	86	23	10		
6 399	12 263	3 274	3 612	552	609
13	34	18	40	5	69
3 043	5 690	1 251	990	129	64
2 821	5 474	1 217	971	128	63
222	216	34	19	1	1
2	9		5	1	6
499	1 045	304	371	71	71
13	45	18	40	19	25
87	259	90	117	23	22
351	670	191	199	27	21
48	71	5	15	2	3
8	22	11	20	4	30
8	20	9	19	2	29
	2	2	1	2	1
1 629	2 614	589	563	93	86
24	45	18	23	8	4
105	215	76	110	23	35
21	58	28	63	15	29

营业企业法人按行业(小类)、

(续20)

行业类别(小类)	代码	营业企业法人单位数(个)	50万元以下
内河、内湖港口业	5722	562	212
水运辅助业	5730	1 197	693
机场及航空运输辅助业	5740	562	272
装卸搬运业	5750	6 249	3 995
其他类未包括的交通运输辅助业	5790	4 132	2 292
其他交通运输业	5800	228	139
仓储业	5900	6 749	2 998
邮电通信业	6000	4 853	1 383
邮政业	6010	490	187
电信业	6020	1 696	602
邮电业	6030	2 667	594
批发和零售贸易、餐饮业	H	685 595	329 398
食品、饮料、烟草和家庭日用品批发业	6100	164 149	62 843
食品、饮料、烟草批发业	6110	65 990	21 730
粮食、食用油批发业	6111	29 440	7 716
糕点、糖果和饮料批发业	6112	9 412	3 584
肉、禽、蛋及其制品批发业	6113	6 487	2 332
水产品批发业	6114	2 882	1 333
蔬菜、果品批发业	6115	4 750	2 208
茶叶批发业	6116	1 306	653
烟草及其制品批发业	6117	3 044	340
盐及调味品批发业	6118	1 805	393
其他食品、饮料、烟草批发业	6119	6 864	3 171
棉、麻、土畜产品批发业	6120	5 873	2 130
棉、麻批发业	6121	2 770	737
畜产品批发业	6122	3 103	1 393
纺织品、服装和鞋帽批发业	6130	17 210	6 337
纺织品批发业	6131	11 988	3 867
服装批发业	6132	3 745	1 810
鞋帽批发业	6133	1 477	660
日用百货批发业	6140	20 887	9 337
百货批发业	6141	13 806	6 261
文化用品、钟表眼镜批发业	6142	4 171	1 803
其他日用百货批发业	6149	2 910	1 273
日用杂品批发业	6150	5 540	2 393
五金、交电、化工批发业	6160	40 259	18 306
药品及医疗器械批发业	6170	8 390	2 610
西药批发业	6171	3 957	808
中草药及制品批发业	6172	2 507	917
医疗器械批发业	6173	1 926	885
能源、材料和机械电子设备批发业	6200	166 794	70 519

营业收入规模分组的单位数

(50—100)万元	(100—500)万元	(500—1000)万元	(1000—5000)万元	5000万元—1亿元	1亿元以上
84	157	48	47	8	6
160	206	60	62	9	7
50	122	34	49	16	19
832	1 154	167	94	2	5
458	872	234	225	35	16
27	38	12	9	3	
885	1 766	479	519	57	45
293	1 045	610	1 095	189	238
26	83	59	94	17	24
184	463	172	191	21	63
83	499	379	810	151	151
85 638	168 822	42 977	45 093	7 263	6 404
19 752	45 929	14 013	16 058	2 946	2 608
6 639	19 978	7 010	8 008	1 472	1 153
2 699	10 612	3 981	3 747	389	296
1 084	2 461	902	1 037	193	151
717	1 885	610	771	104	68
333	717	199	228	40	32
543	1 250	320	343	47	39
185	332	63	54	5	14
77	345	224	1 041	561	456
185	793	231	172	21	10
816	1 583	480	615	112	87
569	1 351	514	800	237	272
211	613	296	536	178	199
358	738	218	264	59	73
2 243	5 015	1 366	1 554	305	390
1 527	3 780	1 078	1 248	220	268
506	861	191	205	66	106
210	374	97	101	19	16
2 725	5 337	1 463	1 514	266	245
1 778	3 395	919	1 065	190	198
593	1 171	271	265	37	31
354	771	273	184	39	16
741	1 491	428	406	47	34
6 073	10 399	2 276	2 447	399	359
762	2 358	956	1 329	220	155
303	1 159	572	863	147	105
198	659	291	343	57	42
261	540	93	123	16	8
22 768	44 558	11 349	13 210	2 195	2 195

营业企业法人按行业(小类)、

(续21)

行业类别(小类)	代码	营业企业法人单位数(个)	50万元以下
能源批发业	6210	19 570	6 081
石油及制品批发业	6211	9 733	2 569
煤炭及制品批发业	6212	9 193	3 229
其他能源批发业	6219	644	283
化工材料批发业	6220	13 406	4 457
木材批发业	6230	7 989	4 086
建筑材料批发业	6240	35 365	19 027
矿产品批发业	6250	3 184	1 409
金属材料批发业	6260	31 997	10 250
黑色金属材料批发业	6261	25 600	8 076
有色金属材料批发业	6262	6 397	2 174
机械、电子设备批发业	6270	36 214	16 464
汽车、摩托车及零配件批发业	6280	11 881	5 042
汽车批发业	6281	2 472	580
摩托车批发业	6282	686	178
汽车、摩托车零配件批发业	6289	8 723	4 284
再生物资回收批发业	6290	7 188	3 703
其他批发业	6300	35 560	13 261
工艺美术品批发业	6310	1 589	929
图书报刊批发业	6320	1 138	399
农业生产资料批发业	6330	20 827	5 907
其他类未包括的批发业	6390	12 006	6 026
零售业	6400	264 785	145 432
食品、饮料和烟草零售业	6410	53 972	30 228
粮油食品零售业	6411	20 226	7 868
副食品零售业	6412	16 073	10 213
其他食品、饮料和烟草零售业	6419	17 673	12 147
日用百货零售业	6420	69 932	34 438
百货零售业	6421	41 673	22 442
文化体育用品零售业	6422	4 619	3 057
钟表、眼镜及照相器材零售业	6423	1 515	913
其他日用百货零售业	6429	22 125	8 026
纺织品、服装和鞋帽零售业	6430	12 790	7 845
日用杂品零售业	6440	7 789	5 029
五金、交电、化工零售业	6450	56 148	33 495
药品及医疗器械零售业	6470	6 816	3 773
图书报刊零售业	6480	3 286	1 396
其他零售业	6490	54 052	29 228
家具零售业	6491	2 580	1 580
煤炭零售业	6492	2 545	1 281
石油制品零售业	6493	14 826	6 557

营业收入规模分组的单位数

(50—100)万元	(100—500)万元	(500—1000)万元	(1000—5000)万元	5000万元—1亿元	1亿元以上
2 204	5 418	1 863	2 823	590	591
927	2 549	1 052	1 775	405	456
1 190	2 698	769	997	181	129
87	171	42	51	4	6
1 654	4 092	1 275	1 464	238	226
1 122	1 968	411	346	26	30
5 229	8 101	1 484	1 291	140	93
425	880	203	195	25	47
3 850	9 998	3 056	3 694	569	580
3 036	8 017	2 489	3 040	468	474
814	1 981	567	654	101	106
5 910	9 629	1 816	1 792	276	327
1 606	2 888	760	1 069	259	257
189	564	283	533	162	161
65	167	87	130	27	32
1 352	2 157	390	406	70	64
768	1 584	481	536	72	44
3 356	9 416	3 792	4 392	784	559
183	275	60	79	28	35
91	275	169	167	11	26
1 645	6 155	2 873	3 308	594	345
1 437	2 711	690	838	151	153
33 499	60 845	12 432	10 420	1 211	946
6 280	12 582	2 542	2 088	172	80
2 919	6 992	1 361	993	75	18
1 651	2 888	658	588	45	30
1 710	2 702	523	507	52	32
7 770	18 372	4 365	3 904	537	546
4 479	9 196	2 254	2 411	413	478
593	748	110	98	8	5
192	278	63	61	5	3
2 506	8 150	1 938	1 334	111	60
1 555	2 442	482	375	49	42
928	1 462	223	130	13	4
8 322	10 937	1 757	1 357	165	115
858	1 517	359	274	21	14
231	848	371	408	23	9
7 555	12 685	2 333	1 884	231	136
337	491	106	45	12	9
334	656	130	127	11	6
2 250	4 459	843	626	56	35

营业企业法人按行业(小类)、

(续22)

行业类别(小类)	代码	营业企业法人单位数(个)	50万元以下
汽车、摩托车及其零配件零售业	6494	15 893	9 329
计算机及软件、办公设备零售业	6495	6 039	3 011
信托业	6496	637	378
首饰业	6497	1 752	825
其他类未包括的零售业	6499	9 780	6 267
商业经纪与代理业	6500	4 725	3 264
餐饮业	6700	49 582	34 079
正餐	6710	39 082	25 583
快餐	6720	3 771	2 876
其他饮食业	6790	6 729	5 620
小吃	6791	3 848	3 362
冷饮	6793	375	288
茶馆	6795	465	409
其他类未包括的餐饮业	6799	2 041	1 561
金融、保险业	I	68 549	27 413
金融业	6800	62 938	26 227
中央银行	6810	1 893	1 260
商业银行	6820	15 255	3 695
其他银行	6830	685	266
信用合作社	6840	39 285	17 470
信托投资业	6850	643	216
保险业	7000	5 611	1 186
房地产业	J	27 795	12 739
房地产开发与经营业	7200	22 511	9 538
房地产管理业	7300	3 766	2 143
房地产代理与经纪业	7400	1 518	1 058
社会服务业	K	100 779	68 829
公共设施服务业	7500	7 407	3 879
市内公共交通业	7510	3 710	1 615
市内公共汽电车业	7511	659	179
出租汽车业	7512	2 642	1 184
轨道交通业	7513	61	26
市内轮渡业	7514	102	53
其他市内公共交通业	7519	246	173
园林绿化业	7520	1 119	732
自然保护区管理业	7530	29	17
环境卫生业	7540	531	383
市政工程管理业	7550	822	363
风景名胜区管理业	7560	89	47
其他公共服务业	7590	1 107	722
居民服务业	7600	22 396	18 287

营业收入规模分组的单位数

(50—100)万元	(100—500)万元	(500—1000)万元	(1000—5000)万元	5000万元—1亿元	1亿元以上
2 178	3 121	585	534	101	45
884	1 587	281	247	16	13
96	122	18	19	2	2
238	463	101	101	14	10
1 238	1 786	269	185	19	16
379	600	144	229	59	50
5 884	7 474	1 247	784	68	46
5 025	6 565	1 118	698	58	35
355	411	67	48	7	7
504	498	62	38	3	4
246	190	35	14		1
36	44	5	2		
20	33	1	2		
202	231	21	20	3	3
7 667	17 084	5 549	7 771	1 565	1 500
7 452	15 329	4 444	6 700	1 415	1 371
129	251	94	113	19	27
429	2 448	1 924	4 547	1 096	1 116
21	94	71	156	43	34
6 342	11 669	2 076	1 503	161	64
30	97	64	127	44	65
215	1 755	1 105	1 071	150	129
2 340	6 432	2 516	3 044	448	276
1 751	5 451	2 273	2 821	421	256
435	775	198	175	21	19
154	206	45	48	6	1
10 758	15 136	2 947	2 513	332	264
1 018	1 703	352	354	51	50
559	1 002	223	237	40	34
56	187	64	122	29	22
453	742	145	100	10	8
7	16	3	7		2
13	21	5	7	1	2
30	36	6	1		
132	205	25	22	2	1
5	6	1			
53	71	13	9	2	
113	210	60	61	4	11
9	27		5		1
147	182	30	20	3	3
1 788	1 891	251	156	14	9

营业企业法人按行业(小类)、

(续23)

行业类别(小类)	代码	营业企业法人单位数(个)	50万元以下
理发及美容化妆业	7610	2 926	2 655
沐浴业	7620	1 504	969
洗染业	7630	1 022	795
摄影及扩印业	7640	2 820	1 977
托儿所	7650	101	97
日用品修理业	7660	4 577	3 919
家务服务业	7670	629	539
殡葬业	7680	287	186
其他居民服务业	7690	8 530	7 150
旅馆业	7800	23 668	14 348
租赁服务业	7900	2 210	1 443
旅游业	8000	3 826	1 855
娱乐服务业	8100	7 349	5 483
信息、咨询服务业	8200	21 808	15 997
广告业	8210	8 266	5 575
咨询服务业	8220	1 637	1 186
公证业	8221	42	30
律师事务所	8222	219	175
会计、审计、统计咨询业	8223	1 287	909
社会调查业	8224	89	72
其他类未包括的信息咨询服务业	8290	11 905	9 236
计算机应用服务业	8300	5 676	3 258
软件开发咨询业	8310	3 464	1 982
数据处理业	8320	206	142
数据库服务业	8330	315	193
计算机设备维护咨询业	8340	1 691	941
其他社会服务业	8400	6 439	4 279
市场管理服务业	8410	2 186	1 423
其他类未包括的社会服务业	8490	4 253	2 856
卫生、体育和社会福利业	L	2 072	1 609
卫生	8500	1 373	1 078
医院	8510	959	746
综合医院	8511	193	82
专科医院	8512	74	35
中医医院	8513	10	6
门诊部	8514	318	294
其他医院	8519	364	329
疗养院	8520	47	29
专科防治所(站)	8530	16	11
卫生防疫站	8540	46	39
妇幼保健所(站)	8550	15	14

营业收入规模分组的单位数

(50—100)万元	(100—500)万元	(500—1000)万元	(1000—5000)万元	5000万元—1亿元	1亿元以上
131	121	10	6	2	1
220	267	30	17		1
110	97	12	5	1	2
322	415	60	43	3	
2		2			
324	268	41	19	3	3
43	38	5	4		
29	54	9	9		
607	631	82	53	5	2
2 780	4 404	1 002	900	130	104
262	365	69	61	5	5
482	927	238	262	39	23
745	849	144	105	15	8
2 257	2 791	436	271	32	24
1 058	1 310	163	136	13	11
195	187	49	15	4	1
4	7	1			
22	18	4			
160	154	44	15	4	1
9	8				
1 004	1 294	224	120	15	12
659	1 216	265	239	24	15
411	736	170	139	19	7
13	39	6	5	1	
28	72	8	13		1
207	369	81	82	4	7
767	990	190	165	22	26
235	345	83	78	10	12
532	645	107	87	12	14
151	228	43	29	7	5
97	148	25	21	2	2
66	110	19	16	1	1
25	61	11	12	1	1
8	23	4	4		
1	2	1			
10	13	1			
22	11	2			
5	11	1			1
	3	2			
6			1		
			1		

营业企业法人按行业(小类)、

(续 24)

行业类别(小类)	代码	营业企业法人单位数(个)	50 万元以下
药品检验所(室)	8560	10	8
其他卫生	8590	280	231
体育	8600	161	106
社会福利保障业	8700	538	425
社会福利业	8710	372	318
干部休养所	8711	20	15
福利收容院	8712	31	27
社区服务业	8713	321	276
社会保险和救济业	8720	75	42
其他类未包括的社会福利保障业	8790	91	65
教育、文化艺术及广播电影电视业	M	5 316	3 851
教育	8900	1 048	713
高等教育	8910	45	31
普通高等教育	8911	13	4
成人高等教育	8912	32	27
中等教育	8920	223	158
中等专业学校	8921	29	22
普通中学	8922	49	41
农业、职业中学	8923	21	17
技工学校	8924	99	61
成人中等学校	8925	25	17
初等教育	8930	46	39
小学校	8931	44	37
成人初等学校	8932	2	2
学前教育	8940	150	138
其他教育	8990	584	347
文化艺术业	9000	1 508	1 031
艺术	9010	366	274
出版	9020	490	263
文物保护	9030	32	21
图书馆	9040	16	12
档案馆	9050	5	4
群众文化	9060	238	195
新闻	9070	25	16
文化艺术经纪与代理业	9080	112	83
其他文化艺术业	9090	224	163
广播电影电视业	9100	2 760	2 107
广播	9110	61	50
电影	9120	2 444	1 883
电视	9130	255	174
科学研究和综合技术服务业	N	17 712	11 411

营业收入规模分组的单位数

(50—100)万元	(100—500)万元	(500—1000)万元	(1000—5000)万元	5000万元—1亿元	1亿元以上
1			1		
19	24	3	2	1	
17	24	8	4	2	
37	56	10	4	3	3
24	29	1			
1	4				
2	2				
21	23	1			
6	16	3	3	2	3
7	11	6	1	1	
495	733	113	93	14	17
95	203	24	12		1
5	5	3	1		
4	2	2	1		
1	3	1			
23	36	3	3		
3	4				
3	3	1	1		
2	1	1			
11	24	1	2		
4	4				
2	3	2			
2	3	2			
7	5				
58	154	16	8		1
138	224	48	46	9	12
40	41	6	4		1
49	104	30	30	5	9
4	6		1		
	3	1			
1					
18	21	2	2		
2	5		1	1	
7	15	4	1	1	1
17	29	5	7	2	1
262	306	41	35	5	4
4	5	1	1		
231	262	33	28	4	3
27	39	7	6	1	1
2 173	3 155	562	344	29	38

营业企业法人按行业(小类)、

(续25)

行业类别(小类)	代码	营业企业法人单位数(个)	50万元以下
科学研究业	9200	1 045	797
自然科学研究	9210	557	411
社会科学研究	9220	56	51
其他科学研究	9230	432	335
综合技术服务业	9300	16 667	10 614
气象	9310	62	44
地震	9320	24	19
测绘	9330	193	131
技术监督	9340	960	566
海洋环境	9350	13	8
环境保护	9360	355	251
技术推广和科技交流服务业	9370	4 007	2 820
工程设计业	9380	2 873	1 573
其他综合技术服务业	9390	8 180	5 202
国家机关、政党机关和社会团体	O		
其他行业	P	9 389	6 607
企业管理机构	9910	6 405	4 530
其他类未包括的行业	9990	2 984	2 077

营业收入规模分组的单位数

(50—100)万元	(100—500)万元	(500—1000)万元	(1000—5000)万元	5000万元—1亿元	1亿元以上
91	119	18	18		2
49	73	13	11		
2	2		1		
40	44	5	6		2
2 082	3 036	544	326	29	36
3	11	3	1		
1	1	1	2		
25	30	5	2		
162	186	29	15	2	
1	2	1	1		
44	51	6	3		
435	612	92	41	4	3
406	668	116	91	10	9
1 005	1 475	291	170	13	24
734	1 203	330	359	69	87
486	784	224	263	52	66
248	419	106	96	17	21

营业企业法人按经济类型、

经济类型	代码	营业企业法人单位数(个)	50万元以下
全国总计		**2 456 576**	**1 219 049**
国有经济	10	412 674	136 467
集体经济	20	1 406 153	710 780
私营经济	30	422 061	291 746
联营经济	50	40 215	17 258
股份制经济	60	67 250	31 260
外商投资经济	70	45 157	10 628
中外合资经营企业	71	28 334	5 581
中外合作经营企业	72	6 396	1 362
外商独资企业	73	10 427	3 685
港.澳.台投资经济	80	49 052	10 713
港.澳.台与大陆合资经营企业	81	25 194	4 498
港.澳.台与大陆合作经营企业	82	12 555	3 157
港.澳.台独资企业	83	11 303	3 058
其他经济	90	14 014	10 197

营业收入规模分组的单位数

(50—100)万元	(100—500)万元	(500—1000)万元	(1000—5000)万元	5000万元—1亿元	1亿元以上
334 890	**574 867**	**138 426**	**146 377**	**23 041**	**19 926**
43 101	112 936	39 938	56 757	11 664	11 811
207 265	345 145	72 158	60 458	6 571	3 776
59 072	60 110	6 950	3 761	285	137
5 888	10 625	2 694	3 027	437	286
8 874	15 480	4 120	5 066	1 075	1 375
4 185	13 328	5 822	8 241	1 542	1 411
2 528	8 563	3 914	5 676	1 061	1 011
643	2 069	849	1 132	195	146
1 014	2 696	1 059	1 433	286	254
5 041	15 510	6 467	8 801	1 427	1 093
2 156	7 772	3 786	5 382	892	708
1 768	4 386	1 341	1 530	221	152
1 117	3 352	1 340	1 889	314	233
1 464	1 733	277	266	40	37

营业企业法人按地区（省）

地区（省）	代码	营业企业法人单位数（个）	1978 年以前	1979—1981年	1982—1984年	1985—1988年
全国总计		**2 456 576**	**354 029**	**83 289**	**116 071**	**263 465**
北　京	11	74 248	4 557	1 753	2 975	6 442
天　津	12	47 275	4 773	1 378	2 206	4 785
河　北	13	92 295	18 479	3 111	5 429	12 287
山　西	14	59 247	13 454	2 566	3 786	7 785
内蒙古	15	34 772	8 027	1 700	1 797	3 625
辽　宁	21	117 280	14 517	4 920	5 555	12 994
吉　林	22	35 048	7 844	2 251	2 240	4 027
黑龙江	23	59 466	10 981	2 960	3 186	6 011
上　海	31	161 766	8 782	2 538	4 141	11 529
江　苏	32	197 447	28 886	6 873	11 035	25 731
浙　江	33	186 020	17 263	5 885	8 905	20 298
安　徽	34	126 917	16 773	4 357	5 766	13 419
福　建	35	78 344	9 919	2 323	2 908	7 306
江　西	36	70 993	16 590	3 833	4 480	7 075
山　东	37	177 490	20 112	4 875	7 800	19 670
河　南	41	113 800	17 297	3 454	4 970	11 509
湖　北	42	85 523	15 812	3 616	5 573	10 704
湖　南	43	102 414	18 530	4 103	4 855	10 322
广　东	44	247 271	18 991	4 555	7 925	25 920
广　西	45	40 022	8 231	1 547	1 545	4 237
海　南	46	8 483	1 922	220	283	704
重　庆	50	35 059	8 348	1 855	2 081	3 478
四　川	51	105 767	22 587	5 191	6 416	11 405
贵　州	52	21 680	5 749	916	1 235	2 385
云　南	53	36 975	8 979	1 446	1 908	3 635
西　藏	54	1 309	539	46	54	107
陕　西	61	80 911	12 490	2 473	3 765	8 712
甘　肃	62	25 264	6 010	1 078	1 349	3 682
青　海	63	5 729	1 655	319	314	589
宁　夏	64	7 600	1 468	262	393	852
新　疆	65	20 161	4 464	885	1 196	2 240

、开业时间分组的单位数

1989—1991年	1992 年	1993 年	1994 年	1995 年	1996 年	其他（开业时间不详）
290 450	**209 590**	**309 857**	**297 124**	**301 946**	**229 980**	**775**
8 162	8 373	15 079	11 406	9 984	5 517	
4 941	5 183	8 548	6 144	6 003	3 313	1
14 920	7 352	9 043	8 789	7 647	5 140	98
7 468	3 979	5 740	6 089	4 617	3 744	19
3 170	2 533	3 890	3 411	3 334	3 278	7
13 388	11 076	16 328	13 756	14 169	10 533	44
3 257	2 403	3 722	3 338	3 146	2 809	11
6 192	4 240	6 444	6 220	7 370	5 840	22
11 174	14 559	25 527	25 106	31 951	26 459	
23 459	19 732	27 881	24 212	22 016	7 619	3
22 122	17 047	26 627	27 512	24 692	15 633	36
15 392	9 942	12 775	15 228	18 520	14 745	
11 239	7 734	11 788	10 302	8 696	6 127	2
7 562	4 619	5 842	6 212	7 287	7 410	83
21 622	14 759	21 009	22 043	23 637	21 963	
13 633	8 487	12 482.	13 740	15 570	12 657	1
10 998	5 779	7 727	8 472	8 838	7 725	279
12 322	7 055	9 598	12 357	12 837	10 400	35
38 067	24 896	37 139	33 662	30 776	25 335	5
4 352	3 403	5 002	4 512	4 036	3 138	19
1 138	726	1 210	842	728	709	1
2 932	2 268	3 645	3 520	4 074	2 845	13
11 040	8 677	10 795	10 512	10 405	8 727	12
1 880	1 568	2 151	1 904	2 149	1 732	11
2 908	2 739	4 709	3 819	3 743	3 089	
80	62	111	72	142	96	
11 310	6 118	8 434	8 630	10 085	8 849	45
3 156	1 934	2 667	2 177	1 744	1 452	15
380	278	523	420	644	603	4
693	519	906	729	1 017	759	2
1 493	1 550	2 515	1 988	2 089	1 734	7

营业国有企业按行业(大类

行业类别(大类)	代码	营业国有企业法人单位数(个)	北京	天津	河北	山西
全国总计		**412 674**	**20 052**	**8 100**	**15 263**	**12 350**
农、林、牧渔业	A	9 285	265	52	320	176
农业	0100	3 366	50	14	166	37
林业	0200	1 345	3	1	16	51
畜牧业	0300	1 804	128	14	59	40
渔业	0400	1 102	19	12	29	5
农、林、牧、渔服务业	0500	1 668	65	11	50	43
采掘业	B	5 574	30	9	195	415
煤炭采选业	0600	2 090	5		85	352
石油和天然气开采业	0700	131	1	2	2	
黑色金属矿采选业	0800	287	5		37	17
有色金属矿采选业	0900	840	1		30	8
非金属矿采选业	1000	1 268	18	7	40	36
木材及竹材采运业	1200	936			1	2
制造业	C	82 479	3 753	2 096	3 388	2 271
食品加工业	1300	9 862	219	97	493	284
食品制造业	1400	4 774	182	91	209	172
饮料制造业	1500	3 339	50	21	106	60
烟草加工业	1600	289	3	1	3	4
纺织业	1700	3 893	68	106	211	88
服装及其他纤维制品制造业	1800	1 518	142	42	48	21
皮革、毛皮、羽绒及其制品业	1900	825	21	25	30	14
木材加工及竹、藤、棕、草制品业	2000	1 422	41	26	31	9
家具制造业	2100	753	63	21	15	19
造纸及纸制品业	2200	1 822	49	53	99	41
印刷业，记录媒介的复制	2300	4 312	265	109	102	128
文教体育用品制造业	2400	614	55	36	9	13
石油加工及炼焦业	2500	424	23	4	39	46
化学原料及化学制品制造业	2600	6 095	250	175	321	220
医药制造业	2700	2 118	61	27	98	66
化学纤维制造业	2800	274	12	2	16	9
橡胶制品业	2900	658	27	25	28	12
塑料制品业	3000	1 975	148	86	69	30
非金属矿物制品业	3100	7 740	173	99	444	295
黑色金属冶炼及压延加工业	3200	1 024	18	27	71	86
有色金属冶炼及压延加工业	3300	787	29	12	22	25
金属制品业	3400	3 234	325	145	123	66
普通机械制造业	3500	5 266	263	156	214	153
专用设备制造业	3600	5 347	266	167	213	153

）、地区（省）分组的单位数

内蒙古	辽宁	吉林	黑龙江	上海	江苏	浙江	安徽	福建	江西	山东
10 877	**22 403**	**11 107**	**17 744**	**28 162**	**26 255**	**16 521**	**12 594**	**9 860**	**14 031**	**27 462**
274	449	320	465	249	474	326	232	309	674	587
114	175	97	183	87	139	94	85	141	285	84
24	47	85	81	25	36	39	23	35	175	70
93	100	93	89	66	65	60	22	33	56	110
15	52	24	34	32	85	63	29	53	72	120
28	75	21	78	39	149	70	73	47	86	203
270	159	156	319	2	129	96	132	209	483	188
119	55	51	133		53	7	44	37	88	85
1	1	7	1	1	1	1	1			6
13	17	4	1		2	3	7	11	5	4
52	20	23	40		4	18	12	13	78	34
64	62	41	72	1	66	58	46	47	60	59
21	2	30	72			7	22	101	250	
1 986	4 282	2 188	3 423	5 288	5 538	3 206	2 945	1 764	3 563	5 800
278	381	238	425	173	700	402	486	264	546	835
158	216	133	261	178	302	189	189	104	183	301
112	124	114	168	45	148	171	144	120	203	203
3	4	5	18	1	6	4	8	15	8	16
78	136	81	104	272	391	249	185	51	147	357
30	62	30	47	195	81	73	49	14	37	177
33	36	18	20	81	48	26	40	19	44	60
36	67	63	160	64	42	29	48	71	179	73
26	19	12	40	86	31	13	11	11	42	63
40	80	51	69	77	67	60	54	53	114	157
99	187	125	207	279	226	172	170	111	158	252
7	15	5	15	117	25	24	29	8	22	50
10	51	10	27	16	21	5	5	1	8	47
126	285	146	167	290	431	236	237	164	269	450
51	105	137	68	100	144	82	69	36	105	119
1	13	9	1	24	26	26	11	8	6	33
13	44	24	26	62	33	10	20	12	25	74
35	99	46	87	195	124	64	80	46	75	181
295	421	209	375	167	445	188	296	142	404	391
29	72	36	27	29	47	24	15	21	21	39
18	48	19	10	54	31	14	14	10	57	27
68	186	72	107	437	203	97	71	38	80	226
116	454	129	180	516	471	231	155	119	162	340
105	322	118	343	415	433	176	176	81	152	359

营业国有企业按行业(大类

(续1)

行业类别(大类)	代码	河南	湖北	湖南	广东
全国总计		**17 754**	**16 033**	**12 094**	**34 324**
农、林、牧渔业	A	598	555	296	584
农业	0100	231	191	150	189
林业	0200	101	52	35	73
畜牧业	0300	147	53	33	84
渔业	0400	34	151	55	111
农、林、牧、渔服务业	0500	85	108	23	127
采掘业	B	175	203	281	287
煤炭采选业	0600	83	50	142	31
石油和天然气开采业	0700	2	1		1
黑色金属矿采选业	0800	5	9	13	32
有色金属矿采选业	0900	44	15	57	51
非金属矿采选业	1000	41	102	42	87
木材及竹材采运业	1200		23	27	82
制造业	C	3 323	3 906	2 686	5 151
食品加工业	1300	453	500	408	450
食品制造业	1400	222	170	148	227
饮料制造业	1500	141	177	102	198
烟草加工业	1600	20	19	21	18
纺织业	1700	216	242	103	190
服装及其他纤维制品制造业	1800	34	72	21	170
皮革、毛皮、羽绒及其制品业	1900	40	23	24	59
木材加工及竹、藤、棕、草制品业	2000	24	53	39	88
家具制造业	2100	18	41	4	80
造纸及纸制品业	2200	91	79	87	126
印刷业，记录媒介的复制	2300	155	214	151	262
文教体育用品制造业	2400	4	15	13	64
石油加工及炼焦业	2500	16	11	8	8
化学原料及化学制品制造业	2600	296	293	238	319
医药制造业	2700	120	84	61	151
化学纤维制造业	2800	12	10	5	18
橡胶制品业	2900	33	25	14	41
塑料制品业	3000	66	77	50	161
非金属矿物制品业	3100	346	462	330	478
黑色金属冶炼及压延加工业	3200	34	59	44	41
有色金属冶炼及压延加工业	3300	34	30	45	47
金属制品业	3400	74	145	44	218
普通机械制造业	3500	197	211	157	255
专用设备制造业	3600	261	241	162	270

)、地区(省)分组的单位数

广西	海南	重庆	四川	贵州	云南	西藏	陕西	甘肃	青海	宁夏	新疆
9 452	**3 640**	**5 422**	**14 161**	**6 393**	**9 513**	**829**	**11 499**	**6 712**	**2 256**	**2 101**	**7 710**
192	224	79	166	71	197	32	401	130	42	68	478
82	59	39	38	37	91	13	129	64	17	45	240
38	106	5	9	10	49	1	127	7	1	3	17
24	19	11	71	13	35	2	57	21	19	5	182
16	18	6	10		9		29	2	2		15
32	22	18	38	11	13	16	59	36	3	15	24
199	32	121	322	158	236	13	332	133	68	29	193
36	1	92	132	67	73		94	44	17	20	94
	1	1	4		1		82	5	2	2	4
40	1	6	15	3	9	3	9	4	2	1	9
56	5	3	27	30	50	2	67	52	20	1	27
46	12	16	56	12	31	5	45	23	25	5	43
17	12	3	88	44	72	3	34	5	2		16
2 043	389	1 327	3 104	1 352	1 663	76	2 399	1 371	436	409	1 353
248	68	150	510	201	257	11	265	176	74	49	221
141	21	81	228	70	140	5	151	122	25	44	111
105	15	97	237	113	164	2	71	53	14	7	54
16	1	11	14	19	19		16	9	1	2	4
78	2	74	148	31	26	3	106	38	20	16	76
10	2	10	23	11	17	1	47	23	4	1	24
18	2	10	32	9	14	3	15	21	10	5	25
36	12	6	69	34	42	8	42	10	4	4	12
17	8	4	12	12	13	3	27	13	3	5	21
55	11	27	67	27	38		68	35	4	13	30
133	29	77	157	82	96	7	143	76	15	20	105
10	1	10	22	10	4		10	7	1	2	11
8		3	3	3	4		18	8	1	6	14
160	24	107	254	118	140	2	148	100	29	40	60
75	14	27	62	31	45	2	96	41	7	5	29
5	3	4	5	1	2		7	2		1	2
11	11	13	17	9	17		16	9	1	2	4
29	12	23	44	20	23		32	26	11	8	28
261	48	104	308	157	161	6	260	166	60	75	174
37	1	22	56	30	32	1	36	18	19	16	16
37	2	17	35	51	25	1	28	21	5	4	15
37	18	39	87	30	45	2	67	78	30	10	66
110	12	93	160	55	59	1	150	62	21	18	46
112	19	54	163	46	107	7	218	91	19	22	76

(续2)

行业类别(大类)	代码	营业国有企业法人单位数(个)	北京	天津	河北
交通运输设备制造业	3700	5 924	380	215	142
电气机械及器材制造业	4000	3 243	215	120	90
电子及通信设备制造业	4100	1 986	175	83	47
仪器仪表及文化、办公用机械制造业	4200	1 530	123	75	33
其他制造业	4300	1 303	101	50	57
电力、煤气及水的生产和供应业	D	7 848	39	62	265
电力、蒸汽、热水的生产和供应业	4400	5 228	28	50	188
煤气生产和供应业	4500	341	4	7	12
自来水的生产和供应业	4600	2 279	7	5	65
建筑业	E	16 432	864	428	495
土木工程建筑业	4700	11 037	452	246	398
线路、管道和设备安装业	4800	2 810	167	92	69
装修装饰业	4900	2 585	245	90	28
地质勘探业、水利管理业	F	786	29	19	11
地质勘探业	5000	521	21	16	10
水利管理业	5100	265	8	3	1
交通运输、仓储及邮电通信业	G	16 876	470	401	624
铁路运输业	5200	189	7	3	10
汽车运输业	5300	5 953	163	82	159
管道运输业	5400	15			2
水上运输业	5500	718	3	12	4
航空运输业	5600	88	7	4	3
交通运输辅助业	5700	2 990	136	98	71
其他交通运输业	5800	40	3		2
仓储业	5900	3 099	77	171	57
邮电通信业	6000	3 784	74	31	316
批发和零售贸易、餐饮业	H	198 927	7 932	3 482	7 859
食品、饮料、烟草和家庭日用品批发业	6100	66 951	2 043	882	2 858
能源、材料和机械电子设备批发业	6200	49 395	1 899	802	1 557
其他批发业	6300	9 752	329	131	359
零售业	6400	63 617	2 929	1 345	2 798
商业经纪与代理业	6500	1 134	34	38	10
餐饮业	6700	8 078	698	284	277
金融、保险业	I	23 783	569	159	1 241
金融业	6800	18 510	545	137	995
保险业	7000	5 273	24	22	246
房地产业	J	10 588	352	225	181
房地产开发与经营业	7200	8 618	236	186	171
房地产管理业	7300	1 572	96	28	9

)、地区(省)分组的单位数

山西	内蒙古	辽宁	吉林	黑龙江	上海	江苏	浙江	安徽	福建	江西	山东
120	102	399	188	218	456	364	215	166	95	277	414
76	50	215	80	121	390	256	155	95	48	90	226
28	26	106	35	45	205	216	100	39	43	40	87
23	5	92	38	55	256	140	101	41	26	26	100
10	32	38	12	25	106	83	67	39	30	79	138
283	244	305	197	287	68	257	301	228	254	380	381
180	160	192	135	193	31	154	176	118	176	287	226
9	7	22	8	8	9	30	16	24	3	8	27
94	77	91	54	86	28	73	109	86	75	85	128
428	382	942	551	836	1 258	1 253	480	399	320	442	1 418
309	258	581	398	577	660	749	266	289	234	341	780
85	87	250	100	199	201	250	120	48	54	61	248
34	37	111	53	60	397	254	94	62	32	40	390
48	27	49	5	31	38	38	33	34	15	20	87
20	19	33	3	26	24	24	17	31	12	7	53
28	8	16	2	5	14	14	16	3	3	13	34
532	441	949	474	829	1 124	904	708	533	502	528	914
6	6	11	6	9	9	2	4	8	2	3	6
229	158	302	155	251	319	325	234	135	184	258	269
		3		2	2	1					2
1		35	5	27	104	89	50	32	47	16	46
2	1	5	1	6	3	5	1	1	3	1	4
68	66	252	90	159	282	183	182	119	88	49	201
		1		1	1	2	2	2	1	2	2
83	67	214	140	218	236	177	92	148	94	103	190
143	143	126	77	156	168	120	143	88	83	96	194
6 294	5 538	11 232	5 500	8 836	13 716	13 672	8 081	6 012	4 671	6 150	13 561
1 647	1 695	3 360	1 789	2 651	2 605	5 308	2 878	2 652	1 669	2 448	4 931
1 553	981	4 157	1 338	2 157	2 976	4 084	2 662	1 350	1 210	1 311	3 945
261	351	492	205	502	448	633	422	300	291	294	616
2 580	2 268	2 684	1 988	3 088	6 307	3 106	1 774	1 486	1 366	1 886	3 406
19	15	58	4	54	345	81	39	26	24	12	69
234	228	481	176	384	1 035	460	306	198	111	199	594
951	808	1 048	521	1 044	707	853	878	922	604	854	1 317
759	599	826	408	811	655	691	716	691	462	641	1 008
192	209	222	113	233	52	162	162	231	142	213	309
205	133	594	209	255	1 576	611	587	256	333	225	551
180	116	514	187	180	855	523	536	231	289	208	457
20	15	62	20	60	605	68	34	17	32	13	80

营业国有企业按行业(大类

(续3)

行业类别(大类)	代码	河南	湖北	湖南	广东
交通运输设备制造业	3700	177	357	182	413
电气机械及器材制造业	4000	124	119	112	256
电子及通信设备制造业	4100	27	69	57	309
仪器仪表及文化、办公用机械制造业	4200	38	55	25	112
其他制造业	4300	41	51	24	120
电力、煤气及水的生产和供应业	D	356	331	371	608
电力、蒸汽、热水的生产和供应业	4400	223	206	263	476
煤气生产和供应业	4500	15	9	10	22
自来水的生产和供应业	4600	118	116	98	110
建筑业	E	731	648	365	1 323
土木工程建筑业	4700	561	534	295	849
线路、管道和设备安装业	4800	122	43	48	192
装修装饰业	4900	48	71	22	282
地质勘探业、水利管理业	F	28	19	12	80
地质勘探业	5000	26	3	3	58
水利管理业	5100	2	16	9	22
交通运输、仓储及邮电通信业	G	690	522	514	1 256
铁路运输业	5200	17	4	9	8
汽车运输业	5300	223	264	232	345
管道运输业	5400	1			
水上运输业	5500	8	35	23	88
航空运输业	5600	2	1	1	11
交通运输辅助业	5700	71	48	25	338
其他交通运输业	5800	3		1	6
仓储业	5900	190	63	88	222
邮电通信业	6000	175	107	135	238
批发和零售贸易、餐饮业	H	8 601	7 852	5 544	18 191
食品、饮料、烟草和家庭日用品批发业	6100	3 393	2 611	1 891	7 502
能源、材料和机械电子设备批发业	6200	1 942	1 971	1 182	4 703
其他批发业	6300	548	376	283	1 068
零售业	6400	2 513	2 549	1 982	4 140
商业经纪与代理业	6500	9	18	6	197
餐饮业	6700	196	327	200	581
金融、保险业	I	1 543	930	974	1 600
金融业	6800	1 203	702	729	1 268
保险业	7000	340	228	245	332
房地产业	J	368	351	272	1 650
房地产开发与经营业	7200	350	343	259	1 296
房地产管理业	7300		5	11	280

)、地区（省）分组的单位数

广西	海南	重庆	四川	贵州	云南	西藏	陕西	甘肃	青海	宁夏	新疆
153	24	119	185	97	100	8	156	72	35	16	79
68	10	42	61	37	39		66	43	6	9	24
42	9	27	64	27	10	1	48	10	2	2	7
12	2	32	17	8	11		59	14	3	6	2
18	8	17	52	12	10	2	28	23	12	1	17
359	91	136	512	278	342	70	288	168	94	45	248
274	63	65	305	188	220	63	188	129	72	28	171
3	6	14	44	4	4	1	5	1	1	3	5
82	22	57	163	86	118	6	95	38	21	14	72
288	204	236	602	189	254	27	367	150	111	128	313
238	161	184	487	151	198	25	277	116	85	96	242
28	26	24	67	23	34	1	55	24	19	25	48
22	17	28	48	15	22	1	35	10	7	7	23
14	18	6	28	13	15	2	29	9	9	3	17
8	16	4	18	13	13	2	21	2	8	2	8
6	2	2	10		2		8	7	1	1	9
444	129	241	720	281	449	120	436	364	153	103	521
14	1	6	11	3	4		2	2	3	1	12
160	36	98	308	102	227	40	177	156	76	44	242
			1								1
22	26	20	8	6	8		2	1			
6	2	1	2	2	1	1	3	1	1	1	5
75	26	29	85	44	28		41	23	7	6	100
		1	4	1		1	2	1			1
50	7	24	102	29	28	2	84	75	11	15	42
117	31	62	199	94	153	76	125	105	55	36	118
4 214	1 643	2 354	6 436	3 028	4 480	319	5 282	3 263	981	934	3 269
1 352	616	939	2 409	1 111	1 397	56	1 744	1 082	190	304	938
966	406	542	1 464	535	923	27	1 133	535	159	210	715
274	93	114	391	130	201	17	200	155	33	50	185
1 453	483	645	1 956	1 173	1 826	212	2 015	1 409	573	344	1 333
13	22	6	10	1	5	1	4	2	6		6
156	23	108	206	78	128	6	186	80	20	26	92
677	152	337	1 131	551	939	102	782	626	198	177	588
526	115	246	870	379	711	99	558	436	145	136	443
151	37	91	261	172	228	3	224	190	53	41	145
274	293	156	287	114	176	1	147	70	19	37	80
250	258	143	272	109	158	1	133	56	13	32	76
15	33	9	8	4	14		12	10	4	4	4

(续4)

行业类别(大类)	代码	营业国有企业法人单位数(个)	北京	天津	河北	山西
房地产代理与经纪业	7400	398	20	11	1	5
社会服务业	K	27 535	3 902	704	467	534
公共设施服务业	7500	2 465	424	60	26	43
居民服务业	7600	3 568	462	82	87	89
旅馆业	7800	9 197	749	159	228	223
租赁服务业	7900	570	96	22	8	13
旅游业	8000	2 282	183	29	46	27
娱乐服务业	8100	736	55	20	7	7
信息、咨询服务业	8200	5 940	1 192	249	29	87
计算机应用服务业	8300	1 250	471	33	16	13
其他社会服务业	8400	1 527	270	50	20	32
卫生、体育和社会福利业	L	431	27	8	16	15
卫生	8500	261	18	5	10	8
体育	8600	48	8	1		1
社会福利保障业	8700	122	1	2	6	6
教育、文化艺术及广播电影电视业	M	2 722	168	60	44	67
教育	8900	427	28	16	12	12
文化艺术业	9000	732	105	28	12	17
广播电影电视业	9100	1 563	35	16	20	38
科学研究和综合技术服务业	N	6 579	1 532	290	38	90
科学研究业	9200	315	29	3	2	6
综合技术服务业	9300	6 264	1 503	287	36	84
国家机关、政党机关和社会团体	O					
其他行业	P	2 829	120	105	119	41

)、地区（省）分组的单位数

内蒙古	辽宁	吉林	黑龙江	上海	江苏	浙江	安徽	福建	江西	山东
2	18	2	15	116	20	17	8	12	4	14
583	1 667	724	1 028	2 923	1 758	1 366	601	586	434	1 769
31	173	44	64	319	164	106	43	42	34	189
97	298	130	204	586	280	140	87	51	42	196
260	545	307	426	511	414	438	262	184	234	586
11	26	5	23	45	36	35	15	11	13	43
33	84	46	45	163	127	140	42	93	38	168
16	29	6	23	149	91	53	12	12	7	11
92	320	120	160	880	474	316	95	151	42	400
12	96	28	29	140	57	44	18	8	7	72
31	96	38	54	130	115	94	27	34	17	104
3	39	9	19	49	18	15	12	4	12	30
	31	7	14	19	10	7	7	3	10	11
	3		2	8	4	4	1		2	2
3	5	2	3	22	4	4	4	1		17
74	142	59	66	217	144	130	129	64	67	238
	44	3	8	52	14	23	9	8	10	22
9	38	15	14	112	56	38	16	8	4	71
65	60	41	44	53	74	69	104	48	53	145
84	470	126	191	804	458	244	122	118	59	444
10	37	5	12	64	21	11	5	5	7	26
74	433	121	179	740	437	233	117	113	52	418
30	76	68	115	143	148	70	37	107	140	177

营业国有企业按行业(大类

(续5)

行业类别(大类)	代码	河南	湖北	湖南	广东
房地产代理与经纪业	7400	18	3	2	74
社会服务业	K	1 049	465	451	2 265
公共设施服务业	7500	66	54	49	254
居民服务业	7600	100	57	44	201
旅馆业	7800	542	251	222	575
租赁服务业	7900	26	4	3	41
旅游业	8000	57	44	46	315
娱乐服务业	8100	23	5	16	74
信息、咨询服务业	8200	157	31	52	568
计算机应用服务业	8300	25	2	5	96
其他社会服务业	8400	53	17	14	141
卫生、体育和社会福利业	L		28	12	34
卫生	8500		21	6	16
体育	8600				8
社会福利保障业	8700		7	6	10
教育、文化艺术及广播电影电视业	M	65	90	46	180
教育	8900		42	6	55
文化艺术业	9000	3	13	5	62
广播电影电视业	9100	62	35	35	63
科学研究和综合技术服务业	N	107	64	173	468
科学研究业	9200		5	5	22
综合技术服务业	9300	107	59	168	446
国家机关、政党机关和社会团体	O				
其他行业	P	120	69	97	647

)、地区(省)分组的单位数

广西	海南	重庆	四川	贵州	云南	西藏	陕西	甘肃	青海	宁夏	新疆
9	2	4	7	1	4		2	4	2	1	
533	322	328	629	202	560	56	727	274	88	98	442
29	13	38	45	10	40	1	32	16	7	6	43
23	16	22	48	24	39	1	85	21	9	11	36
282	148	104	322	103	267	35	386	164	47	44	179
9	7	5	14	9	8		21	1	2	2	16
80	86	41	60	20	101	18	55	31	8	6	50
14	7	12	18	4	12		24	9	1	2	17
65	29	78	77	22	56		88	15	11	13	71
10	3	10	8	3	5		18	5	1	4	11
21	13	18	37	7	32	1	18	12	2	10	19
13	2	3	9	7	7		20	6	4	3	7
5	2	2	6	5	4		17	6	3	1	7
				1	1		1			1	
8		1	3	1	2		2		1	1	
56	44	31	71	80	82	4	75	40	28	29	132
6	2	7	8	3	7		12	5	2	3	8
10	19	12	12	5	8	3	18	6	3	1	9
40	23	12	51	72	67	1	45	29	23	25	115
92	66	59	97	23	67	1	137	56	9	23	67
3	4		13	2	2		5	3	1	1	6
89	62	59	84	21	65	1	132	53	8	22	61
54	31	8	47	46	46	6	77	52	16	15	2

营业国有企业按行业(大类)、隶属关系分组的单位数

行业类别(大类)	代码	营业国有企业法人单位数(个)	中央	地方
全国总计		**412 674**	**57 430**	**355 244**
农、林、牧渔业	A	9 285	349	8 936
农业	0100	3 366	241	3 125
林业	0200	1 345	21	1 324
畜牧业	0300	1 804	49	1 755
渔业	0400	1 102	12	1 090
农、林、牧、渔服务业	0500	1 668	26	1 642
采掘业	B	5 574	467	5 107
煤炭采选业	0600	2 090	210	1 880
石油和天然气开采业	0700	131	40	91
黑色金属矿采选业	0800	287	4	283
有色金属矿采选业	0900	840	111	729
非金属矿采选业	1000	1 268	90	1 178
木材及竹材采运业	1200	936	9	927
制造业	C	82 479	6 451	76 028
食品加工业	1300	9 862	85	9 777
食品制造业	1400	4 774	88	4 686
饮料制造业	1500	3 339	86	3 253
烟草加工业	1600	289	149	140
纺织业	1700	3 893	56	3 837
服装及其他纤维制品制造业	1800	1 518	107	1 411
皮革、毛皮、羽绒及其制品业	1900	825	26	799
木材加工及竹、藤、棕、草制品业	2000	1 422	72	1 350
家具制造业	2100	753	40	713
造纸及纸制品业	2200	1 822	70	1 752

营业国有企业按行业(大类)、隶属关系分组的单位数

(续1)

行业类别(大类)	代码	营业国有企业法人单位数(个)	中央	地方
印刷业，记录媒介的复制	2300	4 312	450	3 862
文教体育用品制造业	2400	614	24	590
石油加工及炼焦业	2500	424	65	359
化学原料及化学制品制造业	2600	6 095	373	5 722
医药制造业	2700	2 118	181	1 937
化学纤维制造业	2800	274	15	259
橡胶制品业	2900	658	32	626
塑料制品业	3000	1 975	114	1 861
非金属矿物制品业	3100	7 740	372	7 368
黑色金属冶炼及压延加工业	3200	1 024	43	981
有色金属冶炼及压延加工业	3300	787	122	665
金属制品业	3400	3 234	297	2 937
普通机械制造业	3500	5 266	521	4 745
专用设备制造业	3600	5 347	584	4 763
交通运输设备制造业	3700	5 924	1 422	4 502
电气机械及器材制造业	4000	3 243	290	2 953
电子及通信设备制造业	4100	1 986	346	1 640
仪器仪表及文化、办公用机械制造业	4200	1 530	261	1 269
其他制造业	4300	1 303	62	1 241
电力、煤气及水的生产和供应业	D	7 848	764	7 084
电力、蒸汽、热水的生产和供应业	4400	5 228	741	4 487
煤气生产和供应业	4500	341	10	331
自来水的生产和供应业	4600	2 279	13	2 266
建筑业	E	16 432	3 052	13 380
土木工程建筑业	4700	11 037	1 964	9 073

营业国有企业按行业(大类)、隶属关系分组的单位数

(续2)

行业类别(大类)	代码	营业国有企业法人单位数(个)	中央	地方
线路、管道和设备安装业	4800	2 810	784	2 026
装修装饰业	4900	2 585	304	2 281
地质勘探业、水利管理业	F	786	297	489
地质勘探业	5000	521	281	240
水利管理业	5100	265	16	249
交通运输、仓储及邮电通信业	G	16 876	5 401	11 475
铁路运输业	5200	189	119	70
汽车运输业	5300	5 953	335	5 618
管道运输业	5400	15	9	6
水上运输业	5500	718	94	624
航空运输业	5600	88	52	36
交通运输辅助业	5700	2 990	1 393	1 597
其他交通运输业	5800	40	5	35
仓储业	5900	3 099	635	2 464
邮电通信业	6000	3 784	2 759	1 025
批发和零售贸易、餐饮业	H	198 927	11 661	187 266
食品、饮料、烟草和家庭日用品批发业	6100	66 951	3 463	63 488
能源、材料和机械电子设备批发业	6200	49 395	3 814	45 581
其他批发业	6300	9 752	523	9 229
零售业	6400	63 617	3 278	60 339
商业经纪与代理业	6500	1 134	124	1 010
餐饮业	6700	8 078	459	7 619
金融、保险业	I	23 783	20 024	3 759
金融业	6800	18 510	15 469	3 041
保险业	7000	5 273	4 555	718

营业国有企业按行业(大类)、隶属关系分组的单位数

(续3)

行业类别(大类)	代码	营业国有企业法人单位数(个)	中央	地方
房地产业	J	10 588	833	9 755
房地产开发与经营业	7200	8 618	681	7 937
房地产管理业	7300	1 572	134	1 438
房地产代理与经纪业	7400	398	18	380
社会服务业	K	27 535	4 717	22 818
公共设施服务业	7500	2 465	225	2 240
居民服务业	7600	3 568	275	3 293
旅馆业	7800	9 197	1 339	7 858
租赁服务业	7900	570	87	483
旅游业	8000	2 282	265	2 017
娱乐服务业	8100	736	70	666
信息、咨询服务业	8200	5 940	1 601	4 339
计算机应用服务业	8300	1 250	566	684
其他社会服务业	8400	1 527	289	1 238
卫生、体育和社会福利业	L	431	126	305
卫生	8500	261	89	172
体育	8600	48	12	36
社会福利保障业	8700	122	25	97
教育、文化艺术及广播电影电视业	M	2 722	342	2 380
教育	8900	427	84	343
文化艺术业	9000	732	180	552
广播电影电视业	9100	1 563	78	1 485
科学研究和综合技术服务业	N	6 579	2 677	3 902
科学研究业	9200	315	80	235
综合技术服务业	9300	6 264	2 597	3 667
国家机关、政党机关和社会团体	O			
其他行业	P	2 829	269	2 560

营业集体企业按行业(大类

行业类别(大类)	代码	营业集体企业法人单位数(个)	北京	天津	河北	山西
全国总计		**1 406 153**	**39 628**	**29 050**	**54 754**	**32 584**
农、林、牧渔业	A	42 232	798	80	2 533	1 104
农业	0100	13 795	332	14	1 977	789
林业	0200	11 660	17		79	57
畜牧业	0300	5 047	242	24	241	203
渔业	0400	6 797	34	19	123	7
农、林、牧、渔服务业	0500	4 933	173	23	113	48
采掘业	B	58 024	573	85	3 378	5 193
煤炭采选业	0600	21 512	189	1	798	4 149
石油和天然气开采业	0700	53		2		
黑色金属矿采选业	0800	3 326	17	1	871	211
有色金属矿采选业	0900	4 315	10		165	74
非金属矿采选业	1000	27 759	352	81	1 532	758
木材及竹材采运业	1200	887			1	1
制造业	C	728 252	14 044	13 112	32 936	14 114
食品加工业	1300	59 812	349	377	3 413	1 589
食品制造业	1400	16 241	350	282	793	363
饮料制造业	1500	16 577	113	83	362	107
烟草加工业	1600	136		1	4	1
纺织业	1700	30 379	356	560	1 359	240
服装及其他纤维制品制造业	1800	25 618	655	603	931	250
皮革、毛皮、羽绒及其制品业	1900	14 005	141	180	548	90
木材加工及竹、藤、棕、草制品业	2000	24 160	202	193	453	141
家具制造业	2100	14 699	452	123	561	224
造纸及纸制品业	2200	22 283	462	416	1 397	415
印刷业，记录媒介的复制	2300	20 839	640	349	763	355
文教体育用品制造业	2400	6 890	179	244	162	37
石油加工及炼焦业	2500	3 846	83	63	217	628
化学原料及化学制品制造业	2600	36 631	918	1 036	1 829	685
医药制造业	2700	3 186	87	75	92	90
化学纤维制造业	2800	1 696	35	36	60	8
橡胶制品业	2900	7 058	96	266	475	97
塑料制品业	3000	33 440	550	598	1 455	294
非金属矿物制品业	3100	140 454	1 662	800	7 611	4 603
黑色金属冶炼及压延加工业	3200	9 197	89	304	1 130	620
有色金属冶炼及压延加工业	3300	6 602	143	176	237	94
金属制品业	3400	54 387	2 072	1 726	2 506	795
普通机械制造业	3500	54 702	987	1 226	2 282	1 078
专用设备制造业	3600	26 524	594	551	947	399

）、地区（省）分组的单位数

内蒙古	辽宁	吉林	黑龙江	上海	江苏	浙江	安徽	福建	江西	山东
18 404	**78 599**	**19 833**	**33 156**	**81 366**	**150 218**	**112 835**	**67 830**	**46 244**	**42 100**	**84 324**
278	1 181	638	905	1 978	1 591	1 530	3 392	2 257	8 045	1 108
87	314	165	130	430	305	113	410	743	2 241	151
54	129	106	276	80	97	74	1 408	295	4 489	36
75	326	257	227	447	118	84	338	187	226	243
36	298	72	114	336	528	187	995	951	903	442
26	114	38	158	685	543	1 072	241	81	186	236
1 394	3 769	992	1 470	5	1 799	2 116	2 976	1 116	2 136	2 898
732	638	264	723		137	86	384	216	657	710
	1	1	3		1					
79	455	26	6		25	1	190	50	41	145
129	402	56	26		11	35	196	32	228	371
445	2 251	602	691	5	1 617	1 962	2 196	691	1 065	1 657
9	20	39	20		3	5	10	127	134	2
7 335	39 859	9 997	17 013	25 454	92 670	73 780	39 677	25 730	19 259	51 791
575	2 480	394	1 848	303	2 946	1 743	7 684	1 292	3 551	4 237
246	756	230	656	399	1 330	927	895	713	421	1 422
235	747	393	717	102	800	1 101	1 218	960	469	659
1	4	4	3	1	8	1	7	1	3	7
213	944	155	328	1 328	6 550	5 698	1 232	810	488	2 404
232	1 023	288	420	1 442	3 370	3 206	555	2 789	323	1 053
162	344	116	237	503	1 797	3 127	462	1 242	200	610
334	1 632	772	1 944	471	1 638	1 675	1 808	1 662	1 674	948
199	376	161	333	517	1 173	885	733	578	607	1 031
145	885	279	377	614	1 878	1 934	866	1 063	492	1 830
300	1 138	617	576	958	2 852	1 860	769	708	447	1 312
39	186	61	97	492	1 140	1 187	336	288	169	309
54	546	52	213	97	423	78	47	19	17	305
212	2 277	546	764	1 416	6 834	2 341	1 443	815	765	2 863
22	205	107	56	134	401	306	172	43	42	167
3	86	13	14	98	500	229	69	33	7	193
37	591	136	149	337	1 038	937	226	189	119	675
211	1 515	454	520	1 419	4 631	6 062	1 500	1 592	419	2 112
1 829	5 231	1 845	2 422	1 271	12 403	6 805	11 800	4 300	4 896	13 053
167	988	120	141	215	1 036	498	311	203	171	433
87	509	52	58	350	1 227	599	162	50	101	234
642	3 747	689	1 287	3 455	8 339	5 717	1 590	1 170	846	3 739
456	5 906	836	1 262	2 491	9 627	8 717	1 524	1 333	689	4 127
208	2 034	416	771	1 350	5 134	3 129	909	593	435	2 093

(续1)

行业类别(大类)	代码	河南	湖北	湖南	广东
全国总计		**74 806**	**48 566**	**57 126**	**115 313**
农、林、牧渔业	A	2 683	1 267	3 709	1 248
农业	0100	811	594	1 538	431
林业	0200	336	317	1 488	195
畜牧业	0300	1 123	35	94	117
渔业	0400	275	249	492	318
农、林、牧、渔服务业	0500	138	72	97	187
采掘业	B	3 481	2 933	6 065	1 870
煤炭采选业	0600	1 563	918	2 445	95
石油和天然气开采业	0700	2			5
黑色金属矿采选业	0800	198	191	265	54
有色金属矿采选业	0900	443	123	512	137
非金属矿采选业	1000	1 275	1 682	2 610	1 554
木材及竹材采运业	1200		7	220	18
制造业	C	46 997	28 084	30 946	49 024
食品加工业	1300	4 604	5 014	5 236	2 256
食品制造业	1400	1 232	546	576	1 434
饮料制造业	1500	703	1 612	929	560
烟草加工业	1600	15	7	4	7
纺织业	1700	1 607	1 062	459	2 205
服装及其他纤维制品制造业	1800	746	796	438	4 403
皮革、毛皮、羽绒及其制品业	1900	835	281	475	1 346
木材加工及竹、藤、棕、草制品业	2000	969	889	1 638	1 364
家具制造业	2100	919	823	707	1 906
造纸及纸制品业	2200	1 873	998	1 078	1 736
印刷业，记录媒介的复制	2300	925	570	676	2 059
文教体育用品制造业	2400	219	123	220	859
石油加工及炼焦业	2500	267	68	63	72
化学原料及化学制品制造业	2600	2 501	1 212	1 301	1 768
医药制造业	2700	194	106	91	222
化学纤维制造业	2800	53	28	27	118
橡胶制品业	2900	309	146	144	302
塑料制品业	3000	1 437	838	681	3 885
非金属矿物制品业	3100	16 279	7 361	8 542	6 074
黑色金属冶炼及压延加工业	3200	456	271	243	327
有色金属冶炼及压延加工业	3300	456	117	366	584
金属制品业	3400	1 959	1 450	1 276	4 859
普通机械制造业	3500	2 581	1 093	1 441	1 696
专用设备制造业	3600	1 895	535	674	1 027

)、地区(省)分组的单位数

广西	海南	重庆	四川	贵州	云南	西藏	陕西	甘肃	青海	宁夏	新疆
24 915	**2 078**	**22 878**	**66 226**	**10 756**	**23 363**	**350**	**39 083**	**14 635**	**2 658**	**3 137**	**9 338**
789	129	559	1 031	68	607	4	1 844	645	41	110	80
210	46	320	344	19	280		746	135	26	68	26
422	61	65	354	30	56		836	291		8	4
41	4	18	49	10	54	1	76	121	13	16	37
79	9	117	69	2	28	1	71	22		12	8
37	9	39	215	7	189	2	115	76	2	6	5
921	52	1 265	4 965	1 534	1 332	20	1 873	827	161	174	651
151		765	2 856	1 011	522	1	615	318	26	85	457
			12				14	10		1	1
120		8	113	51	105	4	55	20	6	1	17
199	29	3	246	91	311	3	311	134	11	2	25
416	23	489	1 592	355	354	9	800	343	118	83	151
11			138	17	36	2	66	1			
10 463	407	10 665	32 000	4 063	8 060	135	19 106	6 295	927	1 279	3 030
422	20	708	5 765	256	277	17	1 388	645	49	127	247
379	19	164	696	68	303	4	545	283	39	46	124
382	12	526	2 637	248	418	3	331	92	6	11	41
7		1	2	2	18		1	20			6
183	2	362	732	47	116	12	537	161	41	21	167
259	21	218	519	91	252	15	376	153	36	35	120
124	5	177	401	69	114	1	137	149	24	22	86
1 017	21	168	902	159	423	8	838	145	17	16	39
301	21	217	634	89	279	12	531	173	19	33	82
471	13	288	789	146	256	4	1 268	176	15	38	81
385	15	371	863	189	282	1	514	150	26	44	125
57	4	67	155	31	51		97	38	7	22	14
16		21	164	86	28		76	57	1	18	67
568	37	550	1 535	311	520	2	867	425	43	65	182
81	7	59	166	31	53	3	115	30		10	19
12	2	5	23		7		27	7	1		2
61	14	133	194	64	91		158	32	4	14	24
483	13	451	953	135	323		521	203	12	44	129
2 027	72	1 944	6 950	819	1 541	20	5 569	1 505	225	351	644
118	4	140	442	152	186		202	112	33	28	57
113		90	210	113	213		139	73	9	10	30
738	37	649	1 807	258	852	4	1 122	549	88	106	313
525	5	1 054	1 526	179	403		1 187	257	44	58	112
371	11	246	918	70	179	4	741	166	32	51	41

营业集体企业按行业(大类

(续2)

行业类别(大类)	代码	营业集体企业法人单位数(个)	北京	天津	河北
交通运输设备制造业	3700	30 696	1 123	1 216	1 199
电气机械及器材制造业	4000	29 647	704	820	903
电子及通信设备制造业	4100	7 403	284	148	183
仪器仪表及文化、办公用机械制造业	4200	6 390	212	231	131
其他制造业	4300	24 728	505	429	931
电力、煤气及水的生产和供应业	D	15 828	43	38	75
电力、蒸汽、热水的生产和供应业	4400	11 055	37	34	55
煤气生产和供应业	4500	279	2	3	12
自来水的生产和供应业	4600	4 494	4	1	8
建筑业	E	70 814	2 167	1 428	1 802
土木工程建筑业	4700	52 777	1 045	701	1 587
线路、管道和设备安装业	4800	8 362	571	356	115
装修装饰业	4900	9 675	551	371	100
地质勘探业、水利管理业	F	516	19	12	4
地质勘探业	5000	189	8	7	1
水利管理业	5100	327	11	5	3
交通运输、仓储及邮电通信业	G	25 179	701	1 000	574
铁路运输业	5200	17	2		
汽车运输业	5300	10 521	380	527	379
管道运输业	5400	10			
水上运输业	5500	2 680		3	1
航空运输业	5600	6		1	
交通运输辅助业	5700	8 289	160	195	136
其他交通运输业	5800	110	8		
仓储业	5900	2 889	125	262	48
邮电通信业	6000	657	26	12	10
批发和零售贸易、餐饮业	H	350 803	13 976	10 658	9 254
食品、饮料、烟草和家庭日用品批发业	6100	66 318	3 212	2 296	1 546
能源、材料和机械电子设备批发业	6200	80 043	3 111	2 555	1 437
其他批发业	6300	21 189	371	321	1 115
零售业	6400	155 674	5 811	4 598	4 420
商业经纪与代理业	6500	767	6	19	4
餐饮业	6700	26 812	1 465	869	732
金融、保险业	I	42 119	281	265	3 265
金融业	6800	42 068	280	264	3 262
保险业	7000	51	1	1	3
房地产业	J	7 947	114	95	78
房地产开发与经营业	7200	6 319	57	58	78
房地产管理业	7300	1 145	41	15	

)、地区(省)分组的单位数

山西	内蒙古	辽宁	吉林	黑龙江	上海	江苏	浙江	安徽	福建	江西	山东
376	241	2 034	630	671	1 692	3 725	4 117	820	954	644	2 142
209	150	2 098	344	715	2 268	5 998	5 646	864	416	334	1 509
26	20	275	47	50	490	2 045	1 374	96	229	64	202
52	16	595	75	101	694	1 137	1 251	202	168	78	257
248	299	703	165	281	547	2 690	2 629	1 377	1 516	788	1 864
95	24	119	84	46	198	1 159	1 231	780	1 427	1 229	112
75	16	78	66	37	6	147	808	532	1 238	1 156	49
5	3	7	1	1	11	64	18	12	4		28
15	5	34	17	8	181	948	405	236	185	73	35
1 160	1 004	3 932	759	1 891	3 496	6 194	3 452	4 126	1 840	2 135	6 982
856	803	2 594	515	1 295	1 678	4 211	2 444	3 595	1 375	1 935	5 626
194	127	847	177	403	851	844	468	214	220	98	585
110	74	491	67	193	967	1 139	540	317	245	102	771
16	6	37	7	13	45	35	28	34	17	59	27
13	5	24	5	10	15	5	11	4	5	3	10
3	1	13	2	3	30	30	17	30	12	56	17
554	248	1 190	246	520	2 532	2 793	1 932	1 530	827	850	1 397
		1		1				2			2
329	121	570	138	234	601	1 009	645	708	367	330	769
	1	1	2		3						
1		23	2	6	156	527	229	309	149	117	59
						1			1		
121	113	412	82	231	763	952	827	466	258	349	366
		6		2	3	29	4	2		3	3
92	10	151	14	32	866	243	148	38	36	40	174
11	3	26	8	14	140	32	79	5	16	11	24
7 177	5 954	22 860	5 528	8 938	38 378	36 090	21 591	11 052	10 160	6 024	15 681
899	974	3 865	854	1 390	5 568	7 855	5 358	1 875	1 942	865	2 796
1 449	876	8 669	951	1 923	7 191	11 118	6 155	1 652	2 061	902	3 566
229	325	1 267	363	518	1 020	1 741	1 257	1 112	600	821	1 349
4 180	3 304	7 587	3 001	4 493	20 402	13 093	7 263	5 294	4 956	2 862	6 286
15	2	26		16	173	92	22	76	19	5	32
405	473	1 446	359	598	4 024	2 191	1 536	1 043	582	569	1 652
2 062	1 417	1 513	715	664	276	1 443	2 265	2 197	846	1 459	1 957
2 062	1 417	1 512	715	664	265	1 432	2 265	2 197	841	1 459	1 957
		1			11	11			5		
95	59	404	26	86	1 174	674	611	221	279	103	352
85	45	329	20	65	654	590	553	192	218	98	315
10	12	69	5	19	419	60	43	19	38	5	30

营业集体企业按行业(大类

(续 3)

行业类别(大类)	代码	河南	湖北	湖南	广东
交通运输设备制造业	3700	1 067	853	924	1 802
电气机械及器材制造业	4000	1 004	387	649	2 465
电子及通信设备制造业	4100	114	69	102	1 024
仪器仪表及文化、办公用机械制造业	4200	164	65	104	305
其他制造业	4300	1 613	759	1 879	2 357
电力、煤气及水的生产和供应业	D	216	1 051	1 274	2 592
电力、蒸汽、热水的生产和供应业	4400	182	494	1 050	1 893
煤气生产和供应业	4500	8	16	2	35
自来水的生产和供应业	4600	26	541	222	664
建筑业	E	3 658	2 939	3 306	5 220
土木工程建筑业	4700	3 118	2 621	3 105	2 706
线路、管道和设备安装业	4800	228	103	129	789
装修装饰业	4900	312	215	72	1 725
地质勘探业、水利管理业	F	21	11	6	45
地质勘探业	5000	16			18
水利管理业	5100	5	11	6	27
交通运输、仓储及邮电通信业	G	914	1 245	830	1 926
铁路运输业	5200	2			1
汽车运输业	5300	423	510	325	604
管道运输业	5400	2	1		
水上运输业	5500	18	233	153	308
航空运输业	5600				1
交通运输辅助业	5700	300	455	317	691
其他交通运输业	5800	12	18	1	9
仓储业	5900	133	22	23	209
邮电通信业	6000	24	6	11	103
批发和零售贸易、餐饮业	H	12 272	8 924	7 210	41 880
食品、饮料、烟草和家庭日用品批发业	6100	1 994	1 450	1 364	10 872
能源、材料和机械电子设备批发业	6200	2 573	1 297	945	9 477
其他批发业	6300	1 487	659	564	2 476
零售业	6400	5 425	4 396	3 726	16 340
商业经纪与代理业	6500	16	33	9	127
餐饮业	6700	777	1 089	602	2 588
金融、保险业	I	1 891	980	2 857	1 558
金融业	6800	1 891	979	2 856	1 546
保险业	7000		1	1	12
房地产业	J	219	135	148	1 988
房地产开发与经营业	7200	212	129	141	1 548
房地产管理业	7300		5	6	237

)、地区(省)分组的单位数

广西	海南	重庆	四川	贵州	云南	西藏	陕西	甘肃	青海	宁夏	新疆
463	27	1 284	1 144	205	451	3	520	163	55	38	113
263	6	307	676	82	154		442	114	19	26	75
80		56	209	2	21		184	7	2		
42	1	140	127	18	42		156	14	4	4	4
515	18	269	860	143	206	22	517	395	76	41	86
458	50	283	1 809	423	447	3	406	54	15	4	83
255	34	197	1 374	353	409	2	349	37	14	2	76
4		4	28	1			6	3	1		
199	16	82	407	69	38	1	51	14		2	7
1 207	125	1 488	4 044	597	1 787	42	1 895	1 002	194	277	665
929	93	1 272	3 403	521	1 388	41	1 524	869	167	224	536
95	17	100	250	55	152	1	173	71	13	41	75
183	15	116	391	21	247		198	62	14	12	54
4		1	19		16		12	10	2	3	7
4			3		9		5	3		1	4
		1	16		7		7	7	2	2	3
500	59	544	952	146	280	5	456	218	26	49	135
4				1				1			
201	25	209	478	35	132	4	218	141	17	19	73
148	19	89	110	4	7		7	1		1	
					2						
112	12	225	277	89	89		173	48	6	20	44
3			4		1		2				
17		17	66	11	33		48	18		6	7
15	3	4	17	6	16	1	8	9	3	3	11
8 107	735	5 332	14 361	2 444	7 862	103	9 168	3 666	846	912	3 660
1 246	167	897	2 269	384	1 480	4	1 329	629	136	130	672
1 981	94	1 061	3 187	448	2 081	6	1 579	588	174	149	787
546	122	230	798	275	413		460	218	39	105	388
3 800	321	2 649	6 782	1 256	3 629	64	5 106	2 065	458	483	1 624
20	7	7	21		1		7	5	2	1	4
514	24	488	1 304	81	258	29	687	161	37	44	185
993	173	1 917	4 547	820	1 341	2	2 349	1 202	303	162	399
993	173	1 917	4 547	820	1 340	2	2 349	1 201	303	162	397
					1			1			2
172	108	99	299	89	55	3	116	58	15	11	61
148	86	94	268	80	39	3	96	49	7	5	57
19	21	2	18	7	11		11	9	5	5	4

(续4)

行业类别(大类)	代码	营业集体企业法人单位数(个)	北京	天津	河北	山西
房地产代理与经纪业	7400	483	16	22		
社会服务业	K	49 228	5 083	1 549	599	743
公共设施服务业	7500	3 586	612	131	25	40
居民服务业	7600	14 533	1 086	433	152	225
旅馆业	7800	12 035	793	296	279	279
租赁服务业	7900	1 164	197	57	11	17
旅游业	8000	999	63	33	10	12
娱乐服务业	8100	3 628	124	75	20	36
信息、咨询服务业	8200	7 657	1 203	324	25	79
计算机应用服务业	8300	1 608	559	41	16	20
其他社会服务业	8400	4 018	446	159	61	35
卫生、体育和社会福利业	L	1 239	38	35	14	34
卫生	8500	817	26	13	11	27
体育	8600	50	4			1
社会福利保障业	8700	372	8	22	3	6
教育、文化艺术及广播电影电视业	M	1 934	89	34	26	30
教育	8900	419	40	12	14	12
文化艺术业	9000	491	31	14	5	8
广播电影电视业	9100	1 024	18	8	7	10
科学研究和综合技术服务业	N	6 493	1 581	526	36	90
科学研究业	9200	447	35	3	2	2
综合技术服务业	9300	6 046	1 546	523	34	88
国家机关、政党机关和社会团体	O					
其他行业	P	5 545	121	133	180	117

)、地区(省)分组的单位数

内蒙古	辽宁	吉林	黑龙江	上海	江苏	浙江	安徽	福建	江西	山东
2	6	1	2	101	24	15	10	23		7
625	2 697	661	1 207	5 734	4 324	3 613	1 503	1 409	582	1 552
21	209	35	53	517	349	213	125	85	38	98
176	920	189	385	1 981	1 269	1 297	422	429	173	354
263	614	254	384	766	894	794	523	386	244	599
12	63	17	17	103	139	71	19	13	4	48
13	42	8	9	72	66	79	37	31	10	41
55	105	18	41	486	427	417	49	159	20	40
39	356	63	108	1 340	618	500	80	188	25	215
14	97	6	15	159	85	62	12	25	6	59
32	291	71	195	310	477	180	236	93	62	98
6	103	9	54	159	42	26	83	27	41	40
	79	7	34	53	15	13	73	16	36	29
	1		1	10	4	7		3		
6	23	2	19	96	23	6	10	8	5	11
8	68	18	27	232	324	111	65	82	51	39
	30	6	7	50	20	36	9	12	13	10
3	22	8	9	116	57	27	3	9	4	12
5	16	4	11	66	247	48	53	61	34	17
28	592	67	83	921	517	301	135	92	31	180
2	49	6	3	88	31	31		8	3	10
26	543	61	80	833	486	270	135	84	28	170
18	275	86	239	784	563	248	59	135	96	208

营业集体企业按行业(大类

(续5)

行业类别(大类)	代码	河南	湖北	湖南	广东
房地产代理与经纪业	7400	7	1	1	203
社会服务业	K	2 107	848	535	6 025
公共设施服务业	7500	89	47	30	462
居民服务业	7600	548	209	137	2 212
旅馆业	7800	881	397	228	649
租赁服务业	7900	52	8	5	101
旅游业	8000	34	25	28	94
娱乐服务业	8100	115	33	27	695
信息、咨询服务业	8200	225	21	20	1 223
计算机应用服务业	8300	35	2	3	160
其他社会服务业	8400	128	106	57	429
卫生、体育和社会福利业	L	1	36	28	94
卫生	8500	1	32	23	58
体育	8600				9
社会福利保障业	8700		4	5	27
教育、文化艺术及广播电影电视业	M	32	30	35	329
教育	8900		4	3	75
文化艺术业	9000	1	7	7	65
广播电影电视业	9100	31	19	25	189
科学研究和综合技术服务业	N	122	20	17	312
科学研究业	9200			2	16
综合技术服务业	9300	122	20	15	296
国家机关、政党机关和社会团体	O				
其他行业	P	192	63	160	1 202

）、地区（省）分组的单位数

广西	海南	重庆	四川	贵州	云南	西藏	陕西	甘肃	青海	宁夏	新疆
5	1	3	13	2	5		9		3	1	
1 086	183	595	1 684	383	1 204	27	1 480	491	106	104	489
31	13	46	87	21	78		71	18	11	4	27
310	27	145	440	116	231	4	394	99	19	20	131
379	46	173	519	77	380	18	462	231	47	55	125
8	10	18	52	13	31		44	9	3		22
39	28	28	30	14	99	2	32	10		1	9
56	9	43	183	13	115	3	190	39	8		27
170	24	77	220	33	169		179	46	11	9	67
36	6	32	62	2	27		43	9	2	2	11
57	20	33	91	94	74		65	30	5	13	70
19	4	7	129	50	33		96	13	5	2	11
14	3	4	113	4	24		91	8	3	1	6
2	1		4		2		1				
3		3	12	46	7		4	5	2	1	5
25	9	8	42	17	101		70	10	4	2	16
7	3	3	7	1	18		14	2	2	2	7
4	1	1	18	9	31		13	1	1		4
14	5	4	17	7	52		43	7	1		5
85	14	107	211	20	171	1	131	45	4	12	41
16	2	9	81		24	1	18	3	1		1
69	12	98	130	20	147		113	42	3	12	40
86	30	8	133	102	67	5	81	99	9	36	10

营业三资企业按行业(大类

行业类别(大类)	代码	营业三资企业法人单位数(个)	北京	天津	河北
全国总计		**94 209**	**4 515**	**3 041**	**1 470**
农、林、牧渔业	A	903	22	8	9
农业	0100	305	10	1	5
林业	0200	29			
畜牧业	0300	185	7	5	1
渔业	0400	345		2	3
农、林、牧、渔服务业	0500	39	5		
采掘业	B	425	7	3	8
煤炭采选业	0600	54		2	1
石油和天然气开采业	0700	10	1	1	
黑色金属矿采选业	0800	19			1
有色金属矿采选业	0900	40			1
非金属矿采选业	1000	296	6		5
木材及竹材采运业	1200	5			
制造业	C	70 041	2 287	2 077	1 298
食品加工业	1300	2 385	64	77	59
食品制造业	1400	2 287	131	97	76
饮料制造业	1500	1 209	62	47	52
烟草加工业	1600	9			
纺织业	1700	5 516	143	103	108
服装及其他纤维制品制造业	1800	8 634	257	233	89
皮革、毛皮、羽绒及其制品业	1900	3 653	69	78	79
木材加工及竹、藤、棕、草制品业	2000	1 586	23	37	25
家具制造业	2100	1 297	61	31	24
造纸及纸制品业	2200	1 720	40	25	31
印刷业，记录媒介的复制	2300	1 255	86	26	14
文教体育用品制造业	2400	2 593	53	56	10
石油加工及炼焦业	2500	167	12	5	6
化学原料及化学制品制造业	2600	3 429	136	145	98
医药制造业	2700	996	40	45	23
化学纤维制造业	2800	451	10	23	10
橡胶制品业	2900	657	12	24	12
塑料制品业	3000	4 810	100	95	82
非金属矿物制品业	3100	3 156	102	65	87
黑色金属冶炼及压延加工业	3200	389	5	14	40
有色金属冶炼及压延加工业	3300	506	12	19	5
金属制品业	3400	4 034	89	124	90
普通机械制造业	3500	2 105	82	75	53
专用设备制造业	3600	1 915	138	80	32

)、地区（省）分组的单位数

山西	内蒙古	辽宁	吉林	黑龙江	上海	江苏	浙江	安徽	福建	江西	山东
585	**365**	**3 762**	**1 106**	**985**	**9 072**	**7 593**	**4 751**	**1 210**	**7 307**	**827**	**7 089**
4	5	35	19	9	33	45	21	15	183	22	77
	1	11	11	5	20	6	6	1	57	2	13
					1	1	1	1	5		6
2	3	9	7	4	7	1	1	3	19	5	25
1		14			4	36	13	10	97	15	25
1	1	1	1		1	1			5		8
26	7	20	6	3		6	10	10	40	4	56
16	1	1		1						1	1
1	2	4						2	1		
	2	2		1				4	2	1	
9	2	13	6	1		6	9	4	36	2	55
							1		1		
388	272	2 374	670	715	5 128	6 449	4 124	781	5 845	581	5 434
13	16	214	40	50	78	193	133	35	229	31	563
19	12	109	36	52	215	172	111	29	194	25	267
12	5	42	32	27	56	90	53	24	126	20	127
				1	1				1		1
8	68	127	25	56	395	742	549	70	398	36	445
22	19	228	30	28	703	803	679	76	1 054	32	417
3	15	87	16	20	178	246	271	35	376	17	246
5	13	159	77	105	85	87	105	23	155	45	116
5	2	52	27	16	90	66	39	5	91	8	100
2	5	26	11	9	88	81	48	19	177	22	126
3	3	23	14	12	112	102	42	8	90	11	64
2	1	17	4	10	182	185	101	11	194	7	134
35	3	15	4	3	10	22	2	2	3	1	14
34	15	130	46	35	296	413	175	56	203	45	331
14	10	46	54	36	61	79	38	36	43	26	61
		18	1	3	27	82	28	6	26	3	50
3		21	4	2	68	58	36	8	61	2	64
18	11	107	35	43	263	383	219	55	411	40	333
28	15	117	38	31	168	271	109	40	398	40	399
20	1	34	7	3	23	48	13	3	31	4	28
13	4	31	2	4	40	96	30	8	26	5	28
16	11	120	26	19	320	372	190	34	222	26	260
26	6	125	14	19	250	300	205	27	101	12	196
13	3	68	20	24	257	244	123	19	68	9	162

(续1)

行业类别(大类)	代码	河南	湖北	湖南	广东
全国总计		**1 485**	**1 686**	**909**	**29 242**
农、林、牧渔业	A	25	10	5	231
农业	0100	5	5	3	82
林业	0200				8
畜牧业	0300	18	4	1	35
渔业	0400		1		101
农、林、牧、渔服务业	0500	2		1	5
采掘业	B	14	22	25	84
煤炭采选业	0600	10		7	
石油和天然气开采业	0700				1
黑色金属矿采选业	0800		4	4	
有色金属矿采选业	0900	1	2	5	6
非金属矿采选业	1000	3	15	9	76
木材及竹材采运业	1200				1
制造业	C	1 075	998	619	25 120
食品加工业	1300	63	49	44	237
食品制造业	1400	77	34	30	388
饮料制造业	1500	40	34	21	166
烟草加工业	1600	1			3
纺织业	1700	83	82	40	1 840
服装及其他纤维制品制造业	1800	49	118	25	3 578
皮革、毛皮、羽绒及其制品业	1900	79	40	24	1 646
木材加工及竹、藤、棕、草制品业	2000	30	39	29	253
家具制造业	2100	15	12	6	581
造纸及纸制品业	2200	25	26	16	843
印刷业，记录媒介的复制	2300	34	25	12	491
文教体育用品制造业	2400	9	5	4	1 580
石油加工及炼焦业	2500	5	3		14
化学原料及化学制品制造业	2600	79	50	43	840
医药制造业	2700	33	25	21	123
化学纤维制造业	2800	4	10	12	120
橡胶制品业	2900	7	7	3	245
塑料制品业	3000	58	55	33	2 263
非金属矿物制品业	3100	99	77	59	772
黑色金属冶炼及压延加工业	3200	6	11	9	40
有色金属冶炼及压延加工业	3300	19	6	12	72
金属制品业	3400	35	51	20	1 892
普通机械制造业	3500	30	36	18	408
专用设备制造业	3600	36	31	18	436

)、地区(省)分组的单位数

广西	海南	重庆	四川	贵州	云南	西藏	陕西	甘肃	青海	宁夏	新疆
979	**992**	**636**	**1 137**	**290**	**549**	**19**	**1 900**	**187**	**33**	**246**	**241**
13	57	2	13		19		15			3	3
6	28		5		15		2			2	3
1	3						2				
2	8		6		4		7			1	
4	16		1				2				
	2	2	1				2				
16	11	1	13	5	5		15	1	1	4	2
1		1	5	3						3	
							5			1	1
4	1		1	2	4			1			
11	10		7				9		1		1
					1		1				
602	247	359	779	176	344	11	884	107	14	154	129
39	15	12	50	2	14		32	12		15	6
30	17	10	45	8	21		62	4		8	8
27	21	9	27	13	22	1	26	7	1	4	15
				1							
47	14	15	48	2	4	2	33	3	1	7	22
33	14	11	39	3	13		61	4	1	7	8
11	4	23	42	4	8		11	8		12	5
26	9	5	33	4	63		31	1		2	1
8	7	2	14	2	6		22			2	3
31	6	4	18	4	10		16	3		6	2
7	5	9	17	4	18		16	2	1	4	
7		4	9	1			7				
1			1	1	1		2	1			1
35	15	36	55	19	17		44	12		13	13
30	25	13	38	14	8		44	3		3	4
3	1	1	6		1		4			1	1
3		2	3	4	1		5			1	1
37	7	17	39	12	22		47	9	3	5	8
59	10	28	53	22	13		33	3	3	10	7
3	1	5	11	5	5		8	6		4	1
10	2	5	12	9	12		9	8	2	3	2
24	6	12	35	4	6		19	3		6	2
24	4	17	28	3	9		27	4		5	1
14	3	11	17	5	9	2	65	4		3	1

(续 2)

行业类别(大类)	代码	营业三资企业法人单位数(个)	北京	天津
交通运输设备制造业	3700	1 934	72	130
电气机械及器材制造业	4000	3 689	83	123
电子及通信设备制造业	4100	4 258	200	148
仪器仪表及文化、办公用机械制造业	4200	1 541	89	64
其他制造业	4300	3 860	116	88
电力、煤气及水的生产和供应业	D	309	2	1
电力、蒸汽、热水的生产和供应业	4400	264	2	1
煤气生产和供应业	4500	21		
自来水的生产和供应业	4600	24		
建筑业	E	2 483	166	102
土木工程建筑业	4700	709	41	19
线路、管道和设备安装业	4800	261	17	12
装修装饰业	4900	1 513	108	71
地质勘探业、水利管理业	F	27	2	
地质勘探业	5000	26	2	
水利管理业	5100	1		
交通运输、仓储及邮电通信业	G	1 162	40	123
铁路运输业	5200	3		
汽车运输业	5300	336	3	10
管道运输业	5400	1		
水上运输业	5500	147	4	7
航空运输业	5600	9	6	1
交通运输辅助业	5700	403	21	86
其他交通运输业	5800	10		
仓储业	5900	194	3	16
邮电通信业	6000	59	3	3
批发和零售贸易、餐饮业	H	7 817	470	432
食品、饮料、烟草和家庭日用品批发业	6100	1 282	51	99
能源、材料和机械电子设备批发业	6200	1 372	44	145
其他批发业	6300	286	15	38
零售业	6400	1 438	98	26
商业经纪与代理业	6500	864	61	59
餐饮业	6700	2 575	201	65
金融、保险业	I	251	50	12
金融业	6800	222	38	12
保险业	7000	29	12	
房地产业	J	4 621	125	98
房地产开发与经营业	7200	4 175	106	84
房地产管理业	7300	308	13	11

)、地区(省)分组的单位数

河北	山西	内蒙古	辽宁	吉林	黑龙江	上海	江苏	浙江	安徽	福建	江西	山东
52	34	9	84	42	31	164	180	91	34	121	21	179
36	14	7	91	13	22	313	411	247	45	147	24	209
37	15	13	122	21	30	350	393	193	39	252	26	144
9	4	2	64	5	12	137	104	74	13	108	9	53
59	7	3	97	26	12	198	226	220	21	539	34	317
5	1	1	7	1	3	4	22	19	3	50	4	15
3	1	1	6		2	2	19	15	2	42	2	14
2						2	3	4	1			
			1	1	1					8	2	1
30	21	14	145	72	41	367	182	88	46	115	20	286
11	5	7	46	11	11	121	48	26	17	25	10	83
2	1	2	18	7	7	48	15	7	5	6	2	17
17	15	5	81	54	23	198	119	55	24	84	8	186
				1	1	4	1					1
				1	1	4	1					1
8	8	2	53	5	8	202	62	45	9	48	9	62
			1			1		1				
3	8	2	7	2	5	24	25	9	2	12	7	16
1			5			47	6	5	1	9		9
2			23	1	1	58	11	23	2	13	1	12
1									1			
1			15		1	51	20	5	3	14	1	20
			2	2	1	21		2				5
23	65	43	673	139	98	1 850	302	138	150	261	50	622
1	14	2	67	16	4	334	38	19	20	37	7	139
	13	6	109	4	14	237	38	31	12	50	10	106
	4	1	6	7	2	68	9	5	3	20	2	23
6	12	9	45	21	20	455	49	18	48	44	8	77
	1		262			415				1		22
16	21	25	184	91	58	341	168	65	67	109	23	255
			25			70	1	4		14	1	8
			20			65	1	4		13	1	7
			5			5				1		1
60	36	5	168	96	31	508	267	168	74	483	92	249
59	34	5	156	93	30	302	255	166	74	461	92	236
1	2		12	2		129	6	2		16		8

(续3)

行业类别(大类)	代码	河南	湖北	湖南
交通运输设备制造业	3700	37	46	25
电气机械及器材制造业	4000	34	40	33
电子及通信设备制造业	4100	23	47	31
仪器仪表及文化、办公用机械制造业	4200	9	14	9
其他制造业	4300	56	25	22
电力、煤气及水的生产和供应业	D	8	6	2
电力、蒸汽、热水的生产和供应业	4400	8	6	2
煤气生产和供应业	4500			
自来水的生产和供应业	4600			
建筑业	E	53	88	10
土木工程建筑业	4700	8	27	9
线路、管道和设备安装业	4800	4	10	
装修装饰业	4900	41	51	1
地质勘探业、水利管理业	F			
地质勘探业	5000			
水利管理业	5100			
交通运输、仓储及邮电通信业	G	4	14	7
铁路运输业	5200			
汽车运输业	5300	1	7	4
管道运输业	5400			
水上运输业	5500		3	2
航空运输业	5600			
交通运输辅助业	5700			
其他交通运输业	5800	1		1
仓储业	5900	1	1	
邮电通信业	6000	1	3	
批发和零售贸易、餐饮业	H	63	145	50
食品、饮料、烟草和家庭日用品批发业	6100	8	11	6
能源、材料和机械电子设备批发业	6200	7	15	2
其他批发业	6300	1	4	
零售业	6400	7	38	13
商业经纪与代理业	6500			
餐饮业	6700	40	77	29
金融、保险业	I	2	1	
金融业	6800	2	1	
保险业	7000			
房地产业	J	152	295	137
房地产开发与经营业	7200	152	290	136
房地产管理业	7300		5	1

)、地区(省)分组的单位数

广东	广西	海南	重庆	四川	贵州	云南	西藏	陕西	甘肃	青海	宁夏	新疆
368	34	24	50	25	10	15		30	5	1	11	9
1 655	16	9	11	36	4	10		43	2		9	2
1 930	12	13	24	55	7	12		111	1		6	3
679	5	2	15	7	4	5		38			5	2
1 657	26	13	8	16	5	19	6	38	2	1	2	1
130	7	9	1	4		2		1	1			
119	4	5	1	4		1		1	1			
5	1	3										
6	2	1				1						
276	35	80	33	38	6	28		99	6	3	24	9
93	22	10	7	7	1	7		19	2		13	3
39		16	4	5		4		10			1	2
144	13	54	22	26	5	17		70	4	3	10	4
14			1			2						
13			1			2						
1												
362	11	23	7	12	2	5		21	2		2	6
150	4	17	1	4		2		5			2	4
												1
40	3	3	2									
1									1			
126	2	1	4	5		3		7	1			
3				1				2				
35	2			1				3				1
7		2		1	2			4				
1 301	58	135	62	98	20	35	4	404	34	10	35	47
219	8	26	11	14	4	4	2	90	13	1	4	13
300	11	21	13	9	6	8	1	136	2	2	5	15
40	1	5	3	1	1	2		23	1			1
222	12	42	13	31	3	8	1	88	11	3	3	7
38		1						4				
482	26	40	22	43	6	13		63	7	4	23	11
51		9	1					2				
48		7	1					2				
3		2										
708	163	221	100	105	64	28		160	11	1	2	14
623	158	200	97	104	63	27		144	11	1	2	14
62	1	21	2	1	1	1		11				

营业三资企业按行业(大类

(续4)

行业类别(大类)	代码	营业三资企业法人单位数(个)	北京	天津	河北
房地产代理与经纪业	7400	138	6	3	
社会服务业	K	5 019	899	140	24
公共设施服务业	7500	271	21	10	
居民服务业	7600	688	68	26	4
旅馆业	7800	806	66	18	7
租赁服务业	7900	62	13	2	
旅游业	8000	127	11		2
娱乐服务业	8100	1 015	68	23	9
信息、咨询服务业	8200	1 165	326	27	2
计算机应用服务业	8300	760	285	20	
其他社会服务业	8400	125	41	14	
卫生、体育和社会福利业	L	98	15		
卫生	8500	59	11		
体育	8600	33	3		
社会福利保障业	8700	6	1		
教育、文化艺术及广播电影电视业	M	125	18	6	
教育	8900	35	1	1	
文化艺术业	9000	56	10	5	
广播电影电视业	9100	34	7		
科学研究和综合技术服务业	N	748	388	34	2
科学研究业	9200	22	2		
综合技术服务业	9300	726	386	34	2
国家机关、政党机关和社会团体	O				
其他行业	P	180	24	5	3

）、地区（省）分组的单位数

山西	内蒙古	辽宁	吉林	黑龙江	上海	江苏	浙江	安徽	福建	江西	山东
			1	1	77	6			6		5
28	16	223	87	65	765	217	120	107	239	42	244
3		18		4	35	32	3	3	7	6	16
7	4	36	12	13	119	26	16	17	42	5	51
5	4	42	16	13	34	30	31	18	60	13	41
		4	2	1	13		1	1	2	2	1
	1	5	1		3	4	1		5	1	2
8	5	37	23	9	115	72	46	24	83	14	48
1	2	33	22	10	330	27	11	35	34		57
4		43	8	10	103	23	10	8	3	1	16
		5	3	5	13	3	1	1	3		12
		3	4	3	22	8	5		5	1	6
		1	2	2	14	6	3		4	1	5
		1	1		7	2	2		1		1
		1	1	1	1						
1		2	2	4	21	7	1	1	7		5
			2	1	1	5			3		
		1		3	13	1		1	2		1
1		1			7	1	1		2		4
7		28	4	4	81	17	8	10	8	1	20
1		3			1	1					3
6		25	4	4	80	16	8	10	8	1	17
		6			17	7		4	9		4

(续5)

行业类别(大类)	代码	河南	湖北	湖南	广东
房地产代理与经纪业	7400				23
社会服务业	K	86	95	51	782
公共设施服务业	7500	7	8	9	57
居民服务业	7600	12	12	3	82
旅馆业	7800	20	17	20	151
租赁服务业	7900	1	1		11
旅游业	8000		8	1	13
娱乐服务业	8100	33	30	15	168
信息、咨询服务业	8200	5	10	1	139
计算机应用服务业	8300	5	8	2	149
其他社会服务业	8400	3	1		12
卫生、体育和社会福利业	L	1	2		10
卫生	8500	1			2
体育	8600		2		8
社会福利保障业	8700				
教育、文化艺术及广播电影电视业	M		1		37
教育	8900				17
文化艺术业	9000				12
广播电影电视业	9100		1		8
科学研究和综合技术服务业	N	1	8	1	53
科学研究业	9200				5
综合技术服务业	9300	1	8	1	48
国家机关、政党机关和社会团体	O				
其他行业	P	1	1	2	83

）、地区（省）分组的单位数

广西	海南	重庆	四川	贵州	云南	西藏	陕西	甘肃	青海	宁夏	新疆
4		1					5				
69	180	60	69	14	75	4	250	22	2	19	25
	15	1	3		3		8	1			1
5	25	14	16	1	16		37	4	1	6	8
33	63	10	15	5	22	2	41	5		1	3
1	1						5				
5	34	5	2	1	1	1	14	2	1	1	2
15	25	17	24	4	23	1	56	8		4	8
6	14	10	4	3	6		41	1		5	3
1	3	3	3		4		46	1		1	
3			2				2			1	
2		1	3		2		5				
2		1			1		3				
			3		1		1				
							1				
1		2	2		1		2	1	1	1	1
			2							1	1
1		2					2	1	1		
					1						
2	10	6	1	2	1		41	2	1	2	5
	1						4	1			
2	9	6	1	2	1		37	1	1	2	5
	10			1	2		1				

营业企业法人按行业(大类)、国

行业类别(大类)	代码	国家资本参股的企业法人单位数(个)	按国家
			100%
全国总计		**460 905**	**392 683**
农、林、牧渔业	A	11 220	9 457
农业	0100	4 112	3 489
林业	0200	1 815	1 591
畜牧业	0300	2 062	1 726
渔业	0400	1 445	1 099
农、林、牧、渔服务业	0500	1 786	1 552
采掘业	B	7 537	5 991
煤炭采选业	0600	2 989	2 317
石油和天然气开采业	0700	153	134
黑色金属矿采选业	0800	409	313
有色金属矿采选业	0900	1 048	875
非金属矿采选业	1000	1 953	1 438
木材及竹材采运业	1200	949	883
制造业	C	118 844	83 605
食品加工业	1300	11 626	9 659
食品制造业	1400	6 026	4 613
饮料制造业	1500	4 480	3 332
烟草加工业	1600	318	289
纺织业	1700	6 156	3 877
服装及其他纤维制品制造业	1800	3 052	1 651
皮革、毛皮、羽绒及其制品业	1900	1 618	839
木材加工及竹、藤、棕、草制品业	2000	2 610	1 723
家具制造业	2100	1 322	849
造纸及纸制品业	2200	3 155	1 966
印刷业，记录媒介的复制	2300	5 273	4 328
文教体育用品制造业	2400	1 048	626
石油加工及炼焦业	2500	659	434
化学原料及化学制品制造业	2600	8 533	5 948
医药制造业	2700	2 732	1 930
化学纤维制造业	2800	443	234
橡胶制品业	2900	1 050	697
塑料制品业	3000	3 634	2 151
非金属矿物制品业	3100	12 642	8 610
黑色金属冶炼及压延加工业	3200	1 554	1 004
有色金属冶炼及压延加工业	3300	1 235	826
金属制品业	3400	5 546	3 566
普通机械制造业	3500	7 478	5 283
专用设备制造业	3600	6 815	5 242
交通运输设备制造业	3700	7 310	5 766

家资本参股比例分组的单位数

资本占实收资本比例分组的单位数(个)

100%—50%	50%—40%	40%—30%	30%—20%	20%—10%	10%以下
38 450	**6 785**	**5 983**	**5 806**	**5 311**	**5 880**
956	152	185	161	176	133
370	41	56	55	60	41
102	17	32	28	29	16
197	37	31	24	25	22
171	35	40	23	40	37
116	22	26	31	22	17
756	145	145	141	145	213
309	60	60	61	73	108
13	1	1	1	1	2
52	11	9	7	9	8
100	19	20	15	10	9
231	50	51	51	49	83
49	4	3	4	3	3
19 067	3 790	3 151	3 152	2 915	3 161
1 167	248	159	145	130	118
844	159	125	91	97	97
679	121	99	98	76	74
21	3	1	3	1	
1 298	224	177	172	186	222
804	135	123	130	105	104
424	85	93	62	56	59
513	86	63	76	83	66
205	52	55	58	53	50
613	110	114	125	102	125
544	76	97	69	89	69
225	41	34	48	39	35
114	19	23	17	23	29
1 457	284	218	199	188	239
485	101	67	59	43	47
125	20	19	18	10	17
194	45	29	24	29	32
821	153	123	123	124	139
1 990	401	437	414	403	386
297	50	49	56	37	61
219	50	30	38	30	42
922	224	177	228	192	237
1 081	217	202	239	215	241
807	192	138	148	132	156
858	178	130	104	118	156

营业企业法人按行业(大类)、国

(续1)

行业类别(大类)	代码	国家资本参股的企业法人单位数(个)	按国家
			100%
电气机械及器材制造业	4000	4 852	3 230
电子及通信设备制造业	4100	3 107	1 852
仪器仪表及文化、办公用机械制造业	4200	2 061	1 476
其他制造业	4300	2 383	1 483
电力、煤气及水的生产和供应业	D	9 888	7 965
电力、蒸汽、热水的生产和供应业	4400	6 735	5 366
煤气生产和供应业	4500	354	318
自来水的生产和供应业	4600	2 799	2 281
建筑业	E	17 907	15 115
土木工程建筑业	4700	12 050	10 211
线路、管道和设备安装业	4800	2 976	2 655
装修装饰业	4900	2 881	2 249
地质勘探业、水利管理业	F	784	714
地质勘探业	5000	502	471
水利管理业	5100	282	243
交通运输、仓储及邮电通信业	G	17 186	15 794
铁路运输业	5200	182	174
汽车运输业	5300	6 150	5 590
管道运输业	5400	19	16
水上运输业	5500	895	704
航空运输业	5600	88	82
交通运输辅助业	5700	3 156	2 833
其他交通运输业	5800	48	39
仓储业	5900	3 162	2 948
邮电通信业	6000	3 486	3 408
批发和零售贸易、餐饮业	H	202 314	185 978
食品、饮料、烟草和家庭日用品批发业	6100	67 091	62 854
能源、材料和机械电子设备批发业	6200	48 356	44 597
其他批发业	6300	10 311	9 290
零售业	6400	66 535	60 604
商业经纪与代理业	6500	1 244	1 142
餐饮业	6700	8 777	7 491
金融、保险业	I	23 821	22 858
金融业	6800	19 341	18 422
保险业	7000	4 480	4 436
房地产业	J	10 364	8 273
房地产开发与经营业	7200	8 627	6 771
房地产管理业	7300	1 366	1 191
房地产代理与经纪业	7400	371	311
社会服务业	K	28 459	25 464

家资本参股比例分组的单位数

资本占实收资本比例分组的单位数(个)

100%—50%	50%—40%	40%—30%	30%—20%	20%—10%	10%以下
825	186	154	162	151	144
740	153	86	108	91	77
314	81	49	51	51	39
476	96	80	87	61	100
991	203	203	199	167	160
724	155	135	148	112	95
17	4	6	1	2	6
250	44	62	50	53	59
1 398	224	259	242	254	415
821	121	188	164	193	352
187	24	26	27	25	32
390	79	45	51	36	31
45	5	4	6	6	4
20	2	4	1	2	2
25	3		5	4	2
873	111	110	83	99	116
5	1	1			1
343	38	41	33	56	49
3					
113	14	14	10	13	27
2		2	2		
220	31	20	19	14	19
3		2	1	1	2
144	18	21	13	8	10
40	9	9	5	7	8
10 117	1 394	1 287	1 243	1 125	1 168
2 678	321	320	324	264	330
2 278	324	290	280	277	310
613	98	82	93	68	67
3 687	506	487	427	428	394
60	10	9	7	9	7
801	135	99	112	79	60
619	76	66	70	54	77
585	73	65	69	50	76
34	3	1	1	4	1
1 175	244	177	176	129	190
1 028	224	158	157	115	174
113	13	15	10	13	11
34	7	4	9	1	5
1 798	323	280	245	172	177

营业企业法人按行业(大类)、国

(续 2)

行业类别(大类)	代码	国家资本参股的企业法人单位数(个)	按国家 100%
公共设施服务业	7500	2 475	2 228
居民服务业	7600	3 828	3 393
旅馆业	7800	9 657	8 785
租赁服务业	7900	573	515
旅游业	8000	2 211	2 050
娱乐服务业	8100	945	679
信息、咨询服务业	8200	5 800	5 250
计算机应用服务业	8300	1 384	1 118
其他社会服务业	8400	1 586	1 446
卫生、体育和社会福利业	L	455	408
卫生	8500	276	242
体育	8600	51	47
社会福利保障业	8700	128	119
教育、文化艺术及广播电影电视业	M	2 654	2 521
教育	8900	402	372
文化艺术业	9000	685	642
广播电影电视业	9100	1 567	1 507
科学研究和综合技术服务业	N	6 600	5 952
科学研究业	9200	305	279
综合技术服务业	9300	6 295	5 673
国家机关、政党机关和社会团体	O		
其他行业	P	2 872	2 588

家资本参股比例分组的单位数

资本占实收资本比例分组的单位数(个)

100%－50%	50%－40%	40%－30%	30%－20%	20%－10%	10%以下
136	27	32	22	14	16
243	58	37	34	34	29
587	80	68	56	38	43
36	7	4	4	4	3
92	16	16	15	10	12
146	29	28	30	13	20
321	60	54	46	38	31
152	40	27	27	13	7
85	6	14	11	8	16
28	7	4	2	4	2
19	5	4	2	3	1
2	1				1
7	1			1	
87	11	14	6	7	8
19	2	2	5	2	
28	4	2	1	4	4
40	5	10		1	4
389	71	71	57	39	21
18	3		3	1	1
371	68	71	54	38	20
151	29	27	23	19	35

营业企业法人按行业(大类)、集

行业类别(大类)	代码	集体资本参股的企业法人单位数(个)	按集体
			100%
全国总计		**1 219 156**	**1 016 059**
农、林、牧渔业	A	38 915	33 918
农业	0100	12 871	11 281
林业	0200	10 971	10 452
畜牧业	0300	4 876	3 893
渔业	0400	6 365	4 951
农、林、牧、渔服务业	0500	3 832	3 341
采掘业	B	44 278	38 487
煤炭采选业	0600	15 662	13 496
石油和天然气开采业	0700	73	60
黑色金属矿采选业	0800	2 720	2 263
有色金属矿采选业	0900	3 475	2 933
非金属矿采选业	1000	21 549	19 015
木材及竹材采运业	1200	682	625
制造业	C	607 017	483 467
食品加工业	1300	42 289	35 547
食品制造业	1400	14 526	11 407
饮料制造业	1500	11 795	9 358
烟草加工业	1600	124	99
纺织业	1700	27 404	20 107
服装及其他纤维制品制造业	1800	24 089	17 408
皮革、毛皮、羽绒及其制品业	1900	11 712	8 228
木材加工及竹、藤、棕、草制品业	2000	20 293	16 547
家具制造业	2100	12 451	10 089
造纸及纸制品业	2200	18 217	14 261
印刷业，记录媒介的复制	2300	17 831	15 378
文教体育用品制造业	2400	6 597	4 864
石油加工及炼焦业	2500	3 259	2 645
化学原料及化学制品制造业	2600	31 263	24 524
医药制造业	2700	3 048	2 273
化学纤维制造业	2800	1 719	1 269
橡胶制品业	2900	5 848	4 654
塑料制品业	3000	28 630	22 185
非金属矿物制品业	3100	116 384	95 034
黑色金属冶炼及压延加工业	3200	7 846	6 100
有色金属冶炼及压延加工业	3300	5 580	4 261
金属制品业	3400	46 036	37 178
普通机械制造业	3500	44 121	35 461
专用设备制造业	3600	22 058	17 735
交通运输设备制造业	3700	25 205	20 904

体资本参股比例分组的单位数

资本占实收资本比例分组的单位数(个)

100%—50%	50%—40%	40%—30%	30%—20%	20%—10%	10%以下
124 741	**17 970**	**17 941**	**17 515**	**14 105**	**10 822**
2 955	440	503	497	353	249
1 016	129	180	125	77	63
321	52	43	45	31	27
594	75	78	108	77	51
746	139	154	171	122	82
278	45	48	48	46	26
3 275	523	558	573	508	354
1 259	194	193	202	194	124
5	1	2	1	1	3
232	44	44	44	56	37
283	50	59	50	56	44
1 456	227	250	269	196	136
26	4	9	5	4	9
72 877	12 130	11 841	11 648	8 869	6 182
4 134	588	643	615	425	337
1 849	303	281	274	229	183
1 431	226	222	250	178	130
11	1	3	1	4	5
4 327	718	651	634	538	429
4 025	711	637	573	440	295
1 961	364	399	324	260	176
2 132	402	403	405	269	135
1 386	226	218	261	167	104
2 300	408	367	391	286	204
1 472	223	256	211	172	119
923	207	188	167	150	98
343	68	73	49	49	32
3 891	689	652	660	491	356
436	85	79	65	60	50
276	42	38	39	27	28
726	121	123	103	62	59
3 767	634	648	595	485	316
12 927	2 043	2 003	2 074	1 436	867
919	175	188	165	178	120
728	132	111	135	113	99
5 165	898	840	837	673	445
5 155	788	783	824	632	478
2 579	377	414	406	305	242
2 632	406	380	369	287	227

营业企业法人按行业(大类)、集

(续1)

行业类别(大类)	代码	集体资本参股的企业法人单位数(个)	按集体
			100%
电气机械及器材制造业	4000	25 344	20 127
电子及通信设备制造业	4100	7 214	5 242
仪器仪表及文化、办公用机械制造业	4200	5 770	4 564
其他制造业	4300	20 346	16 002
电力、煤气及水的生产和供应业	D	12 762	10 445
电力、蒸汽、热水的生产和供应业	4400	8 973	7 386
煤气生产和供应业	4500	234	194
自来水的生产和供应业	4600	3 555	2 865
建筑业	E	63 152	55 530
土木工程建筑业	4700	46 800	40 882
线路、管道和设备安装业	4800	7 544	6 948
装修装饰业	4900	8 808	7 700
地质勘探业、水利管理业	F	485	410
地质勘探业	5000	192	170
水利管理业	5100	293	240
交通运输、仓储及邮电通信业	G	23 484	21 329
铁路运输业	5200	20	17
汽车运输业	5300	9 791	8 775
管道运输业	5400	9	8
水上运输业	5500	2 922	2 570
航空运输业	5600	9	7
交通运输辅助业	5700	7 186	6 737
其他交通运输业	5800	73	63
仓储业	5900	2 711	2 467
邮电通信业	6000	763	685
批发和零售贸易、餐饮业	H	322 320	283 676
食品、饮料、烟草和家庭日用品批发业	6100	61 783	54 942
能源、材料和机械电子设备批发业	6200	72 201	65 421
其他批发业	6300	20 215	15 906
零售业	6400	142 160	123 599
商业经纪与代理业	6500	2 169	2 079
餐饮业	6700	23 792	21 729
金融、保险业	I	37 916	26 153
金融业	6800	37 717	25 985
保险业	7000	199	168
房地产业	J	8 883	7 390
房地产开发与经营业	7200	6 951	5 659
房地产管理业	7300	1 383	1 235
房地产代理与经纪业	7400	549	496
社会服务业	K	45 769	42 293

体资本参股比例分组的单位数

资本占实收资本比例分组的单位数(个)

100%－50%	50%－40%	40%－30%	30%－20%	20%－10%	10%以下
3 048	522	489	477	410	271
1 079	221	212	206	151	103
649	149	118	121	95	74
2 605	403	422	416	297	200
1 269	210	232	223	194	189
865	137	167	152	125	141
18	5	3	8	3	3
386	68	62	63	66	45
4 447	630	674	704	656	511
3 412	488	518	560	532	408
363	41	53	50	43	46
672	101	103	94	81	57
35	8	8	13	3	8
11	4		2		5
24	4	8	11	3	3
1 144	169	201	178	201	262
1		1			1
515	78	85	92	103	143
				1	
187	23	31	30	35	46
2					
269	40	40	39	30	31
3	2	4		1	
129	20	28	13	22	32
38	6	12	4	9	9
25 963	2 798	2 827	2 643	2 317	2 096
4 080	558	545	548	543	567
4 099	592	556	548	518	467
3 182	259	289	253	186	140
13 232	1 227	1 250	1 116	939	797
50	7	11	11	6	5
1 320	155	176	167	125	120
9 277	478	486	495	521	506
9 261	476	483	493	518	501
16	2	3	2	3	5
807	177	126	142	120	121
700	158	114	118	95	107
78	14	11	14	20	11
29	5	1	10	5	3
2 004	304	345	293	278	252

(续2)

行业类别(大类)	代码	集体资本参股的企业法人单位数(个)	按集体 100%
公共设施服务业	7500	3 353	3 075
居民服务业	7600	13 239	12 463
旅馆业	7800	10 756	9 899
租赁服务业	7900	1 015	942
旅游业	8000	976	854
娱乐服务业	8100	3 381	3 043
信息、咨询服务业	8200	7 743	7 164
计算机应用服务业	8300	1 600	1 352
其他社会服务业	8400	3 706	3 501
卫生、体育和社会福利业	L	1 041	969
卫生	8500	632	579
体育	8600	51	44
社会福利保障业	8700	358	346
教育、文化艺术及广播电影电视业	M	1 885	1 744
教育	8900	421	394
文化艺术业	9000	516	466
广播电影电视业	9100	948	884
科学研究和综合技术服务业	N	5 933	5 305
科学研究业	9200	350	322
综合技术服务业	9300	5 583	4 983
国家机关、政党机关和社会团体	O		
其他行业	P	5 316	4 943

体资本参股比例分组的单位数

资本占实收资本比例分组的单位数(个)					
100%—50%	50%—40%	40%—30%	30%—20%	20%—10%	10%以下
149	29	21	26	25	28
495	61	71	55	50	44
506	61	73	75	70	72
33	8	6	10	9	7
69	10	10	8	12	13
176	26	42	28	39	27
332	65	65	44	41	32
130	28	33	32	12	13
114	16	24	15	20	16
37	7	11	13	1	3
31	4	5	10	1	2
4	1	2			
2	2	4	3		1
65	15	20	13	10	18
14		6	2	1	4
18	9	9	3	5	6
33	6	5	8	4	8
359	43	74	64	43	45
17	1	1	7	2	
342	42	73	57	41	45
227	38	35	16	31	26

营业企业法人按行业(大类)、外

行业类别(大类)	代码	外商资本参股的企业法人单位数(个)	按外商
			100%
全国总计		**91 829**	**34 181**
农、林、牧渔业	A	867	398
农业	0100	303	170
林业	0200	29	15
畜牧业	0300	169	62
渔业	0400	326	138
农、林、牧、渔服务业	0500	40	13
采掘业	B	436	152
煤炭采选业	0600	49	9
石油和天然气开采业	0700	13	3
黑色金属矿采选业	0800	19	4
有色金属矿采选业	0900	38	14
非金属矿采选业	1000	311	119
木材及竹材采运业	1200	6	3
制造业	C	68 052	24 059
食品加工业	1300	2 225	515
食品制造业	1400	2 106	646
饮料制造业	1500	1 134	206
烟草加工业	1600	10	
纺织业	1700	5 492	1 574
服装及其他纤维制品制造业	1800	8 193	3 398
皮革、毛皮、羽绒及其制品业	1900	3 538	1 431
木材加工及竹、藤、棕、草制品业	2000	1 533	494
家具制造业	2100	1 262	603
造纸及纸制品业	2200	1 652	659
印刷业，记录媒介的复制	2300	1 178	409
文教体育用品制造业	2400	2 534	1 400
石油加工及炼焦业	2500	175	30
化学原料及化学制品制造业	2600	3 333	801
医药制造业	2700	940	139
化学纤维制造业	2800	453	112
橡胶制品业	2900	650	250
塑料制品业	3000	4 667	1 840
非金属矿物制品业	3100	3 109	765
黑色金属冶炼及压延加工业	3200	394	53
有色金属冶炼及压延加工业	3300	511	60
金属制品业	3400	4 013	1 677
普通机械制造业	3500	2 121	548
专用设备制造业	3600	1 889	519
交通运输设备制造业	3700	1 897	451

商资本参股比例分组的单位数

资本占实收资本比例分组的单位数(个)

100%—50%	50%—40%	40%—30%	30%—20%	20%—10%	10%以下
24 470	**8 376**	**9 073**	**11 485**	**2 430**	**1 812**
227	71	57	73	18	23
54	24	19	20	5	11
5	5	1		1	2
54	13	13	18	6	3
101	24	18	33	6	6
13	5	6	2		1
122	44	30	43	24	21
14	3	4	10	5	4
5	2		2		1
6	4	1	2	1	1
14	3	2	3	1	1
81	32	23	26	17	13
2					1
18 092	6 200	7 185	9 259	1 920	1 336
622	235	296	391	87	79
604	225	229	286	64	52
348	140	152	206	44	38
2		3	4		1
1 345	526	705	992	206	144
2 188	697	730	920	166	94
934	282	349	402	90	50
351	164	194	247	48	35
289	102	109	116	28	15
436	157	162	177	33	28
307	119	118	182	31	12
623	164	140	149	38	20
36	33	31	39	3	3
982	356	391	581	133	89
297	98	114	206	46	40
103	35	70	96	20	17
150	54	63	100	18	15
1 147	402	515	591	113	59
928	343	375	501	108	89
114	28	51	107	19	22
155	52	78	120	32	14
1 000	335	368	448	112	73
571	188	255	409	89	61
558	168	211	322	58	53
573	229	241	281	72	50

营业企业法人按行业(大类)、外

(续1)

行业类别(大类)	代码	外商资本参股的企业法人单位数(个)	按外商
			100%
电气机械及器材制造业	4000	3 656	1 346
电子及通信设备制造业	4100	4 096	1 556
仪器仪表及文化、办公用机械制造业	4200	1 489	660
其他制造业	4300	3 801	1 917
电力、煤气及水的生产和供应业	D	309	40
电力、蒸汽、热水的生产和供应业	4400	251	32
煤气生产和供应业	4500	21	2
自来水的生产和供应业	4600	37	6
建筑业	E	2 362	695
土木工程建筑业	4700	666	163
线路、管道和设备安装业	4800	253	72
装修装饰业	4900	1 443	460
地质勘探业、水利管理业	F	26	17
地质勘探业	5000	25	16
水利管理业	5100	1	1
交通运输、仓储及邮电通信业	G	1 083	372
铁路运输业	5200	2	
汽车运输业	5300	316	149
管道运输业	5400	1	
水上运输业	5500	135	32
航空运输业	5600	6	3
交通运输辅助业	5700	369	135
其他交通运输业	5800	12	4
仓储业	5900	192	35
邮电通信业	6000	50	14
批发和零售贸易、餐饮业	H	7 920	3 935
食品、饮料、烟草和家庭日用品批发业	6100	1 442	738
能源、材料和机械电子设备批发业	6200	1 503	751
其他批发业	6300	298	136
零售业	6400	1 830	963
商业经纪与代理业	6500	509	397
餐饮业	6700	2 338	950
金融、保险业	I	337	164
金融业	6800	316	147
保险业	7000	21	17
房地产业	J	4 316	1 615
房地产开发与经营业	7200	3 905	1 447
房地产管理业	7300	285	113
房地产代理与经纪业	7400	126	55
社会服务业	K	4 947	2 271

商资本参股比例分组的单位数

资本占实收资本比例分组的单位数(个)

100%—50%	50%—40%	40%—30%	30%—20%	20%—10%	10%以下
939	288	391	502	106	83
1 164	382	442	442	73	37
405	123	116	144	24	17
921	275	286	298	58	46
147	22	27	47	15	11
116	19	24	41	12	7
12	2	1	4		
19	1	2	2	3	4
701	304	265	305	50	42
213	78	76	95	23	18
80	31	26	34	5	5
408	195	163	176	22	19
3	4	1	1		
3	4	1	1		
286	135	129	139	9	13
2					
71	25	31	32	2	6
	1				
31	21	22	24	3	2
		1	2		
92	50	43	46	2	1
5	1	2			
67	32	23	30	1	4
18	5	7	5	1	
1 831	622	553	635	160	184
310	111	100	123	25	35
338	120	112	127	26	29
73	26	21	26	6	10
394	134	118	107	42	72
58	16	9	26	3	
658	215	193	226	58	38
61	12	9	22	24	45
60	12	9	21	24	43
1			1		2
1 299	452	352	438	103	56
1 156	421	327	404	97	52
94	25	20	28	2	3
49	6	5	6	4	1
1 380	411	348	397	77	63

(续 2)

行业类别(大类)	代码	外商资本参股的企业法人单位数(个)	按外商
			100%
公共设施服务业	7500	260	87
居民服务业	7600	671	328
旅馆业	7800	710	188
租赁服务业	7900	62	20
旅游业	8000	117	46
娱乐服务业	8100	891	365
信息、咨询服务业	8200	1 335	809
计算机应用服务业	8300	755	352
其他社会服务业	8400	146	76
卫生、体育和社会福利业	L	83	29
卫生	8500	50	12
体育	8600	27	13
社会福利保障业	8700	6	4
教育、文化艺术及广播电影电视业	M	112	41
教育	8900	31	12
文化艺术业	9000	53	21
广播电影电视业	9100	28	8
科学研究和综合技术服务业	N	774	289
科学研究业	9200	21	10
综合技术服务业	9300	753	279
国家机关、政党机关和社会团体	O		
其他行业	P	205	104

商资本参股比例分组的单位数

资本占实收资本比例分组的单位数(个)

100%－50%	50%－40%	40%－30%	30%－20%	20%－10%	10%以下
90	31	20	25	5	2
183	47	48	45	9	11
207	79	75	119	24	18
23	4	7	6	1	1
32	14	11	7	4	3
279	72	67	83	15	10
305	95	55	48	13	10
224	59	55	56	5	4
37	10	10	8	1	4
28	6	6	10	2	2
19	4	3	10	1	1
7	2	3		1	1
2					
31	15	15	7	3	
10		6	1	2	
13	10	4	5		
8	5	5	1	1	
225	72	90	81	11	6
6	2	1	1		1
219	70	89	80	11	5
37	6	6	28	14	10

营业企业法人按行业(大类)分组的实收资本构成比例

行业类别(大类)	代码	企业实收资本比例合计(%)	国家资本金	集体资本金	法人资本金	个人资本金	外商资本金
全国总计		**100.00**	**52.65**	**22.61**	**10.94**	**4.71**	**9.09**
农、林、牧渔业	A	100.00	72.67	16.73	3.81	3.91	2.88
农业	0100	100.00	89.44	6.02	1.58	1.03	1.92
林业	0200	100.00	96.35	3.01	0.19	0.29	0.16
畜牧业	0300	100.00	42.25	25.90	12.72	8.75	10.38
渔业	0400	100.00	26.47	36.75	12.11	17.54	7.13
农、林、牧、渔服务业	0500	100.00	14.51	80.17	2.71	1.95	0.66
采掘业	B	100.00	80.35	11.76	2.87	4.29	0.73
煤炭采选业	0600	100.00	76.09	13.75	2.89	7.13	0.15
石油和天然气开采业	0700	100.00	98.84	0.56	0.45	0.02	0.13
黑色金属矿采选业	0800	100.00	73.64	17.95	4.14	3.69	0.59
有色金属矿采选业	0900	100.00	62.62	25.43	7.56	3.64	0.75
非金属矿采选业	1000	100.00	52.69	28.01	6.90	7.60	4.79
木材及竹材采运业	1200	100.00	96.00	2.06	0.98	0.42	0.54
制造业	C	100.00	29.81	35.92	12.02	6.53	15.72
食品加工业	1300	100.00	45.78	24.26	8.16	6.64	15.15
食品制造业	1400	100.00	31.91	19.21	9.57	9.57	29.74
饮料制造业	1500	100.00	44.87	15.87	9.16	6.95	23.15
烟草加工业	1600	100.00	93.66	1.90	2.99	0.04	1.41
纺织业	1700	100.00	20.66	55.10	7.83	3.85	12.55
服装及其他纤维制品制造业	1800	100.00	8.16	36.94	11.57	9.32	34.00
皮革、毛皮、羽绒及其制品业	1900	100.00	8.54	30.98	8.69	9.69	42.10
木材加工及竹、藤、棕、草制品业	2000	100.00	25.36	31.86	11.56	9.10	22.15
家具制造业	2100	100.00	7.78	30.31	20.36	13.62	27.93
造纸及纸制品业	2200	100.00	29.47	29.31	10.86	7.03	23.32

营业企业法人按行业(大类)分组的实收资本构成比例

(续1)

行业类别(大类)	代码	企业实收资本比例合计(%)	国家资本金	集体资本金	法人资本金	个人资本金	外商资本金
印刷业，记录媒介的复制	2300	100.00	34.24	28.20	10.36	6.27	20.92
文教体育用品制造业	2400	100.00	2.64	76.43	2.30	1.74	16.89
石油加工及炼焦业	2500	100.00	80.05	8.64	4.98	2.32	4.01
化学原料及化学制品制造业	2600	100.00	57.64	20.57	7.57	3.59	10.64
医药制造业	2700	100.00	42.72	13.99	15.21	12.64	15.45
化学纤维制造业	2800	100.00	21.29	23.44	8.41	2.68	44.18
橡胶制品业	2900	100.00	36.92	23.41	7.78	6.90	25.00
塑料制品业	3000	100.00	8.52	49.02	6.53	4.30	31.64
非金属矿物制品业	3100	100.00	14.08	28.51	35.53	15.89	5.98
黑色金属冶炼及压延加工业	3200	100.00	75.23	12.14	5.79	3.10	3.74
有色金属冶炼及压延加工业	3300	100.00	58.87	17.16	10.73	5.03	8.21
金属制品业	3400	100.00	13.61	50.60	12.11	6.59	17.09
普通机械制造业	3500	100.00	36.47	24.47	8.31	10.17	20.59
专用设备制造业	3600	100.00	44.57	27.97	8.70	8.23	10.53
交通运输设备制造业	3700	100.00	42.36	30.48	10.63	3.82	12.71
电气机械及器材制造业	4000	100.00	19.16	44.88	9.87	6.28	19.81
电子及通信设备制造业	4100	100.00	28.64	10.67	15.89	5.59	39.21
仪器仪表及文化、办公用机械制造业	4200	100.00	35.42	17.78	10.85	7.30	28.65
其他制造业	4300	100.00	4.82	84.86	4.28	1.12	4.92
电力、煤气及水的生产和供应业	D	100.00	91.47	1.79	3.64	0.85	2.25
电力、蒸汽、热水的生产和供应业	4400	100.00	91.49	1.48	3.80	0.88	2.34
煤气生产和供应业	4500	100.00	91.42	2.43	1.76	0.77	3.61
自来水的生产和供应业	4600	100.00	91.08	6.17	1.82	0.44	0.49
建筑业	E	100.00	41.55	27.40	26.08	3.08	1.88
土木工程建筑业	4700	100.00	41.72	25.07	29.29	2.51	1.40

营业企业法人按行业(大类)分组的实收资本构成比例

(续2)

行业类别(大类)	代码	企业实收资本比例合计(%)	国家资本金	集体资本金	法人资本金	个人资本金	外商资本金
线路、管道和设备安装业	4800	100.00	40.20	47.96	7.58	2.86	1.41
装修装饰业	4900	100.00	41.15	31.22	10.98	9.27	7.38
地质勘探业、水利管理业	F	100.00	62.74	5.78	4.49	0.83	26.16
地质勘探业	5000	100.00	57.27	2.79	4.86	0.65	34.42
水利管理业	5100	100.00	79.95	15.19	3.32	1.39	0.15
交通运输、仓储及邮电通信业	G	100.00	88.11	4.93	3.37	1.00	2.58
铁路运输业	5200	100.00	99.83	0.03	0.11		0.03
汽车运输业	5300	100.00	56.34	26.03	6.72	6.08	4.83
管道运输业	5400	100.00	88.69	0.22	6.80	3.42	0.86
水上运输业	5500	100.00	62.28	16.02	12.91	3.89	4.89
航空运输业	5600	100.00	86.34	0.07	12.58	0.23	0.78
交通运输辅助业	5700	100.00	70.73	5.97	9.85	1.82	11.62
其他交通运输业	5800	100.00	44.61	6.87	13.22	2.51	32.80
仓储业	5900	100.00	55.81	26.52	7.63	0.93	9.11
邮电通信业	6000	100.00	95.97	1.31	1.51	0.30	0.91
批发和零售贸易、餐饮业	H	100.00	52.06	26.03	12.90	6.25	2.76
食品、饮料、烟草和家庭日用品批发业	6100	100.00	70.93	17.08	6.35	4.49	1.16
能源、材料和机械电子设备批发业	6200	100.00	57.30	15.80	19.45	5.81	1.64
其他批发业	6300	100.00	17.37	74.98	3.77	3.25	0.63
零售业	6400	100.00	37.96	31.95	15.89	10.82	3.37
商业经纪与代理业	6500	100.00	42.39	6.99	21.69	5.67	23.26
餐饮业	6700	100.00	24.59	30.90	14.34	9.78	20.39
金融、保险业	I	100.00	80.97	6.68	7.83	1.85	2.67
金融业	6800	100.00	80.41	7.10	7.65	2.00	2.84
保险业	7000	100.00	88.07	1.30	10.13	0.06	0.44
房地产业	J	100.00	34.11	12.57	22.65	4.59	26.08

营业企业法人按行业(大类)分组的实收资本构成比例

(续3)

行业类别(大类)	代码	企业实收资本比例合计(%)	国家资本金	集体资本金	法人资本金	个人资本金	外商资本金
房地产开发与经营业	7200	100.00	30.47	13.23	23.71	4.81	27.78
房地产管理业	7300	100.00	65.22	6.92	13.82	2.50	11.55
房地产代理与经纪业	7400	100.00	32.07	13.12	21.39	6.44	26.98
社会服务业	K	100.00	49.20	18.94	11.22	6.74	13.90
公共设施服务业	7500	100.00	69.03	8.06	8.14	2.04	12.73
居民服务业	7600	100.00	25.17	30.97	17.81	11.37	14.68
旅馆业	7800	100.00	38.10	28.82	10.24	8.15	14.69
租赁服务业	7900	100.00	49.39	15.39	19.10	4.02	12.10
旅游业	8000	100.00	49.17	13.73	13.64	11.10	12.35
娱乐服务业	8100	100.00	13.49	20.16	14.92	8.15	43.27
信息、咨询服务业	8200	100.00	72.87	5.80	9.29	6.21	5.81
计算机应用服务业	8300	100.00	24.18	16.41	21.98	11.63	25.80
其他社会服务业	8400	100.00	35.21	41.57	16.13	3.45	3.64
卫生、体育和社会福利业	L	100.00	35.03	17.64	24.16	7.02	16.15
卫生	8500	100.00	54.54	25.78	6.19	4.43	9.06
体育	8600	100.00	20.53	9.46	17.66	14.92	37.44
社会福利保障业	8700	100.00	21.28	14.53	61.14	1.52	1.53
教育、文化艺术及广播电影电视业	M	100.00	67.71	11.95	9.29	3.45	7.60
教育	8900	100.00	60.10	19.66	5.81	4.59	9.84
文化艺术业	9000	100.00	54.64	11.47	14.31	4.98	14.60
广播电影电视业	9100	100.00	79.07	8.57	7.97	2.00	2.39
科学研究和综合技术服务业	N	100.00	47.68	9.96	16.74	18.94	6.68
科学研究业	9200	100.00	58.04	14.28	16.43	6.62	4.63
综合技术服务业	9300	100.00	47.35	9.82	16.75	19.34	6.74
国家机关、政党机关和社会团体	O						
其他行业	P	100.00	62.20	21.84	10.00	3.88	2.08

营利性产业活动单位按行业(小

行业类别(小类)	代码	营利性产业活动单位数(个)	国有经济	集体经济	私营经济	联营经济
全国总计		**3 671 012**	**979 954**	**1 966 785**	**451 521**	**47 948**
农、林、牧渔业	A	93 082	30 885	55 424	2 897	1 014
农业	0100	30 526	10 340	18 558	646	267
种植业	0110	29 701	10 176	18 018	590	261
其他农业	0190	825	164	540	56	6
林业	0200	18 266	3 644	14 000	151	183
畜牧业	0300	11 866	3 532	6 479	1 047	230
牲畜饲养放牧业	0310	6 507	2 238	3 497	398	98
家禽饲养业	0320	4 704	1 125	2 679	553	115
狩猎业	0330	100	29	49	13	3
其他畜牧业	0390	555	140	254	83	14
渔业	0400	11 908	1 723	8 206	802	270
海洋渔业	0410	2 440	475	1 503	139	67
海水养殖业	0411	1 885	346	1 141	127	60
海洋捕捞业	0412	555	129	362	12	7
淡水渔业	0420	9 468	1 248	6 703	663	203
淡水养殖业	0421	9 315	1 195	6 614	658	203
淡水捕捞业	0422	153	53	89	5	
农、林、牧、渔服务业	0500	20 516	11 646	8 181	251	64
农业服务业	0510	11 873	6 563	4 994	91	25
林业服务业	0520	2 402	1 865	510	14	4
畜牧兽医服务业	0530	3 622	1 978	1 556	49	6
渔业服务业	0540	1 139	555	468	46	21
其他农、林、牧、渔服务业	0590	1 480	685	653	51	8
采掘业	B	110 894	9 580	66 586	26 865	2 608
煤炭采选业	0600	44 573	3 293	24 630	12 896	1 161
煤炭开采业	0610	42 778	3 096	23 542	12 514	1 130
煤炭洗选业	0620	1 795	197	1 088	382	31
石油和天然气开采业	0700	424	283	72	3	25
天然原油开采业	0710	385	263	58	3	25
天然气开采业	0720	29	19	6		
油页岩开采业	0730	10	1	8		
黑色金属矿采选业	0800	6 376	394	3 885	1 732	144
铁矿采选业	0810	5 339	288	3 357	1 361	126
其他黑色金属矿采选业	0820	1 037	106	528	371	18
锰矿采选业	0821	996	93	504	368	17
铬矿采选业	0822	41	13	24	3	1
有色金属矿采选业	0900	9 486	1 246	5 303	2 003	333

类)、经济类型分组的单位数

股份制经济	外商投资经济	中外合资经营企业	中外合作经营企业	外商独资企业	港.澳.台投资经济	港.澳.台与大陆合资经营企业	港.澳.台与大陆合作经营企业	港.澳.台独资企业	其他经济
84 265	**56 309**	**34 666**	**8 137**	**13 506**	**59 038**	**30 273**	**14 208**	**14 557**	**25 192**
873	699	370	148	181	543	183	102	258	747
164	201	90	40	71	205	44	29	132	145
146	182	79	38	65	186	39	27	120	142
18	19	11	2	6	19	5	2	12	3
73	21	6	5	10	18	6	4	8	176
236	189	130	26	33	93	46	15	32	60
121	70	46	11	13	53	26	4	23	32
93	89	57	14	18	28	13	9	6	22
1	4	3		1	1		1		
21	26	24	1	1	11	7	1	3	6
317	262	130	72	60	203	71	53	79	125
76	96	56	29	11	60	25	25	10	24
58	78	42	25	11	54	23	22	9	21
18	18	14	4		6	2	3	1	3
241	166	74	43	49	143	46	28	69	101
240	166	74	43	49	139	45	28	66	100
1					4	1		3	1
83	26	14	5	7	24	16	1	7	241
28	6	3		3	4	2	1	1	162
4									5
12	7	4	2	1	5	4		1	9
26	2	2			10	5		5	11
13	11	5	3	3	5	5			54
3 455	289	184	54	51	275	163	60	52	1 236
1 884	30	23	6	1	33	28		5	646
1 818	18	13	4	1	15	11		4	645
66	12	10	2		18	17		1	1
30	9	6	3		1	1			1
27	7	4	3		1	1			1
2	2	2							
1									
121	14	10	3	1	15	11	2	2	71
114	10	9	1		12	8	2	2	71
7	4	1	2	1	3	3			
7	4	1	2	1	3	3			
410	33	24	6	3	24	19	4	1	134

营利性产业活动单位按行业(小

(续 1)

行业类别(小类)	代码	营利性产业活动单位数(个)	国有经济	集体经济	私营经济	联营经济
重有色金属矿采选业	0910	4 279	476	2 379	918	101
铜矿采选业	0911	1 133	147	618	142	27
铅锌矿采选业	0912	1 883	203	1 167	385	49
镍钴矿采选业	0914	19	7	9		
锡矿采选业	0915	685	71	255	298	10
锑矿采选业	0916	471	32	275	80	14
汞矿采选业	0917	18	9	6	3	
其他重有色金属矿采选业	0919	70	7	49	10	1
轻有色金属矿采选业	0930	869	56	566	166	39
铝矿采选业	0931	416	20	263	110	12
镁矿采选业	0932	153	9	131	4	2
钛矿采选业	0933	227	22	130	45	23
其他轻有色金属矿采选业	0939	73	5	42	7	2
贵金属矿采选业	0950	3 237	541	1 794	620	165
金矿采选业	0951	3 175	524	1 759	613	164
银矿采选业	0952	52	17	30	3	1
其他贵金属矿采选业	0959	10		5	4	
稀有稀土金属矿采选业	0960	1 101	173	564	299	28
钨钼矿采选业	0961	618	110	382	100	6
稀有高熔点金属矿采选业	0963	38	12	11	4	5
稀散金属矿采选业	0964	7	3	4		
非金属矿采选业	1000	45 924	1 966	31 177	10 099	920
土砂石开采业	1010	36 935	1 074	24 904	8 730	822
石灰石开采业	1011	7 995	214	5 258	2 059	117
建筑装饰用石开采业	1012	12 437	365	8 205	2 967	354
耐火土石开采业	1013	1 404	68	1 078	216	11
其他土砂石开采业	1019	15 099	427	10 363	3 488	340
化学矿采选业	1020	2 532	265	1 733	392	36
硫矿采选业	1021	1 140	97	782	213	22
磷矿采选业	1022	683	97	503	56	4
天然钾盐采选业	1023	25	10	12	1	
硼矿采选业	1024	95	13	77	5	
其他化学矿采选业	1029	589	48	359	117	10
采盐业	1030	1 116	270	808	19	4
海盐业	1031	856	152	676	18	1
湖盐业	1032	73	40	33		
井盐业	1033	140	50	83		2
矿盐业	1034	47	28	16	1	1

类）、经济类型分组的单位数

股份制经济	外商投资经济	中外合资经营企业	中外合作经营企业	外商独资企业	港.澳.台投资经济	港.澳.台与大陆合资经营企业	港.澳.台与大陆合作经营企业	港.澳.台独资企业	其他经济
282	17	13	3	1	18	14	4		88
183	6	4	1	1	3	3			7
52	7	6	1		12	8	4		8
1					2	2			
27	3	2	1						21
17					1	1			52
2	1	1							
16	5	4	1		3	3			18
10									1
4	2	2							1
1	3	2	1		1	1			2
1					2	2			14
84	5	4	1		1	1			27
83	4	3	1		1	1			27
	1	1							
1									
28	6	3	1	2	2	1		1	1
19	1	1							
2	3	1	1	1	1	1			
984	199	121	34	44	198	102	53	43	381
796	146	82	27	37	140	66	42	32	323
218	4	4			10	5	4	1	115
279	98	48	24	26	95	43	25	27	74
18	4	4			5	3	1	1	4
281	40	26	3	11	30	15	12	3	130
54	8	4	3	1	5	4	1		39
20	1		1		1	1			4
19	2	1		1	1	1			1
					1	1			1
15	5	3	2		2	1	1		33
7					6	6			2
2					5	5			2
4					1	1			
1									

(续2)

行业类别(小类)	代码	营利性产业活动单位数(个)	国有经济	集体经济	私营经济
其他非金属矿采选业	1090	5 341	357	3 732	958
石棉采选业	1091	196	27	151	8
云母采选业	1092	66	9	31	22
石墨采选业	1093	314	29	171	98
石膏采选业	1094	706	50	477	144
宝石、玉石采选业	1095	106	10	67	19
水晶采选业	1096	23		21	1
滑石采选业	1097	417	30	273	91
其他类未包括的非金属矿采选业	1099	3 513	202	2 541	575
木材及竹材采运业	1200	3 780	2 360	1 310	61
木材采运业	1210	3 686	2 323	1 261	57
竹材采运业	1220	94	37	49	4
制造业	C	1 377 338	126 843	839 549	265 078
食品加工业	1300	112 921	18 274	68 429	18 231
粮食及饲料加工业	1310	72 807	11 411	47 061	10 423
碾米业	1311	30 737	4 023	22 114	3 386
磨粉业	1312	25 107	3 128	16 259	4 364
面、米制品业	1313	6 461	1 162	3 810	1 166
配合及混合饲料制造业	1314	8 112	2 803	3 529	1 046
蛋白饲料制造业	1315	705	77	412	159
水产饲料制造业	1317	635	80	310	112
其他饲料制造业	1319	1 050	138	627	190
植物油加工业	1320	16 385	1 660	11 236	2 571
食用植物油加工业	1321	15 733	1 586	10 811	2 472
非食用植物油加工业	1322	652	74	425	99
制糖业	1330	1 144	520	346	186
甘蔗糖业	1331	735	386	209	84
甜菜糖业	1332	122	95	18	4
加工糖业	1334	287	39	119	98
屠宰及肉类蛋类加工业	1340	10 631	3 421	4 154	2 155
屠宰业	1341	3 708	1 746	1 106	666
肉制品加工业	1342	5 576	1 407	2 403	1 197
肉类副产品加工业	1343	839	138	391	204
蛋品加工业	1344	508	130	254	88
水产品加工业	1350	5 574	727	2 515	1 257
冷冻水产品加工业	1351	4 137	632	1 968	852
干制水产品加工业	1352	626	21	247	193

类)、经济类型分组的单位数

联营经济	股份制经济	外商投资经济	中外合资经营企业	中外合作经营企业	外商独资企业	港.澳.台投资经济	港.澳.台与大陆合资经营企业	港.澳.台与大陆合作经营企业	港.澳.台独资企业	其他经济
58	127	45	35	4	6	47	26	10	11	17
1	9									
	3					1	1			
1	8	3	3			4	2		2	
6	17	3	3			3	2	1		6
3	1	4	4			1			1	1
						1	1			
6	7	7	5	1	1	3	1		2	
41	82	28	20	3	5	34	19	9	6	10
20	20	3		2	1	3	1	1	1	3
19	18	2		2		3	1	1	1	3
1	2	1			1					
23 797	32 152	37 612	24 544	4 895	8 173	45 063	22 651	11 862	10 550	7 244
1 675	2 498	1 814	1 307	210	297	1 124	731	118	275	876
982	1 547	450	316	54	80	290	201	36	53	643
241	584	53	48	4	1	21	16	2	3	315
500	502	57	40	4	13	71	58	6	7	226
53	151	53	33	5	15	40	20	8	12	26
156	233	209	141	35	33	109	78	15	16	27
16	22	11	8		3	7	4	1	2	1
6	35	39	27	4	8	32	19	3	10	21
10	20	28	19	2	7	10	6	1	3	27
190	369	156	117	14	25	87	73	5	9	116
164	359	148	113	13	22	82	69	5	8	111
26	10	8	4	1	3	5	4		1	5
24	37	13	13			9	6	2	1	9
15	25	8	8			1	1			7
1	1					3	3			
8	11	5	5			5	2	2	1	2
192	258	247	194	27	26	177	116	18	43	27
90	66	18	13	3	2	8	6	2		8
81	156	177	138	20	19	146	92	16	38	9
15	25	40	35	2	3	18	15		3	8
6	11	12	8	2	2	5	3		2	2
160	110	474	333	65	76	272	164	32	76	59
92	81	328	243	45	40	143	99	18	26	41
19	7	66	47	5	14	71	32	5	34	2

营利性产业活动单位按行业(小

(续3)

行业类别(小类)	代码	营利性产业活动单位数(个)	国有经济	集体经济	私营经济	联营经济
腌制水产品加工业	1353	165	12	73	47	4
鱼糜及鱼糜制品加工业	1354	134	3	44	15	23
其它水产品加工业	1359	512	59	183	150	22
盐加工业	1360	195	67	116	2	2
其他食品加工业	1390	6 185	468	3 001	1 637	125
食品制造业	1400	44 826	7 678	21 545	10 483	715
糕点、糖果制造业	1410	17 420	3 062	8 386	4 006	319
糖果业	1411	2 913	382	1 227	967	69
糕点业	1412	7 317	1 778	3 640	1 373	50
饼干业	1413	1 609	227	707	422	42
方便主食品业	1414	1 920	412	799	262	21
蜜饯业	1415	2 581	133	1 611	539	128
其他糕点、糖果制品业	1419	1 080	130	402	443	9
乳制品制造业	1420	1 094	508	366	73	12
罐头食品制造业	1430	3 887	533	1 931	944	102
肉类罐头制造业	1431	269	78	110	47	2
禽类罐头制造业	1432	72	6	42	18	1
水产罐头制造业	1433	157	35	79	23	4
水果罐头制造业	1434	1 775	200	824	603	39
蔬菜罐头制造业	1435	1 169	155	630	203	47
其他罐头食品制造业	1439	445	59	246	50	9
发酵制品业	1440	935	210	476	103	21
氨基酸制造业	1441	101	14	59	8	3
味精制造业	1442	170	71	61	12	2
柠檬酸制造业	1443	75	33	26	1	3
酵母制品业	1444	239	33	137	36	5
酶制剂制造业	1445	154	33	78	18	4
其他发酵制品业	1449	196	26	115	28	4
调味品制造业	1450	6 793	1 525	3 801	987	68
酱油、酱类制造业	1451	4 413	1 199	2 479	504	42
食醋制造业	1452	794	160	457	138	5
调味料制造业	1453	834	77	435	197	12
调味油制造业	1454	262	43	145	50	
其他调味品制造业	1459	490	46	285	98	9
其他食品制造业	1490	14 697	1 840	6 585	4 370	193
豆制品制造业	1491	2 533	309	1 131	889	32
淀粉及淀粉制品业	1492	5 469	350	2 258	2 146	42
代乳品制造业	1493	80	21	35	11	2

类)、经济类型分组的单位数

股份制经济	外商投资经济				港.澳.台投资经济				其他经济
		中外合资经营企业	中外合作经营企业	外商独资企业		港.澳.台与大陆合资经营企业	港.澳.台与大陆合作经营企业	港.澳.台独资企业	
6	11	4	3	4	12	6	2	4	
1	20	11	3	6	12	4	5	3	16
15	49	28	9	12	34	23	2	9	
4					4	4			
173	474	334	50	90	285	167	25	93	22
991	1 623	1 085	195	343	1 237	729	161	347	554
310	671	399	103	169	598	316	91	191	68
46	113	66	18	29	104	57	23	24	5
116	176	108	27	41	161	75	20	66	23
51	80	44	18	18	73	40	8	25	7
53	196	127	23	46	165	109	14	42	12
25	59	28	12	19	66	20	21	25	20
19	47	26	5	16	29	15	5	9	1
39	69	55	7	7	25	16	4	5	2
106	136	109	11	16	125	82	13	30	10
10	9	8	1		13	12		1	
	1	1			4	2	2		
2	9	4	1	4	5	3	1	1	
55	23	21	1	1	25	17	2	6	6
26	58	44	5	9	48	27	7	14	2
13	36	31	3	2	30	21	1	8	2
33	51	42	3	6	40	30	6	4	1
8	4	4			5	4		1	
4	9	8		1	11	7	4		
1	4	4			7	7			
9	12	10	2		7	6		1	
3	14	11		3	4	2	2		
8	8	5	1	2	6	4		2	1
121	162	108	10	44	100	60	13	27	29
73	68	56	4	8	34	19	4	11	14
12	4	4			6	5	1		12
17	65	33	4	28	30	21	2	7	1
2	6	4		2	14	6	6	2	2
17	19	11	2	6	16	9		7	
382	534	372	61	101	349	225	34	90	444
56	48	31	8	9	46	26	5	15	22
177	63	48	6	9	50	40	3	7	383
2	5	5			4	4			

营利性产业活动单位按行业(小

(续4)

行业类别(小类)	代码	营利性产业活动单位数(个)	国有经济	集体经济	私营经济
制冰业	1495	582	106	269	149
淀粉糖业	1497	268	57	140	51
冷冻饮品制造业	1498	3 104	714	1 540	524
其他类未包括的食品制造业	1499	2 661	283	1 212	600
饮料制造业	1500	32 949	5 179	19 622	4 831
酒精及饮料酒制造业	1510	15 420	3 054	8 691	2 495
酒精制造业	1511	494	209	200	42
白酒制造业	1512	12 005	2 048	7 205	2 058
啤酒制造业	1513	958	428	260	26
黄酒制造业	1514	1 112	173	629	242
葡萄酒制造业	1515	236	80	90	18
果露酒制造业	1516	615	116	307	109
软饮料制造业	1520	8 323	1 257	4 267	1 338
碳酸饮料制造业	1521	3 732	566	2 172	682
天然矿泉水制造业	1522	1 403	236	615	99
果菜汁饮料制造业	1523	1 628	250	729	231
固体饮料制造业	1524	681	101	330	143
其他软饮料制造业	1529	879	104	421	183
制茶业	1550	7 862	675	6 066	790
其他饮料制造业	1590	1 344	193	598	208
烟草加工业	1600	654	436	168	21
烟叶复烤业	1610	247	201	33	8
卷烟制造业	1620	283	209	55	6
其他烟草加工业	1690	124	26	80	7
纺织业	1700	60 961	5 297	35 094	11 754
纤维原料初步加工业	1710	5 088	487	3 866	435
轧花业	1711	3 149	362	2 625	97
洗毛业	1712	283	26	167	58
亚麻纤维初步加工业	1713	237	31	168	14
苎麻纤维初步加工业	1714	224	13	122	75
其他纤维原料初步加工业	1719	1 195	55	784	191
棉纺织业	1720	21 143	2 223	12 440	3 727
棉纺业	1721	3 364	728	1 870	322
棉织业	1722	6 993	635	4 110	1 620
印染业	1723	3 135	294	1 740	380
棉制品业	1724	4 128	386	2 453	750
棉线带制造业	1725	2 074	92	1 324	437
帘子布制造业	1726	355	18	228	51

类)、经济类型分组的单位数

联营经济	股份制经济	外商投资经济	中外合资经营企业	中外合作经营企业	外商独资企业	港.澳.台投资经济	港.澳.台与大陆合资经营企业	港.澳.台与大陆合作经营企业	港.澳.台独资企业	其他经济
21	14	7	4		3	5	3	1	1	11
4	5	4	1	2	1	7	3	1	3	
38	51	137	104	15	18	80	59	8	13	20
54	77	270	179	30	61	157	90	16	51	8
438	998	934	730	93	111	689	514	55	120	258
154	510	249	208	21	20	126	102	9	15	141
7	18	12	7	4	1	6	5	1		
105	372	52	46	3	3	33	25	3	5	132
17	48	118	100	9	9	56	49	2	5	5
11	38	8	6	1	1	10	8		2	1
2	4	34	31	1	2	6	5	1		2
12	30	25	18	3	4	15	10	2	3	1
183	293	518	405	56	57	411	315	30	66	56
47	70	95	71	15	9	73	59	5	9	27
63	101	169	133	21	15	116	90	11	15	4
40	68	151	125	10	16	146	109	7	30	13
12	21	42	31	4	7	29	23	1	5	3
21	33	61	45	6	10	47	34	6	7	9
68	125	47	32	3	12	34	16	3	15	57
33	70	120	85	13	22	118	81	13	24	4
10	7	7	6	1		4	3		1	1
2	1	1	1			1	1			
3	3	5	4	1		2	1		1	
5	3	1	1			1	1			1
940	1 197	2 476	1 685	341	450	3 753	2 155	926	672	450
46	102	50	27	6	17	82	55	14	13	20
17	28	8	4	3	1	10	6	3	1	2
7	15	2	1		1	7	6	1		1
1	8	2	2			5	3		2	8
1	8	2	2			2	2			1
20	43	36	18	3	15	58	38	10	10	8
358	413	722	487	108	127	1 057	687	208	162	203
72	97	116	87	15	14	152	104	20	28	7
90	128	147	112	15	20	237	166	42	29	26
67	63	210	120	46	44	361	219	93	49	20
68	79	134	94	15	25	116	83	13	20	142
20	19	67	45	9	13	111	65	23	23	4
16	5	19	10	3	6	16	8	5	3	2

营利性产业活动单位按行业(小

(续5)

行业类别(小类)	代码	营利性产业活动单位数(个)	国有经济	集体经济	私营经济
其他棉纺织业	1729	1 094	70	715	167
毛纺织业	1740	6 551	513	2 974	1 774
毛条加工业	1741	456	34	275	45
毛纺业	1742	2 180	276	1 016	430
毛织业	1743	2 628	123	961	1 102
毛染整业	1744	395	8	193	76
工业用呢、工业用毡制造业	1745	340	24	211	31
其他毛纺织业	1749	552	48	318	90
麻纺织业	1760	1 040	210	596	124
苎麻纺织业	1761	234	60	123	23
亚麻纺织业	1762	144	28	77	8
黄、洋、青麻纺织业	1763	371	99	202	50
其他麻纺织业	1769	291	23	194	43
丝绢纺织业	1770	8 083	808	5 277	1 169
缫丝业	1771	1 737	278	1 262	84
绢纺业	1772	397	43	277	43
丝织业	1773	3 826	344	2 543	680
丝印染业	1774	654	58	368	72
丝制品业	1775	1 096	66	601	228
其他丝绢纺织业	1779	373	19	226	62
针织品业	1780	15 996	905	8 111	4 013
棉针织品业	1781	6 214	529	3 523	1 040
毛针织品业	1782	6 316	190	2 803	2 155
丝针织品业	1783	1 357	91	665	343
其他针织品业	1789	2 109	95	1 120	475
其他纺织业	1790	3 060	151	1 830	512
服装及其他纤维制品制造业	1800	58 977	2 441	31 758	12 736
服装制造业	1810	49 779	2 088	26 538	10 581
制帽业	1820	829	41	450	191
制鞋业	1830	5 115	157	2 971	1 286
其他纤维制品制造业	1890	3 254	155	1 799	678
皮革、毛皮、羽绒及其制品业	1900	31 053	1 231	16 634	7 725
制革业	1910	3 504	223	1 934	744
轻革业	1911	2 453	176	1 338	510
重革业	1912	192	9	138	27
其他制革业	1919	859	38	458	207
皮革制品制造业	1920	23 333	723	12 238	6 182
皮鞋制造业	1921	14 419	399	7 486	4 411

类)、经济类型分组的单位数

联营经济	股份制经济	外商投资经济	中外合资经营企业	中外合作经营企业	外商独资企业	港.澳.台投资经济	港.澳.台与大陆合资经营企业	港.澳.台与大陆合作经营企业	港.澳.台独资企业	其他经济
25	22	29	19	5	5	64	42	12	10	2
171	144	321	223	49	49	572	285	206	81	82
13	18	35	27	3	5	34	23	6	5	2
74	50	132	98	14	20	166	120	22	24	36
25	28	91	55	21	15	272	79	157	36	26
11	14	30	20	6	4	53	28	16	9	10
38	24	5	3	1	1	3	3			4
10	10	28	20	4	4	44	32	5	7	4
13	28	40	30	4	6	26	21	1	4	3
2	7	12	10	1	1	7	7			
2	6	16	10	1	5	6	3	1	2	1
4	10	2	1	1		2	2			2
5	5	10	9	1		11	9		2	
85	165	231	184	24	23	340	240	72	28	8
25	69	9	8	1		10	8	2		
7	7	9	9			11	11			
34	50	80	65	9	6	95	75	13	7	
8	7	42	36	3	3	97	63	32	2	2
8	23	67	50	6	11	97	62	18	17	6
3	9	24	16	5	3	30	21	7	2	
213	283	950	618	135	197	1 401	696	391	314	120
69	135	403	286	49	68	493	293	113	87	22
49	105	362	226	58	78	629	241	232	156	23
57	19	81	60	5	16	99	67	13	19	2
38	24	104	46	23	35	180	95	33	52	73
54	62	162	116	15	31	275	171	34	70	14
730	939	4 342	2 495	650	1 197	5 721	2 485	1 476	1 760	310
596	764	3 875	2 239	586	1 050	5 060	2 209	1 267	1 584	277
14	12	54	25	15	14	64	21	24	19	3
69	119	217	127	25	65	274	111	69	94	22
51	44	196	104	24	68	323	144	116	63	8
432	763	1 699	1 030	274	395	2 466	1 106	855	505	103
68	101	169	113	31	25	258	166	58	34	7
48	80	114	82	19	13	184	124	37	23	3
1	2	8	5	1	2	6	3	3		1
19	19	47	26	11	10	68	39	18	11	3
198	579	1 326	784	206	336	2 031	820	770	441	56
117	442	599	393	75	131	930	461	265	204	35

营利性产业活动单位按行业(小

(续 6)

行业类别(小类)	代码	营利性产业活动单位数(个)			
			国有经济	集体经济	私营经济
革皮服装制造业	1923	2 863	187	1 610	525
皮箱制造业	1924	948	26	541	165
皮包制造业	1925	2 788	48	1 318	586
其他类未包括的皮革制品业	1929	2 315	63	1 283	495
毛皮鞣制及制品业	1930	1 881	127	1 174	292
毛皮鞣制业	1931	801	45	512	145
毛皮服装业	1932	426	28	259	54
其他毛皮制品业	1939	654	54	403	93
羽毛(绒)及制品业	1950	2 335	158	1 288	507
羽毛(绒)加工业	1951	1 089	43	575	288
羽毛(绒)制品业	1952	1 246	115	713	219
木材加工及竹、藤、棕、草制品业	2000	45 914	3 285	28 594	9 844
锯材、木片加工业	2010	14 835	1 210	10 075	2 743
锯材加工业	2011	12 341	1 033	8 563	2 108
木片加工业	2012	2 494	177	1 512	635
人造板制造业	2020	6 024	696	3 074	1 248
胶合板制造业	2021	3 288	307	1 748	711
纤维板制造业	2022	507	163	216	49
刨花板制造业	2023	889	125	380	221
其他人造板制造业	2029	1 340	101	730	267
木制品业	2030	17 728	1 209	11 567	3 342
生产用木制品业	2031	12 750	891	8 632	2 246
生活用木制品业	2033	4 978	318	2 935	1 096
竹、藤、棕、草制品业	2040	7 327	170	3 878	2 511
家具制造业	2100	32 186	1 341	17 294	10 870
木制家具制造业	2110	26 236	1 092	13 792	9 268
竹、藤家具制造业	2120	1 180	38	619	423
金属家具制造业	2130	2 818	144	1 874	554
塑料家具制造业	2140	175	6	95	54
其他家具制造业	2190	1 777	61	914	571
造纸及纸制品业	2200	39 255	2 704	25 820	6 949
纸浆制造业	2210	642	37	430	100
造纸业	2220	16 130	1 435	10 370	2 833
机制纸及纸板制造业	2221	13 406	1 324	8 708	2 193
手工纸制造业	2223	1 023	15	600	351
加工纸制造业	2224	1 701	96	1 062	289
纸制品业	2230	22 483	1 232	15 020	4 016

类)、经济类型分组的单位数

联营经济	股份制经济	外商投资经济	中外合资经营企业	中外合作经营企业	外商独资企业	港·澳·台投资经济	港·澳·台与大陆合资经营企业	港·澳·台与大陆合作经营企业	港·澳·台独资企业	其他经济
35	63	226	148	36	42	209	132	41	36	8
10	29	71	42	11	18	105	48	34	23	1
13	20	254	113	53	88	541	110	312	119	8
23	25	176	88	31	57	246	69	118	59	4
61	25	96	56	21	19	86	57	14	15	20
32	16	25	18	4	3	23	17	1	5	3
11	6	28	15	6	7	32	20	8	4	8
18	3	43	23	11	9	31	20	5	6	9
105	58	108	77	16	15	91	63	13	15	20
82	30	32	22	4	6	22	16	3	3	17
23	28	76	55	12	9	69	47	10	12	3
759	1 070	961	629	127	205	984	566	151	267	417
223	273	95	66	12	17	105	58	14	33	111
174	232	59	40	8	11	68	39	9	20	104
49	41	36	26	4	6	37	19	5	13	7
222	318	212	152	34	26	226	153	34	39	28
169	146	88	66	13	9	104	68	13	23	15
7	22	27	20	4	3	22	14	4	4	1
12	99	19	11	6	2	30	21	4	5	3
34	51	78	55	11	12	70	50	13	7	9
223	338	509	310	68	131	453	247	81	125	87
158	240	256	158	37	61	270	160	51	59	57
65	98	253	152	31	70	183	87	30	66	30
91	141	145	101	13	31	200	108	22	70	191
452	542	651	354	98	199	859	329	302	228	177
395	439	479	261	72	146	620	237	224	159	151
15	26	21	8	5	8	33	10	12	11	5
26	36	71	38	11	22	102	37	30	35	11
1	3	5	3	1	1	10	5	4	1	1
15	38	75	44	9	22	94	40	32	22	9
698	940	756	481	123	152	1 259	549	462	248	129
18	25	18	13	3	2	10	7		3	4
316	486	310	215	46	49	315	206	68	41	65
263	380	227	159	36	32	247	159	59	29	64
9	34	5	2		3	9	4	1	4	
44	72	78	54	10	14	59	43	8	8	1
364	429	428	253	74	101	934	336	394	204	60

(续7)

行业类别(小类)	代码	营利性产业活动单位数(个)	国有经济	集体经济	私营经济
印刷业，记录媒介的复制	2300	37 224	5 894	24 330	4 624
印刷业	2310	36 991	5 852	24 247	4 605
书、报、刊印刷业	2311	9 170	2 503	5 329	958
包装装潢印刷业	2312	7 281	665	4 616	1 061
其他印刷业	2319	20 540	2 684	14 302	2 586
记录媒介的复制	2320	233	42	83	19
文教体育用品制造业	2400	15 399	922	8 709	2 427
文化用品制造业	2410	6 675	572	4 435	989
文具制造业	2411	1 843	97	1 191	258
本册制造业	2413	2 653	270	1 865	373
笔制造业	2415	1 194	91	738	211
教学标本、模型制造业	2417	336	66	229	29
其他文化用品制造业	2419	649	48	412	118
体育用品制造业	2420	1 570	89	823	238
球类制造业	2421	403	25	189	63
体育器材制造业	2423	661	31	340	116
其他体育用品制造业	2429	506	33	294	59
乐器及其他文娱用品制造业	2430	595	50	337	84
中乐器制造业	2431	147	7	94	28
西乐器制造业	2433	226	37	122	19
电子乐器制造业	2435	50	3	12	5
其他乐器及文娱用品制造业	2439	172	3	109	32
玩具制造业	2440	5 857	162	2 681	1 018
游艺器材制造业	2450	219	13	123	26
其他类未包括的文教体育用品制造业	2490	483	36	310	72
石油加工及炼焦业	2500	8 081	704	4 632	2 054
人造原油生产业	2510	149	11	103	21
原油加工业	2520	2 094	265	1 518	168
石油制品业	2530	2 274	228	1 543	265
炼焦业	2570	3 564	200	1 468	1 600
化学原料及化学制品制造业	2600	65 801	8 424	42 467	7 466
基本化学原料制造业	2610	12 295	1 539	8 299	1 319
无机酸制造业	2611	1 766	193	1 254	172
烧碱制造业	2613	642	145	354	93
纯碱制造业	2615	803	77	513	160
无机盐制造业	2617	4 369	466	3 060	488
其他基本化学原料制造业	2619	4 715	658	3 118	406

类）、经济类型分组的单位数

联营经济	股份制经济	外商投资经济	中外合资经营企业	中外合作经营企业	外商独资企业	港·澳·台投资经济	港·澳·台与大陆合资经营企业	港·澳·台与大陆合作经营企业	港·澳·台独资企业	其他经济
343	487	630	416	95	119	812	444	195	173	104
339	485	593	393	90	110	766	423	183	160	104
68	103	92	59	16	17	98	43	29	26	19
134	138	275	183	39	53	375	221	85	69	17
137	244	226	151	35	40	293	159	69	65	68
4	2	37	23	5	9	46	21	12	13	
211	200	882	448	142	292	1 995	540	958	497	53
89	112	183	96	20	67	262	105	90	67	33
30	33	79	36	9	34	144	46	60	38	11
14	35	29	18	3	8	49	20	19	10	18
30	28	51	29	7	15	42	20	9	13	3
2	2	4	1		3	4	4			
13	14	20	12	1	7	23	15	2	6	1
23	24	143	62	20	61	224	75	49	100	6
8	7	42	16	2	24	68	21	17	30	1
3	7	62	25	10	27	98	30	21	47	4
12	10	39	21	8	10	58	24	11	23	1
14	6	58	37	8	13	43	20	6	17	3
5	2	5	1	1	3	6	3		3	
5	1	25	18	3	4	16	7	1	8	1
1		16	9	2	5	13	7	3	3	
3	3	12	9	2	1	8	3	2	3	2
71	43	462	231	92	139	1 410	314	801	295	10
8	2	17	13		4	29	14	9	6	1
6	13	19	9	2	8	27	12	3	12	
181	256	136	107	12	17	83	66	11	6	35
1	2	5	4	1		5	4	1		1
30	48	35	29	1	5	12	9	3		18
53	59	67	48	9	10	44	36	3	5	15
97	147	29	26	1	2	22	17	4	1	1
1 133	1 832	2 242	1 601	274	367	2 016	1 291	342	383	221
294	387	226	184	19	23	182	136	24	22	49
33	51	28	23	1	4	26	18	2	6	9
8	26	14	12	1	1	2	2			
11	26	6	6			7	4	1	2	3
77	125	65	51	9	5	62	46	11	5	26
165	159	113	92	8	13	85	66	10	9	11

(续8)

行业类别(小类)	代码	营利性产业活动单位数(个)	国有经济	集体经济	私营经济
化学肥料制造业	2620	6 707	1 925	3 742	491
氮肥制造业	2621	1 000	874	72	14
磷肥制造业	2622	1 941	497	1 177	141
钾肥制造业	2623	97	24	56	6
复合肥料制造业	2624	2 306	333	1 607	151
微量元素肥料制造业	2625	240	36	134	40
其他化学肥料制造业	2629	1 123	161	696	139
化学农药制造业	2630	1 848	375	1 144	116
农药原药制造业	2631	617	154	340	38
农药制剂制造业	2633	1 231	221	804	78
有机化学产品制造业	2650	16 399	1 499	11 193	1 880
有机化工原料制造业	2651	2 975	391	1 990	233
涂料制造业	2652	8 363	642	5 686	1 189
油墨制造业	2653	670	60	410	76
颜料制造业	2654	1 039	80	682	119
染料制造业	2655	1 094	92	808	60
其他有机化学产品制造业	2659	2 258	234	1 617	203
合成材料制造业	2660	4 560	460	2 868	537
聚烯烃塑料制造业	2661	592	67	356	79
热固性树脂及塑料制造业	2662	821	85	531	106
工程塑料制造业	2663	647	57	398	74
功能高分子制造业	2664	625	67	388	47
有机硅氟材料制造业	2665	289	31	182	28
合成橡胶制造业	2666	665	54	437	105
合成纤维单(聚合)体制造业	2667	209	30	107	20
其他合成材料制造业	2669	712	69	469	78
专用化学产品制造业	2670	14 395	1 714	9 531	1 597
化学试剂、助剂制造业	2671	5 806	568	4 151	570
专项化学用品制造业	2672	3 993	307	2 753	528
林产化学产品制造业	2673	1 914	382	1 191	216
炸药及火工产品制造业	2674	831	241	453	93
信息化学品制造业	2675	702	70	307	64
放射化学产品制造业	2676	20	2	9	4
添加剂制造业	2677	1 129	144	667	122
日用化学产品制造业	2680	9 597	912	5 690	1 526
肥皂及皂粉、合成洗涤剂制造业	2681	3 242	347	1 871	583

类)、经济类型分组的单位数

联营经济	股份制经济	外商投资经济	中外合资经营企业	中外合作经营企业	外商独资企业	港.澳.台投资经济	港.澳.台与大陆合资经营企业	港.澳.台与大陆合作经营企业	港.澳.台独资企业	其他经济
111	273	96	69	14	13	58	47	2	9	11
2	31					3	3			4
32	85	6	5		1	2	1		1	1
	3	3	3			5	5			
55	87	39	29	5	5	29	25	2	2	5
3	11	12	9	2	1	4	3		1	
19	56	36	23	7	6	15	10		5	1
32	58	74	60	7	7	46	36	4	6	3
10	30	29	24	2	3	15	13	2		1
22	28	45	36	5	4	31	23	2	6	2
264	358	571	417	72	82	580	348	118	114	54
50	79	107	87	12	8	107	82	13	12	18
123	173	256	171	35	50	269	154	53	62	25
18	19	45	32	5	8	40	17	7	16	2
25	22	49	37	4	8	60	26	24	10	2
20	17	57	46	8	3	37	23	5	9	3
28	48	57	44	8	5	67	46	16	5	4
70	131	241	180	20	41	240	183	29	28	13
9	20	29	25	3	1	29	22	5	2	3
10	23	28	21	2	5	37	28	3	6	1
9	13	48	36	4	8	45	35	6	4	3
13	21	45	35	3	7	44	37	4	3	
7	9	16	10	3	3	14	10	2	2	2
7	19	20	12	2	6	22	16	2	4	1
3	14	14	11		3	20	17	1	2	1
12	12	41	30	3	8	29	18	6	5	2
210	359	493	332	71	90	461	288	89	84	30
71	143	159	111	21	27	140	92	24	24	4
56	82	133	90	14	29	127	76	23	28	7
41	46	18	12	4	2	14	8	5	1	6
8	28	1	1			2	1	1		5
11	13	102	58	25	19	133	83	31	19	2
		5	5							
23	47	75	55	7	13	45	28	5	12	6
152	266	541	359	71	111	449	253	76	120	61
40	109	172	121	22	29	108	76	14	18	12

营利性产业活动单位按行业(小

(续 9)

行业类别(小类)	代码	营利性产业活动单位数(个)	国有经济	集体经济	私营经济	联营经济
合成脂肪酸制造业	2682	147	13	101	19	4
硬脂酸、硬化油制造业	2683	347	38	248	39	2
香料、香精制造业	2684	870	106	540	92	16
化妆品制造业	2685	1 836	105	963	253	35
牙膏制造业	2686	86	16	48	1	2
火柴制造业	2687	256	118	113	11	5
动物胶制造业	2688	579	68	334	136	8
其他日用化学产品制造业	2689	2 234	101	1 472	392	40
医药制造业	2700	9 430	2 855	3 721	833	241
化学药品原药制造业	2710	1 762	487	826	95	46
化学药品制剂制造业	2720	2 181	751	686	241	39
中药材及中成药加工业	2730	3 437	1 079	1 268	336	103
动物药品制造业	2740	1 124	311	620	65	16
生物制品业	2750	926	227	321	96	37
化学纤维制造业	2800	3 536	370	1 891	562	55
纤维素纤维制造业	2810	702	82	411	85	13
化纤浆粕制造业	2811	146	22	91	15	5
粘胶纤维制造业	2812	349	40	198	39	5
其他纤维素纤维制造业	2819	207	20	122	31	3
合成纤维制造业	2820	1 856	226	989	224	28
锦纶纤维制造业	2821	206	39	107	19	2
涤纶纤维制造业	2822	776	110	402	55	14
腈纶纤维制造业	2823	131	19	73	13	1
维纶纤维制造业	2824	76	7	59	4	
其他合成纤维制造业	2829	667	51	348	133	11
渔具及渔具材料制造业	2850	978	62	491	253	14
渔具用丝制造业	2851	57	5	43	7	
渔具用线制造业	2852	45	3	29	9	
渔具用绳制造业	2853	130	8	66	46	
渔网制造业	2854	522	37	267	154	10
其他渔具制造业	2859	224	9	86	37	4
橡胶制品业	2900	12 754	946	8 062	2 429	227
轮胎制造业	2910	532	100	268	78	10
力车胎制造业	2920	211	29	138	18	9
橡胶板、管、带制造业	2930	2 209	171	1 324	548	28
橡胶零件制品业	2940	3 086	151	1 925	804	35
再生橡胶制造业	2950	897	57	597	152	29
橡胶靴鞋制造业	2960	1 294	140	826	102	23

类)、经济类型分组的单位数

股份制经济	外商投资经济	中外合资经营企业	中外合作经营企业	外商独资企业	港.澳.台投资经济	港.澳.台与大陆合资经营企业	港.澳.台与大陆合作经营企业	港.澳.台独资企业	其他经济
3	2	2			4	3		1	1
5	3	3			9	5	2	2	3
27	45	27	3	15	41	32	3	6	3
47	207	131	34	42	196	96	42	58	30
6	11	9	1	1	2	1		1	
8					1	1			
17	8	6		2	8	7		1	
44	93	60	11	22	80	32	15	33	12
448	794	641	80	73	502	394	41	67	36
77	131	107	11	13	88	69	9	10	12
112	217	173	25	19	126	104	9	13	9
181	284	232	27	25	174	137	17	20	12
34	48	38	6	4	28	21	3	4	2
44	114	91	11	12	86	63	3	20	1
109	236	165	28	43	291	199	41	51	22
21	43	30	8	5	46	35	7	4	1
4	6	3	2	1	3	2		1	
14	18	16	2		35	28	4	3	
3	19	11	4	4	8	5	3		1
71	129	100	13	16	178	127	21	30	11
4	12	10	1	1	17	10	3	4	6
47	65	48	9	8	80	60	8	12	3
6	10	8		2	8	4	2	2	1
	2	1		1	4	2	1	1	
14	40	33	3	4	69	51	7	11	1
17	64	35	7	22	67	37	13	17	10
					2	2			
1	3	3							
2	5	3	1	1	3	1	1	1	
5	15	10	2	3	27	16	5	6	7
9	41	19	4	18	35	18	7	10	3
251	354	226	48	80	440	220	112	108	45
18	34	26	2	6	23	17	3	3	1
3	9	7	1	1	5	2	1	2	
34	52	37	7	8	35	26	8	1	17
53	52	29	5	18	52	25	15	12	14
20	8	6	1	1	32	11	17	4	2
41	69	43	12	14	90	58	15	17	3

(续10)

行业类别(小类)	代码	营利性产业活动单位数(个)	国有经济	集体经济	私营经济
日用橡胶制品业	2970	1 064	56	688	172
橡胶制品翻修业	2980	717	82	496	77
轮胎翻新业	2981	549	81	381	35
其他橡胶制品翻修业	2989	168	1	115	42
其他橡胶制品业	2990	2 744	160	1 800	478
塑料制品业	3000	62 569	2 971	38 701	12 861
塑料薄膜制造业	3010	5 121	391	3 103	1 007
塑料板、管、棒材制造业	3020	6 371	376	4 069	1 069
塑料丝、绳及编织品制造业	3030	10 704	725	7 037	1 950
泡沫塑料及人造革、合成革制造业	3040	4 974	277	3 071	719
塑料包装箱及容器制造业	3050	4 084	221	2 598	720
塑料鞋制造业	3060	3 736	62	1 729	1 311
日用塑料杂品制造业	3070	5 627	153	3 504	1 219
塑料零件制造业	3080	4 682	140	2 933	1 095
其他塑料制品业	3090	17 270	626	10 657	3 771
非金属矿物制品业	3100	248 500	12 072	154 761	63 134
水泥制造业	3110	10 390	2 496	5 870	1 000
水泥制品和石棉水泥制品业	3120	49 481	2 594	31 409	12 994
水泥制品业	3121	19 654	1 357	12 300	4 805
砼结构构件制造业	3123	28 070	1 135	17 983	7 780
石棉水泥制品业	3124	1 028	55	644	270
其他水泥制品业	3129	729	47	482	139
砖瓦、石灰和轻质建筑材料制造业	3130	148 312	3 993	91 998	42 177
砖瓦制造业	3131	106 806	2 344	68 264	29 738
石灰制造业	3132	10 005	210	5 976	3 159
建筑用石加工业	3133	20 248	716	10 351	7 051
轻质建筑材料制造业	3134	2 692	224	1 710	486
防水密封建筑材料制造业	3135	2 451	168	1 669	463
隔热保温材料制造业	3136	3 011	187	2 120	492
其他砖瓦、石灰和轻质建筑材料制造业	3139	3 099	144	1 908	788
玻璃及玻璃制品业	3140	6 936	708	4 271	1 014
建筑用玻璃制品业	3141	1 176	143	668	157
工业技术用玻璃制造业	3142	676	60	406	73
光学玻璃制造业	3143	303	24	178	27
玻璃仪器制造业	3145	561	30	420	83

类)、经济类型分组的单位数

联营经济	股份制经济	外商投资经济	中外合资经营企业	中外合作经营企业	外商独资企业	港.澳.台投资经济	港.澳.台与大陆合资经营企业	港.澳.台与大陆合作经营企业	港.澳.台独资企业	其他经济
20	20	39	22	4	13	69	27	26	16	
13	19	17	12	4	1	7	4	2	1	6
11	16	16	12	3	1	4	3	1		5
2	3	1		1		3	1	1	1	1
60	43	74	44	12	18	127	50	25	52	2
1 064	1 149	2 035	1 259	326	450	3 539	1 618	1 143	778	249
98	117	184	143	21	20	204	147	27	30	17
96	145	253	189	29	35	329	237	45	47	34
160	254	219	155	27	37	317	175	94	48	42
71	91	252	164	48	40	477	218	175	84	16
65	60	175	121	28	26	235	145	52	38	10
62	80	98	55	20	23	354	90	184	80	40
117	87	164	94	26	44	362	124	125	113	21
160	62	120	48	26	46	168	46	80	42	4
235	253	570	290	101	179	1 093	436	361	296	65
5 457	7 537	2 126	1 472	295	359	1 823	1 138	313	372	1 590
232	483	151	120	21	10	137	108	17	12	21
614	1 309	195	148	37	10	113	79	17	17	253
302	542	131	102	20	9	85	60	13	12	132
281	720	44	31	13		21	15	3	3	106
10	33	6	5	1		2	2			8
21	14	14	10	3	1	5	2	1	2	7
3 235	4 744	623	394	86	143	487	298	63	126	1 055
2 004	3 617	93	59	20	14	89	55	16	18	657
197	292	11	9	2		6	2	2	2	154
760	560	337	208	44	85	264	149	35	80	209
61	88	77	41	9	27	42	26	3	13	4
32	49	39	28	4	7	22	19	2	1	9
72	69	34	28	2	4	28	21	2	5	9
109	69	32	21	5	6	36	26	3	7	13
132	222	292	211	35	46	283	166	54	63	14
27	63	65	49	10	6	53	35	9	9	
12	28	45	33	4	8	51	34	7	10	1
7	10	33	23	4	6	23	14	3	6	1
7	4	6	3	1	2	4	2		2	7

营利性产业活动单位按行业（小

（续11）

行业类别（小类）	代码	营利性产业活动单位数（个）	国有经济	集体经济	私营经济
日用玻璃制品业	3147	2 594	315	1 594	414
玻璃保温容器制造业	3148	249	40	135	39
其他玻璃及玻璃制品业	3149	1 377	96	870	221
陶瓷制品业	3150	13 437	913	7 497	2 702
建筑、卫生陶瓷制造业	3151	4 755	353	2 319	838
工业用陶瓷制造业	3153	1 104	115	686	137
日用陶瓷制造业	3155	6 900	403	4 069	1 608
其他陶瓷制品业	3159	678	42	423	119
耐火材料制品业	3160	8 312	455	5 829	1 531
石棉制品业	3161	1 479	87	1 051	253
云母制品业	3163	256	34	156	41
其他耐火材料制品业	3169	6 577	334	4 622	1 237
石墨及碳素制品业	3170	2 101	203	1 409	287
冶金用碳素制品业	3171	913	101	621	112
电工用碳素制品业	3172	343	26	218	63
其他石墨及碳素制品业	3179	845	76	570	112
矿物纤维及其制品业	3180	4 522	275	3 022	799
玻璃纤维及其制品业	3181	1 625	117	1 072	247
玻璃钢制品业	3182	2 733	148	1 828	533
其他矿物纤维及其制品业	3189	164	10	122	19
其他类未包括的非金属矿物制品业	3190	5 009	435	3 456	630
黑色金属冶炼及压延加工业	3200	17 297	1 581	10 849	3 168
炼铁业	3210	4 603	359	2 512	1 399
炼钢业	3220	2 059	221	1 251	322
钢压延加工业	3240	8 969	644	6 084	1 336
铁合金冶炼业	3260	1 666	357	1 002	111
有色金属冶炼及压延加工业	3300	11 770	1 162	7 714	1 552
重有色金属冶炼业	3310	3 552	369	2 258	558
铜冶炼业	3311	1 195	96	796	142
铅锌冶炼业	3312	1 144	102	744	200
镍钴冶炼业	3314	82	17	52	3
锡冶炼业	3316	137	20	87	15
锑冶炼业	3317	578	84	298	146
汞冶炼业	3318	15	5	7	2
其他重有色金属冶炼业	3319	401	45	274	50
轻有色金属冶炼业	3320	2 162	220	1 411	263
铝冶炼业	3321	1 193	113	766	173

类）、经济类型分组的单位数

联营经济	股份制经济	外商投资经济				港.澳.台投资经济				其他经济
			中外合资经营企业	中外合作经营企业	外商独资企业		港.澳.台与大陆合资经营企业	港.澳.台与大陆合作经营企业	港.澳.台独资企业	
46	73	81	58	11	12	69	36	15	18	2
7	8	11	9	1	1	9	5	1	3	
26	36	51	36	4	11	74	40	19	15	3
789	314	453	292	81	80	566	312	135	119	203
617	140	229	174	25	30	250	199	21	30	9
32	69	27	19	3	5	32	26	2	4	6
128	94	164	84	44	36	252	71	109	72	182
12	11	33	15	9	9	32	16	3	13	6
188	161	85	67	6	12	50	35	6	9	13
35	24	14	11	2	1	9	7	2		6
4	11	4	4			5	4		1	1
149	126	67	52	4	11	36	24	4	8	6
47	76	48	33	6	9	27	22	2	3	4
22	29	17	10	4	3	10	8	2		1
6	20	8	6		2	2	1		1	
19	27	23	17	2	4	15	13		2	3
115	100	131	99	10	22	70	50	7	13	10
77	39	42	30	4	8	25	18	2	5	6
33	60	86	66	6	14	41	31	3	7	4
5	1	3	3			4	1	2	1	
105	128	148	108	13	27	90	68	12	10	17
584	591	241	193	27	21	248	199	19	30	35
103	161	31	24	5	2	35	28	4	3	3
63	125	38	29	5	4	27	20	4	3	12
361	243	132	111	10	11	152	121	10	21	17
57	62	40	29	7	4	34	30	1	3	3
364	324	326	259	37	30	293	237	25	31	35
121	105	66	52	10	4	62	50	6	6	13
59	34	38	28	8	2	26	21	3	2	4
24	42	10	8	2		19	14	3	2	3
2	4	3	3			1	1			
3	4	3	3			3	3			2
25	12	5	4		1	6	6			2
	1									
8	8	7	6		1	7	5		2	2
94	72	50	39	3	8	38	36		2	14
65	28	14	11	1	2	21	20		1	13

(续12)

行业类别(小类)	代码	营利性产业活动单位数(个)	国有经济	集体经济	私营经济
镁冶炼业	3322	599	68	405	45
钛冶炼业	3323	77	7	52	6
其他轻有色金属冶炼业	3329	293	32	188	39
贵金属冶炼业	3330	385	96	217	32
金冶炼业	3331	275	90	139	16
银冶炼业	3332	44	1	36	3
其他贵金属冶炼业	3339	66	5	42	13
稀有稀土金属冶炼业	3340	609	119	361	48
钨钼冶炼业	3341	164	29	102	10
其他稀有稀土金属冶炼业	3349	445	90	259	38
有色金属合金业	3360	568	54	379	67
有色金属压延加工业	3380	4 494	304	3 088	584
重有色金属压延加工业	3381	2 284	141	1 557	350
轻有色金属压延加工业	3383	1 946	126	1 368	210
贵金属压延加工业	3385	95	10	68	8
稀有稀土金属压延加工业	3387	169	27	95	16
金属制品业	3400	94 600	4 950	62 306	18 752
金属结构制造业	3410	7 039	655	4 774	1 078
铸铁管制造业	3420	4 137	152	2 511	1 148
工具制造业	3430	11 403	678	6 976	2 514
切削工具制造业	3431	2 524	217	1 607	475
模具制造业	3434	5 397	310	3 148	1 214
手工具制造业	3435	2 801	116	1 772	691
其他工具制造业	3439	681	35	449	134
集装箱和金属包装物品制造业	3440	4 989	334	3 368	732
集装箱制造业	3441	197	18	98	15
金属包装物品及容器制造业	3442	4 792	316	3 270	717
金属丝绳及其制品业	3450	7 613	392	5 244	1 268
建筑用金属制品业	3460	20 823	1 240	13 801	4 329
建筑小五金制造业	3461	3 973	135	2 483	1 102
水暖管道零件制造业	3463	3 847	164	2 405	979
金属门窗制造业	3465	11 666	860	8 010	2 027
其他建筑用金属制品业	3469	1 337	81	903	221
金属表面处理及热处理业	3470	7 733	286	5 768	1 138
日用金属制品业	3480	19 280	802	11 576	4 600
搪瓷制造业	3481	644	67	434	81
铝制品业	3482	4 024	190	2 545	908
不锈钢制品业	3483	3 457	118	1 818	838

类)、经济类型分组的单位数

联营经济	股份制经济	外商投资经济				港.澳.台投资经济				其他经济
			中外合资经营企业	中外合作经营企业	外商独资企业		港.澳.台与大陆合资经营企业	港.澳.台与大陆合作经营企业	港.澳.台独资企业	
17	34	19	15	1	3	10	10			1
1	3	3	1		2	5	5			
11	7	14	12	1	1	2	1		1	
20	8	9	6	2	1	3	3			
18	6	5	3	2		1	1			
	1	3	2		1					
2	1	1	1			2	2			
18	22	26	18	6	2	14	11	2	1	1
7	5	4	4			7	6		1	
11	17	22	14	6	2	7	5	2		1
11	19	22	19		3	15	10	3	2	1
100	98	153	125	16	12	161	127	14	20	6
45	46	71	56	9	6	72	57	5	10	2
48	38	72	63	5	4	81	65	8	8	3
	3	1			1	4	2	1	1	1
7	11	9	6	2	1	4	3		1	
1 814	1 677	1 908	1 258	229	421	2 783	1 128	1 023	632	410
156	100	145	108	13	24	110	61	25	24	21
142	88	52	32	8	12	35	21	8	6	9
210	180	304	172	33	99	504	167	208	129	37
52	38	70	45	7	18	50	27	8	15	15
101	74	165	81	22	62	369	96	182	91	16
49	52	43	30	3	10	72	37	16	19	6
8	16	26	16	1	9	13	7	2	4	
65	86	161	124	11	26	212	123	57	32	31
4	1	37	28	3	6	22	17	3	2	2
61	85	124	96	8	20	190	106	54	30	29
212	130	128	96	13	19	180	88	55	37	59
346	453	245	169	21	55	312	149	75	88	97
30	51	55	28	6	21	85	25	27	33	32
85	96	51	34	5	12	49	27	4	18	18
207	277	106	81	7	18	135	66	40	29	44
24	29	33	26	3	4	43	31	4	8	3
115	90	123	68	22	33	195	69	81	45	18
318	398	595	390	92	113	917	359	371	187	74
17	13	15	14	1		14	8	5	1	3
54	81	100	71	12	17	131	70	32	29	15
56	80	219	143	41	35	319	133	125	61	9

(续13)

行业类别(小类)	代码	营利性产业活动单位数(个)	国有经济	集体经济	私营经济
刀剪制造业	3484	950	29	455	412
制锁业	3485	1 586	56	1 048	310
炊事用具制造业	3486	2 730	132	1 762	588
燃气用具制造业	3487	1 068	70	582	270
理发用具制造业	3488	273	11	145	49
其他日用金属制品业	3489	4 548	129	2 787	1 144
其他金属制品业	3490	11 583	411	8 288	1 945
铁制小农具制造业	3491	5 065	95	4 060	750
焊条制造业	3495	821	88	522	96
其他类未包括的金属制品业	3499	5 697	228	3 706	1 099
普通机械制造业	3500	88 273	7 053	60 421	15 304
锅炉及原动机制造业	3510	5 590	825	3 642	677
锅炉制造业	3511	2 532	327	1 751	295
内燃机制造业	3512	411	149	159	28
汽轮机制造业	3513	98	20	59	9
水轮机制造业	3514	66	30	25	5
内燃机零部件及配件制造业	3515	1 970	255	1 269	293
其他锅炉及原动机制造业	3519	513	44	379	47
金属加工机械制造业	3520	10 181	1 159	6 854	1 495
金属切削机床制造业	3521	1 705	384	969	187
锻压设备制造业	3523	964	116	652	116
铸造机械制造业	3525	1 605	79	1 125	298
机床附件制造业	3526	890	104	553	162
其他金属加工机械制造业	3529	5 017	476	3 555	732
通用设备制造业	3530	11 625	1 350	7 769	1 513
起重运输设备制造业	3531	2 236	359	1 497	155
工矿车辆制造业	3532	349	91	206	30
泵制造业	3533	3 377	365	2 337	481
风机制造业	3534	1 170	89	791	214
气体压缩机及气体分离设备制造业	3535	859	91	607	68
冷冻设备制造业	3536	954	115	561	134
风动工具制造业	3537	282	31	186	47
电动工具制造业	3538	823	55	475	190
其他通用设备制造业	3539	1 575	154	1 109	194
轴承、阀门制造业	3540	6 648	508	4 890	786
轴承制造业	3541	2 409	306	1 462	412
阀门制造业	3542	4 239	202	3 428	374

类)、经济类型分组的单位数

联营经济	股份制经济	外商投资经济	中外合资经营企业	中外合作经营企业	外商独资企业	港.澳.台投资经济	港.澳.台与大陆合资经营企业	港.澳.台与大陆合作经营企业	港.澳.台独资企业	其他经济
9	12	16	11	1	4	17	2	11	4	
16	57	39	30	4	5	60	32	20	8	
82	56	33	15	7	11	67	18	35	14	10
17	31	47	35	4	8	48	23	14	11	3
19	12	14	11	1	2	23	10	9	4	
48	56	112	60	21	31	238	63	120	55	34
250	152	155	99	16	40	318	91	143	84	64
43	61	7	6		1	13	7	2	4	36
37	15	36	30	2	4	20	15	3	2	7
170	76	112	63	14	35	285	69	138	78	21
1 151	1 739	1 349	968	119	262	1 074	644	202	228	182
76	170	124	97	10	17	59	49	4	6	17
30	62	45	33	4	8	21	18		3	1
4	19	34	28	4	2	15	14		1	3
1	4	4	3		1					1
	4	2	2							
39	65	25	21	1	3	14	10	2	2	10
2	16	14	10	1	3	9	7	2		2
133	213	180	115	16	49	125	71	19	35	22
31	42	49	33	3	13	42	26	5	11	1
12	24	26	18	4	4	15	9	2	4	3
26	34	28	17	2	9	13	7	4	2	2
22	22	20	13	3	4	7	3	2	2	
42	91	57	34	4	19	48	26	6	16	16
145	302	306	225	31	50	217	129	43	45	23
44	64	57	48	2	7	53	33	9	11	7
7	8	4	3	1		1		1		2
34	77	49	40	3	6	32	21	7	4	2
9	36	18	15	2	1	12	6	1	5	1
15	28	27	21		6	23	17	1	5	
10	25	70	47	15	8	36	20	11	5	3
4	2	4	3	1		6	3	1	2	2
10	24	41	23	4	14	28	12	10	6	
12	38	36	25	3	8	26	17	2	7	6
90	164	125	83	11	31	79	56	7	16	6
52	63	64	45	3	16	47	33	5	9	3
38	101	61	38	8	15	32	23	2	7	3

(续14)

行业类别(小类)	代码	营利性产业活动单位数(个)	国有经济	集体经济	私营经济
其他通用零部件制造业	3560	20 912	1 285	14 062	4 215
液压件及液力件制造业	3561	1 873	238	1 216	265
气动元件制造业	3562	1 013	80	676	178
密封件制造业	3563	945	45	681	158
粉末冶金制品业	3564	1 022	93	701	123
紧固件制造业	3565	6 776	292	4 477	1 537
弹簧制造业	3566	1 974	60	1 343	452
链条制造业	3567	605	47	399	85
齿轮制造业	3568	874	102	565	141
其他类未包括的通用零部件制造业	3569	5 830	328	4 004	1 276
铸锻件制造业	3570	25 185	841	17 736	5 427
铸件制造业	3571	21 716	708	15 149	4 850
锻件制造业	3572	3 469	133	2 587	577
普通机械修理业	3580	3 694	585	2 530	482
其他普通机械制造业	3590	4 438	500	2 938	709
专用设备制造业	3600	48 100	7 500	29 978	6 337
冶金、矿山、机电工业专用设备制造业	3610	4 623	816	2 862	515
矿山设备制造业	3611	2 073	414	1 352	215
冶金工业专用设备制造业	3613	760	161	466	59
电工专用设备制造业	3615	320	47	198	33
电子工业专用设备制造业	3617	674	93	355	100
其他机电工业专用设备制造业	3619	796	101	491	108
石化及其他工业专用设备制造业	3620	6 531	929	4 090	773
石油工业专用设备制造业	3621	866	170	575	56
化学工业专用设备制造业	3622	1 015	219	635	86
化学纤维工业专用设备制造业	3623	146	16	95	22
橡胶工业专用设备制造业	3624	354	58	211	47
塑料工业专用设备制造业	3625	1 040	74	609	172
森林工业专用设备制造业	3626	294	40	181	43
印刷工业专用设备制造业	3627	721	83	416	72
制药工业专用设备制造业	3628	338	38	250	26
建筑材料非金属矿物制品专用设备制造业	3629	1 757	231	1 118	249

类)、经济类型分组的单位数

联营经济	股份制经济	外商投资经济	中外合资经营企业	中外合作经营企业	外商独资企业	港.澳.台投资经济	港.澳.台与大陆合资经营企业	港.澳.台与大陆合作经营企业	港.澳.台独资企业	其他经济
261	340	347	249	28	70	377	209	95	73	25
28	48	49	38	3	8	28	21	3	4	1
7	16	30	18	2	10	25	16	3	6	1
6	21	24	17	2	5	8	5	1	2	2
22	21	29	23	2	4	32	16	9	7	1
74	105	108	84	7	17	174	90	55	29	9
26	25	27	15	5	7	39	17	12	10	2
17	17	14	12	2		25	17	3	5	1
21	17	17	7	3	7	9	8	1		2
60	70	49	35	2	12	37	19	8	10	6
378	434	181	145	13	23	134	88	15	31	54
300	379	160	127	12	21	118	76	12	30	52
78	55	21	18	1	2	16	12	3	1	2
16	37	9	9			15	9	6		20
52	79	77	45	10	22	68	33	13	22	15
695	1 117	1 277	862	139	276	1 020	630	183	207	176
62	127	134	96	13	25	101	64	18	19	6
14	43	22	20	2		11	9	1	1	2
15	26	25	21	1	3	6	3	1	2	2
15	8	9	5	1	3	10	5	3	2	
12	23	45	25	7	13	45	28	9	8	1
6	27	33	25	2	6	29	19	4	6	1
128	188	200	146	22	32	216	144	41	31	7
14	20	23	17	2	4	6	4	1	1	2
16	31	14	9	2	3	14	12	2		
2	2	6	2	3	1	3	3			
6	10	14	7	2	5	8	8			
17	31	43	33	4	6	91	57	23	11	3
2	11	10	9		1	7	4	1	2	
21	25	48	38	3	7	56	31	12	13	
5	9	6	5		1	4	3		1	
45	49	36	26	6	4	27	22	2	3	2

(续15)

行业类别(小类)	代码	营利性产业活动单位数(个)	国有经济	集体经济	私营经济
轻纺工业专用设备制造业	3630	9 567	1 229	5 821	1 544
食品、饮料、烟草工业专用设备制造业	3631	1 528	223	871	228
粮油工业专用设备制造业	3632	1 075	351	557	105
饲料工业专用设备制造业	3633	146	49	68	15
包装工业专用设备制造业	3634	578	64	368	64
纺织、服装、皮革工业专用设备制造业	3635	4 348	368	2 815	772
照明器具工业专用设备制造业	3636	500	35	330	80
日用硅酸制品工业专用设备制造业	3637	180	23	114	15
制浆、造纸工业专用设备制造业	3638	731	67	437	174
日用化学工业专用设备制造业	3639	481	49	261	91
农、林、牧、渔、水利业机械制造业	3640	8 014	1 583	4 803	1 301
拖拉机制造业	3641	308	131	115	40
机械化农机具制造业	3642	2 872	629	1 784	353
营林机械制造业	3643	58	23	27	5
畜牧机械制造业	3644	172	43	85	26
渔业机械制造业	3645	166	15	102	38
水利机械制造业	3646	265	87	140	25
拖拉机配件制造业	3647	2 210	308	1 398	441
其他农、林、牧、渔、水利业机械制造业	3649	1 963	347	1 152	373
医疗器械制造业	3650	3 308	480	1 888	274
手术器械制造业	3651	272	46	156	29
医疗仪器、设备制造业	3652	1 212	219	606	91
诊断用品制造业	3653	277	34	170	24
医用材料及医疗用品制造业	3654	1 460	152	920	124
假肢、矫形器制造业	3655	87	29	36	6
其他专用设备制造业	3670	7 827	939	5 125	965
建筑机械制造业	3671	1 347	244	818	173
地质专用设备制造业	3672	147	54	71	11
畜牧兽医医疗器械制造业	3673	25	1	19	5
缝纫机制造业	3674	976	69	595	204

类)、经济类型分组的单位数

联营经济	股份制经济	外商投资经济	中外合资经营企业	中外合作经营企业	外商独资企业	港.澳.台投资经济	港.澳.台与大陆合资经营企业	港.澳.台与大陆合作经营企业	港.澳.台独资企业	其他经济
141	292	271	187	36	48	233	137	46	50	36
36	70	56	35	5	16	35	17	5	13	9
6	31	10	9	1		13	10	2	1	2
1	5	8	7		1					
3	20	31	20	6	5	25	17	4	4	3
52	115	99	69	16	14	111	60	28	23	16
9	13	20	12	3	5	11	8	1	2	2
3	12	7	6		1	6	4	1	1	
15	14	11	9		2	11	7	2	2	2
16	12	29	20	5	4	21	14	3	4	2
79	135	42	28	6	8	37	25	5	7	34
6	11	1	1			2	2			2
23	49	12	9		3	9	5	1	3	13
1		1			1					1
	4	7	4	2	1					7
1	3	3	3			3	3			1
2	6	2	2			2	1	1		1
21	25	7	5	2		5	5			5
25	37	9	4	2	3	16	9	3	4	4
71	101	303	197	22	84	181	122	17	42	10
8	2	24	15		9	5	5			2
32	50	138	94	12	32	71	46	3	22	5
5	7	20	11	2	7	17	12	1	4	
25	41	114	75	6	33	81	58	13	10	3
1	1	7	2	2	3	7	1		6	
120	192	262	165	30	67	211	124	40	47	13
11	34	42	28	7	7	24	13	5	6	1
3	1	5	5			2	2			
18	18	34	15	6	13	37	13	13	11	1

(续16)

行业类别(小类)	代码	营利性产业活动单位数(个)	国有经济	集体经济	私营经济
商业、饮食业、服务业专用机械制造业	3675	471	98	252	53
邮政机械及器材制造业	3676	73	18	41	8
环境保护机械制造业	3677	1 935	138	1 468	174
社会公共安全设备及器材制造业	3678	1 269	130	874	112
其他类未包括的专用设备制造业	3679	1 584	187	987	225
专用机械设备修理业	3680	8 230	1 524	5 389	965
工业专用设备修理业	3681	1 380	375	851	86
农、林、牧、渔、水利机械修理业	3683	4 482	653	3 068	630
医疗器械修理业	3685	109	40	52	7
其他专用机械设备修理业	3689	2 259	456	1 418	242
交通运输设备制造业	3700	59 696	10 158	36 722	7 925
铁路运输设备制造业	3710	1 511	369	952	122
机车制造业	3711	35	12	16	3
客车制造业	3712	41	11	19	7
货车制造业	3713	44	19	15	5
机车车辆配件制造业	3714	757	129	531	72
铁路信号设备制造业	3715	94	30	55	4
铁路专用设备制造业	3716	128	51	64	5
铁路专用器材制造业	3717	316	90	203	12
其他铁路运输设备制造业	3719	96	27	49	14
汽车制造业	3720	16 091	1 716	10 334	2 165
载重汽车制造业	3721	206	73	86	8
客车制造业	3722	217	75	78	5
小轿车制造业	3723	63	6	32	5
微型汽车制造业	3724	95	27	48	5
特种车辆及改装汽车制造业	3725	781	269	331	42
汽车车身制造业	3726	315	50	199	30
汽车零部件及配件制造业	3727	14 414	1 216	9 560	2 070
摩托车制造业	3730	4 531	243	2 949	796
摩托车整车制造业	3731	440	61	237	30
摩托车零部件及配件制造业	3732	4 091	182	2 712	766
自行车制造业	3740	2 517	159	1 612	408
电车制造业	3750	34	4	21	6
船舶制造业	3760	1 566	314	1 011	135

类）、经济类型分组的单位数

联营经济	股份制经济	外商投资经济	中外合资经营企业	中外合作经营企业	外商独资企业	港.澳.台投资经济	港.澳.台与大陆合资经营企业	港.澳.台与大陆合作经营企业	港.澳.台独资企业	其他经济
4	17	23	12	4	7	23	14	3	6	1
2	2	1	1			1	1			
32	48	45	30	6	9	25	19	2	4	5
30	33	48	37	1	10	39	27	6	6	3
20	39	64	37	6	21	60	35	11	14	2
94	82	65	43	10	12	41	14	16	11	70
15	13	23	16	4	3	15	6	7	2	2
35	35	3	1	2		1			1	57
	2	5	2	1	2	2	1	1		1
44	32	34	24	3	7	23	7	8	8	10
994	1 293	1 322	985	155	182	1 101	736	149	216	181
7	22	21	14	1	6	11	9	1	1	7
	1	2	1		1	1			1	
2	1	1	1							
2	2									1
3	3	11	6	1	4	7	6	1		1
	3	1	1			1	1			
	1	3	2		1					4
	7	2	2			2	2			
	4	1	1							1
423	487	541	418	38	85	387	257	41	89	38
6	17	10	10			6	6			
12	13	18	17		1	15	13	1	1	1
5	3	9	8		1	3	2		1	
4	4	6	5		1	1	1			
32	28	47	38	4	5	24	19	4	1	8
8	9	12	9	3		7	3	2	2	
356	413	439	331	31	77	331	213	34	84	29
95	191	133	105	11	17	116	79	8	29	8
23	33	34	33		1	22	21	1		
72	158	99	72	11	16	94	58	7	29	8
50	70	91	58	9	24	125	74	7	44	2
		1			1	1			1	1
29	18	34	24	4	6	19	12	3	4	6

(续17)

行业类别(小类)	代码	营利性产业活动单位数(个)	国有经济	集体经济	私营经济
海洋运输船制造业	3761	149	58	64	9
内河船制造业	3762	841	148	630	30
渔轮制造业	3763	216	33	115	51
船舶机械设备制造业	3764	353	73	199	44
海洋石油平台制造业	3765	7	2	3	1
航空航天器制造业	3770	225	175	27	1
飞机制造业	3771	134	110	11	1
其他航空航天器制造业	3779	91	65	16	
交通运输设备修理业	3780	33 034	7 142	19 699	4 275
铁路运输设备修理业	3781	608	319	279	6
汽车修理业	3782	28 145	6 185	16 745	3 565
摩托车修理业	3783	1 218	99	822	253
电车修理业	3784	44	6	28	8
船舶修理业	3785	1 783	340	1 095	193
飞机修理业	3786	44	25	10	1
其他交通运输设备修理业	3789	1 192	168	720	249
其他交通运输设备制造业	3790	187	36	117	17
航标器材制造业	3791	20	4	10	2
潜水装备制造业	3792	17	4	12	1
公路标志制造业	3793	150	28	95	14
电气机械及器材制造业	4000	51 902	4 312	33 534	7 309
电机制造业	4010	3 385	474	1 996	437
发电机制造业	4011	617	120	359	51
电动机制造业	4012	1 551	248	899	204
微电机制造业	4013	1 217	106	738	182
输配电及控制设备制造业	4020	14 804	1 322	10 145	1 641
变压器制造业	4021	2 169	275	1 328	235
整流器制造业	4022	388	40	244	54
电容器制造业	4023	703	61	379	78
开关控制设备制造业	4024	4 854	466	3 438	519
电器设备元件制造业	4027	3 910	229	2 803	476
其他输配电及控制设备制造业	4029	2 780	251	1 953	279
电工器材制造业	4040	12 033	932	7 630	1 766
电线电缆制造业	4041	6 918	478	4 363	1 109
绝缘制品业	4043	911	64	620	118
蓄电池制造业	4045	1 829	167	1 228	209
原电池制造业	4046	552	110	256	57

类)、经济类型分组的单位数

联营经济	股份制经济	外商投资经济			港.澳.台投资经济				其他经济

联营经济	股份制经济	外商投资经济	中外合资经营企业	中外合作经营企业	外商独资企业	港.澳.台投资经济	港.澳.台与大陆合资经营企业	港.澳.台与大陆合作经营企业	港.澳.台独资企业	其他经济
4	2	6	4	1	1	6	5	1		
7	10	6	4		2	7	4	2	1	3
8	2	4	3		1					3
10	4	17	12	3	2	6	3		3	
		1	1							
3	4	13	7	2	4	2	1		1	
1	2	8	5	2	1	1			1	
2	2	5	2		3	1	1			
383	499	486	357	90	39	431	299	89	43	119
1	1	1	1			1	1			
324	439	423	309	78	36	363	255	79	29	101
15	8	7	3	3	1	5	2	1	2	9
						1	1			1
32	34	38	31	5	2	45	29	8	8	6
1	1	6	4	2						
10	16	11	9	2		16	11	1	4	2
4	2	2	2			9	5		4	
2		1	1			1			1	
2	2	1	1			8	5		3	
1 035	1 312	1 856	1 185	224	447	2 408	1 174	724	510	136
90	106	146	92	15	39	124	78	16	30	12
7	26	35	21	3	11	19	12	1	6	
66	41	46	32	6	8	41	23	7	11	6
17	39	65	39	6	20	64	43	8	13	6
184	426	470	288	46	136	596	299	183	114	20
30	57	102	50	13	39	140	49	67	24	2
5	11	17	16		1	17	9	5	3	
6	20	52	28	6	18	106	60	18	28	1
61	140	115	76	9	30	109	62	24	23	6
38	109	109	69	6	34	141	67	53	21	5
44	89	75	49	12	14	83	52	16	15	6
378	275	426	295	45	86	593	286	218	89	33
229	136	233	168	23	42	350	166	137	47	20
20	25	33	25	2	6	30	24	2	4	1
28	62	69	52	6	11	60	36	10	14	6
21	21	35	24	6	5	51	30	12	9	1

(续 18)

行业类别(小类)	代码	营利性产业活动单位数(个)	国有经济	集体经济	私营经济
其他电工器材制造业	4049	1 823	113	1 163	273
日用电器制造业	4060	7 093	412	4 331	1 174
洗衣机制造业	4061	235	19	154	28
吸尘器制造业	4062	188	12	119	13
电冰箱制造业	4063	458	45	284	44
电风扇制造业	4064	830	51	527	141
空调器制造业	4065	1 117	73	662	153
排油烟机制造业	4066	166	13	96	44
其他日用电器制造业	4069	4 099	199	2 489	751
照明器具制造业	4070	9 664	565	5 991	1 754
电光源制造业	4071	2 600	232	1 457	458
灯头、灯座制造业	4072	993	46	545	326
灯具制造业	4073	3 350	165	2 169	527
灯用电器附件制造业	4074	1 536	88	985	257
其他照明器具制造业	4079	1 185	34	835	186
电气机械修理业	4080	2 340	377	1 679	209
其他电气机械制造业	4090	2 583	230	1 762	328
电焊机制造业	4091	935	93	664	90
工业用电炉制造业	4092	376	30	273	48
其他类未包括的电气机械制造业	4099	1 272	107	825	190
电子及通信设备制造业	4100	19 846	2 555	8 770	2 313
通信设备制造业	4110	3 233	468	1 372	361
传输设备制造业	4111	637	113	267	56
交换设备制造业	4112	699	113	289	89
通信终端设备制造业	4113	405	76	100	29
其他通信设备制造业	4119	1 492	166	716	187
雷达制造业	4120	88	52	18	3
雷达整机制造业	4121	44	35	4	
雷达专用配套设备及部件制造业	4122	44	17	14	3
广播电视设备制造业	4130	591	105	317	72
电子计算机制造业	4140	1 228	193	263	94
电子计算机整机制造业	4141	434	104	85	31
电子计算机外部设备制造业	4143	794	89	178	63
电子器件制造业	4150	1 594	285	596	130
电真空器件制造业	4151	321	64	111	34
半导体器件制造业	4153	691	177	268	36

类)、经济类型分组的单位数

联营经济	股份制经济	外商投资经济	中外合资经营企业	中外合作经营企业	外商独资企业	港.澳.台投资经济	港.澳.台与大陆合资经营企业	港.澳.台与大陆合作经营企业	港.澳.台独资企业	其他经济
80	31	56	26	8	22	102	30	57	15	5
201	200	359	233	44	82	385	201	91	93	31
4	5	17	13		4	7	3	3	1	1
8	8	16	10	1	5	12	4	6	2	
15	20	29	25	4		21	18	3		
12	24	24	15	2	7	49	18	17	14	2
25	37	95	67	11	17	68	51	10	7	4
4	1	4	3		1	3	1	1	1	1
133	105	174	100	26	48	225	106	51	68	23
120	207	374	224	62	88	635	259	209	167	18
40	65	127	82	17	28	218	113	59	46	3
7	12	23	16	3	4	32	9	13	10	2
38	59	125	66	26	33	262	74	103	85	5
25	30	69	37	13	19	79	45	15	19	3
10	41	30	23	3	4	44	18	19	7	5
17	23	12	6	3	3	13	10	1	2	10
45	75	69	47	9	13	62	41	6	15	12
21	26	20	17	2	1	19	13	2	4	2
4	10	7	6	1		4	4			
20	39	42	24	6	12	39	24	4	11	10
473	667	2 097	1 273	239	585	2 854	1 529	702	623	117
120	116	365	264	32	69	415	270	67	78	16
16	27	99	69	9	21	57	38	9	10	2
18	28	85	66	8	11	75	57	3	15	2
15	15	55	36	6	13	114	72	28	14	1
71	46	126	93	9	24	169	103	27	39	11
1	3	5	1	2	2	6	5		1	
	1	2		2		2	2			
1	2	3	1		2	4	3		1	
6	20	31	22	2	7	40	23	8	9	
26	69	261	162	19	80	312	155	72	85	10
12	25	83	52	7	24	90	50	14	26	4
14	44	178	110	12	56	222	105	58	59	6
67	42	214	124	26	64	256	152	52	52	4
9	17	47	35	3	9	39	28	4	7	
12	13	89	48	13	28	94	70	13	11	2

(续19)

行业类别(小类)	代码	营利性产业活动单位数(个)	国有经济	集体经济	私营经济
集成电路制造业	4155	582	44	217	60
电子元件制造业	4160	7 189	656	3 632	888
日用电子器具制造业	4170	2 364	328	930	234
电视机、录像机、摄像机制造业	4171	569	143	175	48
收音机、录音机制造业	4172	1 516	155	656	152
电子计算器制造业	4173	279	30	99	34
电子设备及通信设备修理业	4180	732	174	364	106
通信设备修理业	4181	214	68	82	34
广播电视设备修理业	4182	85	25	46	7
电子计算机修理业	4183	49	14	19	10
其他电子设备修理业	4189	384	67	217	55
其他电子设备制造业	4190	2 827	294	1 278	425
仪器仪表及文化、办公用机械制造业	4200	13 352	1 975	7 478	1 493
通用仪器仪表制造业	4210	5 459	822	3 174	684
工业自动化仪表制造业	4211	1 499	281	799	138
电工仪器、仪表制造业	4212	1 159	167	709	133
光学仪器制造业	4213	494	123	249	28
计时仪器制造业	4214	194	21	121	15
分析仪器制造业	4215	251	44	126	42
试验机制造业	4216	144	32	82	9
实验室仪器及装置制造业	4217	152	38	90	12
通用仪器仪表元件、器件制造业	4218	762	41	460	204
其他通用仪器仪表制造业	4219	804	75	538	103
专用仪器仪表制造业	4220	1 574	324	909	158
环境保护仪器仪表制造业	4221	213	30	125	26
汽车仪器仪表制造业	4222	161	23	92	13
导航、制导仪器制造业	4223	49	24	16	
农、林、牧、渔仪器、仪表制造业	4224	38	12	18	7
地质勘探、钻采、地震专用仪器制造业	4225	146	38	75	16
气象、海洋、水文、天文测量仪器制造业	4226	53	18	26	2
教学仪器制造业	4227	353	104	214	17
核子及核辐射测量仪器制造业	4228	26	8	12	

类)、经济类型分组的单位数

联营经济	股份制经济	外商投资经济	中外合资经营企业	中外合作经营企业	外商独资企业	港·澳·台投资经济	港·澳·台与大陆合资经营企业	港·澳·台与大陆合作经营企业	港·澳·台独资企业	其他经济
46	12	78	41	10	27	123	54	35	34	2
107	222	633	365	80	188	1 034	563	267	204	17
63	60	269	142	47	80	470	185	179	106	10
32	23	71	55	6	10	75	52	9	14	2
29	31	151	65	34	52	338	116	149	73	4
2	6	47	22	7	18	57	17	21	19	4
15	19	36	21	4	11	13	7	4	2	5
3	6	16	10	3	3	3	2	1		2
1	2	3	3			1	1			
3	1	1	1			1		1		
8	10	16	7	1	8	8	4	2	2	3
68	116	283	172	27	84	308	169	53	86	55
243	360	776	475	84	217	985	398	325	262	42
98	202	282	203	21	58	188	120	16	52	9
24	92	106	79	7	20	56	36	3	17	3
27	39	46	38	3	5	38	22	4	12	
11	15	35	23	2	10	33	25	2	6	
3	6	16	13	1	2	12	9	3		
4	5	18	13	2	3	10	5		5	2
	7	11	8	1	2	3	3			
1	1	7	4	1	2	3	3			
11	12	16	12	1	3	16	7	3	6	2
17	25	27	13	3	11	17	10	1	6	2
21	41	71	53	5	13	45	33	3	9	5
1	9	12	9	2	1	9	5		4	1
3	4	15	13		2	10	9	1		1
2	2	4	3		1	1	1			
						1	1			
1	1	10	6		4	4	3		1	1
1		4	4			1	1			1
2	8	5	3		2	3	3			
4		2	2							

(续 20)

行业类别(小类)	代码	营利性产业活动单位数(个)	国有经济	集体经济	私营经济
专用仪器仪表元件、器件制造业	4229	535	67	331	77
电子测量仪器制造业	4230	517	145	237	37
计量器具制造业	4240	1 326	155	843	156
传递标准用计量仪器制造业	4241	122	17	70	16
量具量仪制造业	4242	398	51	259	40
衡器制造业	4243	806	87	514	100
文化、办公用机械制造业	4250	808	116	348	103
电影机械制造业	4251	33	17	8	5
幻灯机及投影仪制造业	4252	31	9	11	
照相机及器材制造业	4254	315	45	125	36
复印机制造业	4256	56	6	19	5
打字机及油印机制造业	4257	80	10	39	7
其他文化、办公用机械制造业	4259	293	29	146	50
钟表制造业	4260	2 132	178	1 011	165
仪器仪表及文化、办公用机械修理业	4280	437	113	266	35
其他仪器仪表制造业	4290	1 099	122	690	155
其他制造业	4300	49 343	2 440	29 515	11 087
工艺美术品制造业	4310	31 019	1 072	18 588	7 036
雕塑工艺品制造业	4311	4 617	185	2 651	1 004
金属工艺品制造业	4312	1 792	81	1 203	323
漆器工艺品制造业	4313	363	17	251	53
花画工艺品制造业	4314	1 691	48	952	303
竹、藤、棕、草工艺品制造业	4315	2 835	93	1 674	684
抽纱刺绣工艺品制造业	4316	3 641	159	2 040	818
地毯制造业	4317	4 820	180	3 144	1 211
首饰制造业	4318	1 719	126	691	315
其他工艺美术品制造业	4319	9 541	183	5 982	2 325
日用杂品制造业	4350	3 888	128	2 219	849
制镜业	4351	447	21	305	78
眼镜制造业	4353	950	23	520	124
制伞业	4355	902	22	473	172
鬃毛加工及制刷业	4357	1 589	62	921	475
其他生产、生活用品制造业	4390	14 436	1 240	8 708	3 202
生产用其他产品制造业	4391	2 861	226	2 063	337

类）、经济类型分组的单位数

联营经济	股份制经济	外商投资经济	中外合资经营企业	中外合作经营企业	外商独资企业	港.澳.台投资经济	港.澳.台与大陆合资经营企业	港.澳.台与大陆合作经营企业	港.澳.台独资企业	其他经济
7	17	19	13	3	3	16	10	2	4	1
15	19	41	25	4	12	22	16	4	2	1
24	42	58	42	3	13	45	25	11	9	3
1	5	8	7		1	4	3		1	1
11	10	15	10	2	3	11	7	1	3	1
12	27	35	25	1	9	30	15	10	5	1
21	12	91	47	11	33	115	50	21	44	2
		3	3							
2	1	4	1	1	2	4	3		1	
4	5	36	19	7	10	64	21	16	27	
2		12	5	2	5	11	4	2	5	1
6	2	10	6		4	6	4	2		
7	4	26	13	1	12	30	18	1	11	1
36	18	181	72	38	71	531	129	267	135	12
5	3	8	5		3	5	2	2	1	2
23	23	44	28	2	14	34	23	1	10	8
683	856	1 762	949	230	583	2 700	899	848	953	300
483	556	1 258	664	155	439	1 820	612	540	668	206
77	110	253	133	25	95	292	113	35	144	45
11	25	53	24	10	19	89	35	23	31	7
4	3	17	11	2	4	17	6	4	7	1
21	24	115	48	15	52	221	60	93	68	7
90	52	92	60	9	23	89	48	9	32	61
35	63	209	109	32	68	304	107	100	97	13
37	104	75	64	3	8	48	40	2	6	21
24	21	180	95	24	61	350	94	152	104	12
184	154	264	120	35	109	410	109	122	179	39
31	97	205	107	29	69	341	98	91	152	18
3	3	13	8	4	1	16	4	9	3	8
3	37	93	46	16	31	148	37	49	62	2
9	22	54	28	7	19	145	37	31	77	5
16	35	45	25	2	18	32	20	2	10	3
169	203	299	178	46	75	539	189	217	133	76
48	48	71	46	12	13	61	38	8	15	7

(续21)

行业类别(小类)	代码	营利性产业活动单位数(个)	国有经济	集体经济	私营经济
生活用其他产品制造业	4392	11 575	1 014	6 645	2 865
电力、煤气及水的生产和供应业	D	38 380	16 886	19 656	354
电力、蒸汽、热水的生产和供应业	4400	29 249	13 473	14 290	250
电力生产业	4410	16 375	4 298	10 738	225
火力发电业	4411	1 805	1 016	395	14
水力发电业	4412	14 440	3 236	10 284	206
核力发电业	4413	7	3	3	
其他电业	4419	123	43	56	5
电力供应业	4420	12 223	8 721	3 406	20
蒸汽、热水生产和供应业	4430	651	454	146	5
煤气生产和供应业	4500	1 013	544	341	40
煤气生产业	4510	145	89	38	9
煤气供应业	4520	868	455	303	31
自来水的生产和供应业	4600	8 118	2 869	5 025	64
自来水生产业	4610	4 167	1 470	2 581	40
自来水供应业	4620	3 951	1 399	2 444	24
建筑业	E	151 297	28 931	86 788	26 075
土木工程建筑业	4700	109 168	20 012	63 742	20 618
房屋建筑业	4710	91 775	13 584	55 430	18 986
矿山建筑业	4720	569	352	175	32
铁路、公路、遂道、桥梁建筑业	4730	5 820	3 051	2 176	261
堤坝、电站、码头建筑业	4740	1 296	837	385	19
其他土木工程建筑业	4790	9 708	2 188	5 576	1 320
线路、管道和设备安装业	4800	17 530	4 784	10 418	1 145
线路、管道安装业	4810	8 826	2 274	5 619	481
设备安装业	4820	8 704	2 510	4 799	664
装修装饰业	4900	24 599	4 135	12 628	4 312
地质勘探业、水利管理业	F	5 595	4 465	935	40
地质勘探业	5000	1 532	1 199	234	25
区域地质勘查业	5010	53	40	8	1
海洋地质勘查业	5020	34	28	1	
矿产地质勘探业	5030	545	448	63	6
石油、天然气地质勘查业	5031	104	78	7	
煤炭地质勘查业	5032	97	85	12	
黑色金属矿产地质勘查业	5033	16	14	2	
有色金属矿产地质勘查业	5034	63	58	3	1

类)、经济类型分组的单位数

联营经济	股份制经济	外商投资经济	中外合资经营企业	中外合作经营企业	外商独资企业	港.澳.台投资经济	港.澳.台与大陆合资经营企业	港.澳.台与大陆合作经营企业	港.澳.台独资企业	其他经济
121	155	228	132	34	62	478	151	209	118	69
300	660	230	143	72	15	190	125	52	13	104
256	554	195	121	62	12	162	106	45	11	69
239	480	177	110	57	10	154	99	44	11	64
22	117	123	78	42	3	114	72	35	7	4
216	354	49	29	13	7	35	24	8	3	60
						1	1			
1	9	5	3	2		4	2	1	1	
14	46	8	5	2	1	3	2	1		5
3	28	10	6	3	1	5	5			
22	36	17	10	6	1	13	11	2		
4	3					2	1	1		
18	33	17	10	6	1	11	10	1		
22	70	18	12	4	2	15	8	5	2	35
13	32	12	8	3	1	11	7	2	2	8
9	38	6	4	1	1	4	1	3		27
1 372	4 664	1 587	1 074	215	298	1 460	965	130	365	420
823	2 835	529	338	115	76	373	252	50	71	236
659	2 386	301	208	49	44	229	164	24	41	200
2	5					2	2			1
43	153	86	53	28	5	45	24	12	9	5
9	29	9	4	2	3	7	4	1	2	1
110	262	133	73	36	24	90	58	13	19	29
196	601	169	127	20	22	153	96	12	45	64
73	270	49	41	5	3	27	24		3	33
123	331	120	86	15	19	126	72	12	42	31
353	1 228	889	609	80	200	934	617	68	249	120
19	30	25	10	3	12	5	1	2	2	76
12	27	24	10	3	11	5	1	2	2	6
1	2					1			1	
1		4	1		3					
	9	16	7	2	7	1			1	2
	4	13	6		7	1			1	1
	1									

(续 22)

行业类别(小类)	代码	营利性产业活动单位数(个)	国有经济	集体经济	私营经济
贵金属矿产地质勘查业	5035	27	24	1	
其他金属矿产地质勘查业	5036	31	30		1
非金属矿产地质勘查业	5037	13	11	1	
水文地质勘查业	5038	194	148	37	4
工程地质勘查业	5040	631	485	113	8
环境地质勘查业	5050	12	10	1	
地球物理和地球化学勘查业	5060	43	39	2	
地质工程技术及其他技术服务业	5090	214	149	46	10
水利管理业	5100	4 063	3 266	701	15
交通运输、仓储及邮电通信业	G	115 812	72 946	32 660	5 615
铁路运输业	5200	6 264	6 175	42	1
汽车运输业	5300	29 504	11 499	13 203	3 333
汽车运输业	5310	27 650	11 375	11 972	2 911
其他公路运输业	5390	1 854	124	1 231	422
管道运输业	5400	75	56	12	1
水上运输业	5500	5 662	1 136	3 210	704
远洋运输业	5510	319	150	41	5
沿海运输业	5520	1 009	300	482	43
内河、内湖运输业	5530	3 735	582	2 408	601
其他水上运输业	5590	599	104	279	55
航空运输业	5600	164	123	9	2
航空客货运输业	5610	151	114	8	2
通用航空业	5620	13	9	1	
交通运输辅助业	5700	21 919	8 963	10 585	1 078
公路管理及养护业	5710	3 578	3 226	231	52
港口业	5720	1 267	609	501	18
沿海港口业	5721	422	259	75	5
内河、内湖港口业	5722	845	350	426	13
水运辅助业	5730	1 571	649	487	194
机场及航空运输辅助业	5740	879	464	137	45
装卸搬运业	5750	8 142	864	6 657	431
其他类未包括的交通运输辅助业	5790	6 482	3 151	2 572	338
其他交通运输业	5800	441	175	180	58
仓储业	5900	9 843	5 199	3 665	310
邮电通信业	6000	41 940	39 620	1 754	128
邮政业	6010	6 060	5 938	71	28

类)、经济类型分组的单位数

联营经济	股份制经济	外商投资经济	中外合资经营企业	中外合作经营企业	外商独资企业	港.澳.台投资经济	港.澳.台与大陆合资经营企业	港.澳.台与大陆合作经营企业	港.澳.台独资企业	其他经济
		2		2						
	1									
	3	1	1							1
6	13	2	1	1		2	1	1		2
										1
		1	1			1		1		
4	3	1			1					1
7	3	1			1					70
1 025	1 610	799	461	200	138	634	371	179	84	523
4	37	3	3			2	2			
341	639	221	128	80	13	184	86	88	10	84
324	598	218	126	79	13	180	84	87	9	72
17	41	3	2	1		4	2	1	1	12
	4					1	1			1
106	177	93	59	4	30	74	58	3	13	162
10	13	49	23	2	24	25	15	1	9	26
51	64	30	25	2	3	33	29	2	2	6
30	86	9	9			11	10		1	8
15	14	5	2		3	5	4		1	122
4	13	10	5	1	4	2	2			1
3	12	9	4	1	4	2	2			1
1	1	1	1							
252	360	255	122	78	55	231	128	67	36	195
6	19	25	5	20		18	4	14		1
29	33	27	19	6	2	47	36	11		3
11	14	21	13	6	2	36	26	10		1
18	19	6	6			11	10	1		2
34	62	59	28	6	25	62	33	3	26	24
42	49	38	23	8	7	27	19	2	6	77
40	106	12	6	5	1	10	7	3		22
101	91	94	41	33	20	67	29	34	4	68
6	9	8	4	2	2	3	2	1		2
186	197	159	114	20	25	112	80	11	21	15
126	174	50	26	15	9	25	12	9	4	63
9	9	5	3		2					

(续23)

行业类别(小类)	代码	营利性产业活动单位数(个)	国有经济	集体经济	私营经济
电信业	6020	4 076	2 779	849	81
邮电业	6030	31 804	30 903	834	19
批发和零售贸易、餐饮业	H	1 207 368	402 166	644 320	105 691
食品、饮料、烟草和家庭日用品批发业	6100	254 013	119 801	98 126	23 615
食品、饮料、烟草批发业	6110	112 474	75 479	29 110	4 887
粮食、食用油批发业	6111	44 707	37 233	5 982	886
糕点、糖果和饮料批发业	6112	16 406	7 554	6 858	1 225
肉、禽、蛋及其制品批发业	6113	13 385	11 154	1 753	278
水产品批发业	6114	4 427	2 403	1 371	398
蔬菜、果品批发业	6115	7 504	1 980	4 678	524
茶叶批发业	6116	2 167	616	1 304	166
烟草及其制品批发业	6117	9 953	9 060	756	58
盐及调味品批发业	6118	2 937	1 968	842	57
其他食品、饮料、烟草批发业	6119	10 988	3 511	5 566	1 295
棉、麻、土畜产品批发业	6120	11 652	4 027	6 915	365
棉、麻批发业	6121	6 119	1 147	4 781	101
畜产品批发业	6122	5 533	2 880	2 134	264
纺织品、服装和鞋帽批发业	6130	23 089	7 607	9 992	3 555
纺织品批发业	6131	16 034	5 842	6 990	2 045
服装批发业	6132	4 863	1 165	1 932	1 164
鞋帽批发业	6133	2 192	600	1 070	346
日用百货批发业	6140	29 782	8 209	14 957	4 562
百货批发业	6141	20 062	5 893	9 727	3 083
文化用品、钟表眼镜批发业	6142	5 563	1 511	2 729	878
其他日用百货批发业	6149	4 157	805	2 501	601
日用杂品批发业	6150	8 651	1 006	6 388	893
五金、交电、化工批发业	6160	52 476	12 498	27 955	8 451
药品及医疗器械批发业	6170	15 889	10 975	2 809	902
西药批发业	6171	8 417	6 867	980	111
中草药及制品批发业	6172	4 860	3 139	856	434
医疗器械批发业	6173	2 612	969	973	357
能源、材料和机械电子设备批发业	6200	231 065	78 028	109 899	28 031
能源批发业	6210	27 810	13 522	10 387	2 161
石油及制品批发业	6211	14 322	6 948	5 417	851
煤炭及制品批发业	6212	12 641	6 276	4 593	1 206

类)、经济类型分组的单位数

联营经济	股份制经济	外商投资经济	中外合资经营企业	中外合作经营企业	外商独资企业	港.澳.台投资经济	港.澳.台与大陆合资经营企业	港.澳.台与大陆合作经营企业	港.澳.台独资企业	其他经济
98	149	41	19	15	7	23	10	9	4	56
19	16	4	4			2	2			7
12 974	26 108	6 817	3 501	1 083	2 233	4 219	2 297	646	1 276	5 073
2 613	6 891	1 168	649	131	388	630	330	66	234	1 169
658	1 568	409	250	63	96	181	112	23	46	182
127	353	54	27	2	25	47	25	1	21	25
135	462	85	50	19	16	42	24	9	9	45
43	134	13	8	4	1	6	5		1	4
46	90	94	60	17	17	20	17	1	2	5
96	120	61	39	8	14	21	15	2	4	24
17	59	2	2							3
24	46	2	2			2	1	1		5
9	29	27	25		2	1	1			4
161	275	71	37	13	21	42	24	9	9	67
56	238	28	14	4	10	13	6	1	6	10
24	53	6	5		1	4	2		2	3
32	185	22	9	4	9	9	4	1	4	7
454	894	247	115	17	115	152	68	15	69	188
289	587	101	43	6	52	63	28	4	31	117
125	225	127	60	11	56	59	26	7	26	66
40	82	19	12		7	30	14	4	12	5
401	1 091	168	90	22	56	82	29	14	39	312
225	746	91	50	13	28	38	15	7	16	259
120	210	47	26	4	17	32	11	6	15	36
56	135	30	14	5	11	12	3	1	8	17
85	190	38	20	2	16	29	16	3	10	22
833	2 079	173	96	13	64	113	57	6	50	374
126	831	105	64	10	31	60	42	4	14	81
44	332	30	19	2	9	23	17	1	5	30
27	341	34	26	6	2	16	14	1	1	13
55	158	41	19	2	20	21	11	2	8	38
4 206	8 158	1 145	618	113	414	769	437	59	273	829
596	930	103	68	24	11	66	45	8	13	45
459	481	83	56	21	6	57	38	8	11	26
124	413	12	7	2	3	6	5		1	11

(续24)

行业类别(小类)	代码	营利性产业活动单位数(个)	国有经济	集体经济	私营经济
其他能源批发业	6219	847	298	377	104
化工材料批发业	6220	17 257	5 928	7 588	2 432
木材批发业	6230	12 110	6 170	4 484	1 038
建筑材料批发业	6240	49 182	12 445	25 848	8 014
矿产品批发业	6250	4 104	1 736	1 635	462
金属材料批发业	6260	42 045	17 488	18 360	3 768
黑色金属材料批发业	6261	33 944	14 904	14 674	2 632
有色金属材料批发业	6262	8 101	2 584	3 686	1 136
机械、电子设备批发业	6270	46 118	12 480	21 715	7 427
汽车、摩托车及零配件批发业	6280	16 365	5 651	7 291	2 183
汽车批发业	6281	3 528	2 334	655	166
摩托车批发业	6282	997	396	369	161
汽车、摩托车零配件批发业	6289	11 840	2 921	6 267	1 856
再生物资回收批发业	6290	16 074	2 608	12 591	546
其他批发业	6300	69 165	16 789	46 797	3 367
工艺美术品批发业	6310	2 146	634	1 013	284
图书报刊批发业	6320	1 607	1 063	473	34
农业生产资料批发业	6330	49 074	10 598	37 291	730
其他类未包括的批发业	6390	16 338	4 494	8 020	2 319
零售业	6400	552 799	162 909	334 549	38 071
食品、饮料和烟草零售业	6410	140 046	71 711	61 810	4 169
粮油食品零售业	6411	54 078	47 114	6 011	698
副食品零售业	6412	44 819	14 576	27 884	1 500
其他食品、饮料和烟草零售业	6419	41 149	10 021	27 915	1 971
日用百货零售业	6420	162 686	23 004	129 681	6 777
百货零售业	6421	84 192	19 122	58 320	4 289
文化体育用品零售业	6422	8 337	1 913	5 290	791
钟表、眼镜及照相器材零售业	6423	2 508	645	1 369	304
其他日用百货零售业	6429	67 649	1 324	64 702	1 393
纺织品、服装和鞋帽零售业	6430	26 769	5 449	17 318	2 642
日用杂品零售业	6440	20 015	1 645	16 969	1 032
五金、交电、化工零售业	6450	85 970	16 741	52 643	12 818
药品及医疗器械零售业	6470	21 527	14 130	5 934	580
图书报刊零售业	6480	7 645	5 216	2 213	131
其他零售业	6490	88 141	25 013	47 981	9 922
家具零售业	6491	4 515	591	2 750	900

类)、经济类型分组的单位数

联营经济	股份制经济	外商投资经济	中外合资经营企业	中外合作经营企业	外商独资企业	港.澳.台投资经济	港.澳.台与大陆合资经营企业	港.澳.台与大陆合作经营企业	港.澳.台独资企业	其他经济
13	36	8	5	1	2	3	2		1	8
307	743	107	50	3	54	72	30	6	36	80
138	214	34	19	4	11	13	7	1	5	19
788	1 623	175	98	22	55	128	73	8	47	161
62	160	25	9	1	15	11	6	1	4	13
666	1 545	75	47	2	26	62	39	3	20	81
480	1 143	34	22		12	34	19	1	14	43
186	402	41	25	2	14	28	20	2	6	38
1 245	2 107	495	237	48	210	313	163	27	123	336
355	618	110	77	7	26	98	69	5	24	59
148	167	19	10	3	6	25	12	1	12	14
14	47	2	2			2	2			6
193	404	89	65	4	20	71	55	4	12	39
49	218	21	13	2	6	6	5		1	35
643	918	248	129	21	98	193	92	12	89	210
59	77	39	25	2	12	24	13		11	16
14	15	4	3		1					4
91	288	32	19	6	7	16	15		1	28
479	538	173	82	13	78	153	64	12	77	162
4 503	8 762	1 450	853	252	345	1 016	622	179	215	1 539
524	876	262	166	49	47	158	109	21	28	536
63	113	34	20	11	3	15	8	5	2	30
128	402	55	36	7	12	35	21	6	8	239
333	361	173	110	31	32	108	80	10	18	267
700	1 766	255	156	50	49	208	141	44	23	295
519	1 400	175	110	35	30	161	117	31	13	206
88	194	24	15	3	6	22	12	3	7	15
38	77	42	23	9	10	20	11	6	3	13
55	95	14	8	3	3	5	1	4		61
371	553	206	109	44	53	144	95	23	26	86
100	176	24	14	4	6	12	6	2	4	57
1 077	2 127	192	103	29	60	130	62	35	33	242
67	714	42	24	6	12	30	20	1	9	30
21	38	7	5	1	1	4	3	1		15
1 643	2 512	462	276	69	117	330	186	52	92	278
61	111	46	19	8	19	40	23	7	10	16

(续 25)

行业类别(小类)	代码	营利性产业活动单位数(个)	国有经济	集体经济	私营经济
煤炭零售业	6492	4 659	2 343	1 800	415
石油制品零售业	6493	26 760	9 332	14 273	1 654
汽车、摩托车及其零配件零售业	6494	23 671	6 208	12 810	3 446
计算机及软件、办公设备零售业	6495	7 090	1 335	3 004	1 661
信托业	6496	998	338	524	83
首饰业	6497	2 595	697	1 496	164
其他类未包括的零售业	6499	17 853	4 169	11 324	1 599
商业经纪与代理业	6500	5 556	1 451	1 019	1 032
餐饮业	6700	94 770	23 188	53 930	11 575
正餐	6710	69 244	18 287	36 802	9 468
快餐	6720	7 633	1 566	4 466	904
其他饮食业	6790	17 893	3 335	12 662	1 203
小吃	6791	11 057	1 595	8 645	544
冷饮	6793	1 010	341	549	75
茶馆	6795	1 373	157	972	113
其他类未包括的餐饮业	6799	4 453	1 242	2 496	471
金融、保险业	I	241 181	145 092	90 344	95
金融业	6800	233 812	138 181	90 226	91
中央银行	6810	3 653	3 554	87	
商业银行	6820	129 410	125 369	1 488	1
其他银行	6830	4 150	3 851	239	1
信用合作社	6840	86 432	2 375	83 100	6
信托投资业	6850	1 022	746	73	8
保险业	7000	7 369	6 911	118	4
房地产业	J	37 243	14 988	10 238	1 612
房地产开发与经营业	7200	28 789	10 914	8 034	1 025
房地产管理业	7300	6 463	3 458	1 589	239
房地产代理与经纪业	7400	1 991	616	615	348
社会服务业	K	166 300	55 542	79 297	13 741
公共设施服务业	7500	10 886	4 707	4 491	563
市内公共交通业	7510	4 955	2 101	1 997	257
市内公共汽电车业	7511	1 080	821	182	11
出租汽车业	7512	3 348	1 139	1 500	225
轨道交通业	7513	83	36	26	2
市内轮渡业	7514	134	46	67	8
其他市内公共交通业	7519	310	59	222	11

类）、经济类型分组的单位数

联营经济	股份制经济	外商投资经济				港·澳·台投资经济				其他经济
			中外合资经营企业	中外合作经营企业	外商独资企业		港·澳·台与大陆合资经营企业	港·澳·台与大陆合作经营企业	港·澳·台独资企业	
21	67	2	1		1	1	1			10
735	529	91	67	24		99	44	31	24	47
351	690	64	43	11	10	38	28	2	8	64
203	634	121	66	10	45	67	40	5	22	65
13	26	4	1	1	2	6	1		5	4
48	118	30	17	5	8	24	12	2	10	18
211	337	104	62	10	32	55	37	5	13	54
180	124	749	99	21	629	243	82	9	152	758
829	1 255	2 057	1 153	545	359	1 368	734	321	313	568
658	1 020	1 607	904	427	276	1 142	632	268	242	260
65	97	331	199	65	67	164	82	30	52	40
106	138	119	50	53	16	62	20	23	19	268
48	53	23	7	14	2	9	1	4	4	140
9	9	12	6	6		5	1	2	2	10
8	13	12	4	5	3	7	3	3	1	91
41	63	72	33	28	11	41	15	14	12	27
165	4 671	228	40	3	185	45	11	1	33	541
158	4 396	200	38	3	159	44	11	1	32	516
1	9									2
37	2 322	139	10	1	128	19	4		15	35
1	47	4		1	3					7
25	871					1	1			54
19	80	26	9		17	17	3		14	53
7	275	28	2		26	1			1	25
1 390	2 570	2 806	1 706	478	622	3 385	1 784	585	1 016	254
1 036	2 015	2 516	1 553	416	547	3 061	1 616	522	923	188
270	413	210	114	40	56	232	130	36	66	52
84	142	80	39	22	19	92	38	27	27	14
2 332	5 337	4 268	2 090	827	1 351	2 661	1 404	516	741	3 122
197	502	171	106	50	15	160	97	45	18	95
105	295	85	57	26	2	99	62	31	6	16
11	29	11	6	5		12	6	5	1	3
80	251	69	50	17	2	76	49	25	2	8
5	4	4	1	3		6	4		2	
3	5					4	2	1	1	1
6	6	1		1		1	1			4

(续26)

行业类别(小类)	代码	营利性产业活动单位数(个)	国有经济	集体经济	私营经济
园林绿化业	7520	1 739	760	710	131
自然保护区管理业	7530	94	65	25	
环境卫生业	7540	1 083	387	498	71
市政工程管理业	7550	1 289	656	522	42
风景名胜区管理业	7560	160	76	60	1
其他公共服务业	7590	1 566	662	679	61
居民服务业	7600	45 406	10 724	28 029	3 394
理发及美容化妆业	7610	7 838	1 546	5 240	596
沐浴业	7620	3 133	1 471	1 193	245
洗染业	7630	2 138	656	1 107	160
摄影及扩印业	7640	5 998	2 603	2 462	401
托儿所	7650	874	457	366	7
日用品修理业	7660	8 476	1 317	6 110	702
家务服务业	7670	948	96	685	101
殡葬业	7680	554	159	317	9
其他居民服务业	7690	15 447	2 419	10 549	1 173
旅馆业	7800	43 039	19 217	20 511	1 171
租赁服务业	7900	3 589	1 316	1 681	266
旅游业	8000	5 083	3 022	1 269	132
娱乐服务业	8100	12 940	2 591	6 409	1 815
信息、咨询服务业	8200	28 730	8 999	9 568	4 686
广告业	8210	9 980	2 604	3 568	2 329
咨询服务业	8220	2 901	1 696	671	244
公证业	8221	222	170	39	4
律师事务所	8222	739	429	160	75
会计、审计、统计咨询业	8223	1 794	1 039	442	139
社会调查业	8224	146	58	30	26
其他类未包括的信息咨询服务业	8290	15 849	4 699	5 329	2 113
计算机应用服务业	8300	6 645	1 599	1 875	1 237
软件开发咨询业	8310	4 026	866	972	855
数据处理业	8320	268	88	91	28
数据库服务业	8330	369	74	101	70
计算机设备维护咨询业	8340	1 982	571	711	284
其他社会服务业	8400	9 982	3 367	5 464	477
市场管理服务业	8410	4 011	1 588	2 053	167
其他类未包括的社会服务业	8490	5 971	1 779	3 411	310
卫生、体育和社会福利业	L	28 078	8 482	14 051	545

类)、经济类型分组的单位数

联营经济	股份制经济	外商投资经济	中外合资经营企业	中外合作经营企业	外商独资企业	港.澳.台投资经济	港.澳.台与大陆合资经营企业	港.澳.台与大陆合作经营企业	港.澳.台独资企业	其他经济
35	48	31	19	9	3	19	11	3	5	5
1	2	1			1					
13	25	19	14	3	2	12	6	3	3	58
18	25	15	5	9	1	8	3	5		3
3	14	1	1			5	4		1	
22	93	19	10	3	6	17	11	3	3	13
331	664	515	271	134	110	389	179	97	113	1 360
38	66	91	36	29	26	49	16	16	17	212
26	68	58	24	17	17	62	31	14	17	10
24	51	82	41	30	11	43	22	13	8	15
42	121	192	117	33	42	156	71	32	53	21
4	4									36
58	100	22	12	8	2	14	5	6	3	153
9	14	3	2	1		3	1		2	37
22	6	8	3	5		18	5	11	2	15
108	234	59	36	11	12	44	28	5	11	861
279	614	641	382	184	75	436	258	110	68	170
69	155	41	25	11	5	37	22	10	5	24
102	272	137	75	25	37	109	48	18	43	40
220	332	820	420	264	136	670	366	158	146	83
743	1 847	1 283	437	104	742	494	232	55	207	1 110
271	797	190	125	26	39	144	91	19	34	77
51	64	53	13	14	26	15	9	1	5	107
	5	1			1	2	2			1
5	7	2			2	1			1	60
42	46	40	11	14	15	9	5	1	3	37
4	6	10	2		8	3	2		1	9
421	986	1 040	299	64	677	335	132	35	168	926
283	653	566	317	42	207	295	160	13	122	137
182	441	418	234	29	155	217	115	8	94	75
8	10	27	15	4	8	10	8	1	1	6
22	47	31	15	2	14	14	8	2	4	10
71	155	90	53	7	30	54	29	2	23	46
108	298	94	57	13	24	71	42	10	19	103
49	63	24	14	3	7	19	10	4	5	48
59	235	70	43	10	17	52	32	6	14	55
47	89	97	47	43	7	41	17	20	4	4 726

营利性产业活动单位按行业(小

(续27)

行业类别(小类)	代码	营利性产业活动单位数(个)	国有经济	集体经济	私营经济
卫生	8500	25 046	7 636	12 756	433
医院	8510	19 373	6 357	9 327	341
综合医院	8511	3 086	2 736	309	9
专科医院	8512	169	73	46	24
中医医院	8513	91	72	14	3
门诊部	8514	3 015	1 688	1 161	110
其他医院	8519	13 012	1 788	7 797	195
疗养院	8520	113	93	15	2
专科防治所(站)	8530	118	102	11	2
卫生防疫站	8540	247	158	79	4
妇幼保健所(站)	8550	113	68	39	1
药品检验所(室)	8560	33	23	8	
其他卫生	8590	5 049	835	3 277	83
体育	8600	373	183	94	26
社会福利保障业	8700	2 659	663	1 201	86
社会福利业	8710	2 203	362	1 075	77
干部休养所	8711	54	44	9	1
福利收容院	8712	513	176	291	3
社区服务业	8713	1 636	142	775	73
社会保险和救济业	8720	255	189	56	2
其他类未包括的社会福利保障业	8790	201	112	70	7
教育、文化艺术及广播电影电视业	M	59 105	47 103	10 447	382
教育	8900	47 821	39 604	7 470	131
高等教育	8910	375	344	24	2
普通高等教育	8911	89	78	7	
成人高等教育	8912	286	266	17	2
中等教育	8920	5 497	4 958	475	25
中等专业学校	8921	306	280	18	2
普通中学	8922	3 955	3 584	343	16
农业、职业中学	8923	205	178	24	
技工学校	8924	760	685	58	2
成人中等学校	8925	265	226	31	5
工读学校	8926	6	5	1	
初等教育	8930	37 217	31 811	5 046	13
小学校	8931	37 139	31 741	5 039	12
成人初等学校	8932	78	70	7	1
学前教育	8940	3 232	1 556	1 510	37

类)、经济类型分组的单位数

联营经济	股份制经济	外商投资经济				港.澳.台投资经济				其他经济
			中外合资经营企业	中外合作经营企业	外商独资企业		港.澳.台与大陆合资经营企业	港.澳.台与大陆合作经营企业	港.澳.台独资企业	
33	70	58	33	24	1	24	11	11	2	4 036
22	43	33	17	15	1	11	5	5	1	3 239
2	14	9	5	4		2	2			5
2	4	13	6	7		6	2	3	1	1
	2									
8	15	7	4	2	1	3	1	2		23
10	8	4	2	2						3 210
1	2									
	3									
	2	1	1							3
		1		1						4
1		1	1							
9	20	22	14	8		13	6	6	1	790
9	7	33	12	16	5	16	6	8	2	5
5	12	6	2	3	1	1		1		685
3	2	3	1	2		1		1		680
						1		1		42
3	2	3	1	2						638
1	6									1
1	4	3	1	1	1					4
121	187	105	57	33	15	79	39	22	18	681
33	71	37	17	12	8	23	10	9	4	452
		2		1	1					3
		2		1	1					2
										1
1	17	8	7	1		3	3			10
	4					1	1			1
	5	3	3			1	1			3
		2	2							1
1	7	3	2	1		1	1			3
	1									2
4	11	5	2	3		2		1	1	325
4	11	5	2	3		2		1	1	325
6	14	9	3	2	4	6	3	1	2	94

营利性产业活动单位按行业(小

(续28)

行业类别(小类)	代码	营利性产业活动单位数(个)	国有经济	集体经济	私营经济	联营经济
特殊教育	8950	26	18	8		
其他教育	8990	1 474	917	407	54	22
文化艺术业	9000	4 072	2 534	996	153	45
艺术	9010	654	347	191	64	14
出版	9020	786	582	140	12	14
文物保护	9030	108	88	15		1
图书馆	9040	85	54	29	1	1
档案馆	9050	43	42	1		
群众文化	9060	1 776	1 177	453	16	3
新闻	9070	51	38	5	1	1
文化艺术经纪与代理业	9080	146	63	36	27	6
其他文化艺术业	9090	423	143	126	32	5
广播电影电视业	9100	7 212	4 965	1 981	98	43
广播	9110	1 193	963	220	2	2
电影	9120	5 002	3 313	1 488	83	29
电视	9130	1 017	689	273	13	12
科学研究和综合技术服务业	N	23 051	9 993	7 811	2 141	483
科学研究业	9200	1 748	806	569	246	18
自然科学研究	9210	998	507	286	138	9
社会科学研究	9220	96	52	29	10	
其他科学研究	9230	654	247	254	98	9
综合技术服务业	9300	21 303	9 187	7 242	1 895	465
气象	9310	136	91	31	4	3
地震	9320	42	26	5	6	2
测绘	9330	320	199	96	6	2
技术监督	9340	1 683	1 111	386	23	36
海洋环境	9350	22	16	2	3	
环境保护	9360	580	314	181	23	10
技术推广和科技交流服务业	9370	5 240	2 144	2 034	553	89
工程设计业	9380	3 879	2 180	1 061	193	68
其他综合技术服务业	9390	9 401	3 106	3 446	1 084	255
国家机关、政党机关和社会团体	O					
其他行业	P	16 288	6 052	8 679	390	301
企业管理机构	9910	11 098	4 338	6 156	92	99
其他类未包括的行业	9990	5 190	1 714	2 523	298	202

类)、经济类型分组的单位数

股份制经济	外商投资经济	中外合资经营企业	中外合作经营企业	外商独资企业	港.澳.台投资经济	港.澳.台与大陆合资经营企业	港.澳.台与大陆合作经营企业	港.澳.台独资企业	其他经济
29	13	5	5	3	12	4	7	1	20
62	46	24	15	7	34	16	8	10	202
16	9	3	5	1	10	5	2	3	3
11	13	9	1	3	6	4	1	1	8
1	3	1	2						
6	5	1	4		4	1	2	1	112
	1			1	2		2		3
9	1	1			2	2			2
19	14	9	3	2	10	4	1	5	74
54	22	16	6		22	13	5	4	27
2	1	1							3
38	16	11	5		17	10	4	3	18
14	5	4	1		5	3	1	1	6
1 446	554	365	55	134	312	211	19	82	311
67	18	10	3	5	13	4	1	8	11
37	12	6	2	4	4	1	1	2	5
2	1	1							2
28	5	3	1	1	9	3		6	4
1 379	536	355	52	129	299	207	18	74	300
2	4	3		1					1
3									
10	6	5		1					1
75	25	18	3	4	16	14	1	1	11
	1	1							
24	17	8	3	6	8	3	1	4	3
260	73	43	11	19	26	16	3	7	61
173	118	78	11	29	58	42	7	9	28
832	292	199	24	69	191	132	6	53	195
413	193	74	28	91	126	51	12	63	134
232	64	24	12	28	44	21	6	17	73
181	129	50	16	63	82	30	6	46	61

营利性产业活动单位按行业(小

行业类别(小类)	代码	营利性产业活动单位数(个)	北京	天津	河北	山西	内蒙古
全国总计		**3 671 012**	**98 835**	**62 901**	**124 634**	**104 945**	**56 361**
农、林、牧渔业	A	93 082	1 953	422	3 821	2 353	1 518
农业	0100	30 526	821	64	2 472	1 503	787
种植业	0110	29 701	808	61	2 468	1 499	779
其他农业	0190	825	13	3	4	4	8
林业	0200	18 266	55	2	160	170	198
畜牧业	0300	11 866	618	80	449	414	387
牲畜饲养放牧业	0310	6 507	367	32	196	267	306
家禽饲养业	0320	4 704	237	43	231	135	78
狩猎业	0330	100	4		1		2
其他畜牧业	0390	555	10	5	21	12	1
渔业	0400	11 908	89	57	197	34	83
海洋渔业	0410	2 440		32	41		
海水养殖业	0411	1 885		26	35		
海洋捕捞业	0412	555		6	6		
淡水渔业	0420	9 468	89	25	156	34	83
淡水养殖业	0421	9 315	87	25	155	34	78
淡水捕捞业	0422	153	2		1		5
农、林、牧、渔服务业	0500	20 516	370	219	543	232	63
农业服务业	0510	11 873	242	111	256	135	32
林业服务业	0520	2 402	26	10	53	25	4
畜牧兽医服务业	0530	3 622	52	80	177	55	9
渔业服务业	0540	1 139	9	7	22	5	1
其他农、林、牧、渔服务业	0590	1 480	41	11	35	12	17
采掘业	B	110 894	764	143	5 057	9 517	2 552
煤炭采选业	0600	44 573	268	6	1 194	6 923	1 354
煤炭开采业	0610	42 778	257		1 147	6 350	1 291
煤炭洗选业	0620	1 795	11	6	47	573	63
石油和天然气开采业	0700	424	3	15	7		2
天然原油开采业	0710	385	2	15	7		2
天然气开采业	0720	29	1				
油页岩开采业	0730	10					
黑色金属矿采选业	0800	6 376	24	1	1 230	1 031	127
铁矿采选业	0810	5 339	20	1	1 221	1 026	121
其他黑色金属矿采选业	0820	1 037	4		9	5	6
锰矿采选业	0821	996	3		9	5	4
铬矿采选业	0822	41	1				2
有色金属矿采选业	0900	9 486	16		428	146	275
重有色金属矿采选业	0910	4 279	4		33	49	106
铜矿采选业	0911	1 133	1		14	47	28
铅锌矿采选业	0912	1 883	2		19	1	71

类)、地区(省)分组的单位数

辽宁	吉林	黑龙江	上海	江苏	浙江	安徽	福建	江西	山东
167 480	**58 453**	**102 050**	**213 738**	**261 928**	**244 163**	**190 467**	**129 106**	**101 148**	**252 786**
2 553	1 671	2 601	2 765	2 837	2 817	6 874	5 620	9 931	2 787
776	472	622	659	667	380	1 066	2 212	2 964	443
769	465	601	619	634	368	1 048	2 168	2 946	417
7	7	21	40	33	12	18	44	18	26
280	303	546	129	195	217	2 526	535	4 917	148
630	541	542	683	293	304	573	443	388	726
307	301	333	408	106	186	249	303	232	184
274	216	183	240	167	96	275	122	132	483
26	4	5	6	1	3	5	3	1	4
23	20	21	29	19	19	44	15	23	55
534	143	204	425	817	495	1 473	1 898	1 146	782
429		5	23	192	146		435	9	681
347		1	14	113	89		382	4	559
82		4	9	79	57		53	5	122
105	143	199	402	625	349	1 473	1 463	1 137	101
103	139	176	379	608	343	1 467	1 454	1 129	99
2	4	23	23	17	6	6	9	8	2
333	212	687	869	865	1 421	1 236	532	516	688
214	138	385	703	444	1 063	555	275	239	450
17	16	91	8	39	176	61	58	96	28
35	21	128	59	112	66	381	54	104	55
48	18	22	27	95	62	122	84	43	97
19	19	61	72	175	54	117	61	34	58
5 212	1 650	3 006	8	2 246	2 895	5 543	2 493	5 817	4 914
1 145	462	1 360		211	126	839	368	2 764	975
945	457	1 298		196	126	799	360	2 682	819
200	5	62		15		40	8	82	156
14	25	19	1	4	2	2			35
13	20	18	1	1		2			34
	2	1		3	2				1
1	3								
613	41	10		104	6	247	90	67	211
549	41	10		104	5	223	70	57	211
64					1	24	20	10	
63					1	24	20	10	
1									
534	96	163		21	70	404	76	605	458
145	20	6		8	43	298	36	130	11
36	2	4		3	5	252	6	46	6
104	9	1		4	33	36	28	35	4

营利性产业活动单位按行业(小

(续1)

行业类别(小类)	代码	河南	湖北	湖南	广东	广西
全国总计		**195 757**	**117 624**	**146 973**	**405 192**	**78 612**
农、林、牧渔业	A	7 091	3 233	5 968	8 339	2 397
农业	0100	1 414	1 230	2 201	1 799	682
种植业	0110	1 381	1 211	2 144	1 702	656
其他农业	0190	33	19	57	97	26
林业	0200	758	463	1 777	1 045	820
畜牧业	0300	1 841	183	230	532	191
牲畜饲养放牧业	0310	799	124	169	239	109
家禽饲养业	0320	959	50	51	244	66
狩猎业	0330	2		3	5	3
其他畜牧业	0390	81	9	7	44	13
渔业	0400	427	492	624	1 074	170
海洋渔业	0410	6	13		257	98
海水养殖业	0411		2		209	54
海洋捕捞业	0412	6	11		48	44
淡水渔业	0420	421	479	624	817	72
淡水养殖业	0421	418	476	614	811	70
淡水捕捞业	0422	3	3	10	6	2
农、林、牧、渔服务业	0500	2 651	865	1 136	3 889	534
农业服务业	0510	1 592	484	692	1 983	272
林业服务业	0520	513	99	126	694	69
畜牧兽医服务业	0530	413	154	229	904	105
渔业服务业	0540	38	94	50	202	24
其他农、林、牧、渔服务业	0590	95	34	39	106	64
采掘业	B	6 081	4 979	13 743	5 593	2 378
煤炭采选业	0600	2 990	1 682	6 460	522	690
煤炭开采业	0610	2 911	1 679	6 396	511	688
煤炭洗选业	0620	79	3	64	11	2
石油和天然气开采业	0700	23	2		8	1
天然原油开采业	0710	23	1		3	1
天然气开采业	0720		1			
油页岩开采业	0730				5	
黑色金属矿采选业	0800	310	353	719	175	202
铁矿采选业	0810	290	345	158	163	92
其他黑色金属矿采选业	0820	20	8	561	12	110
锰矿采选业	0821	17	8	560	12	110
铬矿采选业	0822	3		1		
有色金属矿采选业	0900	801	284	1 574	562	453
重有色金属矿采选业	0910	153	198	830	204	350
铜矿采选业	0911	22	175	36	21	29
铅锌矿采选业	0912	105	9	311	81	142

类)、地区(省)分组的单位数

海南	重庆	四川	贵州	云南	西藏	陕西	甘肃	青海	宁夏	新疆
15 358	**62 316**	**154 507**	**39 887**	**62 888**	**3 122**	**103 638**	**49 824**	**11 507**	**11 953**	**42 859**
778	1 058	1 963	274	2 227	79	2 771	1 567	258	379	4 177
252	530	621	102	1 034	43	1 042	463	93	188	2 924
234	517	604	99	797	42	1 022	452	92	188	2 910
18	13	17	3	237	1	20	11	1		14
232	102	462	67	415	3	1 013	619	13	16	80
50	80	242	45	171	8	226	338	72	57	529
34	41	147	27	106	7	104	268	68	38	450
12	21	73	13	54	1	105	59	4	13	67
	1		3	4			6		4	4
4	17	22	2	7		17	5		2	8
91	188	132	13	79	3	125	39	2	14	58
49	3	6	1	4		9	1			
43	1	1		2		2	1			
6	2	5	1	2		7				
42	185	126	12	75	3	116	38	2	14	58
39	185	125	12	74	3	115	37		14	46
3		1		1		1	1	2		12
153	158	506	47	528	22	365	108	78	104	586
78	108	341	21	339	19	198	82	48	38	336
22	13	37	4	34		21	3	3	16	40
32	15	82	8	30	1	104	4	23	43	87
11	10	13	1	6		14	5		2	7
10	12	33	13	119	2	28	14	4	5	116
166	1 715	9 756	4 360	2 334	75	4 131	1 777	417	319	1 253
1	1 034	5 739	3 104	773	2	1 874	672	105	180	750
1	993	5 571	3 047	745	2	1 846	670	105	137	749
	41	168	57	28		28	2		43	1
2	2	18	1	2		171	18	12	12	23
1		8	1	2		170	17	10	12	21
1	2	9				1	1	2		2
		1								
1	19	266	141	166	16	93	56	11	4	42
1	8	254	84	131	1	67	46	5	3	32
	11	12	57	35	15	26	10	6	1	10
	11	12	57	35		22	7	1	1	4
					15	4	3	5		6
62	8	413	373	566	15	523	413	62	5	80
	8	262	252	480	12	307	272	35	2	25
	5	77	3	120	2	66	92	18	2	15
	1	178	219	139	4	189	137	13		8

营利性产业活动单位按行业(小

(续2)

行业类别(小类)	代码	营利性产业活动单位数(个)	北京	天津	河北	山西
镍钴矿采选业	0914	19				1
锡矿采选业	0915	685				
锑矿采选业	0916	471				
汞矿采选业	0917	18				
其他重有色金属矿采选业	0919	70	1			
轻有色金属矿采选业	0930	869			10	69
铝矿采选业	0931	416			4	56
镁矿采选业	0932	153			1	12
钛矿采选业	0933	227				1
其他轻有色金属矿采选业	0939	73			5	
贵金属矿采选业	0950	3 237	11		372	20
金矿采选业	0951	3 175	11		361	20
银矿采选业	0952	52			11	
其他贵金属矿采选业	0959	10				
稀有稀土金属矿采选业	0960	1 101	1		13	8
钨钼矿采选业	0961	618			10	1
稀有高熔点金属矿采选业	0963	38				
稀散金属矿采选业	0964	7				
非金属矿采选业	1000	45 924	447	121	2 156	1 404
土砂石开采业	1010	36 935	422	102	1 854	964
石灰石开采业	1011	7 995	66	2	567	241
建筑装饰用石开采业	1012	12 437	86	88	533	239
耐火土石开采业	1013	1 404	14		74	221
其他土砂石开采业	1019	15 099	256	12	680	263
化学矿采选业	1020	2 532	1	2	32	207
硫矿采选业	1021	1 140			17	199
磷矿采选业	1022	683			1	3
天然钾盐采选业	1023	25		1		
硼矿采选业	1024	95		1	1	1
其他化学矿采选业	1029	589	1		13	4
采盐业	1030	1 116		10	29	
海盐业	1031	856		10	27	
湖盐业	1032	73				
井盐业	1033	140				
矿盐业	1034	47			2	
其他非金属矿采选业	1090	5 341	24	7	241	233
石棉采选业	1091	196			9	4
云母采选业	1092	66			22	3
石墨采选业	1093	314	2		10	2
石膏采选业	1094	706			18	177
宝石、玉石采选业	1095	106	1		2	1

类)、地区(省)分组的单位数

内蒙古	辽宁	吉林	黑龙江	上海	江苏	浙江	安徽	福建	江西	山东
		3					1			
6						2			29	
		6			1	3	5		11	
	1									1
1	4		1				4	2	9	
2	96	1	1		5		7	6	4	21
	1				1		4	2	1	13
	87	1	1		2		2	1		5
					1			2		2
2	8				1		1	1	3	1
153	202	72	155		3	14	92	15	90	421
151	201	69	155		2	11	91	15	81	420
2	1	3				3	1		8	1
					1				1	
14	91	3	1		5	13	7	19	381	5
3	81	3			1	13	5	13	198	1
	2								6	
735	2 857	797	982	7	1 894	2 616	3 928	1 362	1 847	3 216
483	2 075	666	911	5	1 644	2 137	3 645	1 000	1 548	2 422
69	402	99	93		432	226	994	142	382	545
135	670	330	350	5	560	1 264	1 019	477	405	1 026
45	99	24	14		50	32	69	18	36	122
234	904	213	454		602	615	1 563	363	725	729
75	136	18	6		18	43	118	20	30	28
5	53	2	3		8	6	71	12	7	10
1	3		1		4	2	29		10	2
							1			2
	67	8								2
69	13	8	2		6	35	17	8	13	12
19	76				96	90	3	151	7	331
	67				78	90		151		296
19							1			3
	9				12		2		4	27
					6				3	5
158	570	113	65	2	136	346	162	191	262	435
1	20	1	2				2			8
1	1	1			1			9		2
20	2	3	24			1	2	5	2	79
39	2	7			10	3	7	1	4	47
4	15		2			2	1	8		22

（续 3）

行业类别（小类）	代码	河南	湖北	湖南	广东
镍钴矿采选业	0914			1	1
锡矿采选业	0915			278	81
锑矿采选业	0916	25	9	183	14
汞矿采选业	0917			1	
其他重有色金属矿采选业	0919	1	5	20	6
轻有色金属矿采选业	0930	264	6	23	85
铝矿采选业	0931	240	5	8	
镁矿采选业	0932	16	1		
钛矿采选业	0933	4			63
其他轻有色金属矿采选业	0939	4		15	22
贵金属矿采选业	0950	297	75	560	106
金矿采选业	0951	289	72	552	105
银矿采选业	0952	7	3	2	1
其他贵金属矿采选业	0959	1		6	
稀有稀土金属矿采选业	0960	87	5	161	167
钨钼矿采选业	0961	73		142	25
稀有高熔点金属矿采选业	0963		3	4	18
稀散金属矿采选业	0964	4			
非金属矿采选业	1000	1 957	2 557	4 550	4 048
土砂石开采业	1010	1 415	1 900	3 949	3 596
石灰石开采业	1011	217	300	1 044	628
建筑装饰用石开采业	1012	475	760	647	1 960
耐火土石开采业	1013	176	45	112	29
其他土砂石开采业	1019	547	795	2 146	979
化学矿采选业	1020	163	392	112	55
硫矿采选业	1021	144	85	27	39
磷矿采选业	1022	2	261	58	1
天然钾盐采选业	1023	1	1		2
硼矿采选业	1024		1	2	
其他化学矿采选业	1029	16	44	25	13
采盐业	1030	8	13	3	102
海盐业	1031				99
湖盐业	1032	1			1
井盐业	1033	6	4	1	1
矿盐业	1034	1	9	2	1
其他非金属矿采选业	1090	371	252	486	295
石棉采选业	1091	4	2		
云母采选业	1092	1	3	1	2
石墨采选业	1093	61	2	84	1
石膏采选业	1094	13	35	113	12
宝石、玉石采选业	1095	13	2	9	5

类)、地区(省)分组的单位数

广西	海南	重庆	四川	贵州	云南	西藏	陕西	甘肃	青海	宁夏	新疆
1			1		2		1	4	2		1
85			3		197	1	3				
91			3	22	17	5	40	34	2		
		2		8			3	2			
2					5		5	3			1
54	59		22	59	51		12	9		1	2
5			12	56	3		2	3			
1			7	3	2		7	2		1	1
46	59		1		45		1	2			
2			2		1		2	2			1
34	1		77	60	21	2	183	125	26	2	48
31	1		74	60	19	2	181	125	26	2	48
3			2		2		2				
			1								
15	2		52	2	14	1	21	7	1		5
9			3	1	9	1	17	4	1		4
4								1			
					3						
864	84	637	3 021	598	624	31	1 322	599	220	112	331
700	58	584	2 261	341	415	16	1 021	348	157	87	209
303	17	102	515	75	110		260	92	21	17	34
121	23	181	587	82	98	5	207	41	7	22	34
13		66	55	13	15		31	24	2	2	3
263	18	235	1 104	171	192	11	523	191	127	46	138
29	1	17	447	199	142	8	138	56	18	1	20
14		11	227	97	13		75	10	1		4
1	1	1	60	93	119		28			1	1
							16		1		
			1			8	1		1		1
14		5	159	9	10		18	46	15		14
19	17	7	53		13		12	10	14	3	30
19	17		1				1				
							8	6	7	3	24
		7	52		4		3	1	7		
					9			3			6
116	8	29	260	58	54	7	151	185	31	21	72
			15	2	6		14	76	14		16
			2				4	2		1	10
	1		3		1		9				
5		7	58	1	18	1	24	63	12	17	12
2				1	1	1	2	1	1		10

(续 4)

行业类别(小类)	代码	营利性产业活动单位数(个)	北京	天津	河北	山西
水晶采选业	1096	23			1	3
滑石采选业	1097	417	3	2	37	
其他类未包括的非金属矿采选业	1099	3 513	18	5	142	43
木材及竹材采运业	1200	3 780	1		19	13
木材采运业	1210	3 686	1		18	13
竹材采运业	1220	94			1	
制造业	C	1 377 338	25 047	22 892	61 429	31 307
食品加工业	1300	112 921	840	738	6 080	3 242
粮食及饲料加工业	1310	72 807	437	328	4 514	2 783
碾米业	1311	30 737	17	12	438	171
磨粉业	1312	25 107	156	139	3 228	2 258
面、米制品业	1313	6 461	36	30	159	139
配合及混合饲料制造业	1314	8 112	197	97	514	186
蛋白饲料制造业	1315	705	9	14	76	12
水产饲料制造业	1317	635	11	14	52	4
其他饲料制造业	1319	1 050	11	22	47	13
植物油加工业	1320	16 385	36	67	597	209
食用植物油加工业	1321	15 733	33	55	576	195
非食用植物油加工业	1322	652	3	12	21	14
制糖业	1330	1 144	6	7	24	6
甘蔗糖业	1331	735		2		
甜菜糖业	1332	122		1	2	6
加工糖业	1334	287	6	4	22	
屠宰及肉类蛋类加工业	1340	10 631	286	89	524	152
屠宰业	1341	3 708	89	24	168	49
肉制品加工业	1342	5 576	175	52	254	99
肉类副产品加工业	1343	839	14	12	84	4
蛋品加工业	1344	508	8	1	18	
水产品加工业	1350	5 574	15	77	215	3
冷冻水产品加工业	1351	4 137	5	63	201	2
干制水产品加工业	1352	626	1		1	
腌制水产品加工业	1353	165	2	9	8	1
鱼糜及鱼糜制品加工业	1354	134	1	1	1	
其它水产品加工业	1359	512	6	4	4	
盐加工业	1360	195		3	5	7
其他食品加工业	1390	6 185	60	167	201	82
食品制造业	1400	44 826	897	730	2 507	1 002
糕点、糖果制造业	1410	17 420	512	283	655	428
糖果业	1411	2 913	61	79	54	24
糕点业	1412	7 317	239	115	266	247
饼干业	1413	1 609	18	18	75	29

类)、地区(省)分组的单位数

	内蒙古	辽宁	吉林	黑龙江	上海	江苏	浙江	安徽	福建	江西	山东
				2		1		2		2	2
	2	69	1	1		6	3	8	2	6	43
	91	461	100	34	2	118	337	140	166	248	232
	59	45	219	469		4	41	123	597	504	3
	59	45	219	469		3	40	100	578	482	2
						1	1	23	19	22	1
	15 125	61 617	18 008	32 358	53 880	123 347	128 784	77 830	52 397	36 347	114 241
	1 463	4 126	954	3 687	908	4 571	4 288	12 811	3 581	5 202	10 722
	879	2 392	545	2 076	429	2 813	1 710	8 564	1 893	3 879	5 069
	56	1 472	183	491	112	1 053	719	5 339	1 029	3 071	48
	501	283	89	904	41	1 115	100	2 329	161	128	3 832
	102	93	55	198	85	194	144	426	239	291	387
	175	412	177	344	156	347	506	371	332	341	498
	11	34	11	26	4	24	31	20	11	7	149
	3	32	5	12	8	36	172	10	70	5	76
	31	66	25	101	23	44	38	69	51	36	79
	312	493	191	1 170	77	709	320	2 566	153	960	1 465
	305	480	178	1 159	65	686	310	2 536	149	947	1 455
	7	13	13	11	12	23	10	30	4	13	10
	21	11	6	38	12	15	16	27	49	25	48
					4	1	3	13	40	14	4
	20	8	5	30	1	4	1	1	1		7
	1	3	1	8	7	10	12	13	8	11	37
	201	435	108	255	239	433	503	1 035	130	224	1 514
	86	179	51	99	58	103	81	315	44	79	560
	103	233	50	140	132	205	333	621	63	121	831
	12	22	6	15	32	73	35	63	4	7	82
		1	1	1	17	52	54	36	19	17	41
	1	520	11	17	68	380	1 153	64	711	25	1 467
		427	2	11	36	263	996	40	469	15	1 296
		27	6	3	5	65	74	11	138	4	75
	1	15	1		3	7	27	4	20	1	11
		6	1		8	5	3		29	1	19
		45	1	3	16	40	53	9	55	4	66
	7	10	7	1		19	8	15	21	1	15
	42	265	86	130	83	202	578	540	624	88	1 144
	715	1 725	675	1 964	1 188	2 525	2 336	2 626	1 799	972	5 535
	252	599	202	480	632	1 029	866	1 015	629	364	1 924
	15	61	25	55	120	165	152	175	168	37	306
	164	335	101	251	337	584	399	616	143	154	893
	10	44	20	29	34	53	87	49	84	47	115

营利性产业活动单位按行业(小

(续5)

行业类别(小类)	代码	河南	湖北	湖南	广东
水晶采选业	1096	1			1
滑石采选业	1097	56	41	14	15
其他类未包括的非金属矿采选业	1099	222	167	265	259
木材及竹材采运业	1200		70	405	258
木材采运业	1210		67	396	254
竹材采运业	1220		3	9	4
制造业	C	81 253	49 695	58 338	144 212
食品加工业	1300	8 321	8 033	7 389	6 278
粮食及饲料加工业	1310	6 405	5 728	5 517	3 409
碾米业	1311	533	4 246	4 264	2 426
磨粉业	1312	5 013	659	121	166
面、米制品业	1313	331	468	382	346
配合及混合饲料制造业	1314	371	291	674	331
蛋白饲料制造业	1315	79	15	20	13
水产饲料制造业	1317	8	11	10	52
其他饲料制造业	1319	70	38	46	75
植物油加工业	1320	793	1 717	1 251	852
食用植物油加工业	1321	754	1 681	1 205	839
非食用植物油加工业	1322	39	36	46	13
制糖业	1330	24	18	39	181
甘蔗糖业	1331	2	10	21	147
甜菜糖业	1332	3		3	
加工糖业	1334	19	8	15	34
屠宰及肉类蛋类加工业	1340	840	414	356	643
屠宰业	1341	170	164	111	413
肉制品加工业	1342	548	90	163	195
肉类副产品加工业	1343	105	26	43	16
蛋品加工业	1344	17	134	39	19
水产品加工业	1350	12	47	27	579
冷冻水产品加工业	1351	9	21	13	164
干制水产品加工业	1352		8	2	196
腌制水产品加工业	1353		6	6	23
鱼糜及鱼糜制品加工业	1354		4	2	45
其它水产品加工业	1359	3	8	4	151
盐加工业	1360	6	4	5	19
其他食品加工业	1390	241	105	194	595
食品制造业	1400	2 729	1 616	1 560	4 050
糕点、糖果制造业	1410	1 027	608	594	2 548
糖果业	1411	115	88	142	465
糕点业	1412	382	341	248	246
饼干业	1413	227	84	72	293

类)、地区(省)分组的单位数

广西	海南	重庆	四川	贵州	云南	西藏	陕西	甘肃	青海	宁夏	新疆
1			1	1		4		1			
41			25	1	3		23	7	2		6
67	7	22	156	52	25	1	75	35	2	3	18
126	16	13	289	124	199	9	127	16	6		25
126	16	13	286	121	199	9	123	16	6		25
			3	3			4				
20 103	2 494	18 440	58 029	9 165	15 209	419	38 316	12 830	2 285	2 869	9 072
1 271	247	1 660	9 105	823	882	62	2 556	1 404	224	303	1 150
818	120	1 180	6 350	482	485	30	1 873	987	112	215	785
413	82	613	3 073	185	127	2	505	6	1	38	12
34	3	111	1 014	58	105	21	959	803	69	120	587
120	12	274	1 455	83	114	6	166	63	12	6	45
215	16	156	667	123	128	1	199	94	25	47	121
5		7	81	16	4		13	5	1		7
10	5	4	12	1	3		4		1	2	2
21	2	15	48	16	4		27	16	3	2	11
143	21	148	947	205	87	25	376	187	53	25	230
91	20	138	905	92	39	25	325	184	53	25	228
52	1	10	42	113	48		51	3			2
116	37	31	205	4	113		12	26	3	4	20
112	36	28	181	4	111		1	1			
			4				2	4		3	16
4	1	3	20		2		9	21	3	1	4
116	7	210	1 318	118	83	5	171	84	49	16	73
82	2	74	460	41	33	1	89	27	32	4	20
28	2	126	724	70	43	4	68	44	15	8	36
3	2	10	121	1	5		9	11	2	4	16
3	1		13	6	2		5	2			1
48	50	4	26	1	42	1	2	2	1	2	3
23	33		3	1	39		1	1		1	2
8					1						1
2		2	15					1			
3	3				2						
12	14	2	8			1	1		1	1	
6	1		10	1	3	1	5	2	3		10
24	11	87	249	12	69		117	116	3	41	29
969	150	515	1 891	305	742	16	1 575	768	104	146	494
420	44	160	535	102	373	7	614	230	31	45	212
73	20	68	204	15	63		80	35		8	40
113	7	67	173	62	215	6	339	106	23	30	115
83	9	5	34	11	25		30	9	1	4	10

营利性产业活动单位按行业(小

(续 6)

行业类别(小类)	代码	营利性产业活动单位数(个)	北京	天津	河北
方便主食品业	1414	1 920	127	57	98
蜜饯业	1415	2 581	32	6	144
其他糕点、糖果制品业	1419	1 080	35	8	18
乳制品制造业	1420	1 094	35	21	53
罐头食品制造业	1430	3 887	32	54	413
肉类罐头制造业	1431	269	6	1	5
禽类罐头制造业	1432	72			4
水产罐头制造业	1433	157		2	20
水果罐头制造业	1434	1 775	8	38	356
蔬菜罐头制造业	1435	1 169	9	7	10
其他罐头食品制造业	1439	445	9	6	18
发酵制品业	1440	935	16	18	73
氨基酸制造业	1441	101	2		4
味精制造业	1442	170	1	3	
柠檬酸制造业	1443	75		1	9
酵母制品业	1444	239	3	5	28
酶制剂制造业	1445	154	4	5	8
其他发酵制品业	1449	196	6	4	24
调味品制造业	1450	6 793	88	98	322
酱油、酱类制造业	1451	4 413	42	43	200
食醋制造业	1452	794	10	11	50
调味料制造业	1453	834	26	23	46
调味油制造业	1454	262	2	9	15
其他调味品制造业	1459	490	8	12	11
其他食品制造业	1490	14 697	214	256	991
豆制品制造业	1491	2 533	38	23	91
淀粉及淀粉制品业	1492	5 469	23	17	641
代乳品制造业	1493	80	2	2	4
制冰业	1495	582		4	2
淀粉糖业	1497	268	5	5	13
冷冻饮品制造业	1498	3 104	72	116	125
其他类未包括的食品制造业	1499	2 661	74	89	115
饮料制造业	1500	32 949	305	233	816
酒精及饮料酒制造业	1510	15 420	63	56	408
酒精制造业	1511	494	2	8	24
白酒制造业	1512	12 005	32	26	309
啤酒制造业	1513	958	15	4	46
黄酒制造业	1514	1 112	3	5	6
葡萄酒制造业	1515	236	7	9	8
果露酒制造业	1516	615	4	4	15
软饮料制造业	1520	8 323	180	150	370

类)、地区(省)分组的单位数

山西	内蒙古	辽宁	吉林	黑龙江	上海	江苏	浙江	安徽	福建	江西	山东
54	50	133	50	121	77	93	66	86	64	16	178
49	7	4	1	5	21	66	130	37	148	92	138
25	6	22	5	19	43	68	32	52	22	18	294
33	80	27	20	138	46	88	76	20	16	15	60
72	38	131	41	74	42	115	493	151	509	173	324
2	4	7	5	15	8	14	3	7	7	3	42
	3	2	1	1	5	5	1	4		1	10
1	2	8	1	6	4	12	18		7	4	17
55	10	89	8	25		31	149	74	119	19	198
10	15	11	13	16	8	25	289	39	289	116	25
4	4	14	13	11	17	28	33	27	87	30	32
8	6	25	18	30	33	93	90	32	29	13	88
1	1	3	2	2	8	5	20	5		2	4
		6	4	5	8	34	18	7	15	8	9
3		1		2	4	11	4	6			7
2	1	8	4	3	5	11	30	5	8		33
1	4	4	7	10	1	18	7	3	3		13
1		3	1	8	7	14	11	6	3	3	22
211	119	262	104	245	100	547	176	351	254	178	646
47	97	188	86	215	51	417	125	288	164	146	466
139	15	40	10	9	1	52	8	19	3	9	45
6	1	17	2	8	33	45	29	18	34	9	64
15	2	7	3	5	4	11	3	14	13	7	20
4	4	10	3	8	11	22	11	12	40	7	51
250	220	681	290	997	335	653	635	1 057	362	229	2 493
61	32	84	35	151	78	139	123	456	80	59	112
96	90	59	55	432	44	150	51	323	19	43	1 734
2	1	1	3	4	3	5	4	2	3	1	9
		3	1	1	13	13	177	2	69	15	24
		6	2	11	7	17	27	21	8	9	36
54	56	421	142	306	84	154	171	117	64	50	298
37	41	107	52	92	106	175	82	136	119	52	280
397	558	1 332	840	1 581	327	1 239	2 220	2 034	1 914	909	1 758
237	389	608	529	1 005	64	536	862	571	216	396	1 076
4		13	23	31	3	31	25	26	6	10	50
177	345	519	413	862	15	298	143	440	81	265	801
15	33	56	40	85	18	46	118	31	53	31	78
35	3	3	1	4	18	120	543	26	62	66	31
5	1	5	12	7	3	12	2	12	5	5	48
1	7	12	40	16	7	29	31	36	9	19	68
146	144	643	278	545	207	398	640	308	274	210	550

(续7)

行业类别(小类)	代码	河南	湖北	湖南	广东
方便主食品业	1414	207	41	31	131
蜜饯业	1415	57	12	37	1 337
其他糕点、糖果制品业	1419	39	42	64	76
乳制品制造业	1420	39	23	14	27
罐头食品制造业	1430	194	79	169	135
肉类罐头制造业	1431	54	10	2	7
禽类罐头制造业	1432	17	1		1
水产罐头制造业	1433	1	11	1	28
水果罐头制造业	1434	92	42	55	41
蔬菜罐头制造业	1435	18	8	94	29
其他罐头食品制造业	1439	12	7	17	29
发酵制品业	1440	83	36	26	57
氨基酸制造业	1441	6	11	6	4
味精制造业	1442	7	4	2	14
柠檬酸制造业	1443	3	4	5	2
酵母制品业	1444	18	6	4	16
酶制剂制造业	1445	19	5	6	10
其他发酵制品业	1449	30	6	3	11
调味品制造业	1450	396	264	237	476
酱油、酱类制造业	1451	261	212	165	231
食醋制造业	1452	49	8	6	14
调味料制造业	1453	47	25	29	156
调味油制造业	1454	14	7	13	23
其他调味品制造业	1459	25	12	24	52
其他食品制造业	1490	990	606	520	807
豆制品制造业	1491	188	199	105	205
淀粉及淀粉制品业	1492	430	157	104	64
代乳品制造业	1493	8	1	2	8
制冰业	1495	4	3	13	166
淀粉糖业	1497	26	12	13	15
冷冻饮品制造业	1498	186	55	180	84
其他类未包括的食品制造业	1499	148	179	103	265
饮料制造业	1500	1 429	2 420	1 505	1 687
酒精及饮料酒制造业	1510	690	1 054	515	564
酒精制造业	1511	42	43	19	15
白酒制造业	1512	458	928	439	453
啤酒制造业	1513	56	40	18	42
黄酒制造业	1514	48	12	25	17
葡萄酒制造业	1515	37	5	2	5
果露酒制造业	1516	49	26	12	32
软饮料制造业	1520	521	369	216	670

类)、地区(省)分组的单位数

广西	海南	重庆	四川	贵州	云南	西藏	陕西	甘肃	青海	宁夏	新疆
35	3	9	46	5	22		80	20	4	1	15
89	2	2	14	5	27		43	53		2	21
27	3	9	64	4	21	1	42	7	3		11
8	2	11	20	3	15	4	70	24	13	27	66
92	19	37	146	22	54		129	75	2	6	66
1		14	28	4	8		4	7			1
	1		6		3		6				
2			2		2		2				6
69	16	19	57	6	21		98	53	1	2	24
11	1	3	38	9	16		10	12	1	4	33
9	1	1	15	3	4		9	3			2
26	5	15	53	3	20		15	9	3	7	5
1		5	4	1			2	1		1	
5	1	4	10		2		2	1			
2	1		2		3		2			3	
5	2	4	15	1	8		6	5	1	1	1
8			11		4		1	1		1	
5	1	2	11	1	3		2	1	2	1	4
124	12	154	696	97	104	2	294	139	26	16	55
69	5	116	397	75	82	2	117	61	11	6	28
10		3	35	9	5		119	72	11	8	24
21	4	20	131	4	5		25	2	1	2	1
9	1	5	31	7	6		12	2	1		1
15	2	10	102	2	6		21	2	2		1
299	68	138	441	78	176	3	453	291	29	45	90
43		36	72	6	35		48	22	3	2	7
167	7	17	132	48	39	2	252	191	19	35	28
2			3		1		6	1	1		1
19	31		12		5		4	1			
10		2	5	1	3		9	3		1	1
27	9	55	94	13	38		67	32	1	4	29
31	21	28	123	10	55	1	67	41	5	3	24
859	135	989	4 423	625	1 234	13	616	235	34	50	232
298	22	686	3 164	380	512	4	223	122	21	24	125
27	1	12	43	8	6		9	4	1	1	7
228	9	643	3 037	336	437	3	135	66	18	11	78
8	6	11	25	8	15	1	19	16	2	5	17
4	3	2	9	6	2		27	29			2
6			11		2		12	2		1	12
25	3	18	39	22	50		21	5		6	9
288	63	112	342	75	208	4	192	96	12	15	97

营利性产业活动单位按行业(小

(续8)

行业类别(小类)	代码	营利性产业活动单位数(个)	北京	天津	河北	山西
碳酸饮料制造业	1521	3 732	54	51	135	57
天然矿泉水制造业	1522	1 403	47	20	39	13
果菜汁饮料制造业	1523	1 628	47	45	117	69
固体饮料制造业	1524	681	11	16	40	7
其他软饮料制造业	1529	879	21	18	39	
制茶业	1550	7 862	10	2	13	2
其他饮料制造业	1590	1 344	52	25	25	12
烟草加工业	1600	654	5	3	9	6
烟叶复烤业	1610	247		1	2	3
卷烟制造业	1620	283	4	1	5	3
其他烟草加工业	1690	124	1	1	2	
纺织业	1700	60 961	702	994	3 474	577
纤维原料初步加工业	1710	5 088	17	44	582	114
轧花业	1711	3 149	7	9	337	99
洗毛业	1712	283	3	8	69	2
亚麻纤维初步加工业	1713	237			17	3
苎麻纤维初步加工业	1714	224			1	1
其他纤维原料初步加工业	1719	1 195	7	27	158	9
棉纺织业	1720	21 143	207	401	1 308	205
棉纺业	1721	3 364	28	44	236	52
棉织业	1722	6 993	35	90	417	71
印染业	1723	3 135	44	94	148	18
棉制品业	1724	4 128	56	66	348	43
棉线带制造业	1725	2 074	26	60	85	9
帘子布制造业	1726	355	7	6	10	4
其他棉纺织业	1729	1 094	11	41	64	8
毛纺织业	1740	6 551	147	131	943	31
毛条加工业	1741	456	20	9	13	6
毛纺业	1742	2 180	44	56	553	13
毛织业	1743	2 628	51	28	157	5
毛染整业	1744	395	11	5	76	1
工业用呢、工业用毡制造业	1745	340	9	13	111	1
其他毛纺织业	1749	552	12	20	33	5
麻纺织业	1760	1 040	4	3	27	12
苎麻纺织业	1761	234			2	1
亚麻纺织业	1762	144		2	2	2
黄、洋、青麻纺织业	1763	371	1	1	9	7
其他麻纺织业	1769	291	3		14	2
丝绢纺织业	1770	8 083	25	57	55	35
缫丝业	1771	1 737			1	18
绢纺业	1772	397		1		

类）、地区（省）分组的单位数

内蒙古	辽宁	吉林	黑龙江	上海	江苏	浙江	安徽	福建	江西	山东
83	448	176	339	53	169	233	151	70	90	166
14	53	54	58	64	50	107	42	64	54	153
25	63	15	80	25	62	151	40	93	34	129
11	51	27	29	13	41	56	34	19	7	55
11	28	6	39	52	76	93	41	28	25	47
4	5	3	6	10	202	615	1 103	1 377	257	48
21	76	30	25	46	103	103	52	47	46	84
4	10	10	24	7	21	7	18	34	13	35
	3	4	13			1	5	21	4	13
3	5	6	10	4	11	4	10	7	9	18
1	2		1	3	10	2	3	6		4
534	1 628	393	741	3 079	8 837	10 030	2 257	2 042	918	5 290
43	50	11	163	73	476	249	374	18	161	525
2	5	2	3	14	249	62	279	1	136	418
28	4		3	6	42	9	3	2		22
3	4	2	146	1	2				2	5
	1	2	2		2	2	8	1	6	9
10	36	5	9	52	181	176	84	14	17	71
48	639	137	209	1 158	3 370	2 525	774	674	293	2 867
8	109	25	40	146	445	246	128	74	57	571
9	216	50	55	214	1 261	911	226	211	75	1 326
2	98	16	20	205	465	489	46	118	36	209
18	106	19	45	260	475	467	235	95	85	492
5	59	11	22	220	431	246	71	115	25	141
	20	7	11	27	73	42	10	36	3	38
6	31	9	16	86	220	124	58	25	12	90
226	114	55	63	250	1 151	597	77	65	30	355
32	12	1	3	34	167	35	7	4		29
46	21	12	18	100	509	254	38	16	15	147
52	29	21	13	48	279	181	16	21	10	108
38	1			28	76	72	1	10		4
12	35	12	23	14	23	5	6	3	2	25
46	16	9	6	26	97	50	9	11	3	42
4	30	10	67	12	65	75	145	19	56	77
	1		1	2	14	11	19	2	38	9
1	5	5	46	2	6	13	7	5		8
1	13	4	7		17	30	74	3	11	30
2	11	1	13	8	28	21	45	9	7	30
9	234	13	14	189	1 351	3 431	371	66	98	352
1	128	2	2	4	265	350	166	5	51	49
1	19	1	1	14	139	121	13		3	12

营利性产业活动单位按行业(小

(续 9)

行业类别(小类)	代码	河南	湖北	湖南	广东
碳酸饮料制造业	1521	255	225	92	270
天然矿泉水制造业	1522	58	47	52	156
果菜汁饮料制造业	1523	108	34	27	92
固体饮料制造业	1524	56	24	20	35
其他软饮料制造业	1529	44	39	25	117
制茶业	1550	151	962	738	246
其他饮料制造业	1590	67	35	36	207
烟草加工业	1600	80	32	28	51
烟叶复烤业	1610	49	7	4	10
卷烟制造业	1620	27	23	22	13
其他烟草加工业	1690	4	2	2	28
纺织业	1700	2 952	1 901	1 002	8 342
纤维原料初步加工业	1710	681	396	217	105
轧花业	1711	572	316	112	19
洗毛业	1712	12	13	1	16
亚麻纤维初步加工业	1713	3	7	4	6
苎麻纤维初步加工业	1714	2	36	78	2
其他纤维原料初步加工业	1719	92	24	22	62
棉纺织业	1720	1 315	935	435	1 880
棉纺业	1721	320	218	88	172
棉织业	1722	420	362	130	314
印染业	1723	117	74	37	703
棉制品业	1724	324	159	109	348
棉线带制造业	1725	59	71	50	239
帘子布制造业	1726	16	10	1	17
其他棉纺织业	1729	59	41	20	87
毛纺织业	1740	111	61	17	1 675
毛条加工业	1741	9	5	3	27
毛纺业	1742	51	20	6	106
毛织业	1743	21	18	7	1 425
毛染整业	1744	8	6		57
工业用呢、工业用毡制造业	1745	12	3	1	5
其他毛纺织业	1749	10	9		55
麻纺织业	1760	105	70	73	54
苎麻纺织业	1761	6	40	45	7
亚麻纺织业	1762	6	1	3	13
黄、洋、青麻纺织业	1763	75	20	12	11
其他麻纺织业	1769	18	9	13	23
丝绢纺织业	1770	192	137	38	427
缫丝业	1771	72	68	8	28
绢纺业	1772	3	6		3

类)、地区(省)分组的单位数

广西	海南	重庆	四川	贵州	云南	西藏	陕西	甘肃	青海	宁夏	新疆
115	13	55	145	31	76		80	43	5	8	44
29	16	19	45	21	48	4	28	11	4	2	31
51	24	24	87	11	65		62	29	1	4	14
70	6	7	15	2	7		10	7		1	4
23	4	7	50	10	12		12	6	2		4
204	39	171	878	145	501	1	156	8		5	
69	11	20	39	25	13	4	45	9	1	6	10
32	1	17	31	38	62		20	37	1	3	15
11		7	12	26	33		9	7		1	1
16	1	10	18	12	18		11	7	1	2	2
5			1		11			23			12
440	39	687	1 532	114	200	29	1 036	327	111	78	675
12		37	107	2	4		202	51	10	13	351
3		1	62		1		93	17	1		329
1			2		1		7	11	8	3	7
			5		1		1	14	1	8	2
2		32	26	1			2	2			6
6		4	12	1	1		99	7		2	7
176	11	325	398	55	101		485	47	8	15	142
28	4	32	76	14	22		89	16	3	3	70
41	3	208	122	11	27		142	9	2	5	30
24	2	23	46	5	11		82	1			2
63	2	24	108	12	24		103	14	2	4	22
13		16	29	7	11		39	1	1	2	10
1		2	5		1		8				
6		20	12	6	5		22	6		1	8
18	4	15	92	4	9	24	53	110	43	24	56
1	2	1	11				4	11	2		8
5	1	4	19	3	5	4	25	45	10	11	23
9		6	50	1	2	9	11	12	19	7	12
										1	
		2	3				4	3	5	1	7
3	1	2	9		2	11	9	39	7	4	6
21	6	17	47	7	15		8	8		1	2
2	1	13	17	2	1						
1			2		5			7		1	1
9		2	19	4	7		3	1			
9	5	2	9	1	2		5				1
58	2	187	610	17	28		62	8		2	15
39		123	297	8	12		29	2		1	8
1		21	35				2				1

营利性产业活动单位按行业(小

(续10)

行业类别(小类)	代码	营利性产业活动单位数(个)	北京	天津	河北
丝织业	1773	3 826	6	22	28
丝印染业	1774	654	2	14	3
丝制品业	1775	1 096	14	17	20
其他丝绢纺织业	1779	373	3	3	3
针织品业	1780	15 996	246	290	377
棉针织品业	1781	6 214	110	149	147
毛针织品业	1782	6 316	121	91	106
丝针织品业	1783	1 357	5	23	30
其他针织品业	1789	2 109	10	27	94
其他纺织业	1790	3 060	56	68	182
服装及其他纤维制品制造业	1800	58 977	1 387	1 255	1 863
服装制造业	1810	49 779	1 209	1 084	1 360
制帽业	1820	829	17	33	27
制鞋业	1830	5 115	101	75	377
其他纤维制品制造业	1890	3 254	60	63	99
皮革、毛皮、羽绒及其制品业	1900	31 053	271	382	1 181
制革业	1910	3 504	14	23	197
轻革业	1911	2 453	7	9	158
重革业	1912	192		2	4
其他制革业	1919	859	7	12	35
皮革制品制造业	1920	23 333	201	286	405
皮鞋制造业	1921	14 419	94	160	119
革皮服装制造业	1923	2 863	37	42	170
皮箱制造业	1924	948	10	12	20
皮包制造业	1925	2 788	36	20	36
其他类未包括的皮革制品业	1929	2 315	24	52	60
毛皮鞣制及制品业	1930	1 881	28	54	399
毛皮鞣制业	1931	801	4	9	200
毛皮服装业	1932	426	11	28	80
其他毛皮制品业	1939	654	13	17	119
羽毛(绒)及制品业	1950	2 335	28	19	180
羽毛(绒)加工业	1951	1 089	5	8	146
羽毛(绒)制品业	1952	1 246	23	11	34
木材加工及竹、藤、棕、草制品业	2000	45 914	352	339	1 301
锯材、木片加工业	2010	14 835	70	33	278
锯材加工业	2011	12 341	52	30	216
木片加工业	2012	2 494	18	3	62
人造板制造业	2020	6 024	41	45	566
胶合板制造业	2021	3 288	19	26	415
纤维板制造业	2022	507	5	2	28
刨花板制造业	2023	889	4	4	60

类)、地区(省)分组的单位数

山西	内蒙古	辽宁	吉林	黑龙江	上海	江苏	浙江	安徽	福建	江西	山东
14	3	52	5	6	62	568	2 265	114	24	23	171
1	1	5	2		25	108	294	4	8	1	12
2	1	16	1	1	54	205	329	59	23	14	76
	2	14	2	4	30	66	72	15	6	6	32
156	179	440	140	172	1 220	1 889	2 584	399	1 099	254	867
62	40	210	68	91	407	806	699	273	380	209	509
9	98	96	45	33	617	680	1 245	44	300	25	183
73	10	42	8	14	54	163	391	13	260	8	71
12	31	92	19	34	142	240	249	69	159	12	104
24	25	121	27	53	177	535	569	117	101	26	247
538	483	2 030	547	827	3 725	5 155	7 008	1 421	5 934	829	3 172
420	361	1 710	442	622	3 262	4 267	5 848	1 168	5 268	738	2 386
10	6	22	14	19	54	111	57	31	22	2	51
95	85	154	48	105	164	393	727	119	382	55	544
13	31	144	43	81	245	384	376	103	262	34	191
183	346	674	209	392	1 230	2 513	5 591	949	2 565	426	1 690
18	44	67	21	40	75	180	889	100	98	45	196
13	30	38	14	27	41	120	731	74	72	36	122
1	3	6	2		4	7	85	8	7		7
4	11	23	5	13	30	53	73	18	19	9	67
134	193	476	135	281	1 064	1 936	4 377	519	2 319	274	1 208
65	93	265	73	174	605	1 192	2 937	284	2 005	186	673
45	81	91	23	52	66	224	734	57	86	17	284
6	1	19	6	10	92	94	183	50	35	20	48
2	1	26	6	10	137	187	273	23	103	13	114
16	17	75	27	35	164	239	250	105	90	38	89
23	92	72	25	31	24	94	99	38	27	10	152
5	31	11	6	9	3	36	37	25	6	3	70
6	8	28	4	8	11	26	41	4	13	2	37
12	53	33	15	14	10	32	21	9	8	5	45
8	17	59	28	40	67	303	226	292	121	97	134
1	11	16	13	18	4	126	97	188	62	33	58
7	6	43	15	22	63	177	129	104	59	64	76
315	740	2 640	1 517	3 650	978	2 130	3 316	3 331	3 030	2 759	2 828
97	306	1 176	716	1 497	159	669	759	1 190	756	659	898
81	276	1 028	640	1 371	105	523	701	985	653	547	645
16	30	148	76	126	54	146	58	205	103	112	253
68	97	164	174	307	84	350	276	280	349	296	841
17	39	46	94	152	39	202	190	180	253	192	403
15	10	19	9	24	3	23	18	19	24	26	48
16	21	28	26	34	2	31	25	34	23	18	243

营利性产业活动单位按行业(小

(续 11)

行业类别(小类)	代码	河南	湖北	湖南	广东
丝织业	1773	56	33	12	115
丝印染业	1774	11	5		139
丝制品业	1775	34	16	14	95
其他丝绢纺织业	1779	16	9	4	47
针织品业	1780	410	227	182	3 884
棉针织品业	1781	261	161	118	961
毛针织品业	1782	62	24	14	2 277
丝针织品业	1783	28	22	17	73
其他针织品业	1789	59	20	33	573
其他纺织业	1790	138	75	40	317
服装及其他纤维制品制造业	1800	1 543	1 888	1 153	13 720
服装制造业	1810	1 117	1 624	870	12 429
制帽业	1820	38	26	15	191
制鞋业	1830	273	79	199	621
其他纤维制品制造业	1890	115	159	69	479
皮革、毛皮、羽绒及其制品业	1900	1 593	521	1 093	5 992
制革业	1910	411	81	146	418
轻革业	1911	319	43	112	177
重革业	1912	13	5	1	15
其他制革业	1919	79	33	33	226
皮革制品制造业	1920	787	372	849	5 142
皮鞋制造业	1921	514	213	605	2 319
革皮服装制造业	1923	162	36	115	263
皮箱制造业	1924	32	48	47	127
皮包制造业	1925	17	24	40	1 644
其他类未包括的皮革制品业	1929	62	51	42	789
毛皮鞣制及制品业	1930	307	16	13	185
毛皮鞣制业	1931	181	6	5	39
毛皮服装业	1932	38	4	7	48
其他毛皮制品业	1939	88	6	1	98
羽毛(绒)及制品业	1950	88	52	85	247
羽毛(绒)加工业	1951	48	6	34	116
羽毛(绒)制品业	1952	40	46	51	131
木材加工及竹、藤、棕、草制品业	2000	1 719	1 493	3 081	3 452
锯材、木片加工业	2010	534	534	917	1 144
锯材加工业	2011	377	458	712	849
木片加工业	2012	157	76	205	295
人造板制造业	2020	607	146	225	316
胶合板制造业	2021	317	62	130	114
纤维板制造业	2022	51	27	14	35
刨花板制造业	2023	94	26	22	39

类)、地区(省)分组的单位数

广西	海南	重庆	四川	贵州	云南	西藏	陕西	甘肃	青海	宁夏	新疆
10	2	20	175	6	6		19	5		1	3
		4	13				2				
6		15	66	1	10		5				2
2		4	24	2			5	1			1
141	12	91	237	22	35	4	182	95	44	19	99
98	6	67	131	12	23		128	47	4	7	30
16	4	7	48	4	1	4	25	42	36	7	52
9		6	20	2	1		9	1		2	2
18	2	11	38	4	10		20	5	4	3	15
14	4	15	41	7	8	1	44	8	6	4	10
481	69	374	1 151	204	401	19	1 132	268	65	80	255
397	67	294	924	155	320	14	889	212	50	68	204
12		6	34	3	2		12	6	3		5
29		51	131	25	40	3	170	40	4	10	16
43	2	23	62	21	39	2	61	10	8	2	30
223	21	374	1 360	114	211	7	332	255	86	58	211
36	1	31	179	24	33	1	43	35	15	10	33
20		19	124	19	28		25	29	10	8	28
1		6	6	2	2		3	2			
15	1	6	49	3	3	1	15	4	5	2	5
152	14	303	1 045	82	163	4	252	156	43	25	136
88	8	262	925	63	118	4	190	77	27	13	68
7		15	70	3	19		26	62	9	11	56
12		10	16	6	9		22	5	4		4
19	2	6	19	5	8		8	2	1		6
26	4	10	15	5	9		6	10	2	1	2
5		4	40	2	9	2	16	51	11	14	38
2		1	24	1	6	2	8	45	5	4	17
			4		2		2	2	1	3	8
3		3	12	1	1		6	4	5	7	13
30	6	36	96	6	6		21	13	17	9	4
12	1	7	47		1		4	6	13	6	2
18	5	29	49	6	5		17	7	4	3	2
1 645	124	272	1 654	330	824	40	1 526	321	31	39	137
578	41	31	600	98	363	29	443	185	12	9	54
474	34	20	527	79	334	29	375	151	9	9	51
104	7	11	73	19	29		68	34	3		3
182	16	27	198	31	89	4	156	37	4	10	38
131	11	15	106	9	35	4	59	10	2		16
13	2	2	24	2	15		28	9		3	9
16	1	3	32	9	25		31	9		5	8

(续12)

行业类别(小类)	代码	营利性产业活动单位数(个)	北京	天津	河北
其他人造板制造业	2029	1 340	13	13	63
木制品业	2030	17 728	227	234	340
生产用木制品业	2031	12 750	190	190	248
生活用木制品业	2033	4 978	37	44	92
竹、藤、棕、草制品业	2040	7 327	14	27	117
家具制造业	2100	32 186	711	254	1 180
木制家具制造业	2110	26 236	555	166	868
竹、藤家具制造业	2120	1 180		3	41
金属家具制造业	2130	2 818	121	63	204
塑料家具制造业	2140	175			2
其他家具制造业	2190	1 777	35	22	65
造纸及纸制品业	2200	39 255	644	657	2 441
纸浆制造业	2210	642	10	4	14
造纸业	2220	16 130	156	155	1 330
机制纸及纸板制造业	2221	13 406	99	112	1 250
手工纸制造业	2223	1 023	5	5	11
加工纸制造业	2224	1 701	52	38	69
纸制品业	2230	22 483	478	498	1 097
印刷业，记录媒介的复制	2300	37 224	1 115	623	1 452
印刷业	2310	36 991	1 096	615	1 447
书、报、刊印刷业	2311	9 170	517	141	684
包装装潢印刷业	2312	7 281	140	122	214
其他印刷业	2319	20 540	439	352	549
记录媒介的复制	2320	233	19	8	5
文教体育用品制造业	2400	15 399	347	429	299
文化用品制造业	2410	6 675	152	206	132
文具制造业	2411	1 843	42	88	32
本册制造业	2413	2 653	64	55	74
笔制造业	2415	1 194	20	42	10
教学标本、模型制造业	2417	336	7	5	6
其他文化用品制造业	2419	649	19	16	10
体育用品制造业	2420	1 570	38	75	59
球类制造业	2421	403	3	18	10
体育器材制造业	2423	661	15	26	18
其他体育用品制造业	2429	506	20	31	31
乐器及其他文娱用品制造业	2430	595	48	74	26
中乐器制造业	2431	147	13	18	7
西乐器制造业	2433	226	23	38	14
电子乐器制造业	2435	50	4	6	1
其他乐器及文娱用品制造业	2439	172	8	12	4
玩具制造业	2440	5 857	72	46	53

类)、地区(省)分组的单位数

山西	内蒙古	辽宁	吉林	黑龙江	上海	江苏	浙江	安徽	福建	江西	山东
20	27	71	45	97	40	94	43	47	49	60	147
124	318	1 215	604	1 791	681	953	1 360	1 085	1 155	927	865
85	242	898	386	1 360	544	730	995	764	689	621	675
39	76	317	218	431	137	223	365	321	466	306	190
26	19	85	23	55	54	158	921	776	770	877	224
474	369	677	279	581	1 327	1 587	1 669	1 724	1 037	1 301	3 352
396	332	566	249	500	1 039	1 178	1 101	1 459	770	1 092	3 045
2	1	1		2	10	33	73	92	70	132	36
71	24	54	12	51	152	247	334	88	117	32	141
2	1	7	4	1	4	21	13	3	5	4	27
3	11	49	14	27	122	108	148	82	75	41	103
997	260	1 229	475	663	1 102	2 316	3 049	1 550	1 850	938	3 443
9	8	19	10	13	19	26	14	33	37	9	29
572	124	397	208	339	286	566	911	763	621	500	1 072
530	117	362	183	302	148	432	687	620	506	343	946
9		6	2	6	11	19	88	75	43	117	29
33	7	29	23	31	127	115	136	68	72	40	97
416	128	813	257	311	797	1 724	2 124	754	1 192	429	2 342
822	562	1 718	944	1 038	1 867	3 720	3 195	1 357	1 178	807	2 851
816	562	1 713	938	1 035	1 851	3 712	3 187	1 348	1 168	807	2 845
411	156	360	266	304	336	652	443	364	224	217	778
46	39	182	80	82	544	903	929	179	284	119	474
359	367	1 171	592	649	971	2 157	1 815	805	660	471	1 593
6		5	6	3	16	8	8	9	10		6
93	61	315	107	190	1 139	1 599	2 181	687	680	280	878
51	52	210	83	139	513	638	1 197	298	272	201	423
15	10	37	19	35	175	132	452	54	100	22	63
23	33	101	33	59	79	204	254	124	91	76	242
7		33	9	25	176	192	253	89	30	65	72
1	4	13	8	7	20	28	60	13	25	5	28
5	5	26	14	13	63	82	178	18	26	33	18
31	1	32	7	26	131	235	248	55	98	18	94
1		7		1	36	72	62	28	33	4	21
6	1	11	4	21	49	81	131	12	48	12	38
24		14	3	4	46	82	55	15	17	2	35
5	2	18	6	8	66	59	57	2	14	6	28
2	1	1	3		7	14	8		2	2	11
1		11	2	2	35	24	20		5	3	7
1		2		1	5	5	2	1	1	1	3
1	1	4	1	5	19	16	27	1	6		7
4	3	30	3	8	370	609	613	308	262	45	282

(续13)

行业类别(小类)	代码	河南	湖北	湖南	广东
其他人造板制造业	2029	145	31	59	128
木制品业	2030	436	543	852	1 328
生产用木制品业	2031	286	385	539	841
生活用木制品业	2033	150	158	313	487
竹、藤、棕、草制品业	2040	142	270	1 087	664
家具制造业	2100	1 587	1 649	1 703	5 182
木制家具制造业	2110	1 296	1 378	1 425	4 139
竹、藤家具制造业	2120	42	97	202	200
金属家具制造业	2130	148	109	36	439
塑料家具制造业	2140	20	7	2	24
其他家具制造业	2190	81	58	38	380
造纸及纸制品业	2200	3 358	1 480	1 848	4 756
纸浆制造业	2210	64	41	54	76
造纸业	2220	2 059	892	1 073	1 067
机制纸及纸板制造业	2221	1 981	664	871	810
手工纸制造业	2223	6	90	122	20
加工纸制造业	2224	72	138	80	237
纸制品业	2230	1 235	547	721	3 613
印刷业，记录媒介的复制	2300	1 658	1 079	1 329	4 278
印刷业	2310	1 653	1 075	1 326	4 187
书、报、刊印刷业	2311	430	380	394	634
包装装潢印刷业	2312	377	183	188	1 361
其他印刷业	2319	846	512	744	2 192
记录媒介的复制	2320	5	4	3	91
文教体育用品制造业	2400	345	217	377	4 111
文化用品制造业	2410	249	147	280	650
文具制造业	2411	42	45	43	309
本册制造业	2413	155	82	155	224
笔制造业	2415	21	9	37	62
教学标本、模型制造业	2417	22	9	22	13
其他文化用品制造业	2419	9	2	23	42
体育用品制造业	2420	20	10	22	296
球类制造业	2421	2	3	9	77
体育器材制造业	2423	9	3	8	132
其他体育用品制造业	2429	9	4	5	87
乐器及其他文娱用品制造业	2430	16	8	7	104
中乐器制造业	2431	7	4	7	19
西乐器制造业	2433	3	1		31
电子乐器制造业	2435				14
其他乐器及文娱用品制造业	2439	6	3		40
玩具制造业	2440	41	41	34	2 956

类)、地区(省)分组的单位数

广西	海南	重庆	四川	贵州	云南	西藏	陕西	甘肃	青海	宁夏	新疆
22	2	7	36	11	14		38	9	2	2	5
542	49	169	554	131	320	4	772	78	14	16	41
348	30	145	432	115	269	2	613	68	10	14	36
194	19	24	122	16	51	2	159	10	4	2	5
343	18	45	302	70	52	3	155	21	1	4	4
489	97	376	1 779	193	421	19	1 495	328	41	60	245
419	80	319	1 457	159	352	17	1 280	303	34	53	209
28	3	12	56	10	18		13	2	1		
22	4	26	139	17	33	1	84	11	4	4	30
1	1	2	14		4		6				
19	9	17	113	7	14	1	112	12	2	3	6
802	62	424	1 389	237	408	15	2 227	313	36	81	205
27		5	20	2	19		63	7	1	2	7
425	27	186	767	132	176	15	1 030	124	23	47	87
355	22	127	589	111	148	5	824	115	22	45	80
11	1	47	126	10	7		155			1	1
59	4	12	52	11	21	10	51	9	1	1	6
350	35	233	602	103	213		1 134	182	12	32	111
684	82	610	1 498	378	525	16	987	361	75	100	315
683	81	607	1 495	378	524	16	977	361	75	100	313
209	34	127	359	90	119	11	260	109	19	32	110
96	10	81	254	51	127	2	138	37	4	14	21
378	37	399	882	237	278	3	579	215	52	54	182
1	1	3	3		1		10				2
115	14	118	311	58	71		227	62	11	28	49
77	8	89	230	49	51		149	49	9	28	43
19	2	17	34	4	10		20	12	1	3	6
40	6	49	160	37	27		110	31	8	25	32
4		13	13	3	1		5	3			
4		6	14	3	4		5	2			2
10		4	9	2	9		9	1			3
5	1	10	31	4	2		13	5	1		2
1	1	5	6		1			2			
1		4	16	3	1		7	2	1		1
3		1	9	1			6	1			1
		3	11	1	2		23				1
			2	1	1		16				1
		2	2				2				
			1				2				
		1	6		1		3				
14	4	15	16	2	6		16	2	1		1

(续14)

行业类别(小类)	代码	营利性产业活动单位数(个)	北京	天津	河北
游艺器材制造业	2450	219	13	4	18
其他类未包括的文教体育用品制造业	2490	483	24	24	11
石油加工及炼焦业	2500	8 081	158	110	374
人造原油生产业	2510	149	12	8	9
原油加工业	2520	2 094	50	36	116
石油制品业	2530	2 274	93	66	113
炼焦业	2570	3 564	3		136
化学原料及化学制品制造业	2600	65 801	1 640	1 837	3 207
基本化学原料制造业	2610	12 295	167	366	806
无机酸制造业	2611	1 766	46	45	155
烧碱制造业	2613	642	13	52	25
纯碱制造业	2615	803	3	41	52
无机盐制造业	2617	4 369	33	159	298
其他基本化学原料制造业	2619	4 715	72	69	276
化学肥料制造业	2620	6 707	57	57	289
氮肥制造业	2621	1 000	6	4	80
磷肥制造业	2622	1 941	2	6	96
钾肥制造业	2623	97			5
复合肥料制造业	2624	2 306	26	35	62
微量元素肥料制造业	2625	240	7	4	11
其他化学肥料制造业	2629	1 123	16	8	35
化学农药制造业	2630	1 848	23	53	108
农药原药制造业	2631	617	3	19	38
农药制剂制造业	2633	1 231	20	34	70
有机化学产品制造业	2650	16 399	532	540	976
有机化工原料制造业	2651	2 975	53	95	200
涂料制造业	2652	8 363	386	180	408
油墨制造业	2653	670	14	29	21
颜料制造业	2654	1 039	15	32	87
染料制造业	2655	1 094	12	133	126
其他有机化学产品制造业	2659	2 258	52	71	134
合成材料制造业	2660	4 560	126	90	203
聚烯烃塑料制造业	2661	592	21	8	34
热固性树脂及塑料制造业	2662	821	12	17	33
工程塑料制造业	2663	647	23	9	26
功能高分子制造业	2664	625	18	11	26
有机硅氟材料制造业	2665	289	7	6	10
合成橡胶制造业	2666	665	17	10	33
合成纤维单(聚合)体制造业	2667	209	5	5	7
其他合成材料制造业	2669	712	23	24	34
专用化学产品制造业	2670	14 395	423	418	542

类)、地区(省)分组的单位数

山西	内蒙古	辽宁	吉林	黑龙江	上海	江苏	浙江	安徽	福建	江西	山东
		5	1	1	25	16	19	2	8		11
2	3	20	7	8	34	42	47	22	26	10	40
2 227	147	835	99	358	189	548	139	84	41	43	555
5		28	5	4	7	22	6	1		2	6
17	30	422	40	170	94	239	59	29	7	12	235
33	13	363	48	145	84	274	74	48	19	18	244
2 172	104	22	6	39	4	13		6	15	11	70
1 537	579	3 624	1 082	1 437	2 758	8 822	4 239	2 549	1 695	1 530	5 543
679	206	679	185	192	325	1 363	546	320	186	217	1 120
59	18	106	24	35	56	250	76	53	19	34	163
17	20	32	8	6	7	43	20	13	10	9	115
50	36	38	9	16	10	80	30	22	18	7	107
207	74	222	58	37	97	563	185	87	61	89	320
346	58	281	86	98	155	427	235	145	78	78	415
169	49	213	85	171	37	518	153	619	128	219	495
76	12	23	13	5	8	58	26	61	42	18	90
42	2	31	4	11	9	149	56	211	18	49	113
1	1	3		1		12	3	7	2	1	6
21	15	99	35	100	9	231	39	270	37	27	165
7		12	4	9		12	7	8	3	2	45
22	19	45	29	45	11	56	22	62	26	122	76
44	6	78	24	40	33	330	129	95	21	34	167
23		32	6	11	11	139	46	23	7	4	55
21	6	46	18	29	22	191	83	72	14	30	112
254	130	1 058	308	375	888	2 712	1 130	566	283	234	1 430
60	16	191	72	61	112	728	231	73	16	41	310
122	93	564	144	249	516	1 018	521	345	212	125	671
7	2	26	8	10	55	98	63	21	20	9	56
7	5	34	6	9	53	144	81	30	4	19	119
15	2	54	4	1	54	251	115	20	10	4	77
43	12	189	74	45	98	473	119	77	21	36	197
69	18	229	75	76	309	804	470	171	94	58	450
6	5	25	9	6	35	81	80	16	10	10	67
17	6	29	20	10	48	124	170	32	22	13	70
6		33	8	16	55	139	42	23	5	5	75
14	1	39	11	14	46	102	40	40	11	6	83
3		20	3	2	15	48	36	7	15	7	33
15	1	34	12	16	39	81	29	21	16	2	71
2	1	5		6	23	63	6	8	3	2	15
6	4	44	12	6	48	166	67	24	12	13	36
204	87	980	249	346	619	2 071	1 162	365	559	527	1 224

(续 15)

行业类别(小类)	代码	河南	湖北	湖南
游艺器材制造业	2450	7	2	1
其他类未包括的文教体育用品制造业	2490	12	9	33
石油加工及炼焦业	2500	530	109	135
人造原油生产业	2510	4	4	1
原油加工业	2520	160	56	16
石油制品业	2530	196	42	45
炼焦业	2570	170	7	73
化学原料及化学制品制造业	2600	4 416	2 121	2 366
基本化学原料制造业	2610	979	447	575
无机酸制造业	2611	139	56	65
烧碱制造业	2613	72	17	14
纯碱制造业	2615	74	26	23
无机盐制造业	2617	338	106	259
其他基本化学原料制造业	2619	356	242	214
化学肥料制造业	2620	440	457	356
氮肥制造业	2621	98	65	74
磷肥制造业	2622	155	212	70
钾肥制造业	2623	8	3	1
复合肥料制造业	2624	101	94	142
微量元素肥料制造业	2625	22	8	4
其他化学肥料制造业	2629	56	75	65
化学农药制造业	2630	188	66	47
农药原药制造业	2631	59	21	17
农药制剂制造业	2633	129	45	30
有机化学产品制造业	2650	1 048	446	556
有机化工原料制造业	2651	241	62	68
涂料制造业	2652	452	273	258
油墨制造业	2653	52	12	20
颜料制造业	2654	62	23	71
染料制造业	2655	89	19	35
其他有机化学产品制造业	2659	152	57	104
合成材料制造业	2660	306	126	101
聚烯烃塑料制造业	2661	38	26	9
热固性树脂及塑料制造业	2662	62	13	15
工程塑料制造业	2663	46	15	16
功能高分子制造业	2664	47	12	13
有机硅氟材料制造业	2665	13	8	8
合成橡胶制造业	2666	50	34	17
合成纤维单(聚合)体制造业	2667	10	3	6
其他合成材料制造业	2669	40	15	17
专用化学产品制造业	2670	882	317	398

类)、地区(省)分组的单位数

广东	广西	海南	重庆	四川	贵州	云南	西藏	陕西	甘肃	青海	宁夏	新疆
51	6	1	1	9		2		15	1			
54	13			14	2	8		11	5			2
187	37	3	39	297	198	63	1	290	100	8	35	142
12			1	2		5		2	3			
72	12	1	11	55	5	1		38	41	2	17	51
95	22	2	8	62	2	9	1	42	46	2		65
8	3		19	178	191	48		208	10	4	18	26
4 720	1 143	156	967	2 694	741	1 042	9	1 738	847	135	174	453
380	153	11	263	717	185	284	1	520	214	53	56	100
53	24		35	119	17	20		49	24	11	6	9
12	5		9	29	3	9		48	25	4	3	2
17	6	1	11	41	1	3		55	13	2	4	7
120	54	1	109	338	50	104		242	63	22	17	56
178	64	9	99	190	114	148	1	126	89	14	26	26
182	210	21	109	551	293	231	4	241	248	28	32	45
21	20	2	23	82	14	25	1	31	9	1	8	4
24	39	1	33	165	84	86	2	104	146	2	16	3
1	3		4	6	5	4		3		17		
96	108	15	37	195	129	62		51	70	4	7	24
5	6	2	6	25	5	6	1	11	3	1		4
35	34	1	6	78	56	48		41	20	3	1	10
86	57	2	29	73	23	20		49	15			8
27	12	1	5	23	6	7		14	5			3
59	45	1	24	50	17	13		35	10			5
1 168	158	22	223	447	70	118		383	175	16	35	118
107	13	3	36	45	8	17		70	20	4	6	16
640	116	15	145	305	52	71		241	118	10	23	90
90	7	1	4	15	1	9		12	5			3
156	8		14	24	2	4		22	6		1	1
45	3		7	7		1		8		1	1	
130	11	3	17	51	7	16		30	26	1	4	8
346	38	21	45	139	9	46		82	28	5	4	22
46	8	2	8	10	1	1		13	6	3	1	7
43	5		9	34		3		9	3	1		1
63	4	1		19		4		11			1	2
62	1		7	9	2	2		7				1
13	2		2	12	1	2		6	7	1	1	1
50	7	17	8	28	4	25		17	7			4
20		1	1	4	1	4		5	1			2
49	11		10	23		5		14	4		1	4
1 259	325	39	143	430	97	206	3	268	94	16	33	109

营利性产业活动单位按行业(小

(续16)

行业类别(小类)	代码	营利性产业活动单位数(个)	北京	天津	河北
化学试剂、助剂制造业	2671	5 806	169	213	224
专项化学用品制造业	2672	3 993	180	130	180
林产化学产品制造业	2673	1 914	8	5	30
炸药及火工产品制造业	2674	831	4	1	37
信息化学品制造业	2675	702	18	19	13
放射化学产品制造业	2676	20	1		
添加剂制造业	2677	1 129	43	50	58
日用化学产品制造业	2680	9 597	312	313	283
肥皂及皂粉、合成洗涤剂制造业	2681	3 242	137	127	88
合成脂肪酸制造业	2682	147	1	5	7
硬脂酸、硬化油制造业	2683	347	4	6	24
香料、香精制造业	2684	870	3	30	16
化妆品制造业	2685	1 836	80	71	39
牙膏制造业	2686	86		4	
火柴制造业	2687	256	1	4	8
动物胶制造业	2688	579	12	2	35
其他日用化学产品制造业	2689	2 234	74	64	66
医药制造业	2700	9 430	247	199	299
化学药品原药制造业	2710	1 762	28	44	55
化学药品制剂制造业	2720	2 181	56	41	94
中药材及中成药加工业	2730	3 437	88	55	86
动物药品制造业	2740	1 124	20	21	47
生物制品业	2750	926	55	38	17
化学纤维制造业	2800	3 536	60	82	166
纤维素纤维制造业	2810	702	20	15	41
化纤浆粕制造业	2811	146	5	1	7
粘胶纤维制造业	2812	349	11	8	25
其他纤维素纤维制造业	2819	207	4	6	9
合成纤维制造业	2820	1 856	38	34	79
锦纶纤维制造业	2821	206	4	3	2
涤纶纤维制造业	2822	776	10	16	38
腈纶纤维制造业	2823	131	1		15
维纶纤维制造业	2824	76	2	1	3
其他合成纤维制造业	2829	667	21	14	21
渔具及渔具材料制造业	2850	978	2	33	46
渔具用丝制造业	2851	57		2	2
渔具用线制造业	2852	45		7	1
渔具用绳制造业	2853	130			
渔网制造业	2854	522		8	27
其他渔具制造业	2859	224	2	16	16
橡胶制品业	2900	12 754	174	387	823

类）、地区（省）分组的单位数

山西	内蒙古	辽宁	吉林	黑龙江	上海	江苏	浙江	安徽	福建	江西	山东
83	28	495	117	132	329	1 226	625	126	62	80	554
48	14	338	74	122	188	570	323	122	71	70	463
21	7	35	25	21	10	31	95	50	372	293	39
32	23	37	12	19	2	52	17	34	9	48	47
4	3	21	10	5	40	56	28	7	27	7	19
	1	1			1	1	1	1	2	1	3
16	11	53	11	47	49	135	73	25	16	28	99
118	83	387	156	237	547	1 024	649	413	424	241	657
45	32	207	73	109	160	272	207	137	77	55	226
2	1	7	2	1	4	36	9	10	3	2	15
5	2	16	3	5	11	71	28	40	8	5	38
12	3	10	8	6	68	125	55	44	42	24	28
11	5	49	22	22	176	232	155	56	79	23	64
		2	2	1	13	17	9	1	1	2	1
4	5	10	7	12	6	12	7	15	7	15	21
11	11	13	20	16	2	23	40	30	6	15	148
28	24	73	19	65	107	236	139	80	201	100	116
226	113	530	453	264	452	721	810	453	190	204	537
36	24	81	29	51	112	279	195	56	15	19	98
59	25	138	79	77	92	159	344	96	53	42	117
88	35	239	288	85	110	80	141	221	66	106	145
30	21	31	30	29	37	107	63	55	18	29	119
13	8	41	27	22	101	96	67	25	38	8	58
20	4	149	31	31	231	702	406	196	97	20	406
5	1	34	7	10	65	104	73	22	12	9	61
1		8	2	1	21	31	18	6	1		14
3	1	14	2	7	30	43	38	8	6	4	26
1		12	3	2	14	30	17	8	5	5	21
15	2	83	20	16	135	454	236	110	34	8	179
7		22	4		7	35	24	5	6		18
2		34	9	4	69	228	130	8	21	5	52
2		6		8	24	19	15	4	2		21
					1	38	1	1		1	4
4	2	21	7	4	34	134	66	92	5	2	84
	1	32	4	5	31	144	97	64	51	3	166
		2		1	1	3	13	5	4		11
		3			2	8	5		3		6
	1	6		1	8	21	10	2	4		27
		10	4	2	10	87	48	49	22	1	67
		11		1	10	25	21	8	18	2	55
153	71	854	215	268	758	1 344	1 936	417	375	179	1 414

(续17)

行业类别(小类)	代码	河南	湖北	湖南
化学试剂、助剂制造业	2671	435	117	103
专项化学用品制造业	2672	237	78	72
林产化学产品制造业	2673	45	38	117
炸药及火工产品制造业	2674	71	54	82
信息化学品制造业	2675	22	12	9
放射化学产品制造业	2676	1		1
添加剂制造业	2677	71	18	14
日用化学产品制造业	2680	573	262	333
肥皂及皂粉、合成洗涤剂制造业	2681	177	98	115
合成脂肪酸制造业	2682	12	4	3
硬脂酸、硬化油制造业	2683	24	19	11
香料、香精制造业	2684	86	15	29
化妆品制造业	2685	60	31	38
牙膏制造业	2686	1	2	
火柴制造业	2687	18	7	13
动物胶制造业	2688	70	5	19
其他日用化学产品制造业	2689	125	81	105
医药制造业	2700	528	296	264
化学药品原药制造业	2710	148	81	51
化学药品制剂制造业	2720	127	77	47
中药材及中成药加工业	2730	130	99	113
动物药品制造业	2740	79	22	41
生物制品业	2750	44	17	12
化学纤维制造业	2800	109	69	78
纤维素纤维制造业	2810	47	13	23
化纤浆粕制造业	2811	9	2	2
粘胶纤维制造业	2812	28	11	10
其他纤维素纤维制造业	2819	10		11
合成纤维制造业	2820	57	35	30
锦纶纤维制造业	2821	12	7	10
涤纶纤维制造业	2822	13	15	7
腈纶纤维制造业	2823	1	2	2
维纶纤维制造业	2824	3	2	2
其他合成纤维制造业	2829	28	9	9
渔具及渔具材料制造业	2850	5	21	25
渔具用丝制造业	2851	1	1	2
渔具用线制造业	2852		3	
渔具用绳制造业	2853	1	3	
渔网制造业	2854	3	14	12
其他渔具制造业	2859			11
橡胶制品业	2900	523	220	239

类)、地区(省)分组的单位数

广东	广西	海南	重庆	四川	贵州	云南	西藏	陕西	甘肃	青海	宁夏	新疆
298	27	3	53	109	22	19		72	22	2	9	52
287	24	6	55	131	10	35		97	18	7	8	35
225	235	24	9	29	28	75	1	26	12	2	5	1
25	21	2	9	81	27	18	2	33	21	2	3	6
347	4	3	1	8		3		11			2	3
	1			2				2				
77	13	1	16	70	10	56		27	21	3	6	12
1 299	202	40	155	337	64	137	1	195	73	17	14	51
390	66	11	81	163	29	43		58	24	6	7	22
6	4	1	1	4				2	3			2
7	2	1	2	3	2	4		1	1			4
118	47	5	10	20	14	41		8	3			
451	28	14	23	38	8	13		29	10	1		8
15	5	1	2	2		2		2	1			
11	9	1	7	27	4	7		7	7	1		3
11	4		16	17	2	11		19	9	7	1	4
290	37	6	13	63	5	16	1	69	15	2	6	8
825	268	83	149	409	112	158	12	383	112	11	33	89
86	12	7	44	78	11	17		77	14	2	5	7
130	36	42	29	55	21	33		80	11	1	4	16
445	142	27	33	140	65	83	11	166	72	7	18	53
86	63	3	21	86	10	13		22	7	1	4	9
78	15	4	22	50	5	12	1	38	8		2	4
482	28	12	18	48	6	11		51	12	2	2	7
64	8	1	5	10	3	9		30	5	2		3
9	2			1				4				1
38	5		2	6	1	6		12	3			1
17	1	1	3	3	2	3		14	2	2		1
191	12	8	10	36	3	2		17	7		2	3
25	3	1	2	4	1	1		2	1			
74	4	7	4	17	1	1		2	1		2	2
3				3				1	2			
8	1		1	6					1			
81	4		3	6	1			12	2			1
227	8	3	3	2				4				1
8				1								
6			1									
42	3							1				
145	5	2	2					3				1
26		1		1								
1 048	103	45	211	294	101	158		301	62	12	18	51

营利性产业活动单位按行业(小

(续18)

行业类别(小类)	代码	营利性产业活动单位数(个)	北京	天津	河北
轮胎制造业	2910	532	9	18	38
力车胎制造业	2920	211	2	17	9
橡胶板、管、带制造业	2930	2 209	23	74	193
橡胶零件制品业	2940	3 086	55	75	161
再生橡胶制造业	2950	897	8	21	121
橡胶靴鞋制造业	2960	1 294	12	47	65
日用橡胶制品业	2970	1 064	10	48	33
橡胶制品翻修业	2980	717	16	7	36
轮胎翻新业	2981	549	16	5	27
其他橡胶制品翻修业	2989	168		2	9
其他橡胶制品业	2990	2 744	39	80	167
塑料制品业	3000	62 569	1 004	1 020	2 808
塑料薄膜制造业	3010	5 121	83	79	282
塑料板、管、棒材制造业	3020	6 371	127	117	395
塑料丝、绳及编织品制造业	3030	10 704	107	170	528
泡沫塑料及人造革、合成革制造业	3040	4 974	100	79	275
塑料包装箱及容器制造业	3050	4 084	122	90	230
塑料鞋制造业	3060	3 736	18	24	65
日用塑料杂品制造业	3070	5 627	73	63	164
塑料零件制造业	3080	4 682	40	95	165
其他塑料制品业	3090	17 270	334	303	704
非金属矿物制品业	3100	248 500	2 333	1 220	11 774
水泥制造业	3110	10 390	90	41	772
水泥制品和石棉水泥制品业	3120	49 481	531	158	1 626
水泥制品业	3121	19 654	342	77	807
砼结构构件制造业	3123	28 070	145	63	740
石棉水泥制品业	3124	1 028	19	5	55
其他水泥制品业	3129	729	25	13	24
砖瓦、石灰和轻质建筑材料制造业	3130	148 312	1 185	628	6 958
砖瓦制造业	3131	106 806	447	323	4 973
石灰制造业	3132	10 005	141	38	632
建筑用石加工业	3133	20 248	178	29	622
轻质建筑材料制造业	3134	2 692	155	111	147
防水密封建筑材料制造业	3135	2 451	77	32	129
隔热保温材料制造业	3136	3 011	128	49	268
其他砖瓦、石灰和轻质建筑材料制造业	3139	3 099	59	46	187
玻璃及玻璃制品业	3140	6 936	161	114	508
建筑用玻璃制品业	3141	1 176	44	7	187
工业技术用玻璃制造业	3142	676	15	14	37
光学玻璃制造业	3143	303	15	7	5
玻璃仪器制造业	3145	561	19	6	37

类)、地区(省)分组的单位数

山西	内蒙古	辽宁	吉林	黑龙江	上海	江苏	浙江	安徽	福建	江西	山东
6	3	26	8	8	32	27	12	12	13	2	200
6	1	6	2		20	23	14	9	3		42
38	10	184	46	43	82	185	415	60	25	24	364
28	12	237	48	55	239	425	564	161	30	29	272
18	3	44	11	13	25	53	78	17	42	31	89
7	2	53	14	25	84	125	304	31	87	25	104
7	4	40	7	11	56	103	200	28	38	12	90
13	20	41	29	69	28	28	36	23	57	30	48
11	18	35	25	65	16	19	24	19	33	22	34
2	2	6	4	4	12	9	12	4	24	8	14
30	16	223	50	44	192	375	313	76	80	26	205
562	354	2 343	721	962	2 941	5 985	9 705	2 801	2 932	759	4 758
73	57	220	71	187	246	335	364	469	181	71	544
76	60	368	126	153	257	827	619	314	124	77	592
187	94	477	138	189	215	792	1 459	713	265	230	1 355
53	32	179	80	93	246	566	547	182	243	60	415
35	10	202	46	53	245	438	588	181	141	53	287
1	5	22	6	14	68	93	590	44	722	25	99
39	21	180	58	62	201	352	637	245	364	73	355
11	8	119	33	31	301	664	1 846	86	114	15	188
87	67	576	163	180	1 162	1 918	3 055	567	778	155	923
8 809	3 352	7 256	2 715	3 961	2 321	15 113	10 688	25 256	8 687	10 380	24 036
506	143	328	128	156	46	502	433	585	464	263	713
933	522	1 012	309	667	481	4 179	3 412	6 055	287	651	4 157
384	309	489	147	292	266	2 341	773	2 640	223	312	2 143
509	193	451	134	291	159	1 735	2 595	3 277	34	311	1 860
18	6	40	22	54	21	53	17	103	10	16	99
22	14	32	6	30	35	50	27	35	20	12	55
5 613	2 400	3 705	1 807	2 666	839	6 557	4 249	17 410	5 376	8 136	15 659
4 454	1 831	2 118	1 291	2 026	334	4 512	2 669	14 920	2 623	6 952	9 445
265	170	413	132	143	47	340	355	796	170	620	1 229
442	156	499	145	179	211	778	825	1 251	2 299	379	3 710
172	53	92	29	54	62	228	71	64	49	34	244
47	42	175	72	63	55	218	77	114	31	53	286
72	97	282	82	148	56	335	107	102	21	26	357
161	51	126	56	53	74	146	145	163	183	72	388
173	50	366	101	104	393	937	405	316	119	156	525
20	17	61	16	27	40	87	43	49	14	23	96
5	3	67	12	9	47	82	34	9	20	14	58
3	1	1	5	1	34	71	32	9	8		7
6	2	42	3	4	34	210	17	46	5	3	21

(续 19)

行业类别(小类)	代码	河南	湖北	湖南
轮胎制造业	2910	27	12	9
力车胎制造业	2920	7	7	7
橡胶板、管、带制造业	2930	135	40	43
橡胶零件制品业	2940	75	57	32
再生橡胶制造业	2950	69	13	18
橡胶靴鞋制造业	2960	49	21	25
日用橡胶制品业	2970	27	19	23
橡胶制品翻修业	2980	26	13	19
轮胎翻新业	2981	20	9	13
其他橡胶制品翻修业	2989	6	4	6
其他橡胶制品业	2990	108	38	63
塑料制品业	3000	2 559	1 373	1 339
塑料薄膜制造业	3010	224	117	148
塑料板、管、棒材制造业	3020	456	136	135
塑料丝、绳及编织品制造业	3030	594	357	307
泡沫塑料及人造革、合成革制造业	3040	178	117	63
塑料包装箱及容器制造业	3050	198	119	93
塑料鞋制造业	3060	179	43	33
日用塑料杂品制造业	3070	240	162	164
塑料零件制造业	3080	57	21	26
其他塑料制品业	3090	433	301	370
非金属矿物制品业	3100	25 141	12 701	17 329
水泥制造业	3110	821	519	649
水泥制品和石棉水泥制品业	3120	5 383	4 497	4 617
水泥制品业	3121	1 724	1 579	1 176
砼结构构件制造业	3123	3 453	2 751	3 318
石棉水泥制品业	3124	124	82	102
其他水泥制品业	3129	82	85	21
砖瓦、石灰和轻质建筑材料制造业	3130	14 816	6 857	10 350
砖瓦制造业	3131	11 754	5 005	7 500
石灰制造业	3132	618	609	1 386
建筑用石加工业	3133	1 644	821	826
轻质建筑材料制造业	3134	185	100	113
防水密封建筑材料制造业	3135	205	128	235
隔热保温材料制造业	3136	243	72	81
其他砖瓦、石灰和轻质建筑材料制造业	3139	167	122	209
玻璃及玻璃制品业	3140	472	169	234
建筑用玻璃制品业	3141	97	30	41
工业技术用玻璃制造业	3142	42	17	20
光学玻璃制造业	3143	14	9	7
玻璃仪器制造业	3145	22	5	30

类)、地区(省)分组的单位数

广东	广西	海南	重庆	四川	贵州	云南	西藏	陕西	甘肃	青海	宁夏	新疆
24	3	3	6	9	7	7		4	1		3	3
19	2	1	2	2		4		3	2		1	
77	15	6	20	22	5	13		43	13		5	6
124	35	4	59	91	48	21		123	12	2	1	11
123	8		9	25	6	23		13	6	3	1	6
112	6	3	18	23	12	20		10	3	3		4
228	10	5	17	19	2	5		19	1	2		
35	7	1	19	30	14	22		17	14	2	5	12
17	6	1	14	27	10	21		10	13	2	5	12
18	1		5	3	4	1		7	1			
306	17	22	61	73	7	43		69	10		2	9
11 991	806	79	686	1 532	255	502	2	995	389	42	85	279
709	107	7	53	174	20	73	1	90	59	4	18	55
586	72	9	99	251	50	77		160	54	5	9	40
1 193	220	28	92	320	76	135		243	108	20	27	65
1 046	43	7	63	105	18	32	1	75	35	3	5	33
586	49	10	40	90	17	40		63	21	5	5	27
1 514	13	1	22	59	9	19		40	1		2	5
1 651	95	3	65	146	17	47		82	37	1	3	27
614	31	3	87	51	12	9		44	10		1	
4 092	176	11	165	336	36	70		198	64	4	15	27
14 978	3 816	456	2 852	13 165	1 700	2 414	52	10 217	2 884	430	715	1 749
727	299	28	144	494	242	255	11	626	219	35	28	123
634	318	40	911	3 911	351	293	8	2 572	372	67	121	406
510	228	37	220	998	218	145	7	866	178	29	57	137
78	76	1	676	2 811	118	114	1	1 637	178	36	58	267
19	10		8	50	7	30		42	10	1	3	2
27	4	2	7	52	8	4		27	6	1	3	
8 992	2 728	335	1 309	7 253	758	1 590	30	6 326	2 032	253	425	1 070
5 664	2 092	233	966	5 114	545	1 244	21	4 898	1 584	180	312	776
447	179	2	81	388	31	38	2	533	147	19	8	26
2 448	296	82	110	1 277	114	180	6	546	85	13	22	75
126	50	7	32	157	7	39		75	118	16	31	71
45	35	1	37	98	16	26	1	78	24	7	11	33
59	25	5	35	75	11	22		100	51	9	27	66
203	51	5	48	144	34	41		96	23	9	14	23
712	98	7	166	294	47	71		147	32	5	10	44
116	16	1	13	51	7	20		28	11	1	5	8
76	12	2	10	34	8	13		10	2	1		3
28	1		14	15		12		4				
12	6		8	10	1	1		8	1		1	1

(续20)

行业类别(小类)	代码	营利性产业活动单位数(个)	北京	天津	河北
日用玻璃制品业	3147	2 594	36	31	157
玻璃保温容器制造业	3148	249	7	15	8
其他玻璃及玻璃制品业	3149	1 377	25	34	77
陶瓷制品业	3150	13 437	63	31	716
建筑、卫生陶瓷制造业	3151	4 755	23	13	251
工业用陶瓷制造业	3153	1 104	8	7	95
日用陶瓷制造业	3155	6 900	18	8	326
其他陶瓷制品业	3159	678	14	3	44
耐火材料制品业	3160	8 312	98	63	443
石棉制品业	3161	1 479	41	22	153
云母制品业	3163	256	5	1	36
其他耐火材料制品业	3169	6 577	52	40	254
石墨及碳素制品业	3170	2 101	27	30	111
冶金用碳素制品业	3171	913	9	13	47
电工用碳素制品业	3172	343	7	9	25
其他石墨及碳素制品业	3179	845	11	8	39
矿物纤维及其制品业	3180	4 522	84	68	342
玻璃纤维及其制品业	3181	1 625	22	17	144
玻璃钢制品业	3182	2 733	60	45	191
其他矿物纤维及其制品业	3189	164	2	6	7
其他类未包括的非金属矿物制品业	3190	5 009	94	87	298
黑色金属冶炼及压延加工业	3200	17 297	157	430	1 854
炼铁业	3210	4 603	27	45	509
炼钢业	3220	2 059	17	32	317
钢压延加工业	3240	8 969	102	345	984
铁合金冶炼业	3260	1 666	11	8	44
有色金属冶炼及压延加工业	3300	11 770	218	249	514
重有色金属冶炼业	3310	3 552	37	68	134
铜冶炼业	3311	1 195	20	49	78
铅锌冶炼业	3312	1 144	6	5	36
镍钴冶炼业	3314	82	3	1	
锡冶炼业	3316	137			3
锑冶炼业	3317	578			1
汞冶炼业	3318	15			1
其他重有色金属冶炼业	3319	401	8	13	15
轻有色金属冶炼业	3320	2 162	29	21	116
铝冶炼业	3321	1 193	23	14	86
镁冶炼业	3322	599		1	24
钛冶炼业	3323	77	1	1	2
其他轻有色金属冶炼业	3329	293	5	5	4
贵金属冶炼业	3330	385	6	2	53

类)、地区(省)分组的单位数

山西	内蒙古	辽宁	吉林	黑龙江	上海	江苏	浙江	安徽	福建	江西	山东
118	16	104	37	32	111	319	165	122	38	66	228
2		8	1	1	36	22	25	16	4	9	9
19	11	83	27	30	91	146	89	65	30	41	106
278	55	152	41	74	122	389	901	311	2 136	745	876
78	38	50	18	37	54	92	614	90	1 366	94	383
16	3	40	6	11	31	121	75	11	67	215	69
171	11	39	10	18	25	129	175	200	673	409	369
13	3	23	7	8	12	47	37	10	30	27	55
1 081	81	796	111	93	116	907	514	147	84	143	650
21	16	118	52	34	26	283	153	35	10	9	107
7	24	26	5		5	39	16	9		1	5
1 053	41	652	54	59	85	585	345	103	74	133	538
110	34	191	101	48	63	254	93	50	27	31	195
64	16	98	48	13	22	88	15	10	10	16	46
13	1	21	8	13	17	54	28	4	3	5	36
33	17	72	45	22	24	112	50	36	14	10	113
33	39	207	48	61	125	803	376	182	54	109	741
16	15	64	16	24	47	196	205	120	19	72	171
12	24	131	26	33	71	582	165	58	29	36	555
5		12	6	4	7	25	6	4	6	1	15
82	28	499	69	92	136	585	305	200	140	146	520
2 092	349	1 446	231	264	402	1 308	841	492	381	294	844
1 804	80	203	31	43	20	144	60	76	70	35	235
64	30	141	44	75	46	58	83	68	70	31	115
151	210	986	115	136	293	1 015	659	331	184	205	455
73	29	116	41	10	43	91	39	17	57	23	39
259	185	752	96	109	634	1 553	1 002	313	147	237	433
62	20	124	19	35	144	281	149	144	23	57	102
35	14	55	6	18	93	138	86	35	10	22	50
14	4	27	3	12	10	73	30	101	5	13	37
2		4	1	1	10	10	11			1	4
2	1	3			4	8	15			9	1
1		2	3			1		2		5	
					1	1				1	2
8	1	33	6	4	26	50	7	6	8	6	8
123	26	252	31	25	84	186	170	44	16	24	79
35	10	81	13	21	72	114	155	29	7	16	55
77	11	135	14	2	1	22	1	5		4	12
5		16			3	2	1		3		4
6	5	20	4	2	8	48	13	10	6	4	8
6	7	27	4	2	16	28	16	13	3	5	12

(续21)

行业类别(小类)	代码	河南	湖北	湖南
日用玻璃制品业	3147	175	67	82
玻璃保温容器制造业	3148	17	6	6
其他玻璃及玻璃制品业	3149	105	35	48
陶瓷制品业	3150	720	251	787
建筑、卫生陶瓷制造业	3151	313	96	99
工业用陶瓷制造业	3153	47	11	144
日用陶瓷制造业	3155	322	131	492
其他陶瓷制品业	3159	38	13	52
耐火材料制品业	3160	1 573	114	288
石棉制品业	3161	162	29	35
云母制品业	3163	16	4	9
其他耐火材料制品业	3169	1 395	81	244
石墨及碳素制品业	3170	229	35	112
冶金用碳素制品业	3171	122	18	60
电工用碳素制品业	3172	38	2	13
其他石墨及碳素制品业	3179	69	15	39
矿物纤维及其制品业	3180	442	94	111
玻璃纤维及其制品业	3181	119	40	68
玻璃钢制品业	3182	311	47	38
其他矿物纤维及其制品业	3189	12	7	5
其他类未包括的非金属矿物制品业	3190	685	165	181
黑色金属冶炼及压延加工业	3200	971	494	498
炼铁业	3210	277	101	99
炼钢业	3220	207	110	68
钢压延加工业	3240	367	230	201
铁合金冶炼业	3260	120	53	130
有色金属冶炼及压延加工业	3300	906	217	742
重有色金属冶炼业	3310	261	64	509
铜冶炼业	3311	47	30	49
铅锌冶炼业	3312	153	15	111
镍钴冶炼业	3314	3		7
锡冶炼业	3316			19
锑冶炼业	3317	22	10	260
汞冶炼业	3318	1		1
其他重有色金属冶炼业	3319	35	9	62
轻有色金属冶炼业	3320	323	44	64
铝冶炼业	3321	111	29	28
镁冶炼业	3322	187	9	4
钛冶炼业	3323	7	1	1
其他轻有色金属冶炼业	3329	18	5	31
贵金属冶炼业	3330	24	7	34

类)、地区(省)分组的单位数

广东	广西	海南	重庆	四川	贵州	云南	西藏	陕西	甘肃	青海	宁夏	新疆
287	44	2	92	131	20	14		67	13	1	4	15
34	2		7	7		2		1	1			3
159	17	2	22	46	11	9		29	4	2		14
3 425	203	34	157	531	61	93	1	164	56	4	26	34
641	43	8	56	155	13	29		42	31	1	9	18
70	1		10	18	3	4		15	3	1	2	
2 546	145	24	79	337	43	58	1	95	19	1	11	15
168	14	2	12	21	2	2		12	3	1	4	1
148	43	3	81	314	70	45		197	40	24	17	28
20	5	1	14	42	2	4		47	18	10	1	9
7	4		2	17		1		8	1	1		7
121	34	2	65	255	68	40		142	21	13	16	12
15	18		18	71	27	16		33	81	9	64	8
3	10		8	26	22	11		12	57	7	36	6
4	4		5	14	1	4		6	3	1	3	1
8	4		5	31	4	1		15	21	1	25	1
160	34	7	44	177	22	31	1	75	23	3	6	20
47	10	2	15	99	10	11		28	15	2	4	7
104	22	5	28	73	12	20		35	5	1	2	12
9	2		1	5			1	12	3			1
165	75	2	22	120	122	20	1	77	29	30	18	16
1 041	243	16	239	783	299	375	1	438	226	87	75	126
104	35	2	15	156	113	131		104	29	12	12	31
128	33	3	35	101	18	25		82	32	3	5	18
777	116	11	164	401	43	129		190	74	11	16	68
32	59		25	125	125	90	1	62	91	61	42	9
1 042	240	13	139	389	309	430	2	281	209	45	32	73
255	165		30	137	182	317	1	76	103	19	13	21
157	10		17	28	2	85		16	28	2	1	14
31	54		10	80	74	136		38	45	8	8	5
6				6		4			6		1	1
28	14			1		29						
13	73			2	96	58	1	7	16	5		
					5			2				
20	14		3	20	5	5		13	8	4	3	1
141	20	2	36	77	42	42		66	35	19	12	13
118	12	1	33	24	24	11		30	20	10	3	8
2			1	15	13	9		20	11	8	6	5
2	2	1		5	1	13		6				
19	6		2	33	4	9		10	4	1	3	
3	10	2		8	30	20		8	14			25

(续22)

行业类别(小类)	代码	营利性产业活动单位数(个)	北京	天津	河北	山西
金冶炼业	3331	275	1	1	49	5
银冶炼业	3332	44	1		1	
其他贵金属冶炼业	3339	66	4	1	3	1
稀有稀土金属冶炼业	3340	609	9	10	14	16
钨钼冶炼业	3341	164	1	1	3	1
其他稀有稀土金属冶炼业	3349	445	8	9	11	15
有色金属合金业	3360	568	25	9	14	9
有色金属压延加工业	3380	4 494	112	139	183	43
重有色金属压延加工业	3381	2 284	64	74	87	18
轻有色金属压延加工业	3383	1 946	37	64	94	18
贵金属压延加工业	3385	95	1	1		
稀有稀土金属压延加工业	3387	169	10		2	7
金属制品业	3400	94 600	3 005	2 569	4 759	1 652
金属结构制造业	3410	7 039	653	173	315	102
铸铁管制造业	3420	4 137	67	40	365	404
工具制造业	3430	11 403	324	369	472	115
切削工具制造业	3431	2 524	83	61	125	35
模具制造业	3434	5 397	174	182	188	31
手工具制造业	3435	2 801	46	91	138	42
其他工具制造业	3439	681	21	35	21	7
集装箱和金属包装物品制造业	3440	4 989	137	150	210	40
集装箱制造业	3441	197	6	6	3	3
金属包装物品及容器制造业	3442	4 792	131	144	207	37
金属丝绳及其制品业	3450	7 613	121	352	793	113
建筑用金属制品业	3460	20 823	868	434	1 131	495
建筑小五金制造业	3461	3 973	52	76	158	37
水暖管道零件制造业	3463	3 847	117	109	395	302
金属门窗制造业	3465	11 666	627	184	504	144
其他建筑用金属制品业	3469	1 337	72	65	74	12
金属表面处理及热处理业	3470	7 733	229	410	319	47
日用金属制品业	3480	19 280	379	405	507	200
搪瓷制造业	3481	644	13	15	35	15
铝制品业	3482	4 024	117	92	119	42
不锈钢制品业	3483	3 457	58	111	60	16
刀剪制造业	3484	950	24	7	16	2
制锁业	3485	1 586	11	34	28	11
炊事用具制造业	3486	2 730	78	37	141	79
燃气用具制造业	3487	1 068	30	17	18	5
理发用具制造业	3488	273	3	6	3	
其他日用金属制品业	3489	4 548	45	86	87	30
其他金属制品业	3490	11 583	227	236	647	136

类)、地区(省)分组的单位数

内蒙古	辽宁	吉林	黑龙江	上海	江苏	浙江	安徽	福建	江西	山东
7	22	1	2	1	7	5	13	3	4	7
	1	2		3	11	6			1	3
	4	1		12	10	5				2
96	63	4	6	18	46	14	8	11	58	26
3	34	1	2	3	13	6	1	4	19	2
93	29	3	4	15	33	8	7	7	39	24
18	51	6	4	32	107	34	5	4	12	24
18	235	32	37	340	905	619	99	90	81	190
6	101	18	15	152	509	449	55	61	42	76
4	116	10	20	165	351	160	39	24	28	91
	9	1		9	14	7	3	4	1	5
8	9	3	2	14	31	3	2	1	10	18
1 007	5 242	1 066	1 994	6 594	10 496	9 781	2 998	2 151	1 333	7 961
65	636	62	159	632	921	241	331	92	66	404
87	209	46	89	74	234	123	287	86	88	312
36	484	101	186	888	1 348	1 769	314	316	122	1 063
6	124	15	72	216	429	310	59	75	36	166
18	234	45	49	414	497	821	179	180	19	377
10	91	35	43	194	336	518	60	53	57	466
2	35	6	22	64	86	120	16	8	10	54
47	370	95	103	382	686	381	146	140	143	523
1	10		1	37	34	5	2	1	4	15
46	360	95	102	345	652	376	144	139	139	508
71	418	89	173	412	1 024	808	358	109	115	541
409	1 372	326	640	1 403	1 944	1 837	418	573	192	2 243
12	103	34	53	605	337	480	79	154	25	330
71	277	90	161	171	199	414	41	177	25	577
309	893	187	403	494	1 225	859	271	183	135	1 261
17	99	15	23	133	183	84	27	59	7	75
13	358	50	95	758	1 225	1 053	140	102	95	433
104	638	133	253	1 410	1 882	2 926	476	482	253	1 502
3	39	6	16	73	76	77	13	12	5	55
32	240	39	77	205	450	438	116	85	44	549
1	86	12	26	368	479	511	23	63	16	198
7	23	3	5	44	68	182	83	19	6	77
5	30	5	6	113	188	629	16	17	24	117
42	112	39	67	83	106	81	106	59	91	264
2	30	6	24	69	102	271	16	12	9	54
	5	1		50	16	109	3	3		1
12	73	22	32	405	397	628	100	212	58	187
175	757	164	296	635	1 232	643	528	251	259	940

(续23)

行业类别(小类)	代码	河南	湖北	湖南	广东
金冶炼业	3331	19	4	23	2
银冶炼业	3332	1		5	1
其他贵金属冶炼业	3339	4	3	6	
稀有稀土金属冶炼业	3340	55	2	27	31
钨钼冶炼业	3341	38		8	3
其他稀有稀土金属冶炼业	3349	17	2	19	28
有色金属合金业	3360	82	15	11	21
有色金属压延加工业	3380	161	85	97	591
重有色金属压延加工业	3381	57	49	44	208
轻有色金属压延加工业	3383	95	33	41	363
贵金属压延加工业	3385	4	1	7	11
稀有稀土金属压延加工业	3387	5	2	5	9
金属制品业	3400	3 290	2 508	2 494	13 010
金属结构制造业	3410	245	377	86	711
铸铁管制造业	3420	227	198	222	193
工具制造业	3430	329	359	341	1 653
切削工具制造业	3431	80	210	87	122
模具制造业	3434	151	76	70	1 343
手工具制造业	3435	70	60	163	136
其他工具制造业	3439	28	13	21	52
集装箱和金属包装物品制造业	3440	179	114	106	457
集装箱制造业	3441	3	6	3	38
金属包装物品及容器制造业	3442	176	108	103	419
金属丝绳及其制品业	3450	369	259	196	559
建筑用金属制品业	3460	748	379	422	2 239
建筑小五金制造业	3461	73	130	146	847
水暖管道零件制造业	3463	170	35	45	163
金属门窗制造业	3465	476	173	197	1 084
其他建筑用金属制品业	3469	29	41	34	145
金属表面处理及热处理业	3470	206	146	139	1 321
日用金属制品业	3480	558	318	588	4 564
搪瓷制造业	3481	47	13	14	49
铝制品业	3482	203	85	197	491
不锈钢制品业	3483	14	27	27	1 248
刀剪制造业	3484	11	15	15	287
制锁业	3485	29	17	40	205
炊事用具制造业	3486	175	72	198	289
燃气用具制造业	3487	14	8	17	296
理发用具制造业	3488	1			66
其他日用金属制品业	3489	64	81	80	1 633
其他金属制品业	3490	429	358	394	1 313

类)、地区(省)分组的单位数

广西	海南	重庆	四川	贵州	云南	西藏	陕西	甘肃	青海	宁夏	新疆
6	1		2	30	18		4	14			24
1			2		2		3				
3	1		4				1				1
3	1	4	27	6	6	1	28	14	2	2	1
	1	2	5	1	2		10				
3		2	22	5	4	1	18	14	2	2	1
7	1	5	23	10	7		17	9	2	2	2
35	7	64	117	39	38		86	34	3	3	11
23	2	24	56	20	20		36	13	1		4
8	5	36	50	17	18		33	17	2	1	6
3		4	3				5	1		1	
1			8	2			12	3		1	1
1 098	129	997	2 740	455	1 254	8	2 051	899	159	169	731
43	7	89	219	22	145		146	44	8	13	32
48	5	53	189	37	101		237	47	6	16	47
64	10	127	309	24	53		175	27	5	5	15
19	6	30	91	7	13		39	3	2	1	2
32	2	43	127	12	21		91	8	2	2	9
11	1	41	69	5	17		29	12	1	2	4
2	1	13	22		2		16	4			
62	20	59	128	25	75		95	45	10	16	45
3	1	2	6		1		4	1			1
59	19	57	122	25	74		91	44	10	16	44
65	4	61	217	35	70	1	149	42	21	11	57
220	19	152	580	97	423	2	466	299	56	54	382
37		20	59	20	23		49	16	7	3	8
14	2	17	58	4	28		64	35	1	7	78
153	15	100	416	70	349	2	332	245	46	41	288
16	2	15	47	3	23		21	3	2	3	8
58	1	111	177	20	52		133	19	2	6	15
260	35	186	335	128	124	3	339	143	37	26	86
2	2	16	10	1	5		25	3	1	2	1
48	8	54	101	19	40		74	27	5	6	21
22	7	13	33	8	11		11	2			6
4		18	10	5	6		7	5			1
15		7	15	4	6		6	3	2		3
71	13	29	71	72	36	3	159	79	23	12	43
7	1	19	19	2	5		6	4		1	4
			3				1		2		
91	4	30	73	17	15		50	20	4	5	7
278	28	159	586	67	211	2	311	233	14	22	52

营利性产业活动单位按行业(小

(续 24)

行业类别(小类)	代码	营利性产业活动单位数(个)	北京	天津	河北
铁制小农具制造业	3491	5 065	14	21	191
焊条制造业	3495	821	20	25	64
其他类未包括的金属制品业	3499	5 697	193	190	392
普通机械制造业	3500	88 273	1 592	1 844	4 058
锅炉及原动机制造业	3510	5 590	138	107	245
锅炉制造业	3511	2 532	75	74	135
内燃机制造业	3512	411	9	6	12
汽轮机制造业	3513	98	3	1	1
水轮机制造业	3514	66	1	2	1
内燃机零部件及配件制造业	3515	1 970	22	10	69
其他锅炉及原动机制造业	3519	513	28	14	27
金属加工机械制造业	3520	10 181	326	291	281
金属切削机床制造业	3521	1 705	52	53	52
锻压设备制造业	3523	964	15	24	22
铸造机械制造业	3525	1 605	27	23	57
机床附件制造业	3526	890	19	31	38
其他金属加工机械制造业	3529	5 017	213	160	112
通用设备制造业	3530	11 625	219	253	423
起重运输设备制造业	3531	2 236	49	71	60
工矿车辆制造业	3532	349	1	3	7
泵制造业	3533	3 377	39	63	115
风机制造业	3534	1 170	25	20	108
气体压缩机及气体分离设备制造业	3535	859	20	14	12
冷冻设备制造业	3536	954	46	20	8
风动工具制造业	3537	282	4	6	39
电动工具制造业	3538	823	7	11	20
其他通用设备制造业	3539	1 575	28	45	54
轴承、阀门制造业	3540	6 648	72	141	141
轴承制造业	3541	2 409	32	21	59
阀门制造业	3542	4 239	40	120	82
其他通用零部件制造业	3560	20 912	296	486	897
液压件及液力件制造业	3561	1 873	62	58	60
气动元件制造业	3562	1 013	16	23	59
密封件制造业	3563	945	20	28	27
粉末冶金制品业	3564	1 022	31	19	37
紧固件制造业	3565	6 776	38	156	318
弹簧制造业	3566	1 974	26	55	127
链条制造业	3567	605	8	5	33
齿轮制造业	3568	874	10	23	38
其他类未包括的通用零部件制造业	3569	5 830	85	119	198
铸锻件制造业	3570	25 185	330	353	1 836

类)、地区(省)分组的单位数

山西	内蒙古	辽宁	吉林	黑龙江	上海	江苏	浙江	安徽	福建	江西	山东
59	150	320	79	157	25	314	104	358	96	188	400
24	7	50	9	22	47	89	55	48	16	11	85
53	18	387	76	117	563	829	484	122	139	60	455
2 073	811	8 187	1 257	2 035	4 789	12 105	13 779	3 048	2 280	1 143	7 794
162	94	424	111	222	254	925	467	192	57	84	767
126	72	281	88	144	114	277	75	38	16	20	406
1	1	14	3	2	23	82	36	21	12	14	32
1		6		18	13	21	7	3		3	11
1	1			1	1	2	5		4	4	2
19	7	75	5	15	69	499	326	125	23	37	261
14	13	48	15	42	34	44	18	5	2	6	55
207	173	1 034	141	383	869	1 333	765	244	183	119	897
32	13	149	17	44	161	177	174	51	41	27	161
14	6	75	11	22	68	178	105	28	12	12	135
67	12	99	12	30	60	218	59	72	41	25	217
12	7	91	8	25	85	109	111	20	17	12	133
82	135	620	93	262	495	651	316	73	72	43	251
168	53	1 264	204	184	998	1 875	2 477	226	172	117	797
19	14	281	23	25	242	456	263	42	26	16	138
63	3	21	9	11	4	35	13	15	3	11	31
37	17	452	55	71	212	452	895	107	39	36	258
12	3	115	69	36	94	186	143	8	17	9	109
8	3	80	13	5	54	105	310	14	9	10	53
7	1	96	3	4	179	167	176	15	13	1	41
3	2	32	4	4	18	37	46	8	9	5	17
6	3	19	6	10	76	116	363	6	13	5	43
13	7	168	22	18	119	321	268	11	43	24	107
76	16	480	29	77	412	922	2 308	92	388	55	345
33	5	148	14	41	201	361	625	39	63	29	186
43	11	332	15	36	211	561	1 683	53	325	26	159
309	64	1 769	190	291	1 352	3 428	4 706	568	618	227	1 691
59	4	222	15	25	159	368	313	37	29	17	139
14	1	66	6	9	85	225	219	12	15	9	83
4	3	104	18	12	46	176	152	38	21	7	127
29	2	55	7	7	70	154	191	35	18	9	76
61	22	241	53	53	541	1 127	2 371	89	219	54	341
12	5	132	26	14	85	352	340	42	35	40	174
8		37	5	10	42	100	129	30	11	6	61
10	2	47	8	11	45	140	161	31	28	25	70
112	25	865	52	150	279	786	830	254	242	60	620
929	239	2 189	361	476	494	2 847	2 421	1 406	626	423	2 791

营利性产业活动单位按行业(小

(续25)

行业类别(小类)	代码	河南	湖北	湖南
铁制小农具制造业	3491	252	252	273
焊条制造业	3495	50	12	23
其他类未包括的金属制品业	3499	127	94	98
普通机械制造业	3500	4 059	1 854	2 588
锅炉及原动机制造业	3510	249	127	139
锅炉制造业	3511	111	48	32
内燃机制造业	3512	19	14	18
汽轮机制造业	3513	2		1
水轮机制造业	3514	2	1	3
内燃机零部件及配件制造业	3515	92	54	68
其他锅炉及原动机制造业	3519	23	10	17
金属加工机械制造业	3520	381	221	265
金属切削机床制造业	3521	65	37	44
锻压设备制造业	3523	43	18	21
铸造机械制造业	3525	130	35	85
机床附件制造业	3526	23	12	12
其他金属加工机械制造业	3529	120	119	103
通用设备制造业	3530	403	168	316
起重运输设备制造业	3531	107	51	62
工矿车辆制造业	3532	24	8	16
泵制造业	3533	107	36	143
风机制造业	3534	23	17	24
气体压缩机及气体分离设备制造业	3535	22	9	8
冷冻设备制造业	3536	29	19	11
风动工具制造业	3537	10	2	7
电动工具制造业	3538	13	3	8
其他通用设备制造业	3539	68	23	37
轴承、阀门制造业	3540	400	88	103
轴承制造业	3541	176	57	50
阀门制造业	3542	224	31	53
其他通用零部件制造业	3560	704	329	375
液压件及液力件制造业	3561	55	36	32
气动元件制造业	3562	30	19	11
密封件制造业	3563	34	11	13
粉末冶金制品业	3564	93	32	24
紧固件制造业	3565	175	102	84
弹簧制造业	3566	62	23	41
链条制造业	3567	17	18	16
齿轮制造业	3568	54	15	36
其他类未包括的通用零部件制造业	3569	184	73	118
铸锻件制造业	3570	1 580	700	1 190

类)、地区(省)分组的单位数

广东	广西	海南	重庆	四川	贵州	云南	西藏	陕西	甘肃	青海	宁夏	新疆
337	226	24	102	456	39	155	2	221	195	8	18	29
76	11	1	4	35	2	6		14	8		1	6
900	41	3	53	95	26	50		76	30	6	3	17
3 909	977	31	1 559	2 359	326	629	2	2 208	501	96	121	259
111	69	2	94	171	26	31		182	42	12	15	71
40	23	2	19	63	11	15		121	23	10	10	63
24	11		27	13	2	6		6	1	1	1	
3				3				1				
6	4		8	12		2		2	1			
22	23		33	68	11	6		25	5	1		
16	8		7	12	2	2		27	12		4	8
603	93	3	325	378	50	100		388	82	18	13	15
145	20	1	29	46	8	17		68	10	4	5	2
72	9		16	24	3	1		27	3			
98	14		22	75	9	13		91	5	6	1	2
26	6	1	26	20	2	13		20	4	2	2	3
262	44	1	232	213	28	56		182	60	6	5	8
461	102	10	156	208	29	55		221	21	7	7	31
116	13	1	35	49	7	26		26	4	2	5	7
10	15	1	5	11	4	7		15	2			1
86	18	2	25	53	5	9		33	4	1	1	6
36	5	2	26	9	6	3		56	4	1	1	3
17	25		14	21	1	1		28	1	1		1
71	4	2	12	11		1		14		1		2
9	2		3	8	1	1		3	1			1
45	6	2	11	12	2	2		11		1		3
71	14		25	34	3	5		35	5			7
146	21		62	134	11	18		64	29	3	10	5
96	12		18	56	10	11		31	22	3	7	3
50	9		44	78	1	7		33	7		3	2
1 074	121	7	287	503	50	104		327	68	14	18	39
47	14	1	16	62	6	2		28	5		1	1
64	8		16	12		1		9				1
22	8		6	34	3	2		14	8		1	6
46	3		20	35	3	7		12	4	1	1	1
360	25	5	80	105	16	33		70	22	4	6	5
209	11		35	64	3	14		33	3	4	3	4
38	5		2	14		4		3	1			2
18	5	1	23	36	4	6		22	2	1	1	1
270	42		89	141	15	35		136	23	4	5	18
1 030	448	2	486	652	119	233		666	205	29	52	72

营利性产业活动单位按行业(小

(续26)

行业类别(小类)	代码	营利性产业活动单位数(个)	北京	天津
铸件制造业	3571	21 716	277	249
锻件制造业	3572	3 469	53	104
普通机械修理业	3580	3 694	107	164
其他普通机械制造业	3590	4 438	104	49
专用设备制造业	3600	48 100	1 268	1 069
冶金、矿山、机电工业专用设备制造业	3610	4 623	119	128
矿山设备制造业	3611	2 073	15	16
冶金工业专用设备制造业	3613	760	21	26
电工专用设备制造业	3615	320	8	10
电子工业专用设备制造业	3617	674	36	25
其他机电工业专用设备制造业	3619	796	39	51
石化及其他工业专用设备制造业	3620	6 531	148	155
石油工业专用设备制造业	3621	866	11	36
化学工业专用设备制造业	3622	1 015	18	48
化学纤维工业专用设备制造业	3623	146	7	1
橡胶工业专用设备制造业	3624	354		16
塑料工业专用设备制造业	3625	1 040	14	11
森林工业专用设备制造业	3626	294	2	5
印刷工业专用设备制造业	3627	721	36	11
制药工业专用设备制造业	3628	338	12	6
建筑材料非金属矿物制品专用设备制造业	3629	1 757	48	21
轻纺工业专用设备制造业	3630	9 567	169	172
食品、饮料、烟草工业专用设备制造业	3631	1 528	40	24
粮油工业专用设备制造业	3632	1 075	10	4
饲料工业专用设备制造业	3633	146	6	1
包装工业专用设备制造业	3634	578	22	19
纺织、服装、皮革工业专用设备制造业	3635	4 348	45	95
照明器具工业专用设备制造业	3636	500	26	11
日用硅酸制品工业专用设备制造业	3637	180	2	2
制浆、造纸工业专用设备制造业	3638	731	4	11
日用化学工业专用设备制造业	3639	481	14	5
农、林、牧、渔、水利业机械制造业	3640	8 014	90	48
拖拉机制造业	3641	308	3	3
机械化农机具制造业	3642	2 872	30	15
营林机械制造业	3643	58	1	2
畜牧机械制造业	3644	172	24	10
渔业机械制造业	3645	166	3	1
水利机械制造业	3646	265	9	1
拖拉机配件制造业	3647	2 210	7	10
其他农、林、牧、渔、水利业机械制造业	3649	1 963	13	6

类）、地区（省）分组的单位数

河北	山西	内蒙古	辽宁	吉林	黑龙江	上海	江苏	浙江	安徽	福建	江西	山东
1 646	841	204	1 783	324	393	342	2 339	2 174	1 212	591	386	2 299
190	88	35	406	37	83	152	508	247	194	35	37	492
152	136	91	468	111	276	175	210	140	220	83	63	227
83	86	81	559	110	126	235	565	495	100	153	55	279
1 768	906	453	3 122	742	1 696	2 901	6 837	5 411	1 635	1 018	793	4 304
158	193	31	547	74	129	273	636	340	118	62	100	363
85	141	18	278	43	59	38	179	150	72	30	79	207
39	17	4	93	18	15	46	152	37	14	2	5	60
11	4	3	28	5	15	32	40	25	11	3	5	21
8	5	3	45	7	17	82	99	86	12	16	8	34
15	26	3	103	1	23	75	166	42	9	11	3	41
221	74	25	492	85	147	406	1 132	809	150	145	70	643
39	3	2	144	34	67	47	111	45	5	4	2	113
29	14	5	65	12	6	74	286	83	21	14	10	89
3	1	1	13	1	4	14	49	17	3	1	1	7
5	4	2	36	1	1	34	69	21	16	8	2	60
20	9		53	4	12	60	135	268	12	23	4	78
9	1	2	21	5	30	11	35	15	6	14	4	41
31	8	1	37	5	5	78	115	135	12	12	9	33
3			29	8	5	43	87	70	1	1	3	8
82	34	12	94	15	17	45	245	155	74	68	35	214
290	103	31	385	71	136	704	1 659	1 980	169	195	118	824
37	3	8	66	13	32	134	134	441	20	39	14	96
43	18	13	53	26	56	23	152	59	30	21	23	93
6	3		8	1	8	11	19	14	1	1	3	14
19	3		27	6	3	75	59	146	11	10	1	33
124	48	7	112	10	21	297	1 088	1 262	50	86	51	366
17	9	2	27	5	5	74	83	9	21	7	9	31
4	3		9	1	1	13	27	6	8	4	10	26
17	10		72	4	2	28	51	32	12	15	3	127
23	6	1	11	5	8	49	46	11	16	12	4	38
423	144	120	364	136	343	152	809	558	448	198	217	1 017
14	16	1	9	3	13	12	30	9	20	7	5	41
133	53	57	128	66	174	29	223	195	171	69	107	278
2	1	1	4	2	6	7	9	6	2	1		1
2	4	13	6	2	5	19	11	8	2		3	14
7			7			8	30	26	3	10		26
15	10	3	19	6	14	7	22	15	14	5	4	29
148	33	16	117	36	83	48	339	201	97	33	32	444
102	27	29	74	21	48	22	145	98	139	73	66	184

(续27)

行业类别(小类)	代码	河南	湖北	湖南
铸件制造业	3571	1 451	615	1 112
锻件制造业	3572	129	85	78
普通机械修理业	3580	157	142	88
其他普通机械制造业	3590	185	79	112
专用设备制造业	3600	3 237	1 072	1 298
冶金、矿山、机电工业专用设备制造业	3610	383	80	108
矿山设备制造业	3611	251	39	62
冶金工业专用设备制造业	3613	74	17	17
电工专用设备制造业	3615	22	5	5
电子工业专用设备制造业	3617	14	4	9
其他机电工业专用设备制造业	3619	22	15	15
石化及其他工业专用设备制造业	3620	342	130	169
石油工业专用设备制造业	3621	63	12	5
化学工业专用设备制造业	3622	40	26	22
化学纤维工业专用设备制造业	3623	7	1	2
橡胶工业专用设备制造业	3624	6	5	6
塑料工业专用设备制造业	3625	25	19	13
森林工业专用设备制造业	3626	30	4	4
印刷工业专用设备制造业	3627	17	9	20
制药工业专用设备制造业	3628	7	4	17
建筑材料非金属矿物制品专用设备制造业	3629	147	50	80
轻纺工业专用设备制造业	3630	690	231	211
食品、饮料、烟草工业专用设备制造业	3631	66	18	30
粮油工业专用设备制造业	3632	131	51	82
饲料工业专用设备制造业	3633	3	8	7
包装工业专用设备制造业	3634	18	12	6
纺织、服装、皮革工业专用设备制造业	3635	174	80	42
照明器具工业专用设备制造业	3636	38	6	12
日用硅酸制品工业专用设备制造业	3637	5	8	5
制浆、造纸工业专用设备制造业	3638	230	7	8
日用化学工业专用设备制造业	3639	25	41	19
农、林、牧、渔、水利业机械制造业	3640	1 065	219	316
拖拉机制造业	3641	31	8	11
机械化农机具制造业	3642	321	82	127
营林机械制造业	3643	5		2
畜牧机械制造业	3644	13	4	2
渔业机械制造业	3645	4	1	1
水利机械制造业	3646	34	8	7
拖拉机配件制造业	3647	239	58	59
其他农、林、牧、渔、水利业机械制造业	3649	418	58	107

类)、地区(省)分组的单位数

广东	广西	海南	重庆	四川	贵州	云南	西藏	陕西	甘肃	青海	宁夏	新疆
901	427	1	372	557	97	212		589	182	24	48	68
129	21	1	114	95	22	21		77	23	5	4	4
201	46	6	43	96	20	46	1	164	34	8	4	15
283	77	1	106	217	21	42	1	196	20	5	2	11
2 856	679	81	479	1 494	174	390	24	1 534	392	83	115	269
197	70	3	52	153	12	46		197	25	5	14	7
33	51		20	58	5	35		82	11	2	12	2
11	2	1	4	26	3	4		43	5			4
19	4	1	5	14	1	1		18	1	1	1	1
79	8	1	8	32	2	2		27	3	1	1	
55	5		15	23	1	4		27	5	1		
488	80	6	59	203	19	36	5	222	38	9	4	19
10	1		4	18	2			57	16	3	1	11
36	4		8	38	2	11		41	6	1	1	5
3			1	3				5		1		
23	9		1	9	1			15	2	2		
213	20		8	19	3	3		13				1
21	8	3	1	10		6		6				
83	8		2	28	1	2		18	4	1		
4	2		9	9				9	1			
95	28	3	25	69	10	14	5	58	9	1	2	2
630	86	6	79	216	22	89	9	234	38	1	7	12
144	20	2	14	24	5	57	4	39	3	1		
27	24	1	13	42	11	18		36	9		1	5
13	4		1	3		4		7				
77	4		2	7	1			16	1			
176	12	2	29	63		3	4	80	13		4	4
58	5		8	13	1	4		15	3			1
26	1		2	8	2			5	1			1
24	10		5	34	1	1		19	2		1	1
85	6	1	5	22	1	2	1	17	6		1	
200	172	17	49	276	28	90	4	261	99	27	32	92
9	18	1	1	8	2	7	2	10	5		4	5
73	81	8	32	151	9	42	1	101	48	9	11	48
1	1			1				2		1		
7	6			4		1		5	3	1	1	2
26	1	1		1		3		5				2
10	2	1	3	5		3		15	1	1	2	
20	30	1	5	30	8	14		54	20	6	8	14
54	33	5	8	76	9	20	1	69	22	9	6	21

(续28)

行业类别(小类)	代码	营利性产业活动单位数(个)	北京	天津	河北
医疗器械制造业	3650	3 308	242	173	77
手术器械制造业	3651	272	13	20	6
医疗仪器、设备制造业	3652	1 212	149	79	25
诊断用品制造业	3653	277	10	5	1
医用材料及医疗用品制造业	3654	1 460	63	62	43
假肢、矫形器制造业	3655	87	7	7	2
其他专用设备制造业	3670	7 827	305	192	232
建筑机械制造业	3671	1 347	25	20	33
地质专用设备制造业	3672	147	7	4	9
畜牧兽医医疗器械制造业	3673	25			1
缝纫机制造业	3674	976	3	33	22
商业、饮食业、服务业专用机械制造业	3675	471	21	22	18
邮政机械及器材制造业	3676	73	1	3	2
环境保护机械制造业	3677	1 935	115	30	49
社会公共安全设备及器材制造业	3678	1 269	53	41	40
其他类未包括的专用设备制造业	3679	1 584	80	39	58
专用机械设备修理业	3680	8 230	195	201	367
工业专用设备修理业	3681	1 380	44	73	23
农、林、牧、渔、水利机械修理业	3683	4 482	52	24	289
医疗器械修理业	3685	109	8	3	1
其他专用机械设备修理业	3689	2 259	91	101	54
交通运输设备制造业	3700	59 696	2 037	2 100	2 187
铁路运输设备制造业	3710	1 511	53	35	66
机车制造业	3711	35	2		
客车制造业	3712	41	1	1	1
货车制造业	3713	44	3		
机车车辆配件制造业	3714	757	22	12	33
铁路信号设备制造业	3715	94	8	2	1
铁路专用设备制造业	3716	128	6	5	18
铁路专用器材制造业	3717	316	10	10	9
其他铁路运输设备制造业	3719	96	1	5	4
汽车制造业	3720	16 091	632	560	838
载重汽车制造业	3721	206	12	2	13
客车制造业	3722	217	12	1	10
小轿车制造业	3723	63	4	3	7
微型汽车制造业	3724	95	2	5	3
特种车辆及改装汽车制造业	3725	781	48	10	39
汽车车身制造业	3726	315	6	7	20
汽车零部件及配件制造业	3727	14 414	548	532	746
摩托车制造业	3730	4 531	30	85	101
摩托车整车制造业	3731	440	7	26	17

类)、地区(省)分组的单位数

山西	内蒙古	辽宁	吉林	黑龙江	上海	江苏	浙江	安徽	福建	江西	山东
24	12	125	63	57	378	579	352	83	46	53	208
1		5	3	2	56	58	31	5	4		11
5	1	70	25	26	143	143	91	25	15	13	64
1	2	10	7	1	30	66	59	7	3	6	19
15	7	34	25	24	139	304	168	41	23	34	105
2	2	6	3	4	10	8	3	5	1		9
87	38	512	121	184	625	1 673	1 179	145	176	74	489
16	7	95	9	17	68	217	190	25	44	17	139
5	1	6	3	4	10	25	11	2	2	3	17
	1	1			2	3	10		1		
6	1	13	1	1	139	106	472	7	11	3	34
8	1	14	15	15	65	40	19	8	7	2	42
1	2	2	1		5	15	12		3	3	6
9	6	148	23	20	115	818	157	25	24	9	76
14	6	79	30	62	114	176	160	44	52	20	72
28	13	154	39	65	107	273	148	34	32	17	103
281	196	697	192	700	363	349	193	522	196	161	760
90	38	122	30	87	138	106	25	59	16	25	138
74	131	300	101	507	27	106	101	379	140	107	443
1	3	7	2	5	11	6	2	6	1	1	9
116	24	268	59	101	187	131	65	78	39	28	170
1 003	646	3 402	1 177	1 509	3 251	5 352	7 005	1 737	1 725	1 371	4 945
44	10	227	82	92	37	149	72	27	19	23	127
1		2	1	2	1	1		2	1		3
1		1	2	1	5	6	1	1			2
2		2		2	2			4	2		3
29	6	104	47	48	12	98	38	13	14	6	87
4		13	2	7	2	4	8			5	3
		15	3	7	4	9	6	1	1	2	5
4	4	80	23	18	6	23	10	6	1	8	15
3		10	4	7	5	8	9			2	9
120	61	750	459	257	741	1 467	3 738	360	744	278	763
	1	15	1	6	9	19	8	10	4	3	18
9		11		6	6	26	16	8	11	6	8
2			1		3	4	2	3	5		2
1	1	4	2	3	1	9	4	15	2		6
8	6	33	26	14	60	93	52	42	21	14	65
6	4	19	16	11	13	21	10	7	9	6	24
94	49	668	413	217	649	1 295	3 646	275	692	249	640
8	3	21	22	8	225	682	1 032	33	101	195	232
3		3	5	6	19	78	31	10	9	16	34

(续29)

行业类别(小类)	代码	河南	湖北	湖南
医疗器械制造业	3650	126	82	44
手术器械制造业	3651	6	2	5
医疗仪器、设备制造业	3652	28	24	17
诊断用品制造业	3653	5	3	4
医用材料及医疗用品制造业	3654	86	52	17
假肢、矫形器制造业	3655	1	1	1
其他专用设备制造业	3670	293	139	169
建筑机械制造业	3671	84	30	34
地质专用设备制造业	3672	4	6	5
畜牧兽医医疗器械制造业	3673	2		
缝纫机制造业	3674	10	5	15
商业、饮食业、服务业专用机械制造业	3675	26	17	15
邮政机械及器材制造业	3676	5		2
环境保护机械制造业	3677	65	35	22
社会公共安全设备及器材制造业	3678	44	19	34
其他类未包括的专用设备制造业	3679	53	27	42
专用机械设备修理业	3680	338	191	281
工业专用设备修理业	3681	65	31	25
农、林、牧、渔、水利机械修理业	3683	186	102	221
医疗器械修理业	3685	5	6	2
其他专用机械设备修理业	3689	82	52	33
交通运输设备制造业	3700	2 192	1 867	1 909
铁路运输设备制造业	3710	116	41	68
机车制造业	3711	6	6	2
客车制造业	3712	4	2	5
货车制造业	3713	2	3	2
机车车辆配件制造业	3714	44	15	33
铁路信号设备制造业	3715	10	3	1
铁路专用设备制造业	3716	9	4	4
铁路专用器材制造业	3717	32	6	15
其他铁路运输设备制造业	3719	9	2	6
汽车制造业	3720	620	732	524
载重汽车制造业	3721	10	9	12
客车制造业	3722	6	10	12
小轿车制造业	3723	2	3	2
微型汽车制造业	3724	5	2	4
特种车辆及改装汽车制造业	3725	24	46	32
汽车车身制造业	3726	41	27	6
汽车零部件及配件制造业	3727	532	635	456
摩托车制造业	3730	170	25	100
摩托车整车制造业	3731	46	8	6

类）、地区（省）分组的单位数

广东	广西	海南	重庆	四川	贵州	云南	西藏	陕西	甘肃	青海	宁夏	新疆
247	33	4	51	64	13	21		116	17		5	13
19	4		6	4	2	1		7	1			
131	18	1	26	25	3	7		51	5		1	1
19	1		2	8		2		4	1		1	
73	9	3	17	26	7	10		50	9		3	11
5	1			1	1	1		4	1			1
506	82	14	80	184	26	43		195	41	8	5	10
106	24	1	18	49	10	6		54	4	2		3
3	1		3	5	2	2		2	3	1		1
1	1			1				1				
65	2		3	5				18	1			
49	7	4	7	15		3		19	8	2	2	
3	1		2	2	1			1				
75	10		15	36	4	15		20	12		1	1
83	15	6	13	33	2	6		41	5	3	1	1
121	21	3	19	38	7	11		39	8		1	4
588	156	31	109	398	54	65	6	309	134	33	48	116
72	23	3	21	25	16	21		36	16	1	2	9
271	81	23	58	307	25	23	6	172	82	21	34	89
14	3	3		1		2		4	1			2
231	49	2	30	65	13	19		97	35	11	12	16
4 650	1 082	164	2 287	2 189	534	1 019	24	1 194	437	167	104	430
23	14		18	66	5	14		69	8	1		5
1				3	1							
4								1	1	1		
3				6	1			6	1			
10	8		12	24	2	8		27	1			4
1			1	1				17	1			
2	1			16		3		6	1			
2	2		3	13	1	2		9	3			1
	3		2	3		1		3				
538	229	11	540	601	82	173		177	26	18	11	41
10	3		8	16	2	5		6		1		3
20	7	3	5	11	2	2		6	2			1
7	2			6	1			2		1		1
11	3	1	1	5	2			2		1		
48	5	2	12	30	7	10		25	3	1		5
18	9	2	8	8	2	6		5			1	3
424	200	3	506	525	66	150		131	21	14	10	28
258	18	8	999	120	15	2		25	3	2	1	7
57	8	4	23	11	1	2		2		2		6

（续 30）

行业类别（小类）	代码	营利性产业活动单位数（个）	北京	天津	河北
摩托车零部件及配件制造业	3732	4 091	23	59	84
自行车制造业	3740	2 517	32	501	118
电车制造业	3750	34	1	2	
船舶制造业	3760	1 566	4	13	2
海洋运输船制造业	3761	149		8	
内河船制造业	3762	841	3	1	
渔轮制造业	3763	216		1	1
船舶机械设备制造业	3764	353	1	3	1
海洋石油平台制造业	3765	7			
航空航天器制造业	3770	225	15	2	5
飞机制造业	3771	134	7	1	3
其他航空航天器制造业	3779	91	8	1	2
交通运输设备修理业	3780	33 034	1 261	899	1 049
铁路运输设备修理业	3781	608	7	9	16
汽车修理业	3782	28 145	1 205	757	928
摩托车修理业	3783	1 218	15	34	24
电车修理业	3784	44	5	1	6
船舶修理业	3785	1 783		72	23
飞机修理业	3786	44	3		2
其他交通运输设备修理业	3789	1 192	26	26	50
其他交通运输设备制造业	3790	187	9	3	8
航标器材制造业	3791	20	1	2	1
潜水装备制造业	3792	17			1
公路标志制造业	3793	150	8	1	6
电气机械及器材制造业	4000	51 902	1 242	1 354	1 751
电机制造业	4010	3 385	57	119	79
发电机制造业	4011	617	14	10	14
电动机制造业	4012	1 551	18	53	39
微电机制造业	4013	1 217	25	56	26
输配电及控制设备制造业	4020	14 804	477	366	370
变压器制造业	4021	2 169	71	60	63
整流器制造业	4022	388	21	12	13
电容器制造业	4023	703	14	19	16
开关控制设备制造业	4024	4 854	205	140	141
电器设备元件制造业	4027	3 910	83	84	50
其他输配电及控制设备制造业	4029	2 780	83	51	87
电工器材制造业	4040	12 033	207	354	862
电线电缆制造业	4041	6 918	100	220	588
绝缘制品业	4043	911	16	31	48
蓄电池制造业	4045	1 829	46	52	71
原电池制造业	4046	552	5	12	16

类)、地区(省)分组的单位数

山西	内蒙古	辽宁	吉林	黑龙江	上海	江苏	浙江	安徽	福建	江西	山东
5	3	18	17	2	206	604	1 001	23	92	179	198
6	4	48	7	12	202	440	467	35	42	18	142
		4			3	3	6	5			
		42	6	12	100	417	210	97	72	53	85
		9		1	21	24	27	4	24	3	7
		4	3	7	24	284	68	78	17	42	25
		9	1		3	18	61	2	17		35
		19	2	4	52	90	54	13	14	7	16
		1				1				1	2
1	3	10	1	4	29	13	7		3	3	2
1		5	1	3	20	9	2		1	3	
	3	5		1	9	4	5		2		2
818	565	2 298	599	1 119	1 893	2 144	1 450	1 172	743	799	3 583
29	30	134	33	66	22	15	5	11	10	16	39
721	477	1 857	543	972	1 496	1 747	1 100	1 030	568	721	3 043
18	34	37	5	20	63	63	27	19	38	28	125
	1	5			2	3		2	1	2	1
1		188	2	13	250	234	273	50	83	19	189
1	1	5	1		3	4		2	1		1
48	22	72	15	48	57	78	45	58	42	13	185
6		2	1	5	21	37	23	8	1	2	11
					7	3	2	1			
1		1		2	3		1	2			1
5		1	1	3	11	34	20	5	1	2	10
456	291	2 983	558	1 175	4 450	7 770	8 762	1 677	940	620	2 885
32	19	149	23	65	252	527	728	85	189	40	201
5	4	20	3	26	33	100	65	14	37	15	46
17	11	92	14	27	139	231	269	52	144	17	101
10	4	37	6	12	80	196	394	19	8	8	54
112	93	1 120	204	410	1 103	2 298	2 918	328	259	133	803
22	17	203	36	56	182	255	162	37	51	21	151
2	1	35	4	10	37	56	40	6	6	6	15
3	4	37	4	12	36	154	110	24	24	9	18
41	28	450	108	169	345	567	925	128	81	44	268
21	17	184	24	74	269	704	1 304	94	50	32	182
23	26	211	28	89	234	562	377	39	47	21	169
136	75	593	123	239	830	1 706	1 401	486	153	193	700
83	46	342	59	129	427	911	747	345	58	99	375
10	11	62	15	34	54	166	125	18	10	9	71
26	11	72	18	34	135	245	149	75	43	50	155
3	2	13	7	10	76	58	55	20	9	12	27

(续31)

行业类别(小类)	代码	河南	湖北	湖南	广东
摩托车零部件及配件制造业	3732	124	17	94	201
自行车制造业	3740	110	36	15	192
电车制造业	3750	3		1	3
船舶制造业	3760	18	88	45	150
海洋运输船制造业	3761		3		9
内河船制造业	3762	14	63	43	63
渔轮制造业	3763	1			52
船舶机械设备制造业	3764	3	22	2	25
海洋石油平台制造业	3765				1
航空航天器制造业	3770	10	11	5	4
飞机制造业	3771	8	2	2	3
其他航空航天器制造业	3779	2	9	3	1
交通运输设备修理业	3780	1 140	930	1 149	3 463
铁路运输设备修理业	3781	39	16	18	12
汽车修理业	3782	1 008	802	1 028	2 710
摩托车修理业	3783	37	14	26	427
电车修理业	3784		2	1	2
船舶修理业	3785	1	45	26	213
飞机修理业	3786	1	2	2	2
其他交通运输设备修理业	3789	54	49	48	97
其他交通运输设备制造业	3790	5	4	2	19
航标器材制造业	3791			1	1
潜水装备制造业	3792	1			1
公路标志制造业	3793	4	4	1	17
电气机械及器材制造业	4000	1 777	760	1 197	7 382
电机制造业	4010	123	54	75	338
发电机制造业	4011	30	22	10	89
电动机制造业	4012	58	18	44	103
微电机制造业	4013	35	14	21	146
输配电及控制设备制造业	4020	428	158	393	1 531
变压器制造业	4021	67	39	54	429
整流器制造业	4022	9	5	17	57
电容器制造业	4023	13	5	23	129
开关控制设备制造业	4024	174	43	120	409
电器设备元件制造业	4027	77	29	80	296
其他输配电及控制设备制造业	4029	88	37	99	211
电工器材制造业	4040	660	279	330	1 737
电线电缆制造业	4041	446	192	146	1 088
绝缘制品业	4043	56	8	28	65
蓄电池制造业	4045	94	45	107	187
原电池制造业	4046	14	9	22	123

类)、地区(省)分组的单位数

广西	海南	重庆	四川	贵州	云南	西藏	陕西	甘肃	青海	宁夏	新疆
10	4	976	109	14			23	3		1	1
38		2	23		3		20	2			2
1			1					1			
49	6	61	23	4	4		4			1	
6	1	1	1								
30		42	20	3	4		2			1	
9	5			1							
4		18	1				2				
			1								
			19	40	1		34	3			
			11	30			20	2			
			8	10	1		14	1			
731	137	664	1 334	386	822	24	863	394	145	91	369
12	1	6	19	4	5		24	2	4	4	
604	122	605	1 237	366	788	21	750	368	132	82	357
54	3	4	27	8	13	2	31	9	3	4	6
1		1	3				3	2			
38	8	41	12				1	1			
1	1		7	2			1	1			
21	2	7	29	6	16	1	53	11	6	1	6
2	2	3	2	2			2		1		6
				1							
1				1					1		
1	2	3	2				2				6
480	51	473	1 084	169	268	1	850	239	35	64	158
57	2	37	55	8	16		39	8	2	4	2
18	2	5	15	3	4		9	3			1
19		22	23	3	9		20	4	1	2	1
20		10	17	2	3		10	1	1	2	
138	24	138	321	58	88		327	106	11	23	66
19	6	25	53	8	10		48	10	1	4	9
6		4	10		2		11	2		1	
17		7	13				9	1		1	1
42	14	43	100	23	46		108	42	6	11	33
28	1	30	65	23	9		57	38		3	2
26	3	29	80	4	21		94	13	4	3	21
104	10	112	312	38	64		214	54	9	10	42
48	7	48	159	14	31		149	25	4	4	28
6		6	24		2		21	9		3	3
30	2	44	86	10	12		14	7	2	2	5
10	1	4	12	5	8		10	6	1		2

营利性产业活动单位按行业(小

(续 32)

行业类别(小类)	代码	营利性产业活动单位数(个)	北京	天津	河北
其他电工器材制造业	4049	1 823	40	39	139
日用电器制造业	4060	7 093	149	115	129
洗衣机制造业	4061	235	2	8	2
吸尘器制造业	4062	188	4	8	10
电冰箱制造业	4063	458	21	18	6
电风扇制造业	4064	830	6	8	3
空调器制造业	4065	1 117	36	15	16
排油烟机制造业	4066	166	7	2	
其他日用电器制造业	4069	4 099	73	56	92
照明器具制造业	4070	9 664	198	186	155
电光源制造业	4071	2 600	55	41	32
灯头、灯座制造业	4072	993	11	17	30
灯具制造业	4073	3 350	92	78	61
灯用电器附件制造业	4074	1 536	31	35	27
其他照明器具制造业	4079	1 185	9	15	5
电气机械修理业	4080	2 340	91	116	60
其他电气机械制造业	4090	2 583	63	98	96
电焊机制造业	4091	935	15	33	43
工业用电炉制造业	4092	376	10	16	14
其他类未包括的电气机械制造业	4099	1 272	38	49	39
电子及通信设备制造业	4100	19 846	859	516	456
通信设备制造业	4110	3 233	175	76	78
传输设备制造业	4111	637	48	16	10
交换设备制造业	4112	699	47	16	8
通信终端设备制造业	4113	405	16	21	2
其他通信设备制造业	4119	1 492	64	23	58
雷达制造业	4120	88	3	1	1
雷达整机制造业	4121	44	2	1	
雷达专用配套设备及部件制造业	4122	44	1		1
广播电视设备制造业	4130	591	50	6	12
电子计算机制造业	4140	1 228	162	58	10
电子计算机整机制造业	4141	434	70	20	1
电子计算机外部设备制造业	4143	794	92	38	9
电子器件制造业	4150	1 594	77	48	89
电真空器件制造业	4151	321	19	8	6
半导体器件制造业	4153	691	36	34	21
集成电路制造业	4155	582	22	6	62
电子元件制造业	4160	7 189	159	167	173
日用电子器具制造业	4170	2 364	59	71	11
电视机、录像机、摄像机制造业	4171	569	12	31	3
收音机、录音机制造业	4172	1 516	38	37	6

类)、地区(省)分组的单位数

山西	内蒙古	辽宁	吉林	黑龙江	上海	江苏	浙江	安徽	福建	江西	山东
14	5	104	24	32	138	326	325	28	33	23	72
18	7	211	58	147	839	1 100	1 252	161	107	50	367
1		14	2	1	54	33	65	7	1		12
3	1	7	6	4	18	35	16	6	4		9
		12	1	3	58	63	90	25	4	2	53
		5	1		56	107	167	14	10	11	18
2		24	6	37	225	378	93	10	11	5	58
		4	1	3	14	10	30	1	2	1	11
12	6	145	41	99	414	474	791	98	75	31	206
53	34	411	42	93	967	1 532	1 978	447	142	139	438
19	7	139	10	26	245	439	481	190	48	51	148
4	5	21	4	1	169	99	204	18	12	13	34
26	19	167	10	38	316	639	580	62	39	26	165
2	3	72	13	22	182	234	212	52	35	25	62
2		12	5	6	55	121	501	125	8	24	29
84	49	305	68	144	263	191	71	100	42	41	182
21	14	194	40	77	196	416	414	70	48	24	194
8	5	66	16	35	84	95	128	18	23	11	106
	1	21	4	6	26	116	58	4	4	5	26
13	8	107	20	36	86	205	228	48	21	8	62
99	86	681	159	206	1 556	3 207	2 507	351	758	178	716
12	7	130	28	36	283	501	463	46	176	30	137
3	3	23	6	8	64	86	74	14	26	5	29
5		30	12	4	65	130	114	5	25	6	27
		16	2	2	27	30	35	10	20	3	20
4	4	61	8	22	127	255	240	17	105	16	61
1		7	2	1	5	18	2	7	1		1
		6	1		3	8		2	1		1
1		1	1	1	2	10	2	5			
5	1	17	3	14	30	96	102	10	27	5	16
6	3	45	4	22	116	101	53	25	46	7	64
2		19	2	5	56	35	12	12	19	1	25
4	3	26	2	17	60	66	41	13	27	6	39
4	8	81	11	19	162	267	124	28	56	10	62
1	1	23	1	3	40	52	29	6	10	3	13
3	6	49	9	13	71	120	72	18	24	7	42
	1	9	1	3	51	95	23	4	22		7
19	31	205	37	36	436	1 451	1 304	143	258	66	234
10	5	38	13	16	209	263	165	19	78	15	36
7	2	19	7	7	69	100	18	13	17	5	19
2	3	15	6	6	114	145	135	4	37	8	15

营利性产业活动单位按行业(小

(续33)

行业类别(小类)	代码	河南	湖北	湖南
其他电工器材制造业	4049	50	25	27
日用电器制造业	4060	109	66	90
洗衣机制造业	4061		3	1
吸尘器制造业	4062	9	6	4
电冰箱制造业	4063	9	4	17
电风扇制造业	4064	15	8	12
空调器制造业	4065	28	9	16
排油烟机制造业	4066	3		1
其他日用电器制造业	4069	45	36	39
照明器具制造业	4070	308	129	157
电光源制造业	4071	146	42	52
灯头、灯座制造业	4072	20	13	14
灯具制造业	4073	79	42	44
灯用电器附件制造业	4074	38	27	21
其他照明器具制造业	4079	25	5	26
电气机械修理业	4080	65	44	64
其他电气机械制造业	4090	84	30	88
电焊机制造业	4091	23	13	36
工业用电炉制造业	4092	11	6	11
其他类未包括的电气机械制造业	4099	50	11	41
电子及通信设备制造业	4100	288	238	271
通信设备制造业	4110	49	52	51
传输设备制造业	4111	9	13	6
交换设备制造业	4112	7	3	20
通信终端设备制造业	4113	8	12	3
其他通信设备制造业	4119	25	24	22
雷达制造业	4120		4	4
雷达整机制造业	4121		3	1
雷达专用配套设备及部件制造业	4122		1	3
广播电视设备制造业	4130	9	7	22
电子计算机制造业	4140	10	18	7
电子计算机整机制造业	4141	5	9	1
电子计算机外部设备制造业	4143	5	9	6
电子器件制造业	4150	25	19	20
电真空器件制造业	4151	9	5	6
半导体器件制造业	4153	12	8	10
集成电路制造业	4155	4	6	4
电子元件制造业	4160	95	78	88
日用电子器具制造业	4170	16	20	28
电视机、录像机、摄像机制造业	4171	8	6	8
收音机、录音机制造业	4172	4	14	16

类)、地区(省)分组的单位数

广东	广西	海南	重庆	四川	贵州	云南	西藏	陕西	甘肃	青海	宁夏	新疆
274	10		10	31	9	11		20	7	2	1	4
1 762	57	3	58	112	18	16	1	66	7	1	8	9
21			2	4	1	1						
24	3		1	6				4				
39	3	1	5	14	2	2		5	1			
350	10		20	4	1			4				
110	6	2	1	13		1		12				3
73			1	1								1
1 145	35		28	70	14	12	1	41	6	1	8	5
1 711	61	9	80	164	19	44		97	33	6	4	27
286	16	4	18	37	4	19		25	11	1		8
264	1	1	5	15	3	2		10	1			2
670	9	2	31	62	10	18		39	5	5	3	13
322	23	2	21	35	2	4		18	12		1	3
169	12		5	15		1		5	4			1
127	40	1	19	44	20	19		44	19	4	14	9
176	23	2	29	76	8	21		63	12	2	1	3
85	8	1	4	43	2	9		19	3	1	1	1
5	1		9	2	1			19				
86	14	1	16	31	5	12		25	9	1		2
5 194	192	47	155	440	46	60	1	503	42	5	10	19
596	40	5	40	71	8	18	1	110	6	2	2	4
90	12		10	26	1	7	1	44	1	1		1
123	6		8	8	2	2		24	2			
144	8	3	4	6	1			8	1		1	2
239	14	2	18	31	4	9		34	2	1	1	1
5	3		1	4	6			10	1			
1	2		1	4	2			4	1			
4	1				4			6				
82	10		7	25	1	6		20	6			2
379	3	4	12	28	3	3		35	2			2
94	3	2	6	14	1	3		15	1			1
285		2	6	14	2			20	1			1
363	18	6	14	29	3	5		42	3		1	
55	5			8	1	2		14	1			
82	5	4	9	18	1	3		13			1	
226	8	2	5	3	1			15	2			
1 806	38	15	21	157	17	10		132	10		1	2
1 189	11	7	14	32	5	1		29	1		1	2
153	6	5	7	20	3	1		20	1		1	1
880	4	2	6	11	1			6				1

(续34)

行业类别(小类)	代码	营利性产业活动单位数(个)	北京	天津
电子计算器制造业	4173	279	9	3
电子设备及通信设备修理业	4180	732	17	22
通信设备修理业	4181	214	4	4
广播电视设备修理业	4182	85	2	1
电子计算机修理业	4183	49	1	2
其他电子设备修理业	4189	384	10	15
其他电子设备制造业	4190	2 827	157	67
仪器仪表及文化、办公用机械制造业	4200	13 352	531	498
通用仪器仪表制造业	4210	5 459	248	216
工业自动化仪表制造业	4211	1 499	104	96
电工仪器、仪表制造业	4212	1 159	32	33
光学仪器制造业	4213	494	35	19
计时仪器制造业	4214	194	7	9
分析仪器制造业	4215	251	19	12
试验机制造业	4216	144	5	4
实验室仪器及装置制造业	4217	152	16	8
通用仪器仪表元件、器件制造业	4218	762	7	13
其他通用仪器仪表制造业	4219	804	23	22
专用仪器仪表制造业	4220	1 574	69	57
环境保护仪器仪表制造业	4221	213	21	15
汽车仪器仪表制造业	4222	161	6	8
导航、制导仪器制造业	4223	49	3	1
农、林、牧、渔仪器、仪表制造业	4224	38	2	
地质勘探、钻采、地震专用仪器制造业	4225	146	3	7
气象、海洋、水文、天文测量仪器制造业	4226	53	5	5
教学仪器制造业	4227	353	11	4
核子及核辐射测量仪器制造业	4228	26	7	1
专用仪器仪表元件、器件制造业	4229	535	11	16
电子测量仪器制造业	4230	517	45	30
计量器具制造业	4240	1 326	37	28
传递标准用计量仪器制造业	4241	122	7	3
量具量仪制造业	4242	398	10	9
衡器制造业	4243	806	20	16
文化、办公用机械制造业	4250	808	46	34
电影机械制造业	4251	33	2	4
幻灯机及投影仪制造业	4252	31	1	1
照相机及器材制造业	4254	315	17	10
复印机制造业	4256	56	2	6
打字机及油印机制造业	4257	80	5	2
其他文化、办公用机械制造业	4259	293	19	11

类）、地区（省）分组的单位数

河北	山西	内蒙古	辽宁	吉林	黑龙江	上海	江苏	浙江	安徽	福建	江西	山东
2	1		4		3	26	18	12	2	24	2	2
17	16	20	35	24	36	85	49	26	28	16	11	67
3	3	6	13	8	13	34	15	13	5	3	2	21
3	1	3	2	6	3	8	5		4		1	7
	2	5	1		2	7	2	1	2	1	4	5
11	10	6	19	10	18	36	27	12	17	12	4	34
65	26	11	123	37	26	230	461	268	45	100	34	99
254	113	38	934	166	249	1 528	1 665	2 040	397	399	156	624
88	40	7	488	93	110	628	806	1 094	141	77	31	231
22	14	2	184	35	42	151	211	191	26	9	5	59
19	8	2	77	11	37	155	148	261	30	19	12	63
5	4	2	17	12	8	62	100	56	10	19	3	9
3			5	2	2	15	28	64	1		1	7
2	3		17	3	2	37	37	58	2	4		9
2	1		25	6	1	19	25	12	2	1		14
	3	1	15	1	2	23	28	18	2	6		4
23	1		73	6	6	69	108	249	35	8	4	32
12	6		75	17	10	97	121	185	33	11	6	34
40	21	8	123	19	33	133	240	237	68	37	24	97
9	3	1	20	4	6	15	30	18	1	5	2	13
6	2		14	1		15	20	30	13	3	1	7
1		1	7			3	6	5		1	3	
			3			4	2	7	2	3		4
4	2		15	1	15	13	15	25	2			6
1	2	1	1	1	1	7	10	1		5		5
5	3	3	14	5	5	30	48	68	18	14	10	15
	2		4	2		2		1	1			
14	7	2	45	5	6	44	109	82	31	6	8	47
13	6	2	28	6	13	65	71	36	14	13	5	38
61	15	6	69	12	32	128	180	287	38	23	30	72
4			9	1	1	16	34	22	1			5
33			23	3	16	55	60	73	5	6	10	19
24	15	6	37	8	15	57	86	192	32	17	20	48
10	5	5	19	2	12	142	91	117	9	27	13	35
1	1		1	1	5	5	2	2	1	1		2
						3	5	3	1	3		4
1	4		4		2	66	24	51	1	10	8	8
			4			14	4	2		2		1
3		1		1		21	9	12		1		6
5		4	10		5	33	47	47	6	10	5	14

(续35)

行业类别(小类)	代码	河南	湖北	湖南
电子计算器制造业	4173	4		4
电子设备及通信设备修理业	4180	17	16	12
通信设备修理业	4181	4	4	3
广播电视设备修理业	4182	1	1	5
电子计算机修理业	4183	1		
其他电子设备修理业	4189	11	11	4
其他电子设备制造业	4190	67	24	39
仪器仪表及文化、办公用机械制造业	4200	333	187	184
通用仪器仪表制造业	4210	140	85	67
工业自动化仪表制造业	4211	40	32	13
电工仪器、仪表制造业	4212	31	20	18
光学仪器制造业	4213	8	10	3
计时仪器制造业	4214	8	4	2
分析仪器制造业	4215	12		4
试验机制造业	4216	2	4	4
实验室仪器及装置制造业	4217	3	5	4
通用仪器仪表元件、器件制造业	4218	14	5	4
其他通用仪器仪表制造业	4219	22	5	15
专用仪器仪表制造业	4220	46	31	32
环境保护仪器仪表制造业	4221	7	5	1
汽车仪器仪表制造业	4222	4	2	1
导航、制导仪器制造业	4223	1	3	
农、林、牧、渔仪器、仪表制造业	4224	1		
地质勘探、钻采、地震专用仪器制造业	4225	2	1	3
气象、海洋、水文、天文测量仪器制造业	4226			
教学仪器制造业	4227	16	13	18
核子及核辐射测量仪器制造业	4228			
专用仪器仪表元件、器件制造业	4229	15	7	9
电子测量仪器制造业	4230	18	9	8
计量器具制造业	4240	62	19	42
传递标准用计量仪器制造业	4241	4	1	
量具量仪制造业	4242	10	7	17
衡器制造业	4243	48	11	25
文化、办公用机械制造业	4250	15	9	6
电影机械制造业	4251	1		
幻灯机及投影仪制造业	4252	4		1
照相机及器材制造业	4254		3	1
复印机制造业	4256	1	1	
打字机及油印机制造业	4257	1	1	
其他文化、办公用机械制造业	4259	8	4	4

类)、地区(省)分组的单位数

广东	广西	海南	重庆	四川	贵州	云南	西藏	陕西	甘肃	青海	宁夏	新疆
156	1		1	1	1			3				
114	19	3	10	21	2	6		31	6	3		3
30	4		2	8		1		8	1	1		1
11	3	1	3	3		3		4	3			1
9				2				1	1			
64	12	2	5	8	2	2		18	1	2		1
660	50	7	36	73	1	11		94	7		5	4
1 846	83	14	317	215	43	76		379	40	8	21	14
254	29	6	184	87	19	47		198	17	4	16	8
60	8		64	25	1	7		79	7	2	6	4
59	7	2	24	21	12	8		36	6		5	3
29	4		18	6	4	25		25	1			
23			3	1				9				
9	3		1	5				12				
5				3		2		2	1	1	3	
3		1	2	3				3				1
25	3	1	48	10	1	5		9	1	1	1	
41	4	2	24	13	1			23	1		1	
79	9	1	48	28	4	14		62	8	3	2	1
15			5	6		2		8			1	
12	1	1	5	4				3	1	1		
5			5	1				3				
2	1		1	2	1			3				
9	1		2	2				17		1		
2			1					4	1			
9	2		10	8	1	5		11	5		1	1
1						1		3		1		
24	4		19	5	2	6		10	1			
46	1	1	9	10	1	1		26	1		1	
67	16	2	16	45	5	8		18	5	1		2
7	1		1	3				2				
14	5	1	3	8	3	1		6	1			
46	10	1	12	34	2	7		10	4	1		2
166	6	2	7	10	1	2		14	1		1	1
3				1								
5												
92	1		1	3	1	1		5	1			
15	1			2				1				
11	2		2	1				1				
40	2	2	4	3		1		7			1	1

营利性产业活动单位按行业(小

(续 36)

行业类别(小类)	代码	营利性产业活动单位数(个)	北京	天津	河北
钟表制造业	4260	2 132	18	70	14
仪器仪表及文化、办公用机械修理业	4280	437	15	28	10
其他仪器仪表制造业	4290	1 099	53	35	18
其他制造业	4300	49 343	938	771	1 766
工艺美术品制造业	4310	31 019	566	464	1 070
雕塑工艺品制造业	4311	4 617	131	31	154
金属工艺品制造业	4312	1 792	138	45	142
漆器工艺品制造业	4313	363	21	7	5
花画工艺品制造业	4314	1 691	31	39	32
竹、藤、棕、草工艺品制造业	4315	2 835	7	18	108
抽纱刺绣工艺品制造业	4316	3 641	57	44	98
地毯制造业	4317	4 820	27	197	353
首饰制造业	4318	1 719	59	8	22
其他工艺美术品制造业	4319	9 541	95	75	156
日用杂品制造业	4350	3 888	56	55	127
制镜业	4351	447	10	14	30
眼镜制造业	4353	950	33	11	10
制伞业	4355	902	7	3	4
鬃毛加工及制刷业	4357	1 589	6	27	83
其他生产、生活用品制造业	4390	14 436	316	252	569
生产用其他产品制造业	4391	2 861	59	112	181
生活用其他产品制造业	4392	11 575	257	140	388
电力、煤气及水的生产和供应业	D	38 380	122	195	630
电力、蒸汽、热水的生产和供应业	4400	29 249	97	146	512
电力生产业	4410	16 375	53	15	133
火力发电业	4411	1 805	25	14	60
水力发电业	4412	14 440	24	1	71
核力发电业	4413	7			
其他电业	4419	123	4		2
电力供应业	4420	12 223	17	102	356
蒸汽、热水生产和供应业	4430	651	27	29	23
煤气生产和供应业	4500	1 013	10	33	33
煤气生产业	4510	145	4	1	6
煤气供应业	4520	868	6	32	27
自来水的生产和供应业	4600	8 118	15	16	85
自来水生产业	4610	4 167	9	10	32
自来水供应业	4620	3 951	6	6	53
建筑业	E	151 297	4 556	2 803	3 283
土木工程建筑业	4700	109 168	2 267	1 424	2 769
房屋建筑业	4710	91 775	1 879	1 001	2 442
矿山建筑业	4720	569	1	1	20

类）、地区（省）分组的单位数

山西	内蒙古	辽宁	吉林	黑龙江	上海	江苏	浙江	安徽	福建	江西	山东
6		48	9	11	200	109	112	15	185	25	84
13	7	45	14	18	74	29	12	18	7	9	22
7	3	114	11	20	158	139	145	94	30	19	45
474	540	1 163	285	490	1 246	3 603	4 839	2 658	2 934	1 749	4 925
199	416	712	149	255	686	2 074	2 915	1 297	2 190	1 372	3 469
20	26	103	36	36	120	279	868	123	947	119	307
16	12	62	14	24	105	241	283	50	43	25	98
8		10	1	1	7	28	12	5	156	4	12
15	9	128	5	19	39	92	119	63	90	14	200
2	22	48	12	39	48	127	293	284	324	150	322
9	11	77	13	28	152	433	376	149	135	27	633
55	273	53	12	35	17	243	116	176	4	65	1 378
9	9	40	4	13	66	120	103	45	59	41	107
65	54	191	52	60	132	511	745	402	432	927	412
17	32	62	17	44	105	337	736	351	234	83	227
6	6	20	6	16	15	26	26	23	11	8	49
4	7	16	1	5	41	71	377	6	54	10	17
1		2		3	24	29	241	34	158	34	17
6	19	24	10	20	25	211	92	288	11	31	144
258	92	389	119	191	455	1 192	1 188	1 010	510	294	1 229
55	27	191	46	47	190	496	160	203	76	32	140
203	65	198	73	144	265	696	1 028	807	434	262	1 089
979	364	778	1 014	874	373	1 898	1 895	1 677	2 723	1 910	1 377
826	244	593	913	728	60	699	1 274	1 246	2 365	1 712	1 114
161	72	129	126	121	18	154	1 156	438	1 865	1 037	148
79	53	53	31	78	16	141	114	51	33	46	131
79	14	69	92	41		3	1 034	384	1 826	990	14
						1	2		1		
3	5	7	3	2	2	9	6	3	5	1	3
644	132	350	730	534	32	525	112	795	490	675	907
21	40	114	57	73	10	20	6	13	10		59
33	19	39	12	20	42	122	60	58	19	15	86
12	2	9	2	7	5	5	3	12	3	3	12
21	17	30	10	13	37	117	57	46	16	12	74
120	101	146	89	126	271	1 077	561	373	339	183	177
41	35	44	36	55	224	700	325	197	184	159	62
79	66	102	53	71	47	377	236	176	155	24	115
3 312	2 562	6 861	2 019	4 566	7 728	9 623	6 273	11 519	3 727	3 421	15 654
2 494	1 989	4 281	1 326	3 168	3 550	6 071	3 955	9 963	2 637	2 842	11 541
2 153	1 666	3 218	1 028	2 427	2 213	4 683	2 917	9 000	2 085	2 442	10 326
51	10	38	8	25	8	25	40	62	14	13	27

营利性产业活动单位按行业(小

(续37)

行业类别(小类)	代码	河南	湖北	湖南	广东
钟表制造业	4260	12	19	7	1 131
仪器仪表及文化、办公用机械修理业	4280	19	4	13	24
其他仪器仪表制造业	4290	21	11	9	79
其他制造业	4300	3 069	1 273	3 327	7 146
工艺美术品制造业	4310	1 870	511	2 363	5 240
雕塑工艺品制造业	4311	276	69	51	513
金属工艺品制造业	4312	39	22	21	242
漆器工艺品制造业	4313		1	6	37
花画工艺品制造业	4314	31	19	23	653
竹、藤、棕、草工艺品制造业	4315	80	57	106	531
抽纱刺绣工艺品制造业	4316	153	22	91	981
地毯制造业	4317	879	38	6	23
首饰制造业	4318	38	22	44	742
其他工艺美术品制造业	4319	374	261	2 015	1 518
日用杂品制造业	4350	179	113	134	529
制镜业	4351	44	6	22	44
眼镜制造业	4353	9	6	19	213
制伞业	4355	11	34	33	229
鬃毛加工及制刷业	4357	115	67	60	43
其他生产、生活用品制造业	4390	1 020	649	830	1 377
生产用其他产品制造业	4391	140	48	93	205
生活用其他产品制造业	4392	880	601	737	1 172
电力、煤气及水的生产和供应业	D	1 147	2 156	2 246	5 553
电力、蒸汽、热水的生产和供应业	4400	933	1 398	1 867	4 427
电力生产业	4410	321	632	1 412	2 825
火力发电业	4411	113	49	66	285
水力发电业	4412	202	567	1 341	2 522
核力发电业	4413			1	1
其他电业	4419	6	16	4	17
电力供应业	4420	597	750	453	1 593
蒸汽、热水生产和供应业	4430	15	16	2	9
煤气生产和供应业	4500	35	38	18	98
煤气生产业	4510	9	8	3	10
煤气供应业	4520	26	30	15	88
自来水的生产和供应业	4600	179	720	361	1 028
自来水生产业	4610	79	252	240	509
自来水供应业	4620	100	468	121	519
建筑业	E	7 353	6 322	8 819	11 512
土木工程建筑业	4700	5 820	5 514	8 210	6 355
房屋建筑业	4710	5 229	4 974	7 530	4 897
矿山建筑业	4720	29	1	23	18

类)、地区(省)分组的单位数

广西	海南	重庆	四川	贵州	云南	西藏	陕西	甘肃	青海	宁夏	新疆
11	2	18	4	3	3		15				1
6		7	18	4			14	6			1
5		28	13	6	1		32	2		1	
817	72	429	1 759	277	375	44	1 169	754	141	70	240
627	44	137	693	159	217	43	474	523	61	45	178
64	12	26	57	11	56	5	103	40	11	7	16
11	2	19	28	31	24	1	33	7	1	4	9
3		2	4	2			12	19			
6	1	4	14	4	6		22	3	2		8
114	3	15	45	8	7	10	35	15		4	1
9	2	12	27	6	11		65	8	1	1	10
3		13	216	3	1	17	71	392	37	23	94
34	10	4	16	4	39	8	17	2	3	1	30
383	14	42	286	90	73	2	116	37	6	5	10
22		61	220	13	26		58	28	2	6	14
5		4	17	3	8		10	5	2	4	7
2		9	9				13	3		1	3
10		7	9	2	4		6				
5		41	185	8	14		29	20		1	4
168	28	231	846	105	132	1	637	203	78	19	48
50	7	74	107	29	26	1	34	8	5	6	13
118	21	157	739	76	106		603	195	73	13	35
1 283	284	734	3 270	930	1 152	108	940	862	179	104	623
896	212	423	2 518	731	964	98	724	774	152	82	521
549	141	333	2 058	586	697	91	487	209	89	10	309
25	17	34	78	29	25	5	43	28	15	6	62
523	122	299	1 973	557	670	81	442	179	74	4	242
			1								
1	2		6		2	5	2	2			5
343	71	89	455	144	266	6	222	540	56	62	175
4		1	5	1	1	1	15	25	7	10	37
23	21	31	84	12	7	1	24	8	2	4	6
6	1	1	8	3	3		3	3			1
17	20	30	76	9	4	1	21	5	2	4	5
364	51	280	668	187	181	9	192	80	25	18	96
194	23	127	294	76	78	4	93	35	4	8	38
170	28	153	374	111	103	5	99	45	21	10	58
2 383	798	2 579	6 829	1 542	3 622	109	5 544	2 500	524	740	2 214
1 772	493	1 928	5 517	1 319	2 794	103	4 159	2 145	414	562	1 786
1 398	413	1 688	4 809	1 078	2 419	76	3 617	1 867	338	488	1 474
10	3	11	13	11	14		35	26	9	4	19

(续38)

行业类别(小类)	代码	营利性产业活动单位数(个)	北京	天津	河北
铁路、公路、遂道、桥梁建筑业	4730	5 820	83	80	113
堤坝、电站、码头建筑业	4740	1 296	18	36	12
其他土木工程建筑业	4790	9 708	286	306	182
线路、管道和设备安装业	4800	17 530	951	605	269
线路、管道安装业	4810	8 826	353	343	159
设备安装业	4820	8 704	598	262	110
装修装饰业	4900	24 599	1 338	774	245
地质勘探业、水利管理业	F	5 595	82	88	72
地质勘探业	5000	1 532	42	34	33
区域地质勘查业	5010	53	2	1	1
海洋地质勘查业	5020	34		2	1
矿产地质勘探业	5030	545	10	6	15
石油、天然气地质勘查业	5031	104	6	4	5
煤炭地质勘查业	5032	97			4
黑色金属矿产地质勘查业	5033	16	1		
有色金属矿产地质勘查业	5034	63			2
贵金属矿产地质勘查业	5035	27			1
其他金属矿产地质勘查业	5036	31			
非金属矿产地质勘查业	5037	13			
水文地质勘查业	5038	194	3	2	3
工程地质勘查业	5040	631	17	22	11
环境地质勘查业	5050	12	1		
地球物理和地球化学勘查业	5060	43	3	1	
地质工程技术及其他技术服务业	5090	214	9	2	5
水利管理业	5100	4 063	40	54	39
交通运输、仓储及邮电通信业	G	115 812	2 428	2 232	3 079
铁路运输业	5200	6 264	82	26	220
汽车运输业	5300	29 504	755	757	812
汽车运输业	5310	27 650	704	740	775
其他公路运输业	5390	1 854	51	17	37
管道运输业	5400	75		1	1
水上运输业	5500	5 662	10	36	10
远洋运输业	5510	319	5	22	3
沿海运输业	5520	1 009	4	13	7
内河、内湖运输业	5530	3 735		1	
其他水上运输业	5590	599	1		
航空运输业	5600	164	17	7	3
航空客货运输业	5610	151	17	6	2
通用航空业	5620	13		1	1
交通运输辅助业	5700	21 919	440	558	384
公路管理及养护业	5710	3 578	10	9	44

类)、地区(省)分组的单位数

山西	内蒙古	辽宁	吉林	黑龙江	上海	江苏	浙江	安徽	福建	江西	山东
180	140	322	146	354	336	439	401	357	186	115	289
19	15	56	20	69	34	93	133	86	49	31	81
91	158	647	124	293	959	831	464	458	303	241	818
455	349	1 465	395	925	1 592	1 472	896	575	437	264	1 463
215	208	733	202	548	642	776	454	354	247	139	654
240	141	732	193	377	950	696	442	221	190	125	809
363	224	1 115	298	473	2 586	2 080	1 422	981	653	315	2 650
128	31	139	70	146	130	94	138	301	111	185	152
58	22	80	33	69	69	40	51	86	31	50	90
1	2	9		3	8			2	2	4	2
	1			1	7	1	1			1	
25	3	21	14	35	9	10	6	27	6	18	34
		2	7	8	4	5	1	1			5
10		3	3	17		2		5		7	12
1		2				1		3	1		1
1				2	2			1	1	2	
1				1			1			2	2
					1			5	2	1	
				1				2		1	
12	3	14	4	6	2	2	4	10	2	5	14
22	13	37	9	15	28	24	27	39	14	20	44
1					3	1					1
		2		2	1		2	3		1	1
9	3	11	10	13	13	4	15	15	9	6	8
70	9	59	37	77	61	54	87	215	80	135	62
3 488	3 074	5 144	2 447	4 656	6 502	6 580	5 960	6 630	3 668	3 757	7 315
384	535	226	263	635	62	2	156	199	156	242	339
1 116	551	1 413	464	868	1 257	2 001	1 336	2 245	937	988	2 414
1 083	511	1 340	454	819	1 177	1 803	1 279	1 951	904	922	2 273
33	40	73	10	49	80	198	57	294	33	66	141
	1	10	3	4	8	3					6
2	3	89	10	45	573	804	377	885	298	200	172
		24			110	25	10	3	19	1	31
		57	1		80	47	203	5	209		67
1	1	3	8	38	182	681	147	845	53	174	66
1	2	5	1	7	201	51	17	32	17	25	8
2	3	7	1	7	6	8	1	1	6	4	6
2	3	6	1	6	6	7	1	1	6	3	5
		1		1		1				1	1
287	350	1 156	414	788	1 728	1 517	1 707	1 071	594	562	944
47	24	53	6	68	21	18	22	72	64	23	12

营利性产业活动单位按行业(小

(续 39)

行业类别(小类)	代码	河南	湖北	湖南	广东
铁路、公路、遂道、桥梁建筑业	4730	263	121	145	480
堤坝、电站、码头建筑业	4740	37	63	30	106
其他土木工程建筑业	4790	262	355	482	854
线路、管道和设备安装业	4800	680	272	334	1 586
线路、管道安装业	4810	405	151	213	727
设备安装业	4820	275	121	121	859
装修装饰业	4900	853	536	275	3 571
地质勘探业、水利管理业	F	741	124	335	944
地质勘探业	5000	113	30	46	162
区域地质勘查业	5010	2			7
海洋地质勘查业	5020			1	13
矿产地质勘探业	5030	45	19	31	40
石油、天然气地质勘查业	5031	16	2		12
煤炭地质勘查业	5032	4	1	2	2
黑色金属矿产地质勘查业	5033			1	4
有色金属矿产地质勘查业	5034	7	1	7	10
贵金属矿产地质勘查业	5035	3			
其他金属矿产地质勘查业	5036			5	4
非金属矿产地质勘查业	5037	2	1	2	
水文地质勘查业	5038	13	14	14	8
工程地质勘查业	5040	43	7	13	76
环境地质勘查业	5050				1
地球物理和地球化学勘查业	5060	6	1	1	6
地质工程技术及其他技术服务业	5090	17	3		19
水利管理业	5100	628	94	289	782
交通运输、仓储及邮电通信业	G	5 767	4 569	4 680	9 306
铁路运输业	5200	355	274	345	77
汽车运输业	5300	1 313	1 246	1 139	1 729
汽车运输业	5310	1 239	1 152	1 020	1 574
其他公路运输业	5390	74	94	119	155
管道运输业	5400	3	24		1
水上运输业	5500	43	414	262	702
远洋运输业	5510		4	2	41
沿海运输业	5520		2	1	218
内河、内湖运输业	5530	38	350	220	382
其他水上运输业	5590	5	58	39	61
航空运输业	5600	3	2	2	21
航空客货运输业	5610	3	2	2	18
通用航空业	5620				3
交通运输辅助业	5700	1 018	811	845	3 462
公路管理及养护业	5710	388	103	323	1 503

类)、地区(省)分组的单位数

广西	海南	重庆	四川	贵州	云南	西藏	陕西	甘肃	青海	宁夏	新疆
131	34	80	300	92	152	16	234	61	14	24	132
35	9	18	53	17	55	9	35	7	6	6	58
198	34	131	342	121	154	2	238	184	47	40	103
226	117	240	488	138	301	5	442	176	56	96	260
124	49	101	292	82	139	3	205	104	29	54	121
102	68	139	196	56	162	2	237	72	27	42	139
385	188	411	824	85	527	1	943	179	54	82	168
184	29	45	82	55	98	5	143	704	35	58	146
46	18	11	41	35	57	5	63	59	18	10	30
1	1			1	2		1		1		
				3			1	1			
16	5	6	13	15	15	4	33	30	9	3	22
2		3	2		2		8		1		8
1		1	1	4	3		6	5		2	2
					1						
4	1			3	4		3	4	3		5
1		1	2		2		4	5			1
2			3	1			1	2	3		1
			1					1		1	1
6	4	1	4	7	3	4	11	13	2		4
21	11	5	24	13	30	1	15	15	6	3	6
1				1			1	1			
1			1		2		2	6		1	
6	1		3	2	8		10	6	2	3	2
138	11	34	41	20	41		80	645	17	48	116
3 092	836	2 217	4 529	1 725	2 821	174	3 245	2 509	528	502	2 352
242	8	152	264	192	117		281	43	102	92	193
686	158	572	1 257	306	671	58	879	550	147	108	771
659	158	525	1 228	303	666	57	811	513	145	102	763
27		47	29	3	5	1	68	37	2	6	8
			4				1		1		4
236	79	190	169	17	15	1	16	3		1	
13	4			1			1				
29	66										
180	1	181	146	10	12	1	10	3		1	
14	8	9	23	6	3		5				
7	7	1	4	3	10	1	3	2	3	1	15
6	7	1	4	2	10	1	3	2	3	1	14
1				1							1
409	137	425	570	180	305	3	389	591	18	38	218
86	61	32	12	10	34		38	470	3	9	13

(续40)

行业类别(小类)	代码	营利性产业活动单位数(个)	北京	天津	河北
港口业	5720	1 267		14	9
沿海港口业	5721	422		13	9
内河、内湖港口业	5722	845		1	
水运辅助业	5730	1 571	14	166	4
机场及航空运输辅助业	5740	879	80	19	2
装卸搬运业	5750	8 142	92	146	142
其他类未包括的交通运输辅助业	5790	6 482	244	204	183
其他交通运输业	5800	441	13	1	4
仓储业	5900	9 843	288	537	154
邮电通信业	6000	41 940	823	309	1 491
邮政业	6010	6 060	587	73	309
电信业	6020	4 076	235	59	319
邮电业	6030	31 804	1	177	863
批发和零售贸易、餐饮业	H	1 207 368	37 565	24 515	28 637
食品、饮料、烟草和家庭日用品批发业	6100	254 013	7 462	4 896	6 317
食品、饮料、烟草批发业	6110	112 474	2 185	1 382	3 373
粮食、食用油批发业	6111	44 707	633	419	1 771
糕点、糖果和饮料批发业	6112	16 406	510	268	459
肉、禽、蛋及其制品批发业	6113	13 385	150	116	205
水产品批发业	6114	4 427	120	126	72
蔬菜、果品批发业	6115	7 504	151	74	331
茶叶批发业	6116	2 167	90	27	10
烟草及其制品批发业	6117	9 953	13	68	257
盐及调味品批发业	6118	2 937	58	68	122
其他食品、饮料、烟草批发业	6119	10 988	460	216	146
棉、麻、土畜产品批发业	6120	11 652	79	152	469
棉、麻批发业	6121	6 119	17	109	349
畜产品批发业	6122	5 533	62	43	120
纺织品、服装和鞋帽批发业	6130	23 089	893	661	366
纺织品批发业	6131	16 034	572	539	268
服装批发业	6132	4 863	248	92	62
鞋帽批发业	6133	2 192	73	30	36
日用百货批发业	6140	29 782	1 288	626	551
百货批发业	6141	20 062	814	328	411
文化用品、钟表眼镜批发业	6142	5 563	353	200	63
其他日用百货批发业	6149	4 157	121	98	77
日用杂品批发业	6150	8 651	209	108	267
五金、交电、化工批发业	6160	52 476	2 397	1 742	873
药品及医疗器械批发业	6170	15 889	411	225	418
西药批发业	6171	8 417	115	50	289
中草药及制品批发业	6172	4 860	61	77	97

类)、地区(省)分组的单位数

山西	内蒙古	辽宁	吉林	黑龙江	上海	江苏	浙江	安徽	福建	江西	山东
	1	28	2	13	113	346	56	85	49	20	89
		28		1	46	27	47	1	45		51
	1		2	12	67	319	9	84	4	20	38
		295	2	9	188	154	158	78	26	16	164
7	21	37	7	3	262	40	52	12	32	6	42
140	176	340	247	496	419	658	513	591	291	399	344
93	128	403	150	199	725	301	906	233	132	98	293
	1	22		7	4	175	8	7	3	5	13
264	125	537	217	391	1 604	601	422	385	306	207	636
1 433	1 505	1 684	1 075	1 911	1 260	1 469	1 953	1 837	1 368	1 549	2 785
257	155	255	130	240	218	118	121	242	139	206	249
94	75	143	60	176	518	139	186	90	72	89	125
1 082	1 275	1 286	885	1 495	524	1 212	1 646	1 505	1 157	1 254	2 411
37 021	21 393	60 742	20 224	37 896	109 897	91 201	69 293	52 896	39 234	26 428	77 620
5 177	4 032	10 646	3 957	6 876	18 268	20 734	17 510	13 167	7 207	6 028	17 121
2 673	2 211	4 647	2 320	4 074	4 614	7 942	5 836	7 751	3 878	3 563	8 314
1 090	1 118	2 110	1 411	2 310	971	2 789	1 654	4 004	1 205	1 763	3 158
466	331	721	231	478	1 033	1 279	1 292	857	459	476	1 032
234	170	322	68	158	490	1 465	571	1 095	258	642	1 085
49	40	396	64	118	300	367	513	106	312	32	585
232	106	313	117	295	460	345	383	207	468	105	863
32	18	40	16	7	90	148	272	252	174	52	124
295	152	222	240	362	96	293	380	699	467	229	739
122	70	111	84	148	60	143	129	156	96	80	211
153	206	412	89	198	1 114	1 113	642	375	439	184	517
355	434	369	203	227	269	1 087	724	965	77	289	747
202	11	157	93	34	145	670	303	637	27	178	490
153	423	212	110	193	124	417	421	328	50	111	257
264	131	719	119	320	2 486	3 188	3 899	685	532	234	1 402
185	96	462	85	179	1 300	2 666	3 191	477	351	168	935
49	19	197	21	85	851	360	540	109	116	32	324
30	16	60	13	56	335	162	168	99	65	34	143
539	341	1 014	271	590	3 128	1 803	1 619	1 202	899	593	1 767
437	267	545	153	417	1 731	1 147	857	931	577	457	1 277
67	36	261	80	104	747	374	550	139	177	68	292
35	38	208	38	69	650	282	212	132	145	68	198
238	107	369	120	218	683	651	456	395	222	210	571
714	567	2 797	558	907	6 474	5 411	4 139	1 083	1 215	784	3 306
394	241	731	366	540	614	652	837	1 086	384	355	1 014
192	167	400	189	289	188	381	295	652	193	209	586
145	53	186	136	158	117	97	396	365	145	117	225

（续 41）

行业类别（小类）	代码	河南	湖北	湖南	广东
港口业	5720	3	64	23	196
沿海港口业	5721		1		116
内河、内湖港口业	5722	3	63	23	80
水运辅助业	5730		44	7	164
机场及航空运输辅助业	5740	8	11	4	131
装卸搬运业	5750	387	540	439	548
其他类未包括的交通运输辅助业	5790	232	49	49	920
其他交通运输业	5800	18	61	8	49
仓储业	5900	532	130	359	778
邮电通信业	6000	2 482	1 607	1 720	2 487
邮政业	6010	334	241	181	253
电信业	6020	178	152	263	378
邮电业	6030	1 970	1 214	1 276	1 856
批发和零售贸易、餐饮业	H	53 227	30 400	32 084	136 731
食品、饮料、烟草和家庭日用品批发业	6100	12 240	7 030	7 676	33 241
食品、饮料、烟草批发业	6110	6 894	3 958	4 138	10 455
粮食、食用油批发业	6111	2 677	2 078	1 779	2 779
糕点、糖果和饮料批发业	6112	1 060	412	543	1 302
肉、禽、蛋及其制品批发业	6113	923	481	733	1 766
水产品批发业	6114	52	53	27	787
蔬菜、果品批发业	6115	342	163	179	806
茶叶批发业	6116	32	75	83	279
烟草及其制品批发业	6117	1 149	432	386	392
盐及调味品批发业	6118	216	117	128	217
其他食品、饮料、烟草批发业	6119	443	147	280	2 127
棉、麻、土畜产品批发业	6120	497	614	523	551
棉、麻批发业	6121	300	497	444	266
畜产品批发业	6122	197	117	79	285
纺织品、服装和鞋帽批发业	6130	624	506	404	3 387
纺织品批发业	6131	469	415	264	1 906
服装批发业	6132	70	67	59	1 114
鞋帽批发业	6133	85	24	81	367
日用百货批发业	6140	848	663	890	6 144
百货批发业	6141	649	490	633	4 254
文化用品、钟表眼镜批发业	6142	128	101	108	1 012
其他日用百货批发业	6149	71	72	149	878
日用杂品批发业	6150	502	176	236	1 348
五金、交电、化工批发业	6160	1 464	700	1 017	9 260
药品及医疗器械批发业	6170	1 411	413	468	2 096
西药批发业	6171	1 063	207	291	865
中草药及制品批发业	6172	237	153	158	802

类)、地区(省)分组的单位数

广西	海南	重庆	四川	贵州	云南	西藏	陕西	甘肃	青海	宁夏	新疆
51	17	83	4		1						
20	17										
31		83	4		1						
33	19	15	4	2	3		3	2		1	
12	15	10	22	2	15		22	2			3
106	12	232	332	94	90		233	64	8	25	38
121	13	53	196	72	162	3	93	53	7	3	164
4		4	13	2	3	1	9	5			1
141	18	164	329	67	126	4	226	151	25	32	87
1 367	429	709	1 919	958	1 574	106	1 441	1 164	232	230	1 063
286	59	113	362	140	94	40	207	143	88	70	150
137	26	39	113	76	78	3	77	77	19	25	55
944	344	557	1 444	742	1 402	63	1 157	944	125	135	858
30 568	4 737	24 704	47 073	14 763	22 582	1 313	32 310	18 341	4 789	4 230	14 954
5 316	1 245	5 013	10 309	3 429	5 019	111	6 189	3 216	651	937	2 993
2 940	594	2 207	5 156	2 306	2 671	38	2 701	1 697	311	402	1 243
931	230	844	2 603	1 015	684	24	1 047	800	85	219	506
507	87	358	721	133	476	5	351	211	65	45	238
381	111	292	701	119	235	1	298	185	22	15	93
74	35	29	33	7	34		52	11	4	6	23
412	25	104	245	26	117	1	231	175	11	47	170
25	8	24	92	22	91		38	10	1	11	24
266	25	391	318	789	788	4	263	157	19	18	44
69	15	47	185	96	32		68	36	12	9	32
275	58	118	258	99	214	3	353	112	92	32	113
229	42	473	1 220	78	70	11	194	171	70	68	395
149	15	146	427	42	23		98	99	2	20	169
80	27	327	793	36	47	11	96	72	68	48	226
226	116	243	476	137	272	9	415	83	32	77	183
124	79	192	321	88	191	8	237	63	25	48	130
44	30	25	97	12	49	1	122	11	5	19	33
58	7	26	58	37	32		56	9	2	10	20
539	148	518	1 063	291	705	26	782	423	59	85	367
348	105	361	779	215	514	25	583	351	47	54	305
65	24	96	149	44	126		104	29	6	18	42
126	19	61	135	32	65	1	95	43	6	13	20
221	37	157	310	120	155	1	311	81	24	20	128
788	155	1 128	1 325	341	893	11	1 188	372	100	239	528
373	153	287	759	156	253	15	598	389	55	46	149
197	115	159	405	93	167	14	344	181	31	22	68
145	26	98	306	54	52		176	191	19	12	56

(续 42)

行业类别(小类)	代码	营利性产业活动单位数(个)	北京	天津	河北	山西
医疗器械批发业	6173	2 612	235	98	32	57
能源、材料和机械电子设备批发业	6200	231 065	7 283	5 020	4 548	5 723
能源批发业	6210	27 810	446	400	767	1 278
石油及制品批发业	6211	14 322	254	266	457	365
煤炭及制品批发业	6212	12 641	174	115	305	877
其他能源批发业	6219	847	18	19	5	36
化工材料批发业	6220	17 257	421	533	289	276
木材批发业	6230	12 110	216	121	222	297
建筑材料批发业	6240	49 182	2 206	878	653	796
矿产品批发业	6250	4 104	36	33	95	180
金属材料批发业	6260	42 045	944	733	1 215	1 016
黑色金属材料批发业	6261	33 944	755	601	1 130	886
有色金属材料批发业	6262	8 101	189	132	85	130
机械、电子设备批发业	6270	46 118	1 918	1 385	610	1 039
汽车、摩托车及零配件批发业	6280	16 365	794	457	303	325
汽车批发业	6281	3 528	125	63	97	103
摩托车批发业	6282	997	9	5	23	24
汽车、摩托车零配件批发业	6289	11 840	660	389	183	198
再生物资回收批发业	6290	16 074	302	480	394	516
其他批发业	6300	69 165	991	673	2 071	1 307
工艺美术品批发业	6310	2 146	204	60	40	17
图书报刊批发业	6320	1 607	76	23	37	56
农业生产资料批发业	6330	49 074	191	176	1 826	993
其他类未包括的批发业	6390	16 338	520	414	168	241
零售业	6400	552 799	17 261	11 737	13 462	22 008
食品、饮料和烟草零售业	6410	140 046	5 059	3 305	3 713	4 476
粮油食品零售业	6411	54 078	1 578	1 269	1 999	1 860
副食品零售业	6412	44 819	2 296	1 348	799	1 891
其他食品、饮料和烟草零售业	6419	41 149	1 185	688	915	725
日用百货零售业	6420	162 686	2 796	1 971	4 872	11 041
百货零售业	6421	84 192	1 940	1 033	2 615	3 180
文化体育用品零售业	6422	8 337	419	234	112	200
钟表、眼镜及照相器材零售业	6423	2 508	123	51	33	61
其他日用百货零售业	6429	67 649	314	653	2 112	7 600
纺织品、服装和鞋帽零售业	6430	26 769	726	444	404	828
日用杂品零售业	6440	20 015	283	417	377	615
五金、交电、化工零售业	6450	85 970	3 490	3 136	1 492	2 045
药品及医疗器械零售业	6470	21 527	378	280	294	538
图书报刊零售业	6480	7 645	433	122	169	277
其他零售业	6490	88 141	4 096	2 062	2 141	2 188
家具零售业	6491	4 515	151	65	61	69

类)、地区(省)分组的单位数

内蒙古	辽宁	吉林	黑龙江	上海	江苏	浙江	安徽	福建	江西	山东
21	145	41	93	309	174	146	69	46	29	203
3 252	19 133	3 906	7 959	20 270	22 846	16 657	6 884	5 915	4 054	15 172
542	2 367	559	1 278	581	2 764	1 893	1 141	632	616	2 755
291	913	293	523	339	1 051	879	577	462	337	1 165
240	1 351	251	739	153	1 607	976	545	155	275	1 540
11	103	15	16	89	106	38	19	15	4	50
111	1 173	215	440	1 425	1 937	2 051	426	559	210	1 121
254	665	344	673	944	767	803	609	458	418	712
890	3 199	805	1 537	6 718	4 749	3 863	1 496	1 598	640	2 743
38	254	17	48	115	139	112	161	108	154	173
618	3 664	692	1 031	3 303	6 057	3 751	937	652	727	2 838
533	3 122	643	904	2 079	4 955	2 989	810	543	608	2 463
85	542	49	127	1 224	1 102	762	127	109	119	375
374	4 872	538	1 368	5 131	3 720	2 378	956	1 191	606	2 420
186	1 250	243	420	1 203	1 141	986	454	432	291	1 171
31	213	69	78	261	230	176	139	96	79	333
15	48	10	13	67	101	124	42	42	35	85
140	989	164	329	875	810	686	273	294	177	753
239	1 689	493	1 164	850	1 572	820	704	285	392	1 239
1 110	2 909	891	1 957	3 291	4 263	4 674	4 616	3 238	1 980	5 179
18	73	13	29	258	189	142	27	67	18	125
21	56	20	38	123	112	79	56	53	36	137
778	1 984	682	1 420	534	2 526	3 482	4 192	2 536	1 719	4 043
293	796	176	470	2 376	1 436	971	341	582	207	874
11 124	22 742	10 043	18 081	55 844	36 357	26 211	24 095	20 540	12 160	31 371
3 092	5 725	2 597	4 588	15 215	8 757	8 929	4 638	5 834	3 291	5 313
1 686	2 763	1 453	2 997	2 347	2 061	2 911	1 967	1 946	1 732	2 151
789	1 657	692	1 095	2 477	3 045	3 836	1 213	1 731	1 153	2 054
617	1 305	452	496	10 391	3 651	2 182	1 458	2 157	406	1 108
2 779	7 039	2 847	6 060	9 073	10 972	6 317	8 995	5 895	4 033	11 294
1 644	2 940	1 685	2 191	6 167	7 069	2 947	4 311	2 352	2 019	5 823
138	338	113	208	1 106	554	494	347	385	150	337
43	76	31	28	443	147	145	81	75	28	108
954	3 685	1 018	3 633	1 357	3 202	2 731	4 256	3 083	1 836	5 026
335	660	222	341	4 591	1 713	1 577	1 646	1 452	531	1 254
415	610	261	547	1 549	1 372	802	1 282	836	405	937
1 632	3 512	1 574	2 181	15 291	6 147	3 788	2 594	2 778	1 353	4 236
536	625	817	1 313	1 137	912	985	878	699	812	681
166	157	102	166	526	538	312	461	230	167	427
2 169	4 414	1 623	2 885	8 462	5 946	3 501	3 601	2 816	1 568	7 229
50	117	40	77	850	384	246	160	214	56	325

营利性产业活动单位按行业(小

(续43)

行业类别(小类)	代码	河南	湖北	湖南	广东
医疗器械批发业	6173	111	53	19	429
能源、材料和机械电子设备批发业	6200	9 474	5 211	4 332	26 139
能源批发业	6210	1 451	701	604	2 535
石油及制品批发业	6211	693	413	352	1 997
煤炭及制品批发业	6212	729	272	233	440
其他能源批发业	6219	29	16	19	98
化工材料批发业	6220	665	369	300	2 664
木材批发业	6230	515	405	553	987
建筑材料批发业	6240	1 562	957	557	6 211
矿产品批发业	6250	196	172	194	496
金属材料批发业	6260	2 422	1 005	758	3 423
黑色金属材料批发业	6261	2 172	886	609	2 302
有色金属材料批发业	6262	250	119	149	1 121
机械、电子设备批发业	6270	1 491	739	675	6 000
汽车、摩托车及零配件批发业	6280	555	406	358	2 414
汽车批发业	6281	181	165	78	448
摩托车批发业	6282	45	12	24	140
汽车、摩托车零配件批发业	6289	329	229	256	1 826
再生物资回收批发业	6290	617	457	333	1 409
其他批发业	6300	4 408	2 174	2 441	8 735
工艺美术品批发业	6310	80	19	36	474
图书报刊批发业	6320	113	40	49	132
农业生产资料批发业	6330	3 755	1 913	2 139	4 750
其他类未包括的批发业	6390	460	202	217	3 379
零售业	6400	23 050	12 908	15 352	58 723
食品、饮料和烟草零售业	6410	5 735	3 930	3 949	12 812
粮油食品零售业	6411	2 208	1 764	2 130	3 671
副食品零售业	6412	2 114	1 206	1 136	4 837
其他食品、饮料和烟草零售业	6419	1 413	960	683	4 304
日用百货零售业	6420	5 181	4 436	6 494	14 096
百货零售业	6421	3 455	2 493	3 061	7 813
文化体育用品零售业	6422	295	101	94	1 279
钟表、眼镜及照相器材零售业	6423	90	44	44	413
其他日用百货零售业	6429	1 341	1 798	3 295	4 591
纺织品、服装和鞋帽零售业	6430	1 096	437	403	3 919
日用杂品零售业	6440	940	425	401	3 229
五金、交电、化工零售业	6450	3 730	1 485	1 112	10 671
药品及医疗器械零售业	6470	1 546	423	1 006	3 598
图书报刊零售业	6480	582	99	264	693
其他零售业	6490	4 240	1 673	1 723	9 705
家具零售业	6491	186	72	37	718

类)、地区(省)分组的单位数

广西	海南	重庆	四川	贵州	云南	西藏	陕西	甘肃	青海	宁夏	新疆
31	12	30	48	9	34	1	78	17	5	12	25
4 942	889	4 210	7 479	1 685	4 653	58	6 615	2 181	768	1 010	2 797
532	98	537	1 132	287	403	17	773	271	57	127	266
327	65	287	701	166	250	12	406	154	45	59	223
181	23	248	403	117	143	2	329	110	9	64	35
24	10	2	28	4	10	3	38	7	3	4	8
233	80	284	530	71	220		341	104	22	55	132
417	34	195	394	52	485	6	332	104	27	42	59
1 116	196	749	1 324	239	944	11	1 180	392	192	234	547
223	59	65	158	136	448	5	133	101	31	8	16
890	138	837	1 439	323	756	4	776	388	126	234	348
715	83	694	1 208	239	600	3	600	305	58	149	300
175	55	143	231	84	156	1	176	83	68	85	48
972	221	864	1 481	324	858	4	2 325	367	203	192	896
342	53	405	588	131	433	10	428	137	61	78	310
66	26	53	99	33	83		100	34	11	12	46
21	1	24	14	9	18		28	7	2	2	7
255	26	328	475	89	332	10	300	96	48	64	257
217	10	274	433	122	106	1	327	317	49	40	223
2 416	331	1 195	2 752	958	882	26	1 514	881	190	234	878
42	10	24	38	3	24	1	76	21	3	3	12
62	10	32	74	21	38		59	20	3	2	29
1 935	208	918	2 205	828	640	22	946	727	162	197	647
377	103	221	435	106	180	3	433	113	22	32	190
15 660	1 896	12 058	22 007	8 018	10 484	1 032	15 555	11 024	2 934	1 788	7 274
3 445	456	4 252	6 326	2 551	2 799	261	3 209	2 857	758	306	1 868
1 425	226	1 708	2 454	1 653	1 248	236	1 563	1 362	393	153	1 164
904	146	1 932	2 733	392	966	10	832	956	136	79	364
1 116	84	612	1 139	506	585	15	814	539	229	74	340
5 163	605	3 266	7 321	3 251	3 091	629	5 392	4 443	881	502	1 951
2 163	294	1 937	3 962	1 093	1 666	420	3 033	2 572	603	322	1 389
186	14	157	282	63	261	4	216	95	26	33	96
52	4	53	114	27	46	1	83	27	11	4	22
2 762	293	1 119	2 963	2 068	1 118	204	2 060	1 749	241	143	444
671	64	465	1 014	349	456	10	518	245	96	80	222
824	136	583	790	250	187	4	595	414	234	45	250
2 113	207	1 490	2 589	632	1 615	18	2 598	838	305	387	931
721	95	479	1 015	71	231	11	602	452	67	80	245
329	23	73	266	131	197	13	180	226	85	47	184
2 394	310	1 450	2 686	783	1 908	86	2 461	1 549	508	341	1 623
134	14	53	102	49	95		102	26	12	8	42

(续44)

行业类别(小类)	代码	营利性产业活动单位数(个)	北京	天津	河北
煤炭零售业	6492	4 659	185	161	218
石油制品零售业	6493	26 760	579	425	829
汽车、摩托车及其零配件零售业	6494	23 671	1 377	808	485
计算机及软件、办公设备零售业	6495	7 090	811	144	75
信托业	6496	998	50	36	30
首饰业	6497	2 595	74	40	44
其他类未包括的零售业	6499	17 853	869	383	399
商业经纪与代理业	6500	5 556	130	181	22
餐饮业	6700	94 770	4 438	2 008	2 217
正餐	6710	69 244	3 558	1 461	1 682
快餐	6720	7 633	304	56	168
其他饮食业	6790	17 893	576	491	367
小吃	6791	11 057	487	449	220
冷饮	6793	1 010	29	26	39
茶馆	6795	1 373	3	1	2
其他类未包括的餐饮业	6799	4 453	57	15	106
金融、保险业	I	241 181	2 531	2 066	10 547
金融业	6800	233 812	2 485	2 027	10 275
中央银行	6810	3 653	4	5	410
商业银行	6820	129 410	1 794	1 690	5 280
其他银行	6830	4 150	1	7	191
信用合作社	6840	86 432	582	229	4 102
信托投资业	6850	1 022	35	5	9
保险业	7000	7 369	46	39	272
房地产业	J	37 243	980	600	486
房地产开发与经营业	7200	28 789	626	451	444
房地产管理业	7300	6 463	284	99	39
房地产代理与经纪业	7400	1 991	70	50	3
社会服务业	K	166 300	16 168	3 848	2 187
公共设施服务业	7500	10 886	1 442	360	92
市内公共交通业	7510	4 955	838	180	35
市内公共汽电车业	7511	1 080	47	20	23
出租汽车业	7512	3 348	750	150	6
轨道交通业	7513	83	9	1	2
市内轮渡业	7514	134	11	1	
其他市内公共交通业	7519	310	21	8	4
园林绿化业	7520	1 739	161	41	10
自然保护区管理业	7530	94	4		1
环境卫生业	7540	1 083	63	94	11
市政工程管理业	7550	1 289	55	13	14
风景名胜区管理业	7560	160	10		1

类）、地区（省）分组的单位数

山西	内蒙古	辽宁	吉林	黑龙江	上海	江苏	浙江	安徽	福建	江西	山东
115	166	383	140	264	173	353	126	162	72	101	406
768	653	1 272	425	969	805	1 613	1 401	1 549	1 028	609	2 800
678	798	1 519	508	872	2 531	1 357	666	713	511	402	1 748
112	106	304	73	127	1 038	443	337	153	129	46	507
42	11	40	10	29	177	41	33	15	31	5	64
57	54	126	73	68	265	159	158	84	76	38	194
347	331	653	354	479	2 623	1 596	534	765	755	311	1 185
40	25	388	8	119	2 753	208	112	212	71	22	183
2 766	1 850	4 924	1 419	2 904	9 471	6 793	4 129	3 922	2 263	2 184	8 594
2 190	1 500	3 499	1 045	2 110	5 711	4 628	2 628	3 149	1 652	1 698	6 912
357	201	563	157	258	845	372	239	216	140	161	963
219	149	862	217	536	2 915	1 793	1 262	557	471	325	719
89	83	699	171	353	1 930	1 379	985	300	270	211	270
28	15	59	7	41	103	35	36	17	22	23	43
3	5	8	6	3	202	53	126	30	16	7	5
99	46	96	33	139	680	326	115	210	163	84	401
7 632	6 349	11 010	6 010	7 804	2 702	8 443	12 558	11 683	8 030	8 660	16 262
7 438	6 140	10 740	5 871	7 514	2 577	8 085	12 099	11 375	7 838	8 431	15 894
111	107	46	105	106	1	91	74	81	80	120	314
3 661	4 025	6 701	3 313	5 321	1 715	5 377	5 638	5 355	4 026	5 249	9 645
189	64	248	177	44	46	58	45	145	147	57	155
3 375	1 897	3 480	2 201	1 922	207	2 279	5 796	5 649	2 154	2 932	5 456
16	8	77	10	12	150	47	63	19	21	14	58
194	209	270	139	290	125	358	459	308	192	229	368
498	319	1 606	506	625	5 539	1 969	2 267	1 060	1 669	605	1 589
428	236	1 305	426	435	3 084	1 677	2 014	796	1 431	536	1 338
61	68	263	74	165	1 853	226	192	215	172	60	202
9	15	38	6	25	602	66	61	49	66	9	49
3 386	2 619	8 347	2 688	4 845	18 177	10 471	9 401	5 339	4 767	2 491	8 070
180	124	603	137	250	1 234	758	568	336	261	134	502
90	38	307	68	105	528	281	302	198	89	73	251
23	28	66	25	38	108	41	51	38	38	21	53
64	8	224	35	58	352	204	199	140	33	35	178
		3			23		3	2	1	3	6
	1	1	4	2	12	5	14	3	2	6	4
3	1	13	4	7	33	31	35	15	15	8	10
26	29	82	18	32	206	147	104	38	63	19	100
3			2	1	6	2	1	9			1
22	12	28	15	40	146	79	38	19	26	8	21
20	24	82	17	42	209	91	54	31	37	15	52
		6	2		5	14	21	9	9	8	8

营利性产业活动单位按行业(小

(续 45)

行业类别(小类)	代码	河南	湖北	湖南	广东
煤炭零售业	6492	232	95	158	276
石油制品零售业	6493	1 748	632	773	2 752
汽车、摩托车及其零配件零售业	6494	887	443	330	2 411
计算机及软件、办公设备零售业	6495	202	58	31	1 006
信托业	6496	124	16	11	93
首饰业	6497	96	28	60	364
其他类未包括的零售业	6499	765	329	323	2 085
商业经纪与代理业	6500	53	59	28	658
餐饮业	6700	4 002	3 018	2 255	9 235
正餐	6710	2 976	2 555	1 618	7 241
快餐	6720	511	160	164	754
其他饮食业	6790	515	303	473	1 240
小吃	6791	274	182	276	562
冷饮	6793	36	11	52	170
茶馆	6795	14	12	8	89
其他类未包括的餐饮业	6799	191	98	137	419
金融、保险业	I	17 165	9 247	11 376	20 076
金融业	6800	16 793	8 804	11 101	19 143
中央银行	6810	130	135	161	358
商业银行	6820	10 207	5 323	5 027	9 571
其他银行	6830	205	425	107	636
信用合作社	6840	5 756	2 768	5 002	7 555
信托投资业	6850	43	8	11	120
保险业	7000	372	443	275	933
房地产业	J	1 326	1 097	832	7 441
房地产开发与经营业	7200	1 072	1 023	780	5 332
房地产管理业	7300	211	63	45	1 496
房地产代理与经纪业	7400	43	11	7	613
社会服务业	K	7 797	2 603	2 569	19 874
公共设施服务业	7500	402	210	176	1 540
市内公共交通业	7510	182	96	107	437
市内公共汽电车业	7511	47	24	43	139
出租汽车业	7512	121	42	51	242
轨道交通业	7513	1	1	3	2
市内轮渡业	7514	1	25	6	22
其他市内公共交通业	7519	12	4	4	32
园林绿化业	7520	52	20	16	317
自然保护区管理业	7530	2	2	14	11
环境卫生业	7540	33	18	7	262
市政工程管理业	7550	40	59	16	227
风景名胜区管理业	7560	9	1	3	22

类）、地区（省）分组的单位数

广西	海南	重庆	四川	贵州	云南	西藏	陕西	甘肃	青海	宁夏	新疆
67	6	102	116	28	86		188	228	18	8	26
836	107	377	902	223	643	63	636	596	179	113	455
576	67	482	620	240	589	12	630	428	192	117	674
151	33	140	228	21	158	3	360	54	47	52	141
33	1	8	26	9	5		24	5	3	7	19
72	21	39	77	6	113	3	57	25	13	6	105
525	61	249	615	207	219	5	464	187	44	30	161
60	49	18	46	1	16	1	46	13	10	1	23
2 174	327	2 210	4 480	672	1 528	85	2 391	1 026	236	260	989
1 461	240	1 515	3 089	407	1 151	33	1 724	737	147	238	689
279	19	66	125	54	24	3	204	78	24	6	162
434	68	629	1 266	211	353	49	463	211	65	16	138
175	3	274	561	139	199	15	245	131	16	10	99
54	4	11	27	12	54	3	23	17	2		11
20	38	232	378	8	58	22	21	1		1	1
185	23	112	300	52	42	9	174	62	47	5	27
7 248	1 742	5 907	15 129	4 199	6 133	563	7 935	5 346	1 339	1 335	4 154
7 054	1 663	5 799	14 855	4 002	5 904	560	7 686	5 108	1 277	1 289	3 985
113	56	26	312	83	140	16	144	77	63	13	171
3 837	1 012	2 711	6 449	1 992	3 244	303	3 893	2 860	745	910	2 536
268	75	2	135	185	16	14	101	152	23	18	214
2 466	452	2 529	6 639	1 667	2 271	224	3 073	1 986	441	334	1 008
30	9	10	57	7	138	1	21	13		4	6
194	79	108	274	197	229	3	249	238	62	46	169
1 208	1 111	568	1 060	407	400	7	802	260	64	79	263
1 081	970	509	958	374	323	7	615	188	42	59	229
104	126	43	70	25	58		121	61	15	18	34
23	15	16	32	8	19		66	11	7	2	
3 853	1 378	2 892	5 212	1 493	4 478	178	5 163	2 762	540	576	2 128
179	72	141	229	64	243	3	236	197	50	27	136
67	25	85	132	25	112	2	144	40	35	16	67
23	6	16	39	11	24		31	18	8	3	28
25	19	57	73	11	76	1	98	20	26	12	38
1		7	6	1	3		1	2		1	1
2		5	7								
16			7	2	9	1	14		1		
41	21	17	35	7	43		23	43	7	3	18
1	1	1	5		5		2	17			3
5	4	11	14	19	12		23	34	2	3	14
47	11	15	16	6	25	1	9	37	5	1	18
1	1	1	6	2	16		3			1	1

(续46)

行业类别(小类)	代码	营利性产业活动单位数(个)	北京	天津	河北
其他公共服务业	7590	1 566	311	32	20
居民服务业	7600	45 406	3 378	1 063	765
理发及美容化妆业	7610	7 838	401	144	162
沐浴业	7620	3 133	69	58	41
洗染业	7630	2 138	217	82	30
摄影及扩印业	7640	5 998	312	132	105
托儿所	7650	874	24	12	4
日用品修理业	7660	8 476	812	279	197
家务服务业	7670	948	117	49	8
殡葬业	7680	554	16	8	11
其他居民服务业	7690	15 447	1 410	299	207
旅馆业	7800	43 039	2 323	708	812
租赁服务业	7900	3 589	450	125	32
旅游业	8000	5 083	324	79	74
娱乐服务业	8100	12 940	413	168	89
信息、咨询服务业	8200	28 730	4 739	843	125
广告业	8210	9 980	901	251	45
咨询服务业	8220	2 901	206	79	23
公证业	8221	222	3	3	3
律师事务所	8222	739	22	4	10
会计、审计、统计咨询业	8223	1 794	161	67	9
社会调查业	8224	146	20	5	1
其他类未包括的信息咨询服务业	8290	15 849	3 632	513	57
计算机应用服务业	8300	6 645	2 001	191	51
软件开发咨询业	8310	4 026	1 187	151	16
数据处理业	8320	268	59	2	4
数据库服务业	8330	369	80	3	1
计算机设备维护咨询业	8340	1 982	675	35	30
其他社会服务业	8400	9 982	1 098	311	147
市场管理服务业	8410	4 011	116	77	39
其他类未包括的社会服务业	8490	5 971	982	234	108
卫生、体育和社会福利业	L	28 078	203	186	562
卫生	8500	25 046	138	149	507
医院	8510	19 373	91	89	453
综合医院	8511	3 086	39	27	100
专科医院	8512	169	8	1	5
中医医院	8513	91	1	1	6
门诊部	8514	3 015	29	15	22
其他医院	8519	13 012	14	45	320
疗养院	8520	113	3	4	6
专科防治所(站)	8530	118			

类）、地区（省）分组的单位数

山西	内蒙古	辽宁	吉林	黑龙江	上海	江苏	浙江	安徽	福建	江西	山东
19	21	98	15	30	134	144	48	32	37	11	69
1 179	707	3 066	707	1 373	6 845	3 169	2 493	1 504	1 357	709	1 940
228	83	394	130	237	1 051	364	379	200	244	166	224
148	99	316	91	192	186	479	97	326	81	19	155
71	53	144	21	76	419	127	74	38	20	12	93
187	109	321	141	254	458	398	325	186	204	124	391
61	41	80	10	34	134	10	8	44	21	17	36
135	98	419	93	189	1 575	641	481	211	289	138	366
9	7	59	13	7	170	38	145	15	38	6	25
6	15	27	5	16	107	50	20	25	11	4	43
334	202	1 306	203	368	2 745	1 062	964	459	449	223	607
1 172	1 142	1 991	959	1 748	2 069	2 337	2 299	1 699	1 296	1 068	2 525
68	44	153	40	65	280	314	327	90	54	27	254
57	66	167	75	86	381	269	309	129	182	74	302
169	142	415	152	264	1 248	995	1 133	285	593	150	224
332	222	1 099	380	545	4 655	1 616	1 509	675	701	181	1 675
88	71	387	106	177	1 430	768	795	295	288	82	608
38	33	89	21	70	481	92	99	111	83	10	96
3	4		2	1	23	2	2	25	8	1	5
9	8	20	3	18	55	11	37	40	11	3	10
24	19	66	16	45	365	78	56	44	60	6	75
2	2	3		6	38	1	4	2	4		6
206	118	623	253	298	2 744	756	615	269	330	89	971
79	51	341	63	102	729	271	219	144	81	23	303
40	21	207	36	63	393	150	149	79	41	10	186
11	4	13	3	6	31	6	5	2	5	3	14
5	4	18	3	4	61	12	15	9	4		15
23	22	103	21	29	244	103	50	54	31	10	88
150	121	512	175	412	736	742	544	477	242	125	345
87	39	140	49	131	367	330	318	319	99	45	118
63	82	372	126	281	369	412	226	158	143	80	227
2 689	5	542	229	403	1 247	174	138	6 824	2 609	367	544
2 660		464	199	355	199	82	72	6 750	2 485	317	485
347		383	185	312	106	52	31	5 962	1 992	296	412
186		152	96	179	14	19	10	179	31	128	56
14		7	4	4	8		6	8	5		13
3			1	3	1	1		1	5	1	
94		149	55	49	19	14	8	396	74	40	138
50		75	29	77	64	18	7	5 378	1 877	127	205
8		16	1	5	5	3	5	6	2	3	15
3		1	1	1	4		5			4	1

(续47)

行业类别(小类)	代码	河南	湖北	湖南	广东
其他公共服务业	7590	84	14	13	264
居民服务业	7600	2 244	603	443	5 108
理发及美容化妆业	7610	379	160	66	1 509
沐浴业	7620	288	23	4	89
洗染业	7630	101	28	15	211
摄影及扩印业	7640	370	94	104	651
托儿所	7650	17	4	16	78
日用品修理业	7660	358	149	95	957
家务服务业	7670	14	2		114
殡葬业	7680	50	11	7	42
其他居民服务业	7690	667	132	136	1 457
旅馆业	7800	2 824	1 095	1 140	3 426
租赁服务业	7900	178	22	17	252
旅游业	8000	135	120	109	632
娱乐服务业	8100	481	184	225	1 973
信息、咨询服务业	8200	931	161	257	4 411
广告业	8210	328	54	85	1 760
咨询服务业	8220	231	53	94	502
公证业	8221	22	11	2	54
律师事务所	8222	70	35	37	191
会计、审计、统计咨询业	8223	131	7	52	226
社会调查业	8224	8		3	31
其他类未包括的信息咨询服务业	8290	372	54	78	2 149
计算机应用服务业	8300	132	27	24	1 079
软件开发咨询业	8310	72	15	8	751
数据处理业	8320	14	4	4	38
数据库服务业	8330	11	3	4	76
计算机设备维护咨询业	8340	35	5	8	214
其他社会服务业	8400	470	181	178	1 453
市场管理服务业	8410	279	104	104	599
其他类未包括的社会服务业	8490	191	77	74	854
卫生、体育和社会福利业	L	357	1 134	604	5 074
卫生	8500	307	1 103	564	4 531
医院	8510	242	994	501	3 916
综合医院	8511	166	115	162	375
专科医院	8512	5	3	4	35
中医医院	8513	4	1	10	36
门诊部	8514	40	139	70	1 203
其他医院	8519	27	736	255	2 267
疗养院	8520	3	4	2	8
专科防治所(站)	8530	1	56	2	34

类)、地区(省)分组的单位数

广西	海南	重庆	四川	贵州	云南	西藏	陕西	甘肃	青海	宁夏	新疆
17	9	11	21	5	30		32	26	1	3	15
957	143	650	1 177	440	882	12	1 079	593	127	166	527
176	23	173	297	66	122	1	227	126	23	20	63
9	1	11	26	29	64	2	99	55	7	4	65
36	3	29	41	27	30	1	45	23	24	4	43
137	36	116	206	46	164	1	171	122	14	25	94
51	1	22	8	17	13		49	28	5	8	21
163	14	90	232	63	83	1	168	85	18	13	64
19	8	15	12	2	21		15	4	3	1	12
4	1	9	12	12	8		15	9	3	1	6
362	56	185	343	178	377	6	290	141	30	90	159
1 464	473	893	1 889	477	1 544	111	1 457	1 008	206	191	693
74	35	66	168	56	118	1	144	31	10	10	84
192	306	122	154	60	339	31	139	63	12	16	79
334	99	354	784	153	661	8	736	238	61	27	182
401	147	399	510	104	435	7	939	354	49	79	249
181	71	170	205	29	138	2	445	43	20	40	117
46	20	25	30	20	78	3	62	160	6	14	26
5			3	1	2	1	3	23	1	1	8
15	6	8	3	8	29	2	2	65	2	2	3
26	13	17	24	11	47		53	68	3	10	15
	1						4	4		1	
174	56	204	275	55	219	2	432	151	23	25	106
76	29	69	116	11	67	3	261	32	6	21	43
41	18	37	70	5	43	2	180	11	4	16	24
2	1	5	2	1	3		15	8		2	1
5	6	3	6		6		9				6
28	4	24	38	5	15	1	57	13	2	3	12
176	74	198	185	128	189	2	172	246	19	39	135
80	48	38	68	13	103	1	61	176	7	12	44
96	26	160	117	115	86	1	111	70	12	27	91
963	160	621	468	215	630	39	461	77	98	95	360
908	152	605	285	123	582	37	417	73	76	85	336
760	141	555	215	108	325	37	359	70	69	70	300
152	101	100	99	63	76	10	168	5	34	32	212
3	1	2	6	3	4		20				
5	1	1	1		2	1	4				1
115	19	17	34	19	58	4	61	62	19	21	32
485	19	435	75	23	185	22	106	3	16	17	55
1		2	2		5		3	1			
	2	1	1								1

营利性产业活动单位按行业（小

（续48）

行业类别（小类）	代码	营利性产业活动单位数（个）	北京	天津	河北
卫生防疫站	8540	247	4	5	2
妇幼保健所（站）	8550	113	1		4
药品检验所（室）	8560	33	2	1	1
其他卫生	8590	5 049	37	50	41
体育	8600	373	34	4	4
社会福利保障业	8700	2 659	31	33	51
社会福利业	8710	2 203	24	26	40
干部休养所	8711	54	1	1	4
福利收容院	8712	513	12	2	24
社区服务业	8713	1 636	11	23	12
社会保险和救济业	8720	255	1		5
其他类未包括的社会福利保障业	8790	201	6	7	6
教育、文化艺术及广播电影电视业	M	59 105	974	973	4 207
教育	8900	47 821	600	774	4 111
高等教育	8910	375	20	15	15
普通高等教育	8911	89	10	7	5
成人高等教育	8912	286	10	8	10
中等教育	8920	5 497	111	217	385
中等专业学校	8921	306	21	22	11
普通中学	8922	3 955	39	153	330
农业、职业中学	8923	205	9	1	13
技工学校	8924	760	31	36	23
成人中等学校	8925	265	10	5	8
工读学校	8926	6	1		
初等教育	8930	37 217	339	473	3 646
小学校	8931	37 139	339	438	3 646
成人初等学校	8932	78		35	
学前教育	8940	3 232	27	43	35
特殊教育	8950	26			2
其他教育	8990	1 474	103	26	28
文化艺术业	9000	4 072	271	115	37
艺术	9010	654	49	10	13
出版	9020	786	104	30	2
文物保护	9030	108	12	5	3
图书馆	9040	85	6	3	4
档案馆	9050	43	1	1	
群众文化	9060	1 776	22	49	9
新闻	9070	51	3	1	1
文化艺术经纪与代理业	9080	146	23	6	1
其他文化艺术业	9090	423	51	10	4
广播电影电视业	9100	7 212	103	84	59

类)、地区(省)分组的单位数

山西	内蒙古	辽宁	吉林	黑龙江	上海	江苏	浙江	安徽	福建	江西	山东
10		8	3	19	6	5	3	29	9	3	3
2		18	1	5	3		1		5	3	7
		1			4				2		2
2 290		37	8	13	71	22	27	753	475	8	45
5		13	5	6	43	17	24	12	12	3	11
24	5	65	25	42	1 005	75	42	62	112	47	48
3	3	41	17	26	970	26	33	49	101	41	33
		1		1	5	2	3	3		1	6
2		17	9	4	27	9	1	18	17	29	9
1	3	23	8	21	938	15	29	28	84	11	18
11		5	4	7	17	42	7	6	6	4	7
10	2	19	4	9	18	7	2	7	5	2	8
1 979	166	923	1 347	1 287	839	749	517	1 293	1 199	691	630
1 741	3	628	1 206	1 086	220	160	122	814	685	478	218
28		36	10	18	10	5	1	12	5	4	5
3		6	1	2		2		1	2	1	
25		30	9	16	10	3	1	11	3	3	5
266	1	169	181	315	50	67	19	192	56	129	55
10		26	5	13	5	6	1	8	2	4	9
193	1	68	137	223	7	34	5	133	32	93	20
11		14	4	23	7	3	2	8	3	5	3
39		53	26	37	20	19	10	32	15	19	13
12		8	9	19	11	5	1	11	4	8	10
1											
1 283	2	214	949	663	23	26	1	378	288	268	30
1 272	2	213	947	659	22	26	1	377	288	266	29
11		1	2	4	1			1		2	1
95		149	30	57	30	15	23	160	290	58	81
4			1		1			2	1		
65		60	35	33	106	47	78	70	45	19	47
65	51	126	39	72	413	159	124	121	122	32	139
28	6	11	9	11	84	55	40	27	10	11	47
20	15	44	14	11	134	27	18	22	21	3	42
2	1		1	2	4	3		6	6	2	4
2	2	3	1	1	17	1	2		1	2	
	1		2		5	2	1	4			1
5	21	39	9	44	94	37	30	48	27	8	25
	2	1	1	1	11	1	1	1		2	
3	2	6		1	9	6	9	4	5		8
5	1	22	2	1	55	27	23	9	52	4	12
173	112	169	102	129	206	430	271	358	392	181	273

营利性产业活动单位按行业(小

(续49)

行业类别(小类)	代码	河南	湖北	湖南
卫生防疫站	8540	6	16	9
妇幼保健所(站)	8550	1	1	3
药品检验所(室)	8560	2	1	1
其他卫生	8590	52	31	46
体育	8600	5	6	7
社会福利保障业	8700	45	25	33
社会福利业	8710	24	17	18
干部休养所	8711	2	3	
福利收容院	8712	16	8	7
社区服务业	8713	6	6	11
社会保险和救济业	8720	11	5	7
其他类未包括的社会福利保障业	8790	10	3	8
教育、文化艺术及广播电影电视业	M	5 275	1 497	4 413
教育	8900	4 720	1 208	3 930
高等教育	8910	23	15	14
普通高等教育	8911	6	2	
成人高等教育	8912	17	13	14
中等教育	8920	593	177	436
中等专业学校	8921	19	18	12
普通中学	8922	492	123	340
农业、职业中学	8923	21	4	6
技工学校	8924	48	17	38
成人中等学校	8925	12	15	39
工读学校	8926	1		1
初等教育	8930	3 988	873	3 332
小学校	8931	3 984	873	3 330
成人初等学校	8932	4		2
学前教育	8940	74	120	104
特殊教育	8950	2	1	
其他教育	8990	40	22	44
文化艺术业	9000	137	84	115
艺术	9010	18	4	15
出版	9020	18	11	9
文物保护	9030	9	9	5
图书馆	9040	1	1	2
档案馆	9050	3	2	1
群众文化	9060	76	48	79
新闻	9070	1		3
文化艺术经纪与代理业	9080	8	4	
其他文化艺术业	9090	3	5	1
广播电影电视业	9100	418	205	368

类)、地区(省)分组的单位数

广东	广西	海南	重庆	四川	贵州	云南	西藏	陕西	甘肃	青海	宁夏	新疆
53	7	3	2	1	1	5		6		4	4	21
33	2	1	11	1				7	1			2
10	3							1	1			1
477	135	5	34	65	14	247		41		3	11	11
100	14	2	2	12	3	11		11		2	2	3
443	41	6	14	171	89	37	2	33	4	20	8	21
350	14	3	10	164	88	30	2	15	1	16	8	10
14	2				1			2		1		1
265	5	1	1	2	1	20		4		1	1	1
71	7	2	9	162	86	10	2	9	1	14	7	8
67	19	2		5		1		6		2		8
26	8	1	4	2	1	6		12	3	2		3
22 956	2 202	570	481	362	482	668	39	859	54	367	514	592
20 354	1 573	442	331	165	223	307	17	576	9	289	467	364
57	9	1	11	4	7	6		34	1	2	3	4
27	4		1					6		2		1
30	5	1	10	4	7	6		28	1		3	3
890	248	113	99	61	76	84		265	3	66	41	132
36	26	1	5	4	8	3		22		1	4	4
698	172	108	53	34	41	57		171	1	56	33	108
45	6			4	1	6		3	1	1		1
70	29	4	38	18	25	15		57	1	7	4	16
41	14		3	1	1	3		11		1		3
	1							1				
17 719	1 169	267	147	39	112	88	16	163	3	187	396	135
17 708	1 168	267	147	39	112	88	16	163	3	187	394	135
11	1										2	
1 334	113	52	54	39	12	67		83		20	12	55
7	3	1	1									
347	31	8	19	22	16	62	1	31	2	14	15	38
1 133	157	49	47	64	134	72	9	121	7	15	15	27
82	24	12	12	11	5	10	3	36		5	1	5
111	24	22	10	10	11	10	4	21	5	4	2	7
19	6		1	3	1			2	2			
24	6	1	2				1				1	1
15	1	1				1		1				
789	93	4	15	31	116	18	1	26		5	4	4
6	1		4	2				3		1		4
23	1	3	1	2		1		19				1
64	1	6	2	5	1	32		13			7	5
1 469	472	79	103	133	125	289	13	162	38	63	32	201

(续 50)

行业类别(小类)	代码	营利性产业活动单位数(个)	北京	天津	河北
广播	9110	1 193	5	35	5
电影	9120	5 002	68	43	49
电视	9130	1 017	30	6	5
科学研究和综合技术服务业	N	23 051	5 039	1 607	205
科学研究业	9200	1 748	132	29	22
自然科学研究	9210	998	77	14	16
社会科学研究	9220	96	9	1	2
其他科学研究	9230	654	46	14	4
综合技术服务业	9300	21 303	4 907	1 578	183
气象	9310	136	14	3	2
地震	9320	42	6	1	
测绘	9330	320	20	8	2
技术监督	9340	1 683	104	56	24
海洋环境	9350	22	2	2	
环境保护	9360	580	78	19	3
技术推广和科技交流服务业	9370	5 240	501	266	85
工程设计业	9380	3 879	322	122	32
其他综合技术服务业	9390	9 401	3 860	1 101	35
国家机关、政党机关和社会团体	O				
其他行业	P	16 288	423	331	432
企业管理机构	9910	11 098	277	201	359
其他类未包括的行业	9990	5 190	146	130	73

类)、地区(省)分组的单位数

山西	内蒙古	辽宁	吉林	黑龙江	上海	江苏	浙江	安徽	福建	江西	山东
58	2	3	8	17	12	12	25	45	41	8	2
94	97	144	76	93	144	382	226	278	276	139	259
21	13	22	18	19	50	36	20	35	75	34	12
378	204	1 537	345	449	2 792	1 328	818	671	381	163	1 020
30	30	148	31	38	223	93	70	74	43	14	84
19	25	83	24	23	72	52	58	54	29	12	56
3		9	1		16	5	2	1	2		3
8	5	56	6	15	135	36	10	19	12	2	25
348	174	1 389	314	411	2 569	1 235	748	597	338	149	936
1	3	2	2	1	13	3	4	1	2	3	
3	2				3	4			2		1
17	6	27	7	10	16	21	29	8	13	5	15
42	31	124	45	76	194	106	84	59	27	28	80
		3			4				2		2
8	6	37	8	10	59	39	23	8	13	6	24
136	42	366	94	134	900	395	164	205	101	36	298
75	43	266	82	103	342	231	207	161	116	49	314
66	41	564	76	77	1 038	436	237	155	62	22	202
278	80	469	225	534	1 159	968	409	327	478	375	611
219	46	5	195	415	1 135	553	305	153	231	307	355
59	34	464	30	119	24	415	104	174	247	68	256

(续51)

行业类别(小类)	代码	河南	湖北	湖南	广东
广播	9110	160	41	131	398
电影	9120	219	151	180	698
电视	9130	39	13	57	373
科学研究和综合技术服务业	N	547	190	350	2 013
科学研究业	9200	40	13	35	186
自然科学研究	9210	30	8	28	117
社会科学研究	9220	2		2	14
其他科学研究	9230	8	5	5	55
综合技术服务业	9300	507	177	315	1 827
气象	9310	2		10	37
地震	9320	1	1		9
测绘	9330	5	2	5	35
技术监督	9340	34	27	17	294
海洋环境	9350		1		5
环境保护	9360	7	6	7	150
技术推广和科技交流服务业	9370	163	39	163	302
工程设计业	9380	123	41	49	532
其他综合技术服务业	9390	172	60	64	463
国家机关、政党机关和社会团体	O				
其他行业	P	630	378	616	5 568
企业管理机构	9910	470	263	448	3 719
其他类未包括的行业	9990	160	115	168	1 849

类）、地区（省）分组的单位数

广西	海南	重庆	四川	贵州	云南	西藏	陕西	甘肃	青海	宁夏	新疆
57	18	29	5	1	8		19		12	3	33
375	37	69	121	114	274	9	134	35	45	26	147
40	24	5	7	10	7	4	9	3	6	3	21
342	168	323	468	85	371	4	815	117	32	76	213
44	21	25	125	8	38	2	103	8	3	10	26
32	10	15	40	5	27	2	45	4		3	18
3	1	1	2		5		10	1			1
9	10	9	83	3	6		48	3	3	7	7
298	147	298	343	77	333	2	712	109	29	66	187
5	2	1	3	1	5		9		1	4	2
1		1		1			4		1	1	
3	7	4	11	2	11		16	1	9		5
35	14	16	33	9	28		39	12	5	7	33
1											
11	5	21	8	1	3	1	14	2		1	2
120	41	59	107	14	72		326	15	6	25	65
69	60	51	102	35	113	1	144	22	4	14	54
53	18	145	79	14	101		160	57	3	14	26
408	107	32	277	192	163	10	203	118	52	77	358
327	57	24	95	105	157	2	141	90	34	72	338
81	50	8	182	87	6	8	62	28	18	5	20

事业法人按行业(大类)分组的单位数

行业类别(大类)	代码	事业法人单位数(个)	从事单一活动或位于一个地点的企业	从事多种活动或位于多个地点的企业
全国总计		**610 208**	**546 590**	**63 618**
农、林、牧渔业	A	82 778	76 965	5 813
农业	0100	2 466	2 105	361
林业	0200	5 241	4 479	762
畜牧业	0300	1 154	1 061	93
渔业	0400	619	573	46
农、林、牧、渔服务业	0500	73 298	68 747	4 551
地质勘探业、水利管理业	F	19 363	17 235	2 128
地质勘探业	5000	1 854	1 387	467
水利管理业	5100	17 509	15 848	1 661
交通运输、仓储及邮电通信业	G	9 311	7 937	1 374
铁路运输业	5200	5	5	
汽车运输业	5300	277	245	32
管道运输业	5400	5	3	2
水上运输业	5500	87	81	6
航空运输业	5600	19	17	2
交通运输辅助业	5700	8 179	6 943	1 236
其他交通运输业	5800	38	36	2
仓储业	5900	438	392	46
邮电通信业	6000	263	215	48
批发和零售贸易、餐饮业	H	5 021	4 278	743
食品、饮料、烟草和家庭日用品批发业	6100	836	656	180
能源、材料和机械电子设备批发业	6200	995	895	100
其他批发业	6300	1 040	872	168
零售业	6400	1 698	1 449	249
商业经纪与代理业	6500	117	109	8
餐饮业	6700	335	297	38
金融、保险业	I	4 805	4 371	434

事业法人按行业(大类)分组的单位数

(续1)

行业类别(大类)	代码	事业法人单位数(个)	从事单一活动或位于一个地点的企业	从事多种活动或位于多个地点的企业
金融业	6800	4 525	4 108	417
保险业	7000	280	263	17
房地产业	J	7 431	6 864	567
房地产开发与经营业	7200	1 486	1 353	133
房地产管理业	7300	5 090	4 682	408
房地产代理与经纪业	7400	855	829	26
社会服务业	K	45 311	42 916	2 395
公共设施服务业	7500	13 640	12 583	1 057
居民服务业	7600	4 487	4 250	237
旅馆业	7800	3 494	3 118	376
租赁服务业	7900	101	97	4
旅游业	8000	702	636	66
娱乐服务业	8100	585	537	48
信息、咨询服务业	8200	16 249	16 019	230
计算机应用服务业	8300	385	363	22
其他社会服务业	8400	5 668	5 313	355
卫生、体育和社会福利业	L	113 859	107 843	6 016
卫生	8500	98 620	93 286	5 334
体育	8600	1 748	1 549	199
社会福利保障业	8700	13 491	13 008	483
教育、文化艺术及广播电影电视业	M	261 805	222 945	38 860
教育	8900	214 191	178 240	35 951
文化艺术业	9000	33 311	31 645	1 666
广播电影电视业	9100	14 303	13 060	1 243
科学研究和综合技术服务业	N	27 283	25 230	2 053
科学研究业	9200	6 826	6 045	781
综合技术服务业	9300	20 457	19 185	1 272

事业法人按地区(省)分组的单位数

地区(省)	代码	事业法人单位数(个)	从事单一活动或位于一个地点的企业	从事多种活动或位于多个地点的企业
全国总计		**610 208**	**546 590**	**63 618**
北　京	11	8 941	7 865	1 076
天　津	12	6 169	5 885	284
河　北	13	20 967	18 977	1 990
山　西	14	17 151	14 401	2 750
内蒙古	15	14 744	12 917	1 827
辽　宁	21	24 584	22 369	2 215
吉　林	22	17 160	15 799	1 361
黑龙江	23	16 347	14 775	1 572
上　海	31	12 168	11 123	1 045
江　苏	32	43 138	39 057	4 081
浙　江	33	23 782	19 915	3 867
安　徽	34	31 932	29 128	2 804
福　建	35	14 043	11 646	2 397
江　西	36	19 464	16 760	2 704
山　东	37	20 404	18 282	2 122
河　南	41	24 806	20 334	4 472
湖　北	42	26 414	25 159	1 255
湖　南	43	20 505	16 893	3 612
广　东	44	31 376	28 688	2 688
广　西	45	22 013	19 657	2 356
海　南	46	3 080	2 750	330
重　庆	50	17 855	14 747	3 108
四　川	51	43 030	38 109	4 921
贵　州	52	14 443	12 133	2 310
云　南	53	15 087	12 941	2 146
西　藏	54	1 044	966	78
陕　西	61	60 048	59 046	1 002
甘　肃	62	18 210	16 784	1 426
青　海	63	5 109	4 608	501
宁　夏	64	3 139	2 829	310
新　疆	65	13 055	12 047	1 008

事业法人按行业(中类)、

行业类别(中类)	代码	事业法人单位数(个)	北京	天津	河北	山西
全国总计		**610 208**	**8 941**	**6 169**	**20 967**	**17 151**
农、林、牧渔业	A	82 778	531	317	1 950	2 139
农业	0100	2 466	13	15	103	109
种植业	0110	2 392	12	15	102	109
其他农业	0190	74	1		1	
林业	0200	5 241	64	18	173	297
畜牧业	0300	1 154	26	10	31	51
牲畜饲养放牧业	0310	769	12	4	18	37
家禽饲养业	0320	212	12	6	12	13
狩猎业	0330	9	1			
其他畜牧业	0390	164	1		1	1
渔业	0400	619	4	10	20	19
海洋渔业	0410	42	1	2	5	
淡水渔业	0420	577	3	8	15	19
农、林、牧、渔服务业	0500	73 298	424	264	1 623	1 663
农业服务业	0510	38 032	160	119	635	448
林业服务业	0520	7 799	53	16	143	126
畜牧兽医服务业	0530	22 476	177	104	772	1 062
渔业服务业	0540	2 234	12	15	34	14
其他农、林、牧、渔服务业	0590	2 757	22	10	39	13
地质勘探业、水利管理业	F	19 363	218	230	451	595
地质勘探业	5000	1 854	27	14	93	74
区域地质勘查业	5010	99	3	1	4	2
海洋地质勘查业	5020	40			7	
矿产地质勘探业	5030	1 055	8	6	49	51
工程地质勘查业	5040	452	10	5	23	15
环境地质勘查业	5050	36		1	1	
地球物理和地球化学勘查业	5060	53	3		4	1
地质工程技术及其他技术服务业	5090	119	3	1	5	5
水利管理业	5100	17 509	191	216	358	521
交通运输、仓储及邮电通信业	G	9 311	63	62	382	307
铁路运输业	5200	5	1		1	1
汽车运输业	5300	277	5	9	16	9
汽车运输业	5310	251	5	9	16	8
其他公路运输业	5390	26				1
管道运输业	5400	5				
水上运输业	5500	87				
远洋运输业	5510	1				
沿海运输业	5520	4				
内河、内湖运输业	5530	68				
其他水上运输业	5590	14				

地区(省)分组的单位数

内蒙古	辽宁	吉林	黑龙江	上海	江苏	浙江	安徽	福建	江西	山东
14 744	**24 584**	**17 160**	**16 347**	**12 168**	**43 138**	**23 782**	**31 932**	**14 043**	**19 464**	**20 404**
2 801	3 952	3 732	2 424	877	8 433	1 802	2 950	1 229	3 138	2 042
103	50	45	80		149	81	206	102	186	81
99	48	45	78		144	78	205	102	185	78
4	2		2		5	3	1		1	3
343	244	265	287		100	106	251	209	254	197
64	40	54	53		42	28	50	16	65	32
52	22	41	36		28	15	30	10	35	19
8	7	6	6		10	8	9	5	24	9
1	1		1				1		1	
3	10	7	10		4	5	10	1	5	4
11	25	16	16		77	13	72	19	53	21
	1				4	1		7	3	6
11	24	16	16		73	12	72	12	50	15
2 280	3 593	3 352	1 988	877	8 065	1 574	2 371	883	2 580	1 711
745	1 676	1 995	1 125	458	4 734	876	1 333	476	1 296	638
303	528	320	146	71	440	196	275	209	228	76
1 112	1 086	930	603	182	1 661	319	541	108	842	854
56	133	40	57	92	458	81	169	38	75	93
64	170	67	57	74	772	102	53	52	139	50
548	1 064	946	642	253	2 243	571	994	364	480	629
69	73	71	91	30	64	58	45	43	73	60
5	5	1	7	1	4		2	4	6	3
	1	1	3	7	1	2				1
51	44	54	46	5	34	36	28	17	44	38
3	19	9	26	13	16	14	9	14	13	12
3		3	2	4	1		1	1	1	1
2	2	2	2		5	1	1	1	4	1
5	2	1	5		3	5	4	6	5	4
479	991	875	551	223	2 179	513	949	321	407	569
321	442	207	470	69	624	486	224	238	509	166
11	8	16	18		19	2	8	10	18	1
7	8	16	18		18	1	8	10	7	1
4					1	1			11	
					1					
			1		35	3	4	3	5	1
					1					
								2		
			1		31	1	1		5	1
					3	2	3	1		

事业法人按行业(中类)、

(续1)

行业类别(中类)	代码	河南	湖北	湖南	广东	广西
全国总计		**24 806**	**26 414**	**20 505**	**31 376**	**22 013**
农、林、牧渔业	A	3 536	3 731	1 921	1 964	3 370
农业	0100	4	134	192	92	125
种植业	0110	4	129	189	87	124
其他农业	0190		5	3	5	1
林业	0200	4	350	248	211	220
畜牧业	0300	2	57	59	41	55
牲畜饲养放牧业	0310	1	35	40	19	27
家禽饲养业	0320	1	11	12	7	9
狩猎业	0330		1			
其他畜牧业	0390		10	7	15	19
渔业	0400	1	34	48	40	35
海洋渔业	0410		2		6	4
淡水渔业	0420	1	32	48	34	31
农、林、牧、渔服务业	0500	3 525	3 156	1 374	1 580	2 935
农业服务业	0510	1 755	1 586	680	583	1 657
林业服务业	0520	361	415	119	175	315
畜牧兽医服务业	0530	1 243	919	451	681	747
渔业服务业	0540	54	176	57	81	150
其他农、林、牧、渔服务业	0590	112	60	67	60	66
地质勘探业、水利管理业	F	1 016	1 017	754	901	681
地质勘探业	5000	105	99	71	71	75
区域地质勘查业	5010	4	7	1	8	6
海洋地质勘查业	5020	1		3	5	2
矿产地质勘探业	5030	63	25	55	33	47
工程地质勘查业	5040	25	53	8	22	12
环境地质勘查业	5050	1	3		1	1
地球物理和地球化学勘查业	5060	3	1	1		3
地质工程技术及其他技术服务业	5090	8	10	3	2	4
水利管理业	5100	911	918	683	830	606
交通运输、仓储及邮电通信业	G	424	419	345	508	403
铁路运输业	5200					
汽车运输业	5300		28	5	5	24
汽车运输业	5310		26	5	5	23
其他公路运输业	5390		2			1
管道运输业	5400		1			
水上运输业	5500		10	3	10	6
远洋运输业	5510					
沿海运输业	5520				2	
内河、内湖运输业	5530		8	2	8	6
其他水上运输业	5590		2	1		

地区(省)分组的单位数

海南	重庆	四川	贵州	云南	西藏	陕西	甘肃	青海	宁夏	新疆
3 080	**17 855**	**43 030**	**14 443**	**15 087**	**1 044**	**60 048**	**18 210**	**5 109**	**3 139**	**13 055**
277	4 668	9 691	3 170	3 004	111	3 860	2 019	633	390	2 116
37	27	112	58	13	3	88	94	26	38	100
25	26	104	56	13	3	82	90	25	37	98
12	1	8	2			6	4	1	1	2
38	175	329	79	45	1	219	287	63	57	107
8	17	55	21	11	9	37	54	81	13	72
8	7	32	17	7	8	29	39	75	8	58
	3	5	3	3	1	5	6	4	3	4
							1		1	
	7	18	1	1		3	8	2	1	10
5	8	25	5	1		14	10	1	8	8
5	8	25	5	1		14	10	1	8	8
189	4 441	9 170	3 007	2 934	98	3 502	1 574	462	274	1 829
109	2 767	5 404	1 493	1 757	26	1 446	781	166	115	993
14	440	547	738	465	10	532	237	66	32	203
46	1 144	2 814	740	571	59	1 353	481	200	100	574
12	33	61	14	82		66	35	8	18	20
8	57	344	22	59	3	105	40	22	9	39
96	491	761	741	587	21	946	458	166	92	407
17	15	110	43	82	12	65	66	42	16	80
		4	5	4	1	3	2	3	1	2
3		1	1				1			
7	8	51	27	51	9	40	42	29	7	50
5	6	41	5	20	1	13	9	2	6	23
1		1	2			1	5			1
		3		2		3	3	3	1	1
1	1	9	3	5	1	5	4	5	1	3
79	476	651	698	505	9	881	392	124	76	327
78	212	595	281	293	29	415	295	138	63	243
		1		1						
	1	1	5		1	7	24	12	5	9
	1	1	4		1	5	24	11	5	8
			1			2		1		1
						1	2			
				1	1	2			2	
				1		1			2	
					1	1				

事业法人按行业(中类)、

(续2)

行业类别(中类)	代码	事业法人单位数(个)	北京	天津
航空运输业	5600	19		
航空客货运输业	5610	19		
交通运输辅助业	5700	8 179	38	36
公路管理及养护业	5710	5 631	29	20
港口业	5720	124		
水运辅助业	5730	610		4
机场及航空运输辅助业	5740	41	2	
装卸搬运业	5750	66		
其他类未包括的交通运输辅助业	5790	1 707	7	12
其他交通运输业	5800	38		
仓储业	5900	438	10	9
邮电通信业	6000	263	9	8
邮政业	6010	19	1	
电信业	6020	184	8	8
邮电业	6030	60		
批发和零售贸易、餐饮业	H	5 021	46	141
食品、饮料、烟草和家庭日用品批发业	6100	836	6	17
食品、饮料、烟草批发业	6110	454	1	5
棉、麻、土畜产品批发业	6120	43		
纺织品、服装和鞋帽批发业	6130	54		2
日用百货批发业	6140	85	2	2
日用杂品批发业	6150	17	2	1
五金、交电、化工批发业	6160	125	1	5
药品及医疗器械批发业	6170	58		2
能源、材料和机械电子设备批发业	6200	995	6	39
能源批发业	6210	119	1	4
化工材料批发业	6220	54		3
木材批发业	6230	111	1	
建筑材料批发业	6240	218	2	10
矿产品批发业	6250	36		
金属材料批发业	6260	257	1	12
机械、电子设备批发业	6270	149		4
汽车、摩托车及零配件批发业	6280	27	1	4
再生物资回收批发业	6290	24		2
其他批发业	6300	1 040	1	17
工艺美术品批发业	6310	4		1
图书报刊批发业	6320	117		
农业生产资料批发业	6330	786	1	14
其他类未包括的批发业	6390	133		2
零售业	6400	1 698	28	61
食品、饮料和烟草零售业	6410	365	5	8

地区(省)分组的单位数

河北	山西	内蒙古	辽宁	吉林	黑龙江	上海	江苏	浙江	安徽	福建	江西	山东
1			1				3		3	2	2	1
1			1				3		3	2	2	1
327	256	291	396	163	411	69	514	468	159	206	458	145
270	198	187	284	99	304	26	153	331	112	145	305	125
2		1	4				25	5		5	9	1
1	3	5	9	1	11	5	95	61	6	11	24	10
		1	4		1	2	5	5	1	1		3
1	1		1			7	38	2	1	3	2	
53	54	97	94	63	95	29	198	64	39	41	118	6
2			1				5		1	2		
22	32	6	26	18	29		25	9	42	6	15	9
13	9	13	10	10	11		22	4	7	9	11	9
		3	1				1					
6	8	10	9	8	11		14	4	7	3	8	9
7	1			2			7			6	3	
343	160	43	426	98	68		305	132	268	254	190	69
34	30	7	53	11	8		45	23	55	45	28	8
20	13	2	14	9	4		24	9	37	25	14	3
2	1	1	4				2		1	4	2	1
4	1	1	10		1		6		1	4		
2	7		9	1			2	4	4	6	1	2
	1									3		
6	5		12				10	9	10	3	7	
	2	3	4	1	3		1	1	2		4	2
81	46	5	130	11	13		68	25	42	64	57	16
9	19		11	2	2		7	4	6	6	5	3
6	3	1	6				2	1		12	6	1
5	8	1	8	4	4		2	1	3	9	7	
8	2	1	33	4			21	5	15	10	6	5
2	1		3		1				1	5		
34	8	1	44				25	7	9	13	20	
14	5	1	21	1	6		6	5	5	8	9	7
1							3	2	2			
2			4				2		1	1	4	
82	25	16	81	43	35		26	37	73	58	41	21
									1			
10	1		7	1			6	7	4	15	2	
65	21	11	56	41	23		15	30	62	26	36	16
7	3	5	18	1	12		5		6	17	3	5
134	36	11	134	28	5		123	40	72	67	50	10
17	4	1	16	2	1		26	4	7	9	10	1

(续3)

行业类别(中类)	代码	河南	湖北	湖南
航空运输业	5600		3	
航空客货运输业	5610		3	
交通运输辅助业	5700	420	338	304
公路管理及养护业	5710	347	252	216
港口业	5720		10	10
水运辅助业	5730	12	31	26
机场及航空运输辅助业	5740	2		2
装卸搬运业	5750		1	5
其他类未包括的交通运输辅助业	5790	59	44	45
其他交通运输业	5800			
仓储业	5900	3	24	23
邮电通信业	6000	1	15	10
邮政业	6010		6	
电信业	6020	1	6	6
邮电业	6030		3	4
批发和零售贸易、餐饮业	H	3	368	302
食品、饮料、烟草和家庭日用品批发业	6100		58	56
食品、饮料、烟草批发业	6110		24	16
棉、麻、土畜产品批发业	6120		6	2
纺织品、服装和鞋帽批发业	6130		3	8
日用百货批发业	6140		8	10
日用杂品批发业	6150			1
五金、交电、化工批发业	6160		11	15
药品及医疗器械批发业	6170		6	4
能源、材料和机械电子设备批发业	6200		73	70
能源批发业	6210		4	7
化工材料批发业	6220		1	4
木材批发业	6230		21	4
建筑材料批发业	6240		18	12
矿产品批发业	6250		3	4
金属材料批发业	6260		16	23
机械、电子设备批发业	6270		8	8
汽车、摩托车及零配件批发业	6280		2	7
再生物资回收批发业	6290			1
其他批发业	6300	1	73	72
工艺美术品批发业	6310			
图书报刊批发业	6320		10	
农业生产资料批发业	6330	1	56	68
其他类未包括的批发业	6390		7	4
零售业	6400	2	119	77
食品、饮料和烟草零售业	6410	2	24	15

地区(省)分组的单位数

广东	广西	海南	重庆	四川	贵州	云南	西藏	陕西	甘肃	青海	宁夏	新疆
1					1				1			
1					1				1			
461	346	75	204	559	252	273	22	369	245	112	50	212
261	225	48	115	423	163	170	22	292	204	92	39	174
18	8	1	17	1	4	2		1				
96	37	12	43	67	19	7		9	3		2	
3			3	4				2				
	1				1				1			1
83	75	14	26	64	65	94		65	37	20	9	37
3	2			2		3		4	2			11
10	14	1	6	18	14	11		25	11	9	4	7
18	11	2	1	14	9	4	5	7	10	5	2	4
				2		2	1		1	1		
14	5	2	1	7	6	2		5	7	4	2	3
4	6			5	3		4	2	2			1
554	569	30	68	8	126		32	104	179	54	22	59
91	170	8	11		17		1	12	21	6	1	14
29	157	7	3		10			7	9	5	1	6
6	1		2		2			2	1			3
10								1		1		1
13	2		2		3			1	3			1
6	2	1										
15	6		3		1				6			
12	2		1		1		1	1	2			3
96	47	3	22	1	6			16	40	11	5	2
6	10	1	2		1			2	6	1		
2	1		1						4			
18	5		3					2	3	2		
31	9	2						5	13	4	1	1
4	8				1				3			
11	7		11		3			5	3	1	3	
19	5		3	1	1			2	7	1	1	1
4	1											
1	1		2						1	2		
141	64	8	12		26		1	39	25	1	11	10
1	1											
25	7	3	4					14			1	
97	52	5	7		22			22	21	1	9	8
18	4		1		4		1	3	4		1	2
158	246	11	19		67		21	33	79	32	4	31
16	155	2	4		8		1	4	11	6	1	5

事业法人按行业(中类)、

(续4)

行业类别(中类)	代码	事业法人单位数(个)	北京	天津	河北	山西
日用百货零售业	6420	311	7	7	12	9
纺织品、服装和鞋帽零售业	6430	34	2		1	2
日用杂品零售业	6440	23			1	1
五金、交电、化工零售业	6450	256	4	15	16	7
药品及医疗器械零售业	6470	45	3	4	1	1
图书报刊零售业	6480	311	1	9	72	1
其他零售业	6490	353	6	18	14	11
商业经纪与代理业	6500	117		1	3	6
餐饮业	6700	335	5	6	9	17
正餐	6710	276	4	6	9	14
快餐	6720	11				
其他饮食业	6790	48	1			3
金融、保险业	I	4 805	34	38	321	105
金融业	6800	4 525	31	35	312	81
中央银行	6810	549	3		38	36
商业银行	6820	222	1	1	49	2
其他银行	6830	79	1	23	8	1
信用合作社	6840	658	3	1	41	7
信托投资业	6850	164	1		3	3
保险业	7000	280	3	3	9	24
房地产业	J	7 431	203	208	318	124
房地产开发与经营业	7200	1 486	19	23	112	
房地产管理业	7300	5 090	168	178	173	96
房地产代理与经纪业	7400	855	16	7	33	28
社会服务业	K	45 311	1 084	748	1 421	1 316
公共设施服务业	7500	13 640	355	309	415	364
市内公共交通业	7510	496	13	10	18	37
园林绿化业	7520	2 745	110	57	74	58
自然保护区管理业	7530	227	7	2	3	2
环境卫生业	7540	3 730	123	161	114	117
市政工程管理业	7550	2 579	58	59	122	66
风景名胜区管理业	7560	352	4		3	6
其他公共服务业	7590	3 511	40	20	81	78
居民服务业	7600	4 487	85	85	207	92
理发及美容化妆业	7610	26				2
沐浴业	7620	18				1
洗染业	7630	12	1			
摄影及扩印业	7640	47		2	2	2
托儿所	7650	634	30	24	5	7
日用品修理业	7660	147	7	2	2	2
家务服务业	7670	37	2	1		

地区(省)分组的单位数

内蒙古	辽宁	吉林	黑龙江	上海	江苏	浙江	安徽	福建	江西	山东
	29	8	1		16	7	10	10	8	1
	4	2			1	1	2			1
1	1		1		2				3	
4	14	1			24	14	28	4	8	
2					1	2	3	5		
	46	7	1		20	7	1	22	4	1
3	24	8	1		33	5	21	17	17	6
2	9		3		13	5	4	13	2	7
2	19	5	4		30	2	22	7	12	7
2	17		2		17	2	20	7	11	7
		1			2		1			
	2	4	2		11		1		1	
36	118	58	57		324	269	98	156	112	155
31	101	49	42		291	267	94	129	96	141
	16	14	16		48		17	24	28	14
2	1	1	3		14	5	9	38	4	1
	3	1	3				3	3	1	4
3	3	5	4		56	3	20	9	47	3
5	8	2	1		20	9	11	6	2	27
5	17	9	15		33	2	4	27	16	14
195	534	347	340	125	1 096	347	316	197	275	271
19	84	60	23		208	57	85	60	68	52
157	418	254	290	125	842	228	173	82	174	160
19	32	33	27		46	62	58	55	33	59
1 032	2 531	1 363	1 765	2 481	4 724	2 124	1 888	1 688	1 275	2 249
314	756	472	623	527	1 223	588	479	411	428	695
7	44	20	31	13	66	12	8	5	11	20
55	162	81	92	88	230	103	81	98	70	154
3	10	5	10	3	7	5	14	10	12	5
113	231	119	166	225	250	172	114	90	145	127
74	131	88	170	118	197	91	81	43	68	162
1	21	5	11	5	35	27	11	17	12	28
61	157	154	143	75	438	178	170	148	110	199
112	393	92	165	522	409	162	182	166	76	261
	1		1	9	1					1
	2		1	1	4		1	2		1
	2		1	3	2		1			
1	1		1	5	5	2	2			1
11	19	2	7	212	12	23	7	31	11	17
5	66			20	5	4	4	3	4	4
	3	2	3	12		2		1	1	1

(续5)

行业类别(中类)	代码	河南	湖北	湖南	广东
日用百货零售业	6420		12	13	33
纺织品、服装和鞋帽零售业	6430		1	2	2
日用杂品零售业	6440			3	2
五金、交电、化工零售业	6450		26	18	21
药品及医疗器械零售业	6470		5		6
图书报刊零售业	6480		24	1	38
其他零售业	6490		27	25	40
商业经纪与代理业	6500		5	1	27
餐饮业	6700		40	26	41
正餐	6710		35	23	35
快餐	6720				3
其他饮食业	6790		5	3	3
金融、保险业	I	49	154	462	244
金融业	6800	48	141	443	213
中央银行	6810	33	25	28	48
商业银行	6820	2	10	3	45
其他银行	6830		10	3	7
信用合作社	6840		45	236	50
信托投资业	6850		7	11	13
保险业	7000	1	13	19	31
房地产业	J	338	323	289	353
房地产开发与经营业	7200	2	122	145	94
房地产管理业	7300	335	162	121	203
房地产代理与经纪业	7400	1	39	23	56
社会服务业	K	1 725	1 892	1 582	2 561
公共设施服务业	7500	548	742	602	855
市内公共交通业	7510	1	21	18	32
园林绿化业	7520	129	163	105	193
自然保护区管理业	7530	5	9	10	13
环境卫生业	7540	126	178	113	302
市政工程管理业	7550	131	163	99	157
风景名胜区管理业	7560	14	13	18	24
其他公共服务业	7590	142	195	239	134
居民服务业	7600	127	140	101	298
理发及美容化妆业	7610		3		1
沐浴业	7620				3
洗染业	7630				2
摄影及扩印业	7640		4		10
托儿所	7650	4	2	1	84
日用品修理业	7660		3		8
家务服务业	7670				6

地区(省)分组的单位数

广西	海南	重庆	四川	贵州	云南	西藏	陕西	甘肃	青海	宁夏	新疆
28	1	3		42		4	4	23	17		6
3								3	1		6
4								4			
24		3		5		2	1	10	4		3
4	1	1		1			1	3	1		
11	6	5		1		10	20	3			
17	1	3		10		4	3	22	3	3	11
5		2	7				1				1
37		2		10		9	3	14	4	1	1
33		1		7		8	1	10	3	1	1
2								1	1		
2		1		3		1	2	3			
168	7	635	877	44	25	8	102	70	29	11	39
165	7	635	865	42	25	8	95	69	24	11	34
44	1	1		18		4	23	39	11	7	13
7	2		9	2		3	1	5	1		1
			1			1	1	1	2		2
64	2	5	22	9	3		6	4	5		2
8	1	3	5	1	3		1	7			6
3			12	2			7	1	5		5
313	31	81	298	65	93		136	110	17	31	57
103	5	13	64	17	13		14	17	1	1	5
170	18	53	160	41	50		93	80	14	26	46
40	8	15	74	7	30		29	13	2	4	6
1 164	233	996	2 124	589	977	34	1 729	736	221	231	828
363	73	284	669	254	331	11	406	186	55	89	213
14		4	40	8	2	2	10	8	3	2	16
94	13	47	138	38	78	2	71	58	22	25	56
8	6	3	16	12	16	2	10	9		3	7
97	23	66	162	83	83	2	104	38	10	29	47
45	15	68	92	32	30	1	106	30	12	15	55
9	3	11	20	12	17	1	15	5	2		2
96	13	85	201	69	105	1	90	38	6	15	30
90	18	132	187	39	78	2	93	52	17	16	88
1			3		1				1		1
			1						1		
		2	1		1		2		1		2
6	2	5	15	3	28		18	3	3	1	41
2			3				1	1			1
			1				1				1

(续 6)

行业类别(中类)	代码	事业法人单位数(个)	北京	天津	河北	山西
殡葬业	7680	1 968	27	27	148	40
其他居民服务业	7690	1 598	18	29	50	38
旅馆业	7800	3 494	74	61	191	162
租赁服务业	7900	101	1	3	4	4
旅游业	8000	702	8	5	41	21
娱乐服务业	8100	585	19	16	10	10
信息、咨询服务业	8200	16 249	440	204	418	521
广告业	8210	344	12	13	6	8
咨询服务业	8220	12 141	288	133	382	409
其他类未包括的信息咨询服务业	8290	3 764	140	58	30	104
计算机应用服务业	8300	385	26	4	9	11
软件开发咨询业	8310	172	20	2	3	6
数据处理业	8320	63	1		2	2
数据库服务业	8330	67	3		2	2
计算机设备维护咨询业	8340	83	2	2	2	1
其他社会服务业	8400	5 668	76	61	126	131
市场管理服务业	8410	3 817	38	48	83	105
其他类未包括的社会服务业	8490	1 851	38	13	43	26
卫生、体育和社会福利业	L	113 859	959	685	5 801	3 674
卫生	8500	98 620	665	575	5 184	3 258
医院	8510	78 607	491	445	4 624	2 588
疗养院	8520	511	8	4	50	15
专科防治所(站)	8530	1 768	26	16	17	18
卫生防疫站	8540	3 813	23	22	183	148
妇幼保健所(站)	8550	3 124	19	22	159	141
药品检验所(室)	8560	1 791	20	8	39	57
其他卫生	8590	9 006	78	58	112	291
体育	8600	1 748	74	38	58	53
社会福利保障业	8700	13 491	220	72	559	363
社会福利业	8710	8 061	157	61	332	165
社会保险和救济业	8720	4 355	28	5	184	176
其他类未包括的社会福利保障业	8790	1 075	35	6	43	22
教育、文化艺术及广播电影电视业	M	261 805	3 675	2 658	7 928	7 196
教育	8900	214 191	2 872	2 327	6 815	5 875
高等教育	8910	3 990	245	84	161	143
中等教育	8920	73 598	1 118	793	2 948	2 542
初等教育	8930	114 098	836	927	3 021	2 607
学前教育	8940	9 906	352	333	270	273
特殊教育	8950	1 075	17	21	43	21
其他教育	8990	11 524	304	169	372	289
文化艺术业	9000	33 311	703	248	727	989

地区(省)分组的单位数

内蒙古	辽宁	吉林	黑龙江	上海	江苏	浙江	安徽	福建	江西	山东
75	133	64	99	53	167	88	106	43	45	162
20	166	24	52	207	213	43	61	86	15	74
51	136	82	128	134	267	100	191	163	201	140
	1	1	3	11	21	6	9	1	3	4
22	36	23	19	18	55	20	37	49	17	30
3	26	9	12	83	81	29	18	15	8	13
402	838	525	538	844	1 884	944	756	703	410	806
7	23	15	11	54	29	15	9	13	3	14
362	591	426	419	517	1 082	664	645	360	353	631
33	224	84	108	273	773	265	102	330	54	161
11	31	5	15	30	33	17	22	10	10	14
2	17	1	7	13	14	7	7	1	5	7
6	1		1	3	6	3	6	4	2	1
1	5	3	6	8	4	3	4	2		1
2	8	1	1	6	9	4	5	3	3	5
117	314	154	262	312	751	258	194	170	122	286
59	184	88	196	187	535	194	124	122	80	116
58	130	66	66	125	216	64	70	48	42	170
2 666	4 402	2 607	2 771	1 579	4 861	4 291	8 114	2 309	3 793	4 427
2 272	3 594	1 736	2 344	899	3 597	3 624	7 520	1 872	2 892	3 677
1 798	2 799	1 213	1 621	565	2 789	3 075	5 627	1 269	2 246	2 806
13	53	17	42	19	33	18	16	14	16	41
46	132	60	121	28	99	32	70	16	111	139
131	204	83	146	39	145	97	146	101	189	185
125	134	106	134	37	123	90	121	79	116	152
45	64	56	80	24	66	75	54	39	84	118
114	208	201	200	187	342	237	1 486	354	130	236
49	85	57	63	129	138	69	50	42	34	85
345	723	814	364	551	1 126	598	544	395	867	665
193	550	702	166	335	556	294	381	170	622	373
123	108	69	148	165	461	240	127	190	229	252
29	65	43	50	51	109	64	36	35	16	40
5 952	7 794	5 812	5 889	4 971	13 747	10 603	15 087	5 638	7 389	8 177
4 816	6 366	4 436	4 901	3 840	10 304	7 901	13 520	4 448	6 298	6 845
91	189	167	231	238	245	133	135	112	72	191
1 847	2 848	2 065	2 359	1 313	4 223	3 432	3 985	2 263	2 763	4 046
2 354	2 340	1 598	1 704	988	3 971	2 873	8 655	1 489	2 377	1 637
204	380	165	166	873	1 050	565	369	271	166	390
16	69	43	74	35	80	57	47	37	14	127
304	540	398	367	393	735	841	329	276	906	454
762	892	791	661	725	1 860	1 899	1 032	762	732	1 006

(续7)

行业类别(中类)	代码	河南	湖北	湖南	广东
殡葬业	7680	123	99	44	65
其他居民服务业	7690		29	56	119
旅馆业	7800	25	179	165	178
租赁服务业	7900		1	3	7
旅游业	8000	1	30	29	69
娱乐服务业	8100	4	29	16	37
信息、咨询服务业	8200	720	569	446	781
广告业	8210	1	9	9	38
咨询服务业	8220	580	489	382	554
其他类未包括的信息咨询服务业	8290	139	71	55	189
计算机应用服务业	8300	17	16	6	28
软件开发咨询业	8310	12	5	2	7
数据处理业	8320	2	3	2	5
数据库服务业	8330		4	1	8
计算机设备维护咨询业	8340	3	4	1	8
其他社会服务业	8400	283	186	214	308
市场管理服务业	8410	146	144	179	182
其他类未包括的社会服务业	8490	137	42	35	126
卫生、体育和社会福利业	L	4 600	3 742	4 172	4 549
卫生	8500	4 005	3 079	3 697	3 916
医院	8510	3 016	2 255	3 081	3 116
疗养院	8520	10	10	10	32
专科防治所(站)	8530	43	177	87	141
卫生防疫站	8540	184	135	160	194
妇幼保健所(站)	8550	175	127	139	112
药品检验所(室)	8560	131	84	89	86
其他卫生	8590	446	291	131	235
体育	8600	57	72	56	130
社会福利保障业	8700	538	591	419	503
社会福利业	8710	270	395	210	308
社会保险和救济业	8720	202	148	174	151
其他类未包括的社会福利保障业	8790	66	48	35	44
教育、文化艺术及广播电影电视业	M	10 800	12 373	8 033	14 980
教育	8900	8 944	10 315	6 897	13 281
高等教育	8910	160	182	132	234
中等教育	8920	4 536	3 151	3 269	4 025
初等教育	8930	3 361	5 934	2 921	7 472
学前教育	8940	282	404	190	1 075
特殊教育	8950	95	51	30	28
其他教育	8990	510	593	355	447
文化艺术业	9000	1 253	1 122	786	1 054

地区（省）分组的单位数

广西	海南	重庆	四川	贵州	云南	西藏	陕西	甘肃	青海	宁夏	新疆
33	5	39	119	21	38	1	51	26	5	8	14
48	11	86	44	15	10	1	20	22	6	7	28
116	34	40	138	94	116	12	54	94	48	17	103
2		1	3	1	2		3	3	1	1	1
35	6	12	21	14	27	1	12	21	5	4	14
33	5	12	25	7	24		21	11	1	3	5
330	71	392	880	142	334	6	540	311	76	81	337
10	1	5	13	1	3		11	2	4	1	4
246	55	313	711	120	293	5	455	261	64	72	279
74	15	74	156	21	38	1	74	48	8	8	54
16	3	5	13	6	6		7	5		1	8
9	1	3	8	3	3		3			1	3
4		1		2	1		4				1
1	2		3		1			2			1
2		1	2	1	1			3			3
179	23	118	188	32	59	2	593	53	18	19	59
117	19	66	90	19	33	1	552	39	11	18	42
62	4	52	98	13	26	1	41	14	7	1	17
3 194	553	3 398	9 526	2 132	2 917	161	16 999	2 470	561	439	1 507
2 860	476	2 996	8 648	2 012	2 544	154	16 147	2 259	494	380	1 244
2 302	359	2 381	6 487	1 657	1 867	93	14 654	1 844	360	296	883
10	2	6	17	7	16	1	14	6	2	2	7
61	35	15	65	40	85	1	15	40	5	9	18
117	24	50	367	111	155	41	130	97	55	25	126
112	20	76	188	91	142	14	132	94	41	23	80
60	12	33	84	60	124	2	102	55	19	2	19
198	24	435	1 440	46	155	2	1 100	123	12	23	111
52	9	28	97	32	41	5	61	36	7	10	31
282	68	374	781	88	332	2	791	175	60	49	232
97	31	213	399	58	127		620	106	25	20	125
153	21	139	331	17	182	2	126	57	32	24	91
32	16	22	51	13	23		45	12	3	5	16
9 646	1 401	6 625	16 240	6 030	6 132	516	34 305	10 627	2 954	1 584	7 043
8 286	1 205	5 210	13 070	5 117	4 838	229	32 794	6 795	925	913	3 808
87	18	77	168	57	72	5	169	87	17	17	71
2 524	423	1 809	4 811	1 442	2 480	100	2 732	1 519	319	339	1 574
5 138	687	2 764	6 792	3 287	1 678	102	29 260	4 730	442	442	1 711
231	40	239	555	137	245	9	249	197	44	34	148
16	2	19	45	11	12		27	13	3	6	16
290	35	302	699	183	351	13	357	249	100	75	288
866	138	701	2 116	400	879	245	874	3 566	1 934	602	2 986

事业法人按行业(中类)、

(续8)

行业类别(中类)	代码	事业法人单位数(个)	北京	天津	河北	山西
艺术	9010	4 008	75	32	181	220
出版	9020	3 238	411	51	63	91
文物保护	9030	2 515	65	18	118	138
图书馆	9040	2 276	26	30	104	103
档案馆	9050	1 377	12	7	49	46
群众文化	9060	8 179	76	93	193	148
新闻	9070	378	20	5	3	37
文化艺术经纪与代理业	9080	115	2	4	1	3
其他文化艺术业	9090	11 225	16	8	15	203
广播电影电视业	9100	14 303	100	83	386	332
广播	9110	6 673	22	17	80	88
电影	9120	4 153	57	51	225	145
电视	9130	3 477	21	15	81	99
科学研究和综合技术服务业	N	27 283	1 005	397	890	840
科学研究业	9200	6 826	499	120	205	209
自然科学研究	9210	4 133	257	66	148	110
社会科学研究	9220	1 123	96	9	26	49
其他科学研究	9230	1 570	146	45	31	50
综合技术服务业	9300	20 457	506	277	685	631
气象	9310	2 202	32	25	107	102
地震	9320	737	18	5	36	28
测绘	9330	736	13	5	18	27
技术监督	9340	5 920	103	88	250	171
海洋环境	9350	65	2	1	3	
环境保护	9360	2 244	13	30	53	69
技术推广和科技交流服务业	9370	2 604	94	27	74	94
工程设计业	9380	3 950	77	43	92	100
其他综合技术服务业	9390	1 999	154	53	52	40
企业管理机构	9910	24 257	792	495	754	495
其他类未包括的行业	9990	4 878	295	43	85	44

地区(省)分组的单位数

内蒙古	辽宁	吉林	黑龙江	上海	江苏	浙江	安徽	福建	江西	山东
120	137	117	128	107	211	175	176	178	125	237
103	159	108	110	164	163	145	102	93	72	120
65	92	58	64	36	127	106	106	75	110	141
88	107	61	83	55	92	80	79	71	98	123
79	59	51	14	22	96	70	51	40	42	76
203	278	360	217	277	1 076	455	272	162	157	232
13	10	8	12	26	17	9	7	21	11	13
2	7	4	2	7	7	8	7	5	2	3
89	43	24	31	31	71	851	232	117	115	61
374	536	585	327	406	1 583	803	535	428	359	326
157	162	360	82	157	920	480	242	144	92	140
95	227	143	149	198	455	144	139	170	146	74
122	147	82	96	51	208	179	154	114	121	112
762	1 643	880	998	864	2 006	1 289	992	891	817	1 316
186	375	234	247	260	368	256	225	205	221	323
117	236	122	147	106	204	165	143	124	160	221
25	59	57	47	55	62	37	40	33	19	58
44	80	55	53	99	102	54	42	48	42	44
576	1 268	646	751	604	1 638	1 033	767	686	596	993
109	52	49	34	15	64	66	65	68	86	104
31	47	16	22	4	42	4	37	16	6	30
13	27	29	39	12	58	68	38	38	17	30
178	475	262	325	139	474	279	202	169	173	285
	11		1	4		6		8		10
58	137	81	54	61	207	107	95	83	81	74
66	157	54	74	110	311	104	128	87	53	152
71	201	106	153	125	262	288	158	149	139	212
50	161	49	49	134	220	111	44	68	41	96
290	986	979	785	947	3 393	1 584	760	775	757	770
48	460	11	76	2	956	175	159	165	431	90

事业法人按行业(中类)、

(续 9)

行业类别(中类)	代码	河南	湖北	湖南	广东
艺术	9010	331	161	154	194
出版	9020	153	127	103	197
文物保护	9030	185	113	109	108
图书馆	9040	125	98	107	91
档案馆	9050	44	42	45	44
群众文化	9060	289	528	182	326
新闻	9070	15	13	11	24
文化艺术经纪与代理业	9080	1	8	3	29
其他文化艺术业	9090	110	32	72	41
广播电影电视业	9100	603	936	350	645
广播	9110	209	469	80	170
电影	9120	232	143	137	261
电视	9130	162	324	133	214
科学研究和综合技术服务业	N	1 305	1 251	871	1 383
科学研究业	9200	320	317	246	366
自然科学研究	9210	219	182	185	241
社会科学研究	9220	52	36	26	61
其他科学研究	9230	49	99	35	64
综合技术服务业	9300	985	934	625	1 017
气象	9310	110	77	73	99
地震	9320	26	19	8	25
测绘	9330	28	22	28	45
技术监督	9340	321	297	155	303
海洋环境	9350	1			4
环境保护	9360	119	136	74	92
技术推广和科技交流服务业	9370	133	127	80	112
工程设计业	9380	153	184	163	258
其他综合技术服务业	9390	94	72	44	79
企业管理机构	9910	825	751	1 289	2 731
其他类未包括的行业	9990	179	163	220	266

地区（省）分组的单位数

广西	海南	重庆	四川	贵州	云南	西藏	陕西	甘肃	青海	宁夏	新疆
144	22	59	148	43	121	17	156	104	19	20	96
100	35	50	133	59	86	5	73	56	16	10	80
81	16	44	151	34	67	4	159	55	18	18	34
79	14	41	113	51	105	1	80	60	24	22	65
48	12	21	110	26	81	5	58	59	17	12	39
374	29	448	671	148	343	13	267	119	52	36	155
10	3	17	20	7	12		10	7	5	1	11
3	1		5	1							
27	6	21	765	31	64	200	71	3 106	1 783	483	2 506
494	58	714	1 054	513	415	42	637	266	95	69	249
287	25	439	670	379	128	8	389	98	17	22	140
100	11	107	167	39	153	20	164	100	53	27	21
107	22	168	217	95	134	14	84	68	25	20	88
889	254	484	1 372	466	794	72	914	596	211	207	624
247	77	90	326	129	168	13	207	149	47	49	142
128	52	59	169	79	106	9	142	92	23	31	90
40	11	14	66	22	33	3	21	25	16	8	17
79	14	17	91	28	29	1	44	32	8	10	35
642	177	394	1 046	337	626	59	707	447	164	158	482
75	19	40	145	83	132	40	103	78	45	27	78
14	11	4	56	3	84	2	28	59	11	17	28
20	4	19	40	11	22	2	26	6	9	5	17
155	45	101	265	50	123	2	206	105	32	44	143
3	7		2			1		1			
71	20	68	143	32	65	3	92	34	25	16	51
124	12	28	91	27	44	1	92	63	17	17	51
153	51	99	211	58	132	7	121	56	19	24	85
27	8	35	93	73	24	1	39	45	6	8	29
996	71	100	1 174	645	264	2	395	297	50	41	64
254	31	4	361	61	1	43	68	146	19	2	20

事业法人按行业(大类)、预算管理方式分组的单位数

行业类别(大类)	代码	事业法人单位数(个)	全额预算	差额预算	自收自支	企业化管理	其他
全国总计		**610 208**	**284 060**	**145 908**	**159 502**	**14 166**	**6 572**
农、林、牧渔业	A	82 778	32 674	22 135	25 923	1 993	53
农业	0100	2 466	242	869	1 058	276	21
林业	0200	5 241	804	2 238	1 757	440	2
畜牧业	0300	1 154	98	412	497	126	21
渔业	0400	619	35	125	360	98	1
农、林、牧、渔服务业	0500	73 298	31 495	18 491	22 251	1 053	8
地质勘探业、水利管理业	F	19 363	5 907	5 862	7 222	372	
地质勘探业	5000	1 854	823	481	444	106	
水利管理业	5100	17 509	5 084	5 381	6 778	266	
交通运输、仓储及邮电通信业	G	9 311	2 284	1 682	5 094	244	7
铁路运输业	5200	5	3		2		
汽车运输业	5300	277	39	28	171	39	
管道运输业	5400	5	3		2		
水上运输业	5500	87	10	5	60	12	
航空运输业	5600	19	6	5	5	3	
交通运输辅助业	5700	8 179	1 890	1 547	4 609	126	7
其他交通运输业	5800	38	15	5	16	2	
仓储业	5900	438	211	49	142	36	

事业法人按行业(大类)、预算管理方式分组的单位数

(续1)

行业类别(大类)	代码	事业法人单位数(个)	全额预算	差额预算	自收自支	企业化管理	其他
邮电通信业	6000	263	107	43	87	26	
批发和零售贸易、餐饮业	H	5 021	369	429	2 595	1 625	3
食品、饮料、烟草和家庭日用品批发业	6100	836	61	65	421	288	1
能源、材料和机械电子设备批发业	6200	995	45	29	595	325	1
其他批发业	6300	1 040	136	184	398	322	
零售业	6400	1 698	82	130	900	586	
商业经纪与代理业	6500	117	15	3	89	10	
餐饮业	6700	335	30	18	192	94	1
金融、保险业	I	4 805	772	204	3 039	790	
金融业	6800	4 525	741	187	2 858	739	
保险业	7000	280	31	17	181	51	
房地产业	J	7 431	716	1 088	5 138	489	
房地产开发与经营业	7200	1 486	45	92	1 018	331	
房地产管理业	7300	5 090	594	930	3 437	129	
房地产代理与经纪业	7400	855	77	66	683	29	
社会服务业	K	45 311	11 021	7 800	24 145	2 302	43
公共设施服务业	7500	13 640	5 160	3 743	4 481	255	1
居民服务业	7600	4 487	979	1 168	2 047	283	10
旅馆业	7800	3 494	167	309	2 312	706	
租赁服务业	7900	101	16	19	56	10	

事业法人按行业(大类)、预算管理方式分组的单位数

(续2)

行业类别(大类)	代码	事业法人单位数(个)	全额预算	差额预算	自收自支	企业化管理	其他
旅游业	8000	702	144	67	404	86	1
娱乐服务业	8100	585	60	129	332	64	
信息、咨询服务业	8200	16 249	3 132	1 589	10 798	701	29
计算机应用服务业	8300	385	155	71	123	36	
其他社会服务业	8400	5 668	1 208	705	3 592	161	2
卫生、体育和社会福利业	L	113 859	20 300	57 643	34 925	729	262
卫生	8500	98 620	13 138	55 059	29 563	606	254
体育	8600	1 748	1 032	458	236	21	1
社会福利保障业	8700	13 491	6 130	2 126	5 126	102	7
教育、文化艺术及广播电影电视业	M	261 805	192 462	40 591	20 645	1 965	6 142
教育	8900	214 191	173 045	31 908	8 411	790	37
文化艺术业	9000	33 311	13 250	5 404	7 995	558	6 104
广播电影电视业	9100	14 303	6 167	3 279	4 239	617	1
科学研究和综合技术服务业	N	27 283	12 058	5 012	9 329	882	2
科学研究业	9200	6 826	4 045	1 689	947	144	1
综合技术服务业	9300	20 457	8 013	3 323	8 382	738	1
国家机关、政党机关和社会团体	O						
其他行业	P	29 135	5 201	3 116	19 279	1 489	50

事业法人按地区(省)、预算管理方式分组的单位数

地区(省)	代码	事业法人单位数(个)	全额预算	差额预算	自收自支	企业化管理	其他
全国总计		**610 208**	**284 060**	**145 908**	**159 502**	**14 166**	**6 572**
北　京	11	8 941	3 807	1 717	3 041	376	
天　津	12	6 169	2 965	972	1 872	358	2
河　北	13	20 967	9 691	4 289	6 166	568	253
山　西	14	17 151	8 785	3 912	4 454		
内蒙古	15	14 744	8 930	3 908	1 904	2	
辽　宁	21	24 584	10 177	4 967	8 603	837	
吉　林	22	17 160	8 910	4 190	3 874	185	1
黑龙江	23	16 347	8 103	3 700	3 984	558	2
上　海	31	12 168	4 514	2 610	3 623	1 407	14
江　苏	32	43 138	13 506	10 557	18 289	786	
浙　江	33	23 782	10 123	5 256	7 478	925	
安　徽	34	31 932	17 651	4 827	8 962	427	65
福　建	35	14 043	7 447	2 268	3 814	479	35
江　西	36	19 464	9 749	4 414	4 162	1 081	58
山　东	37	20 404	9 388	5 586	5 308	122	
河　南	41	24 806	12 984	6 022	5 491	309	
湖　北	42	26 414	14 560	5 993	4 992	839	30
湖　南	43	20 505	9 283	5 186	5 248	767	21
广　东	44	31 376	14 125	6 518	9 230	1 502	1
广　西	45	22 013	13 379	3 082	4 909	610	33
海　南	46	3 080	1 794	607	551	119	9
重　庆	50	17 855	8 394	4 456	4 735	269	1
四　川	51	43 030	19 506	10 028	13 077	419	
贵　州	52	14 443	10 739	2 389	974	338	3
云　南	53	15 087	10 638	2 624	1 555	270	
西　藏	54	1 044	631	112	282	19	
陕　西	61	60 048	13 072	29 799	17 177		
甘　肃	62	18 210	10 387	2 377	2 045	347	3 054
青　海	63	5 109	2 219	689	2 016	64	121
宁　夏	64	3 139	1 800	559	295	24	461
新　疆	65	13 055	6 803	2 294	1 391	159	2 408

事业法人按地区(省)、从

地区(省)	代码	事业法人单位数(个)	7人以下	8—19人	20—49人	50—99人
全国总计		**610 208**	**198 411**	**147 651**	**129 279**	**74 047**
北　京	11	8 941	1 315	1 693	2 193	1 613
天　津	12	6 169	1 124	1 266	1 600	1 212
河　北	13	20 967	4 739	5 475	5 305	2 782
山　西	14	17 151	3 793	4 467	4 424	2 477
内蒙古	15	14 744	2 809	3 932	3 958	2 322
辽　宁	21	24 584	7 041	5 734	5 016	3 569
吉　林	22	17 160	5 414	3 830	3 309	2 275
黑龙江	23	16 347	3 309	4 236	3 873	2 539
上　海	31	12 168	3 642	2 741	2 533	1 602
江　苏	32	43 138	14 761	11 813	7 945	4 427
浙　江	33	23 782	7 531	5 629	5 557	3 222
安　徽	34	31 932	12 546	8 705	6 086	2 846
福　建	35	14 043	3 473	3 361	3 099	2 036
江　西	36	19 464	4 735	5 176	4 630	2 614
山　东	37	20 404	3 032	4 924	5 643	3 844
河　南	41	24 806	4 256	5 331	6 108	4 032
湖　北	42	26 414	6 804	7 425	6 334	3 336
湖　南	43	20 505	4 353	4 703	5 238	2 993
广　东	44	31 376	6 899	9 046	7 900	4 426
广　西	45	22 013	6 501	6 103	5 472	2 254
海　南	46	3 080	474	888	871	457
重　庆	50	17 855	8 011	3 328	3 413	2 178
四　川	51	43 030	16 679	9 169	8 872	5 753
贵　州	52	14 443	5 259	3 225	3 152	1 465
云　南	53	15 087	4 085	3 814	3 535	1 956
西　藏	54	1 044	241	267	297	147
陕　西	61	60 048	39 082	12 300	5 569	1 964
甘　肃	62	18 210	8 923	4 170	2 904	1 288
青　海	63	5 109	2 171	1 123	966	481
宁　夏	64	3 139	918	858	638	393
新　疆	65	13 055	4 491	2 919	2 839	1 544

业人员规模分组的单位数

100—299人	300—499人	500—999人	1000—4999人	5000—9999人	10000人以上
50 317	**6 043**	**3 166**	**1 270**	**21**	**3**
1 543	230	220	132	2	
777	93	55	40	2	
2 042	338	196	87	2	1
1 744	143	76	27		
1 525	123	55	20		
2 683	261	199	81		
1 939	222	127	42	2	
2 027	226	96	40		1
1 298	153	133	63	3	
3 549	368	187	83	4	1
1 570	143	102	28		
1 458	174	97	20		
1 736	241	82	15		
2 038	167	76	28		
2 490	283	146	42		
4 264	609	159	45	2	
1 990	280	178	65	2	
2 478	501	183	56		
2 549	306	175	74	1	
1 320	220	111	32		
330	41	11	8		
783	79	41	22		
2 180	203	117	56	1	
1 149	124	47	22		
1 476	142	53	26		
78	8	6			
886	101	87	59		
768	83	53	21		
310	29	21	8		
273	36	17	6		
1 064	116	60	22		

事业法人按从业人员规模、预算管理方式分组的单位数

从业人员规模	代码	事业法人单位数(个)	全额预算	差额预算	自收自支	企业化管理	其他
全国总计		**610 208**	**284 060**	**145 908**	**159 502**	**14 166**	**6 572**
7 人以下	01	198 411	62 314	49 955	76 887	3 101	6 154
8－19 人	02	147 651	63 036	39 740	40 913	3 618	344
20－49 人	03	129 279	70 992	29 860	24 874	3 493	60
50－99 人	04	74 047	49 606	13 160	9 444	1 832	5
100－299 人	05	50 317	33 556	9 368	5 854	1 531	8
300－499 人	06	6 043	2 862	2 027	862	292	
500－999 人	07	3 166	1 143	1 363	452	207	1
1 000－4 999 人	08	1 270	537	433	209	91	
5 000－9 999 人	09	21	14	2	4	1	
10 000 人以上	10	3			3		

行政法人按地区(省)分组的单位数

地区(省)	代码	行政法人单位数(个)	从事单一活动或位于一个地点的企业	从事多种活动或位于多个地点的企业
全国总计		**280 535**	**219 265**	**61 270**
北　京	11	1 918	1 723	195
天　津	12	1 784	1 657	127
河　北	13	12 384	10 139	2 245
山　西	14	11 960	10 120	1 840
内蒙古	15	8 042	5 915	2 127
辽　宁	21	9 022	7 287	1 735
吉　林	22	6 289	5 496	793
黑龙江	23	10 312	7 859	2 453
上　海	31	2 865	2 385	480
江　苏	32	15 386	13 706	1 680
浙　江	33	8 023	6 273	1 750
安　徽	34	11 370	7 887	3 483
福　建	35	7 697	4 754	2 943
江　西	36	8 996	6 723	2 273
山　东	37	13 899	9 700	4 199
河　南	41	13 880	11 353	2 527
湖　北	42	13 007	11 141	1 866
湖　南	43	11 804	8 239	3 565
广　东	44	13 774	9 849	3 925
广　西	45	12 767	9 960	2 807
海　南	46	1 608	1 276	332
重　庆	50	6 951	5 481	1 470
四　川	51	19 247	14 261	4 986
贵　州	52	10 157	8 382	1 775
云　南	53	10 696	7 856	2 840
西　藏	54	2 972	2 496	476
陕　西	61	11 055	9 400	1 655
甘　肃	62	9 755	7 449	2 306
青　海	63	2 889	2 250	639
宁　夏	64	1 906	1 584	322
新　疆	65	8 120	6 664	1 456

行政法人按地区(省)、从

地区(省)	代码	行政法人单位数(个)	7人以下	8—19人	20—49人	50—99人
全国总计		**280 535**	**64 028**	**74 612**	**75 265**	**38 429**
北　京	11	1 918	165	231	563	435
天　津	12	1 784	278	366	517	356
河　北	13	12 384	1 689	2 503	3 815	2 562
山　西	14	11 960	2 539	3 146	4 108	1 526
内蒙古	15	8 042	1 174	2 136	2 937	1 274
辽　宁	21	9 022	1 374	2 364	2 658	1 659
吉　林	22	6 289	1 266	1 683	2 161	722
黑龙江	23	10 312	2 087	2 812	2 942	1 564
上　海	31	2 865	1 012	640	593	280
江　苏	32	15 386	4 953	4 856	3 349	1 329
浙　江	33	8 023	1 462	2 039	2 629	1 215
安　徽	34	11 370	3 210	2 655	2 615	1 457
福　建	35	7 697	2 162	1 976	1 513	1 223
江　西	36	8 996	1 800	2 127	2 693	1 678
山　东	37	13 899	1 474	3 287	3 543	2 293
河　南	41	13 880	1 940	3 539	3 671	2 618
湖　北	42	13 007	2 804	3 885	3 182	1 671
湖　南	43	11 804	1 718	2 890	3 505	2 064
广　东	44	13 774	2 696	3 328	3 133	2 268
广　西	45	12 767	3 949	3 865	2 686	1 220
海　南	46	1 608	221	417	557	236
重　庆	50	6 951	2 614	1 632	1 767	585
四　川	51	19 247	5 014	5 492	5 419	2 087
贵　州	52	10 157	3 452	2 573	2 386	1 159
云　南	53	10 696	2 375	2 783	3 161	1 445
西　藏	54	2 972	1 133	1 149	395	173
陕　西	61	11 055	2 427	3 539	3 249	1 228
甘　肃	62	9 755	3 321	2 834	2 230	801
青　海	63	2 889	830	1 080	686	189
宁　夏	64	1 906	442	556	519	245
新　疆	65	8 120	2 447	2 229	2 083	867

业人员规模分组的单位数

100—299人	300—499人	500—999人	1000—4999人	5000—9999人	10000人以上
23 562	**3 110**	**1 169**	**337**	**20**	**3**
365	70	59	28	1	1
213	32	12	9	1	
1 531	186	71	25	2	
587	33	18	3		
471	29	17	4		
811	91	51	13	1	
384	49	19	4	1	
774	87	34	11	1	
238	60	22	18	2	
722	111	47	19		
548	93	31	5		1
1 094	267	65	6	1	
760	36	18	9		
635	46	12	5		
2 683	481	123	15		
1 898	150	52	12		
1 108	243	95	17	2	
1 421	150	36	19	1	
1 808	327	160	48	5	1
814	162	61	9	1	
140	23	10	4		
309	28	12	4		
1 064	114	48	8	1	
533	31	18	5		
848	61	19	4		
100	14	7	1		
554	42	13	3		
514	33	11	11		
94	7	2	1		
127	12	4	1		
414	42	22	16		

社团法人按地区(省)分组的单位数、从业人数

地区(省)	代码	社团法人单位数		从业人数(万人)	男	女
		绝对数(个)	比例(%)			
全国总计		**44 371**	**100.00**	**70.94**	**46.31**	**24.63**
北　京	11	642	1.45	1.18	0.69	0.49
天　津	12	414	0.93	0.38	0.24	0.14
河　北	13	903	2.04	1.01	0.67	0.34
山　西	14	1 604	3.61	2.26	1.31	0.95
内蒙古	15	2 339	5.27	3.96	2.29	1.68
辽　宁	21	1 338	3.02	2.00	1.18	0.82
吉　林	22	662	1.49	0.91	0.47	0.43
黑龙江	23	1 110	2.50	1.30	0.81	0.49
上　海	31	3 360	7.57	8.80	6.39	2.41
江　苏	32	3 381	7.62	5.30	3.72	1.59
浙　江	33	3 146	7.09	1.62	1.12	0.50
安　徽	34	1 455	3.28	1.14	0.74	0.39
福　建	35	2 328	5.25	2.49	1.58	0.91
江　西	36	996	2.24	1.80	0.93	0.86
山　东	37	1 496	3.37	4.82	3.11	1.71
河　南	41	1 615	3.64	1.36	0.85	0.51
湖　北	42	1 389	3.13	1.12	0.78	0.35
湖　南	43	1 292	2.91	5.04	3.22	1.82
广　东	44	2 331	5.25	3.19	2.07	1.11
广　西	45	1 553	3.50	1.53	0.91	0.62
海　南	46	175	0.39	0.19	0.12	0.07
重　庆	50	1 248	2.81	0.67	0.42	0.25
四　川	51	2 163	4.87	5.15	3.96	1.19
贵　州	52	694	1.56	0.50	0.30	0.20
云　南	53	1 082	2.44	0.65	0.38	0.27
西　藏	54	901	2.03	2.59	2.24	0.35
陕　西	61	1 820	4.10	6.86	3.76	3.10
甘　肃	62	1 702	3.84	1.90	1.30	0.60
青　海	63	342	0.77	0.23	0.14	0.09
宁　夏	64	203	0.46	0.13	0.09	0.05
新　疆	65	687	1.55	0.86	0.52	0.34

行政法人按隶属关系分组的单位数、从业人数

隶属关系	代码	行政法人单位数		从业人数（万人）		
		绝对数(个)	比例(%)		男	女
全国总计		**280 535**	**100.00**	**1 273.21**	**956.31**	**316.90**
中央单位	1	5 207	1.86	58.63	42.88	15.75
地方单位	2	275 328	98.14	1 214.58	913.43	301.15

社团法人按隶属关系分组的单位数、从业人数

隶属关系	代码	社团法人单位数		从业人数（万人）		
		绝对数(个)	比例(%)		男	女
全国总计		**44 371**	**100.00**	**70.94**	**46.31**	**24.61**
中央单位	1	776	1.75	4.92	3.58	1.33
地方单位	2	43 595	98.25	66.02	42.73	23.28

第四部分

就　业　篇

法人单位按地区(省)、单位类别分组的从业人数

地区(省)	代码	法人单位从业人数(万人)	企业法人	事业法人	行政法人	社团法人	社区管理型机构	法人单位兼职人数(万人)
全国总计		**22 966.28**	**18 234.11**	**2 652.35**	**1 273.20**	**70.94**	**735.63**	**280.19**
北京	11	634.45	501.16	96.17	25.27	1.18	10.67	8.88
天津	12	413.12	352.00	42.80	12.38	0.38	5.56	7.31
河北	13	1 073.05	794.57	122.73	77.00	1.01	77.75	4.73
山西	14	662.74	506.93	80.84	40.09	2.26	32.61	7.41
内蒙古	15	438.85	325.51	69.99	31.50	3.96	7.88	8.01
辽宁	21	1 263.32	1 070.13	128.35	45.78	2.00	17.06	23.08
吉林	22	555.27	430.84	89.16	25.18	0.91	9.18	2.45
黑龙江	23	864.70	699.45	92.65	45.83	1.30	25.48	5.73
上海	31	953.70	847.21	72.74	17.35	8.80	7.59	43.85
江苏	32	1 894.40	1 613.03	177.62	49.63	5.30	48.82	
浙江	33	1 089.90	937.80	89.85	35.74	1.62	24.88	13.31
安徽	34	901.75	723.18	92.55	57.23	1.14	27.65	11.76
福建	35	563.66	432.13	74.83	32.17	2.49	22.04	13.80
江西	36	543.99	404.14	89.45	36.48	1.80	12.13	3.56
山东	37	1 712.13	1 384.44	119.10	105.18	4.82	98.60	10.41
河南	41	1 322.78	1 038.08	169.28	76.01	1.36	38.07	6.51
湖北	42	1 029.12	774.36	121.69	65.77	1.12	66.18	6.52
湖南	43	919.19	683.45	127.30	63.82	5.04	39.57	9.09
广东	44	1 854.52	1 575.53	146.34	97.17	3.19	32.30	20.41
广西	45	464.69	316.19	84.61	48.97	1.53	13.38	5.37
海南	46	125.32	94.33	16.42	8.93	0.19	5.45	2.06
重庆	50	406.91	322.80	54.44	20.37	0.67	8.62	27.42
四川	51	1 070.95	817.64	144.17	66.54	5.15	37.45	10.26
贵州	52	283.88	187.90	54.91	31.06	0.50	9.50	4.32
云南	53	424.54	305.69	67.55	42.43	0.65	8.21	5.10
西藏	54	22.54	7.71	4.36	7.01	2.59	0.86	1.17
陕西	61	596.22	449.95	88.95	35.69	6.86	14.76	8.80
甘肃	62	334.59	239.21	48.70	29.38	1.90	15.39	3.85
青海	63	88.17	55.67	16.89	7.21	0.23	8.16	0.71
宁夏	64	89.82	66.44	14.03	7.01	0.13	2.21	0.66
新疆	65	368.01	276.64	53.88	29.02	0.86	7.62	3.65

全部企业法人按地区(省

地区(省)	代码	从业人员数(万人)	国有经济	集体经济	私营经济	联营经济	股份制经济	外商投资经济
全国总计		**18 234.11**	**7 915.71**	**7 365.2**	**802.1**	**209.6**	**643.6**	**598.3**
北京	11	501.16	258.90	168.04	4.75	6.26	19.33	27.64
天津	12	352.00	151.88	140.72	9.35	5.17	8.29	21.42
河北	13	794.57	368.30	334.28	30.51	11.83	20.26	12.44
山西	14	506.93	269.94	184.06	29.32	3.22	12.89	4.77
内蒙古	15	325.51	211.51	88.85	7.78	1.05	9.91	3.62
辽宁	21	1 070.13	535.80	439.68	16.69	8.49	24.92	30.14
吉林	22	430.84	278.10	124.24	4.15	.49	10.84	9.92
黑龙江	23	699.45	464.92	186.49	8.06	.80	23.00	9.68
上海	31	847.21	344.89	282.48	34.93	56.88	28.00	58.88
江苏	32	1 613.03	512.77	909.00	14.93	22.39	43.29	55.60
浙江	33	937.80	196.28	528.42	87.36	9.44	52.34	36.15
安徽	34	723.18	251.53	353.90	64.85	2.41	33.99	9.06
福建	35	432.13	128.34	168.25	21.15	11.35	13.36	31.18
江西	36	404.14	221.12	145.05	20.11	2.31	7.06	4.79
山东	37	1 384.44	467.44	653.08	89.13	3.55	62.48	73.42
河南	41	1 038.08	450.61	472.01	45.75	7.50	35.17	12.42
湖北	42	774.36	411.44	265.98	23.24	3.46	49.95	10.28
湖南	43	683.45	319.11	291.08	51.29	4.67	5.57	6.23
广东	44	1 575.53	380.22	540.53	118.45	29.45	48.09	129.15
广西	45	316.19	170.11	111.49	6.17	2.82	11.02	8.75
海南	46	94.33	70.14	11.41	1.70	1.05	4.15	2.85
重庆	50	322.80	152.40	137.00	9.67	1.28	15.19	4.18
四川	51	817.64	352.30	350.75	37.33	3.35	59.03	8.28
贵州	52	187.90	117.02	54.49	6.57	1.87	4.05	2.72
云南	53	305.69	159.87	123.20	4.85	1.73	10.32	2.80
西藏	54	7.71	5.68	1.49	.04	.27	.12	.08
陕西	61	449.95	229.42	136.78	41.45	2.41	18.30	16.25
甘肃	62	239.21	133.40	87.07	4.63	2.84	6.91	2.09
青海	63	55.67	39.37	13.47	.92	.26	1.17	.35
宁夏	64	66.44	41.75	16.59	3.11	.27	2.02	2.33
新疆	65	276.64	221.15	45.41	3.90	.77	2.66	.91

)、经济类型分组的从业人数

中外合资经营企业	中外合作经营企业	外商独资企业	港.澳.台投资经济	港.澳.台与大陆合资经营企业	港.澳.台与大陆合作经营企业	港.澳.台独资企业	其他经济
404.9	**80.7**	**112.7**	**665.5**	**352.8**	**170.8**	**141.8**	**33.7**
23.08	2.05	2.51	14.56	12.92	.61	1.03	1.67
13.39	1.09	6.94	11.08	7.70	.84	2.54	4.08
10.67	.59	1.18	11.95	11.00	.59	.36	4.99
4.36	.21	.20	2.72	2.47	.15	.10	
3.02	.52	.08	2.57	2.16	.29	.12	.21
19.00	3.21	7.93	14.27	12.38	1.25	.64	.13
7.94	.95	1.03	3.10	2.52	.01	.57	
8.31	.58	.79	4.51	3.72	.55	.24	1.97
41.18	9.94	7.76	37.37	24.39	8.82	4.16	3.77
46.94	2.88	5.78	54.46	47.13	2.35	4.98	.59
31.25	1.62	3.28	27.40	23.31	.94	3.15	.40
7.90	.51	.65	5.88	4.94	.22	.72	1.57
14.94	3.12	13.12	57.54	22.48	2.89	32.17	.96
3.84	.58	.37	3.70	2.66	.42	.62	
52.52	4.58	16.32	35.18	30.46	3.00	1.72	.16
11.07	.94	.41	13.69	12.26	.44	.99	.92
9.29	.61	.38	9.95	8.03	.96	.96	.07
4.68	1.05	.50	4.45	3.47	.50	.48	1.05
51.90	39.33	37.92	324.48	99.32	143.09	82.07	5.18
7.37	1.02	.36	4.51	3.22	.68	.61	1.34
1.42	.46	.97	2.65	1.20	.24	1.21	.38
3.07	.34	.77	2.90	2.02	.45	.43	.19
6.66	1.19	.43	4.82	3.77	.55	.50	1.78
2.33	.22	.17	1.05	.86	.02	.17	.13
2.24	.22	.34	2.65	1.90	.23	.52	.28
.08			.02	.02			.01
11.90	2.37	1.98	4.59	3.44	.64	.51	.75
1.73	.25	.11	1.33	1.12	.03	.18	.93
.31	.03	.01	.08	.08			.06
1.79	.18	.36	.31	.25	.06		.07
.78	.07	.06	1.73	1.60	.07	.06	.11

法人单位按隶属关系、单位类别分组的从业人数

隶属关系	代码	从业人员数(万人)	企业法人	事业法人	行政法人	社团法人	社区管理型机构
全国总计		**22 966.27**	**18 234.09**	**2 652.34**	**1 273.20**	**70.93**	**735.67**
中央	10	2 482.58	2 198.61	220.40	58.63	4.92	.02
省(自治区,直辖市)	20	2 215.82	1 858.64	279.38	71.79	5.98	.04
地区(州.盟.市.区)	40	3 998.63	3 377.00	434.01	176.70	10.68	.23
县(旗)	50	5 886.49	3 926.82	1 221.33	695.22	41.87	1.24
街道	61	331.16	290.35	12.82	11.95	.09	15.94
镇	62	1 623.36	1 184.09	203.70	118.89	2.17	114.50
乡	63	2 137.06	1 664.01	224.95	136.73	.76	110.61
居委会	71	107.25	76.19	.63	.06	.04	30.33
村委会	72	2 455.59	2 007.71	33.39	.45	.24	413.79
其它	90	1 728.33	1 650.67	21.73	2.78	4.18	48.97

法人单位按行业(小类)、隶属关系分组的从业人数

行业类别(小类)	代码	法人单位从业人数(万人)	中央	地方
全国总计		**22 966.30**	**2 482.57**	**20 483.70**
农、林、牧渔业	A	670.54	78.46	592.09
农业	0100	350.23	73.36	276.87
种植业	0110	345.33	73.33	272.00
其他农业	0190	4.90	0.03	4.87
林业	0200	104.46	1.72	102.74
畜牧业	0300	59.74	1.68	58.07
牲畜饲养放牧业	0310	41.72	1.36	40.36
家禽饲养业	0320	14.93	0.30	14.64
狩猎业	0330	0.28	0.28	
其他畜牧业	0390	2.81	0.02	2.79
渔业	0400	45.94	1.19	44.75
海洋渔业	0410	20.69	1.12	19.57
海水养殖业	0411	7.52	0.01	7.51
海洋捕捞业	0412	13.17	1.11	12.06
淡水渔业	0420	25.25	0.07	25.18
淡水养殖业	0421	24.03	0.02	24.01
淡水捕捞业	0422	1.22	0.05	1.17
农、林、牧、渔服务业	0500	110.17	0.51	109.66
农业服务业	0510	53.70	0.14	53.56
林业服务业	0520	12.55	0.06	12.49
畜牧兽医服务业	0530	31.52	0.13	31.39
渔业服务业	0540	5.70	0.03	5.67
其他农、林、牧、渔服务业	0590	6.70	0.15	6.55
采掘业	B	1 290.55	427.31	863.21
煤炭采选业	0600	709.20	266.61	442.58
煤炭开采业	0610	687.67	258.64	429.02
煤炭洗选业	0620	21.53	7.97	13.56
石油和天然气开采业	0700	136.25	122.09	14.16
天然原油开采业	0710	133.60	119.83	13.77
天然气开采业	0720	2.54	2.26	0.28
油页岩开采业	0730	0.11	0.11	
黑色金属矿采选业	0800	49.59	2.81	46.77
铁矿采选业	0810	42.11	2.76	39.35
其他黑色金属矿采选业	0820	7.48	0.05	7.42
锰矿采选业	0821	7.20	0.05	7.14
铬矿采选业	0822	0.28	0.28	
有色金属矿采选业	0900	91.57	21.63	69.95
重有色金属矿采选业	0910	41.39	9.60	31.80
铜矿采选业	0911	14.83	4.58	10.24
铅锌矿采选业	0912	17.92	3.17	14.75

法人单位按行业(小类)、隶属关系分组的从业人数

(续1)

行业类别(小类)	代码	法人单位从业人数(万人)	中央	地方
镍钴矿采选业	0914	0.45	0.27	0.19
锡矿采选业	0915	5.67	1.48	4.20
锑矿采选业	0916	1.95	1.95	
汞矿采选业	0917	0.24	0.10	0.14
其他重有色金属矿采选业	0919	0.33		0.33
轻有色金属矿采选业	0930	3.53	0.35	3.17
铝矿采选业	0931	1.59	0.05	1.53
镁矿采选业	0932	1.06	0.29	0.77
钛矿采选业	0933	0.63	0.01	0.62
其他轻有色金属矿采选业	0939	0.25	0.25	
贵金属矿采选业	0950	32.85	3.70	29.16
金矿采选业	0951	31.89	3.33	28.56
银矿采选业	0952	0.91	0.37	0.55
其他贵金属矿采选业	0959	0.05	0.05	
稀有稀土金属矿采选业	0960	13.80	7.98	5.82
钨钼矿采选业	0961	10.15	5.86	4.29
稀有高熔点金属矿采选业	0963	0.64	0.40	0.24
稀散金属矿采选业	0964	0.06	0.06	
非金属矿采选业	1000	193.99	2.22	191.74
土砂石开采业	1010	114.70	0.84	113.85
石灰石开采业	1011	28.58	0.35	28.23
建筑装饰用石开采业	1012	40.33	0.20	40.13
耐火土石开采业	1013	6.53	0.02	6.50
其他土砂石开采业	1019	39.26	0.27	38.99
化学矿采选业	1020	22.43		22.43
硫矿采选业	1021	9.14		9.14
磷矿采选业	1022	9.05	9.05	
天然钾盐采选业	1023	0.04	0.04	
硼矿采选业	1024	1.09	1.09	
其他化学矿采选业	1029	3.11	3.11	
采盐业	1030	27.70	0.32	27.38
海盐业	1031	19.34	0.16	19.18
湖盐业	1032	1.16	0.01	1.15
井盐业	1033	5.27	5.27	
矿盐业	1034	1.93	0.15	1.78
其他非金属矿采选业	1090	29.16	1.06	28.08
石棉采选业	1091	2.65	0.42	2.23
云母采选业	1092	0.29	0.10	0.18
石墨采选业	1093	2.83	0.20	2.63
石膏采选业	1094	6.25	0.05	6.20
宝石、玉石采选业	1095	0.57	0.57	

法人单位按行业(小类)、隶属关系分组的从业人数

(续 2)

行业类别(小类)	代码	法人单位从业人数(万人)	中央	地方
水晶采选业	1096	0.04	0.04	
滑石采选业	1097	2.15	2.15	
其他类未包括的非金属矿采选业	1099	14.38	0.29	14.08
木材及竹材采运业	1200	108.75	11.92	96.84
木材采运业	1210	108.45	11.92	96.54
竹材采运业	1220	0.30	0.30	
制造业	C	9 655.88	597.80	9 057.97
食品加工业	1300	339.43	2.70	336.74
粮食及饲料加工业	1310	133.26	0.32	132.95
碾米业	1311	31.64		31.64
磨粉业	1312	53.48	0.22	53.26
面、米制品业	1313	14.02	0.03	14.00
配合及混合饲料制造业	1314	28.03	0.04	27.99
蛋白饲料制造业	1315	1.79		1.79
水产饲料制造业	1317	1.62		1.62
其他饲料制造业	1319	2.68	0.03	2.65
植物油加工业	1320	47.25	0.38	46.87
食用植物油加工业	1321	45.91	0.38	45.53
非食用植物油加工业	1322	1.34		1.34
制糖业	1330	43.78	0.90	42.87
甘蔗糖业	1331	31.35	0.03	31.31
甜菜糖业	1332	10.84	0.86	9.98
加工糖业	1334	1.59	0.01	1.58
屠宰及肉类蛋类加工业	1340	61.19	0.18	61.01
屠宰业	1341	20.13		20.13
肉制品加工业	1342	36.02	0.18	35.84
肉类副产品加工业	1343	3.70	3.70	
蛋品加工业	1344	1.34	1.34	
水产品加工业	1350	26.58	0.51	26.08
冷冻水产品加工业	1351	20.41	0.50	19.92
干制水产品加工业	1352	3.05		3.05
腌制水产品加工业	1353	0.51	0.51	
鱼糜及鱼糜制品加工业	1354	0.51		0.51
其它水产品加工业	1359	2.10	0.01	2.09
盐加工业	1360	1.80	0.20	1.60
其他食品加工业	1390	25.57	0.21	25.36
食品制造业	1400	211.59	1.56	210.01
糕点、糖果制造业	1410	72.33	0.56	71.76
糖果业	1411	16.50	0.15	16.35
糕点业	1412	20.20	0.17	20.03
饼干业	1413	10.69	10.69	

法人单位按行业(小类)、隶属关系分组的从业人数

(续3)

行业类别(小类)	代码	法人单位从业人数(万人)	中央	地方
方便主食品业	1414	14.53	0.23	14.29
蜜饯业	1415	7.38	7.38	
其他糕点、糖果制品业	1419	3.03	0.01	3.02
乳制品制造业	1420	13.65	0.01	13.64
罐头食品制造业	1430	29.74	0.12	29.62
肉类罐头制造业	1431	6.23	0.05	6.18
禽类罐头制造业	1432	0.30	0.30	
水产罐头制造业	1433	1.45	1.45	
水果罐头制造业	1434	10.15	0.01	10.14
蔬菜罐头制造业	1435	8.41	0.06	8.35
其他罐头食品制造业	1439	3.20	3.20	
发酵制品业	1440	12.99	0.21	12.78
氨基酸制造业	1441	0.68	0.68	
味精制造业	1442	6.35	0.02	6.33
柠檬酸制造业	1443	2.31	0.16	2.15
酵母制品业	1444	1.10		1.10
酶制剂制造业	1445	1.43	0.02	1.41
其他发酵制品业	1449	1.12	0.01	1.11
调味品制造业	1450	26.24	0.08	26.16
酱油、酱类制造业	1451	18.42	0.04	18.38
食醋制造业	1452	2.32	0.01	2.31
调味料制造业	1453	2.36	2.36	
调味油制造业	1454	0.87	0.03	0.84
其他调味品制造业	1459	2.27		2.27
其他食品制造业	1490	56.64	0.58	56.05
豆制品制造业	1491	8.02	0.06	7.96
淀粉及淀粉制品业	1492	20.64	0.16	20.48
代乳品制造业	1493	0.69	0.69	
制冰业	1495	1.21	0.02	1.18
淀粉糖业	1497	2.37	0.03	2.34
冷冻饮品制造业	1498	12.48	0.15	12.33
其他类未包括的食品制造业	1499	11.23	0.16	11.07
饮料制造业	1500	184.17	1.68	182.51
酒精及饮料酒制造业	1510	127.00	0.91	126.10
酒精制造业	1511	9.56	9.56	
白酒制造业	1512	71.86	0.61	71.25
啤酒制造业	1513	36.07	0.11	35.97
黄酒制造业	1514	4.80	4.80	
葡萄酒制造业	1515	2.15	0.18	1.97
果露酒制造业	1516	2.56	0.01	2.55
软饮料制造业	1520	32.53	0.37	32.17

法人单位按行业(小类)、隶属关系分组的从业人数

(续4)

行业类别(小类)	代码	法人单位从业人数(万人)	中央	地方
碳酸饮料制造业	1521	13.24	0.18	13.07
天然矿泉水制造业	1522	5.12	0.09	5.03
果菜汁饮料制造业	1523	8.14	0.05	8.09
固体饮料制造业	1524	2.68	0.01	2.67
其他软饮料制造业	1529	3.35	0.04	3.31
制茶业	1550	19.44	0.37	19.07
其他饮料制造业	1590	5.20	0.03	5.17
烟草加工业	1600	32.75	21.84	10.92
烟叶复烤业	1610	2.88	1.18	1.70
卷烟制造业	1620	28.89	20.42	8.47
其他烟草加工业	1690	0.98	0.24	0.75
纺织业	1700	999.26	6.76	992.48
纤维原料初步加工业	1710	40.81	0.71	40.09
轧花业	1711	26.65	26.65	
洗毛业	1712	2.59	0.38	2.21
亚麻纤维初步加工业	1713	2.92	2.92	
苎麻纤维初步加工业	1714	2.11	2.11	
其他纤维原料初步加工业	1719	6.54	0.33	6.20
棉纺织业	1720	490.03	3.78	486.25
棉纺业	1721	237.52	2.08	235.44
棉织业	1722	114.10	0.46	113.64
印染业	1723	53.24	0.50	52.74
棉制品业	1724	57.72	0.19	57.53
棉线带制造业	1725	11.20	0.02	11.18
帘子布制造业	1726	4.87		4.86
其他棉纺织业	1729	11.38	0.53	10.86
毛纺织业	1740	115.17	1.01	114.17
毛条加工业	1741	5.98	0.05	5.93
毛纺业	1742	64.24	0.84	63.40
毛织业	1743	29.90	0.01	29.89
毛染整业	1744	4.01	4.01	
工业用呢、工业用毡制造业	1745	2.57	2.57	
其他毛纺织业	1749	8.47	0.11	8.37
麻纺织业	1760	29.71	0.03	29.68
苎麻纺织业	1761	9.31	9.31	
亚麻纺织业	1762	5.34	5.34	
黄、洋、青麻纺织业	1763	12.74	0.03	12.71
其他麻纺织业	1769	2.32	2.32	
丝绢纺织业	1770	166.00		166.00
缫丝业	1771	60.93	60.93	
绢纺业	1772	11.83	11.83	

法人单位按行业(小类)、隶属关系分组的从业人数

(续5)

行业类别(小类)	代码	法人单位从业人数(万人)	中央	地方
丝织业	1773	70.38	70.38	
丝印染业	1774	12.40		12.40
丝制品业	1775	7.20	7.20	
其他丝绢纺织业	1779	3.26		3.26
针织品业	1780	138.26	1.22	137.03
棉针织品业	1781	65.98	0.68	65.30
毛针织品业	1782	48.33	0.13	48.20
丝针织品业	1783	10.87		10.87
其他针织品业	1789	13.08	0.41	12.66
其他纺织业	1790	19.28	0.01	19.26
服装及其他纤维制品制造业	1800	444.21	6.32	437.88
服装制造业	1810	375.51	5.85	369.65
制帽业	1820	6.87		6.86
制鞋业	1830	45.50	0.24	45.26
其他纤维制品制造业	1890	16.33	0.23	16.11
皮革、毛皮、羽绒及其制品业	1900	236.69	1.93	234.76
制革业	1910	26.54	0.26	26.28
轻革业	1911	19.88	0.25	19.63
重革业	1912	1.00		1.00
其他制革业	1919	5.66	0.01	5.65
皮革制品制造业	1920	181.91	1.35	180.56
皮鞋制造业	1921	113.38	1.15	112.23
革皮服装制造业	1923	22.41	0.17	22.24
皮箱制造业	1924	6.65	0.01	6.64
皮包制造业	1925	23.35	0.02	23.33
其他类未包括的皮革制品业	1929	16.12		16.12
毛皮鞣制及制品业	1930	12.26	0.31	11.95
毛皮鞣制业	1931	4.35	0.22	4.13
毛皮服装业	1932	3.77	0.07	3.70
其他毛皮制品业	1939	4.14	0.02	4.12
羽毛(绒)及制品业	1950	15.98	0.01	15.97
羽毛(绒)加工业	1951	3.29	0.01	3.28
羽毛(绒)制品业	1952	12.69		12.69
木材加工及竹、藤、棕、草制品业	2000	160.77	1.61	159.15
锯材、木片加工业	2010	36.12	0.66	35.47
锯材加工业	2011	30.42	0.65	29.78
木片加工业	2012	5.70	0.01	5.69
人造板制造业	2020	46.84	0.22	46.61
胶合板制造业	2021	25.58	0.04	25.53
纤维板制造业	2022	7.34	0.05	7.29
刨花板制造业	2023	7.70	0.11	7.59

法人单位按行业(小类)、隶属关系分组的从业人数

(续6)

行业类别(小类)	代码	法人单位从业人数(万人)	中央	地方
其他人造板制造业	2029	6.22	0.02	6.20
木制品业	2030	52.72	0.70	52.02
生产用木制品业	2031	35.41	0.47	34.94
生活用木制品业	2033	17.31	0.23	17.08
竹、藤、棕、草制品业	2040	25.09	0.03	25.05
家具制造业	2100	94.14	0.54	93.60
木制家具制造业	2110	71.98	0.35	71.63
竹、藤家具制造业	2120	3.37	3.37	
金属家具制造业	2130	12.51	0.16	12.35
塑料家具制造业	2140	0.46	0.46	
其他家具制造业	2190	5.82	0.03	5.79
造纸及纸制品业	2200	268.30	2.82	265.49
纸浆制造业	2210	5.08	0.02	5.07
造纸业	2220	165.69	2.18	163.50
机制纸及纸板制造业	2221	155.90	2.14	153.76
手工纸制造业	2223	2.55	2.55	
加工纸制造业	2224	7.24	0.04	7.19
纸制品业	2230	97.53	0.62	96.92
印刷业，记录媒介的复制	2300	149.20	8.25	140.93
印刷业	2310	146.32	7.99	138.32
书、报、刊印刷业	2311	55.68	4.29	51.38
包装装潢印刷业	2312	38.90	0.85	38.05
其他印刷业	2319	51.74	2.85	48.89
记录媒介的复制	2320	2.88	0.26	2.61
文教体育用品制造业	2400	122.31	0.25	122.04
文化用品制造业	2410	29.22	0.03	29.19
文具制造业	2411	8.28		8.28
本册制造业	2413	6.91	0.02	6.89
笔制造业	2415	9.62		9.62
教学标本、模型制造业	2417	0.91		0.91
其他文化用品制造业	2419	3.50	0.01	3.49
体育用品制造业	2420	12.06	0.01	12.05
球类制造业	2421	4.43	4.43	
体育器材制造业	2423	4.52		4.52
其他体育用品制造业	2429	3.11	0.01	3.10
乐器及其他文娱用品制造业	2430	4.95	0.01	4.94
中乐器制造业	2431	0.61	0.61	
西乐器制造业	2433	3.07	0.01	3.06
电子乐器制造业	2435	0.58	0.58	
其他乐器及文娱用品制造业	2439	0.69	0.69	
玩具制造业	2440	72.80	0.15	72.65

法人单位按行业(小类)、隶属关系分组的从业人数

(续7)

行业类别(小类)	代码	法人单位从业人数(万人)	中央	地方
游艺器材制造业	2450	1.42		1.41
其他类未包括的文教体育用品制造业	2490	1.86	0.05	1.80
石油加工及炼焦业	2500	93.79	43.96	49.84
人造原油生产业	2510	0.41	0.01	0.40
原油加工业	2520	54.59	42.31	12.29
石油制品业	2530	12.33	1.42	10.91
炼焦业	2570	26.46	0.22	26.24
化学原料及化学制品制造业	2600	587.92	33.89	554.04
基本化学原料制造业	2610	121.29	2.20	119.09
无机酸制造业	2611	15.21	0.14	15.07
烧碱制造业	2613	22.83	0.91	21.92
纯碱制造业	2615	13.08	0.06	13.02
无机盐制造业	2617	36.12	0.77	35.35
其他基本化学原料制造业	2619	34.05	0.32	33.73
化学肥料制造业	2620	150.93	2.33	148.61
氮肥制造业	2621	94.38	2.02	92.36
磷肥制造业	2622	34.70	0.22	34.48
钾肥制造业	2623	1.30	0.03	1.27
复合肥料制造业	2624	14.59	0.02	14.57
微量元素肥料制造业	2625	0.81	0.01	0.81
其他化学肥料制造业	2629	5.15	0.03	5.12
化学农药制造业	2630	22.77	0.38	22.39
农药原药制造业	2631	13.34	0.11	13.23
农药制剂制造业	2633	9.43	0.27	9.16
有机化学产品制造业	2650	106.49	4.71	101.79
有机化工原料制造业	2651	41.35	3.84	37.52
涂料制造业	2652	28.26	0.21	28.05
油墨制造业	2653	3.11	0.06	3.05
颜料制造业	2654	6.59	6.59	
染料制造业	2655	12.66	0.01	12.65
其他有机化学产品制造业	2659	14.52	0.59	13.93
合成材料制造业	2660	42.31	10.68	31.62
聚烯烃塑料制造业	2661	10.10	3.61	6.49
热固性树脂及塑料制造业	2662	6.34	0.02	6.32
工程塑料制造业	2663	4.22	0.03	4.19
功能高分子制造业	2664	3.42	0.11	3.30
有机硅氟材料制造业	2665	2.27	0.07	2.20
合成橡胶制造业	2666	4.88	1.75	3.13
合成纤维单(聚合)体制造业	2667	6.83	4.22	2.61
其他合成材料制造业	2669	4.25	0.87	3.38
专用化学产品制造业	2670	89.34	13.41	75.95

法人单位按行业(小类)、隶属关系分组的从业人数

(续8)

行业类别(小类)	代码	法人单位从业人数(万人)	中央	地方
化学试剂、助剂制造业	2671	32.41	1.43	30.98
专项化学用品制造业	2672	13.08	0.58	12.51
林产化学产品制造业	2673	7.83	0.57	7.27
炸药及火工产品制造业	2674	22.79	9.67	13.12
信息化学品制造业	2675	8.53	1.05	7.48
放射化学产品制造业	2676	0.07	0.07	
添加剂制造业	2677	4.63	0.11	4.52
日用化学产品制造业	2680	54.79	0.18	54.59
肥皂及皂粉、合成洗涤剂制造业	2681	18.40	0.11	18.29
合成脂肪酸制造业	2682	0.67	0.67	
硬脂酸、硬化油制造业	2683	1.76	1.76	
香料、香精制造业	2684	4.01	0.03	3.97
化妆品制造业	2685	9.04	0.03	9.01
牙膏制造业	2686	2.14	2.14	
火柴制造业	2687	7.06	7.06	
动物胶制造业	2688	3.85		3.84
其他日用化学产品制造业	2689	7.86	0.01	7.85
医药制造业	2700	132.90	4.17	128.74
化学药品原药制造业	2710	44.75	0.56	44.19
化学药品制剂制造业	2720	39.57	1.31	38.27
中药材及中成药加工业	2730	34.58	0.81	33.77
动物药品制造业	2740	7.57	0.30	7.27
生物制品业	2750	6.43	1.19	5.24
化学纤维制造业	2800	64.75	6.62	58.13
纤维素纤维制造业	2810	13.68	0.23	13.45
化纤浆粕制造业	2811	2.55	2.55	
粘胶纤维制造业	2812	10.14	0.08	10.06
其他纤维素纤维制造业	2819	0.99	0.15	0.84
合成纤维制造业	2820	44.91	6.39	38.52
锦纶纤维制造业	2821	6.54	0.11	6.43
涤纶纤维制造业	2822	28.65	5.93	22.71
腈纶纤维制造业	2823	2.84	0.33	2.52
维纶纤维制造业	2824	1.74	1.74	
其他合成纤维制造业	2829	5.14	0.02	5.12
渔具及渔具材料制造业	2850	6.16		6.16
渔具用丝制造业	2851	0.34	0.34	
渔具用线制造业	2852	0.19	0.19	
渔具用绳制造业	2853	0.54	0.54	
渔网制造业	2854	3.64	3.64	
其他渔具制造业	2859	1.45		1.45
橡胶制品业	2900	127.35	3.11	124.24

法人单位按行业(小类)、隶属关系分组的从业人数

(续9)

行业类别(小类)	代码	法人单位从业人数(万人)	中央	地方
轮胎制造业	2910	24.42	0.11	24.31
力车胎制造业	2920	7.08	7.08	
橡胶板、管、带制造业	2930	20.32	0.13	20.19
橡胶零件制品业	2940	13.45	0.36	13.09
再生橡胶制造业	2950	4.81	0.10	4.71
橡胶靴鞋制造业	2960	36.40	2.13	34.27
日用橡胶制品业	2970	6.22	0.03	6.19
橡胶制品翻修业	2980	3.31	0.02	3.29
轮胎翻新业	2981	2.87	0.02	2.85
其他橡胶制品翻修业	2989	0.44	0.44	
其他橡胶制品业	2990	11.34	0.23	11.11
塑料制品业	3000	281.46	3.22	278.23
塑料薄膜制造业	3010	30.23	0.48	29.75
塑料板、管、棒材制造业	3020	29.86	1.75	28.10
塑料丝、绳及编织品制造业	3030	59.79	0.24	59.55
泡沫塑料及人造革、合成革制造业	3040	27.35	0.08	27.27
塑料包装箱及容器制造业	3050	17.54	0.20	17.35
塑料鞋制造业	3060	20.88	20.88	
日用塑料杂品制造业	3070	21.39	0.03	21.35
塑料零件制造业	3080	15.44	0.13	15.31
其他塑料制品业	3090	58.98	0.31	58.67
非金属矿物制品业	3100	1 408.25	15.05	1 393.16
水泥制造业	3110	258.90	4.87	254.04
水泥制品和石棉水泥制品业	3120	120.95	3.55	117.38
水泥制品业	3121	59.48	2.79	56.69
砼结构构件制造业	3123	54.01	0.63	53.37
石棉水泥制品业	3124	5.14	0.01	5.12
其他水泥制品业	3129	2.32	0.12	2.20
砖瓦、石灰和轻质建筑材料制造业	3130	680.72	1.64	679.09
砖瓦制造业	3131	565.98	0.49	565.49
石灰制造业	3132	23.70	0.10	23.60
建筑用石加工业	3133	50.26	0.14	50.12
轻质建筑材料制造业	3134	9.55	0.50	9.05
防水密封建筑材料制造业	3135	9.76	0.26	9.50
隔热保温材料制造业	3136	10.16	0.09	10.07
其他砖瓦、石灰和轻质建筑材料制造业	3139	11.31	0.06	11.26
玻璃及玻璃制品业	3140	85.59	0.58	85.00
建筑用玻璃制品业	3141	23.99	0.08	23.91
工业技术用玻璃制造业	3142	4.35	0.01	4.34
光学玻璃制造业	3143	2.46	0.40	2.05
玻璃仪器制造业	3145	2.55		2.55

法人单位按行业(小类)、隶属关系分组的从业人数

(续10)

行业类别(小类)	代码	法人单位从业人数(万人)	中央	地方
日用玻璃制品业	3147	37.72	0.01	37.71
玻璃保温容器制造业	3148	7.23	7.23	
其他玻璃及玻璃制品业	3149	7.29	0.08	7.21
陶瓷制品业	3150	140.62	0.36	140.25
建筑、卫生陶瓷制造业	3151	64.17	0.13	64.04
工业用陶瓷制造业	3153	11.44	0.23	11.21
日用陶瓷制造业	3155	62.31		62.31
其他陶瓷制品业	3159	2.70		2.69
耐火材料制品业	3160	53.30	2.69	50.61
石棉制品业	3161	6.31	0.27	6.04
云母制品业	3163	1.26	0.15	1.11
其他耐火材料制品业	3169	45.73	2.27	43.46
石墨及碳素制品业	3170	16.35	0.40	15.95
冶金用碳素制品业	3171	10.06	0.23	9.84
电工用碳素制品业	3172	2.13	0.01	2.12
其他石墨及碳素制品业	3179	4.16	0.16	3.99
矿物纤维及其制品业	3180	25.54	0.54	24.99
玻璃纤维及其制品业	3181	13.26	0.06	13.20
玻璃钢制品业	3182	11.41	0.37	11.04
其他矿物纤维及其制品业	3189	0.87	0.11	0.75
其他类未包括的非金属矿物制品业	3190	26.28	0.42	25.85
黑色金属冶炼及压延加工业	3200	410.88	37.88	372.99
炼铁业	3210	74.03	0.23	73.80
炼钢业	3220	153.10	32.24	120.85
钢压延加工业	3240	157.21	5.16	152.05
铁合金冶炼业	3260	26.54	0.25	26.29
有色金属冶炼及压延加工业	3300	153.29	59.89	93.38
重有色金属冶炼业	3310	59.44	33.64	25.80
铜冶炼业	3311	26.83	18.53	8.30
铅锌冶炼业	3312	15.28	5.08	10.20
镍钴冶炼业	3314	4.40	3.64	0.77
锡冶炼业	3316	6.00	4.42	1.58
锑冶炼业	3317	3.73	0.92	2.80
汞冶炼业	3318	0.35	0.31	0.04
其他重有色金属冶炼业	3319	2.85	0.74	2.11
轻有色金属冶炼业	3320	33.92	13.62	20.30
铝冶炼业	3321	25.25	12.89	12.36
镁冶炼业	3322	5.57	0.43	5.14
钛冶炼业	3323	0.89	0.30	0.59
其他轻有色金属冶炼业	3329	2.21	2.21	
贵金属冶炼业	3330	4.01	0.32	3.68

法人单位按行业(小类)、隶属关系分组的从业人数

(续11)

行业类别(小类)	代码	法人单位从业人数(万人)	中央	地方
金冶炼业	3331	3.51	0.32	3.19
银冶炼业	3332	0.18	0.18	
其他贵金属冶炼业	3339	0.32		0.31
稀有稀土金属冶炼业	3340	7.10	2.32	4.78
钨钼冶炼业	3341	1.71	0.12	1.59
其他稀有稀土金属冶炼业	3349	5.39	2.20	3.19
有色金属合金业	3360	4.59	1.35	3.24
有色金属压延加工业	3380	44.23	8.64	35.58
重有色金属压延加工业	3381	21.26	3.70	17.56
轻有色金属压延加工业	3383	20.30	4.04	16.26
贵金属压延加工业	3385	0.66	0.13	0.52
稀有稀土金属压延加工业	3387	2.01	0.77	1.24
金属制品业	3400	444.63	8.16	436.45
金属结构制造业	3410	34.54	2.88	31.67
铸铁管制造业	3420	18.86	0.22	18.64
工具制造业	3430	60.64	0.53	60.10
切削工具制造业	3431	17.56	0.24	17.32
模具制造业	3434	17.64	0.26	17.38
手工具制造业	3435	21.48	0.02	21.45
其他工具制造业	3439	3.96	0.01	3.95
集装箱和金属包装物品制造业	3440	30.78	1.06	29.72
集装箱制造业	3441	3.49	0.19	3.30
金属包装物品及容器制造业	3442	27.29	0.87	26.42
金属丝绳及其制品业	3450	42.38	0.39	41.99
建筑用金属制品业	3460	78.69	1.54	77.14
建筑小五金制造业	3461	10.88	0.11	10.76
水暖管道零件制造业	3463	24.30	0.17	24.13
金属门窗制造业	3465	38.47	1.23	37.24
其他建筑用金属制品业	3469	5.04	0.03	5.01
金属表面处理及热处理业	3470	31.46	0.17	31.30
日用金属制品业	3480	107.63	0.63	106.99
搪瓷制造业	3481	9.97	0.02	9.95
铝制品业	3482	20.53	0.27	20.26
不锈钢制品业	3483	17.37	0.05	17.32
刀剪制造业	3484	4.90	4.90	
制锁业	3485	15.49	0.03	15.46
炊事用具制造业	3486	12.33	0.22	12.11
燃气用具制造业	3487	7.83	0.02	7.81
理发用具制造业	3488	1.86	1.86	
其他日用金属制品业	3489	17.35	0.02	17.32
其他金属制品业	3490	39.65	0.74	38.90

法人单位按行业(小类)、隶属关系分组的从业人数

(续12)

行业类别(小类)	代码	法人单位从业人数(万人)	中央	地方
铁制小农具制造业	3491	12.18	0.01	12.17
焊条制造业	3495	7.98	0.20	7.78
其他类未包括的金属制品业	3499	19.49	0.53	18.95
普通机械制造业	3500	651.10	28.88	622.25
锅炉及原动机制造业	3510	104.52	9.98	94.54
锅炉制造业	3511	30.87	1.53	29.33
内燃机制造业	3512	32.29	6.08	26.21
汽轮机制造业	3513	6.79	1.92	4.88
水轮机制造业	3514	1.87	0.19	1.67
内燃机零部件及配件制造业	3515	29.68	0.25	29.44
其他锅炉及原动机制造业	3519	3.02	0.01	3.01
金属加工机械制造业	3520	91.01	2.80	88.20
金属切削机床制造业	3521	41.21	0.43	40.77
锻压设备制造业	3523	13.04	0.21	12.83
铸造机械制造业	3525	8.15	0.08	8.07
机床附件制造业	3526	7.16	0.04	7.12
其他金属加工机械制造业	3529	21.45	2.04	19.41
通用设备制造业	3530	129.41	5.90	123.54
起重运输设备制造业	3531	39.19	2.35	36.84
工矿车辆制造业	3532	5.35	0.83	4.52
泵制造业	3533	29.32	0.31	29.02
风机制造业	3534	10.14	0.20	9.94
气体压缩机及气体分离设备制造业	3535	11.81	0.13	11.69
冷冻设备制造业	3536	10.25	0.22	10.03
风动工具制造业	3537	3.24	0.21	3.03
电动工具制造业	3538	6.47	0.05	6.42
其他通用设备制造业	3539	13.64	1.60	12.05
轴承、阀门制造业	3540	77.40	0.47	76.93
轴承制造业	3541	49.42	0.07	49.34
阀门制造业	3542	27.98	0.40	27.59
其他通用零部件制造业	3560	105.02	2.71	102.32
液压件及液力件制造业	3561	16.64	1.19	15.45
气动元件制造业	3562	4.69	0.02	4.67
密封件制造业	3563	3.76	0.16	3.60
粉末冶金制品业	3564	7.06	0.02	7.04
紧固件制造业	3565	28.60	0.20	28.40
弹簧制造业	3566	6.82	0.01	6.81
链条制造业	3567	6.35	0.01	6.34
齿轮制造业	3568	10.39	0.37	10.02
其他类未包括的通用零部件制造业	3569	20.71	0.73	19.99
铸锻件制造业	3570	111.25	2.64	108.62

法人单位按行业(小类)、隶属关系分组的从业人数

(续13)

行业类别(小类)	代码	法人单位从业人数(万人)	中央	地方
铸件制造业	3571	96.20	1.45	94.76
锻件制造业	3572	15.05	1.19	13.86
普通机械修理业	3580	9.44	0.58	8.85
其他普通机械制造业	3590	23.05	3.80	19.25
专用设备制造业	3600	433.45	38.26	395.17
冶金、矿山、机电工业专用设备制造业	3610	73.46	13.13	60.35
矿山设备制造业	3611	37.99	9.57	28.43
冶金工业专用设备制造业	3613	23.10	2.60	20.51
电工专用设备制造业	3615	2.17	0.06	2.11
电子工业专用设备制造业	3617	5.78	0.31	5.47
其他机电工业专用设备制造业	3619	4.42	0.59	3.83
石化及其他工业专用设备制造业	3620	71.18	5.04	66.14
石油工业专用设备制造业	3621	14.80	2.71	12.09
化学工业专用设备制造业	3622	13.28	0.70	12.58
化学纤维工业专用设备制造业	3623	1.99	0.36	1.63
橡胶工业专用设备制造业	3624	4.45	0.01	4.44
塑料工业专用设备制造业	3625	7.73	0.37	7.36
森林工业专用设备制造业	3626	4.54	0.21	4.33
印刷工业专用设备制造业	3627	8.14	0.02	8.12
制药工业专用设备制造业	3628	2.51	0.13	2.38
建筑材料非金属矿物制品专用设备制造业	3629	13.74	0.53	13.21
轻纺工业专用设备制造业	3630	87.33	8.31	79.00
食品、饮料、烟草工业专用设备制造业	3631	13.10	2.03	11.07
粮油工业专用设备制造业	3632	12.05	0.02	12.03
饲料工业专用设备制造业	3633	1.46	1.46	
包装工业专用设备制造业	3634	4.47	0.54	3.93
纺织、服装、皮革工业专用设备制造业	3635	41.98	5.03	36.95
照明器具工业专用设备制造业	3636	2.01	0.01	1.99
日用硅酸制品工业专用设备制造业	3637	1.66	0.01	1.65
制浆、造纸工业专用设备制造业	3638	7.70	0.67	7.03
日用化学工业专用设备制造业	3639	2.90		2.89
农、林、牧、渔、水利业机械制造业	3640	90.90	1.25	89.63
拖拉机制造业	3641	21.73	21.73	
机械化农机具制造业	3642	23.44	0.17	23.27
营林机械制造业	3643	0.61		0.61
畜牧机械制造业	3644	1.48		1.47
渔业机械制造业	3645	0.99	0.07	0.92
水利机械制造业	3646	2.52	0.22	2.30
拖拉机配件制造业	3647	21.25	0.14	21.11
其他农、林、牧、渔、水利业机械制造业	3649	18.88	0.65	18.22

法人单位按行业(小类)、隶属关系分组的从业人数

(续14)

行业类别(小类)	代码	法人单位从业人数(万人)	中央	地方
医疗器械制造业	3650	23.36	0.89	22.47
手术器械制造业	3651	2.87	0.17	2.70
医疗仪器、设备制造业	3652	7.75	0.55	7.20
诊断用品制造业	3653	2.43	0.03	2.40
医用材料及医疗用品制造业	3654	9.77	0.12	9.65
假肢、矫形器制造业	3655	0.54	0.02	0.52
其他专用设备制造业	3670	67.23	6.30	60.94
建筑机械制造业	3671	22.69	1.26	21.43
地质专用设备制造业	3672	2.69	1.45	1.25
畜牧兽医医疗器械制造业	3673	0.08	0.08	
缝纫机制造业	3674	11.73	0.16	11.57
商业、饮食业、服务业专用机械制造业	3675	2.37	0.01	2.37
邮政机械及器材制造业	3676	0.84	0.52	0.32
环境保护机械制造业	3677	9.32	0.39	8.93
社会公共安全设备及器材制造业	3678	7.48	0.45	7.03
其他类未包括的专用设备制造业	3679	10.03	2.06	7.96
专用机械设备修理业	3680	19.99	3.34	16.64
工业专用设备修理业	3681	6.08	0.68	5.40
农、林、牧、渔、水利机械修理业	3683	6.09	0.12	5.96
医疗器械修理业	3685	0.23	0.01	0.22
其他专用机械设备修理业	3689	7.59	2.53	5.06
交通运输设备制造业	3700	515.76	167.98	347.82
铁路运输设备制造业	3710	38.28	26.62	11.66
机车制造业	3711	6.46	6.30	0.16
客车制造业	3712	4.22	3.36	0.86
货车制造业	3713	8.94	8.28	0.66
机车车辆配件制造业	3714	8.98	3.01	5.97
铁路信号设备制造业	3715	1.33	1.01	0.32
铁路专用设备制造业	3716	2.96	1.81	1.15
铁路专用器材制造业	3717	4.23	2.23	2.00
其他铁路运输设备制造业	3719	1.16	0.62	0.54
汽车制造业	3720	218.78	45.45	173.34
载重汽车制造业	3721	38.95	27.23	11.72
客车制造业	3722	11.28	1.65	9.63
小轿车制造业	3723	3.87	0.43	3.44
微型汽车制造业	3724	5.13	1.85	3.29
特种车辆及改装汽车制造业	3725	24.24	4.24	20.00
汽车车身制造业	3726	4.46	0.03	4.43
汽车零部件及配件制造业	3727	130.85	10.02	120.83
摩托车制造业	3730	41.00	5.04	35.96
摩托车整车制造业	3731	13.20	3.37	9.83

法人单位按行业(小类)、隶属关系分组的从业人数

(续15)

行业类别(小类)	代码	法人单位从业人数(万人)	中央	地方
摩托车零部件及配件制造业	3732	27.80	1.67	26.13
自行车制造业	3740	32.23	0.45	31.78
电车制造业	3750	0.08	0.01	0.08
船舶制造业	3760	32.81	17.56	15.25
海洋运输船制造业	3761	14.67	11.36	3.31
内河船制造业	3762	9.19	1.88	7.31
渔轮制造业	3763	2.87	0.40	2.47
船舶机械设备制造业	3764	5.95	3.81	2.14
海洋石油平台制造业	3765	0.13	0.11	0.02
航空航天器制造业	3770	48.35	47.52	0.83
飞机制造业	3771	39.24	38.66	0.58
其他航空航天器制造业	3779	9.11	8.86	0.25
交通运输设备修理业	3780	103.33	25.17	78.18
铁路运输设备修理业	3781	14.20	10.82	3.38
汽车修理业	3782	68.50	3.71	64.80
摩托车修理业	3783	0.82	0.01	0.81
电车修理业	3784	0.21	0.09	0.12
船舶修理业	3785	12.80	6.15	6.65
飞机修理业	3786	4.32	4.10	0.23
其他交通运输设备修理业	3789	2.48	0.29	2.19
其他交通运输设备制造业	3790	0.90	0.16	0.74
航标器材制造业	3791	0.17	0.10	0.07
潜水装备制造业	3792	0.10	0.06	0.04
公路标志制造业	3793	0.63	0.63	
电气机械及器材制造业	4000	428.34	11.27	417.08
电机制造业	4010	60.66	3.45	57.21
发电机制造业	4011	16.43	1.98	14.45
电动机制造业	4012	29.54	1.20	28.34
微电机制造业	4013	14.69	0.27	14.42
输配电及控制设备制造业	4020	114.37	1.76	112.63
变压器制造业	4021	24.04	0.37	23.67
整流器制造业	4022	2.56	0.01	2.56
电容器制造业	4023	5.69	0.01	5.68
开关控制设备制造业	4024	38.11	0.54	37.58
电器设备元件制造业	4027	25.51	0.45	25.06
其他输配电及控制设备制造业	4029	18.46	0.38	18.08
电工器材制造业	4040	94.83	2.98	91.84
电线电缆制造业	4041	57.64	1.66	55.98
绝缘制品业	4043	5.82	0.16	5.66
蓄电池制造业	4045	12.91	0.90	12.01
原电池制造业	4046	9.75	0.02	9.73

法人单位按行业(小类)、隶属关系分组的从业人数

(续16)

行业类别(小类)	代码	法人单位从业人数(万人)	中央	地方
其他电工器材制造业	4049	8.71	0.24	8.46
日用电器制造业	4060	75.88	1.45	74.42
洗衣机制造业	4061	6.16	0.13	6.03
吸尘器制造业	4062	1.41		1.41
电冰箱制造业	4063	13.22	0.40	12.81
电风扇制造业	4064	15.16	0.45	14.71
空调器制造业	4065	11.61	0.18	11.43
排油烟机制造业	4066	1.58	1.58	
其他日用电器制造业	4069	26.74	0.29	26.45
照明器具制造业	4070	63.80	0.47	63.34
电光源制造业	4071	26.84	0.28	26.56
灯头、灯座制造业	4072	5.23	5.23	
灯具制造业	4073	18.80	0.03	18.78
灯用电器附件制造业	4074	5.95	0.03	5.92
其他照明器具制造业	4079	6.98	0.13	6.85
电气机械修理业	4080	5.68	0.33	5.35
其他电气机械制造业	4090	13.12	0.83	12.29
电焊机制造业	4091	5.09	0.07	5.02
工业用电炉制造业	4092	2.82	0.03	2.79
其他类未包括的电气机械制造业	4099	5.21	0.73	4.48
电子及通信设备制造业	4100	249.70	18.51	231.18
通信设备制造业	4110	39.64	8.01	31.62
传输设备制造业	4111	10.39	3.23	7.15
交换设备制造业	4112	9.10	2.50	6.60
通信终端设备制造业	4113	8.27	0.45	7.82
其他通信设备制造业	4119	11.88	1.83	10.05
雷达制造业	4120	8.35	1.35	7.00
雷达整机制造业	4121	6.81	1.18	5.63
雷达专用配套设备及部件制造业	4122	1.54	0.17	1.37
广播电视设备制造业	4130	4.38	0.21	4.16
电子计算机制造业	4140	15.99	2.35	13.64
电子计算机整机制造业	4141	5.70	1.29	4.40
电子计算机外部设备制造业	4143	10.29	1.06	9.24
电子器件制造业	4150	32.83	3.45	29.39
电真空器件制造业	4151	14.05	2.47	11.59
半导体器件制造业	4153	11.65	0.20	11.45
集成电路制造业	4155	7.13	0.78	6.35
电子元件制造业	4160	80.50	1.21	79.29
日用电子器具制造业	4170	53.37	1.36	52.01
电视机、录像机、摄像机制造业	4171	24.57	0.96	23.61
收音机、录音机制造业	4172	25.83	0.37	25.46

法人单位按行业(小类)、隶属关系分组的从业人数

(续17)

行业类别(小类)	代码	法人单位从业人数(万人)	中央	地方
电子计算器制造业	4173	2.97	0.03	2.94
电子设备及通信设备修理业	4180	1.31	0.11	1.19
通信设备修理业	4181	0.33	0.07	0.26
广播电视设备修理业	4182	0.19		0.18
电子计算机修理业	4183	0.09	0.01	0.08
其他电子设备修理业	4189	0.70	0.03	0.67
其他电子设备制造业	4190	13.33	0.46	12.88
仪器仪表及文化、办公用机械制造业	4200	119.05	11.92	107.09
通用仪器仪表制造业	4210	49.42	5.71	43.70
工业自动化仪表制造业	4211	15.18	0.40	14.78
电工仪器、仪表制造业	4212	10.68	0.26	10.41
光学仪器制造业	4213	9.99	4.58	5.41
计时仪器制造业	4214	1.83	0.01	1.82
分析仪器制造业	4215	1.70	0.20	1.50
试验机制造业	4216	2.44		2.44
实验室仪器及装置制造业	4217	1.46	0.07	1.39
通用仪器仪表元件、器件制造业	4218	3.10	0.09	3.01
其他通用仪器仪表制造业	4219	3.04	0.10	2.94
专用仪器仪表制造业	4220	13.38	4.70	8.69
环境保护仪器仪表制造业	4221	1.16	0.22	0.95
汽车仪器仪表制造业	4222	1.77	0.25	1.52
导航、制导仪器制造业	4223	2.91	2.55	0.37
农、林、牧、渔仪器、仪表制造业	4224	0.22	0.01	0.21
地质勘探、钻采、地震专用仪器制造业	4225	1.82	1.03	0.78
气象、海洋、水文、天文测量仪器制造业	4226	0.46	0.01	0.45
教学仪器制造业	4227	1.39	0.17	1.22
核子及核辐射测量仪器制造业	4228	0.52	0.33	0.19
专用仪器仪表元件、器件制造业	4229	3.13	0.13	3.00
电子测量仪器制造业	4230	4.98	0.33	4.64
计量器具制造业	4240	10.88	0.21	10.65
传递标准用计量仪器制造业	4241	0.55	0.05	0.50
量具量仪制造业	4242	5.12		5.11
衡器制造业	4243	5.21	0.16	5.04
文化、办公用机械制造业	4250	9.53	0.19	9.34
电影机械制造业	4251	0.67	0.09	0.58
幻灯机及投影仪制造业	4252	0.33	0.33	
照相机及器材制造业	4254	5.49	0.03	5.46
复印机制造业	4256	0.93	0.02	0.91
打字机及油印机制造业	4257	0.79	0.79	
其他文化、办公用机械制造业	4259	1.32	0.05	1.27

法人单位按行业(小类)、隶属关系分组的从业人数

(续18)

行业类别(小类)	代码	法人单位从业人数(万人)	中央	地方
钟表制造业	4260	25.26	0.14	25.12
仪器仪表及文化、办公用机械修理业	4280	0.87	0.15	0.72
其他仪器仪表制造业	4290	4.73	0.49	4.23
其他制造业	4300	258.03	0.80	257.23
工艺美术品制造业	4310	195.69	0.43	195.25
雕塑工艺品制造业	4311	20.80	0.01	20.79
金属工艺品制造业	4312	6.68	0.03	6.64
漆器工艺品制造业	4313	2.36		2.35
花画工艺品制造业	4314	12.30	0.01	12.29
竹、藤、棕、草工艺品制造业	4315	18.78		18.78
抽纱刺绣工艺品制造业	4316	27.93	0.15	27.78
地毯制造业	4317	42.84	0.05	42.80
首饰制造业	4318	10.93	0.14	10.79
其他工艺美术品制造业	4319	53.07	0.04	53.03
日用杂品制造业	4350	23.93	0.14	23.81
制镜业	4351	2.14	0.01	2.14
眼镜制造业	4353	6.21	0.13	6.09
制伞业	4355	7.68	7.68	
鬃毛加工及制刷业	4357	7.90		7.90
其他生产、生活用品制造业	4390	38.41	0.23	38.17
生产用其他产品制造业	4391	11.09	0.11	10.98
生活用其他产品制造业	4392	27.32	0.12	27.19
电力、煤气及水的生产和供应业	D	307.45	86.08	221.40
电力、蒸汽、热水的生产和供应业	4400	240.37	85.73	154.66
电力生产业	4410	126.21	40.90	85.31
火力发电业	4411	78.91	35.16	43.75
水力发电业	4412	46.49	5.25	41.24
核力发电业	4413	0.39	0.38	0.01
其他电业	4419	0.42	0.11	0.31
电力供应业	4420	103.39	44.68	58.72
蒸汽、热水生产和供应业	4430	10.77	0.15	10.63
煤气生产和供应业	4500	20.43	0.08	20.36
煤气生产业	4510	7.09	0.04	7.05
煤气供应业	4520	13.34	0.04	13.31
自来水的生产和供应业	4600	46.65	0.27	46.38
自来水生产业	4610	29.25	0.18	29.07
自来水供应业	4620	17.40	0.09	17.31
建筑业	E	2 370.25	297.75	2 072.49
土木工程建筑业	4700	2 121.81	245.44	1 876.36
房屋建筑业	4710	1 800.20	111.81	1 688.39
矿山建筑业	4720	27.18	16.62	10.56

法人单位按行业(小类)、隶属关系分组的从业人数

(续19)

行业类别(小类)	代码	法人单位从业人数(万人)	中央	地方
铁路、公路、遂道、桥梁建筑业	4730	133.90	52.41	81.48
堤坝、电站、码头建筑业	4740	75.10	55.79	19.31
其他土木工程建筑业	4790	85.43	8.81	76.62
线路、管道和设备安装业	4800	169.68	49.19	120.49
线路、管道安装业	4810	76.67	23.00	53.67
设备安装业	4820	93.01	26.19	66.82
装修装饰业	4900	78.76	3.12	75.64
地质勘探业、水利管理业	F	108.17	41.82	66.33
地质勘探业	5000	52.51	38.48	14.01
区域地质勘查业	5010	2.82	1.81	1.01
海洋地质勘查业	5020	1.38	1.16	0.21
矿产地质勘探业	5030	33.38	25.80	7.58
石油、天然气地质勘查业	5031	6.48	6.35	0.13
煤炭地质勘查业	5032	5.84	4.43	1.42
黑色金属矿产地质勘查业	5033	1.01	0.72	0.29
有色金属矿产地质勘查业	5034	6.13	5.15	0.98
贵金属矿产地质勘查业	5035	1.91	1.19	0.71
其他金属矿产地质勘查业	5036	4.06	3.45	0.61
非金属矿产地质勘查业	5037	1.47	1.14	0.33
水文地质勘查业	5038	6.48	3.37	3.11
工程地质勘查业	5040	9.90	6.39	3.50
环境地质勘查业	5050	0.29	0.21	0.08
地球物理和地球化学勘查业	5060	1.90	1.21	0.69
地质工程技术及其他技术服务业	5090	2.84	1.90	0.94
水利管理业	5100	55.66	3.34	52.32
交通运输、仓储及邮电通信业	G	944.17	375.77	568.39
铁路运输业	5200	223.68	214.15	9.52
汽车运输业	5300	246.38	5.99	240.39
汽车运输业	5310	239.49	5.83	233.66
其他公路运输业	5390	6.89	0.16	6.73
管道运输业	5400	2.13	1.86	0.27
水上运输业	5500	90.74	16.03	74.72
远洋运输业	5510	9.57	5.37	4.20
沿海运输业	5520	13.84	4.49	9.35
内河、内湖运输业	5530	64.27	6.11	58.16
其他水上运输业	5590	3.06	0.06	3.01
航空运输业	5600	9.63	8.08	1.56
航空客货运输业	5610	9.38	7.84	1.54
通用航空业	5620	0.25	0.24	0.02
交通运输辅助业	5700	201.30	26.64	174.64
公路管理及养护业	5710	69.81	0.07	69.74

法人单位按行业(小类)、隶属关系分组的从业人数

(续20)

行业类别(小类)	代码	法人单位从业人数(万人)	中央	地方
港口业	5720	40.94	7.58	33.36
沿海港口业	5721	24.80	3.25	21.54
内河、内湖港口业	5722	16.14	4.33	11.82
水运辅助业	5730	10.11	3.70	6.40
机场及航空运输辅助业	5740	6.74	4.13	2.60
装卸搬运业	5750	48.75	3.97	44.78
其他类未包括的交通运输辅助业	5790	24.95	7.19	17.76
其他交通运输业	5800	0.87	0.02	0.85
仓储业	5900	46.04	7.57	38.47
邮电通信业	6000	123.40	95.43	27.97
邮政业	6010	16.96	13.99	2.97
电信业	6020	24.66	14.25	10.41
邮电业	6030	81.78	67.19	14.59
批发和零售贸易、餐饮业	H	2 282.59	67.65	2 215.01
食品、饮料、烟草和家庭日用品批发业	6100	693.24	26.66	666.60
食品、饮料、烟草批发业	6110	348.38	20.96	327.43
粮食、食用油批发业	6111	168.24	1.93	166.31
糕点、糖果和饮料批发业	6112	42.58	0.44	42.13
肉、禽、蛋及其制品批发业	6113	41.18	0.13	41.05
水产品批发业	6114	12.68	0.23	12.45
蔬菜、果品批发业	6115	23.08	0.20	22.88
茶叶批发业	6116	3.85	0.23	3.62
烟草及其制品批发业	6117	25.16	15.95	9.22
盐及调味品批发业	6118	8.85	0.07	8.78
其他食品、饮料、烟草批发业	6119	22.76	1.78	20.99
棉、麻、土畜产品批发业	6120	49.76	0.49	49.27
棉、麻批发业	6121	36.73	0.39	36.34
畜产品批发业	6122	13.03	0.10	12.93
纺织品、服装和鞋帽批发业	6130	48.73	0.83	47.90
纺织品批发业	6131	36.19	0.56	35.63
服装批发业	6132	9.08	0.22	8.86
鞋帽批发业	6133	3.46	0.05	3.41
日用百货批发业	6140	83.38	1.30	82.08
百货批发业	6141	66.91	0.96	65.95
文化用品、钟表眼镜批发业	6142	8.14	0.24	7.90
其他日用百货批发业	6149	8.33	0.10	8.23
日用杂品批发业	6150	21.83	0.26	21.57
五金、交电、化工批发业	6160	91.53	2.30	89.24
药品及医疗器械批发业	6170	49.63	0.52	49.11
西药批发业	6171	30.83	0.29	30.54
中草药及制品批发业	6172	14.46	0.09	14.37

法人单位按行业(小类)、隶属关系分组的从业人数

(续21)

行业类别(小类)	代码	法人单位从业人数(万人)	中央	地方
医疗器械批发业	6173	4.34	0.14	4.20
能源、材料和机械电子设备批发业	6200	416.63	20.58	396.06
能源批发业	6210	92.45	4.86	87.58
石油及制品批发业	6211	49.12	2.65	46.47
煤炭及制品批发业	6212	41.83	2.10	39.73
其他能源批发业	6219	1.50	0.11	1.38
化工材料批发业	6220	30.52	1.24	29.28
木材批发业	6230	28.53	0.38	28.16
建筑材料批发业	6240	62.52	1.90	60.62
矿产品批发业	6250	7.73	0.49	7.25
金属材料批发业	6260	78.05	5.27	72.78
黑色金属材料批发业	6261	66.33	4.48	61.85
有色金属材料批发业	6262	11.72	0.79	10.93
机械、电子设备批发业	6270	64.61	4.82	59.79
汽车、摩托车及零配件批发业	6280	25.14	1.42	23.72
汽车批发业	6281	9.36	0.89	8.47
摩托车批发业	6282	1.64	0.14	1.50
汽车、摩托车零配件批发业	6289	14.14	0.39	13.75
再生物资回收批发业	6290	27.08	0.20	26.88
其他批发业	6300	155.50	3.19	152.31
工艺美术品批发业	6310	4.32	0.16	4.16
图书报刊批发业	6320	4.53	0.47	4.06
农业生产资料批发业	6330	117.66	0.72	116.94
其他类未包括的批发业	6390	28.99	1.84	27.15
零售业	6400	843.09	12.70	830.41
食品、饮料和烟草零售业	6410	179.86	2.49	177.37
粮油食品零售业	6411	78.39	0.21	78.18
副食品零售业	6412	60.40	0.55	59.85
其他食品、饮料和烟草零售业	6419	41.07	1.73	39.34
日用百货零售业	6420	390.44	3.51	386.95
百货零售业	6421	268.46	3.19	265.27
文化体育用品零售业	6422	6.64	0.18	6.46
钟表、眼镜及照相器材零售业	6423	3.53	0.03	3.51

法人单位按行业(小类)、隶属关系分组的从业人数

(续22)

行业类别(小类)	代码	法人单位从业人数(万人)	中央	地方
其他日用百货零售业	6429	111.81	0.11	111.71
纺织品、服装和鞋帽零售业	6430	37.28	0.21	37.07
日用杂品零售业	6440	18.48	0.10	18.37
五金、交电、化工零售业	6450	93.41	2.28	91.13
药品及医疗器械零售业	6470	18.58	0.22	18.36
图书报刊零售业	6480	11.28	0.33	10.95
其他零售业	6490	93.76	3.56	90.21
家具零售业	6491	4.08	0.02	4.06
煤炭零售业	6492	10.29	0.29	10.00
石油制品零售业	6493	26.81	0.50	26.31
汽车、摩托车及其零配件零售业	6494	22.72	0.96	21.77
计算机及软件、办公设备零售业	6495	7.87	0.49	7.38
信托业	6496	1.71	0.42	1.30
首饰业	6497	3.12	0.18	2.93
其他类未包括的零售业	6499	17.16	0.70	16.46
商业经纪与代理业	6500	7.67	0.80	6.87
餐饮业	6700	166.46	3.72	162.76
正餐	6710	144.18	3.31	140.87
快餐	6720	9.28	0.19	9.10
其他饮食业	6790	13.00	0.22	12.79
小吃	6791	6.07	0.05	6.02
冷饮	6793	0.82		0.82
茶馆	6795	0.68		0.68
其他类未包括的餐饮业	6799	5.43	0.17	5.27
金融、保险业	I	341.30	223.80	117.52
金融业	6800	320.90	207.72	113.20
中央银行	6810	17.76	15.72	2.04
商业银行	6820	200.89	175.68	25.22
其他银行	6830	6.25	4.44	1.81
信用合作社	6840	81.36	9.73	71.63
信托投资业	6850	4.10	0.89	3.21
保险业	7000	20.40	16.08	4.32

法人单位按行业(小类)、隶属关系分组的从业人数

(续23)

行业类别(小类)	代码	法人单位从业人数(万人)	中央	地方
房地产业	J	130.20	4.56	125.64
房地产开发与经营业	7200	86.22	3.05	83.18
房地产管理业	7300	40.23	1.41	38.81
房地产代理与经纪业	7400	3.75	0.10	3.65
社会服务业	K	580.12	33.28	546.85
公共设施服务业	7500	194.60	2.04	192.57
市内公共交通业	7510	82.19	0.81	81.39
市内公共汽电车业	7511	58.08	0.05	58.03
出租汽车业	7512	18.58	0.69	17.90
轨道交通业	7513	2.35	0.01	2.34
市内轮渡业	7514	1.94	1.94	
其他市内公共交通业	7519	1.24	0.06	1.18
园林绿化业	7520	26.74	0.15	26.59
自然保护区管理业	7530	1.11	0.06	1.05
环境卫生业	7540	43.95	0.08	43.88
市政工程管理业	7550	27.42	0.09	27.33
风景名胜区管理业	7560	2.74	0.30	2.44
其他公共服务业	7590	10.45	0.55	9.89
居民服务业	7600	55.38	1.64	53.76
理发及美容化妆业	7610	4.97	0.03	4.94
沐浴业	7620	6.17	0.04	6.13
洗染业	7630	2.81	0.14	2.67
摄影及扩印业	7640	6.30	0.14	6.17
托儿所	7650	1.67	0.02	1.65
日用品修理业	7660	6.15	0.23	5.93
家务服务业	7670	1.73	0.06	1.67
殡葬业	7680	3.92	0.01	3.91
其他居民服务业	7690	21.66	0.97	20.69
旅馆业	7800	174.15	15.58	158.58
租赁服务业	7900	5.56	0.46	5.10
旅游业	8000	17.55	1.84	15.71
娱乐服务业	8100	22.58	0.46	22.12

法人单位按行业(小类)、隶属关系分组的从业人数

(续24)

行业类别(小类)	代码	法人单位从业人数(万人)	中央	地方
信息、咨询服务业	8200	49.86	5.48	44.38
广告业	8210	12.12	0.87	11.25
咨询服务业	8220	14.80	1.09	13.71
公证业	8221	0.87	0.01	0.86
律师事务所	8222	4.62	0.05	4.57
会计、审计、统计咨询业	8223	8.66	0.77	7.89
社会调查业	8224	0.65	0.26	0.39
其他类未包括的信息咨询服务业	8290	22.94	3.52	19.42
计算机应用服务业	8300	11.81	2.61	9.17
软件开发咨询业	8310	7.42	1.62	5.80
数据处理业	8320	0.59	0.15	0.43
数据库服务业	8330	0.66	0.08	0.57
计算机设备维护咨询业	8340	3.14	0.76	2.37
其他社会服务业	8400	48.63	3.17	45.46
市场管理服务业	8410	16.25	0.86	15.39
其他类未包括的社会服务业	8490	32.38	2.31	30.07
卫生、体育和社会福利业	L	461.28	20.08	441.21
卫生	8500	433.95	19.23	414.73
医院	8510	376.44	17.12	359.32
综合医院	8511	223.76	15.13	208.63
专科医院	8512	27.39	1.27	26.12
中医医院	8513	32.68	0.62	32.06
门诊部	8514	3.43	0.07	3.36
其他医院	8519	89.18	0.03	89.15
疗养院	8520	4.98	1.27	3.71
专科防治所(站)	8530	6.25	0.06	6.19
卫生防疫站	8540	20.70	0.27	20.43
妇幼保健所(站)	8550	11.94	0.01	11.94
药品检验所(室)	8560	2.52		2.52
其他卫生	8590	11.12	0.50	10.62
体育	8600	7.49	0.36	7.13
社会福利保障业	8700	19.84	0.49	19.35
社会福利业	8710	11.79	0.27	11.53

法人单位按行业(小类)、隶属关系分组的从业人数

(续25)

行业类别(小类)	代码	法人单位从业人数(万人)	中央	地方
干部休养所	8711	2.18	0.16	2.02
福利收容院	8712	7.46	0.03	7.44
社区服务业	8713	2.15	0.08	2.07
社会保险和救济业	8720	5.88	0.16	5.72
其他类未包括的社会福利保障业	8790	2.17	0.06	2.10
教育、文化艺术及广播电影电视业	M	1 353.66	76.46	1 277.19
教育	8900	1 231.39	68.29	1 163.09
高等教育	8910	121.21	53.68	67.53
普通高等教育	8911	102.01	50.90	51.11
成人高等教育	8912	19.20	2.78	16.42
中等教育	8920	509.39	11.17	498.20
中等专业学校	8921	61.71	5.06	56.65
普通中学	8922	385.06	3.86	381.19
农业、职业中学	8923	31.17	0.19	30.98
技工学校	8924	14.46	1.63	12.83
成人中等学校	8925	16.48	0.43	16.04
工读学校	8926	0.51	0.51	
初等教育	8930	524.41	1.13	523.29
小学校	8931	523.59	1.13	522.47
成人初等学校	8932	0.82	0.82	
学前教育	8940	27.76	0.48	27.28
特殊教育	8950	3.54	0.02	3.52
其他教育	8990	45.08	1.81	43.27
文化艺术业	9000	74.84	6.44	68.39
艺术	9010	19.04	1.27	17.76
出版	9020	17.49	3.87	13.61
文物保护	9030	5.21	0.34	4.87
图书馆	9040	4.61	0.25	4.37
档案馆	9050	1.75	0.11	1.64
群众文化	9060	11.55	0.14	11.41
新闻	9070	1.59	0.30	1.29
文化艺术经纪与代理业	9080	0.34	0.01	0.33
其他文化艺术业	9090	13.26	0.15	13.11
广播电影电视业	9100	47.43	1.73	45.71

法人单位按行业(小类)、隶属关系分组的从业人数

(续26)

行业类别(小类)	代码	法人单位从业人数(万人)	中央	地方
广播	9110	12.38	0.66	11.72
电影	9120	20.71	0.60	20.11
电视	9130	14.34	0.47	13.88
科学研究和综合技术服务业	N	192.31	77.61	114.69
科学研究业	9200	76.87	41.85	35.00
自然科学研究	9210	60.73	34.33	26.39
社会科学研究	9220	3.50	0.86	2.63
其他科学研究	9230	12.64	6.66	5.98
综合技术服务业	9300	115.44	35.76	79.69
气象	9310	5.40	3.46	1.94
地震	9320	1.48	0.97	0.52
测绘	9330	4.99	1.50	3.49
技术监督	9340	15.99	2.16	13.83
海洋环境	9350	0.55	0.39	0.16
环境保护	9360	6.44	0.29	6.15
技术推广和科技交流服务业	9370	13.75	2.29	11.46
工程设计业	9380	41.73	16.20	25.53
其他综合技术服务业	9390	25.11	8.50	16.61
国家机关、政党机关和社会团体	O	2 079.83	63.58	2 016.26
国家机关	9400	1 216.34	57.37	1 158.97
政党机关	9500	56.87	1.27	55.61
社会团体	9600	70.94	4.92	66.02
基层群众自治组织	9700	735.68	0.02	735.66
居民委员会	9710	50.90	0.02	50.88
村民委员会	9720	684.78		684.78
其他行业	P	198.00	10.56	187.45
企业管理机构	9910	169.51	8.79	160.72
其他类未包括的行业	9990	28.49	1.77	26.73

法人单位按行业(小类)、

行业类别(小类)	代码	法人单位从业人数(万人)	国有经济	集体经济	私营经济	联营经济
全国总计		**22 966.30**	**11 616.40**	**7 857.45**	**805.94**	**210.60**
农、林、牧渔业	A	670.54	548.39	106.34	4.45	1.86
农业	0100	350.23	310.94	35.12	1.10	0.47
种植业	0110	345.33	307.29	34.23	1.01	0.46
其他农业	0190	4.90	3.65	0.89	0.09	0.01
林业	0200	104.46	90.15	13.41	0.17	0.30
畜牧业	0300	59.74	42.46	11.62	1.72	0.52
牲畜饲养放牧业	0310	41.72	34.84	5.26	0.61	0.18
家禽饲养业	0320	14.93	6.07	5.23	0.88	0.31
狩猎业	0330	0.28	0.22	0.04	0.01	
其他畜牧业	0390	2.81	1.33	1.09	0.22	0.03
渔业	0400	45.94	17.39	24.37	1.13	0.46
海洋渔业	0410	20.69	7.14	11.89	0.31	0.17
海水养殖业	0411	7.52	1.69	5.07	0.18	0.13
海洋捕捞业	0412	13.17	5.45	6.82	0.13	0.04
淡水渔业	0420	25.25	10.25	12.48	0.82	0.29
淡水养殖业	0421	24.03	9.49	12.06	0.80	0.29
淡水捕捞业	0422	1.22	0.76	0.42	0.02	
农、林、牧、渔服务业	0500	110.17	87.45	21.82	0.33	0.11
农业服务业	0510	53.70	44.14	9.27	0.10	0.06
林业服务业	0520	12.55	11.61	0.85	0.02	
畜牧兽医服务业	0530	31.52	22.31	9.06	0.06	0.01
渔业服务业	0540	5.70	4.31	1.19	0.07	0.03
其他农、林、牧、渔服务业	0590	6.70	5.08	1.45	0.08	0.01
采掘业	B	1 290.55	808.40	390.70	58.55	9.16
煤炭采选业	0600	709.20	448.56	209.12	34.64	5.13
煤炭开采业	0610	687.67	439.25	198.71	33.67	4.99
煤炭洗选业	0620	21.53	9.31	10.41	0.97	0.14
石油和天然气开采业	0700	136.25	135.16	0.64		0.09
天然原油开采业	0710	133.60	132.72	0.49		0.09
天然气开采业	0720	2.54	2.40	0.10		
油页岩开采业	0730	0.11	0.04	0.05		
黑色金属矿采选业	0800	49.59	18.96	25.28	3.40	0.50
铁矿采选业	0810	42.11	15.67	21.75	2.91	0.42
其他黑色金属矿采选业	0820	7.48	3.29	3.53	0.49	0.08
锰矿采选业	0821	7.20	3.12	3.43	0.48	0.08
铬矿采选业	0822	0.28	0.17	0.10	0.01	

经济类型分组的从业人数

股份制经济	外商投资经济	中外合资经营	中外合作经营	外商独资	港.澳.台投资经济	港.澳.台与大陆合资经营	港.澳.台与大陆合作经营	港.澳.台独资	其他经济
645.16	**599.49**	**405.37**	**81.19**	**112.93**	**665.89**	**353.04**	**170.92**	**141.93**	**564.84**
3.00	3.59	2.70	0.51	0.38	2.03	0.63	0.31	1.09	0.84
0.68	0.71	0.41	0.13	0.17	0.87	0.11	0.15	0.61	0.32
0.53	0.67	0.39	0.12	0.16	0.81	0.10	0.14	0.57	0.32
0.15	0.04	0.02	0.01	0.01	0.06	0.01	0.01	0.04	
0.21	0.05	0.02	0.01	0.02	0.05	0.02	0.01	0.02	0.12
0.91	1.91	1.69	0.12	0.10	0.52	0.21	0.04	0.27	0.06
0.20	0.32	0.28	0.02	0.02	0.27	0.09	0.01	0.17	0.04
0.68	1.50	1.34	0.10	0.06	0.23	0.11	0.03	0.09	0.02
0.03	0.09	0.07		0.02	0.02	0.01		0.01	
1.02	0.85	0.53	0.23	0.09	0.55	0.25	0.11	0.19	0.17
0.54	0.35	0.24	0.10	0.01	0.16	0.07	0.06	0.03	0.12
0.08	0.18	0.12	0.05	0.01	0.14	0.06	0.06	0.02	0.04
0.46	0.17	0.12	0.05		0.02	0.01		0.01	0.08
0.48	0.50	0.29	0.13	0.08	0.39	0.18	0.05	0.16	0.05
0.48	0.50	0.29	0.13	0.08	0.36	0.16	0.05	0.15	0.04
					0.03	0.02		0.01	0.01
0.18	0.07	0.05	0.02		0.04	0.04			0.17
0.03	0.01	0.01							0.09
0.06									0.01
0.01	0.03	0.02	0.01		0.02	0.02			0.04
0.05	0.01	0.01			0.01	0.01			0.01
0.03	0.02	0.01	0.01		0.01	0.01			0.02
17.72	2.10	1.43	0.41	0.26	1.68	1.28	0.24	0.16	2.27
9.98	0.18	0.15	0.02	0.01	0.24	0.21		0.03	1.34
9.51	0.06	0.04	0.01	0.01	0.14	0.11		0.03	1.34
0.47	0.12	0.11	0.01		0.10	0.10			
0.15	0.22	0.03	0.19						
0.09	0.21	0.02	0.19						
0.03	0.01	0.01							
0.03									
0.89	0.15	0.09	0.02	0.04	0.31	0.27	0.02	0.02	0.10
0.86	0.10	0.09	0.01		0.30	0.26	0.02	0.02	0.10
0.03	0.05		0.01	0.04	0.01	0.01			
0.03	0.05		0.01	0.04	0.01	0.01			

(续1)

行业类别(小类)	代码	法人单位从业人数(万人)	国有经济	集体经济	私营经济
有色金属矿采选业	0900	91.57	48.53	34.83	4.20
重有色金属矿采选业	0910	41.39	21.44	15.42	2.25
铜矿采选业	0911	14.83	10.03	3.49	0.34
铅锌矿采选业	0912	17.92	8.53	7.69	0.96
镍钴矿采选业	0914	0.45	0.41	0.02	
锡矿采选业	0915	5.67	1.90	2.65	0.75
锑矿采选业	0916	1.95	0.35	1.25	0.19
汞矿采选业	0917	0.24	0.21	0.03	
其他重有色金属矿采选业	0919	0.33	0.01	0.29	0.01
轻有色金属矿采选业	0930	3.53	0.76	2.18	0.34
铝矿采选业	0931	1.59	0.15	1.14	0.23
镁矿采选业	0932	1.06	0.36	0.61	0.01
钛矿采选业	0933	0.63	0.16	0.32	0.09
其他轻有色金属矿采选业	0939	0.25	0.09	0.11	0.01
贵金属矿采选业	0950	32.85	16.43	13.92	1.23
金矿采选业	0951	31.89	15.67	13.77	1.18
银矿采选业	0952	0.91	0.76	0.14	0.01
其他贵金属矿采选业	0959	0.05		0.01	0.04
稀有稀土金属矿采选业	0960	13.80	9.90	3.31	0.38
钨钼矿采选业	0961	10.15	7.25	2.65	0.18
稀有高熔点金属矿采选业	0963	0.64	0.53	0.05	0.01
稀散金属矿采选业	0964	0.06	0.04	0.02	
非金属矿采选业	1000	193.99	51.03	117.80	16.05
土砂石开采业	1010	114.70	9.42	86.36	13.53
石灰石开采业	1011	28.58	2.81	21.55	3.22
建筑装饰用石开采业	1012	40.33	2.24	31.12	4.71
耐火土石开采业	1013	6.53	1.62	4.17	0.57
其他土砂石开采业	1019	39.26	2.75	29.52	5.03
化学矿采选业	1020	22.43	11.85	9.09	0.86
硫矿采选业	1021	9.14	4.31	4.07	0.52
磷矿采选业	1022	9.05	5.67	3.17	0.11
天然钾盐采选业	1023	0.04	0.01	0.03	
硼矿采选业	1024	1.09	0.51	0.56	0.02
其他化学矿采选业	1029	3.11	1.35	1.26	0.21
采盐业	1030	27.70	20.74	5.69	0.03
海盐业	1031	19.34	14.17	4.97	0.03
湖盐业	1032	1.16	1.05	0.11	

经济类型分组的从业人数

联营经济	股份制经济	外商投资经济	中外合资经营企业	中外合作经营企业	外商独资企业	港.澳.台投资经济	港.澳.台与大陆合资经营企业	港.澳.台与大陆合作经营企业	港.澳.台独资企业	其他经济
1.50	1.85	0.31	0.23	0.06	0.02	0.16	0.13	0.02	0.01	0.26
0.54	1.30	0.19	0.16	0.02	0.01	0.14	0.12	0.02		0.14
0.15	0.66	0.07	0.05	0.01	0.01	0.06	0.06			0.04
0.29	0.34	0.05	0.04	0.01		0.05	0.03	0.02		0.01
						0.02	0.02			
0.04	0.23	0.06	0.06							0.04
0.06	0.06					0.01	0.01			0.05
	0.01	0.01	0.01							
0.09	0.07	0.05	0.05			0.01	0.01			0.04
0.03	0.04									
	0.02	0.05	0.05							0.01
0.05						0.01	0.01			0.01
0.01	0.01									0.02
0.80	0.40	0.04	0.02	0.02						0.07
0.80	0.39	0.03	0.01	0.02						0.07
		0.01	0.01							
	0.01									
0.07	0.08	0.03		0.02	0.01	0.01			0.01	0.01
0.01	0.05									
0.01	0.01	0.03		0.02	0.01					
1.86	4.50	1.20	0.93	0.11	0.16	0.95	0.67	0.18	0.10	0.56
1.45	2.20	0.71	0.48	0.08	0.15	0.58	0.35	0.15	0.08	0.45
0.29	0.44	0.03	0.03			0.07	0.07			0.17
0.62	0.75	0.37	0.18	0.07	0.12	0.37	0.18	0.12	0.07	0.15
0.01	0.05	0.08	0.08			0.01	0.01			0.01
0.53	0.96	0.23	0.19	0.01	0.03	0.13	0.09	0.03	0.01	0.12
0.11	0.39	0.02	0.01	0.01		0.01	0.01			0.09
0.04	0.18					0.01	0.01			0.01
0.03	0.07									
0.04	0.14	0.02	0.01	0.01						0.08
0.05	1.08					0.10	0.10			
	0.07					0.09	0.09			

(续2)

行业类别(小类)	代码	法人单位从业人数(万人)	国有经济	集体经济	私营经济	联营经济
井盐业	1033	5.27	3.71	0.50		0.04
矿盐业	1034	1.93	1.81	0.11		0.01
其他非金属矿采选业	1090	29.16	9.02	16.66	1.63	0.25
石棉采选业	1091	2.65	1.76	0.84	0.01	
云母采选业	1092	0.29	0.12	0.11	0.05	
石墨采选业	1093	2.83	1.22	0.97	0.18	0.02
石膏采选业	1094	6.25	1.94	3.74	0.26	0.10
宝石、玉石采选业	1095	0.57	0.07	0.40	0.03	0.01
水晶采选业	1096	0.04		0.04		
滑石采选业	1097	2.15	0.77	1.06	0.17	0.02
其他类未包括的非金属矿采选业	1099	14.38	3.14	9.50	0.93	0.10
木材及竹材采运业	1200	108.75	105.93	2.26	0.14	0.04
木材采运业	1210	108.45	105.84	2.10	0.11	0.03
竹材采运业	1220	0.30	0.09	0.16	0.03	0.01
制造业	C	9 655.88	3 361.31	4 115.41	533.68	137.96
食品加工业	1300	339.43	161.04	106.74	25.89	4.31
粮食及饲料加工业	1310	133.26	59.14	48.08	13.14	1.70
碾米业	1311	31.64	13.01	13.89	3.37	0.22
磨粉业	1312	53.48	26.52	17.71	4.93	0.58
面、米制品业	1313	14.02	5.20	5.95	1.71	0.21
配合及混合饲料制造业	1314	28.03	13.56	7.38	2.38	0.63
蛋白饲料制造业	1315	1.79	0.27	1.07	0.23	0.04
水产饲料制造业	1317	1.62	0.23	0.73	0.26	0.01
其他饲料制造业	1319	2.68	0.35	1.35	0.26	0.01
植物油加工业	1320	47.25	21.29	18.43	3.05	0.43
食用植物油加工业	1321	45.91	20.99	17.70	2.92	0.40
非食用植物油加工业	1322	1.34	0.30	0.73	0.13	0.03
制糖业	1330	43.78	38.36	1.89	0.53	0.04
甘蔗糖业	1331	31.35	26.78	1.48	0.37	0.01
甜菜糖业	1332	10.84	10.68	0.08	0.01	0.01
加工糖业	1334	1.59	0.90	0.33	0.15	0.02
屠宰及肉类蛋类加工业	1340	61.19	32.28	15.48	3.56	1.40
屠宰业	1341	20.13	13.99	3.75	0.97	0.82
肉制品加工业	1342	36.02	16.65	9.86	2.11	0.46
肉类副产品加工业	1343	3.70	1.18	1.35	0.36	0.11
蛋品加工业	1344	1.34	0.46	0.52	0.12	0.01

经济类型分组的从业人数

股份制经济	外商投资经济	中外合资经营企业	中外合作经营企业	外商独资企业	港.澳.台投资经济	港.澳.台与大陆合资经营企业	港.澳.台与大陆合作经营企业	港.澳.台独资企业	其他经济
1.01					0.01	0.01			
0.83	0.47	0.44	0.02	0.01	0.26	0.21	0.03	0.02	0.02
0.04									
0.01									
0.29	0.13	0.13			0.02	0.02			
0.11	0.02	0.02			0.06	0.06			0.01
	0.05	0.05							
0.05	0.08	0.08							
0.33	0.19	0.16	0.02	0.01	0.18	0.13	0.03	0.02	0.01
0.33	0.02		0.01	0.01	0.02		0.02		0.01
0.33	0.01		0.01		0.02		0.02		0.01
	0.01			0.01					
389.31	506.25	346.84	58.61	100.80	595.98	310.23	154.73	131.02	15.80
10.70	19.94	16.22	1.88	1.84	9.95	7.34	0.89	1.72	0.93
4.28	3.91	2.85	0.51	0.55	2.44	2.03	0.21	0.20	0.58
0.75	0.14	0.13	0.01		0.09	0.08		0.01	0.16
1.78	0.66	0.55	0.03	0.08	1.08	1.01	0.05	0.02	0.22
0.39	0.32	0.27	0.02	0.03	0.23	0.14	0.04	0.05	0.02
1.08	2.12	1.33	0.43	0.36	0.77	0.60	0.09	0.08	0.13
0.07	0.09	0.09			0.01	0.01			
0.07	0.16	0.10	0.02	0.04	0.13	0.08	0.02	0.03	0.02
0.14	0.42	0.38		0.04	0.13	0.11	0.01	0.01	0.03
1.26	1.65	1.35	0.11	0.19	0.97	0.92	0.02	0.03	0.16
1.23	1.56	1.27	0.10	0.19	0.95	0.90	0.02	0.03	0.15
0.03	0.09	0.08	0.01		0.02	0.02			0.01
1.75	0.92	0.92			0.26	0.23	0.03		0.01
1.69	0.87	0.87			0.13	0.13			0.01
0.01					0.05	0.05			
0.05	0.05	0.05			0.08	0.05	0.03		
1.33	5.15	4.64	0.37	0.14	1.99	1.68	0.19	0.12	0.03
0.17	0.27	0.23	0.03	0.01	0.17	0.13	0.04		0.01
0.79	4.51	4.08	0.31	0.12	1.64	1.38	0.15	0.11	0.01
0.22	0.31	0.28	0.02	0.01	0.17	0.16		0.01	0.01
0.15	0.06	0.05	0.01		0.01	0.01			

法人单位按行业(小类)、

(续3)

行业类别(小类)	代码	法人单位从业人数(万人)	国有经济	集体经济	私营经济	联营经济
水产品加工业	1350	26.58	6.20	10.88	2.62	0.22
冷冻水产品加工业	1351	20.41	5.63	8.95	1.78	0.12
干制水产品加工业	1352	3.05	0.05	0.94	0.34	0.05
腌制水产品加工业	1353	0.51	0.01	0.19	0.14	
鱼糜及鱼糜制品加工业	1354	0.51	0.01	0.15	0.02	0.01
其它水产品加工业	1359	2.10	0.50	0.65	0.34	0.04
盐加工业	1360	1.80	1.10	0.63		0.01
其他食品加工业	1390	25.57	2.67	11.35	2.99	0.51
食品制造业	1400	211.59	82.65	70.98	17.41	2.76
糕点、糖果制造业	1410	72.33	23.78	24.57	7.11	1.00
糖果业	1411	16.50	6.21	5.49	1.76	0.31
糕点业	1412	20.20	10.10	5.78	1.80	0.19
饼干业	1413	10.69	2.82	3.55	1.31	0.10
方便主食品业	1414	14.53	3.11	4.41	0.61	0.11
蜜饯业	1415	7.38	0.83	4.50	0.91	0.23
其他糕点、糖果制品业	1419	3.03	0.71	0.84	0.72	0.06
乳制品制造业	1420	13.65	9.01	2.23	0.20	0.02
罐头食品制造业	1430	29.74	13.21	9.59	2.31	0.70
肉类罐头制造业	1431	6.23	4.80	0.53	0.16	
禽类罐头制造业	1432	0.30	0.03	0.18	0.05	0.02
水产罐头制造业	1433	1.45	0.72	0.41	0.04	0.06
水果罐头制造业	1434	10.15	3.01	4.61	1.42	0.20
蔬菜罐头制造业	1435	8.41	3.30	2.93	0.52	0.28
其他罐头食品制造业	1439	3.20	1.35	0.93	0.12	0.14
发酵制品业	1440	12.99	6.48	3.40	0.20	0.14
氨基酸制造业	1441	0.68	0.20	0.30	0.05	0.01
味精制造业	1442	6.35	3.67	0.89	0.02	0.06
柠檬酸制造业	1443	2.31	1.37	0.57		0.03
酵母制品业	1444	1.10	0.33	0.48	0.05	0.01
酶制剂制造业	1445	1.43	0.63	0.52	0.02	0.01
其他发酵制品业	1449	1.12	0.28	0.64	0.06	0.02
调味品制造业	1450	26.24	13.85	7.74	1.20	0.16
酱油、酱类制造业	1451	18.42	11.76	4.69	0.60	0.11
食醋制造业	1452	2.32	1.00	0.92	0.14	0.01
调味料制造业	1453	2.36	0.45	1.06	0.27	0.02
调味油制造业	1454	0.87	0.34	0.38	0.05	
其他调味品制造业	1459	2.27	0.30	0.69	0.14	0.02

经济类型分组的从业人数

股份制经济	外商投资经济	中外合资经营企业	中外合作经营企业	外商独资企业	港.澳.台投资经济	港.澳.台与大陆合资经营企业	港.澳.台与大陆合作经营企业	港.澳.台独资企业	其他经济
0.86	3.81	2.78	0.55	0.48	1.92	1.16	0.21	0.55	0.12
0.71	2.26	1.79	0.19	0.28	0.91	0.55	0.10	0.26	0.07
0.03	1.11	0.72	0.28	0.11	0.54	0.30	0.03	0.21	0.01
0.03	0.03	0.01	0.01	0.01	0.12	0.08	0.01	0.03	
	0.19	0.10	0.03	0.06	0.09	0.02	0.06	0.01	0.04
0.09	0.22	0.16	0.04	0.02	0.26	0.21	0.01	0.04	
0.05					0.01	0.01			
1.17	4.50	3.68	0.34	0.48	2.36	1.31	0.23	0.82	0.03
7.20	17.23	13.23	1.72	2.28	12.45	8.11	1.37	2.97	0.80
2.62	6.77	4.25	1.06	1.46	6.32	3.34	0.74	2.24	0.14
0.66	0.89	0.56	0.13	0.20	1.18	0.93	0.16	0.09	0.01
0.39	0.96	0.51	0.24	0.21	0.93	0.50	0.19	0.24	0.03
0.75	1.14	0.80	0.28	0.06	0.99	0.61	0.10	0.28	0.01
0.55	3.02	1.87	0.29	0.86	2.71	1.06	0.16	1.49	0.02
0.15	0.38	0.28	0.03	0.07	0.32	0.12	0.10	0.10	0.07
0.12	0.38	0.23	0.09	0.06	0.19	0.12	0.03	0.04	
0.53	1.41	1.31	0.07	0.03	0.24	0.13	0.11		
1.16	1.33	1.08	0.08	0.17	1.38	0.93	0.18	0.27	0.01
0.47	0.04	0.04			0.22	0.22			
					0.02	0.01	0.01		
	0.05	0.04		0.01	0.16	0.14	0.02		
0.40	0.32	0.29		0.03	0.17	0.14		0.03	0.01
0.20	0.62	0.47	0.05	0.10	0.54	0.23	0.14	0.17	
0.09	0.30	0.24	0.03	0.03	0.27	0.19	0.01	0.07	
0.42	1.18	1.13	0.02	0.03	1.14	0.96	0.18		
0.07	0.03	0.03			0.03	0.03			
0.18	0.69	0.66		0.03	0.82	0.65	0.17		
0.01	0.13	0.13			0.21	0.21			
0.07	0.11	0.10	0.01		0.03	0.03			
0.03	0.19	0.19			0.03	0.02	0.01		
0.06	0.03	0.02	0.01		0.02	0.02			
0.71	2.09	1.91	0.04	0.14	0.45	0.38	0.01	0.06	0.03
0.53	0.52	0.49	0.01	0.02	0.18	0.16		0.02	0.02
0.07	0.12	0.12			0.05	0.05			0.01
0.07	0.39	0.26	0.02	0.11	0.09	0.06		0.03	
	0.04	0.04			0.05	0.04	0.01		
0.04	1.02	1.00	0.01	0.01	0.08	0.07		0.01	

(续4)

行业类别(小类)	代码	法人单位从业人数(万人)	国有经济	集体经济	私营经济
其他食品制造业	1490	56.64	16.32	23.45	6.39
豆制品制造业	1491	8.02	2.73	3.27	1.07
淀粉及淀粉制品业	1492	20.64	4.53	10.16	2.99
代乳品制造业	1493	0.69	0.26	0.28	0.02
制冰业	1495	1.21	0.40	0.49	0.23
淀粉糖业	1497	2.37	1.13	0.97	0.11
冷冻饮品制造业	1498	12.48	5.36	3.63	0.77
其他类未包括的食品制造业	1499	11.23	1.91	4.65	1.20
饮料制造业	1500	184.17	93.08	52.36	7.76
酒精及饮料酒制造业	1510	127.00	79.56	25.05	3.64
酒精制造业	1511	9.56	7.19	1.46	0.09
白酒制造业	1512	71.86	47.29	14.82	2.92
啤酒制造业	1513	36.07	20.16	5.94	0.12
黄酒制造业	1514	4.80	2.51	1.53	0.29
葡萄酒制造业	1515	2.15	1.41	0.33	0.04
果露酒制造业	1516	2.56	1.00	0.97	0.18
软饮料制造业	1520	32.53	7.33	12.98	2.53
碳酸饮料制造业	1521	13.24	3.34	5.71	1.07
天然矿泉水制造业	1522	5.12	0.75	2.08	0.25
果菜汁饮料制造业	1523	8.14	1.60	2.96	0.62
固体饮料制造业	1524	2.68	0.57	1.09	0.29
其他软饮料制造业	1529	3.35	1.07	1.14	0.30
制茶业	1550	19.44	5.36	12.01	1.09
其他饮料制造业	1590	5.20	0.83	2.32	0.50
烟草加工业	1600	32.75	29.81	2.39	0.05
烟叶复烤业	1610	2.88	2.55	0.22	0.01
卷烟制造业	1620	28.89	26.84	1.74	0.03
其他烟草加工业	1690	0.98	0.42	0.43	0.01
纺织业	1700	999.26	430.96	383.83	34.28
纤维原料初步加工业	1710	40.81	6.26	30.24	1.87
轧花业	1711	26.65	1.97	24.16	0.15
洗毛业	1712	2.59	1.20	1.01	0.19
亚麻纤维初步加工业	1713	2.92	1.73	0.92	0.03
苎麻纤维初步加工业	1714	2.11	0.14	0.75	1.02
其他纤维原料初步加工业	1719	6.54	1.22	3.40	0.48
棉纺织业	1720	490.03	268.21	152.69	9.58
棉纺业	1721	237.52	171.38	42.61	1.34

经济类型分组的从业人数

联营经济	股份制经济	外商投资经济	中外合资经营企业	中外合作经营企业	外商独资企业	港·澳·台投资经济	港·澳·台与大陆合资经营企业	港·澳·台与大陆合作经营企业	港·澳·台独资企业	其他经济
0.74	1.76	4.45	3.55	0.45	0.45	2.92	2.37	0.15	0.40	0.62
0.11	0.18	0.36	0.31	0.02	0.03	0.28	0.18	0.04	0.06	0.03
0.16	0.72	0.71	0.58	0.07	0.06	0.81	0.76	0.02	0.03	0.55
0.01	0.01	0.09	0.09			0.03	0.03			
0.04	0.01	0.02	0.01		0.01	0.01	0.01			0.01
0.03	0.01	0.05		0.05		0.07			0.07	
0.18	0.53	1.12	0.96	0.08	0.08	0.88	0.79	0.04	0.05	0.02
0.21	0.30	2.10	1.60	0.23	0.27	0.84	0.60	0.05	0.19	0.01
1.71	10.55	11.19	9.60	0.95	0.64	7.12	5.78	0.70	0.64	0.40
0.65	8.39	5.95	5.28	0.36	0.31	3.51	2.99	0.40	0.12	0.25
0.06	0.22	0.15	0.09	0.06		0.39	0.13	0.26		
0.24	5.12	0.94	0.92	0.01	0.01	0.38	0.30	0.04	0.04	0.16
0.19	2.54	4.46	3.92	0.26	0.28	2.60	2.43	0.10	0.07	0.07
0.06	0.30	0.06	0.06			0.04	0.04			
	0.04	0.25	0.21	0.03	0.01	0.07	0.07			0.01
0.10	0.17	0.09	0.08		0.01	0.03	0.02		0.01	0.01
0.78	1.27	4.59	3.81	0.54	0.24	2.92	2.28	0.23	0.41	0.10
0.24	0.25	1.76	1.43	0.31	0.02	0.80	0.58	0.06	0.16	0.05
0.26	0.43	0.71	0.56	0.12	0.03	0.62	0.51	0.07	0.04	0.01
0.19	0.40	1.36	1.24	0.07	0.05	1.00	0.76	0.07	0.17	0.02
0.03	0.07	0.47	0.35	0.02	0.10	0.14	0.13		0.01	0.01
0.06	0.12	0.29	0.23	0.02	0.04	0.36	0.30	0.03	0.03	0.01
0.18	0.46	0.21	0.17		0.04	0.11	0.06	0.01	0.04	0.04
0.10	0.43	0.44	0.34	0.05	0.05	0.58	0.45	0.06	0.07	0.01
0.07	0.15	0.23	0.22	0.01		0.05	0.05			
0.01	0.03	0.02	0.02			0.04	0.04			
0.03	0.07	0.17	0.16	0.01		0.01	0.01			
0.03	0.05	0.04	0.04							
14.03	31.38	42.57	32.37	4.62	5.58	60.99	39.60	13.99	7.40	1.22
0.19	0.59	0.65	0.28	0.03	0.34	0.94	0.70	0.17	0.07	0.05
0.04	0.07	0.12	0.09	0.01	0.02	0.14	0.13	0.01		
0.02	0.09					0.07	0.07			
	0.10					0.10	0.09		0.01	0.03
0.02	0.08	0.05	0.05			0.05	0.05			
0.11	0.25	0.48	0.14	0.02	0.32	0.58	0.36	0.16	0.06	0.02
7.24	17.39	14.18	11.08	1.42	1.68	20.28	15.10	3.47	1.71	0.45
3.25	9.82	4.30	3.74	0.31	0.25	4.79	3.46	0.97	0.36	0.04

(续5)

行业类别(小类)	代码	法人单位从业人数(万人)	国有经济	集体经济	私营经济
棉织业	1722	114.10	43.34	51.58	3.99
印染业	1723	53.24	22.51	18.50	1.31
棉制品业	1724	57.72	21.87	26.47	1.81
棉线带制造业	1725	11.20	2.00	6.90	0.74
帘子布制造业	1726	4.87	1.09	2.95	0.10
其他棉纺织业	1729	11.38	6.02	3.68	0.29
毛纺织业	1740	115.17	43.06	38.31	7.60
毛条加工业	1741	5.98	1.26	3.17	0.15
毛纺业	1742	64.24	28.91	19.47	3.76
毛织业	1743	29.90	8.81	9.91	2.88
毛染整业	1744	4.01	0.58	1.86	0.41
工业用呢、工业用毡制造业	1745	2.57	0.58	1.41	0.14
其他毛纺织业	1749	8.47	2.92	2.49	0.26
麻纺织业	1760	29.71	18.45	7.95	0.22
苎麻纺织业	1761	9.31	5.97	2.69	0.03
亚麻纺织业	1762	5.34	3.18	0.64	0.02
黄、洋、青麻纺织业	1763	12.74	8.83	3.36	0.07
其他麻纺织业	1769	2.32	0.47	1.26	0.10
丝绢纺织业	1770	166.00	57.93	88.08	3.93
缫丝业	1771	60.93	23.59	32.65	0.55
绢纺业	1772	11.83	4.48	6.10	0.13
丝织业	1773	70.38	25.21	36.65	2.31
丝印染业	1774	12.40	3.12	6.93	0.16
丝制品业	1775	7.20	1.19	3.76	0.58
其他丝绢纺织业	1779	3.26	0.34	1.99	0.20
针织品业	1780	138.26	32.20	57.60	10.18
棉针织品业	1781	65.98	22.49	26.43	2.29
毛针织品业	1782	48.33	3.00	20.89	6.28
丝针织品业	1783	10.87	3.56	4.17	0.63
其他针织品业	1789	13.08	3.15	6.11	0.98
其他纺织业	1790	19.28	4.85	8.96	0.90
服装及其他纤维制品制造业	1800	444.21	33.60	205.09	34.57
服装制造业	1810	375.51	28.92	170.75	29.80
制帽业	1820	6.87	0.51	4.01	0.43
制鞋业	1830	45.50	3.07	22.31	3.03
其他纤维制品制造业	1890	16.33	1.10	8.02	1.31
皮革、毛皮、羽绒及其制品业	1900	236.69	25.27	92.36	16.82

经济类型分组的从业人数

联营经济	股份制经济	外商投资经济				港.澳.台投资经济				其他经济
			中外合资经营企业	中外合作经营企业	外商独资企业		港.澳.台与大陆合资经营企业	港.澳.台与大陆合作经营企业	港.澳.台独资企业	
1.74	4.72	3.14	2.39	0.29	0.46	5.48	4.22	0.83	0.43	0.11
0.82	1.17	2.70	1.78	0.50	0.42	6.16	4.52	1.11	0.53	0.06
0.89	1.19	2.99	2.35	0.19	0.45	2.24	1.77	0.34	0.13	0.24
0.09	0.35	0.45	0.37	0.05	0.03	0.68	0.46	0.07	0.15	
0.24	0.02	0.27	0.24	0.01	0.02	0.20	0.13	0.05	0.02	
0.21	0.12	0.33	0.21	0.07	0.05	0.73	0.54	0.10	0.09	
2.58	3.72	6.96	5.57	0.88	0.51	12.53	7.24	4.00	1.29	0.42
0.13	0.24	0.52	0.45	0.01	0.06	0.51	0.39	0.07	0.05	
1.48	2.28	3.17	2.67	0.28	0.22	4.96	3.66	0.80	0.50	0.21
0.48	0.75	1.90	1.28	0.46	0.16	5.04	1.87	2.79	0.38	0.13
0.12	0.16	0.27	0.21	0.04	0.02	0.55	0.23	0.17	0.15	0.06
0.11	0.12	0.02	0.02			0.19	0.19			0.01
0.26	0.17	1.08	0.94	0.09	0.05	1.28	0.90	0.17	0.21	0.01
0.10	0.90	1.63	1.49	0.10	0.04	0.45	0.40	0.02	0.03	
	0.10	0.34	0.33	0.01		0.17	0.16	0.01		
0.03	0.36	0.94	0.81	0.09	0.04	0.16	0.14	0.01	0.01	
0.04	0.40	0.02	0.02			0.02	0.02			
0.03	0.04	0.33	0.33			0.10	0.08		0.02	
1.26	5.32	4.09	3.52	0.36	0.21	5.43	4.14	0.99	0.30	0.01
0.40	3.15	0.17	0.14	0.03		0.42	0.42			
0.18	0.14	0.48	0.48			0.32	0.32			
0.56	1.56	1.89	1.75	0.09	0.05	2.22	1.54	0.48	0.20	
0.07	0.09	0.80	0.71	0.08	0.01	1.24	1.06	0.17	0.01	
0.04	0.34	0.48	0.35	0.02	0.11	0.80	0.52	0.20	0.08	0.01
0.01	0.04	0.27	0.09	0.14	0.04	0.43	0.28	0.14	0.01	
2.37	2.85	13.42	9.37	1.65	2.40	19.36	10.80	5.13	3.43	0.27
0.84	1.35	5.76	4.48	0.48	0.80	6.74	4.66	1.14	0.94	0.08
1.12	1.18	5.57	3.55	1.03	0.99	10.24	4.50	3.67	2.07	0.04
0.26	0.15	1.18	0.81	0.02	0.35	0.90	0.68	0.13	0.09	0.02
0.15	0.17	0.91	0.53	0.12	0.26	1.48	0.96	0.19	0.33	0.13
0.29	0.61	1.64	1.06	0.18	0.40	2.00	1.22	0.21	0.57	0.02
7.35	8.42	70.38	42.78	10.92	16.68	84.09	40.97	21.80	21.32	0.70
6.59	5.79	61.05	38.20	9.20	13.65	71.96	35.88	17.99	18.09	0.64
0.16	0.11	0.72	0.36	0.19	0.17	0.91	0.23	0.33	0.35	0.01
0.39	2.38	6.66	3.27	1.07	2.32	7.62	3.51	2.05	2.06	0.04
0.21	0.14	1.95	0.95	0.46	0.54	3.60	1.35	1.43	0.82	0.01
3.59	5.67	33.19	15.97	4.75	12.47	59.46	24.42	17.79	17.25	0.38

(续 6)

行业类别(小类)	代码	法人单位从业人数(万人)	国有经济	集体经济	私营经济
制革业	1910	26.54	5.38	13.02	1.67
轻革业	1911	19.88	5.02	9.20	1.10
重革业	1912	1.00	0.23	0.33	0.09
其他制革业	1919	5.66	0.13	3.49	0.48
皮革制品制造业	1920	181.91	14.38	65.30	13.56
皮鞋制造业	1921	113.38	11.34	35.16	9.27
革皮服装制造业	1923	22.41	1.77	11.86	1.39
皮箱制造业	1924	6.65	0.39	2.98	0.34
皮包制造业	1925	23.35	0.32	7.65	1.43
其他类未包括的皮革制品业	1929	16.12	0.56	7.65	1.13
毛皮鞣制及制品业	1930	12.26	2.33	6.41	0.59
毛皮鞣制业	1931	4.35	0.88	2.12	0.26
毛皮服装业	1932	3.77	0.57	2.33	0.13
其他毛皮制品业	1939	4.14	0.88	1.96	0.20
羽毛(绒)及制品业	1950	15.98	3.18	7.63	1.00
羽毛(绒)加工业	1951	3.29	0.38	1.71	0.55
羽毛(绒)制品业	1952	12.69	2.80	5.92	0.45
木材加工及竹、藤、棕、草制品业	2000	160.77	27.09	89.42	16.75
锯材、木片加工业	2010	36.12	6.64	23.08	3.49
锯材加工业	2011	30.42	6.03	19.62	2.60
木片加工业	2012	5.70	0.61	3.46	0.89
人造板制造业	2020	46.84	14.61	18.70	3.40
胶合板制造业	2021	25.58	6.05	11.61	1.96
纤维板制造业	2022	7.34	4.19	2.00	0.16
刨花板制造业	2023	7.70	3.49	2.24	0.70
其他人造板制造业	2029	6.22	0.88	2.85	0.58
木制品业	2030	52.72	5.23	32.34	4.76
生产用木制品业	2031	35.41	3.89	23.08	3.07
生活用木制品业	2033	17.31	1.34	9.26	1.69
竹、藤、棕、草制品业	2040	25.09	0.61	15.30	5.10
家具制造业	2100	94.14	6.54	52.71	16.90
木制家具制造业	2110	71.98	5.20	39.29	14.24
竹、藤家具制造业	2120	3.37	0.07	1.88	0.70
金属家具制造业	2130	12.51	1.00	8.46	1.05
塑料家具制造业	2140	0.46	0.02	0.25	0.06
其他家具制造业	2190	5.82	0.25	2.83	0.85

经济类型分组的从业人数

联营经济	股份制经济	外商投资经济				港.澳.台投资经济				其他经济
			中外合资经营企业	中外合作经营企业	外商独资企业		港.澳.台与大陆合资经营企业	港.澳.台与大陆合作经营企业	港.澳.台独资企业	
0.44	0.57	2.06	1.21	0.39	0.46	3.39	2.06	1.03	0.30	0.03
0.32	0.49	1.43	0.92	0.24	0.27	2.30	1.74	0.39	0.17	0.01
0.06	0.01	0.08	0.07		0.01	0.21	0.06	0.15		0.01
0.06	0.07	0.55	0.22	0.15	0.18	0.88	0.26	0.49	0.13	0.01
2.15	4.30	28.35	13.00	3.83	11.52	53.56	20.68	16.42	16.46	0.32
1.58	3.43	14.95	6.84	1.19	6.92	37.54	15.97	9.26	12.31	0.12
0.15	0.49	4.32	2.37	0.81	1.14	2.26	1.36	0.41	0.49	0.17
0.08	0.07	1.20	0.62	0.21	0.37	1.60	0.63	0.57	0.40	
0.12	0.17	5.08	1.81	1.25	2.02	8.56	1.74	4.75	2.07	0.03
0.22	0.14	2.80	1.36	0.37	1.07	3.60	0.98	1.43	1.19	
0.57	0.15	1.11	0.60	0.21	0.30	1.11	0.86	0.13	0.12	0.02
0.45	0.07	0.22	0.16	0.03	0.03	0.36	0.31	0.01	0.04	0.01
0.07	0.06	0.32	0.17	0.05	0.10	0.30	0.14	0.10	0.06	0.01
0.05	0.02	0.57	0.27	0.13	0.17	0.45	0.41	0.02	0.02	
0.43	0.65	1.67	1.16	0.32	0.19	1.40	0.82	0.21	0.37	0.01
0.17	0.04	0.26	0.21	0.02	0.03	0.18	0.11	0.01	0.06	0.01
0.26	0.61	1.41	0.95	0.30	0.16	1.22	0.71	0.20	0.31	
2.04	4.47	10.28	7.67	1.22	1.39	9.84	6.12	1.19	2.53	0.85
0.39	0.79	0.81	0.66	0.05	0.10	0.83	0.46	0.16	0.21	0.09
0.32	0.68	0.49	0.40	0.02	0.07	0.59	0.30	0.13	0.16	0.09
0.07	0.11	0.32	0.26	0.03	0.03	0.24	0.16	0.03	0.05	
0.83	2.10	3.22	2.61	0.45	0.16	3.92	2.88	0.27	0.77	0.04
0.67	1.02	1.93	1.70	0.14	0.09	2.30	1.62	0.12	0.56	0.03
0.04	0.35	0.32	0.24	0.08		0.28	0.20	0.04	0.04	
0.03	0.46	0.30	0.16	0.14		0.47	0.31	0.02	0.14	
0.09	0.27	0.67	0.51	0.09	0.07	0.87	0.75	0.09	0.03	0.01
0.54	1.14	4.67	3.07	0.64	0.96	3.90	2.07	0.68	1.15	0.13
0.41	0.69	1.90	1.18	0.36	0.36	2.30	1.38	0.38	0.54	0.07
0.13	0.45	2.77	1.89	0.28	0.60	1.60	0.69	0.30	0.61	0.06
0.28	0.44	1.58	1.33	0.08	0.17	1.19	0.71	0.08	0.40	0.59
1.24	2.51	5.57	3.19	0.85	1.53	8.40	3.71	2.71	1.98	0.26
1.04	2.01	4.21	2.53	0.62	1.06	5.78	2.63	1.87	1.28	0.21
0.05	0.14	0.18	0.04	0.04	0.10	0.35	0.08	0.12	0.15	
0.10	0.24	0.58	0.28	0.06	0.24	1.04	0.46	0.24	0.34	0.03
	0.01	0.02	0.02			0.10	0.05	0.03	0.02	
0.05	0.11	0.58	0.32	0.13	0.13	1.13	0.49	0.45	0.19	0.02

法人单位按行业(小类)、

(续7)

行业类别(小类)	代码	法人单位从业人数(万人)	国有经济	集体经济	私营经济
造纸及纸制品业	2200	268.30	78.33	139.93	15.49
纸浆制造业	2210	5.08	1.89	2.08	0.17
造纸业	2220	165.69	68.69	70.89	7.56
机制纸及纸板制造业	2221	155.90	67.20	65.35	6.50
手工纸制造业	2223	2.55	0.14	1.48	0.52
加工纸制造业	2224	7.24	1.35	4.06	0.54
纸制品业	2230	97.53	7.75	66.96	7.76
印刷业，记录媒介的复制	2300	149.20	56.61	69.52	6.64
印刷业	2310	146.32	55.87	68.78	6.61
书、报、刊印刷业	2311	55.68	32.13	19.17	1.60
包装装潢印刷业	2312	38.90	10.26	18.89	1.80
其他印刷业	2319	51.74	13.48	30.72	3.21
记录媒介的复制	2320	2.88	0.74	0.74	0.03
文教体育用品制造业	2400	122.31	11.04	45.02	6.85
文化用品制造业	2410	29.22	5.95	14.88	1.78
文具制造业	2411	8.28	0.70	4.08	0.48
本册制造业	2413	6.91	1.07	4.45	0.49
笔制造业	2415	9.62	3.38	3.76	0.43
教学标本、模型制造业	2417	0.91	0.17	0.63	0.05
其他文化用品制造业	2419	3.50	0.63	1.96	0.33
体育用品制造业	2420	12.06	1.19	4.02	0.59
球类制造业	2421	4.43	0.45	1.41	0.21
体育器材制造业	2423	4.52	0.32	1.21	0.26
其他体育用品制造业	2429	3.11	0.42	1.40	0.12
乐器及其他文娱用品制造业	2430	4.95	1.56	1.99	0.14
中乐器制造业	2431	0.61	0.02	0.43	0.03
西乐器制造业	2433	3.07	1.40	1.11	0.04
电子乐器制造业	2435	0.58	0.13	0.08	
其他乐器及文娱用品制造业	2439	0.69	0.01	0.37	0.07
玩具制造业	2440	72.80	2.13	22.73	4.07
游艺器材制造业	2450	1.42	0.07	0.42	0.15
其他类未包括的文教体育用品制造业	2490	1.86	0.14	0.98	0.12
石油加工及炼焦业	2500	93.79	58.77	23.32	4.66
人造原油生产业	2510	0.41	0.02	0.28	0.03
原油加工业	2520	54.59	45.97	6.29	0.26
石油制品业	2530	12.33	2.78	7.72	0.42

经济类型分组的从业人数

联营经济	股份制经济	外商投资经济	中外合资经营企业	中外合作经营企业	外商独资企业	港.澳.台投资经济	港.澳.台与大陆合资经营企业	港.澳.台与大陆合作经营企业	港.澳.台独资企业	其他经济
3.27	10.68	8.55	6.43	1.11	1.01	11.71	6.52	3.02	2.17	0.37
0.12	0.41	0.36	0.35	0.01		0.07	0.06		0.01	
1.54	7.73	4.59	3.75	0.54	0.30	4.44	3.53	0.55	0.36	0.25
1.30	7.18	4.10	3.37	0.50	0.23	4.02	3.21	0.51	0.30	0.25
0.05	0.24	0.05	0.02		0.03	0.07	0.03		0.04	
0.19	0.31	0.44	0.36	0.04	0.04	0.35	0.29	0.04	0.02	
1.61	2.54	3.60	2.33	0.56	0.71	7.20	2.93	2.47	1.80	0.12
1.08	3.38	5.11	3.34	0.68	1.09	6.67	3.42	1.66	1.59	0.20
1.07	3.38	4.75	3.24	0.61	0.90	5.66	3.26	1.35	1.05	0.20
0.22	0.84	0.86	0.48	0.12	0.26	0.80	0.26	0.25	0.29	0.06
0.50	1.51	2.68	1.95	0.28	0.45	3.21	2.11	0.70	0.40	0.05
0.35	1.03	1.21	0.81	0.21	0.19	1.65	0.89	0.40	0.36	0.09
0.01		0.36	0.10	0.07	0.19	1.01	0.16	0.31	0.54	
2.00	1.81	17.63	8.73	2.88	6.02	37.78	9.68	18.14	9.96	0.16
0.91	1.11	1.85	0.95	0.37	0.53	2.69	1.00	1.13	0.56	0.04
0.37	0.09	0.91	0.43	0.26	0.22	1.62	0.32	0.93	0.37	0.02
0.12	0.09	0.21	0.10	0.03	0.08	0.48	0.29	0.12	0.07	0.01
0.33	0.79	0.53	0.31	0.07	0.15	0.40	0.26	0.06	0.08	
	0.04	0.01			0.01					
0.09	0.10	0.19	0.11	0.01	0.07	0.19	0.13	0.02	0.04	0.01
0.18	0.09	2.22	0.70	0.17	1.35	3.78	0.95	0.90	1.93	0.01
0.09	0.04	0.71	0.15	0.03	0.53	1.52	0.39	0.47	0.66	
0.02	0.02	1.21	0.42	0.07	0.72	1.49	0.32	0.28	0.89	
0.07	0.03	0.30	0.13	0.07	0.10	0.77	0.24	0.15	0.38	0.01
0.13	0.09	0.63	0.47	0.06	0.10	0.37	0.17	0.08	0.12	0.01
0.02		0.04			0.04	0.05	0.02		0.03	
0.04		0.31	0.25	0.03	0.03	0.17	0.09	0.02	0.06	
0.06		0.19	0.14	0.02	0.03	0.11	0.04	0.05	0.02	
0.01	0.09	0.09	0.08	0.01		0.04	0.02	0.01	0.01	0.01
0.73	0.47	12.39	6.44	2.26	3.69	30.19	7.39	15.65	7.15	0.10
0.02	0.03	0.24	0.11		0.13	0.49	0.09	0.35	0.05	
0.03	0.02	0.30	0.06	0.02	0.22	0.26	0.08	0.03	0.15	
0.81	3.73	1.71	1.44	0.16	0.11	0.70	0.55	0.12	0.03	0.10
	0.04	0.01	0.01			0.02	0.02			
0.15	1.30	0.48	0.37	0.06	0.05	0.09	0.09			0.04
0.18	0.64	0.37	0.24	0.09	0.04	0.21	0.17	0.01	0.03	0.04

(续8)

行业类别(小类)	代码	法人单位从业人数(万人)	国有经济	集体经济	私营经济
炼焦业	2570	26.46	10.00	9.03	3.95
化学原料及化学制品制造业	2600	587.92	322.32	183.17	12.61
基本化学原料制造业	2610	121.29	60.67	42.84	2.40
无机酸制造业	2611	15.21	7.54	6.07	0.32
烧碱制造业	2613	22.83	17.42	1.84	0.16
纯碱制造业	2615	13.08	8.35	2.06	0.27
无机盐制造业	2617	36.12	14.17	17.05	0.85
其他基本化学原料制造业	2619	34.05	13.19	15.82	0.80
化学肥料制造业	2620	150.93	124.87	17.22	1.10
氮肥制造业	2621	94.38	89.69	1.07	0.05
磷肥制造业	2622	34.70	26.16	6.20	0.33
钾肥制造业	2623	1.30	0.99	0.23	0.01
复合肥料制造业	2624	14.59	5.96	6.77	0.40
微量元素肥料制造业	2625	0.81	0.25	0.35	0.07
其他化学肥料制造业	2629	5.15	1.82	2.60	0.24
化学农药制造业	2630	22.77	12.26	6.84	0.24
农药原药制造业	2631	13.34	7.85	2.81	0.07
农药制剂制造业	2633	9.43	4.41	4.03	0.17
有机化学产品制造业	2650	106.49	42.98	46.53	2.87
有机化工原料制造业	2651	41.35	24.31	12.23	0.44
涂料制造业	2652	28.26	5.56	15.73	1.63
油墨制造业	2653	3.11	0.90	1.28	0.11
颜料制造业	2654	6.59	2.00	3.35	0.18
染料制造业	2655	12.66	4.55	6.55	0.16
其他有机化学产品制造业	2659	14.52	5.66	7.39	0.35
合成材料制造业	2660	42.31	21.84	13.40	0.94
聚烯烃塑料制造业	2661	10.10	5.99	3.25	0.11
热固性树脂及塑料制造业	2662	6.34	2.22	2.41	0.14
工程塑料制造业	2663	4.22	2.03	1.52	0.12
功能高分子制造业	2664	3.42	0.86	1.72	0.12
有机硅氟材料制造业	2665	2.27	0.94	0.77	0.06
合成橡胶制造业	2666	4.88	2.99	1.31	0.23
合成纤维单(聚合)体制造业	2667	6.83	5.11	0.41	0.03
其他合成材料制造业	2669	4.25	1.70	2.01	0.13
专用化学产品制造业	2670	89.34	39.59	35.69	2.49
化学试剂、助剂制造业	2671	32.41	11.22	16.52	0.80

经济类型分组的从业人数

联营经济	股份制经济	外商投资经济	中外合资经营企业	中外合作经营企业	外商独资企业	港·澳·台投资经济	港·澳·台与大陆合资经营企业	港·澳·台与大陆合作经营企业	港·澳·台独资企业	其他经济
0.48	1.75	0.85	0.82	0.01	0.02	0.38	0.27	0.11		0.02
5.69	30.41	18.97	14.96	1.99	2.02	13.95	9.94	2.33	1.68	0.72
1.36	8.73	3.33	2.91	0.32	0.10	1.70	1.40	0.22	0.08	0.23
0.15	0.43	0.30	0.26		0.04	0.38	0.33	0.03	0.02	0.02
0.03	2.40	0.96	0.96			0.01	0.01			
0.02	2.11	0.07	0.07			0.17	0.17			0.01
0.43	2.15	0.81	0.54	0.24	0.03	0.61	0.44	0.15	0.02	0.05
0.73	1.64	1.19	1.08	0.08	0.03	0.53	0.45	0.04	0.04	0.15
0.52	6.27	0.53	0.43	0.06	0.04	0.29	0.28		0.01	0.12
0.01	3.44					0.01	0.01			0.10
0.15	1.81	0.04	0.04			0.01	0.01			
	0.02	0.02	0.02			0.03	0.03			
0.29	0.69	0.30	0.26	0.03	0.01	0.15	0.15			0.02
0.01	0.07	0.03	0.03			0.03	0.03			
0.06	0.24	0.14	0.08	0.03	0.03	0.06	0.05		0.01	
0.24	2.32	0.48	0.39	0.06	0.03	0.39	0.37		0.02	0.01
0.17	2.10	0.24	0.21	0.01	0.02	0.10	0.10			
0.07	0.22	0.24	0.18	0.05	0.01	0.29	0.27		0.02	0.01
1.57	4.43	4.55	3.75	0.44	0.36	3.45	2.43	0.67	0.35	0.16
0.62	1.56	1.20	1.11	0.06	0.03	0.96	0.74	0.19	0.03	0.04
0.54	2.15	1.47	1.03	0.24	0.20	1.11	0.68	0.25	0.18	0.08
0.07	0.15	0.47	0.43	0.02	0.02	0.14	0.09	0.02	0.03	
0.08	0.11	0.44	0.36	0.04	0.04	0.43	0.29	0.11	0.03	0.01
0.16	0.21	0.62	0.55	0.05	0.02	0.39	0.29	0.04	0.06	0.01
0.10	0.25	0.35	0.27	0.03	0.05	0.42	0.34	0.06	0.02	0.02
0.35	2.11	1.62	1.24	0.07	0.31	1.98	1.69	0.13	0.16	0.03
0.02	0.17	0.27	0.26	0.01		0.28	0.25	0.02	0.01	
0.08	0.99	0.12	0.10		0.02	0.37	0.30	0.02	0.05	0.01
0.04	0.02	0.29	0.23	0.02	0.04	0.20	0.18	0.02		
0.04	0.18	0.25	0.23		0.02	0.24	0.20	0.02	0.02	
0.02	0.14	0.17	0.06	0.02	0.09	0.14	0.07	0.01	0.06	0.02
0.05	0.07	0.14	0.11		0.03	0.08	0.07		0.01	
0.04	0.49	0.20	0.12		0.08	0.55	0.55			
0.06	0.05	0.18	0.13	0.02	0.03	0.12	0.07	0.04	0.01	
0.84	3.57	3.43	2.23	0.59	0.61	3.66	2.04	1.03	0.59	0.07
0.38	1.81	0.88	0.68	0.12	0.08	0.78	0.64	0.09	0.05	0.02

法人单位按行业(小类)、

(续9)

行业类别(小类)	代码	法人单位从业人数(万人)	国有经济	集体经济	私营经济
专项化学用品制造业	2672	13.08	2.01	8.64	0.76
林产化学产品制造业	2673	7.83	4.15	2.72	0.31
炸药及火工产品制造业	2674	22.79	18.54	3.32	0.15
信息化学品制造业	2675	8.53	2.96	1.80	0.23
放射化学产品制造业	2676	0.07		0.03	
添加剂制造业	2677	4.63	0.71	2.66	0.24
日用化学产品制造业	2680	54.79	20.11	20.65	2.57
肥皂及皂粉、合成洗涤剂制造业	2681	18.40	8.39	4.54	0.79
合成脂肪酸制造业	2682	0.67	0.15	0.38	0.02
硬脂酸、硬化油制造业	2683	1.76	0.67	0.90	0.06
香料、香精制造业	2684	4.01	1.28	1.89	0.16
化妆品制造业	2685	9.04	1.24	4.34	0.54
牙膏制造业	2686	2.14	0.84	0.52	
火柴制造业	2687	7.06	5.85	1.01	0.07
动物胶制造业	2688	3.85	1.12	1.96	0.32
其他日用化学产品制造业	2689	7.86	0.57	5.11	0.61
医药制造业	2700	132.90	72.24	28.52	2.44
化学药品原药制造业	2710	44.75	25.80	7.55	0.26
化学药品制剂制造业	2720	39.57	23.52	8.32	0.58
中药材及中成药加工业	2730	34.58	17.44	7.73	0.72
动物药品制造业	2740	7.57	2.64	3.65	0.17
生物制品业	2750	6.43	2.84	1.27	0.71
化学纤维制造业	2800	64.75	28.20	16.28	1.09
纤维素纤维制造业	2810	13.68	8.43	1.91	0.14
化纤浆粕制造业	2811	2.55	1.77	0.54	0.02
粘胶纤维制造业	2812	10.14	6.41	0.96	0.07
其他纤维素纤维制造业	2819	0.99	0.25	0.41	0.05
合成纤维制造业	2820	44.91	18.74	11.57	0.55
锦纶纤维制造业	2821	6.54	3.88	1.60	0.08
涤纶纤维制造业	2822	28.65	10.57	6.80	0.17
腈纶纤维制造业	2823	2.84	1.50	0.74	0.05
维纶纤维制造业	2824	1.74	1.52	0.18	0.01
其他合成纤维制造业	2829	5.14	1.27	2.25	0.24
渔具及渔具材料制造业	2850	6.16	1.03	2.80	0.40
渔具用丝制造业	2851	0.34	0.11	0.19	0.01
渔具用线制造业	2852	0.19	0.02	0.14	0.01

经济类型分组的从业人数

联营经济	股份制经济	外商投资经济	中外合资经营企业	中外合作经营企业	外商独资企业	港.澳.台投资经济	港.澳.台与大陆合资经营企业	港.澳.台与大陆合作经营企业	港.澳.台独资企业	其他经济
0.20	0.46	0.59	0.46	0.04	0.09	0.42	0.28	0.06	0.08	0.01
0.07	0.35	0.14	0.10	0.03	0.01	0.07	0.04	0.02	0.01	0.03
0.04	0.70					0.02	0.01	0.01		
0.07	0.05	1.28	0.54	0.36	0.38	2.14	0.88	0.83	0.43	
		0.04	0.04							
0.08	0.20	0.50	0.41	0.04	0.05	0.23	0.19	0.02	0.02	0.01
0.81	2.98	5.03	4.01	0.45	0.57	2.48	1.73	0.28	0.47	0.10
0.15	1.78	1.94	1.69	0.17	0.08	0.78	0.66	0.05	0.07	0.01
0.01	0.02	0.01	0.01			0.06	0.06			
0.03	0.01	0.01	0.01			0.09	0.06	0.02	0.01	
0.11	0.14	0.26	0.18	0.01	0.07	0.17	0.14	0.01	0.02	
0.20	0.16	1.52	1.06	0.17	0.29	0.98	0.54	0.16	0.28	0.07
0.08	0.26	0.40	0.39		0.01	0.03	0.03			
0.03	0.09									
0.07	0.24	0.09	0.08		0.01	0.05	0.05			
0.13	0.28	0.80	0.59	0.10	0.11	0.32	0.19	0.04	0.09	0.02
1.66	12.52	9.93	8.91	0.65	0.37	5.44	4.78	0.30	0.36	0.14
0.47	6.26	2.54	2.30	0.16	0.08	1.81	1.59	0.09	0.13	0.04
0.38	2.40	2.87	2.62	0.15	0.10	1.48	1.35	0.08	0.05	0.03
0.45	3.34	3.47	3.10	0.24	0.13	1.38	1.15	0.12	0.11	0.06
0.09	0.27	0.46	0.43	0.02	0.01	0.27	0.23	0.01	0.03	0.01
0.27	0.25	0.59	0.46	0.08	0.05	0.50	0.46		0.04	
0.67	10.42	3.94	2.67	0.52	0.75	4.06	3.11	0.41	0.54	0.05
0.02	1.88	0.66	0.49	0.06	0.11	0.63	0.59	0.03	0.01	
0.01	0.09	0.12	0.06	0.01	0.05					
0.01	1.78	0.29	0.25	0.04		0.61	0.58	0.02	0.01	
	0.01	0.25	0.18	0.01	0.06	0.02	0.01	0.01		
0.55	8.44	2.42	1.69	0.28	0.45	2.63	1.96	0.26	0.41	0.02
0.05	0.23	0.30	0.20	0.07	0.03	0.40	0.30	0.09	0.01	0.01
0.32	7.92	1.44	1.01	0.16	0.27	1.43	1.19	0.08	0.16	
0.01	0.15	0.26	0.12		0.14	0.12	0.04		0.08	0.01
		0.01	0.01			0.02	0.01		0.01	
0.17	0.14	0.41	0.35	0.05	0.01	0.66	0.42	0.09	0.15	
0.10	0.10	0.86	0.49	0.18	0.19	0.80	0.56	0.12	0.12	0.03
						0.02	0.02			
	0.01	0.02	0.02							

(续10)

行业类别(小类)	代码	法人单位从业人数(万人)	国有经济	集体经济	私营经济
渔具用绳制造业	2853	0.54	0.12	0.19	0.06
渔网制造业	2854	3.64	0.72	1.79	0.26
其他渔具制造业	2859	1.45	0.06	0.49	0.06
橡胶制品业	2900	127.35	40.11	55.49	4.74
轮胎制造业	2910	24.42	12.47	3.83	0.34
力车胎制造业	2920	7.08	2.55	2.89	0.05
橡胶板、管、带制造业	2930	20.32	6.58	10.45	1.05
橡胶零件制品业	2940	13.45	2.21	7.83	1.15
再生橡胶制造业	2950	4.81	0.92	2.86	0.45
橡胶靴鞋制造业	2960	36.40	12.14	15.06	0.42
日用橡胶制品业	2970	6.22	1.29	3.33	0.30
橡胶制品翻修业	2980	3.31	0.74	2.16	0.15
轮胎翻新业	2981	2.87	0.74	1.83	0.07
其他橡胶制品翻修业	2989	0.44		0.33	0.08
其他橡胶制品业	2990	11.34	1.21	7.08	0.83
塑料制品业	3000	281.46	30.32	164.16	23.17
塑料薄膜制造业	3010	30.23	6.50	17.24	1.59
塑料板、管、棒材制造业	3020	29.86	5.45	16.82	1.94
塑料丝、绳及编织品制造业	3030	59.79	6.15	40.77	4.19
泡沫塑料及人造革、合成革制造业	3040	27.35	3.55	15.24	1.39
塑料包装箱及容器制造业	3050	17.54	1.77	11.07	1.25
塑料鞋制造业	3060	20.88	1.19	8.47	2.76
日用塑料杂品制造业	3070	21.39	0.73	13.02	1.95
塑料零件制造业	3080	15.44	0.62	9.23	1.84
其他塑料制品业	3090	58.98	4.36	32.30	6.26
非金属矿物制品业	3100	1 408.25	296.27	839.25	137.79
水泥制造业	3110	258.90	117.83	104.77	5.45
水泥制品和石棉水泥制品业	3120	120.95	23.36	73.71	16.50
水泥制品业	3121	59.48	15.92	32.97	6.28
砼结构构件制造业	3123	54.01	6.23	35.79	9.64
石棉水泥制品业	3124	5.14	1.01	3.27	0.36
其他水泥制品业	3129	2.32	0.20	1.68	0.22
砖瓦、石灰和轻质建筑材料制造业	3130	680.72	40.23	499.10	98.38
砖瓦制造业	3131	565.98	27.49	427.83	80.18
石灰制造业	3132	23.70	1.92	16.39	4.23

经济类型分组的从业人数

联营经济	股份制经济	外商投资经济	中外合资经营企业	中外合作经营企业	外商独资企业	港.澳.台投资经济	港.澳.台与大陆合资经营企业	港.澳.台与大陆合作经营企业	港.澳.台独资企业	其他经济
	0.01	0.16	0.14	0.02						
0.09	0.01	0.20	0.14	0.03	0.03	0.52	0.35	0.08	0.09	0.03
0.01	0.07	0.48	0.19	0.13	0.16	0.26	0.19	0.04	0.03	
2.28	7.01	7.85	6.09	0.90	0.86	9.68	6.78	1.10	1.80	0.14
0.35	2.54	2.87	2.80		0.07	2.01	1.81	0.02	0.18	
0.45	0.56	0.23	0.09	0.13	0.01	0.34	0.03	0.03	0.28	
0.17	0.65	0.52	0.42	0.03	0.07	0.83	0.79	0.03	0.01	0.07
0.19	0.97	0.59	0.43	0.09	0.07	0.48	0.16	0.13	0.19	0.02
0.09	0.18	0.03	0.02		0.01	0.27	0.08	0.06	0.13	0.01
0.64	1.61	2.51	1.59	0.52	0.40	3.98	2.99	0.47	0.52	0.04
0.11	0.14	0.36	0.21	0.04	0.11	0.69	0.37	0.20	0.12	
0.04	0.15	0.05	0.04	0.01						
0.03	0.14	0.05	0.04	0.01						
0.01	0.01									
0.24	0.21	0.69	0.49	0.08	0.12	1.08	0.55	0.16	0.37	
4.71	7.37	16.54	10.09	2.42	4.03	34.71	14.71	11.27	8.73	0.47
0.40	1.33	1.57	1.20	0.20	0.17	1.56	1.20	0.15	0.21	0.03
0.87	0.58	1.63	1.27	0.18	0.18	2.50	1.86	0.32	0.32	0.07
0.88	1.52	2.24	1.68	0.20	0.36	3.99	2.16	1.22	0.61	0.07
0.37	0.57	1.91	1.36	0.34	0.21	4.30	2.14	1.14	1.02	0.03
0.34	0.35	1.16	0.82	0.18	0.16	1.59	0.93	0.50	0.16	0.01
0.17	0.93	1.05	0.72	0.17	0.16	6.25	1.56	3.09	1.60	0.06
0.44	0.45	1.17	0.72	0.21	0.24	3.58	1.28	1.13	1.17	0.03
0.41	0.46	1.29	0.53	0.25	0.51	1.54	0.49	0.68	0.37	0.05
0.83	1.18	4.52	1.79	0.69	2.04	9.40	3.09	3.04	3.27	0.12
23.25	57.85	26.93	21.39	3.09	2.45	23.62	17.29	3.16	3.17	3.39
2.70	18.03	5.57	4.58	0.87	0.12	4.43	3.83	0.44	0.16	0.12
1.70	3.22	1.49	1.29	0.19	0.01	0.69	0.52	0.10	0.07	0.31
1.02	1.59	1.06	0.96	0.09	0.01	0.48	0.35	0.08	0.05	0.17
0.52	1.33	0.22	0.14	0.08		0.19	0.15	0.02	0.02	0.11
0.11	0.26	0.10	0.10							0.02
0.05	0.04	0.11	0.09	0.02		0.02	0.02			0.01
10.86	22.48	4.28	3.02	0.52	0.74	2.82	2.07	0.26	0.49	2.60
8.26	18.81	0.61	0.36	0.11	0.14	0.68	0.52	0.07	0.09	2.12
0.34	0.63	0.03	0.03			0.04	0.01	0.01	0.02	0.13

(续11)

行业类别(小类)	代码	法人单位从业人数(万人)	国有经济	集体经济	私营经济
建筑用石加工业	3133	50.26	3.59	29.35	10.10
轻质建筑材料制造业	3134	9.55	2.66	5.21	0.75
防水密封建筑材料制造业	3135	9.76	2.23	5.64	0.82
隔热保温材料制造业	3136	10.16	1.17	7.25	0.78
其他砖瓦、石灰和轻质建筑材料制造业	3139	11.31	1.17	7.43	1.52
玻璃及玻璃制品业	3140	85.59	34.70	34.42	3.55
建筑用玻璃制品业	3141	23.99	10.86	7.45	0.95
工业技术用玻璃制造业	3142	4.35	0.90	2.04	0.12
光学玻璃制造业	3143	2.46	0.71	0.84	0.09
玻璃仪器制造业	3145	2.55	0.83	1.51	0.11
日用玻璃制品业	3147	37.72	16.09	16.00	1.64
玻璃保温容器制造业	3148	7.23	3.93	2.52	0.21
其他玻璃及玻璃制品业	3149	7.29	1.38	4.06	0.43
陶瓷制品业	3150	140.62	46.25	58.55	7.73
建筑、卫生陶瓷制造业	3151	64.17	15.69	27.74	4.03
工业用陶瓷制造业	3153	11.44	4.61	4.88	0.37
日用陶瓷制造业	3155	62.31	25.47	24.51	3.09
其他陶瓷制品业	3159	2.70	0.48	1.42	0.24
耐火材料制品业	3160	53.30	14.28	32.31	3.01
石棉制品业	3161	6.31	1.91	3.53	0.38
云母制品业	3163	1.26	0.51	0.53	0.09
其他耐火材料制品业	3169	45.73	11.86	28.25	2.54
石墨及碳素制品业	3170	16.35	6.36	7.14	0.53
冶金用碳素制品业	3171	10.06	5.01	3.70	0.25
电工用碳素制品业	3172	2.13	0.57	0.93	0.09
其他石墨及碳素制品业	3179	4.16	0.78	2.51	0.19
矿物纤维及其制品业	3180	25.54	6.87	14.30	1.50
玻璃纤维及其制品业	3181	13.26	5.14	6.21	0.54
玻璃钢制品业	3182	11.41	1.54	7.50	0.93
其他矿物纤维及其制品业	3189	0.87	0.19	0.59	0.03
其他类未包括的非金属矿物制品业	3190	26.28	6.39	14.95	1.14
黑色金属冶炼及压延加工业	3200	410.88	262.35	101.90	9.89
炼铁业	3210	74.03	39.69	21.99	5.44
炼钢业	3220	153.10	131.66	8.68	0.85
钢压延加工业	3240	157.21	78.02	62.25	3.09

经济类型分组的从业人数

联营经济	股份制经济	外商投资经济	中外合资经营企业	中外合作经营企业	外商独资企业	港.澳.台投资经济	港.澳.台与大陆合资经营企业	港.澳.台与大陆合作经营企业	港.澳.台独资企业	其他经济
1.51	1.69	2.36	1.66	0.24	0.46	1.38	1.00	0.11	0.27	0.28
0.15	0.29	0.34	0.15	0.10	0.09	0.16	0.11	0.01	0.04	
0.08	0.48	0.36	0.33	0.01	0.02	0.14	0.13	0.01		0.02
0.19	0.34	0.25	0.23	0.01	0.01	0.16	0.11	0.03	0.02	0.03
0.33	0.24	0.33	0.26	0.05	0.02	0.26	0.19	0.02	0.05	0.02
1.17	3.85	4.09	3.33	0.45	0.31	3.76	2.37	0.65	0.74	0.06
0.25	1.91	1.76	1.50	0.24	0.02	0.82	0.73	0.05	0.04	
0.05	0.36	0.39	0.34	0.02	0.03	0.50	0.35	0.05	0.10	
0.05	0.12	0.43	0.28	0.08	0.07	0.21	0.09	0.02	0.10	
0.02	0.02	0.03	0.01	0.01	0.01	0.02	0.02			0.01
0.42	1.04	1.00	0.80	0.07	0.13	1.52	0.87	0.28	0.37	0.01
0.21	0.04	0.24	0.23	0.01		0.08	0.02	0.03	0.03	
0.17	0.36	0.24	0.17	0.02	0.05	0.61	0.29	0.22	0.10	0.04
4.98	5.33	8.12	6.46	0.80	0.86	9.41	6.40	1.47	1.54	0.24
3.78	3.30	4.22	3.49	0.48	0.25	5.36	4.45	0.37	0.54	0.04
0.13	0.72	0.32	0.25	0.01	0.06	0.40	0.34	0.01	0.05	0.01
1.03	1.28	3.33	2.56	0.27	0.50	3.42	1.51	1.06	0.85	0.19
0.04	0.03	0.25	0.16	0.04	0.05	0.23	0.10	0.03	0.10	
0.68	1.64	0.84	0.70	0.04	0.10	0.57	0.51	0.03	0.03	0.01
0.12	0.08	0.11	0.10	0.01		0.19	0.18	0.01		
0.02	0.06	0.02	0.02			0.04	0.03		0.01	
0.54	1.50	0.71	0.58	0.03	0.10	0.34	0.30	0.02	0.02	0.01
0.37	0.81	0.61	0.50	0.05	0.06	0.54	0.50	0.04		0.01
0.19	0.34	0.24	0.20	0.03	0.01	0.34	0.30	0.04		
0.06	0.33	0.14	0.09		0.05	0.02	0.02			
0.12	0.14	0.23	0.21	0.02		0.18	0.18			0.01
0.33	0.65	1.03	0.77	0.10	0.16	0.83	0.61	0.11	0.11	0.01
0.24	0.26	0.40	0.27	0.07	0.06	0.46	0.30	0.08	0.08	0.01
0.08	0.39	0.60	0.47	0.03	0.10	0.36	0.31	0.02	0.03	
0.01		0.03	0.03			0.01		0.01		
0.46	1.84	0.90	0.74	0.07	0.09	0.57	0.48	0.06	0.03	0.03
4.48	20.33	4.49	4.01	0.25	0.23	7.30	6.64	0.51	0.15	0.12
1.04	3.57	1.03	0.91	0.11	0.01	1.25	1.07	0.15	0.03	0.02
0.53	8.76	0.73	0.69	0.03	0.01	1.85	1.79	0.05	0.01	0.04
2.45	5.80	2.25	1.99	0.06	0.20	3.31	2.91	0.30	0.10	0.03

(续12)

行业类别(小类)	代码	法人单位从业人数(万人)	国有经济	集体经济	私营经济
铁合金冶炼业	3260	26.54	12.98	8.98	0.51
有色金属冶炼及压延加工业	3300	153.29	87.73	46.55	3.34
重有色金属冶炼业	3310	59.44	40.92	13.18	1.22
铜冶炼业	3311	26.83	20.49	4.25	0.33
铅锌冶炼业	3312	15.28	8.24	5.03	0.48
镍钴冶炼业	3314	4.40	4.15	0.17	
锡冶炼业	3316	6.00	4.48	1.14	0.08
锑冶炼业	3317	3.73	2.00	1.31	0.23
汞冶炼业	3318	0.35	0.32	0.02	
其他重有色金属冶炼业	3319	2.85	1.24	1.26	0.10
轻有色金属冶炼业	3320	33.92	21.84	7.18	0.72
铝冶炼业	3321	25.25	19.56	2.80	0.31
镁冶炼业	3322	5.57	1.38	2.99	0.30
钛冶炼业	3323	0.89	0.35	0.43	0.02
其他轻有色金属冶炼业	3329	2.21	0.55	0.96	0.09
贵金属冶炼业	3330	4.01	2.13	1.59	0.04
金冶炼业	3331	3.51	2.10	1.19	0.02
银冶炼业	3332	0.18	0.02	0.13	
其他贵金属冶炼业	3339	0.32	0.01	0.27	0.02
稀有稀土金属冶炼业	3340	7.10	4.14	2.00	0.10
钨钼冶炼业	3341	1.71	1.16	0.43	0.01
其他稀有稀土金属冶炼业	3349	5.39	2.98	1.57	0.09
有色金属合金业	3360	4.59	1.95	2.15	0.12
有色金属压延加工业	3380	44.23	16.75	20.45	1.14
重有色金属压延加工业	3381	21.26	7.78	10.38	0.63
轻有色金属压延加工业	3383	20.30	7.67	8.96	0.46
贵金属压延加工业	3385	0.66	0.16	0.46	0.01
稀有稀土金属压延加工业	3387	2.01	1.14	0.65	0.04
金属制品业	3400	444.63	66.28	276.87	33.41
金属结构制造业	3410	34.54	5.71	23.42	1.86
铸铁管制造业	3420	18.86	2.24	12.12	2.14
工具制造业	3430	60.64	12.83	34.83	4.09
切削工具制造业	3431	17.56	6.97	8.55	0.66
模具制造业	3434	17.64	2.69	9.09	1.81
手工具制造业	3435	21.48	2.65	14.57	1.34
其他工具制造业	3439	3.96	0.52	2.62	0.28
集装箱和金属包装物品制造业	3440	30.78	3.64	18.97	1.23

经济类型分组的从业人数

联营经济	股份制经济	外商投资经济				港.澳.台投资经济				其他经济
			中外合资经营企业	中外合作经营企业	外商独资企业		港.澳.台与大陆合资经营企业	港.澳.台与大陆合作经营企业	港.澳.台独资企业	
0.46	2.20	0.48	0.42	0.05	0.01	0.89	0.87	0.01	0.01	0.03
2.44	4.56	4.43	3.65	0.57	0.21	4.09	3.73	0.17	0.19	0.08
0.54	1.59	1.20	1.00	0.19	0.01	0.74	0.70	0.02	0.02	0.03
0.30	0.68	0.41	0.30	0.10	0.01	0.39	0.37	0.01	0.01	
0.13	0.67	0.51	0.42	0.09		0.21	0.19	0.01	0.01	
0.01	0.05	0.01	0.01			0.01	0.01			
	0.08	0.19	0.19			0.02	0.02			
0.06	0.04	0.04	0.04			0.04	0.04			0.01
0.04	0.07	0.04	0.04			0.07	0.07			0.02
0.67	1.44	1.08	1.00	0.04	0.04	0.95	0.93		0.02	0.04
0.21	0.90	0.77	0.75	0.01	0.01	0.70	0.69		0.01	0.02
0.08	0.40	0.21	0.16	0.02	0.03	0.20	0.20			0.02
	0.03					0.04	0.04			
0.38	0.11	0.10	0.09	0.01		0.01			0.01	
0.04	0.18	0.02	0.01	0.01		0.01	0.01			
0.03	0.14	0.02	0.01	0.01		0.01	0.01			
	0.03									
0.01	0.01									
0.15	0.14	0.31	0.25	0.06		0.24	0.22	0.02		
0.02	0.01	0.04	0.04			0.03	0.03			
0.13	0.13	0.27	0.21	0.06		0.21	0.19	0.02		
0.05	0.10	0.15	0.13		0.02	0.06	0.04	0.02		
0.99	1.11	1.67	1.26	0.27	0.14	2.09	1.83	0.11	0.15	0.01
0.37	0.56	0.65	0.44	0.17	0.04	0.89	0.81	0.03	0.05	
0.59	0.49	0.94	0.77	0.07	0.10	1.19	1.01	0.08	0.10	0.01
	0.01									
0.03	0.05	0.08	0.05	0.03		0.01	0.01			
9.83	13.27	19.18	13.94	2.30	2.94	24.91	11.41	7.98	5.52	0.91
0.72	0.62	1.13	0.82	0.16	0.15	0.88	0.44	0.20	0.24	0.22
0.32	0.64	0.66	0.51	0.05	0.10	0.68	0.61	0.02	0.05	0.05
1.43	1.20	2.19	1.45	0.21	0.53	3.98	1.81	1.37	0.80	0.07
0.38	0.19	0.44	0.28	0.04	0.12	0.32	0.21	0.07	0.04	0.04
0.43	0.36	1.06	0.63	0.13	0.30	2.16	0.62	0.99	0.55	0.02
0.48	0.59	0.46	0.39	0.02	0.05	1.39	0.93	0.29	0.17	0.01
0.14	0.06	0.23	0.15	0.02	0.06	0.11	0.05	0.02	0.04	
0.44	0.78	2.91	2.31	0.36	0.24	2.76	1.81	0.68	0.27	0.06

(续13)

行业类别(小类)	代码	法人单位从业人数(万人)	国有经济	集体经济	私营经济
集装箱制造业	3441	3.49	0.28	0.79	0.03
金属包装物品及容器制造业	3442	27.29	3.36	18.18	1.20
金属丝绳及其制品业	3450	42.38	9.97	25.42	2.06
建筑用金属制品业	3460	78.69	8.35	55.21	7.36
建筑小五金制造业	3461	10.88	0.84	7.16	1.55
水暖管道零件制造业	3463	24.30	1.73	17.89	2.41
金属门窗制造业	3465	38.47	5.42	26.74	2.90
其他建筑用金属制品业	3469	5.04	0.36	3.42	0.50
金属表面处理及热处理业	3470	31.46	1.72	23.01	2.12
日用金属制品业	3480	107.63	16.58	58.31	9.70
搪瓷制造业	3481	9.97	4.72	4.01	0.34
铝制品业	3482	20.53	2.94	11.18	2.02
不锈钢制品业	3483	17.37	1.43	8.54	1.51
刀剪制造业	3484	4.90	0.48	2.74	1.06
制锁业	3485	15.49	1.83	10.39	0.80
炊事用具制造业	3486	12.33	2.16	6.95	1.15
燃气用具制造业	3487	7.83	1.06	3.99	0.71
理发用具制造业	3488	1.86	0.33	0.55	0.13
其他日用金属制品业	3489	17.35	1.63	9.96	1.98
其他金属制品业	3490	39.65	5.24	25.58	2.85
铁制小农具制造业	3491	12.18	0.97	9.59	0.92
焊条制造业	3495	7.98	2.57	3.77	0.14
其他类未包括的金属制品业	3499	19.49	1.70	12.22	1.79
普通机械制造业	3500	651.10	252.95	298.09	27.36
锅炉及原动机制造业	3510	104.52	55.92	29.79	1.63
锅炉制造业	3511	30.87	12.04	14.93	0.70
内燃机制造业	3512	32.29	23.54	1.70	0.08
汽轮机制造业	3513	6.79	3.78	0.84	0.01
水轮机制造业	3514	1.87	1.59	0.13	0.01
内燃机零部件及配件制造业	3515	29.68	14.44	10.23	0.75
其他锅炉及原动机制造业	3519	3.02	0.53	1.96	0.08
金属加工机械制造业	3520	91.01	45.41	32.60	2.42
金属切削机床制造业	3521	41.21	29.39	5.78	0.33
锻压设备制造业	3523	13.04	5.85	5.20	0.20
铸造机械制造业	3525	8.15	1.71	5.28	0.50
机床附件制造业	3526	7.16	3.07	3.07	0.26
其他金属加工机械制造业	3529	21.45	5.39	13.27	1.13

经济类型分组的从业人数

联营经济	股份制经济	外商投资经济	中外合资经营企业	中外合作经营企业	外商独资企业	港·澳·台投资经济	港·澳·台与大陆合资经营企业	港·澳·台与大陆合作经营企业	港·澳·台独资企业	其他经济
0.02		1.61	1.34	0.17	0.10	0.76	0.69	0.06	0.01	
0.42	0.78	1.30	0.97	0.19	0.14	2.00	1.12	0.62	0.26	0.06
0.95	1.49	1.01	0.82	0.08	0.11	1.40	0.75	0.35	0.30	0.08
0.92	2.45	2.05	1.67	0.14	0.24	2.23	1.03	0.61	0.59	0.15
0.11	0.18	0.38	0.28	0.02	0.08	0.62	0.15	0.29	0.18	0.05
0.21	0.86	0.53	0.37	0.08	0.08	0.65	0.37	0.02	0.26	0.04
0.47	1.26	0.85	0.74	0.03	0.08	0.78	0.39	0.28	0.11	0.06
0.13	0.15	0.29	0.28	0.01		0.18	0.12	0.02	0.04	
0.53	1.53	0.76	0.47	0.19	0.10	1.74	0.59	0.72	0.43	0.07
3.59	3.63	6.86	4.83	0.94	1.09	8.80	3.77	3.20	1.83	0.13
0.36	0.22	0.14	0.14			0.16	0.11	0.05		0.01
1.53	0.87	0.73	0.58	0.06	0.09	1.24	0.73	0.32	0.19	0.02
0.43	0.65	1.88	1.08	0.38	0.42	2.92	0.97	1.14	0.81	0.02
0.24	0.09	0.14	0.11	0.01	0.02	0.15	0.01	0.09	0.05	
0.25	0.53	0.97	0.90	0.01	0.06	0.73	0.40	0.28	0.05	
0.18	0.38	0.62	0.27	0.25	0.10	0.85	0.18	0.48	0.19	0.02
0.10	0.60	0.96	0.87	0.02	0.07	0.38	0.24	0.06	0.08	0.02
0.09	0.04	0.24	0.22		0.02	0.47	0.32	0.12	0.03	
0.41	0.25	1.18	0.66	0.21	0.31	1.90	0.81	0.66	0.43	0.04
0.93	0.93	1.61	1.06	0.17	0.38	2.44	0.60	0.83	1.01	0.08
0.08	0.32	0.07	0.05		0.02	0.20	0.14	0.01	0.05	0.05
0.51	0.32	0.53	0.50	0.03		0.14	0.08	0.02	0.04	
0.34	0.29	1.01	0.51	0.14	0.36	2.10	0.38	0.80	0.92	0.03
9.07	29.99	21.50	18.59	1.20	1.71	11.55	8.32	1.82	1.41	0.65
0.86	8.52	6.33	6.04	0.20	0.09	1.36	1.27	0.03	0.06	0.09
0.32	1.36	0.97	0.89	0.02	0.06	0.55	0.54		0.01	
0.03	3.12	3.13	2.98	0.14	0.01	0.64	0.59		0.05	0.03
0.01	1.09	1.05	1.05							0.01
	0.13	0.01	0.01							
0.49	2.46	1.12	1.07	0.04	0.01	0.14	0.11	0.03		0.05
0.01	0.36	0.05	0.04		0.01	0.03	0.03			
1.43	6.07	1.65	1.37	0.10	0.18	1.35	0.89	0.18	0.28	0.06
0.42	4.41	0.40	0.33	0.04	0.03	0.47	0.37	0.06	0.04	0.02
0.40	0.93	0.17	0.16		0.01	0.27	0.25		0.02	
0.12	0.18	0.26	0.19	0.02	0.05	0.09	0.07	0.01	0.01	
0.31	0.10	0.27	0.23	0.03	0.01	0.09	0.01	0.08		
0.18	0.45	0.55	0.46	0.01	0.08	0.43	0.19	0.03	0.21	0.04

(续14)

行业类别(小类)	代码	法人单位从业人数(万人)	国有经济	集体经济	私营经济
通用设备制造业	3530	129.41	58.11	51.85	2.83
起重运输设备制造业	3531	39.19	21.95	12.34	0.36
工矿车辆制造业	3532	5.35	2.54	1.98	0.03
泵制造业	3533	29.32	11.75	14.16	0.87
风机制造业	3534	10.14	3.64	5.13	0.40
气体压缩机及气体分离设备制造业	3535	11.81	6.65	3.21	0.10
冷冻设备制造业	3536	10.25	3.28	4.27	0.24
风动工具制造业	3537	3.24	1.73	1.15	0.09
电动工具制造业	3538	6.47	1.43	2.86	0.36
其他通用设备制造业	3539	13.64	5.14	6.75	0.38
轴承、阀门制造业	3540	77.40	36.43	30.46	2.12
轴承制造业	3541	49.42	28.87	13.65	1.27
阀门制造业	3542	27.98	7.56	16.81	0.85
其他通用零部件制造业	3560	105.02	29.76	58.88	6.78
液压件及液力件制造业	3561	16.64	8.80	6.31	0.44
气动元件制造业	3562	4.69	1.18	2.54	0.36
密封件制造业	3563	3.76	0.67	2.46	0.28
粉末冶金制品业	3564	7.06	1.62	4.04	0.29
紧固件制造业	3565	28.60	6.75	16.43	2.31
弹簧制造业	3566	6.82	0.43	4.94	0.74
链条制造业	3567	6.35	1.53	3.73	0.18
齿轮制造业	3568	10.39	5.62	3.73	0.31
其他类未包括的通用零部件制造业	3569	20.71	3.16	14.70	1.87
铸锻件制造业	3570	111.25	16.65	76.46	9.81
铸件制造业	3571	96.20	13.34	66.55	8.92
锻件制造业	3572	15.05	3.31	9.91	0.89
普通机械修理业	3580	9.44	1.90	6.77	0.54
其他普通机械制造业	3590	23.05	8.77	11.28	1.23
专用设备制造业	3600	433.45	219.95	155.76	10.94
冶金、矿山、机电工业专用设备制造业	3610	73.46	50.62	16.84	0.93
矿山设备制造业	3611	37.99	26.49	8.88	0.39
冶金工业专用设备制造业	3613	23.10	18.82	3.30	0.13
电工专用设备制造业	3615	2.17	1.12	0.81	0.07
电子工业专用设备制造业	3617	5.78	2.64	1.55	0.19

经济类型分组的从业人数

联营经济	股份制经济	外商投资经济				港.澳.台投资经济				其他经济
			中外合资经营企业	中外合作经营企业	外商独资企业		港.澳.台与大陆合资经营企业	港.澳.台与大陆合作经营企业	港.澳.台独资企业	
1.80	6.25	5.24	4.41	0.43	0.40	3.03	2.19	0.62	0.22	0.31
0.41	1.53	1.62	1.58	0.03	0.01	0.93	0.67	0.21	0.05	0.04
0.04	0.74	0.01	0.01			0.01		0.01		
0.42	0.96	0.75	0.61	0.12	0.02	0.41	0.23	0.17	0.01	
0.04	0.65	0.15	0.14	0.01		0.08	0.07		0.01	0.04
0.10	0.82	0.60	0.57		0.03	0.33	0.31		0.02	
0.16	0.76	0.84	0.69	0.07	0.08	0.52	0.39	0.08	0.05	0.19
0.01	0.01	0.18	0.04	0.14		0.06	0.04		0.02	0.02
0.38	0.16	0.82	0.56	0.04	0.22	0.46	0.27	0.15	0.04	
0.24	0.62	0.27	0.21	0.02	0.04	0.23	0.21		0.02	0.02
0.94	4.25	2.15	1.59	0.04	0.52	1.07	0.86	0.11	0.10	0.02
0.68	2.77	1.43	1.03	0.01	0.39	0.77	0.61	0.10	0.06	0.01
0.26	1.48	0.72	0.56	0.03	0.13	0.30	0.25	0.01	0.04	0.01
1.92	1.66	3.01	2.60	0.14	0.27	3.00	1.97	0.57	0.46	0.05
0.21	0.22	0.41	0.35	0.03	0.03	0.24	0.21	0.02	0.01	
0.06	0.10	0.12	0.09		0.03	0.33	0.22	0.05	0.06	
0.03	0.07	0.20	0.15	0.01	0.04	0.05	0.03	0.01	0.01	0.01
0.17	0.18	0.39	0.37	0.02		0.38	0.23	0.10	0.05	
0.70	0.42	1.01	0.92	0.01	0.08	0.96	0.58	0.26	0.12	0.02
0.10	0.15	0.17	0.10	0.03	0.04	0.29	0.13	0.07	0.09	
0.34	0.14	0.14	0.13	0.01		0.30	0.25	0.02	0.03	0.01
0.19	0.12	0.23	0.19	0.02	0.02	0.19	0.19			
0.12	0.26	0.34	0.30	0.01	0.03	0.26	0.13	0.04	0.09	0.01
1.83	2.86	2.32	2.07	0.08	0.17	1.23	0.90	0.15	0.18	0.09
1.54	2.55	2.12	1.87	0.08	0.17	1.10	0.83	0.09	0.18	0.09
0.29	0.31	0.20	0.20			0.13	0.07	0.06		
0.07	0.08	0.04	0.04			0.03	0.02	0.01		0.01
0.22	0.30	0.76	0.47	0.21	0.08	0.48	0.22	0.15	0.11	0.02
4.35	21.26	12.24	9.70	0.99	1.55	8.57	6.12	1.39	1.06	0.35
0.38	2.89	1.02	0.85	0.07	0.10	0.73	0.48	0.16	0.09	0.04
0.10	1.63	0.33	0.32	0.01		0.16	0.14	0.01	0.01	0.02
0.17	0.41	0.22	0.22			0.03	0.01	0.01	0.01	0.02
0.05	0.07	0.02	0.02			0.03	0.02	0.01		
0.04	0.71	0.30	0.17	0.05	0.08	0.35	0.18	0.11	0.06	

法人单位按行业(小类)、

(续15)

行业类别(小类)	代码	法人单位从业人数(万人)	国有经济	集体经济	私营经济
其他机电工业专用设备制造业	3619	4.42	1.55	2.30	0.15
石化及其他工业专用设备制造业	3620	71.18	33.26	26.98	1.62
石油工业专用设备制造业	3621	14.80	8.38	5.10	0.12
化学工业专用设备制造业	3622	13.28	7.50	4.66	0.17
化学纤维工业专用设备制造业	3623	1.99	0.50	0.62	0.04
橡胶工业专用设备制造业	3624	4.45	2.58	1.49	0.12
塑料工业专用设备制造业	3625	7.73	1.98	3.52	0.36
森林工业专用设备制造业	3626	4.54	1.93	2.09	0.09
印刷工业专用设备制造业	3627	8.14	3.15	2.57	0.21
制药工业专用设备制造业	3628	2.51	0.81	1.25	0.05
建筑材料非金属矿物制品专用设备制造业	3629	13.74	6.43	5.68	0.46
轻纺工业专用设备制造业	3630	87.33	38.05	34.93	2.56
食品、饮料、烟草工业专用设备制造业	3631	13.10	6.39	5.46	0.36
粮油工业专用设备制造业	3632	12.05	6.96	3.96	0.24
饲料工业专用设备制造业	3633	1.46	0.87	0.38	0.03
包装工业专用设备制造业	3634	4.47	1.99	1.76	0.14
纺织、服装、皮革工业专用设备制造业	3635	41.98	17.42	17.06	1.14
照明器具工业专用设备制造业	3636	2.01	0.25	1.35	0.16
日用硅酸制品工业专用设备制造业	3637	1.66	0.50	0.70	0.05
制浆、造纸工业专用设备制造业	3638	7.70	2.79	3.47	0.26
日用化学工业专用设备制造业	3639	2.90	0.88	0.79	0.18
农、林、牧、渔、水利业机械制造业	3640	90.90	55.17	29.31	2.20
拖拉机制造业	3641	21.73	19.58	1.20	0.21
机械化农机具制造业	3642	23.44	14.03	8.15	0.55
营林机械制造业	3643	0.61	0.49	0.10	0.01
畜牧机械制造业	3644	1.48	0.75	0.56	0.04

经济类型分组的从业人数

联营经济	股份制经济	外商投资经济				港.澳.台投资经济				其他经济
			中外合资经营企业	中外合作经营企业	外商独资企业		港.澳.台与大陆合资经营企业	港.澳.台与大陆合作经营企业	港.澳.台独资企业	
0.02	0.07	0.15	0.12	0.01	0.02	0.16	0.13	0.02	0.01	
0.66	3.90	2.49	2.22	0.14	0.13	2.24	1.71	0.43	0.10	0.02
0.10	0.91	0.12	0.07	0.03	0.02	0.06	0.06			
0.11	0.57	0.05	0.03	0.01	0.01	0.22	0.21	0.01		
0.01	0.01	0.80	0.79	0.01		0.01	0.01			
0.04	0.07	0.09	0.04	0.01	0.04	0.06	0.06			
0.07	0.69	0.39	0.35	0.02	0.02	0.71	0.57	0.10	0.04	0.01
0.01	0.18	0.11	0.10		0.01	0.13	0.08	0.05		
0.11	0.88	0.56	0.52	0.02	0.02	0.66	0.40	0.21	0.05	
0.03	0.24	0.09	0.09			0.03	0.03			
0.18	0.35	0.28	0.23	0.04	0.01	0.36	0.29	0.06	0.01	0.01
1.03	5.74	3.03	2.30	0.34	0.39	1.91	1.33	0.31	0.27	0.10
0.11	0.24	0.29	0.18	0.01	0.10	0.24	0.13	0.05	0.06	0.01
0.05	0.58	0.12	0.12			0.12	0.10	0.02		0.01
0.02	0.13	0.04	0.03		0.01					
0.01	0.32	0.18	0.15	0.02	0.01	0.07	0.05	0.01	0.01	0.01
0.73	3.34	1.19	0.69	0.29	0.21	1.05	0.73	0.21	0.11	0.06
0.03	0.06	0.05	0.04		0.01	0.11	0.05		0.06	
0.01	0.35	0.01	0.01			0.03	0.02	0.01		
0.04	0.63	0.35	0.31		0.04	0.15	0.14		0.01	0.01
0.03	0.09	0.80	0.77	0.02	0.01	0.14	0.11	0.01	0.02	
0.35	2.67	0.62	0.54	0.04	0.04	0.49	0.45	0.02	0.02	0.10
0.07	0.56					0.11	0.11			
0.08	0.54	0.04	0.03		0.01	0.04	0.03		0.01	0.01
0.01										
	0.04	0.07	0.04	0.01	0.02					0.01

(续16)

行业类别(小类)	代码	法人单位从业人数(万人)	国有经济	集体经济	私营经济
渔业机械制造业	3645	0.99	0.35	0.51	0.05
水利机械制造业	3646	2.52	1.52	0.76	0.04
拖拉机配件制造业	3647	21.25	8.86	10.67	0.69
其他农、林、牧、渔、水利业机械制造业	3649	18.88	9.59	7.36	0.61
医疗器械制造业	3650	23.36	7.22	10.64	0.58
手术器械制造业	3651	2.87	1.24	0.87	0.05
医疗仪器、设备制造业	3652	7.75	3.67	2.58	0.17
诊断用品制造业	3653	2.43	0.58	1.27	0.08
医用材料及医疗用品制造业	3654	9.77	1.44	5.78	0.27
假肢、矫形器制造业	3655	0.54	0.29	0.14	0.01
其他专用设备制造业	3670	67.23	28.25	26.25	2.07
建筑机械制造业	3671	22.69	12.23	4.81	0.35
地质专用设备制造业	3672	2.69	2.28	0.32	0.06
畜牧兽医医疗器械制造业	3673	0.08		0.07	0.01
缝纫机制造业	3674	11.73	5.05	4.34	0.43
商业、饮食业、服务业专用机械制造业	3675	2.37	0.78	1.08	0.11
邮政机械及器材制造业	3676	0.84	0.65	0.16	0.02
环境保护机械制造业	3677	9.32	1.79	6.39	0.32
社会公共安全设备及器材制造业	3678	7.48	1.45	4.65	0.26
其他类未包括的专用设备制造业	3679	10.03	4.02	4.43	0.51
专用机械设备修理业	3680	19.99	7.38	10.81	0.98
工业专用设备修理业	3681	6.08	2.41	3.35	0.10
农、林、牧、渔、水利机械修理业	3683	6.09	1.75	3.62	0.59
医疗器械修理业	3685	0.23	0.08	0.11	0.01
其他专用机械设备修理业	3689	7.59	3.14	3.73	0.28
交通运输设备制造业	3700	515.76	270.50	170.29	13.29
铁路运输设备制造业	3710	38.28	28.12	8.94	0.24
机车制造业	3711	6.46	6.31	0.08	0.01
客车制造业	3712	4.22	3.65	0.17	0.01
货车制造业	3713	8.94	8.66	0.20	0.02
机车车辆配件制造业	3714	8.98	2.99	5.57	0.13
铁路信号设备制造业	3715	1.33	1.00	0.30	0.01

经济类型分组的从业人数

联营经济	股份制经济	外商投资经济	中外合资经营企业	中外合作经营企业	外商独资企业	港.澳.台投资经济	港.澳.台与大陆合资经营企业	港.澳.台与大陆合作经营企业	港.澳.台独资企业	其他经济
0.01	0.01	0.03	0.03			0.01	0.01			0.03
0.01	0.15	0.02	0.02			0.02	0.01	0.01		
0.12	0.52	0.37	0.35	0.02		0.02	0.02			0.01
0.05	0.85	0.09	0.07	0.01	0.01	0.29	0.27	0.01	0.01	0.04
0.59	0.95	1.77	1.17	0.05	0.55	1.56	1.19	0.11	0.26	0.02
0.05	0.13	0.14	0.07		0.07	0.39	0.39			
0.23	0.18	0.59	0.47	0.03	0.09	0.33	0.21	0.01	0.11	
0.07	0.04	0.27	0.11	0.01	0.15	0.11	0.08	0.01	0.02	
0.23	0.60	0.75	0.51	0.01	0.23	0.68	0.51	0.09	0.08	0.01
0.01		0.02	0.01		0.01	0.05			0.05	0.01
1.10	4.85	3.13	2.48	0.32	0.33	1.55	0.92	0.33	0.30	0.02
0.09	3.31	1.58	1.39	0.12	0.07	0.32	0.25	0.05	0.02	
		0.03	0.03							
0.38	0.75	0.47	0.23	0.12	0.12	0.31	0.18	0.07	0.06	0.01
0.02	0.07	0.09	0.07	0.01	0.01	0.20	0.06		0.14	
0.01		0.01	0.01							
0.13	0.23	0.27	0.23	0.02	0.02	0.18	0.12	0.05	0.01	0.01
0.28	0.22	0.35	0.29		0.06	0.27	0.12	0.12	0.03	
0.19	0.27	0.33	0.23	0.05	0.05	0.27	0.19	0.04	0.04	
0.24	0.26	0.18	0.14	0.03	0.01	0.09	0.04	0.03	0.02	0.05
0.12	0.03	0.04	0.03	0.01		0.02	0.01	0.01		
0.03	0.06									0.04
		0.02	0.02			0.01	0.01			
0.09	0.17	0.12	0.09	0.02	0.01	0.06	0.02	0.02	0.02	0.01
7.51	19.07	23.14	19.82	1.48	1.84	11.45	8.21	1.39	1.85	0.46
0.06	0.23	0.22	0.21		0.01	0.46	0.41	0.01	0.04	0.01
		0.02	0.02			0.04			0.04	
0.03		0.01	0.01			0.35	0.35			
0.01	0.04									
0.02	0.10	0.12	0.11		0.01	0.05	0.04	0.01		
	0.01					0.01	0.01			

(续17)

行业类别(小类)	代码	法人单位从业人数(万人)	国有经济	集体经济	私营经济
铁路专用设备制造业	3716	2.96	2.58	0.34	0.01
铁路专用器材制造业	3717	4.23	2.28	1.85	0.02
其他铁路运输设备制造业	3719	1.16	0.65	0.43	0.03
汽车制造业	3720	218.78	107.19	73.16	3.99
载重汽车制造业	3721	38.95	34.65	1.23	0.04
客车制造业	3722	11.28	6.70	1.34	0.01
小轿车制造业	3723	3.87	0.56	0.29	0.01
微型汽车制造业	3724	5.13	2.63	1.42	0.01
特种车辆及改装汽车制造业	3725	24.24	14.34	6.54	0.08
汽车车身制造业	3726	4.46	1.49	2.35	0.05
汽车零部件及配件制造业	3727	130.85	46.82	59.99	3.79
摩托车制造业	3730	41.00	9.33	19.75	2.36
摩托车整车制造业	3731	13.20	5.04	3.08	0.12
摩托车零部件及配件制造业	3732	27.80	4.29	16.67	2.24
自行车制造业	3740	32.23	10.95	13.65	0.98
电车制造业	3750	0.08	0.01	0.05	0.01
船舶制造业	3760	32.81	24.16	6.66	0.27
海洋运输船制造业	3761	14.67	12.55	1.03	0.01
内河船制造业	3762	9.19	5.01	3.80	0.05
渔轮制造业	3763	2.87	1.90	0.79	0.12
船舶机械设备制造业	3764	5.95	4.58	1.03	0.09
海洋石油平台制造业	3765	0.13	0.12	0.01	
航空航天器制造业	3770	48.35	47.97	0.17	
飞机制造业	3771	39.24	38.96	0.11	
其他航空航天器制造业	3779	9.11	9.01	0.06	
交通运输设备修理业	3780	103.33	42.47	47.47	5.42
铁路运输设备修理业	3781	14.20	10.82	3.33	0.02
汽车修理业	3782	68.50	19.65	38.20	4.57
摩托车修理业	3783	0.82	0.02	0.52	0.22
电车修理业	3784	0.21	0.09	0.11	0.01
船舶修理业	3785	12.80	7.33	4.06	0.38
飞机修理业	3786	4.32	3.70	0.03	
其他交通运输设备修理业	3789	2.48	0.86	1.22	0.22
其他交通运输设备制造业	3790	0.90	0.30	0.44	0.02
航标器材制造业	3791	0.17	0.10	0.03	
潜水装备制造业	3792	0.10	0.06	0.03	0.01
公路标志制造业	3793	0.63	0.14	0.38	0.01

经济类型分组的从业人数

联营经济	股份制经济	外商投资经济				港、澳、台投资经济				其他经济
			中外合资经营企业	中外合作经营企业	外商独资企业		港、澳、台与大陆合资经营企业	港、澳、台与大陆合作经营企业	港、澳、台独资企业	
		0.01	0.01							0.01
	0.07	0.01	0.01			0.01	0.01			
	0.01	0.05	0.05							
4.38	10.19	14.54	12.97	0.42	1.15	5.16	3.87	0.64	0.65	0.15
0.13	1.19	0.85	0.85			0.86	0.86			
0.18	0.62	1.45	1.45			0.94	0.59	0.35		0.03
0.05	0.09	2.86	2.85		0.01					
0.02	0.10	0.91	0.91			0.03	0.03			
0.71	1.55	0.64	0.58	0.02	0.04	0.37	0.36	0.01		0.02
0.05	0.29	0.17	0.09	0.08		0.06	0.01	0.01	0.04	
3.24	6.35	7.66	6.24	0.32	1.10	2.90	2.02	0.27	0.61	0.10
0.62	3.85	3.72	3.39	0.19	0.14	1.38	1.02	0.21	0.15	0.01
0.21	2.19	2.04	2.03		0.01	0.53	0.38	0.15		
0.41	1.66	1.68	1.36	0.19	0.13	0.85	0.64	0.06	0.15	0.01
0.83	2.63	1.41	0.81	0.22	0.38	1.77	0.94	0.04	0.79	
										0.02
0.42	0.72	0.34	0.21	0.08	0.05	0.24	0.21	0.03		
0.14	0.63	0.12	0.08	0.04		0.18	0.16	0.02		
0.22	0.04	0.04	0.01		0.03	0.05	0.04	0.01		
0.01	0.02	0.03	0.02		0.01					
0.05	0.03	0.15	0.10	0.04	0.01	0.01	0.01			
0.04		0.13	0.03	0.10		0.03			0.03	
0.02		0.12	0.02	0.10		0.03			0.03	
0.02		0.01	0.01							
1.13	1.45	2.73	2.15	0.47	0.11	2.35	1.72	0.46	0.17	0.27
	0.01									
0.92	1.26	1.84	1.31	0.44	0.09	1.82	1.32	0.39	0.11	0.25
0.01	0.02	0.02	0.01	0.01						
0.17	0.12	0.25	0.21	0.02	0.02	0.47	0.37	0.04	0.06	0.02
		0.58	0.58							
0.03	0.04	0.04	0.04			0.06	0.03	0.03		
0.03		0.05	0.05			0.06	0.04		0.02	
0.02		0.02	0.02							
0.01		0.03	0.03			0.06	0.04		0.02	

法人单位按行业(小类)、

(续18)

行业类别(小类)	代码	法人单位从业人数(万人)	国有经济	集体经济	私营经济
电气机械及器材制造业	4000	428.34	111.55	196.15	15.97
电机制造业	4010	60.66	30.11	16.36	1.04
发电机制造业	4011	16.43	10.95	2.56	0.12
电动机制造业	4012	29.54	16.18	8.38	0.40
微电机制造业	4013	14.69	2.98	5.42	0.52
输配电及控制设备制造业	4020	114.37	28.26	55.85	3.44
变压器制造业	4021	24.04	7.80	8.05	0.74
整流器制造业	4022	2.56	0.85	1.23	0.09
电容器制造业	4023	5.69	0.97	2.60	0.17
开关控制设备制造业	4024	38.11	9.29	20.03	0.93
电器设备元件制造业	4027	25.51	5.62	13.03	0.95
其他输配电及控制设备制造业	4029	18.46	3.73	10.91	0.56
电工器材制造业	4040	94.83	27.21	44.03	3.30
电线电缆制造业	4041	57.64	15.38	28.40	2.05
绝缘制品业	4043	5.82	1.69	2.78	0.21
蓄电池制造业	4045	12.91	3.74	6.21	0.39
原电池制造业	4046	9.75	5.20	2.16	0.12
其他电工器材制造业	4049	8.71	1.20	4.48	0.53
日用电器制造业	4060	75.88	8.65	38.82	3.18
洗衣机制造业	4061	6.16	1.09	3.18	0.05
吸尘器制造业	4062	1.41	0.16	0.68	0.05
电冰箱制造业	4063	13.22	3.17	4.23	0.12
电风扇制造业	4064	15.16	1.57	9.66	0.60
空调器制造业	4065	11.61	0.87	5.10	0.46
排油烟机制造业	4066	1.58	0.23	1.16	0.08
其他日用电器制造业	4069	26.74	1.56	14.81	1.82
照明器具制造业	4070	63.80	12.71	29.69	4.25
电光源制造业	4071	26.84	8.91	9.45	1.39
灯头、灯座制造业	4072	5.23	0.74	2.96	0.53
灯具制造业	4073	18.80	1.39	10.02	1.22
灯用电器附件制造业	4074	5.95	0.67	3.17	0.49
其他照明器具制造业	4079	6.98	1.00	4.09	0.62
电气机械修理业	4080	5.68	0.88	3.80	0.23
其他电气机械制造业	4090	13.12	3.73	7.60	0.53
电焊机制造业	4091	5.09	1.57	3.02	0.17
工业用电炉制造业	4092	2.82	0.98	1.54	0.07

经济类型分组的从业人数

联营经济	股份制经济	外商投资经济	中外合资经营企业	中外合作经营企业	外商独资企业	港、澳、台投资经济	港、澳、台与大陆合资经营企业	港、澳、台与大陆合作经营企业	港、澳、台独资企业	其他经济
8.30	28.98	30.89	18.73	3.51	8.65	36.04	16.60	10.84	8.60	0.46
1.04	5.16	4.58	2.36	0.57	1.65	2.20	1.32	0.34	0.54	0.14
0.11	1.91	0.66	0.61	0.02	0.03	0.12	0.10		0.02	
0.49	1.90	1.38	0.66	0.35	0.37	0.67	0.39	0.06	0.22	0.12
0.44	1.35	2.54	1.09	0.20	1.25	1.41	0.83	0.28	0.30	0.02
1.68	9.12	7.45	3.49	0.72	3.24	8.54	3.80	3.08	1.66	0.06
0.27	2.16	2.84	0.91	0.19	1.74	2.17	0.58	1.05	0.54	
0.03	0.04	0.14	0.14			0.19	0.08	0.03	0.08	
0.04	0.28	0.62	0.31	0.04	0.27	1.02	0.63	0.15	0.24	
0.57	4.36	1.58	0.80	0.13	0.65	1.32	0.79	0.26	0.27	0.03
0.21	1.24	1.72	0.99	0.24	0.49	2.73	1.40	1.13	0.20	0.02
0.56	1.04	0.55	0.34	0.12	0.09	1.11	0.32	0.46	0.33	0.01
1.89	4.63	5.22	3.47	0.54	1.21	8.50	4.40	2.86	1.24	0.06
1.21	2.56	3.06	2.11	0.32	0.63	4.93	2.27	1.88	0.78	0.04
0.21	0.42	0.31	0.26	0.02	0.03	0.21	0.17	0.02	0.02	
0.09	0.66	0.67	0.60	0.04	0.03	1.14	0.76	0.16	0.22	0.01
0.22	0.59	0.43	0.27	0.11	0.05	1.04	0.75	0.21	0.08	
0.16	0.40	0.75	0.23	0.05	0.47	1.18	0.45	0.59	0.14	0.01
2.41	6.88	7.55	5.44	0.73	1.38	8.26	4.16	1.72	2.38	0.13
0.22	0.22	0.82	0.78		0.04	0.55	0.54	0.01		0.03
0.07	0.14	0.18	0.13		0.05	0.15	0.03	0.11	0.01	
0.66	2.82	1.34	1.25	0.09		0.86	0.73	0.13		
0.25	0.87	0.77	0.41	0.07	0.29	1.42	0.37	0.58	0.47	0.03
0.37	1.66	1.89	1.72	0.09	0.08	1.25	1.09	0.11	0.05	0.01
0.07		0.01	0.01			0.02	0.01		0.01	
0.77	1.17	2.54	1.14	0.48	0.92	4.01	1.39	0.78	1.84	0.06
1.02	2.18	5.65	3.61	0.92	1.12	8.24	2.74	2.78	2.72	0.05
0.58	1.23	2.66	2.13	0.20	0.33	2.61	1.21	0.65	0.75	
0.05	0.12	0.39	0.20	0.09	0.10	0.45	0.08	0.20	0.17	
0.21	0.29	1.48	0.67	0.45	0.36	4.15	1.03	1.60	1.52	0.04
0.12	0.16	0.77	0.32	0.13	0.32	0.56	0.27	0.10	0.19	0.01
0.06	0.38	0.35	0.29	0.05	0.01	0.47	0.15	0.23	0.09	
0.08	0.64	0.02	0.01		0.01	0.04	0.02		0.02	
0.18	0.37	0.42	0.35	0.03	0.04	0.26	0.16	0.06	0.04	0.02
0.06	0.12	0.08	0.08			0.05	0.04		0.01	
0.02	0.10	0.09	0.08	0.01		0.02	0.02			

法人单位按行业(小类)、

(续19)

行业类别(小类)	代码	法人单位从业人数(万人)	国有经济	集体经济	私营经济
其他类未包括的电气机械制造业	4099	5.21	1.18	3.04	0.29
电子及通信设备制造业	4100	249.70	86.75	52.84	6.45
通信设备制造业	4110	39.64	16.78	6.51	0.95
传输设备制造业	4111	10.39	6.19	1.34	0.14
交换设备制造业	4112	9.10	3.55	1.39	0.29
通信终端设备制造业	4113	8.27	3.31	0.94	0.10
其他通信设备制造业	4119	11.88	3.73	2.84	0.42
雷达制造业	4120	8.35	7.72	0.11	
雷达整机制造业	4121	6.81	6.27	0.05	
雷达专用配套设备及部件制造业	4122	1.54	1.45	0.06	
广播电视设备制造业	4130	4.38	2.02	1.17	0.31
电子计算机制造业	4140	15.99	4.80	1.37	0.23
电子计算机整机制造业	4141	5.70	2.82	0.63	0.08
电子计算机外部设备制造业	4143	10.29	1.98	0.74	0.15
电子器件制造业	4150	32.83	15.29	4.87	0.39
电真空器件制造业	4151	14.05	7.06	0.78	0.08
半导体器件制造业	4153	11.65	6.03	2.65	0.09
集成电路制造业	4155	7.13	2.20	1.44	0.22
电子元件制造业	4160	80.50	22.00	26.25	2.44
日用电子器具制造业	4170	53.37	15.42	7.62	1.16
电视机、录像机、摄像机制造业	4171	24.57	11.13	2.03	0.38
收音机、录音机制造业	4172	25.83	3.91	5.20	0.68
电子计算器制造业	4173	2.97	0.38	0.39	0.10
电子设备及通信设备修理业	4180	1.31	0.23	0.45	0.13
通信设备修理业	4181	0.33	0.09	0.10	0.05
广播电视设备修理业	4182	0.19	0.03	0.06	0.02
电子计算机修理业	4183	0.09	0.03	0.01	0.01
其他电子设备修理业	4189	0.70	0.08	0.28	0.05
其他电子设备制造业	4190	13.33	2.49	4.49	0.84
仪器仪表及文化、办公用机械制造业	4200	119.05	51.88	38.38	2.84
通用仪器仪表制造业	4210	49.42	23.64	16.38	1.27
工业自动化仪表制造业	4211	15.18	6.43	5.04	0.24
电工仪器、仪表制造业	4212	10.68	4.96	3.88	0.29

经济类型分组的从业人数

联营经济	股份制经济	外商投资经济	中外合资经营企业	中外合作经营企业	外商独资企业	港·澳·台投资经济	港·澳·台与大陆合资经营企业	港·澳·台与大陆合作经营企业	港·澳·台独资企业	其他经济
0.10	0.15	0.25	0.19	0.02	0.04	0.19	0.10	0.06	0.03	0.02
4.62	14.37	35.66	18.63	4.11	12.92	48.65	23.01	15.43	10.21	0.38
1.18	1.81	5.82	3.56	0.53	1.73	6.47	3.64	1.77	1.06	0.15
0.05	1.06	1.04	0.53	0.21	0.30	0.58	0.28	0.26	0.04	
0.29	0.45	1.69	1.57	0.08	0.04	1.44	1.23	0.05	0.16	0.01
0.16	0.06	1.30	0.59	0.17	0.54	2.41	1.24	0.87	0.30	
0.68	0.24	1.79	0.87	0.07	0.85	2.04	0.89	0.59	0.56	0.14
	0.50	0.01	0.01			0.02	0.02			
	0.49					0.01	0.01			
	0.01	0.01	0.01			0.01	0.01			
0.02	0.06	0.40	0.33	0.01	0.06	0.40	0.14	0.14	0.12	
0.11	1.49	3.10	1.27	0.17	1.66	4.88	1.49	1.77	1.62	0.02
0.05	0.55	0.81	0.29	0.03	0.49	0.74	0.24	0.26	0.24	0.01
0.06	0.94	2.29	0.98	0.14	1.17	4.14	1.25	1.51	1.38	0.01
0.58	2.98	4.00	2.73	0.30	0.97	4.73	2.95	0.67	1.11	0.01
0.05	2.82	1.42	1.24	0.06	0.12	1.85	1.62	0.05	0.18	
0.46	0.11	1.24	0.59	0.17	0.48	1.08	0.79	0.15	0.14	
0.07	0.05	1.34	0.90	0.07	0.37	1.80	0.54	0.47	0.79	0.01
1.46	2.54	10.80	4.83	1.48	4.49	14.95	7.66	4.11	3.18	0.06
0.89	4.59	9.19	4.85	1.36	2.98	14.41	5.91	6.11	2.39	0.07
0.51	3.69	3.66	3.02	0.11	0.53	3.12	2.66	0.28	0.18	0.04
0.38	0.89	4.81	1.66	1.12	2.03	9.95	3.04	5.15	1.76	
	0.01	0.72	0.17	0.13	0.42	1.34	0.21	0.68	0.45	0.03
0.08	0.02	0.24	0.06	0.01	0.17	0.11	0.03	0.02	0.06	
0.01	0.01	0.06	0.04	0.01	0.01	0.01		0.01		
0.04						0.02	0.02			
0.02										
0.01	0.01	0.18	0.02		0.16	0.08	0.01	0.01	0.06	
0.30	0.38	2.10	0.99	0.25	0.86	2.68	1.17	0.84	0.67	0.07
1.80	5.58	7.38	4.20	0.70	2.48	11.09	3.57	3.99	3.53	0.07
0.55	4.00	1.78	1.36	0.06	0.36	1.75	1.06	0.44	0.25	0.01
0.15	2.34	0.58	0.44	0.03	0.11	0.39	0.19	0.14	0.06	
0.07	0.96	0.24	0.22		0.02	0.28	0.15	0.08	0.05	

法人单位按行业(小类)、

(续 20)

行业类别(小类)	代码	法人单位从业人数(万人)	国有经济	集体经济	私营经济
光学仪器制造业	4213	9.99	7.27	1.46	0.06
计时仪器制造业	4214	1.83	0.39	1.10	0.04
分析仪器制造业	4215	1.70	0.87	0.59	0.05
试验机制造业	4216	2.44	1.52	0.42	0.01
实验室仪器及装置制造业	4217	1.46	0.89	0.51	0.02
通用仪器仪表元件、器件制造业	4218	3.10	0.78	1.53	0.32
其他通用仪器仪表制造业	4219	3.04	0.53	1.85	0.24
专用仪器仪表制造业	4220	13.38	7.44	3.69	0.27
环境保护仪器仪表制造业	4221	1.16	0.55	0.46	0.04
汽车仪器仪表制造业	4222	1.77	0.31	0.57	0.04
导航、制导仪器制造业	4223	2.91	2.67	0.13	
农、林、牧、渔仪器、仪表制造业	4224	0.22	0.13	0.08	0.01
地质勘探、钻采、地震专用仪器制造业	4225	1.82	1.30	0.38	0.02
气象、海洋、水文、天文测量仪器制造业	4226	0.46	0.37	0.07	
教学仪器制造业	4227	1.39	0.70	0.63	0.02
核子及核辐射测量仪器制造业	4228	0.52	0.38	0.11	
专用仪器仪表元件、器件制造业	4229	3.13	1.03	1.26	0.14
电子测量仪器制造业	4230	4.98	3.06	1.11	0.06
计量器具制造业	4240	10.88	4.10	4.91	0.28
传递标准用计量仪器制造业	4241	0.55	0.17	0.31	0.03
量具量仪制造业	4242	5.12	2.38	1.90	0.06
衡器制造业	4243	5.21	1.55	2.70	0.19
文化、办公用机械制造业	4250	9.53	3.64	1.71	0.18
电影机械制造业	4251	0.67	0.63	0.02	0.01
幻灯机及投影仪制造业	4252	0.33	0.23	0.05	
照相机及器材制造业	4254	5.49	1.85	0.64	0.07
复印机制造业	4256	0.93	0.44	0.15	0.01
打字机及油印机制造业	4257	0.79	0.23	0.19	0.01
其他文化、办公用机械制造业	4259	1.32	0.26	0.66	0.08
钟表制造业	4260	25.26	8.59	7.46	0.46

经济类型分组的从业人数

联营经济	股份制经济	外商投资经济	中外合资经营企业	中外合作经营企业	外商独资企业	港.澳.台投资经济	港.澳.台与大陆合资经营企业	港.澳.台与大陆合作经营企业	港.澳.台独资企业	其他经济
0.11	0.29	0.30	0.19	0.01	0.10	0.51	0.38	0.05	0.08	
0.01	0.01	0.16	0.11		0.05	0.12	0.10	0.02		
0.02	0.02	0.07	0.07			0.06	0.04		0.02	
	0.25	0.14	0.13		0.01	0.10	0.10			
		0.03	0.02	0.01						
0.04	0.07	0.13	0.09		0.04	0.22	0.05	0.14	0.03	
0.15	0.06	0.13	0.09	0.01	0.03	0.07	0.05	0.01	0.01	0.01
0.22	0.50	0.80	0.75	0.02	0.03	0.46	0.40		0.06	0.01
	0.06	0.03	0.03			0.03	0.02		0.01	
0.09	0.01	0.52	0.52			0.22	0.22			
0.08	0.02	0.02	0.01		0.01					
	0.02	0.06	0.06			0.02	0.02			0.01
0.02		0.01	0.01							
	0.01	0.01	0.01			0.02	0.02			
0.01		0.02	0.02							
0.02	0.38	0.13	0.09	0.02	0.02	0.17	0.12		0.05	
0.07	0.29	0.27	0.17	0.01	0.09	0.12	0.08	0.03	0.01	
0.10	0.44	0.52	0.31		0.21	0.52	0.25	0.22	0.05	
0.01	0.01	0.02	0.02			0.01	0.01			
0.04	0.25	0.21	0.12		0.09	0.27	0.18	0.06	0.03	
0.05	0.18	0.29	0.17		0.12	0.24	0.06	0.16	0.02	
0.22	0.07	1.78	0.84	0.09	0.85	1.94	0.47	0.25	1.22	0.01
		0.01	0.01							
		0.02	0.01	0.01		0.03	0.02		0.01	
0.07	0.02	1.31	0.63	0.04	0.64	1.53	0.34	0.18	1.01	
0.02		0.19	0.06	0.04	0.09	0.13	0.01	0.02	0.10	
0.10	0.02	0.15	0.08		0.07	0.09	0.04	0.05		
0.03	0.03	0.10	0.05		0.05	0.16	0.06		0.10	0.01
0.53	0.14	1.98	0.59	0.50	0.89	6.08	1.15	3.04	1.89	0.03

(续21)

行业类别(小类)	代码	法人单位从业人数(万人)	国有经济	集体经济	私营经济
仪器仪表及文化、办公用机械修理业	4280	0.87	0.17	0.52	0.07
其他仪器仪表制造业	4290	4.73	1.24	2.60	0.25
其他制造业	4300	258.03	15.18	157.66	24.27
工艺美术品制造业	4310	195.69	9.37	123.96	18.17
雕塑工艺品制造业	4311	20.80	0.75	12.23	2.29
金属工艺品制造业	4312	6.68	0.39	4.16	0.55
漆器工艺品制造业	4313	2.36	0.16	1.62	0.11
花画工艺品制造业	4314	12.30	0.16	5.46	0.76
竹、藤、棕、草工艺品制造业	4315	18.78	0.48	12.70	2.06
抽纱刺绣工艺品制造业	4316	27.93	1.64	16.25	2.91
地毯制造业	4317	42.84	4.14	31.67	3.22
首饰制造业	4318	10.93	0.75	4.05	0.83
其他工艺美术品制造业	4319	53.07	0.90	35.82	5.44
日用杂品制造业	4350	23.93	1.76	11.72	1.94
制镜业	4351	2.14	0.12	1.73	0.12
眼镜制造业	4353	6.21	0.28	1.96	0.26
制伞业	4355	7.68	0.61	3.22	0.62
鬃毛加工及制刷业	4357	7.90	0.75	4.81	0.94
其他生产、生活用品制造业	4390	38.41	4.05	21.98	4.16
生产用其他产品制造业	4391	11.09	1.16	8.24	0.48
生活用其他产品制造业	4392	27.32	2.89	13.74	3.68
电力、煤气及水的生产和供应业	D	307.45	256.08	32.51	0.46
电力、蒸汽、热水的生产和供应业	4400	240.37	197.56	25.07	0.35
电力生产业	4410	126.21	90.62	19.89	0.25
火力发电业	4411	78.91	60.69	6.28	0.02
水力发电业	4412	46.49	29.44	13.47	0.22
核力发电业	4413	0.39	0.26	0.01	
其他电业	4419	0.42	0.23	0.13	0.01
电力供应业	4420	103.39	97.93	4.29	0.10
蒸汽、热水生产和供应业	4430	10.77	9.01	0.89	
煤气生产和供应业	4500	20.43	19.07	0.85	0.07
煤气生产业	4510	7.09	6.80	0.24	0.03
煤气供应业	4520	13.34	12.27	0.61	0.04
自来水的生产和供应业	4600	46.65	39.45	6.59	0.04

经济类型分组的从业人数

联营经济	股份制经济	外商投资经济	中外合资经营企业	中外合作经营企业	外商独资企业	港·澳·台投资经济	港·澳·台与大陆合资经营企业	港·澳·台与大陆合作经营企业	港·澳·台独资企业	其他经济
0.02		0.05	0.05			0.03	0.02	0.01		
0.09	0.14	0.20	0.13	0.02	0.05	0.19	0.14		0.05	0.01
3.04	5.59	19.60	10.27	2.18	7.15	31.66	9.74	9.26	12.66	1.04
2.21	3.93	14.78	8.01	1.52	5.25	22.33	7.14	6.55	8.64	0.94
0.21	0.49	1.93	1.08	0.20	0.65	2.77	0.87	0.39	1.51	0.11
0.03	0.09	0.49	0.19	0.04	0.26	0.96	0.23	0.22	0.51	0.02
0.01	0.01	0.19	0.12	0.01	0.06	0.27	0.12	0.06	0.09	
0.18	0.11	1.74	0.43	0.28	1.03	3.86	0.79	1.83	1.24	0.04
0.41	0.21	1.69	1.33	0.08	0.28	1.15	0.84	0.09	0.22	0.07
0.33	0.96	2.49	1.53	0.36	0.60	2.93	1.52	0.76	0.65	0.42
0.25	1.27	1.37	1.24	0.05	0.08	0.79	0.74	0.01	0.04	0.13
0.17	0.16	1.51	0.59	0.25	0.67	3.40	0.67	1.69	1.04	0.06
0.62	0.63	3.37	1.50	0.25	1.62	6.20	1.36	1.50	3.34	0.09
0.17	0.91	2.38	1.12	0.30	0.96	5.03	1.21	1.16	2.66	0.03
	0.01	0.06	0.03	0.03		0.09	0.02	0.05	0.02	0.01
0.01	0.31	1.00	0.45	0.19	0.36	2.39	0.63	0.71	1.05	
0.03	0.32	0.56	0.26	0.07	0.23	2.30	0.42	0.36	1.52	0.02
0.13	0.27	0.76	0.38	0.01	0.37	0.25	0.14	0.04	0.07	
0.66	0.75	2.44	1.14	0.36	0.94	4.30	1.39	1.55	1.36	0.07
0.20	0.20	0.30	0.17	0.08	0.05	0.51	0.19	0.04	0.28	
0.46	0.55	2.14	0.97	0.28	0.89	3.79	1.20	1.51	1.08	0.07
1.16	9.73	4.06	3.09	0.92	0.05	3.27	2.27	0.87	0.13	0.17
1.06	9.15	3.94	3.03	0.86	0.05	3.09	2.15	0.82	0.12	0.15
0.94	7.72	3.62	2.76	0.82	0.04	3.02	2.09	0.81	0.12	0.15
0.49	5.13	3.39	2.60	0.77	0.02	2.77	1.90	0.76	0.11	0.12
0.45	2.57	0.19	0.13	0.04	0.02	0.13	0.07	0.05	0.01	0.03
						0.12	0.12			
	0.02	0.04	0.03	0.01						
0.11	0.89	0.06	0.05		0.01	0.02	0.01	0.01		
0.01	0.54	0.26	0.22	0.04		0.05	0.05			
0.03	0.24	0.09	0.04	0.05		0.07	0.06	0.01		
						0.02	0.01	0.01		
0.03	0.24	0.09	0.04	0.05		0.05	0.05			
0.07	0.34	0.03	0.02	0.01		0.11	0.06	0.04	0.01	0.02

(续22)

行业类别(小类)	代码	法人单位从业人数(万人)	国有经济	集体经济	私营经济
自来水生产业	4610	29.25	24.94	3.91	0.03
自来水供应业	4620	17.40	14.51	2.68	0.01
建筑业	E	2 370.25	845.39	1 349.16	68.64
土木工程建筑业	4700	2 121.81	739.50	1 239.26	59.36
房屋建筑业	4710	1 800.20	514.14	1 157.17	54.76
矿山建筑业	4720	27.18	24.11	2.90	0.05
铁路、公路、遂道、桥梁建筑业	4730	133.90	100.95	27.74	1.10
堤坝、电站、码头建筑业	4740	75.10	69.93	4.03	0.05
其他土木工程建筑业	4790	85.43	30.37	47.42	3.40
线路、管道和设备安装业	4800	169.68	90.80	69.25	2.12
线路、管道安装业	4810	76.67	39.52	32.94	0.90
设备安装业	4820	93.01	51.28	36.31	1.22
装修装饰业	4900	78.76	15.09	40.65	7.16
地质勘探业、水利管理业	F	108.17	103.99	3.88	0.04
地质勘探业	5000	52.51	51.46	0.79	0.03
区域地质勘查业	5010	2.82	2.79	0.02	
海洋地质勘查业	5020	1.38	1.37		
矿产地质勘探业	5030	33.38	33.03	0.27	
石油、天然气地质勘查业	5031	6.48	6.33	0.06	
煤炭地质勘查业	5032	5.84	5.80	0.05	
黑色金属矿产地质勘查业	5033	1.01	1.00	0.01	
有色金属矿产地质勘查业	5034	6.13	6.13		
贵金属矿产地质勘查业	5035	1.91	1.91		
其他金属矿产地质勘查业	5036	4.06	4.06		
非金属矿产地质勘查业	5037	1.47	1.47		
水文地质勘查业	5038	6.48	6.33	0.15	
工程地质勘查业	5040	9.90	9.43	0.38	0.02
环境地质勘查业	5050	0.29	0.29		
地球物理和地球化学勘查业	5060	1.90	1.85	0.04	
地质工程技术及其他技术服务业	5090	2.84	2.70	0.08	0.01
水利管理业	5100	55.66	52.53	3.09	0.01
交通运输、仓储及邮电通信业	G	944.17	705.57	201.59	9.19
铁路运输业	5200	223.68	223.12	0.14	
汽车运输业	5300	246.38	143.67	88.21	5.59
汽车运输业	5310	239.49	143.19	82.79	4.88

经济类型分组的从业人数

联营经济	股份制经济	外商投资经济	中外合资经营企业	中外合作经营企业	外商独资企业	港.澳.台投资经济	港.澳.台与大陆合资经营企业	港.澳.台与大陆合作经营企业	港.澳.台独资企业	其他经济
0.04	0.22	0.03	0.02	0.01		0.08	0.06	0.01	0.01	0.01
0.03	0.12					0.03		0.03		0.01
12.93	70.50	12.02	9.24	1.83	0.95	8.93	7.13	0.85	0.95	2.68
10.22	60.59	6.75	5.08	1.38	0.29	3.85	3.33	0.28	0.24	2.28
8.33	56.00	4.74	4.09	0.45	0.20	3.15	2.75	0.20	0.20	1.92
	0.11									
0.58	2.42	0.77	0.60	0.16	0.01	0.30	0.25	0.03	0.02	0.05
0.12	0.32	0.54		0.53	0.01	0.10	0.08	0.02		
1.19	1.74	0.70	0.39	0.24	0.07	0.30	0.25	0.03	0.02	0.31
1.08	5.02	0.70	0.59	0.06	0.05	0.59	0.39	0.11	0.09	0.13
0.38	2.49	0.23	0.20	0.01	0.02	0.16	0.15		0.01	0.05
0.70	2.53	0.47	0.39	0.05	0.03	0.43	0.24	0.11	0.08	0.08
1.63	4.89	4.57	3.57	0.39	0.61	4.49	3.41	0.46	0.62	0.27
0.04	0.08	0.07	0.04		0.03	0.01		0.01		0.03
0.03	0.08	0.07	0.04		0.03	0.01		0.01		0.02
	0.01									
	0.03	0.05	0.04		0.01					
	0.03	0.05	0.04		0.01					
0.02	0.03									
						0.01		0.01		
0.01	0.01	0.02			0.02					0.02
0.01										0.01
6.11	12.98	4.20	2.75	1.10	0.35	3.78	2.60	0.88	0.30	0.71
0.03	0.20	0.05	0.05			0.13	0.13			
2.27	4.29	1.06	0.78	0.21	0.07	1.08	0.57	0.41	0.10	0.20
2.20	4.18	1.06	0.78	0.21	0.07	1.01	0.56	0.41	0.04	0.19

(续23)

行业类别(小类)	代码	法人单位从业人数(万人)	国有经济	集体经济	私营经济
其他公路运输业	5390	6.89	0.48	5.42	0.71
管道运输业	5400	2.13	1.90	0.12	
水上运输业	5500	90.74	40.50	44.98	1.16
远洋运输业	5510	9.57	8.75	0.24	0.01
沿海运输业	5520	13.84	9.07	3.79	0.11
内河、内湖运输业	5530	64.27	22.08	39.30	0.98
其他水上运输业	5590	3.06	0.60	1.65	0.06
航空运输业	5600	9.63	8.20	0.03	
航空客货运输业	5610	9.38	7.97	0.02	
通用航空业	5620	0.25	0.23	0.01	
交通运输辅助业	5700	201.30	137.44	54.10	1.80
公路管理及养护业	5710	69.81	67.73	1.15	0.06
港口业	5720	40.94	33.96	4.44	0.03
沿海港口业	5721	24.80	22.80	0.62	
内河、内湖港口业	5722	16.14	11.16	3.82	0.03
水运辅助业	5730	10.11	8.09	1.31	0.20
机场及航空运输辅助业	5740	6.74	5.76	0.30	0.04
装卸搬运业	5750	48.75	6.29	40.06	1.16
其他类未包括的交通运输辅助业	5790	24.95	15.61	6.84	0.31
其他交通运输业	5800	0.87	0.36	0.35	0.07
仓储业	5900	46.04	33.52	9.70	0.40
邮电通信业	6000	123.40	116.86	3.96	0.17
邮政业	6010	16.96	16.57	0.27	0.04
电信业	6020	24.66	19.38	2.95	0.12
邮电业	6030	81.78	80.91	0.74	0.01
批发和零售贸易、餐饮业	H	2 282.59	1 131.33	875.26	104.12
食品、饮料、烟草和家庭日用品批发业	6100	693.24	451.28	186.37	22.88
食品、饮料、烟草批发业	6110	348.38	284.91	50.41	5.11
粮食、食用油批发业	6111	168.24	156.01	10.17	0.83
糕点、糖果和饮料批发业	6112	42.58	29.24	10.06	1.27
肉、禽、蛋及其制品批发业	6113	41.18	37.46	2.87	0.33
水产品批发业	6114	12.68	9.73	1.94	0.42
蔬菜、果品批发业	6115	23.08	9.20	11.92	0.72
茶叶批发业	6116	3.85	1.55	2.02	0.14
烟草及其制品批发业	6117	25.16	23.87	1.02	0.06

经济类型分组的从业人数

联营经济	股份制经济	外商投资经济	中外合资经营企业	中外合作经营企业	外商独资企业	港.澳.台投资经济	港.澳.台与大陆合资经营企业	港.澳.台与大陆合作经营企业	港.澳.台独资企业	其他经济
0.07	0.11					0.07	0.01		0.06	0.01
	0.10					0.01	0.01			
0.61	2.32	0.53	0.50		0.03	0.43	0.41	0.01	0.01	0.21
0.05	0.13	0.30	0.27		0.03	0.08	0.07		0.01	0.02
0.19	0.28	0.17	0.17			0.18	0.17	0.01		0.04
0.27	1.43	0.05	0.05			0.15	0.15			0.01
0.10	0.48	0.01	0.01			0.02	0.02			0.14
0.09	1.30	0.01	0.01			0.01	0.01			
0.07	1.30	0.01	0.01			0.01	0.01			
0.02										
1.79	3.13	1.45	0.83	0.56	0.06	1.34	1.04	0.26	0.04	0.22
0.05	0.25	0.45	0.04	0.41		0.08	0.02	0.06		0.04
0.75	0.62	0.25	0.23	0.02		0.87	0.78	0.09		0.01
0.10	0.50	0.16	0.14	0.02		0.61	0.54	0.07		
0.65	0.12	0.09	0.09			0.26	0.24	0.02		0.01
0.12	0.13	0.13	0.10	0.01	0.02	0.11	0.07	0.01	0.03	0.01
0.09	0.18	0.22	0.19	0.02	0.01	0.07	0.06	0.01		0.07
0.45	0.55	0.12	0.09	0.02	0.01	0.06	0.05	0.01		0.07
0.33	1.40	0.28	0.18	0.08	0.02	0.15	0.06	0.08	0.01	0.02
0.01	0.03	0.04	0.01	0.02	0.01	0.01	0.01			
0.62	0.61	0.64	0.52	0.06	0.06	0.53	0.37	0.12	0.04	0.01
0.69	1.00	0.42	0.05	0.25	0.12	0.24	0.05	0.08	0.11	0.07
0.02	0.04	0.02	0.02							
0.64	0.90	0.40	0.03	0.25	0.12	0.23	0.04	0.08	0.11	0.05
0.03	0.06					0.01	0.01			0.02
28.89	92.47	26.37	15.53	6.35	4.49	19.73	11.54	5.19	3.00	4.33
5.46	20.84	3.78	2.31	0.55	0.92	1.36	0.83	0.18	0.35	1.24
1.77	4.20	1.29	0.80	0.25	0.24	0.46	0.32	0.09	0.05	0.22
0.16	0.92	0.06	0.03		0.03	0.07	0.05		0.02	0.02
0.18	1.37	0.28	0.16	0.06	0.06	0.11	0.09	0.01	0.01	0.07
0.10	0.34	0.06	0.04	0.02						
0.08	0.24	0.21	0.15	0.04	0.02	0.04	0.03	0.01		0.02
0.44	0.44	0.28	0.24	0.01	0.03	0.08	0.04	0.03	0.01	0.01
0.05	0.09									
0.10	0.08					0.03		0.03		

法人单位按行业(小类)、

(续24)

行业类别(小类)	代码	法人单位从业人数(万人)	国有经济	集体经济	私营经济
盐及调味品批发业	6118	8.85	6.69	1.95	0.05
其他食品、饮料、烟草批发业	6119	22.76	11.16	8.46	1.29
棉、麻、土畜产品批发业	6120	49.76	12.21	36.52	0.36
棉、麻批发业	6121	36.73	4.18	32.18	0.10
畜产品批发业	6122	13.03	8.03	4.34	0.26
纺织品、服装和鞋帽批发业	6130	48.73	28.57	12.96	3.36
纺织品批发业	6131	36.19	23.26	9.02	1.84
服装批发业	6132	9.08	3.89	2.55	1.19
鞋帽批发业	6133	3.46	1.42	1.39	0.33
日用百货批发业	6140	83.38	41.96	30.48	4.72
百货批发业	6141	66.91	36.42	22.12	3.43
文化用品、钟表眼镜批发业	6142	8.14	3.64	3.02	0.76
其他日用百货批发业	6149	8.33	1.90	5.34	0.53
日用杂品批发业	6150	21.83	2.51	17.76	0.85
五金、交电、化工批发业	6160	91.53	41.82	34.83	7.33
药品及医疗器械批发业	6170	49.63	39.30	3.41	1.15
西药批发业	6171	30.83	26.11	1.19	0.20
中草药及制品批发业	6172	14.46	10.96	1.19	0.49
医疗器械批发业	6173	4.34	2.23	1.03	0.46
能源、材料和机械电子设备批发业	6200	416.63	222.31	138.68	26.05
能源批发业	6210	92.45	66.93	19.11	2.21
石油及制品批发业	6211	49.12	37.52	8.01	0.87
煤炭及制品批发业	6212	41.83	28.82	10.47	1.22
其他能源批发业	6219	1.50	0.59	0.63	0.12
化工材料批发业	6220	30.52	14.69	9.02	2.19
木材批发业	6230	28.53	21.35	5.41	0.93
建筑材料批发业	6240	62.52	23.79	27.04	7.07
矿产品批发业	6250	7.73	4.42	2.36	0.50
金属材料批发业	6260	78.05	45.94	24.15	3.51
黑色金属材料批发业	6261	66.33	40.75	19.88	2.49
有色金属材料批发业	6262	11.72	5.19	4.27	1.02
机械、电子设备批发业	6270	64.61	25.90	24.56	7.13
汽车、摩托车及零配件批发业	6280	25.14	12.85	8.13	2.03
汽车批发业	6281	9.36	7.33	0.94	0.21
摩托车批发业	6282	1.64	0.65	0.70	0.19

经济类型分组的从业人数

联营经济	股份制经济	外商投资经济	中外合资经营企业	中外合作经营企业	外商独资企业	港.澳.台投资经济	港.澳.台与大陆合资经营企业	港.澳.台与大陆合作经营企业	港.澳.台独资企业	其他经济
0.01	0.11	0.04	0.04			0.01	0.01			
0.65	0.61	0.36	0.14	0.12	0.10	0.12	0.10	0.01	0.01	0.10
0.14	0.40	0.05	0.03	0.01	0.01					0.06
0.04	0.15	0.01	0.01							0.05
0.10	0.25	0.04	0.02	0.01	0.01					0.01
0.73	1.99	0.68	0.37	0.08	0.23	0.31	0.16	0.03	0.12	0.17
0.46	1.27	0.17	0.08	0.02	0.07	0.08	0.05		0.03	0.11
0.20	0.54	0.48	0.28	0.06	0.14	0.19	0.11	0.02	0.06	0.05
0.07	0.18	0.03	0.01		0.02	0.04		0.01	0.03	0.01
0.72	4.23	0.77	0.49	0.16	0.12	0.12	0.05	0.04	0.03	0.34
0.33	3.73	0.52	0.41	0.07	0.04	0.05	0.03	0.01	0.01	0.29
0.19	0.30	0.15	0.05	0.06	0.04	0.06	0.01	0.03	0.02	0.02
0.20	0.20	0.10	0.03	0.03	0.04	0.01	0.01			0.03
0.14	0.34	0.07	0.04	0.01	0.02	0.11	0.09		0.02	0.05
1.72	4.86	0.45	0.23	0.02	0.20	0.21	0.09	0.01	0.11	0.31
0.24	4.82	0.47	0.35	0.02	0.10	0.15	0.12	0.01	0.02	0.09
0.11	2.94	0.16	0.13		0.03	0.09	0.08		0.01	0.03
0.05	1.51	0.19	0.18	0.01		0.02	0.02			0.03
0.08	0.37	0.12	0.04	0.01	0.07	0.04	0.02	0.01	0.01	0.03
9.24	15.40	2.57	1.58	0.37	0.62	1.48	0.90	0.12	0.46	0.91
1.25	2.39	0.28	0.19	0.06	0.03	0.19	0.14	0.04	0.01	0.07
0.90	1.37	0.25	0.16	0.06	0.03	0.17	0.12	0.04	0.01	0.04
0.34	0.91	0.02	0.02			0.01	0.01			0.03
0.01	0.11	0.01	0.01			0.01	0.01			
3.13	1.15	0.20	0.12		0.08	0.07	0.03		0.04	0.06
0.25	0.46	0.08	0.04	0.02	0.02	0.02	0.01		0.01	0.03
1.26	2.39	0.47	0.33	0.06	0.08	0.31	0.16	0.02	0.13	0.21
0.07	0.31	0.05	0.02		0.03	0.02	0.01		0.01	0.01
1.14	2.95	0.13	0.10		0.03	0.10	0.07		0.03	0.13
0.83	2.20	0.07	0.06		0.01	0.05	0.03		0.02	0.06
0.31	0.75	0.06	0.04		0.02	0.05	0.04		0.01	0.07
1.63	3.38	1.13	0.67	0.14	0.32	0.60	0.35	0.05	0.20	0.30
0.43	1.26	0.19	0.08	0.09	0.02	0.15	0.11	0.01	0.03	0.09
0.16	0.60	0.02	0.02			0.04	0.03		0.01	0.04
0.02	0.08									0.01

(续25)

行业类别(小类)	代码	法人单位从业人数(万人)	国有经济	集体经济	私营经济
汽车、摩托车零配件批发业	6289	14.14	4.87	6.49	1.63
再生物资回收批发业	6290	27.08	6.44	18.90	0.48
其他批发业	6300	155.50	46.68	101.22	2.86
工艺美术品批发业	6310	4.32	2.42	1.22	0.24
图书报刊批发业	6320	4.53	3.93	0.45	0.03
农业生产资料批发业	6330	117.66	28.69	87.52	0.62
其他类未包括的批发业	6390	28.99	11.64	12.03	1.97
零售业	6400	843.09	351.17	388.70	33.47
食品、饮料和烟草零售业	6410	179.86	122.86	48.30	3.66
粮油食品零售业	6411	78.39	73.04	4.27	0.63
副食品零售业	6412	60.40	33.73	23.41	1.25
其他食品、饮料和烟草零售业	6419	41.07	16.09	20.62	1.78
日用百货零售业	6420	390.44	122.18	216.97	6.44
百货零售业	6421	268.46	116.31	104.23	4.38
文化体育用品零售业	6422	6.64	2.30	3.16	0.67
钟表、眼镜及照相器材零售业	6423	3.53	1.45	1.44	0.29
其他日用百货零售业	6429	111.81	2.12	108.14	1.10
纺织品、服装和鞋帽零售业	6430	37.28	15.84	14.98	2.66
日用杂品零售业	6440	18.48	1.76	15.16	0.82
五金、交电、化工零售业	6450	93.41	30.06	46.28	10.78
药品及医疗器械零售业	6470	18.58	13.13	3.72	0.51
图书报刊零售业	6480	11.28	10.07	0.99	0.11
其他零售业	6490	93.76	35.27	42.30	8.49
家具零售业	6491	4.08	0.53	2.27	0.80
煤炭零售业	6492	10.29	7.32	2.31	0.41
石油制品零售业	6493	26.81	11.73	11.90	1.38
汽车、摩托车及其零配件零售业	6494	22.72	7.15	10.99	2.88
计算机及软件、办公设备零售业	6495	7.87	1.70	3.12	1.55
信托业	6496	1.71	0.79	0.74	0.09
首饰业	6497	3.12	0.86	1.63	0.18
其他类未包括的零售业	6499	17.16	5.19	9.34	1.20
商业经纪与代理业	6500	7.67	3.58	1.26	0.72
餐饮业	6700	166.46	56.31	59.03	18.14

经济类型分组的从业人数

联营经济	股份制经济	外商投资经济				港.澳.台投资经济				其他经济
			中外合资经营企业	中外合作经营企业	外商独资企业		港.澳.台与大陆合资经营企业	港.澳.台与大陆合作经营企业	港.澳.台独资企业	
0.25	0.58	0.17	0.06	0.09	0.02	0.11	0.08	0.01	0.02	0.04
0.08	1.11	0.04	0.03		0.01	0.02	0.02			0.01
1.01	2.54	0.64	0.38	0.10	0.16	0.28	0.18	0.01	0.09	0.29
0.13	0.18	0.09	0.07		0.02	0.03	0.02		0.01	0.02
0.02	0.06	0.02	0.02							0.02
0.11	0.57	0.08	0.06		0.02	0.03	0.03			0.04
0.75	1.73	0.45	0.23	0.10	0.12	0.22	0.13	0.01	0.08	0.21
9.83	48.22	5.37	3.77	1.02	0.58	5.23	3.78	0.96	0.49	1.02
1.14	2.50	0.80	0.60	0.15	0.05	0.47	0.41	0.05	0.01	0.12
0.13	0.18	0.10	0.07	0.03						0.02
0.45	1.28	0.20	0.11	0.07	0.02	0.05	0.04	0.01		0.04
0.56	1.04	0.50	0.42	0.05	0.03	0.42	0.37	0.04	0.01	0.06
3.49	34.90	2.52	1.80	0.58	0.14	3.61	2.61	0.74	0.26	0.32
3.15	34.32	2.29	1.68	0.51	0.10	3.50	2.54	0.71	0.25	0.28
0.13	0.28	0.04	0.02	0.01	0.01	0.06	0.05		0.01	
0.05	0.10	0.14	0.06	0.06	0.02	0.04	0.02	0.02		0.01
0.16	0.20	0.05	0.04		0.01	0.01		0.01		0.03
0.74	2.09	0.52	0.39	0.08	0.05	0.38	0.29	0.06	0.03	0.06
0.30	0.33	0.05	0.05			0.02	0.01		0.01	0.02
1.95	3.61	0.39	0.21	0.08	0.10	0.15	0.08	0.03	0.04	0.19
0.09	0.97	0.06	0.02	0.02	0.02	0.02	0.01		0.01	0.08
0.02	0.06					0.02	0.02			
2.10	3.76	1.03	0.70	0.11	0.22	0.56	0.35	0.08	0.13	0.23
0.10	0.20	0.09	0.06		0.03	0.06	0.04	0.01	0.01	0.01
0.02	0.17	0.01	0.01							0.05
0.79	0.63	0.16	0.12	0.04		0.18	0.09	0.06	0.03	0.03
0.50	0.96	0.15	0.12	0.02	0.01	0.05	0.04		0.01	0.05
0.30	0.75	0.29	0.17	0.02	0.10	0.11	0.07		0.04	0.05
0.01	0.07					0.01	0.01			
0.08	0.18	0.12	0.05	0.02	0.05	0.06	0.04		0.02	0.01
0.30	0.80	0.21	0.17	0.01	0.03	0.09	0.06	0.01	0.02	0.03
0.28	0.23	0.70	0.17	0.03	0.50	0.33	0.13	0.01	0.19	0.54
3.07	5.24	13.31	7.32	4.28	1.71	11.05	5.72	3.91	1.42	0.33

(续26)

行业类别(小类)	代码	法人单位从业人数(万人)	国有经济	集体经济	私营经济	联营经济
正餐	6710	144.18	50.18	49.57	15.86	2.75
快餐	6720	9.28	2.04	3.08	1.03	0.14
其他饮食业	6790	13.00	4.09	6.38	1.25	0.18
小吃	6791	6.07	1.56	3.83	0.44	0.07
冷饮	6793	0.82	0.37	0.25	0.12	0.01
茶馆	6795	0.68	0.11	0.37	0.13	
其他类未包括的餐饮业	6799	5.43	2.05	1.93	0.56	0.10
金融、保险业	I	341.30	241.34	84.52	0.11	0.32
金融业	6800	320.90	223.84	84.40	0.11	0.30
中央银行	6810	17.76	17.14	0.13		
商业银行	6820	200.89	191.04	2.46		0.01
其他银行	6830	6.25	5.99	0.14		
信用合作社	6840	81.36	2.23	77.84	0.01	0.06
信托投资业	6850	4.10	3.11	0.16	0.02	0.11
保险业	7000	20.40	17.50	0.12		0.02
房地产业	J	130.20	72.57	25.56	2.60	3.26
房地产开发与经营业	7200	86.22	39.22	20.94	1.90	2.29
房地产管理业	7300	40.23	31.34	3.92	0.41	0.85
房地产代理与经纪业	7400	3.75	2.01	0.70	0.29	0.12
社会服务业	K	580.12	349.50	141.09	15.40	6.29
公共设施服务业	7500	194.60	162.91	22.74	1.07	1.23
市内公共交通业	7510	82.19	68.09	8.03	0.61	0.81
市内公共汽电车业	7511	58.08	55.28	1.30	0.05	0.24
出租汽车业	7512	18.58	8.54	5.75	0.48	0.53
轨道交通业	7513	2.35	2.13	0.11	0.01	0.01
市内轮渡业	7514	1.94	1.64	0.22	0.01	0.01
其他市内公共交通业	7519	1.24	0.50	0.65	0.06	0.02
园林绿化业	7520	26.74	23.75	2.43	0.16	0.13
自然保护区管理业	7530	1.11	1.01	0.07		0.01
环境卫生业	7540	43.95	36.37	6.76	0.11	0.09
市政工程管理业	7550	27.42	23.48	3.21	0.12	0.07
风景名胜区管理业	7560	2.74	2.28	0.18		0.03
其他公共服务业	7590	10.45	7.93	2.06	0.07	0.09
居民服务业	7600	55.38	18.87	29.14	2.94	0.40
理发及美容化妆业	7610	4.97	1.84	2.35	0.43	0.02
沐浴业	7620	6.17	3.10	1.52	0.42	0.06
洗染业	7630	2.81	0.99	1.31	0.16	0.03

经济类型分组的从业人数

股份制经济	外商投资经济				港.澳.台投资经济				其他经济
		中外合资经营企业	中外合作经营企业	外商独资企业		港.澳.台与大陆合资经营企业	港.澳.台与大陆合作经营企业	港.澳.台独资企业	
4.76	10.82	5.89	3.70	1.23	9.97	5.34	3.56	1.07	0.28
0.17	2.01	1.26	0.35	0.40	0.80	0.26	0.24	0.30	0.02
0.31	0.48	0.17	0.23	0.08	0.28	0.12	0.11	0.05	0.03
0.02	0.11	0.03	0.07	0.01	0.04	0.01	0.02	0.01	0.01
0.03	0.02	0.01	0.01						
0.01	0.03	0.01	0.02		0.04	0.01	0.02	0.01	
0.25	0.32	0.12	0.13	0.07	0.20	0.10	0.07	0.03	0.02
14.04	0.51	0.10		0.41	0.12	0.03		0.09	0.42
11.31	0.48	0.09		0.39	0.12	0.03		0.09	0.41
0.49									0.01
6.99	0.31	0.03		0.28	0.06	0.01		0.05	0.02
0.11	0.01			0.01					0.01
1.17									0.06
0.53	0.12	0.02		0.10	0.05	0.01		0.04	0.03
2.73	0.03	0.01		0.02					0.01
9.03	8.17	5.31	1.44	1.42	8.46	4.68	1.47	2.31	0.54
7.22	6.98	4.67	1.05	1.26	7.29	4.03	1.29	1.97	0.38
1.57	1.01	0.54	0.35	0.12	0.98	0.59	0.13	0.26	0.14
0.24	0.18	0.10	0.04	0.04	0.19	0.06	0.05	0.08	0.02
16.48	28.37	16.23	8.92	3.22	19.74	11.26	6.00	2.48	3.17
3.87	1.01	0.60	0.37	0.04	1.32	0.72	0.55	0.05	0.41
3.34	0.43	0.28	0.15		0.76	0.45	0.31		0.07
0.67	0.15	0.09	0.06		0.35	0.16	0.19		0.04
2.60	0.27	0.19	0.08		0.37	0.25	0.12		0.02
0.04	0.01		0.01		0.02	0.02			
0.02					0.02	0.02			0.01
0.01									
0.12	0.08	0.05	0.02	0.01	0.05	0.04	0.01		0.02
	0.02			0.02					
0.03	0.21	0.21			0.13	0.02	0.10	0.01	0.26
0.14	0.23	0.04	0.19		0.16	0.04	0.12		0.01
0.06					0.16	0.13		0.03	0.03
0.18	0.04	0.02	0.01	0.01	0.06	0.04	0.01	0.01	0.02
1.04	1.35	0.70	0.40	0.25	1.28	0.58	0.41	0.29	0.32
0.04	0.16	0.05	0.06	0.05	0.10	0.02	0.06	0.02	0.01
0.22	0.35	0.16	0.13	0.06	0.48	0.32	0.09	0.07	0.01
0.06	0.16	0.09	0.05	0.02	0.09	0.03	0.04	0.02	0.02

(续27)

行业类别(小类)	代码	法人单位从业人数(万人)	国有经济	集体经济	私营经济
摄影及扩印业	7640	6.30	3.50	1.38	0.35
托儿所	7650	1.67	0.62	1.00	0.02
日用品修理业	7660	6.15	1.15	4.26	0.53
家务服务业	7670	1.73	0.25	1.23	0.12
殡葬业	7680	3.92	3.21	0.53	0.01
其他居民服务业	7690	21.66	4.21	15.56	0.90
旅馆业	7800	174.15	99.53	38.10	2.04
租赁服务业	7900	5.56	2.19	2.19	0.33
旅游业	8000	17.55	11.56	2.61	0.19
娱乐服务业	8100	22.58	3.93	6.50	2.27
信息、咨询服务业	8200	49.86	24.95	13.04	4.55
广告业	8210	12.12	3.50	4.12	2.33
咨询服务业	8220	14.80	11.82	1.73	0.34
公证业	8221	0.87	0.83	0.03	
律师事务所	8222	4.62	3.13	0.85	0.20
会计、审计、统计咨询业	8223	8.66	7.30	0.81	0.12
社会调查业	8224	0.65	0.56	0.04	0.02
其他类未包括的信息咨询服务业	8290	22.94	9.63	7.19	1.88
计算机应用服务业	8300	11.81	3.96	2.52	1.23
软件开发咨询业	8310	7.42	2.31	1.35	0.89
数据处理业	8320	0.59	0.26	0.13	0.02
数据库服务业	8330	0.66	0.22	0.15	0.07
计算机设备维护咨询业	8340	3.14	1.17	0.89	0.25
其他社会服务业	8400	48.63	21.60	24.25	0.78
市场管理服务业	8410	16.25	7.79	7.49	0.34
其他类未包括的社会服务业	8490	32.38	13.81	16.76	0.44
卫生、体育和社会福利业	L	461.28	385.57	72.45	0.68
卫生	8500	433.95	362.85	68.69	0.61
医院	8510	376.44	308.50	66.22	0.52
综合医院	8511	223.76	203.79	19.49	0.13
专科医院	8512	27.39	25.05	1.99	0.13
中医医院	8513	32.68	30.75	1.86	0.04
门诊部	8514	3.43	1.61	1.65	0.09
其他医院	8519	89.18	47.30	41.23	0.13
疗养院	8520	4.98	4.76	0.14	0.04
专科防治所(站)	8530	6.25	6.00	0.23	

经济类型分组的从业人数

联营经济	股份制经济	外商投资经济	中外合资经营企业	中外合作经营企业	外商独资企业	港.澳.台投资经济	港.澳.台与大陆合资经营企业	港.澳.台与大陆合作经营企业	港.澳.台独资企业	其他经济
0.05	0.13	0.51	0.30	0.11	0.10	0.36	0.13	0.13	0.10	0.01
										0.02
0.05	0.06	0.01		0.01		0.06	0.01	0.01	0.04	0.03
0.02	0.05	0.01	0.01			0.02	0.01		0.01	
0.06	0.02	0.02	0.01	0.01		0.08	0.01	0.05	0.02	0.01
0.11	0.46	0.13	0.08	0.03	0.02	0.09	0.05	0.03	0.01	0.21
1.59	5.07	16.08	10.25	5.11	0.72	11.16	6.75	3.64	0.77	0.58
0.17	0.37	0.11	0.06	0.04	0.01	0.19	0.09	0.08	0.02	0.03
0.31	0.90	1.37	0.67	0.61	0.09	0.48	0.30	0.13	0.05	0.14
0.81	0.71	4.73	2.11	1.96	0.66	3.58	1.79	1.04	0.75	0.07
1.03	2.45	1.84	0.70	0.28	0.86	0.76	0.47	0.09	0.20	1.20
0.34	0.94	0.49	0.30	0.06	0.13	0.30	0.21	0.03	0.06	0.09
0.09	0.12	0.17	0.02	0.11	0.04	0.01	0.01			0.51
0.01	0.03									0.40
0.07	0.08	0.17	0.02	0.11	0.04	0.01	0.01			0.10
0.01	0.01									0.01
0.60	1.39	1.18	0.38	0.11	0.69	0.45	0.25	0.06	0.14	0.60
0.45	1.15	1.55	0.94	0.11	0.50	0.75	0.39	0.03	0.33	0.19
0.28	0.78	1.15	0.67	0.08	0.40	0.53	0.29	0.01	0.23	0.13
0.02	0.01	0.11	0.09	0.01	0.01	0.02	0.02			0.01
0.03	0.09	0.05	0.03		0.02	0.04	0.02	0.01	0.01	0.01
0.12	0.27	0.24	0.15	0.02	0.07	0.16	0.06	0.01	0.09	0.04
0.30	0.92	0.33	0.20	0.04	0.09	0.22	0.17	0.03	0.02	0.23
0.16	0.28	0.02	0.02			0.11	0.09	0.02		0.06
0.14	0.64	0.31	0.18	0.04	0.09	0.11	0.08	0.01	0.02	0.17
0.14	0.29	0.54	0.28	0.24	0.02	0.17	0.08	0.09		1.40
0.11	0.20	0.30	0.19	0.10	0.01	0.07	0.04	0.03		1.10
0.07	0.16	0.19	0.13	0.05	0.01	0.04	0.02	0.02		0.73
0.02	0.10	0.09	0.07	0.02		0.02	0.01	0.01		0.12
0.02	0.03	0.08	0.05	0.03		0.02	0.01	0.01		0.06
	0.01									0.02
0.01	0.01	0.02	0.01		0.01					0.05
0.02	0.01									0.48
	0.01									0.03
										0.01

(续28)

行业类别(小类)	代码	法人单位从业人数(万人)	国有经济	集体经济	私营经济
卫生防疫站	8540	20.70	20.30	0.38	0.01
妇幼保健所(站)	8550	11.94	11.72	0.19	
药品检验所(室)	8560	2.52	2.48	0.03	
其他卫生	8590	11.12	9.09	1.50	0.04
体育	8600	7.49	6.92	0.14	0.04
社会福利保障业	8700	19.84	15.80	3.62	0.03
社会福利业	8710	11.79	8.42	3.09	0.02
干部休养所	8711	2.18	2.13	0.05	
福利收容院	8712	7.46	5.42	1.93	0.01
社区服务业	8713	2.15	0.87	1.11	0.01
社会保险和救济业	8720	5.88	5.53	0.26	
其他类未包括的社会福利保障业	8790	2.17	1.85	0.27	0.01
教育、文化艺术及广播电影电视业	M	1 353.66	1 243.84	77.71	3.16
教育	8900	1 231.39	1 139.41	71.04	2.91
高等教育	8910	121.21	119.92	0.79	0.17
普通高等教育	8911	102.01	101.33	0.48	0.01
成人高等教育	8912	19.20	18.59	0.31	0.16
中等教育	8920	509.39	485.19	21.00	1.61
中等专业学校	8921	61.71	60.47	0.88	0.13
普通中学	8922	385.06	364.44	18.43	1.09
农业、职业中学	8923	31.17	30.19	0.60	0.26
技工学校	8924	14.46	13.91	0.44	0.03
成人中等学校	8925	16.48	15.67	0.65	0.10
工读学校	8926	0.51	0.51		
初等教育	8930	524.41	465.54	42.92	0.54
小学校	8931	523.59	464.76	42.88	0.53
成人初等学校	8932	0.82	0.78	0.04	0.01
学前教育	8940	27.76	22.89	4.36	0.24
特殊教育	8950	3.54	3.50	0.04	
其他教育	8990	45.08	42.37	1.93	0.35
文化艺术业	9000	74.84	60.42	4.01	0.18
艺术	9010	19.04	16.50	2.12	0.08
出版	9020	17.49	17.05	0.29	0.01
文物保护	9030	5.21	5.13	0.06	
图书馆	9040	4.61	4.58	0.03	
档案馆	9050	1.75	1.75		

经济类型分组的从业人数

联营经济	股份制经济	外商投资经济				港.澳.台投资经济				其他经济
			中外合资经营企业	中外合作经营企业	外商独资企业		港.澳.台与大陆合资经营企业	港.澳.台与大陆合作经营企业	港.澳.台独资企业	
										0.01
0.01		0.01		0.01						0.01
		0.01	0.01							
0.03	0.03	0.09	0.05	0.04		0.03	0.02	0.01		0.31
0.02	0.01	0.22	0.08	0.13	0.01	0.10	0.04	0.06		0.03
0.01	0.08	0.02	0.01	0.01						0.27
0.01		0.01	0.01							0.23
										0.10
0.01		0.01	0.01							0.13
	0.06									0.03
	0.02	0.01		0.01						0.01
0.45	0.70	0.50	0.27	0.20	0.03	0.48	0.19	0.16	0.13	26.76
0.25	0.31	0.24	0.12	0.09	0.03	0.20	0.05	0.07	0.08	16.99
0.01	0.01	0.02			0.02	0.03			0.03	0.24
0.01	0.01	0.02			0.02	0.03			0.03	0.11
										0.13
0.11	0.15	0.11	0.07	0.04		0.01	0.01			1.20
0.01	0.02	0.02		0.02		0.01	0.01			0.17
0.08	0.09	0.06	0.06							0.87
0.01	0.02	0.02		0.02						0.06
	0.02	0.01	0.01							0.06
0.01										0.04
0.03	0.06	0.03	0.02	0.01		0.05	0.01	0.02	0.02	15.25
0.03	0.06	0.03	0.02	0.01		0.05	0.01	0.02	0.02	15.25
0.02	0.01	0.04	0.01	0.02	0.01	0.05	0.01	0.01	0.03	0.14
0.08	0.08	0.04	0.02	0.02		0.06	0.02	0.04		0.16
0.12	0.14	0.21	0.11	0.10		0.08	0.03	0.04	0.01	9.65
0.08	0.03	0.06	0.01	0.05		0.01	0.01			0.17
0.02	0.03	0.03	0.03							0.04
		0.01		0.01						0.01

法人单位按行业（小类）、

（续 29）

行业类别（小类）	代码	法人单位从业人数（万人）	国有经济	集体经济	私营经济	联营经济
群众文化	9060	11.55	10.52	0.93	0.03	0.01
新闻	9070	1.59	1.54	0.02		
文化艺术经纪与代理业	9080	0.34	0.20	0.04	0.03	0.01
其他文化艺术业	9090	13.26	3.15	0.52	0.03	
广播电影电视业	9100	47.43	44.01	2.66	0.07	0.08
广播	9110	12.38	11.64	0.72		0.01
电影	9120	20.71	18.61	1.56	0.06	0.06
电视	9130	14.34	13.76	0.38	0.01	0.01
科学研究和综合技术服务业	N	192.31	168.02	14.83	2.37	1.03
科学研究业	9200	76.87	75.32	0.99	0.32	0.03
自然科学研究	9210	60.73	59.87	0.55	0.19	0.02
社会科学研究	9220	3.50	3.42	0.05	0.01	
其他科学研究	9230	12.64	12.03	0.39	0.12	0.01
综合技术服务业	9300	115.44	92.70	13.84	2.05	1.00
气象	9310	5.40	5.34	0.03		
地震	9320	1.48	1.45		0.01	0.02
测绘	9330	4.99	4.76	0.21		
技术监督	9340	15.99	14.63	0.84	0.03	0.10
海洋环境	9350	0.55	0.54			
环境保护	9360	6.44	5.81	0.46	0.03	0.01
技术推广和科技交流服务业	9370	13.75	8.55	3.48	0.58	0.15
工程设计业	9380	41.73	37.52	2.74	0.23	0.21
其他综合技术服务业	9390	25.11	14.10	6.08	1.17	0.51
国家机关、政党机关和社会团体	O	2 079.83	1 308.47	270.06	0.07	0.14
国家机关	9400	1 216.34	1 206.14	8.13	0.02	0.06
政党机关	9500	56.87	56.62	0.17		0.01
社会团体	9600	70.94	43.27	7.46	0.05	0.01
基层群众自治组织	9700	735.68	2.44	254.30		0.06
居民委员会	9710	50.90	0.80	6.96		
村民委员会	9720	684.78	1.64	247.34		0.06
其他行业	P	198.00	86.63	96.38	2.42	0.86
企业管理机构	9910	169.51	70.14	88.15	0.56	0.35
其他类未包括的行业	9990	28.49	16.49	8.23	1.86	0.51

经济类型分组的从业人数

股份制经济	外商投资经济	中外合资经营企业	中外合作经营企业	外商独资企业	港.澳.台投资经济	港.澳.台与大陆合资经营企业	港.澳.台与大陆合作经营企业	港.澳.台独资企业	其他经济
					0.02	0.01	0.01		0.04
					0.02		0.02		0.01
0.04									0.01
0.04	0.11	0.07	0.04		0.03	0.01	0.01	0.01	9.37
0.25	0.05	0.04	0.01		0.20	0.11	0.05	0.04	0.12
0.01									
0.18	0.04	0.03	0.01		0.19	0.11	0.04	0.04	0.03
0.06	0.01	0.01			0.01		0.01		0.09
3.01	1.61	1.19	0.16	0.26	0.86	0.70	0.05	0.11	0.52
0.08	0.06	0.03	0.02	0.01	0.01	0.01			0.04
0.05	0.04	0.02	0.01	0.01					0.01
									0.01
0.03	0.02	0.01	0.01		0.01	0.01			0.02
2.93	1.55	1.16	0.14	0.25	0.85	0.69	0.05	0.11	0.48
	0.02	0.01		0.01					
0.01									
0.18	0.08	0.07	0.01		0.07	0.05	0.01	0.01	0.05
0.08	0.02	0.01		0.01	0.01	0.01			0.02
0.55	0.29	0.21	0.04	0.04	0.07	0.06		0.01	0.08
0.43	0.34	0.25	0.03	0.06	0.23	0.19	0.03	0.01	0.04
1.68	0.80	0.61	0.06	0.13	0.47	0.38	0.01	0.08	0.29
0.03	0.02	0.02			0.01	0.01			501.00
0.01	0.01	0.01							1.97
									0.07
0.02	0.01	0.01							20.11
					0.01	0.01			478.85
					0.01	0.01			43.13
									435.72
5.79	1.11	0.35	0.50	0.26	0.64	0.41	0.07	0.16	4.20
5.23	0.76	0.25	0.45	0.06	0.36	0.21	0.05	0.10	3.98
0.56	0.35	0.10	0.05	0.20	0.28	0.20	0.02	0.06	0.22

法人单位按地区(省)、从

地区(省)	代码	法人单位数(个)	7人以下	8—19人	20—49人	50—99人
全国总计		**4 402 276**	**1 441 492**	**1 309 515**	**837 814**	**399 301**
北　京	11	98 957	24 085	32 689	22 196	9 741
天　津	12	65 955	16 627	20 778	14 321	6 866
河　北	13	185 577	63 655	45 905	37 828	19 226
山　西	14	130 371	42 291	36 686	27 362	12 701
内蒙古	15	79 915	29 854	18 525	15 817	8 358
辽　宁	21	190 427	56 617	55 508	37 864	19 359
吉　林	22	80 120	27 573	18 847	14 947	8 620
黑龙江	23	117 137	39 597	30 177	21 756	12 008
上　海	31	200 122	66 214	64 334	37 433	15 772
江　苏	32	306 229	80 275	98 453	60 921	29 961
浙　江	33	280 778	96 696	88 197	52 106	22 595
安　徽	34	209 604	54 691	83 584	38 607	16 019
福　建	35	129 463	32 642	44 111	28 842	12 434
江　西	36	127 113	46 387	34 605	24 343	11 414
山　东	37	311 948	72 834	115 422	62 130	28 999
河　南	41	221 612	60 977	62 377	45 097	26 749
湖　北	42	164 321	41 763	55 517	33 356	15 217
湖　南	43	190 929	74 296	50 519	33 452	15 251
广　东	44	348 602	97 151	114 654	68 404	32 638
广　西	45	96 200	34 535	26 845	18 052	8 376
海　南	46	18 147	6 042	4 631	3 640	1 828
重　庆	50	86 644	41 661	17 923	13 114	6 888
四　川	51	233 827	97 815	61 367	37 297	18 950
贵　州	52	76 676	40 113	13 420	12 568	5 660
云　南	53	80 512	26 949	20 703	16 754	8 161
西　藏	54	13 958	9 649	1 965	1 287	597
陕　西	61	191 937	91 975	50 923	29 431	11 363
甘　肃	62	76 387	36 293	16 889	12 275	5 634
青　海	63	18 855	8 554	4 188	3 159	1 436
宁　夏	64	16 385	5 465	4 740	3 015	1 576
新　疆	65	53 568	18 216	15 033	10 440	4 904

业人员规模分组的单位数

100—299 人	300—499 人	500—999 人	1000—4999 人	5000—9999 人	10000 人以上
300 616	**54 776**	**35 989**	**20 864**	**1 329**	**580**
7 147	1 309	1 083	633	50	24
5 156	1 015	737	419	26	10
13 583	2 498	1 759	1 044	52	27
8 698	1 252	839	484	35	23
5 549	817	554	397	26	18
14 739	2 816	2 100	1 273	107	44
7 410	1 344	844	470	34	31
9 865	1 712	1 093	770	98	61
11 758	2 221	1 456	835	67	32
25 632	5 244	3 609	2 004	93	37
16 024	2 755	1 585	774	39	7
12 507	2 218	1 253	674	38	13
8 891	1 426	737	365	12	3
8 079	1 151	686	422	15	11
23 058	4 737	3 066	1 629	50	23
20 065	3 195	1 928	1 128	75	21
13 125	2 544	1 767	942	62	28
12 677	2 424	1 411	836	45	18
25 329	5 166	3 414	1 726	99	21
5 925	1 216	795	424	25	7
1 382	275	177	150	19	3
4 950	971	672	427	22	16
13 252	2 368	1 676	1 011	57	34
3 784	541	325	243	16	6
5 955	988	609	360	22	11
377	53	25	5		
6 149	905	652	475	47	17
3 858	623	434	346	24	11
1 070	215	145	79	5	4
1 167	209	121	83	6	3
3 455	568	437	436	63	16

产业活动单位按地区(省)、

地区(省)	代码	产业活动单位数(个)	7人以下	8—19人	20—49人	50—99人
全国总计		**6 351 139**	**2 755 593**	**1 777 806**	**995 485**	**424 566**
北　京	11	120 262	35 089	38 492	25 309	10 658
天　津	12	77 905	23 072	24 154	15 859	7 276
河　北	13	261 916	113 404	65 548	44 650	20 491
山　西	14	218 129	111 509	50 465	32 391	12 924
内蒙古	15	123 083	56 186	30 487	19 978	8 899
辽　宁	21	252 812	92 421	75 028	44 156	20 566
吉　林	22	113 357	44 683	30 442	18 705	9 332
黑龙江	23	175 752	72 192	46 385	28 298	13 907
上　海	31	244 088	96 506	74 248	40 327	16 434
江　苏	32	385 724	132 599	119 119	66 903	31 149
浙　江	33	356 654	151 059	105 431	57 950	22 311
安　徽	34	322 857	135 959	108 101	46 909	16 523
福　建	35	210 933	93 775	62 101	32 623	12 492
江　西	36	184 146	80 658	54 021	29 584	11 117
山　东	37	510 732	242 448	138 732	66 903	31 794
河　南	41	341 084	126 067	104 264	58 268	29 201
湖　北	42	233 420	84 218	76 562	37 555	17 250
湖　南	43	289 253	136 664	76 688	43 646	16 835
广　东	44	494 611	186 471	152 806	83 909	36 378
广　西	45	155 558	71 021	42 583	25 165	9 289
海　南	46	27 999	10 752	8 152	4 938	2 218
重　庆	50	137 348	80 511	26 887	16 480	6 826
四　川	51	335 350	173 756	81 355	44 508	18 652
贵　州	52	124 074	74 164	24 589	15 852	5 282
云　南	53	135 203	59 777	36 519	23 347	8 612
西　藏	54	19 143	13 902	2 877	1 438	543
陕　西	61	225 097	113 773	58 902	32 335	11 937
甘　肃	62	134 158	82 119	26 409	15 009	5 621
青　海	63	28 995	15 882	6 399	3 715	1 449
宁　夏	64	24 568	10 728	6 816	3 704	1 743
新　疆	65	86 928	34 228	23 244	15 071	6 857

从业人员规模分组的单位数

100—299 人	300—499 人	500—999 人	1000—4999 人	5000—9999 人	10000 人以上
288 477	**52 112**	**35 386**	**20 386**	**1 032**	**296**
7 454	1 345	1 135	725	37	18
5 264	1 046	778	427	23	6
12 751	2 249	1 688	1 059	49	27
8 109	1 269	910	492	48	12
5 570	905	643	398	12	5
14 247	2 776	2 096	1 383	108	31
7 349	1 347	912	545	32	10
10 842	1 869	1 257	883	102	17
11 919	2 289	1 473	812	56	24
25 377	5 064	3 499	1 911	72	31
15 056	2 601	1 496	720	27	3
11 640	1 925	1 139	629	27	5
7 722	1 201	689	323	5	2
6 577	1 074	690	404	16	5
21 981	4 309	2 904	1 601	53	7
17 437	2 769	1 886	1 130	54	8
12 816	2 303	1 697	951	50	18
11 277	1 988	1 327	782	35	11
25 400	5 025	3 181	1 401	33	7
5 381	1 004	732	368	14	1
1 383	241	163	140	12	
4 623	930	653	414	18	6
12 122	2 259	1 607	1 017	52	22
3 073	498	354	253	8	1
5 114	894	594	332	11	3
328	36	16	3		
6 037	896	667	506	38	6
3 581	631	427	339	19	3
1 077	238	156	72	5	2
1 138	207	137	90	5	
5 832	924	480	276	11	5

产业活动单位按行业(小类)、单位类别分组的从业人数

行业类别(小类)	代码	产业活动单位从业人数(万人)	营利性单位	非营利性单位	产业活动单位兼职人数(万人)
全国总计		**22 980.48**	**18 524.54**	**4 455.58**	**264.58**
农、林、牧渔业	A	657.23	476.50	180.74	6.23
农业	0100	303.32	282.27	21.06	1.35
种植业	0110	298.71	278.11	20.60	1.32
其他农业	0190	4.61	4.16	0.46	0.03
林业	0200	103.20	73.90	29.31	1.90
畜牧业	0300	59.61	52.10	7.51	0.65
牲畜饲养放牧业	0310	40.36	34.39	5.98	0.49
家禽饲养业	0320	15.97	15.32	0.64	0.14
狩猎业	0330	0.29	0.27	0.03	
其他畜牧业	0390	2.99	2.12	0.86	0.02
渔业	0400	47.03	44.06	2.98	0.32
海洋渔业	0410	20.11	19.90	0.21	0.08
海水养殖业	0411	7.85	7.75	0.09	0.04
海洋捕捞业	0412	12.26	12.15	0.12	0.04
淡水渔业	0420	26.92	24.16	2.77	0.24
淡水养殖业	0421	25.67	23.01	2.65	0.22
淡水捕捞业	0422	1.25	1.15	0.12	0.02
农、林、牧、渔服务业	0500	144.07	24.17	119.88	2.01
农业服务业	0510	70.76	12.36	58.40	1.28
林业服务业	0520	19.87	2.72	17.15	0.19
畜牧兽医服务业	0530	39.06	3.72	35.33	0.37
渔业服务业	0540	6.27	2.50	3.76	0.05
其他农、林、牧、渔服务业	0590	8.11	2.87	5.24	0.12
采掘业	B	1 133.91	1 132.04	1.87	2.74
煤炭采选业	0600	638.10	637.65	0.46	0.72
煤炭开采业	0610	611.19	610.74	0.46	0.68
煤炭洗选业	0620	26.91	26.91		0.04
石油和天然气开采业	0700	58.14	58.14		0.09
天然原油开采业	0710	55.09	55.09		0.09
天然气开采业	0720	2.94	2.94		
油页岩开采业	0730	0.11	0.11		
黑色金属矿采选业	0800	61.65	61.55	0.11	0.11
铁矿采选业	0810	54.14	54.06	0.09	0.10
其他黑色金属矿采选业	0820	7.51	7.49	0.02	0.01
锰矿采选业	0821	7.21	7.19	0.02	0.01
铬矿采选业	0822	0.30	0.30		
有色金属矿采选业	0900	100.39	100.23	0.15	0.14
重有色金属矿采选业	0910	49.71	49.65	0.06	0.08
铜矿采选业	0911	18.88	18.88	0.03	
铅锌矿采选业	0912	18.96	18.95	0.01	0.04

产业活动单位按行业(小类)、单位类别分组的从业人数

(续1)

行业类别(小类)	代码	产业活动单位从业人数(万人)	营利性单位	非营利性单位	产业活动单位兼职人数(万人)
镍钴矿采选业	0914	1.04	1.04		
锡矿采选业	0915	7.55	7.55	0.01	
锑矿采选业	0916	2.72	2.72		
汞矿采选业	0917	0.22	0.17	0.05	
其他重有色金属矿采选业	0919	0.34	0.34		
轻有色金属矿采选业	0930	4.01	3.99		
铝矿采选业	0931	2.26	2.25		
镁矿采选业	0932	0.82	0.82		
钛矿采选业	0933	0.68	0.67		
其他轻有色金属矿采选业	0939	0.25	0.25		
贵金属矿采选业	0950	33.67	33.64	0.03	0.05
金矿采选业	0951	32.70	32.67	0.03	0.05
银矿采选业	0952	0.92	0.92		
其他贵金属矿采选业	0959	0.05	0.05		
稀有稀土金属矿采选业	0960	13.00	12.95	0.06	0.01
钨钼矿采选业	0961	9.52	9.52	0.01	
稀有高熔点金属矿采选业	0963	0.63	0.63		
稀散金属矿采选业	0964	0.06	0.06		
非金属矿采选业	1000	200.59	200.17	0.41	1.25
土砂石开采业	1010	121.92	121.56	0.36	0.37
石灰石开采业	1011	30.73	30.62	0.11	0.08
建筑装饰用石开采业	1012	42.12	41.96	0.16	0.12
耐火土石开采业	1013	7.27	7.26	0.01	0.03
其他土砂石开采业	1019	41.80	41.72	0.08	0.14
化学矿采选业	1020	22.16	22.16		0.83
硫矿采选业	1021	9.16	9.16	0.78	
磷矿采选业	1022	8.79	8.79		0.01
天然钾盐采选业	1023	0.05	0.05		
硼矿采选业	1024	1.10	1.10	0.01	
其他化学矿采选业	1029	3.06	3.06		0.03
采盐业	1030	27.02	27.02		0.01
海盐业	1031	18.95	18.95		0.01
湖盐业	1032	1.15	1.15		
井盐业	1033	5.11	5.11		
矿盐业	1034	1.81	1.81		
其他非金属矿采选业	1090	29.49	29.43	0.05	0.04
石棉采选业	1091	2.76	2.76		
云母采选业	1092	0.24	0.24		
石墨采选业	1093	2.78	2.78		
石膏采选业	1094	6.10	6.08	0.02	
宝石、玉石采选业	1095	0.58	0.58		

产业活动单位按行业(小类)、单位类别分组的从业人数

(续 2)

行业类别(小类)	代码	产业活动单位从业人数(万人)	营利性单位	非营利性单位	产业活动单位兼职人数(万人)
水晶采选业	1096	0.04	0.04		
滑石采选业	1097	2.15	2.15		
其他类未包括的非金属矿采选业	1099	14.84	14.80	0.03	0.04
木材及竹材采运业	1200	73.77	73.03	0.74	0.40
木材采运业	1210	73.45	72.71	0.74	0.40
竹材采运业	1220	0.32	0.32		
制造业	C	9 808.14	9 791.47	16.31	61.53
食品加工业	1300	355.41	355.03	0.39	3.05
粮食及饲料加工业	1310	144.55	144.32	0.23	0.99
碾米业	1311	36.76	36.69	0.07	0.18
磨粉业	1312	56.74	56.70	0.03	0.26
面、米制品业	1313	15.85	15.82	0.03	0.07
配合及混合饲料制造业	1314	29.05	28.97	0.08	0.44
蛋白饲料制造业	1315	1.85	1.85	0.01	0.01
水产饲料制造业	1317	1.75	1.74	0.01	0.01
其他饲料制造业	1319	2.55	2.55		0.02
植物油加工业	1320	49.05	49.05	0.01	0.21
食用植物油加工业	1321	47.57	47.57	0.01	0.19
非食用植物油加工业	1322	1.48	1.48	0.02	
制糖业	1330	40.76	40.69	0.07	0.04
甘蔗糖业	1331	29.18	29.11	0.07	0.03
甜菜糖业	1332	10.22	10.22	0.01	
加工糖业	1334	1.36	1.36		
屠宰及肉类蛋类加工业	1340	64.71	64.65	0.06	1.38
屠宰业	1341	22.29	22.26	0.02	0.87
肉制品加工业	1342	37.08	37.05	0.03	0.33
肉类副产品加工业	1343	3.86	3.86	0.01	0.02
蛋品加工业	1344	1.48	1.48	0.16	
水产品加工业	1350	27.14	27.13	0.01	0.23
冷冻水产品加工业	1351	20.77	20.76	0.01	0.20
干制水产品加工业	1352	3.09	3.09	0.01	
腌制水产品加工业	1353	0.55	0.55		
鱼糜及鱼糜制品加工业	1354	0.52	0.52	0.01	
其它水产品加工业	1359	2.21	2.21		0.01
盐加工业	1360	2.66	2.66		
其他食品加工业	1390	26.54	26.53	0.01	0.20
食品制造业	1400	219.09	218.64	0.42	1.90
糕点、糖果制造业	1410	75.17	75.12	0.05	0.85
糖果业	1411	16.73	16.70	0.02	0.06
糕点业	1412	21.76	21.76	0.01	0.22
饼干业	1413	10.77	10.76	0.01	0.22

产业活动单位按行业(小类)、单位类别分组的从业人数

(续3)

行业类别(小类)	代码	产业活动单位从业人数(万人)	营利性单位	非营利性单位	产业活动单位兼职人数(万人)
方便主食品业	1414	15.18	15.18		0.08
蜜饯业	1415	7.53	7.52	0.01	0.07
其他糕点、糖果制品业	1419	3.20	3.20	0.20	
乳制品制造业	1420	14.30	14.18	0.12	0.08
罐头食品制造业	1430	30.31	30.29	0.01	0.29
肉类罐头制造业	1431	6.15	6.15		
禽类罐头制造业	1432	0.33	0.33		
水产罐头制造业	1433	1.50	1.50		
水果罐头制造业	1434	10.90	10.89		0.19
蔬菜罐头制造业	1435	8.63	8.62	0.01	0.06
其他罐头食品制造业	1439	2.80	2.80	0.04	
发酵制品业	1440	12.84	12.76	0.08	0.01
氨基酸制造业	1441	0.64	0.64		
味精制造业	1442	6.08	6.07	0.01	0.01
柠檬酸制造业	1443	2.39	2.39		
酵母制品业	1444	1.16	1.11	0.05	
酶制剂制造业	1445	1.46	1.46		
其他发酵制品业	1449	1.11	1.09	0.02	
调味品制造业	1450	27.06	27.02	0.02	0.20
酱油、酱类制造业	1451	18.91	18.89	0.01	0.16
食醋制造业	1452	2.44	2.44	0.01	
调味料制造业	1453	2.52	2.50	0.01	0.02
调味油制造业	1454	0.87	0.87		
其他调味品制造业	1459	2.32	2.32		0.01
其他食品制造业	1490	59.41	59.27	0.14	0.47
豆制品制造业	1491	8.35	8.35		0.04
淀粉及淀粉制品业	1492	21.20	21.14	0.06	0.08
代乳品制造业	1493	0.66	0.66		
制冰业	1495	1.53	1.53		0.01
淀粉糖业	1497	2.43	2.42	0.01	0.05
冷冻饮品制造业	1498	13.50	13.47	0.03	0.13
其他类未包括的食品制造业	1499	11.74	11.70	0.04	0.16
饮料制造业	1500	186.82	186.64	0.15	1.14
酒精及饮料酒制造业	1510	126.60	126.54	0.04	0.66
酒精制造业	1511	9.52	9.50	0.02	0.35
白酒制造业	1512	71.92	71.88	0.02	0.18
啤酒制造业	1513	35.57	35.57	0.06	
黄酒制造业	1514	4.83	4.83	0.03	
葡萄酒制造业	1515	2.12	2.12	0.02	
果露酒制造业	1516	2.64	2.64		0.02
软饮料制造业	1520	34.35	34.33	0.02	0.27

产业活动单位按行业(小类)、单位类别分组的从业人数

(续4)

行业类别(小类)	代码	产业活动单位从业人数(万人)	营利性单位	非营利性单位	产业活动单位兼职人数(万人)
碳酸饮料制造业	1521	14.14	14.13		0.10
天然矿泉水制造业	1522	5.68	5.68		0.06
果菜汁饮料制造业	1523	8.29	8.28	0.02	0.08
固体饮料制造业	1524	2.80	2.80		0.02
其他软饮料制造业	1529	3.44	3.44	0.01	
制茶业	1550	20.39	20.31	0.08	0.15
其他饮料制造业	1590	5.48	5.46	0.01	0.06
烟草加工业	1600	33.38	33.38		0.03
烟叶复烤业	1610	4.88	4.88		0.03
卷烟制造业	1620	27.51	27.51		
其他烟草加工业	1690	0.99	0.99		
纺织业	1700	1 010.64	1 010.05	0.62	3.51
纤维原料初步加工业	1710	49.48	49.37	0.13	0.11
轧花业	1711	35.64	35.53	0.11	0.08
洗毛业	1712	1.84	1.84		
亚麻纤维初步加工业	1713	2.95	2.95		
苎麻纤维初步加工业	1714	2.22	2.22	0.01	0.01
其他纤维原料初步加工业	1719	6.83	6.83	0.01	0.02
棉纺织业	1720	489.09	488.94	0.16	1.54
棉纺业	1721	233.95	233.88	0.07	0.44
棉织业	1722	115.79	115.74	0.05	0.31
印染业	1723	52.87	52.84	0.04	0.37
棉制品业	1724	58.78	58.78		0.33
棉线带制造业	1725	11.29	11.29	0.05	
帘子布制造业	1726	4.91	4.91	0.02	
其他棉纺织业	1729	11.50	11.50	0.02	
毛纺织业	1740	115.48	115.38	0.11	0.58
毛条加工业	1741	6.23	6.23	0.01	
毛纺业	1742	63.24	63.19	0.05	0.44
毛织业	1743	30.60	30.55	0.05	0.03
毛染整业	1744	3.99	3.99	0.01	
工业用呢、工业用毡制造业	1745	2.82	2.82	0.01	
其他毛纺织业	1749	8.60	8.60	0.01	0.08
麻纺织业	1760	31.19	31.19	0.06	
苎麻纺织业	1761	10.76	10.76	0.03	
亚麻纺织业	1762	5.31	5.31	0.02	
黄、洋、青麻纺织业	1763	12.61	12.61	0.01	
其他麻纺织业	1769	2.51	2.51		
丝绢纺织业	1770	165.75	165.62	0.12	0.32
缫丝业	1771	60.80	60.77	0.03	0.17
绢纺业	1772	11.84	11.84	0.02	

产业活动单位按行业(小类)、单位类别分组的从业人数

(续5)

行业类别(小类)	代码	产业活动单位从业人数(万人)	营利性单位	非营利性单位	产业活动单位兼职人数(万人)
丝织业	1773	70.39	70.30	0.08	0.08
丝印染业	1774	12.49	12.49	0.02	
丝制品业	1775	7.25	7.24	0.01	0.02
其他丝绢纺织业	1779	2.98	2.98	0.01	
针织品业	1780	139.79	139.70	0.09	0.83
棉针织品业	1781	67.03	67.01	0.02	0.54
毛针织品业	1782	48.76	48.70	0.06	0.15
丝针织品业	1783	10.82	10.82	0.09	
其他针织品业	1789	13.18	13.17	0.01	0.05
其他纺织业	1790	19.86	19.85	0.01	0.07
服装及其他纤维制品制造业	1800	455.08	454.56	0.51	2.31
服装制造业	1810	383.86	383.35	0.51	2.11
制帽业	1820	7.04	7.04	0.02	
制鞋业	1830	47.40	47.40		0.08
其他纤维制品制造业	1890	16.78	16.77		0.10
皮革、毛皮、羽绒及其制品业	1900	241.02	240.95	0.07	1.07
制革业	1910	25.85	25.82	0.03	0.09
轻革业	1911	19.80	19.77	0.03	0.06
重革业	1912	1.03	1.03		
其他制革业	1919	5.02	5.02		0.03
皮革制品制造业	1920	186.15	186.13	0.03	0.81
皮鞋制造业	1921	113.50	113.49	0.02	0.52
革皮服装制造业	1923	22.79	22.78	0.01	0.13
皮箱制造业	1924	7.00	7.00		0.03
皮包制造业	1925	25.43	25.43	0.07	
其他类未包括的皮革制品业	1929	17.43	17.43	0.06	
毛皮鞣制及制品业	1930	12.64	12.64	0.04	
毛皮鞣制业	1931	4.43	4.43	0.01	
毛皮服装业	1932	3.27	3.27	0.02	
其他毛皮制品业	1939	4.94	4.94	0.01	
羽毛(绒)及制品业	1950	16.38	16.36	0.01	0.13
羽毛(绒)加工业	1951	3.61	3.61		0.01
羽毛(绒)制品业	1952	12.77	12.75	0.01	0.12
木材加工及竹、藤、棕、草制品业	2000	178.25	178.04	0.23	1.52
锯材、木片加工业	2010	40.00	39.94	0.06	0.21
锯材加工业	2011	33.28	33.23	0.05	0.19
木片加工业	2012	6.72	6.71	0.01	0.02
人造板制造业	2020	52.60	52.57	0.04	0.69
胶合板制造业	2021	28.59	28.58	0.01	0.58
纤维板制造业	2022	8.21	8.20	0.01	0.04
刨花板制造业	2023	8.86	8.86	0.03	

产业活动单位按行业(小类)、单位类别分组的从业人数

(续6)

行业类别(小类)	代码	产业活动单位从业人数(万人)			产业活动单位兼职人数(万人)
			营利性单位	非营利性单位	
其他人造板制造业	2029	6.94	6.93	0.02	0.04
木制品业	2030	60.08	60.00	0.08	0.36
生产用木制品业	2031	39.49	39.43	0.06	0.27
生活用木制品业	2033	20.59	20.57	0.02	0.09
竹、藤、棕、草制品业	2040	25.57	25.53	0.05	0.26
家具制造业	2100	97.52	97.46	0.06	0.55
木制家具制造业	2110	74.44	74.40	0.04	0.40
竹、藤家具制造业	2120	3.51	3.49	0.02	0.02
金属家具制造业	2130	13.19	13.19	0.08	
塑料家具制造业	2140	0.48	0.48		
其他家具制造业	2190	5.90	5.90	0.05	
造纸及纸制品业	2200	275.43	275.15	0.28	1.21
纸浆制造业	2210	5.11	5.11		0.03
造纸业	2220	166.46	166.25	0.21	0.56
机制纸及纸板制造业	2221	156.52	156.31	0.21	0.51
手工纸制造业	2223	2.58	2.58		
加工纸制造业	2224	7.36	7.36		0.05
纸制品业	2230	103.86	103.79	0.07	0.62
印刷业，记录媒介的复制	2300	156.55	155.36	1.20	1.60
印刷业	2310	154.01	152.83	1.19	1.59
书、报、刊印刷业	2311	58.85	58.13	0.72	0.45
包装装潢印刷业	2312	39.59	39.55	0.04	0.24
其他印刷业	2319	55.57	55.15	0.43	0.90
记录媒介的复制	2320	2.54	2.53	0.01	0.01
文教体育用品制造业	2400	133.59	133.49	0.10	0.62
文化用品制造业	2410	30.46	30.38	0.08	0.26
文具制造业	2411	8.67	8.65	0.01	0.11
本册制造业	2413	7.61	7.57	0.04	0.07
笔制造业	2415	9.64	9.64	0.01	0.04
教学标本、模型制造业	2417	0.96	0.94	0.02	0.01
其他文化用品制造业	2419	3.58	3.58		0.03
体育用品制造业	2420	12.60	12.60		0.07
球类制造业	2421	4.53	4.53	0.03	
体育器材制造业	2423	4.63	4.63		0.01
其他体育用品制造业	2429	3.44	3.44		0.03
乐器及其他文娱用品制造业	2430	5.08	5.08		0.03
中乐器制造业	2431	0.61	0.61		
西乐器制造业	2433	3.12	3.12		0.03
电子乐器制造业	2435	0.60	0.60		
其他乐器及文娱用品制造业	2439	0.75	0.75		
玩具制造业	2440	81.99	81.97	0.02	0.24

产业活动单位按行业(小类)、单位类别分组的从业人数

(续7)

行业类别(小类)	代码	产业活动单位从业人数(万人)	营利性单位	非营利性单位	产业活动单位兼职人数(万人)
游艺器材制造业	2450	1.52	1.52		
其他类未包括的文教体育用品制造业	2490	1.94	1.94		0.02
石油加工及炼焦业	2500	91.05	91.03	0.01	0.82
人造原油生产业	2510	0.55	0.55		
原油加工业	2520	48.82	48.82		0.05
石油制品业	2530	12.51	12.49	0.01	0.11
炼焦业	2570	29.17	29.17		0.66
化学原料及化学制品制造业	2600	587.67	587.03	0.58	10.31
基本化学原料制造业	2610	122.69	122.57	0.11	6.30
无机酸制造业	2611	15.36	15.36		0.09
烧碱制造业	2613	23.33	23.33		0.02
纯碱制造业	2615	11.83	11.83	5.88	
无机盐制造业	2617	36.43	36.34	0.08	0.13
其他基本化学原料制造业	2619	35.74	35.71	0.03	0.18
化学肥料制造业	2620	148.18	147.95	0.22	0.27
氮肥制造业	2621	92.38	92.36	0.02	0.05
磷肥制造业	2622	33.87	33.71	0.16	0.08
钾肥制造业	2623	1.09	1.09		
复合肥料制造业	2624	14.78	14.77	0.01	0.09
微量元素肥料制造业	2625	0.85	0.85		0.01
其他化学肥料制造业	2629	5.21	5.17	0.03	0.04
化学农药制造业	2630	22.78	22.73	0.05	0.17
农药原药制造业	2631	13.22	13.18	0.04	0.02
农药制剂制造业	2633	9.56	9.55	0.01	0.15
有机化学产品制造业	2650	107.66	107.62	0.03	1.05
有机化工原料制造业	2651	39.34	39.32	0.02	0.18
涂料制造业	2652	28.91	28.90		0.65
油墨制造业	2653	3.13	3.13		0.05
颜料制造业	2654	6.87	6.86	0.01	0.03
染料制造业	2655	12.52	12.52	0.03	
其他有机化学产品制造业	2659	16.89	16.89		0.11
合成材料制造业	2660	39.19	39.15	0.04	0.20
聚烯烃塑料制造业	2661	9.27	9.27	0.01	
热固性树脂及塑料制造业	2662	5.95	5.95	0.02	
工程塑料制造业	2663	4.30	4.30	0.08	
功能高分子制造业	2664	3.58	3.58	0.02	
有机硅氟材料制造业	2665	2.29	2.29		0.01
合成橡胶制造业	2666	4.71	4.68	0.03	0.02
合成纤维单(聚合)体制造业	2667	4.62	4.62	0.01	
其他合成材料制造业	2669	4.47	4.46	0.01	0.03
专用化学产品制造业	2670	92.37	92.26	0.10	0.79

产业活动单位按行业(小类)、单位类别分组的从业人数

(续8)

行业类别(小类)	代码	产业活动单位从业人数(万人)	营利性单位	非营利性单位	产业活动单位兼职人数(万人)
化学试剂、助剂制造业	2671	33.08	33.03	0.05	0.27
专项化学用品制造业	2672	13.29	13.27	0.02	0.27
林产化学产品制造业	2673	8.04	8.02	0.01	0.02
炸药及火工产品制造业	2674	24.21	24.20	0.01	0.04
信息化学品制造业	2675	8.71	8.70	0.01	0.14
放射化学产品制造业	2676	0.22	0.22		
添加剂制造业	2677	4.82	4.82		0.05
日用化学产品制造业	2680	54.80	54.75	0.03	1.53
肥皂及皂粉、合成洗涤剂制造业	2681	18.48	18.47		0.60
合成脂肪酸制造业	2682	0.68	0.68	0.01	
硬脂酸、硬化油制造业	2683	1.84	1.84	0.01	
香料、香精制造业	2684	4.06	4.06		0.03
化妆品制造业	2685	9.09	9.08	0.01	0.07
牙膏制造业	2686	2.13	2.13	0.03	
火柴制造业	2687	7.19	7.19	0.01	
动物胶制造业	2688	3.85	3.85		0.06
其他日用化学产品制造业	2689	7.48	7.45	0.02	0.71
医药制造业	2700	133.84	133.50	0.34	0.74
化学药品原药制造业	2710	43.27	43.26	0.01	0.19
化学药品制剂制造业	2720	40.39	40.31	0.08	0.19
中药材及中成药加工业	2730	35.54	35.36	0.18	0.17
动物药品制造业	2740	7.83	7.80	0.03	0.05
生物制品业	2750	6.81	6.77	0.04	0.14
化学纤维制造业	2800	64.11	64.10	0.03	0.17
纤维素纤维制造业	2810	13.40	13.40		0.06
化纤浆粕制造业	2811	2.34	2.34	0.04	
粘胶纤维制造业	2812	10.01	10.01		0.01
其他纤维素纤维制造业	2819	1.05	1.05		0.01
合成纤维制造业	2820	44.50	44.50	0.02	0.08
锦纶纤维制造业	2821	6.76	6.76		
涤纶纤维制造业	2822	26.25	26.25	0.07	
腈纶纤维制造业	2823	3.87	3.87		
维纶纤维制造业	2824	2.14	2.14		
其他合成纤维制造业	2829	5.48	5.48	0.02	0.01
渔具及渔具材料制造业	2850	6.21	6.20	0.01	0.03
渔具用丝制造业	2851	0.34	0.34		
渔具用线制造业	2852	0.21	0.21		
渔具用绳制造业	2853	0.58	0.58		
渔网制造业	2854	3.58	3.57	0.01	0.03
其他渔具制造业	2859	1.50	1.50		
橡胶制品业	2900	128.69	128.31	0.37	0.85

产业活动单位按行业(小类)、单位类别分组的从业人数

(续9)

行业类别(小类)	代码	产业活动单位从业人数(万人)	营利性单位	非营利性单位	产业活动单位兼职人数(万人)
轮胎制造业	2910	24.07	23.97	0.11	0.01
力车胎制造业	2920	7.08	7.08		
橡胶板、管、带制造业	2930	20.25	20.24		0.15
橡胶零件制品业	2940	13.73	13.68	0.05	0.12
再生橡胶制造业	2950	4.99	4.78	0.20	0.03
橡胶靴鞋制造业	2960	36.37	36.37	0.41	
日用橡胶制品业	2970	6.53	6.53		0.04
橡胶制品翻修业	2980	3.58	3.58		0.01
轮胎翻新业	2981	3.09	3.09		0.01
其他橡胶制品翻修业	2989	0.49	0.49		
其他橡胶制品业	2990	12.09	12.08	0.01	0.08
塑料制品业	3000	285.73	285.46	0.30	1.57
塑料薄膜制造业	3010	28.84	28.82	0.03	0.12
塑料板、管、棒材制造业	3020	30.22	30.19	0.03	0.23
塑料丝、绳及编织品制造业	3030	63.44	63.38	0.06	0.26
泡沫塑料及人造革、合成革制造业	3040	26.06	26.05	0.02	0.12
塑料包装箱及容器制造业	3050	18.03	18.02	0.02	0.11
塑料鞋制造业	3060	21.04	21.04		0.06
日用塑料杂品制造业	3070	19.87	19.83	0.03	0.11
塑料零件制造业	3080	15.93	15.92	0.02	0.11
其他塑料制品业	3090	62.30	62.21	0.09	0.45
非金属矿物制品业	3100	1 456.50	1 454.08	2.35	5.80
水泥制造业	3110	264.89	264.06	0.83	0.80
水泥制品和石棉水泥制品业	3120	135.97	135.72	0.23	1.46
水泥制品业	3121	64.18	64.00	0.18	1.18
砼结构构件制造业	3123	64.07	64.02	0.04	0.25
石棉水泥制品业	3124	5.20	5.19		0.01
其他水泥制品业	3129	2.52	2.51	0.01	0.02
砖瓦、石灰和轻质建筑材料制造业	3130	702.66	701.68	0.98	2.05
砖瓦制造业	3131	583.42	582.67	0.75	1.45
石灰制造业	3132	24.80	24.75	0.04	0.06
建筑用石加工业	3133	51.82	51.74	0.08	0.27
轻质建筑材料制造业	3134	10.57	10.55	0.02	0.07
防水密封建筑材料制造业	3135	9.60	9.58	0.03	0.05
隔热保温材料制造业	3136	10.54	10.54		0.09
其他砖瓦、石灰和轻质建筑材料制造业	3139	11.91	11.85	0.06	0.06
玻璃及玻璃制品业	3140	86.03	85.98	0.04	0.24
建筑用玻璃制品业	3141	23.50	23.50		0.07
工业技术用玻璃制造业	3142	4.46	4.43	0.03	0.04
光学玻璃制造业	3143	2.49	2.48	0.01	0.01
玻璃仪器制造业	3145	2.57	2.57	0.02	

产业活动单位按行业(小类)、单位类别分组的从业人数

(续10)

行业类别(小类)	代码	产业活动单位从业人数(万人)	营利性单位	非营利性单位	产业活动单位兼职人数(万人)
日用玻璃制品业	3147	38.08	38.08	0.07	
玻璃保温容器制造业	3148	7.12	7.12		
其他玻璃及玻璃制品业	3149	7.81	7.80		0.03
陶瓷制品业	3150	141.51	141.39	0.11	0.56
建筑、卫生陶瓷制造业	3151	64.14	64.09	0.05	0.19
工业用陶瓷制造业	3153	11.30	11.29		0.20
日用陶瓷制造业	3155	63.05	62.99	0.06	0.16
其他陶瓷制品业	3159	3.02	3.02	0.01	
耐火材料制品业	3160	55.96	55.84	0.10	0.35
石棉制品业	3161	6.80	6.80	0.01	0.04
云母制品业	3163	1.30	1.28	0.01	
其他耐火材料制品业	3169	47.86	47.76	0.08	0.31
石墨及碳素制品业	3170	16.66	16.64	0.01	0.09
冶金用碳素制品业	3171	10.21	10.20		0.03
电工用碳素制品业	3172	2.22	2.21	0.01	0.01
其他石墨及碳素制品业	3179	4.23	4.23	0.05	
矿物纤维及其制品业	3180	26.14	26.13	0.01	0.10
玻璃纤维及其制品业	3181	13.54	13.54		0.04
玻璃钢制品业	3182	11.74	11.73	0.01	0.06
其他矿物纤维及其制品业	3189	0.86	0.86		
其他类未包括的非金属矿物制品业	3190	26.68	26.64	0.04	0.15
黑色金属冶炼及压延加工业	3200	358.83	358.67	0.16	0.69
炼铁业	3210	77.62	77.54	0.08	0.18
炼钢业	3220	112.53	112.53	0.05	
钢压延加工业	3240	142.14	142.06	0.08	0.37
铁合金冶炼业	3260	26.54	26.54		0.09
有色金属冶炼及压延加工业	3300	130.95	130.91	0.03	0.38
重有色金属冶炼业	3310	42.49	42.47	0.01	0.11
铜冶炼业	3311	17.52	17.52	0.03	
铅锌冶炼业	3312	13.82	13.81		0.05
镍钴冶炼业	3314	2.42	2.42		
锡冶炼业	3316	2.55	2.55		
锑冶炼业	3317	3.12	3.11	0.01	0.02
汞冶炼业	3318	0.18	0.18		
其他重有色金属冶炼业	3319	2.88	2.88	0.01	
轻有色金属冶炼业	3320	29.70	29.70	0.09	
铝冶炼业	3321	20.62	20.62	0.02	
镁冶炼业	3322	6.00	6.00	0.02	
钛冶炼业	3323	0.84	0.84	0.02	
其他轻有色金属冶炼业	3329	2.24	2.24	0.03	
贵金属冶炼业	3330	4.00	3.99	0.01	0.02

产业活动单位按行业(小类)、单位类别分组的从业人数

(续11)

行业类别(小类)	代码	产业活动单位从业人数(万人)	营利性单位	非营利性单位	产业活动单位兼职人数(万人)
金冶炼业	3331	3.49	3.48	0.01	0.01
银冶炼业	3332	0.18	0.18	0.01	
其他贵金属冶炼业	3339	0.33	0.33		
稀有稀土金属冶炼业	3340	6.98	6.98		0.02
钨钼冶炼业	3341	1.56	1.56		
其他稀有稀土金属冶炼业	3349	5.42	5.42		0.02
有色金属合金业	3360	4.43	4.43		0.02
有色金属压延加工业	3380	43.35	43.34	0.01	0.12
重有色金属压延加工业	3381	20.59	20.59		0.05
轻有色金属压延加工业	3383	20.01	20.01	0.06	
贵金属压延加工业	3385	0.79	0.79		
稀有稀土金属压延加工业	3387	1.96	1.95	0.01	0.01
金属制品业	3400	462.76	462.34	0.40	3.50
金属结构制造业	3410	38.55	38.51	0.04	0.31
铸铁管制造业	3420	19.41	19.32	0.09	0.08
工具制造业	3430	61.49	61.42	0.06	0.36
切削工具制造业	3431	17.49	17.48		0.08
模具制造业	3434	18.40	18.39	0.01	0.18
手工具制造业	3435	21.59	21.54	0.05	0.08
其他工具制造业	3439	4.01	4.01		0.02
集装箱和金属包装物品制造业	3440	31.66	31.65		0.23
集装箱制造业	3441	3.62	3.62	0.03	
金属包装物品及容器制造业	3442	28.04	28.03		0.20
金属丝绳及其制品业	3450	43.64	43.62	0.03	0.58
建筑用金属制品业	3460	82.81	82.79	0.02	0.93
建筑小五金制造业	3461	11.94	11.94		0.30
水暖管道零件制造业	3463	24.97	24.97		0.10
金属门窗制造业	3465	40.64	40.62	0.02	0.46
其他建筑用金属制品业	3469	5.26	5.26		0.07
金属表面处理及热处理业	3470	32.78	32.77	0.01	0.20
日用金属制品业	3480	110.39	110.27	0.10	0.56
搪瓷制造业	3481	9.96	9.96	0.03	
铝制品业	3482	20.89	20.88	0.01	0.10
不锈钢制品业	3483	18.16	18.14	0.02	0.14
刀剪制造业	3484	5.00	5.00	0.01	
制锁业	3485	15.66	15.64	0.01	0.07
炊事用具制造业	3486	12.64	12.64		0.04
燃气用具制造业	3487	7.93	7.93	0.04	
理发用具制造业	3488	2.16	2.16	0.01	
其他日用金属制品业	3489	17.99	17.92	0.06	0.12
其他金属制品业	3490	42.03	41.99	0.05	0.25

产业活动单位按行业(小类)、单位类别分组的从业人数

(续12)

行业类别(小类)	代码	产业活动单位从业人数(万人)	营利性单位	非营利性单位	产业活动单位兼职人数(万人)
铁制小农具制造业	3491	12.46	12.44	0.02	0.03
焊条制造业	3495	8.14	8.14	0.04	
其他类未包括的金属制品业	3499	21.43	21.41	0.03	0.18
普通机械制造业	3500	659.72	658.17	1.50	4.56
锅炉及原动机制造业	3510	102.34	102.16	0.17	0.28
锅炉制造业	3511	30.51	30.46	0.05	0.13
内燃机制造业	3512	31.23	31.12	0.10	0.03
汽轮机制造业	3513	6.40	6.40	0.02	
水轮机制造业	3514	1.70	1.70	0.01	
内燃机零部件及配件制造业	3515	29.45	29.44	0.01	0.07
其他锅炉及原动机制造业	3519	3.05	3.04	0.01	0.02
金属加工机械制造业	3520	93.61	93.21	0.40	0.91
金属切削机床制造业	3521	40.49	40.20	0.28	0.18
锻压设备制造业	3523	13.13	13.13	0.01	0.35
铸造机械制造业	3525	8.97	8.93	0.04	0.05
机床附件制造业	3526	7.39	7.34	0.05	0.04
其他金属加工机械制造业	3529	23.63	23.61	0.02	0.29
通用设备制造业	3530	129.76	129.43	0.31	1.23
起重运输设备制造业	3531	39.29	38.99	0.29	0.87
工矿车辆制造业	3532	6.18	6.17	0.01	0.01
泵制造业	3533	29.24	29.24		0.14
风机制造业	3534	9.90	9.90	0.04	
气体压缩机及气体分离设备制造业	3535	11.60	11.60	0.02	
冷冻设备制造业	3536	10.27	10.27	0.05	
风动工具制造业	3537	3.32	3.32		
电动工具制造业	3538	6.57	6.57		0.02
其他通用设备制造业	3539	13.39	13.37	0.01	0.08
轴承、阀门制造业	3540	77.16	77.09	0.07	0.26
轴承制造业	3541	49.17	49.17	0.13	
阀门制造业	3542	27.99	27.92	0.07	0.13
其他通用零部件制造业	3560	106.51	106.37	0.14	0.67
液压件及液力件制造业	3561	17.14	17.09	0.04	0.10
气动元件制造业	3562	4.69	4.69		0.04
密封件制造业	3563	3.84	3.84	0.03	
粉末冶金制品业	3564	7.21	7.19	0.02	0.05
紧固件制造业	3565	28.79	28.78	0.02	0.11
弹簧制造业	3566	7.00	7.00	0.04	
链条制造业	3567	6.34	6.34	0.01	
齿轮制造业	3568	10.39	10.38		0.03
其他类未包括的通用零部件制造业	3569	21.11	21.06	0.06	0.26
铸锻件制造业	3570	114.37	114.06	0.30	0.61

产业活动单位按行业(小类)、单位类别分组的从业人数

(续13)

行业类别(小类)	代码	产业活动单位从业人数(万人)	营利性单位	非营利性单位	产业活动单位兼职人数(万人)
铸件制造业	3571	98.97	98.75	0.21	0.50
锻件制造业	3572	15.40	15.31	0.09	0.11
普通机械修理业	3580	12.38	12.36	0.01	0.35
其他普通机械制造业	3590	23.59	23.49	0.10	0.25
专用设备制造业	3600	446.73	445.19	1.47	2.53
冶金、矿山、机电工业专用设备制造业	3610	72.88	72.61	0.28	0.41
矿山设备制造业	3611	39.90	39.81	0.09	0.20
冶金工业专用设备制造业	3613	20.33	20.33		0.09
电工专用设备制造业	3615	2.30	2.30	0.02	
电子工业专用设备制造业	3617	5.89	5.74	0.15	0.03
其他机电工业专用设备制造业	3619	4.46	4.43	0.04	0.07
石化及其他工业专用设备制造业	3620	76.29	76.19	0.08	0.40
石油工业专用设备制造业	3621	17.31	17.31	0.15	
化学工业专用设备制造业	3622	14.56	14.56		0.07
化学纤维工业专用设备制造业	3623	2.02	2.02	0.01	
橡胶工业专用设备制造业	3624	4.60	4.58	0.01	0.01
塑料工业专用设备制造业	3625	8.06	8.04	0.02	0.05
森林工业专用设备制造业	3626	4.52	4.51		0.01
印刷工业专用设备制造业	3627	8.08	8.08		0.04
制药工业专用设备制造业	3628	2.55	2.51	0.04	0.01
建筑材料非金属矿物制品专用设备制造业	3629	14.59	14.58	0.01	0.05
轻纺工业专用设备制造业	3630	87.24	87.13	0.09	0.45
食品、饮料、烟草工业专用设备制造业	3631	13.11	13.08	0.02	0.10
粮油工业专用设备制造业	3632	11.86	11.84	0.01	0.04
饲料工业专用设备制造业	3633	1.47	1.47		
包装工业专用设备制造业	3634	4.44	4.44		0.06
纺织、服装、皮革工业专用设备制造业	3635	41.77	41.73	0.04	0.18
照明器具工业专用设备制造业	3636	2.08	2.08		0.02
日用硅酸制品工业专用设备制造业	3637	1.69	1.69		
制浆、造纸工业专用设备制造业	3638	7.81	7.79	0.02	0.03
日用化学工业专用设备制造业	3639	3.01	3.01		0.02
农、林、牧、渔、水利业机械制造业	3640	90.08	89.83	0.26	0.20
拖拉机制造业	3641	21.30	21.30	0.01	
机械化农机具制造业	3642	23.51	23.42	0.09	0.08
营林机械制造业	3643	0.62	0.61	0.02	
畜牧机械制造业	3644	1.46	1.45		
渔业机械制造业	3645	0.99	0.99		
水利机械制造业	3646	2.65	2.53	0.12	0.01
拖拉机配件制造业	3647	20.91	20.91	0.01	0.06
其他农、林、牧、渔、水利业机械制造业	3649	18.64	18.62	0.02	0.04

产业活动单位按行业(小类)、单位类别分组的从业人数

(续14)

行业类别(小类)	代码	产业活动单位从业人数(万人)	营利性单位	非营利性单位	产业活动单位兼职人数(万人)
医疗器械制造业	3650	23.65	23.49	0.14	0.37
手术器械制造业	3651	2.91	2.91	0.02	
医疗仪器、设备制造业	3652	7.92	7.88	0.03	0.26
诊断用品制造业	3653	2.42	2.42		0.01
医用材料及医疗用品制造业	3654	9.84	9.81	0.03	0.07
假肢、矫形器制造业	3655	0.56	0.47	0.08	0.01
其他专用设备制造业	3670	69.25	68.84	0.40	0.49
建筑机械制造业	3671	23.23	23.11	0.12	0.04
地质专用设备制造业	3672	2.81	2.78	0.03	0.02
畜牧兽医医疗器械制造业	3673	0.08	0.08		
缝纫机制造业	3674	11.68	11.68		0.03
商业、饮食业、服务业专用机械制造业	3675	2.37	2.37		0.05
邮政机械及器材制造业	3676	0.82	0.65	0.17	
环境保护机械制造业	3677	9.42	9.41		0.07
社会公共安全设备及器材制造业	3678	7.52	7.46	0.06	0.07
其他类未包括的专用设备制造业	3679	11.32	11.30	0.02	0.21
专用机械设备修理业	3680	27.34	27.10	0.22	0.21
工业专用设备修理业	3681	10.29	10.20	0.08	0.07
农、林、牧、渔、水利机械修理业	3683	7.53	7.46	0.07	0.03
医疗器械修理业	3685	0.24	0.21	0.03	0.01
其他专用机械设备修理业	3689	9.28	9.23	0.04	0.10
交通运输设备制造业	3700	533.01	530.11	2.87	3.30
铁路运输设备制造业	3710	36.21	36.20		0.32
机车制造业	3711	5.87	5.87	0.08	
客车制造业	3712	3.92	3.92		
货车制造业	3713	8.28	8.28	0.04	
机车车辆配件制造业	3714	9.02	9.01		0.15
铁路信号设备制造业	3715	1.14	1.14		
铁路专用设备制造业	3716	2.69	2.69	0.01	
铁路专用器材制造业	3717	4.23	4.23		0.03
其他铁路运输设备制造业	3719	1.06	1.06	0.01	
汽车制造业	3720	218.46	217.78	0.68	0.84
载重汽车制造业	3721	37.04	36.95	0.08	0.01
客车制造业	3722	11.40	11.40	0.04	
小轿车制造业	3723	3.83	3.83		
微型汽车制造业	3724	6.14	6.14		
特种车辆及改装汽车制造业	3725	24.89	24.54	0.35	0.04
汽车车身制造业	3726	4.55	4.55	0.01	0.03
汽车零部件及配件制造业	3727	130.61	130.37	0.24	0.72
摩托车制造业	3730	40.55	40.45	0.10	0.22
摩托车整车制造业	3731	12.03	11.94	0.09	0.03

产业活动单位按行业(小类)、单位类别分组的从业人数

(续15)

行业类别(小类)	代码	产业活动单位从业人数(万人)	营利性单位	非营利性单位	产业活动单位兼职人数(万人)
摩托车零部件及配件制造业	3732	28.52	28.51	0.01	0.19
自行车制造业	3740	32.79	32.72	0.07	0.12
电车制造业	3750	0.16	0.16		
船舶制造业	3760	33.47	33.45	0.01	0.13
海洋运输船制造业	3761	13.99	13.99	0.05	
内河船制造业	3762	10.50	10.49		0.04
渔轮制造业	3763	2.91	2.90	0.01	0.01
船舶机械设备制造业	3764	5.93	5.93	0.03	
海洋石油平台制造业	3765	0.14	0.14		
航空航天器制造业	3770	44.53	43.07	1.46	0.04
飞机制造业	3771	35.73	34.89	0.83	0.04
其他航空航天器制造业	3779	8.80	8.18	0.63	
交通运输设备修理业	3780	125.90	125.37	0.53	1.59
铁路运输设备修理业	3781	14.61	14.61	0.08	
汽车修理业	3782	87.84	87.35	0.49	1.36
摩托车修理业	3783	1.02	1.02	0.01	0.01
电车修理业	3784	0.31	0.31		
船舶修理业	3785	14.78	14.77		0.12
飞机修理业	3786	4.42	4.42		
其他交通运输设备修理业	3789	2.92	2.89	0.03	0.02
其他交通运输设备制造业	3790	0.94	0.91	0.02	0.04
航标器材制造业	3791	0.17	0.17	0.01	
潜水装备制造业	3792	0.11	0.11		
公路标志制造业	3793	0.66	0.63	0.02	0.03
电气机械及器材制造业	4000	433.62	433.26	0.34	2.61
电机制造业	4010	60.42	60.31	0.11	0.26
发电机制造业	4011	16.09	16.06	0.03	0.03
电动机制造业	4012	29.28	29.26	0.02	0.16
微电机制造业	4013	15.05	14.99	0.06	0.07
输配电及控制设备制造业	4020	116.01	115.87	0.15	0.83
变压器制造业	4021	24.72	24.64	0.09	0.11
整流器制造业	4022	2.48	2.48		0.02
电容器制造业	4023	5.84	5.84	0.02	
开关控制设备制造业	4024	38.57	38.55	0.01	0.33
电器设备元件制造业	4027	25.60	25.59	0.02	0.15
其他输配电及控制设备制造业	4029	18.80	18.77	0.03	0.20
电工器材制造业	4040	96.73	96.69	0.02	0.45
电线电缆制造业	4041	58.54	58.53	0.01	0.22
绝缘制品业	4043	6.22	6.22	0.05	
蓄电池制造业	4045	13.06	13.03	0.01	0.07
原电池制造业	4046	10.01	10.01		0.07

产业活动单位按行业(小类)、单位类别分组的从业人数

(续16)

行业类别(小类)	代码	产业活动单位从业人数(万人)	营利性单位	非营利性单位	产业活动单位兼职人数(万人)
其他电工器材制造业	4049	8.90	8.90		0.04
日用电器制造业	4060	75.57	75.56	0.01	0.32
洗衣机制造业	4061	6.06	6.06	0.02	
吸尘器制造业	4062	1.46	1.46		0.01
电冰箱制造业	4063	13.36	13.36	0.05	
电风扇制造业	4064	14.77	14.77	0.02	
空调器制造业	4065	11.77	11.76		0.09
排油烟机制造业	4066	1.59	1.59		0.01
其他日用电器制造业	4069	26.56	26.56	0.01	0.12
照明器具制造业	4070	64.91	64.89	0.01	0.36
电光源制造业	4071	27.04	27.03	0.01	0.12
灯头、灯座制造业	4072	5.44	5.44	0.01	
灯具制造业	4073	19.01	19.00		0.14
灯用电器附件制造业	4074	6.36	6.36		0.06
其他照明器具制造业	4079	7.06	7.06	0.03	
电气机械修理业	4080	6.49	6.48	0.01	0.20
其他电气机械制造业	4090	13.49	13.46	0.03	0.19
电焊机制造业	4091	5.17	5.17	0.04	
工业用电炉制造业	4092	2.84	2.84	0.02	
其他类未包括的电气机械制造业	4099	5.48	5.45	0.03	0.13
电子及通信设备制造业	4100	252.93	252.23	0.66	1.60
通信设备制造业	4110	39.53	39.49	0.04	0.30
传输设备制造业	4111	9.76	9.76		0.04
交换设备制造业	4112	9.09	9.05	0.04	0.16
通信终端设备制造业	4113	8.33	8.33	0.02	
其他通信设备制造业	4119	12.35	12.35		0.08
雷达制造业	4120	8.11	7.62	0.49	0.01
雷达整机制造业	4121	6.59	6.27	0.32	0.01
雷达专用配套设备及部件制造业	4122	1.52	1.35	0.17	
广播电视设备制造业	4130	4.43	4.42	0.01	0.03
电子计算机制造业	4140	15.93	15.92		0.12
电子计算机整机制造业	4141	5.41	5.41	0.04	
电子计算机外部设备制造业	4143	10.52	10.51		0.08
电子器件制造业	4150	32.68	32.64	0.03	0.18
电真空器件制造业	4151	13.85	13.85	0.11	
半导体器件制造业	4153	11.72	11.72		0.04
集成电路制造业	4155	7.11	7.07	0.03	0.03
电子元件制造业	4160	81.17	81.10	0.08	0.57
日用电子器具制造业	4170	55.61	55.60		0.12
电视机、录像机、摄像机制造业	4171	24.94	24.93		0.03
收音机、录音机制造业	4172	27.31	27.31		0.08

产业活动单位按行业(小类)、单位类别分组的从业人数

(续17)

行业类别(小类)	代码	产业活动单位从业人数(万人)	营利性单位	非营利性单位	产业活动单位兼职人数(万人)
电子计算器制造业	4173	3.36	3.36	0.01	
电子设备及通信设备修理业	4180	1.83	1.81	0.01	0.06
通信设备修理业	4181	0.56	0.56	0.03	
广播电视设备修理业	4182	0.21	0.19	0.01	
电子计算机修理业	4183	0.26	0.26		
其他电子设备修理业	4189	0.80	0.80		0.03
其他电子设备制造业	4190	13.64	13.63		0.21
仪器仪表及文化、办公用机械制造业	4200	121.82	121.25	0.56	1.31
通用仪器仪表制造业	4210	49.32	49.16	0.16	0.55
工业自动化仪表制造业	4211	14.83	14.78	0.05	0.16
电工仪器、仪表制造业	4212	10.67	10.67		0.11
光学仪器制造业	4213	9.76	9.76	0.09	
计时仪器制造业	4214	2.11	2.11	0.02	
分析仪器制造业	4215	1.68	1.68	0.02	
试验机制造业	4216	2.35	2.32	0.03	0.03
实验室仪器及装置制造业	4217	1.47	1.47	0.01	
通用仪器仪表元件、器件制造业	4218	3.32	3.24	0.08	0.04
其他通用仪器仪表制造业	4219	3.13	3.13		0.07
专用仪器仪表制造业	4220	13.30	13.02	0.27	0.11
环境保护仪器仪表制造业	4221	1.21	1.02	0.19	0.03
汽车仪器仪表制造业	4222	1.79	1.79		
导航、制导仪器制造业	4223	2.80	2.80		
农、林、牧、渔仪器、仪表制造业	4224	0.23	0.23		
地质勘探、钻采、地震专用仪器制造业	4225	1.99	1.96	0.04	0.01
气象、海洋、水文、天文测量仪器制造业	4226	0.47	0.45	0.01	0.01
教学仪器制造业	4227	1.39	1.35	0.03	0.03
核子及核辐射测量仪器制造业	4228	0.52	0.52		
专用仪器仪表元件、器件制造业	4229	2.90	2.90	0.03	
电子测量仪器制造业	4230	5.09	5.03	0.06	0.07
计量器具制造业	4240	10.72	10.69	0.04	0.05
传递标准用计量仪器制造业	4241	0.54	0.54		
量具量仪制造业	4242	4.97	4.94	0.03	0.01
衡器制造业	4243	5.21	5.21	0.01	0.04
文化、办公用机械制造业	4250	9.87	9.87		0.05
电影机械制造业	4251	0.56	0.56		
幻灯机及投影仪制造业	4252	0.33	0.33		
照相机及器材制造业	4254	5.67	5.67	0.03	
复印机制造业	4256	1.10	1.10		
打字机及油印机制造业	4257	0.84	0.84		
其他文化、办公用机械制造业	4259	1.37	1.37		0.02

产业活动单位按行业(小类)、单位类别分组的从业人数

(续18)

行业类别(小类)	代码	产业活动单位从业人数(万人)	营利性单位	非营利性单位	产业活动单位兼职人数(万人)
钟表制造业	4260	27.02	27.01		0.33
仪器仪表及文化、办公用机械修理业	4280	1.52	1.51	0.01	0.07
其他仪器仪表制造业	4290	4.98	4.96	0.02	0.08
其他制造业	4300	269.33	269.01	0.31	1.52
工艺美术品制造业	4310	202.63	202.45	0.17	1.15
雕塑工艺品制造业	4311	21.21	21.16	0.04	0.21
金属工艺品制造业	4312	6.91	6.90		0.03
漆器工艺品制造业	4313	2.35	2.35	0.03	
花画工艺品制造业	4314	13.48	13.48		0.04
竹、藤、棕、草工艺品制造业	4315	19.45	19.45	0.01	0.12
抽纱刺绣工艺品制造业	4316	28.48	28.41	0.06	0.08
地毯制造业	4317	44.06	44.04	0.03	0.12
首饰制造业	4318	11.30	11.30	0.09	
其他工艺美术品制造业	4319	55.39	55.36	0.03	0.43
日用杂品制造业	4350	24.53	24.51	0.02	0.08
制镜业	4351	2.13	2.11	0.02	0.02
眼镜制造业	4353	6.44	6.44	0.03	
制伞业	4355	8.01	8.01	0.02	
鬃毛加工及制刷业	4357	7.95	7.95		0.01
其他生产、生活用品制造业	4390	42.17	42.05	0.12	0.29
生产用其他产品制造业	4391	11.54	11.53	0.01	0.07
生活用其他产品制造业	4392	30.63	30.52	0.11	0.22
电力、煤气及水的生产和供应业	D	324.32	318.34	5.97	1.56
电力、蒸汽、热水的生产和供应业	4400	253.96	249.94	4.02	1.31
电力生产业	4410	137.41	135.54	1.87	0.69
火力发电业	4411	87.05	87.04	0.01	0.33
水力发电业	4412	49.46	47.61	1.85	0.35
核力发电业	4413	0.37	0.37		
其他电业	4419	0.53	0.52	0.01	0.01
电力供应业	4420	102.94	101.33	1.62	0.31
蒸汽、热水生产和供应业	4430	13.61	13.07	0.53	0.31
煤气生产和供应业	4500	20.43	20.00	0.42	0.10
煤气生产业	4510	8.17	8.16		
煤气供应业	4520	12.26	11.84	0.42	0.10
自来水的生产和供应业	4600	49.93	48.40	1.53	0.15
自来水生产业	4610	30.07	29.40	0.67	0.08
自来水供应业	4620	19.86	19.00	0.86	0.07
建筑业	E	2 373.53	2 360.93	12.63	24.98
土木工程建筑业	4700	2 098.70	2 086.83	11.89	19.26
房屋建筑业	4710	1 791.56	1 786.20	5.36	14.74
矿山建筑业	4720	29.85	29.80	0.05	0.15

产业活动单位按行业(小类)、单位类别分组的从业人数

(续19)

行业类别(小类)	代码	产业活动单位从业人数(万人)	营利性单位	非营利性单位	产业活动单位兼职人数(万人)
铁路、公路、遂道、桥梁建筑业	4730	132.46	128.54	3.92	2.49
堤坝、电站、码头建筑业	4740	51.74	50.70	1.05	0.31
其他土木工程建筑业	4790	93.09	91.59	1.51	1.57
线路、管道和设备安装业	4800	190.01	189.58	0.44	2.62
线路、管道安装业	4810	86.09	85.74	0.35	1.19
设备安装业	4820	103.92	103.84	0.09	1.43
装修装饰业	4900	84.82	84.52	0.30	3.10
地质勘探业、水利管理业	F	121.39	36.64	84.75	0.86
地质勘探业	5000	62.44	28.46	34.00	0.29
区域地质勘查业	5010	2.57	0.53	2.05	0.06
海洋地质勘查业	5020	1.36	0.41	0.95	0.02
矿产地质勘探业	5030	39.64	17.71	21.92	0.07
石油、天然气地质勘查业	5031	15.91	11.15	4.77	0.01
煤炭地质勘查业	5032	5.49	1.95	3.54	0.01
黑色金属矿产地质勘查业	5033	0.90	0.28	0.61	
有色金属矿产地质勘查业	5034	5.49	1.55	3.93	0.01
贵金属矿产地质勘查业	5035	1.61	0.46	1.15	0.01
其他金属矿产地质勘查业	5036	2.55	0.80	1.74	
非金属矿产地质勘查业	5037	1.31	0.14	1.18	
水文地质勘查业	5038	6.38	1.38	5.00	0.03
工程地质勘查业	5040	10.99	5.27	5.73	0.09
环境地质勘查业	5050	0.25	0.06	0.20	
地球物理和地球化学勘查业	5060	3.04	1.71	1.33	
地质工程技术及其他技术服务业	5090	4.59	2.77	1.82	0.05
水利管理业	5100	58.95	8.18	50.75	0.57
交通运输、仓储及邮电通信业	G	935.83	855.15	80.74	6.60
铁路运输业	5200	194.78	194.73	0.05	0.18
汽车运输业	5300	252.00	250.49	1.52	1.59
汽车运输业	5310	244.34	242.91	1.44	1.52
其他公路运输业	5390	7.66	7.58	0.08	0.07
管道运输业	5400	3.39	3.37	0.03	
水上运输业	5500	85.11	84.67	0.44	0.26
远洋运输业	5510	9.60	9.60		0.02
沿海运输业	5520	12.61	12.58	0.03	0.08
内河、内湖运输业	5530	59.78	59.43	0.35	0.15
其他水上运输业	5590	3.12	3.06	0.06	0.01
航空运输业	5600	9.50	9.42	0.08	0.07
航空客货运输业	5610	9.27	9.19	0.08	0.04
通用航空业	5620	0.23	0.23	0.03	
交通运输辅助业	5700	211.95	138.09	73.88	2.44
公路管理及养护业	5710	71.50	10.16	61.34	0.52

产业活动单位按行业(小类)、单位类别分组的从业人数

(续20)

行业类别(小类)	代码	产业活动单位从业人数(万人)	营利性单位	非营利性单位	产业活动单位兼职人数(万人)
港口业	5720	35.73	35.12	0.62	0.28
沿海港口业	5721	19.62	19.56	0.07	0.23
内河、内湖港口业	5722	16.11	15.56	0.55	0.05
水运辅助业	5730	10.64	5.92	4.73	0.24
机场及航空运输辅助业	5740	6.76	6.37	0.38	0.07
装卸搬运业	5750	56.97	56.61	0.37	0.41
其他类未包括的交通运输辅助业	5790	30.35	23.91	6.44	0.92
其他交通运输业	5800	1.43	1.27	0.16	
仓储业	5900	52.25	49.31	2.94	0.74
邮电通信业	6000	125.42	123.80	1.64	1.32
邮政业	6010	19.31	19.25	0.07	0.10
电信业	6020	28.38	27.43	0.95	0.36
邮电业	6030	77.73	77.12	0.62	0.86
批发和零售贸易、餐饮业	H	2 317.07	2 304.19	12.86	35.97
食品、饮料、烟草和家庭日用品批发业	6100	628.71	626.87	1.82	8.15
食品、饮料、烟草批发业	6110	317.65	316.63	1.01	2.89
粮食、食用油批发业	6111	153.01	152.31	0.70	1.25
糕点、糖果和饮料批发业	6112	39.32	39.29	0.03	0.38
肉、禽、蛋及其制品批发业	6113	35.70	35.66	0.04	0.19
水产品批发业	6114	11.85	11.79	0.07	0.08
蔬菜、果品批发业	6115	21.44	21.38	0.05	0.15
茶叶批发业	6116	3.82	3.79	0.02	0.13
烟草及其制品批发业	6117	22.76	22.73	0.03	0.30
盐及调味品批发业	6118	8.65	8.62	0.03	0.04
其他食品、饮料、烟草批发业	6119	21.10	21.06	0.04	0.37
棉、麻、土畜产品批发业	6120	38.80	38.66	0.15	0.19
棉、麻批发业	6121	26.09	26.04	0.05	0.10
畜产品批发业	6122	12.71	12.62	0.10	0.09
纺织品、服装和鞋帽批发业	6130	46.32	46.19	0.13	1.23
纺织品批发业	6131	33.53	33.42	0.11	0.59
服装批发业	6132	9.04	9.02	0.02	0.60
鞋帽批发业	6133	3.75	3.75		0.04
日用百货批发业	6140	73.91	73.70	0.19	1.42
百货批发业	6141	57.50	57.39	0.10	1.02
文化用品、钟表眼镜批发业	6142	8.64	8.56	0.08	0.30
其他日用百货批发业	6149	7.77	7.75	0.01	0.10
日用杂品批发业	6150	20.12	20.07	0.05	0.19
五金、交电、化工批发业	6160	87.13	86.96	0.17	1.62
药品及医疗器械批发业	6170	44.78	44.66	0.12	0.61
西药批发业	6171	26.36	26.31	0.05	0.20
中草药及制品批发业	6172	13.85	13.82	0.03	0.26

产业活动单位按行业(小类)、单位类别分组的从业人数

(续21)

行业类别(小类)	代码	产业活动单位从业人数(万人)	营利性单位	非营利性单位	产业活动单位兼职人数(万人)
医疗器械批发业	6173	4.57	4.53	0.04	0.15
能源、材料和机械电子设备批发业	6200	421.82	419.56	2.30	8.79
能源批发业	6210	89.37	89.03	0.34	1.35
石油及制品批发业	6211	47.04	46.93	0.11	0.88
煤炭及制品批发业	6212	40.55	40.36	0.18	0.41
其他能源批发业	6219	1.78	1.74	0.05	0.06
化工材料批发业	6220	30.80	30.60	0.19	0.69
木材批发业	6230	28.61	28.34	0.28	0.28
建筑材料批发业	6240	66.54	66.13	0.41	1.90
矿产品批发业	6250	7.57	7.53	0.06	0.21
金属材料批发业	6260	77.34	76.75	0.59	1.49
黑色金属材料批发业	6261	65.51	64.99	0.52	1.13
有色金属材料批发业	6262	11.83	11.76	0.07	0.36
机械、电子设备批发业	6270	67.30	66.94	0.36	2.22
汽车、摩托车及零配件批发业	6280	26.11	26.08	0.04	0.41
汽车批发业	6281	8.93	8.93		0.11
摩托车批发业	6282	1.69	1.69	0.01	0.01
汽车、摩托车零配件批发业	6289	15.49	15.46	0.03	0.29
再生物资回收批发业	6290	28.18	28.16	0.03	0.24
其他批发业	6300	145.37	142.57	2.80	1.41
工艺美术品批发业	6310	4.24	4.24		0.07
图书报刊批发业	6320	4.44	4.03	0.41	0.09
农业生产资料批发业	6330	107.27	105.22	2.05	0.61
其他类未包括的批发业	6390	29.42	29.08	0.34	0.64
零售业	6400	913.55	909.73	3.80	12.72
食品、饮料和烟草零售业	6410	201.22	200.43	0.79	2.08
粮油食品零售业	6411	84.83	84.31	0.52	0.50
副食品零售业	6412	69.35	69.24	0.11	0.54
其他食品、饮料和烟草零售业	6419	47.04	46.88	0.16	1.04
日用百货零售业	6420	394.42	393.78	0.63	3.41
百货零售业	6421	280.06	279.69	0.38	2.52
文化体育用品零售业	6422	8.25	8.12	0.13	0.32
钟表、眼镜及照相器材零售业	6423	4.17	4.16		0.06
其他日用百货零售业	6429	101.94	101.81	0.12	0.51
纺织品、服装和鞋帽零售业	6430	45.16	45.10	0.06	0.76
日用杂品零售业	6440	22.27	22.23	0.04	0.39
五金、交电、化工零售业	6450	104.06	103.63	0.43	2.84
药品及医疗器械零售业	6470	24.26	24.19	0.07	0.40
图书报刊零售业	6480	11.81	10.71	1.09	0.18
其他零售业	6490	110.35	109.66	0.69	2.66
家具零售业	6491	5.02	5.01	0.01	0.12

产业活动单位按行业(小类)、单位类别分组的从业人数

(续22)

行业类别(小类)	代码	产业活动单位从业人数(万人)	营利性单位	非营利性单位	产业活动单位兼职人数(万人)
煤炭零售业	6492	10.74	10.72	0.02	0.14
石油制品零售业	6493	34.70	34.36	0.34	0.50
汽车、摩托车及其零配件零售业	6494	27.02	26.97	0.05	0.75
计算机及软件、办公设备零售业	6495	8.07	8.04	0.04	0.49
信托业	6496	1.66	1.66		0.04
首饰业	6497	3.63	3.63	0.01	0.09
其他类未包括的零售业	6499	19.51	19.27	0.22	0.53
商业经纪与代理业	6500	7.57	7.42	0.15	0.34
餐饮业	6700	200.05	198.04	1.99	4.56
正餐	6710	169.58	167.89	1.69	2.75
快餐	6720	11.69	11.63	0.06	1.36
其他饮食业	6790	18.78	18.52	0.24	0.45
小吃	6791	9.43	9.41	0.02	0.25
冷饮	6793	1.19	1.18		0.02
茶馆	6795	1.02	1.02		0.02
其他类未包括的餐饮业	6799	7.14	6.91	0.22	0.16
金融、保险业	I	341.79	332.07	9.71	10.61
金融业	6800	321.73	312.70	9.02	8.99
中央银行	6810	17.46	13.75	3.72	0.06
商业银行	6820	198.87	197.93	0.94	6.61
其他银行	6830	6.54	6.27	0.27	0.05
信用合作社	6840	82.09	81.00	1.09	0.98
信托投资业	6850	3.85	3.49	0.36	0.09
保险业	7000	20.06	19.37	0.69	1.62
房地产业	J	132.35	104.61	27.75	6.40
房地产开发与经营业	7200	81.78	76.95	4.83	4.87
房地产管理业	7300	46.57	25.02	21.56	1.29
房地产代理与经纪业	7400	4.00	2.64	1.36	0.24
社会服务业	K	642.16	480.10	162.09	21.17
公共设施服务业	7500	199.47	107.02	92.43	3.33
市内公共交通业	7510	83.09	80.99	2.08	1.61
市内公共汽电车业	7511	59.14	58.13	1.00	0.78
出租汽车业	7512	18.75	18.42	0.33	0.74
轨道交通业	7513	2.30	2.10	0.19	0.02
市内轮渡业	7514	1.51	1.31	0.20	0.02
其他市内公共交通业	7519	1.39	1.03	0.36	0.05
园林绿化业	7520	26.63	7.44	19.19	0.27
自然保护区管理业	7530	1.12	0.23	0.89	0.02
环境卫生业	7540	47.24	4.84	42.40	0.61
市政工程管理业	7550	27.63	8.45	19.19	0.27
风景名胜区管理业	7560	2.47	0.78	1.68	0.26

产业活动单位按行业(小类)、单位类别分组的从业人数

(续23)

行业类别(小类)	代码	产业活动单位从业人数(万人)	营利性单位	非营利性单位	产业活动单位兼职人数(万人)
其他公共服务业	7590	11.29	4.29	7.00	0.29
居民服务业	7600	69.51	60.98	8.53	2.03
理发及美容化妆业	7610	6.66	6.61	0.06	0.11
沐浴业	7620	8.38	8.30	0.08	0.13
洗染业	7630	3.38	3.34	0.04	0.08
摄影及扩印业	7640	8.07	7.99	0.08	0.10
托儿所	7650	3.79	1.96	1.82	0.05
日用品修理业	7660	7.61	7.32	0.30	0.23
家务服务业	7670	2.05	1.97	0.08	0.24
殡葬业	7680	4.10	0.86	3.23	0.08
其他居民服务业	7690	25.47	22.63	2.84	1.01
旅馆业	7800	197.14	174.57	22.57	2.54
租赁服务业	7900	7.36	7.08	0.28	0.17
旅游业	8000	17.22	15.14	2.08	1.25
娱乐服务业	8100	26.44	24.87	1.57	1.30
信息、咨询服务业	8200	53.85	35.35	18.53	8.01
广告业	8210	12.85	12.18	0.68	1.06
咨询服务业	8220	16.57	3.08	13.51	2.94
公证业	8221	1.12	0.14	0.98	0.04
律师事务所	8222	5.47	0.46	5.02	1.51
会计、审计、统计咨询业	8223	9.20	2.32	6.88	1.34
社会调查业	8224	0.78	0.16	0.63	0.05
其他类未包括的信息咨询服务业	8290	24.43	20.09	4.34	4.01
计算机应用服务业	8300	12.68	11.48	1.23	0.93
软件开发咨询业	8310	7.85	7.19	0.68	0.63
数据处理业	8320	0.80	0.63	0.17	0.03
数据库服务业	8330	0.71	0.57	0.14	0.04
计算机设备维护咨询业	8340	3.32	3.09	0.24	0.23
其他社会服务业	8400	58.49	43.61	14.87	1.61
市场管理服务业	8410	21.78	14.00	7.77	0.54
其他类未包括的社会服务业	8490	36.71	29.61	7.10	1.07
卫生、体育和社会福利业	L	532.27	60.70	471.49	3.40
卫生	8500	500.90	56.96	443.90	2.71
医院	8510	433.54	52.76	380.75	2.18
综合医院	8511	261.74	41.02	220.71	1.14
专科医院	8512	27.94	1.35	26.59	0.19
中医医院	8513	32.41	0.93	31.47	0.10
门诊部	8514	9.06	2.81	6.25	0.15
其他医院	8519	102.39	6.65	95.73	0.60
疗养院	8520	5.40	0.75	4.65	0.01
专科防治所(站)	8530	6.37	0.25	6.12	0.02

产业活动单位按行业(小类)、单位类别分组的从业人数

(续24)

行业类别(小类)	代码	产业活动单位从业人数(万人)	营利性单位	非营利性单位	产业活动单位兼职人数(万人)
卫生防疫站	8540	21.36	0.61	20.75	0.11
妇幼保健所(站)	8550	12.33	0.23	12.10	0.05
药品检验所(室)	8560	2.56	0.04	2.52	0.01
其他卫生	8590	19.34	2.32	17.01	0.33
体育	8600	7.48	0.93	6.53	0.12
社会福利保障业	8700	23.89	2.81	21.06	0.57
社会福利业	8710	15.19	1.79	13.39	0.38
干部休养所	8711	2.58	0.09	2.49	0.02
福利收容院	8712	9.61	0.48	9.13	0.12
社区服务业	8713	3.00	1.22	1.77	0.24
社会保险和救济业	8720	6.18	0.43	5.74	0.10
其他类未包括的社会福利保障业	8790	2.52	0.59	1.93	0.09
教育、文化艺术及广播电影电视业	M	1 605.60	135.15	1 470.44	16.00
教育	8900	1 475.24	116.11	1 359.15	13.34
高等教育	8910	119.44	7.77	111.67	2.35
普通高等教育	8911	97.90	5.23	92.67	0.83
成人高等教育	8912	21.54	2.54	19.00	1.52
中等教育	8920	572.88	37.55	535.35	6.05
中等专业学校	8921	63.08	3.28	59.81	1.43
普通中学	8922	439.62	27.04	412.59	2.74
农业、职业中学	8923	32.25	1.02	31.23	0.71
技工学校	8924	19.73	5.27	14.45	0.39
成人中等学校	8925	17.71	0.92	16.80	0.77
工读学校	8926	0.49	0.02	0.47	0.01
初等教育	8930	709.24	60.60	648.64	3.35
小学校	8931	707.96	60.44	647.52	3.24
成人初等学校	8932	1.28	0.16	1.12	0.11
学前教育	8940	40.02	5.65	34.37	0.35
特殊教育	8950	3.57	0.07	3.50	0.04
其他教育	8990	30.09	4.47	25.62	1.20
文化艺术业	9000	77.07	7.45	69.60	1.86
艺术	9010	19.14	1.59	17.55	0.27
出版	9020	16.53	2.98	13.55	0.56
文物保护	9030	5.18	0.36	4.81	0.05
图书馆	9040	4.67	0.17	4.50	0.02
档案馆	9050	1.89	0.06	1.84	0.01
群众文化	9060	13.21	1.13	12.07	0.34
新闻	9070	1.48	0.14	1.34	0.04
文化艺术经纪与代理业	9080	0.34	0.20	0.14	0.02
其他文化艺术业	9090	14.63	0.82	13.80	0.55
广播电影电视业	9100	53.29	11.59	41.69	0.80

产业活动单位按行业(小类)、单位类别分组的从业人数

(续25)

行业类别(小类)	代码	产业活动单位从业人数(万人)	营利性单位	非营利性单位	产业活动单位兼职人数(万人)
广播	9110	16.20	0.84	15.35	0.19
电影	9120	20.86	9.23	11.63	0.31
电视	9130	16.23	1.52	14.71	0.30
科学研究和综合技术服务业	N	199.53	62.58	136.96	15.06
科学研究业	9200	75.80	8.79	67.01	1.07
自然科学研究	9210	58.84	6.30	52.55	0.54
社会科学研究	9220	3.54	0.14	3.40	0.28
其他科学研究	9230	13.42	2.35	11.06	0.25
综合技术服务业	9300	123.73	53.79	69.95	13.99
气象	9310	5.41	0.21	5.20	0.05
地震	9320	1.52	0.09	1.43	0.02
测绘	9330	5.27	1.31	3.96	0.06
技术监督	9340	18.48	4.53	13.95	0.47
海洋环境	9350	0.52	0.14	0.38	
环境保护	9360	7.40	0.99	6.41	0.15
技术推广和科技交流服务业	9370	15.25	9.11	6.14	2.07
工程设计业	9380	43.04	17.57	25.48	8.52
其他综合技术服务业	9390	26.84	19.84	7.00	2.65
国家机关、政党机关和社会团体	O	1 715.93		1 715.93	48.80
国家机关	9400	966.39		966.39	7.69
政党机关	9500	54.99		54.99	0.55
社会团体	9600	73.67		73.67	27.00
基层群众自治组织	9700	620.88		620.88	13.56
居民委员会	9710	40.76		40.76	1.83
村民委员会	9720	580.12		580.12	11.73
其他行业	P	139.43	74.07	65.34	2.67
企业管理机构	9910	111.35	56.68	54.66	1.21
其他类未包括的行业	9990	28.08	17.39	10.68	1.46